2025 PATENT ATTORNEY

10개년 기출문제집

변리사 1차 민법개론

SD에듀
(주)시대고시기획

2025 PATENT ATTORNEY

10개년 기출문제집

변리사 1차 민법개론

머리말

변리사는 지식재산전문가로서 산업재산권에 관한 상담, 권리취득 및 분쟁해결 등에 관련된 제반 업무를 수행합니다. 첨단기술의 발달과 함께 변리사의 역할과 중요성은 나날이 커지고 있으며 그 수요 역시 꾸준히 증가하고 있으나, 고도로 기술적인 전문분야의 업무를 수행하는 만큼, 변리사가 되기 위해서는 관련 법규는 물론 특허 대상 분야에 대한 이해와 전문지식까지 요구되므로, 치열한 경쟁 속 수험생들의 부담감 역시 상당한 것이 현실입니다.

『SD에듀 변리사 1차 민법개론 10개년 기출문제집』은 이러한 현실 속에서 변리사 1차 시험을 준비하는 수험생들에게 가장 기본적인 방향을 제시하고자 출간되었습니다. 방대한 민법의 내용 중에서 어떠한 사실 · 권리관계를 아는 것이 핵심인지는 기출문제를 통해 파악하는 것이 가장 효과적이며, 그리하여 기출문제를 분석하여 실력을 향상시키는 것이 시험에 합격하는 가장 확실한 지름길이기 때문입니다.

이 책의 특징은 다음과 같습니다.

첫째 문제편과 해설편을 분리하고, 2024년 포함 변리사 민법개론 10개년(2024~2015년) 기출문제를 수록하여 출제경향을 파악할 수 있도록 하였습니다.

둘째 복수정답 또는 개정법령 반영으로 인해 기출문제의 변형이 필요한 경우, 문제편에 기출 변형 표시를 하였고 해설편에 변경의 이유를 기재하였습니다.

셋째 반복되는 기출지문의 효과적 학습을 위해 관련 · 비교 판례 등의 보충자료를 해설편에 수록하였습니다.

넷째 보다 깊이 있는 학습을 원하는 수험생들은 본 도서를 교재로 사용하는 SD에듀 동영상 강의(유료)를 통해 검증된 수준의 강의를 지원받을 수 있습니다.

기출문제집에 제시된 다양한 판례를 통해 민법의 적용사례를 학습하고, 응용된 조문의 정확한 해석과 이해에 중점을 두십시오. 그리고 꾸준한 복습을 통해 자신의 이해도를 점검하여 실전감각을 키우시길 바랍니다.

본서가 변리사 시험에 도전하는 수험생 여러분에게 합격의 길잡이가 될 것을 확신하며, 학습하는 모든 수험생 여러분에게 뜻하는 목표가 이루어지기를 진심으로 기원합니다.

편저자 올림

자격시험안내

변리사란?

산업재산권에 관한 상담 및 권리취득이나 분쟁해결에 관련된 제반 업무를 수행하는 산업재산권에 관한 전문자격사로서, 산업재산권의 출원에서 등록까지의 모든 절차를 대리하는 역할을 하는 사람

수행직무

- 산업재산권 분쟁사건 대리[무효심판 · 취소심판 · 권리범위확인심판 · 정정심판 · 통상실시권 허여심판 · 거절(취소)결정불복심판 등]
- 심판의 심결에 대해 특허법원 및 대법원에 소 제기하는 경우 그 대리
- 권리의 이전 · 명의변경 · 실시권 · 사용권 설정 대리
- 기업 등에 대한 산업재산권 자문 또는 관리업무 등 담당

시행처

한국산업인력공단

2024년 시험일정

구 분	원서접수	시험일자	합격자 발표
1차 시험	2024.01.15 ~ 2024.01.19	2024.02.24	2024.03.27
2차 시험	2024.04.22 ~ 2024.04.26	2024.07.26 ~ 2024.07.27	2024.10.30

※ 2025년 시험일정은 미발표

※ 2025년 시험일정은 반드시 한국산업인력공단 홈페이지(http://www.q-net.or.kr/)를 다시 확인하시기 바랍니다.

합격기준

구 분	합격결정기준(변리사법 시행령 제4조)
1차 시험	영어능력검정시험의 기준점수 이상을 받고 영어과목을 제외한 나머지 과목에서 과목당 100점을 만점으로 하여 각 과목의 40점 이상, 전과목 평균 60점 이상을 받은 사람 중에서 시험성적과 응시자 수를 고려하여 전과목 총점이 높은 사람 순으로 합격자 결정
2차 시험	과목당 100점을 만점으로 하여 선택과목에서 50점 이상을 받고, 필수과목의 각 과목 40점 이상, 필수과목 평균 60점 이상을 받은 사람을 합격자로 결정

시험과목

구 분	교시	시험과목	문항수	시험시간	시험방법
제1차 시험	1교시	산업재산권법	과목당 40문항	09:30~10:40(70분)	객관식 5지택일형
	2교시	민법개론		11:10~12:20(70분)	
	3교시	자연과학개론		13:40~14:40(60분)	
제2차 시험	1일차	특허법	과목당 4문항	09:30~11:30(120분)	논 술 형
		상표법		13:30~15:30(120분)	
	2일차	민사소송법		09:30~11:30(120분)	
		선택과목 택1 ① 디자인보호법(조약포함) ② 저작권법(조약포함) ③ 산업디자인 ④ 기계설계 ⑤ 열역학 ⑥ 금속재료 ⑦ 유기화학 ⑧ 화학반응공학 ⑨ 전기자기학 ⑩ 회로이론 ⑪ 반도체공학 ⑫ 제어공학 ⑬ 데이터구조론 ⑭ 발효공학 ⑮ 분자생물학 ⑯ 약제학 ⑰ 약품제조화학 ⑱ 섬유재료학 ⑲ 콘크리트 및 철근 콘크리트공학		13:30~15:30(120분)	

공인어학성적 기준점수

시험명	TOEFL		TOEIC	TEPS	G-TELP	FLEX	IELTS
	PBT	IBT					
일반 응시자	560	83	775	385	77(level-2)	700	5
청각 장애인	373	41	387	245	51(level-2)	350	-

통계자료

구 분	제1차 시험				제2차 시험			
	대상	응시	합격	합격률	대상	응시	합격	합격률
2024년도	3,465	3,071	607	19.76%	-	-	-	-
2023년도	3,640	3,312	665	20.07%	1,184	1,116	209	18.72%
2022년도	3,713	3,349	602	17.97%	1,160	1,093	210	19.21%
2021년도	3,380	3,305	613	20.20%	1,193	1,111	201	18.09%
2020년도	3,055	2,724	647	23.75%	1,209	1,157	210	18.15%

이 책의 구성과 특징

STEP 01 문제편

2024년 포함 10개년 기출문제 수록

문제편과 해설편을 분리하고, 변리사 민법개론 10개년(2024~2015년) 기출문제를 수록하여 출제경향을 파악할 수 있도록 하였습니다.

문제편

2024년 제61회 기출문제

Time 분 | 해설편 190p

01 **신의성실의 원칙에 관한 설명으로 옳지 않은 것은? (다툼이 있으면 판례에 따름)**

① 채권자는 물상보증인이 되려는 자에게 주채무자의 신용상태를 조사해서 고지할 신의칙상 의무를 부담한다.
② 병원은 입원환자의 휴대품 등의 도난을 방지함에 필요한 적절한 조치를 강구하여 줄 신의칙상 보호의무를 부담한다.
③ 숙박업자는 투숙고객에게 객실을 사용・수익하게 할 의무를 넘어서 고객의 안전을 배려하여야 할 신의칙상 보호의무를 부담한다.
④ 사적 자치의 영역을 넘어 공공질서를 위하여 공익적 요구를 선행시켜야 할 경우, 신의칙은 합법성의 원칙을 희생하여서라도 구체적 신뢰보호의 필요성이 인정되는 경우에 한하여 예외적으로 적용된다.
⑤ 어떤 법률관계가 신의칙에 위반되는지의 여부는 법원의 직권조사사항이다.

16 **甲, 乙, 丙이 X토지를 각각 4:2:1의 지분비율로 공유하고 있다. 이에 관한 설명으로 틀린 것을 모두 고른 것은? (다툼이 있으면 판례에 따름)** 기출 변형

ㄱ. 乙이 甲, 丙과 협의 없이 X토지 지상에 Y건물을 신축한 경우, 丙은 乙에게 Y건물의 철거 및 X토지의 인도를 청구할 수 있다.
ㄴ. 乙과 丙으로부터 X토지를 임차한 丁은 이에 동의하지 않은 甲에게 임대차의 효력을 주장할 수 있다.
ㄷ. 甲이 X토지의 개량을 위하여 단독으로 丁과 공사계약을 체결하면서 공사비용을 甲 자신이 전액 지급하기로 약정하였더라도, 乙과 丙 역시 丁에게 그들의 지분에 상응하는 공사비를 지급할 의무를 부담한다.
ㄹ. 甲, 乙, 丙이 X토지를 구분소유하는 경우 甲의 공유지분 위에 근저당권이 설정된 후 구분소유적 공유관계가 해소되어 각자의 단독소유로 분할되었다면, 그 근저당권은 甲의 단독소유로 분할된 토지에 집중된다.

① ㄱ
② ㄱ, ㄴ
③ ㄱ, ㄹ
④ ㄱ, ㄷ, ㄹ
⑤ ㄱ, ㄴ, ㄷ, ㄹ

기출변형 표시

복수정답 또는 개정법령 반영으로 인해 기출문제의 변형이 필요한 경우, 문제편에 기출 변형 표시를 하였고 해설편에 변경의 이유를 기재하였습니다.

Patent Attorney

STEP 02 해설편

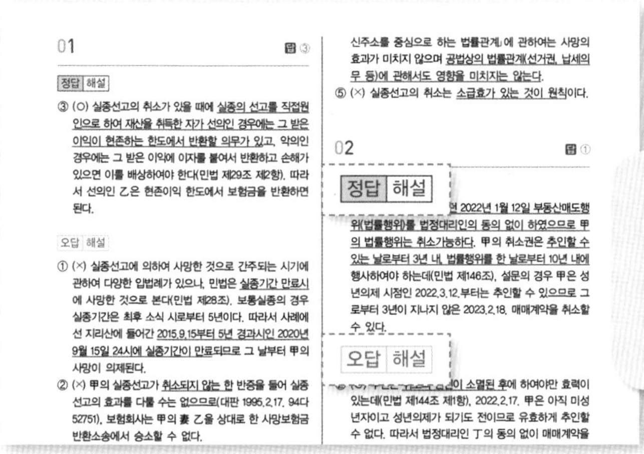
01 답 ③

정답 해설

③ (O) 실종선고의 취소가 있을 때에 실종의 선고를 직접원인으로 하여 재산을 취득한 자가 선의인 경우에는 그 받은 이익이 현존하는 한도에서 반환할 의무가 있고, 악의인 경우에는 그 받은 이익에 이자를 붙여서 반환하고 손해가 있으면 이를 배상하여야 한다(민법 제29조 제2항). 따라서 선의인 乙은 현존이익 한도에서 보험금을 반환하면 된다.

오답 해설

① (×) 실종선고에 의하여 사망한 것으로 간주되는 시기에 관하여 다양한 입법례가 있으나, 민법은 실종기간 만료시에 사망한 것으로 본다(민법 제28조). 보통실종의 경우 실종기간은 최후 소식 시로부터 5년이다. 따라서 사례에선 지리산에 들어간 2015.9.15부터 5년 경과시인 2020년 9월 15일 24시에 실종기간이 만료되므로 그 날부터 甲의 사망이 의제된다.

② (×) 甲의 실종선고가 취소되지 않는 한 반증을 들어 실종선고의 효과를 다툴 수는 없으므로(대판 1995.2.17. 94다52751), 보험회사는 甲의 妻 乙을 상대로 한 사망보험금 반환소송에서 승소할 수 없다.

신주소를 중심으로 하는 법률관계」에 관하여는 사망의 효과가 미치지 않으며 공법상의 법률관계(선거권, 납세의무 등)에 관해서도 영향을 미치지는 않는다.

⑤ (×) 실종선고의 취소는 소급효가 있는 것이 원칙이다.

02 답 ①

정답 해설

...년 2022년 1월 12일 부동산매도행위(법률행위)를 법정대리인의 동의 없이 하였으므로 甲의 법률행위는 취소가능하다. 甲의 취소권은 추인할 수 있는 날로부터 3년 내, 법률행위를 한 날로부터 10년 내에 행사하여야 하는데(민법 제146조), 설문의 경우 甲은 성년의제 시점인 2022.3.12.부터는 추인할 수 있으므로 그로부터 3년이 지나지 않은 2023.2.18. 매매계약을 취소할 수 있다.

오답 해설

...이 소멸된 후에 하여야만 효력이 있는데(민법 제144조 제1항), 2022.2.17. 甲은 아직 미성년자이고 성년의제가 되기도 전이므로 유효하게 추인할 수 없다. 따라서 법정대리인 丁의 동의 없이 매매계약을

상세한 해설

정답에 대한 해설뿐만 아니라 오답에 대한 해설도 빠짐없이 수록, 기출에 대한 완벽한 분석을 시도하였습니다.

다양한 보충자료

반복되는 기출지문의 효과적 학습을 위해 관련·비교 판례 등의 보충자료를 해설편에 수록하였습니다.

온라인 CBT 모의고사

도서 구매자를 위한 특별 혜택

이벤트 쿠폰 입력하고 모의고사 응시권 받으세요. SD에듀 도서를 구매하신 분들께 모의고사를 응시할 수 있는 기회를 드립니다.

이 책의 목차

문제편

해설편

문제편

변리사 1차 민법개론

※ 복수정답 또는 개정법령 반영으로 인해 기출문제를 변형한 경우 **기출 변형** 표시를 하였습니다.

변리사 1차 국가자격시험

교 시	문제형별	시험시간	시 험 과 목
2교시	A	70분	민법개론

수험번호		성 명	

【수 험 자 유 의 사 항】

1. **시험문제지 표지**와 시험문제지 내 **문제형별**의 **동일여부** 및 시험문제지의 **총면수, 문제번호 일련순서, 인쇄상태** 등을 확인하시고, 문제지 표지에 수험번호와 성명을 기재하시기 바랍니다.
2. 답은 각 문제마다 요구하는 **가장 적합하거나 가까운 답 1개**만 선택하고, 답안카드 작성 시 시험문제지 **형별누락, 마킹착오**로 인한 불이익은 전적으로 **수험자에게 책임**이 있음을 알려드립니다.
3. 답안카드는 국가전문자격 공통 표준형으로 문제번호가 1번부터 125번까지 인쇄되어 있습니다. 답안 마킹 시에는 반드시 **시험문제지의 문제번호와 동일한 번호**에 마킹하여야 합니다.
4. **감독위원의 지시에 불응하거나 시험시간 종료 후 답안카드를 제출하지 않을 경우** 불이익이 발생할 수 있음을 알려 드립니다.
5. 시험문제지는 시험 종료 후 가져가시기 바랍니다.

안내사항

1. 수험자는 QR코드를 통해 가답안을 확인하시기 바랍니다.
   (※ 사전 설문조사 필수)
2. 시험 합격자에게 '**합격축하 SMS(알림톡) 알림 서비스**'를 제공하고 있습니다.

– 수험자 여러분의 합격을 기원합니다 –

2024년 제61회 기출문제

Time 분 | 해설편 190p

01 **신의성실의 원칙에 관한 설명으로 옳지 않은 것은? (다툼이 있으면 판례에 따름)**

① 채권자는 물상보증인이 되려는 자에게 주채무자의 신용상태를 조사해서 고지할 신의칙상 의무를 부담한다.

② 병원은 입원환자의 휴대품 등의 도난을 방지함에 필요한 적절한 조치를 강구하여 줄 신의칙상 보호의무를 부담한다.

③ 숙박업자는 투숙고객에게 객실을 사용・수익하게 할 의무를 넘어서 고객의 안전을 배려하여야 할 신의칙상 보호의무를 부담한다.

④ 사적 자치의 영역을 넘어 공공질서를 위하여 공익적 요구를 선행시켜야 할 경우, 신의칙은 합법성의 원칙을 희생하여서라도 구체적 신뢰보호의 필요성이 인정되는 경우에 한하여 예외적으로 적용된다.

⑤ 어떤 법률관계가 신의칙에 위반되는지의 여부는 법원의 직권조사사항이다.

02 **비법인사단 A의 유일한 이사인 대표이사 甲이 대표자로서의 모든 권한을 乙에게 포괄적으로 위임하여 乙이 실질적으로 A의 대표자로서 행위한 경우에 관한 설명으로 옳은 것을 모두 고른 것은? (다툼이 있으면 판례에 따름)**

ㄱ. 乙이 포괄적 수임인으로서 행한 대행행위의 효력은 원칙적으로 A에게 미친다.
ㄴ. 乙이 A의 사무집행과 관련한 불법행위로 丙에게 손해를 입힌 경우, 丙은 A에게 법인의 불법행위책임에 따른 손해배상을 청구할 수 있다.
ㄷ. 乙이 자신의 사익을 도모하기 위해 A의 사무를 처리하다가 丁에게 손해를 입힌 경우에는 법인의 불법행위책임에 있어서 직무관련성이 부정된다.
ㄹ. 甲이 乙에게 대표자로서의 권한을 포괄적으로 위임하고 대표이사로서의 직무를 전혀 집행하지 않은 것은 그 자체로 이사의 선관주의의무에 위반하는 행위이다.

① ㄱ, ㄴ
② ㄱ, ㄷ
③ ㄴ, ㄹ
④ ㄷ, ㄹ
⑤ ㄱ, ㄴ, ㄷ, ㄹ

03 의사무능력자 甲은 자기 소유 X건물에 乙은행 앞으로 저당권을 설정해 주고 금원을 대출받아 곧바로 이를 丙에게 대여하였다. 이에 관한 설명으로 옳은 것을 모두 고른 것은? (다툼이 있으면 판례에 따름)

> ㄱ. 甲이 자신의 의사무능력을 이유로 乙과 체결한 저당권설정계약의 무효를 주장하는 것은 특별한 사정이 없는 한 신의칙에 반한다.
> ㄴ. 甲은 선의·악의를 불문하고 받은 이익이 현존하는 한도에서 乙에게 그 이익을 반환할 의무를 부담한다.
> ㄷ. 甲이 丙에 대한 부당이득반환채권을 乙에게 양도할 의무와 乙의 저당권등기말소의무는 동시이행관계에 있다.

① ㄱ
② ㄴ
③ ㄱ, ㄷ
④ ㄴ, ㄷ
⑤ ㄱ, ㄴ, ㄷ

04 주물과 종물에 관한 설명으로 옳은 것은? (다툼이 있으면 판례에 따름)

① 독립한 물건이라도 부동산은 종물이 될 수 없다.
② 주물의 점유로 인한 시효취득의 효력은 점유하지 않은 종물에도 미친다.
③ 주물에 대한 압류의 효력은 원칙적으로 종물에 미치지 않는다.
④ 주물 그 자체의 효용과 직접 관계가 없더라도 주물의 소유자의 상용에 공여되고 있는 물건은 종물이다.
⑤ 원본채권이 양도되는 경우, 특별한 의사표시가 없으면 이미 변제기에 도달한 이자채권은 함께 양도되지 않는다.

05 **甲이 자신의 X건물을 乙에게 매도하는 계약을 체결하고 계약금 및 중도금을 수령하였으나 아직 소유권 이전등기를 마쳐주지 않았다. 이러한 사실을 알고 있는 丙이 甲의 배임행위에 적극적으로 가담하여 甲으로부터 X건물을 매수하고 소유권이전등기를 경료받았다. 이에 관한 설명으로 옳은 것을 모두 고른 것은? (다툼이 있으면 판례에 따름)**

ㄱ. 甲과 丙이 체결한 매매계약은 반사회적 법률행위로서 무효이다.
ㄴ. 乙은 甲을 대위함이 없이 직접 丙에 대하여 그 소유권이전등기의 말소를 청구할 수 있다.
ㄷ. 乙은 甲에 대한 소유권이전등기청구권을 보전하기 위하여 甲과 丙사이의 매매계약에 대하여 채권자취소권을 행사할 수 있다.
ㄹ. 丁이 丙을 소유권자로 믿고 丙으로부터 X건물을 매수하여 소유권이전등기를 마친 경우, 丁은 甲과 丙사이의 매매계약의 유효를 주장할 수 있다.

① ㄱ
② ㄱ, ㄷ
③ ㄴ, ㄹ
④ ㄱ, ㄴ, ㄹ
⑤ ㄱ, ㄴ, ㄷ, ㄹ

06 **의사표시에 관한 설명으로 옳지 <u>않은</u> 것은? (다툼이 있으면 판례에 따름)**

① 상대방 있는 의사표시에 관하여 제3자가 표의자를 강박한 경우, 표의자는 상대방이 그 사실을 알았거나 알 수 있었을 경우에 한하여 강박에 의한 의사표시를 취소할 수 있다.
② 매매목적물에 하자가 있는 사실을 착오로 알지 못하고 매매계약을 체결한 매수인은 착오로 인한 의사표시의 취소 요건을 갖추더라도 매도인의 하자담보책임이 성립하는 경우에는 착오를 이유로 그 계약을 취소할 수 없다.
③ 통정허위표시로 매매계약이 체결된 경우, 매도인이 그 계약상 채무를 이행하지 않더라도 매수인은 매도인에게 채무불이행으로 인한 손해배상을 청구할 수 없다.
④ 경과실로 인한 착오로 의사표시를 한 자가 착오를 이유로 그 의사표시를 취소한 경우, 상대방은 이로 인해 손해를 입더라도 표의자에게 불법행위로 인한 손해배상을 청구할 수 없다.
⑤ 상대방이 표의자의 착오를 알고 이용한 경우에는 착오가 표의자의 중대한 과실로 인한 것이더라도 표의자는 착오를 이유로 의사표시를 취소할 수 있다.

07 의사표시의 효력발생에 관한 설명으로 옳지 않은 것은? (다툼이 있으면 판례에 따름)

① 상대방 있는 의사표시는 원칙적으로 상대방에게 도달되어야 효력이 발생한다.
② 청약자가 청약의 의사표시를 발송한 후 사망한 경우에도 그 의사표시의 효력에 영향을 미치지 아니한다.
③ 적법하게 성립된 매매에 관하여 해제사유가 발생한 경우, 해제의 의사가 상대방 당사자의 미성년 자(子)에게 도달하면 그 즉시 해제의 효력이 발생한다.
④ 상대방이 부당하게 등기취급 우편물의 수취를 거부함으로써 우편물의 내용을 알 수 있는 객관적 상태의 형성을 방해한 것이 신의성실의 원칙에 반한다고 인정되는 경우, 수취 거부 시에 의사표시의 효력이 생긴 것으로 보아야 한다.
⑤ 의사표시가 담긴 우편물이 상대방의 집에 도달하자 가사도우미가 수취한 후 개봉하지 않은 채 식탁 위에 두었는데, 그 즈음 우연히 그 집을 방문한 의사표시자가 그 미개봉된 우편물을 회수하여 가지고 간 경우, 그 의사표시가 도달한 것으로 볼 수 없다.

08 복대리에 관한 설명으로 옳지 않은 것은? (다툼이 있으면 판례에 따름)

① 법정대리인은 원칙적으로 부득이한 사유가 있는 때에 한하여 복임권이 있다.
② 법정대리인이 부득이한 사유로 복대리인을 선임한 경우, 법정대리인은 그 선임감독에 관한 책임이 있다.
③ 임의대리인에게는 원칙적으로 복대리인을 선임할 권한이 없다.
④ 임의대리인이 본인의 승낙을 얻어 복대리인을 선임한 경우, 임의대리인은 그 선임감독에 관한 책임이 있다.
⑤ 임의대리의 목적인 법률행위의 성질상 대리인 자신에 의한 처리가 필요하지 아니한 경우, 본인이 복대리 금지의 의사를 명시하지 아니하는 한 복대리인의 선임에 관하여 묵시적인 승낙이 있는 것으로 보는 것이 타당하다.

09 제한능력자가 아닌 甲이 乙의 대리인이라고 하면서 丙에게 乙의 부동산을 3억 원에 매도하는 계약을 체결하고 丙으로부터 계약금 3천만 원을 수령하였다. 그 계약에는 '쌍방이 계약을 불이행하는 경우 계약금을 손해배상금으로 한다'는 위약금 약정이 있었다. 그러나 乙은 甲에게 대리권을 수여한 바가 없다. 이에 관한 설명으로 옳지 않은 것은? (다툼이 있으면 판례에 따름)

① 乙이 위 계약을 적법하게 추인하면, 丙은 甲을 상대로 계약상의 책임이나 무권대리인의 책임을 일절 물을 수 없다.

② 乙이 甲에게 추인의 의사표시를 한 경우, 丙은 乙의 추인 사실을 몰랐다면 계약당시 乙의 무권대리사실에 관하여 선의인 때에 한하여 위 계약을 철회할 수 있다.

③ 乙이 추인을 거절한 경우, 丙은 무권대리사실에 관하여 선의·무과실이라면 甲에게 과실이 없더라도 甲을 상대로 무권대리인으로서의 책임을 추궁할 수 있다.

④ 甲이 무권대리인으로서 책임을 부담하는 경우, 丙은 위 계약에서의 위약금 조항의 효력을 주장할 수 있다.

⑤ 만일 丙이 丁에게 위 부동산을 매도한 경우, 乙이 丁에게만 추인의 의사를 표시하면 추인의 효력은 발생하지 아니한다.

10 취소에 관한 설명으로 옳은 것은? (다툼이 있으면 판례에 따름)

① 미성년자가 체결한 계약이 법정대리인의 동의없음을 이유로 취소할 수 있는 경우, 계약당사자인 미성년자는 단독으로 그 계약을 취소할 수 없다.

② 계약을 체결할 수 있는 권한만을 가진 임의대리인이 상대방의 사기로 계약을 체결한 경우, 그 임의대리인은 그 계약을 취소할 수 있다.

③ 미성년자인 임의대리인이 계약을 체결한 경우, 본인은 미성년자에 의한 대리행위라는 이유로 취소할 수 있다.

④ 전세권자의 사기에 의해 건물에 전세권이 설정되고 그 건물이 양도된 경우, 건물양수인은 전세권자의 사기를 이유로 전세권 설정 계약을 취소할 수 있다.

⑤ 미성년자가 단독으로 발급받은 신용카드를 이용하여 구입한 물품의 대금을 성년자가 되어 이의없이 결제한 후에도 그 물품구입계약을 미성년자의 행위임을 이유로 취소할 수 있다.

11 **부동산 거래신고 등에 관한 법률에 따른 토지거래허가구역 내에 존재하는 토지에 대하여 매도인 甲과 매수인 乙사이에 허가를 전제로 하여 매매계약이 체결되었으며 계약 당시 乙은 甲에게 계약금을 지급하였다. 이에 관한 설명으로 옳은 것은? (다툼이 있으면 판례에 따름)**

① 乙은 甲을 상대로 허가가 나오는 것을 조건으로 하여 잔금과 상환으로 이전등기를 해 달라고 청구할 수 있다.

② 허가가 나오기 전이라도 甲은 乙이 잔금기일에 잔금을 지급하지 않았다는 것을 이유로 위 계약을 해제할 수 있다.

③ 위 계약이 확정적으로 무효가 된 경우, 그에 관해 귀책사유가 있는 당사자도 계약의 무효를 주장할 수 있다.

④ 거래허가를 신청하기 전에는 乙의 기망행위로 위 계약을 체결하였더라도 甲은 그 계약을 취소할 수 없다.

⑤ 만일 계약 당시 합의에 따라 계약금을 乙이 丙에게 지급하였는데 그 후 위 계약이 확정적으로 무효가 된 경우, 특별한 사정이 없는 한 乙은 丙을 상대로 지급한 계약금 상당액의 반환을 청구할 수 있다.

12 **소멸시효 중단사유에 관한 설명으로 옳지 <u>않은</u> 것은? (다툼이 있으면 판례에 따름)**

① 채권자가 채무자에게 등기우편으로 이행청구를 한 경우, 법에서 정한 후속수단을 취하지 않으면 그 이행청구만으로는 시효가 중단되지 않는다.

② 채권자가 채무자를 상대로 제기한 소송에서, 피고인 채무자에게 소송서류가 송달된 적이 없는 상태에서 판결이 선고되더라도 시효중단의 효력은 있다.

③ 채무자가 채권자를 상대로 채무부존재확인소송을 제기하여 채권자가 이를 적극적으로 다툰 경우, 그 소가 법원에 접수된 때부터 시효중단의 효력이 인정된다.

④ 채권양수인이 채무자를 상대로 소를 제기하였다가 채무자에 대한 양도통지가 없었다는 이유로 청구가 기각되어 확정된 후, 양도통지를 하고 그 확정된 때로부터 6개월 내에 다시 소를 제기한 경우, 시효중단의 효력은 전소(前訴)제기 시로 소급하여 발생한다.

⑤ 채권자가 연대채무자의 1인에 대하여 가압류를 한 경우, 다른 연대채무자의 채무에 대해서는 시효가 중단되지 않는다.

13 **부동산소유권의 변동을 위해 등기를 요하는 것을 모두 고른 것은? (다툼이 있으면 판례에 따름)**

> ㄱ. 甲이 자기 소유의 X토지를 친구 乙에게 사인증여한 후, 甲이 사망하여 乙이 X토지를 취득하는 경우
> ㄴ. 甲·乙·丙 3인으로 구성된 조합에서 甲이 X토지에 관한 합유지분을 포기하여 그의 지분이 乙과 丙에게 균분으로 귀속하는 경우
> ㄷ. 甲이 X토지에 관해 乙에게 소를 제기하여 법원으로부터 '乙은 甲에게 2023.2.1.자 매매계약을 원인으로 한 X토지의 소유권이전등기절차를 이행하라'는 확정판결을 받아 이에 기해 甲이 소유권을 취득하는 경우
> ㄹ. 甲 소유의 X토지를 乙이 20년간 소유의 의사로 평온·공연하게 점유하여 점유취득시효의 요건이 완성되어 乙이 소유권을 취득하는 경우

① ㄱ, ㄴ
② ㄱ, ㄷ
③ ㄷ, ㄹ
④ ㄴ, ㄷ, ㄹ
⑤ ㄱ, ㄴ, ㄷ, ㄹ

14 **선의취득에 관한 설명으로 옳지 <u>않은</u> 것은? (다툼이 있으면 판례에 따름)**

① 명인방법에 의하여 공시되는 수목의 집단 중 토지로부터 분리된 수목은 선의취득의 대상이 될 수 있다.
② 무권리자로부터 연립주택의 입주권을 평온·공연하게 선의·무과실로 매수하더라도 매수인은 입주권에 관한 선의취득을 주장할 수 없다.
③ 법정대리인의 동의를 받지 않은 미성년자로부터 타인 소유의 자전거를 선의로 매수한 자는 그 미성년자가 제한능력을 이유로 매매계약을 취소하더라도 선의취득에 기해 그 자전거의 소유권을 취득한다.
④ 甲 소유의 발전기를 임차하여 공장에서 사용 중인 乙이 발전기의 소유자를 乙로 오신한 丙에게 그 발전기를 매도함과 동시에 이를 丙으로부터 임차하여 점유의 이전없이 공장에서 계속 사용하고 있는 경우, 丙은 발전기의 소유권을 선의취득 할 수 없다.
⑤ 선의취득의 대상이 된 금반지가 유실물일 때에는 유실자는 유실한 날로부터 2년 내에 그 금반지의 반환을 청구할 수 있다.

15 **점유권에 관한 설명으로 옳은 것은? (다툼이 있으면 판례에 따름)**

① 선의의 점유자라도 본권에 관한 소에 패소한 때에는 그 소가 확정된 때로부터 악의의 점유자로 본다.

② 건물의 소유권이 양도된 경우에는 특별한 사정이 없는 한 건물의 양도인인 전(前) 소유자는 그 건물의 부지에 대한 점유를 상실한다.

③ 직접점유자가 그의 점유를 침탈당하거나 방해당하고 있는 경우, 직접점유자만이 점유보호청구권을 가지고 간접점유자는 점유보호청구권을 행사할 수 없다.

④ 甲의 점유가 타주점유인 경우, 甲의 특정승계인 乙이 자기의 점유만을 주장하더라도 그 점유는 타주점유로 추정된다.

⑤ 과실수취권이 있는 점유자는 점유물로부터 과실을 취득하였더라도 회복자에 대하여 점유물을 보존하기 위하여 지출한 통상의 필요비의 상환을 청구할 수 있다.

16 **甲이 2000.2.1.부터 乙 소유의 X토지를 소유의 의사로 평온 · 공연하게 현재까지 점유하고 있다. 이에 관한 설명으로 옳지 <u>않은</u> 것은? (각 지문은 독립적이며, 다툼이 있으면 판례에 따름)**

① 甲이 丙을 점유매개자로 하여 X토지를 간접적으로 점유하였더라도 甲은 시효취득을 주장할 수 있다.

② 乙이 X토지를 2015.2.1. 丙에게 매도하여 현재 丙이 소유권자로 등기되어 있는 경우, 甲은 丙에게 취득시효의 완성을 주장할 수 있다.

③ 乙이 丙에게 무효인 매매계약에 기하여 2022.2.1. 소유권이전등기를 마쳐주었다면, 甲은 乙을 대위하여 丙 명의의 등기의 말소를 구할 수 있다.

④ 乙의 채권자 丙이 채권을 보전하기 위하여 2018.2.1. X토지를 가압류 한 경우, 취득시효의 진행은 중단된다.

⑤ X토지에 관하여 甲의 취득시효가 완성된 경우, 乙은 甲에 대하여 취득시효 기간 동안 X토지를 점유하여 얻은 이득의 반환을 청구할 수 없다.

17 공동소유에 관한 설명으로 옳은 것은? (다툼이 있으면 판례에 따름)

① 공유자는 다른 공유자의 동의없이 자기의 지분을 담보로 제공할 수 없다.
② 공유물의 변경은 공유자의 지분의 과반수로써 결정한다.
③ 공유물의 관리에 관한 사항은 공유자의 과반수로써 결정한다.
④ 합유자는 달리 정함이 없는 한 전원의 동의없이 합유물에 대한 지분을 처분하지 못한다.
⑤ 총유물에 대한 보존행위는 달리 정함이 없는 한 비법인사단을 구성하는 각 사원이 할 수 있다.

18 건물의 소유를 목적으로 하는 지상권에 관한 설명으로 옳지 않은 것은? (다툼이 있으면 판례에 따름)

① 토지에 관하여 근저당권을 설정함과 아울러 그 토지의 담보가치가 저감하는 것을 막기 위해 채권자 앞으로 건물의 소유를 목적으로 하는 지상권이 설정된 경우, 피담보채권의 변제로 근저당권이 소멸하더라도 그 지상권은 소멸하지 않는다.
② 존속기간의 만료로 지상권이 소멸할 당시에 건물이 현존한 경우, 지상권자가 계약갱신청구권을 행사하더라도 지상권설정자가 이를 거절하면 지상권은 갱신되지 않는다.
③ 지상권이 소멸한 때 지상권설정자가 상당한 가액을 제공하여 건물의 매수를 청구한 때에는 지상권자는 정당한 이유없이 이를 거절하지 못한다.
④ 건물의 소유를 목적으로 하는 지상권에서 그 건물이 멸실되더라도 존속기간이 만료되지 않은 한 지상권은 소멸되지 않는다.
⑤ 무상(無償)의 지상권자는 언제든지 지상권을 포기할 수 있지만, 지상권이 저당권의 목적인 때에는 저당권자의 동의가 있어야 포기할 수 있다.

19 **甲은 乙 소유의 X토지에 건물의 소유를 목적으로 하는 지상권을 취득한 후 Y건물을 신축하여 보존등기를 마쳤다. 그 후 甲은 丙과 Y건물에 관하여 전세금을 3억 원으로 하는 전세권설정계약을 체결하고 3억 원을 지급받은 뒤 전세권설정등기를 마쳐주었다. 이에 관한 설명으로 옳은 것은? (다툼이 있으면 판례에 따름)**

① 甲이 丙에게 Y건물을 인도하지 않은 경우, 특별한 사정이 없는 한 丙의 전세권은 성립하지 않는다.
② 甲과 丙이 전세권의 존속기간을 약정하지 아니한 경우, 甲과 丙은 언제든지 상대방에 대하여 전세권의 소멸을 통고할 수 있고 상대방이 이 통고를 받은 때 전세권은 소멸한다.
③ 전세금 3억 원은 현실적으로 수수되어야 하며, 丙이 甲에 대하여 갖는 기존의 채권으로 전세금의 지급에 갈음할 수 없다.
④ 특별한 사정이 없는 한, 전세기간 중 丙은 甲의 동의를 얻어야 Y건물을 타인에게 임대할 수 있다.
⑤ 甲이 乙에게 약정한 지료를 2년분 이상 연체한 경우, 乙은 丙의 동의가 없어도 甲에게 지상권소멸을 청구할 수 있다.

20 **민법상 유치권에 관한 설명으로 옳지 <u>않은</u> 것은? (다툼이 있으면 판례에 따름)**

① 채권자는 자기 소유의 물건에 대하여는 유치권을 취득할 수 없다.
② 임대인과 임차인 사이에 건물명도시 권리금을 반환하기로 약정한 경우, 임차인은 권리금반환청구권을 피담보채권으로 하여 그 건물에 대하여 유치권을 행사할 수 없다.
③ 당사자가 미리 유치권의 발생을 배제하기로 하는 특약을 하는 것도 가능하다.
④ 어떠한 물건에 관련하여 채권이 발생한 후 채권자가 그 물건의 점유를 취득한 경우에도 유치권이 성립할 수 있다.
⑤ 유치권자가 소유자의 승낙 없이 유치목적물을 임대한 경우, 임차인의 점유는 소유자에게 대항할 수 있는 적법한 권원에 기한 것이다.

21 **민법상 질권에 관한 설명으로 옳지 않은 것은? (다툼이 있으면 판례에 따름)**

① 동산질권은 선의취득의 대상이 될 수 있다.
② 저당권으로 담보한 채권을 질권의 목적으로 한 때에는 그 저당권등기에 질권의 부기등기를 하여야 그 효력이 저당권에 미친다.
③ 근질권이 설정된 금전채권에 대하여 제3자의 압류로 강제집행절차가 개시된 경우, 근질권의 피담보채권은 근질권자가 그 강제집행이 개시된 사실을 알게 된 때에 확정된다.
④ 채무자의 부탁으로 그의 채무를 담보하기 위하여 자기 소유의 동산에 질권을 설정한 자는 그 채무의 이행기가 도래한 때 채무자에게 미리 구상권을 행사할 수 있다.
⑤ 질물의 변형물인 금전 기타 물건에 대하여 이미 제3자가 압류한 경우, 질권자 스스로 이를 압류하지 않아도 물상대위권을 행사할 수 있다.

22 **저당권에 관한 설명으로 옳지 않은 것은? (다툼이 있으면 판례에 따름)**

① 구분지상권을 목적으로 하는 저당권의 설정도 가능하다.
② 저당권 등기가 위법하게 말소된 후 그 저당부동산이 경매절차에서 매각된 경우, 저당권자는 매수인을 상대로 말소된 저당권 등기의 회복을 청구할 수 있다.
③ 피담보채무의 소멸로 무효가 된 저당권 등기의 유용은 등기부상 이해관계가 있는 제3자가 생기지 않은 경우에 허용된다.
④ 저당부동산에 대한 압류가 있으면 압류 이후의 저당권설정자의 저당부동산에 관한 차임채권에도 저당권의 효력이 미친다.
⑤ 금전채권이 아닌 채권을 피담보채권으로 하는 저당권을 설정하면서 그 평가액을 등기한 경우, 채권자는 제3자에 대한 관계에 있어서 그 등기된 평가액의 한도에서만 저당권을 주장할 수 있다.

23 甲은 乙에 대한 3억 원의 채권을 담보하기 위하여 乙 소유의 X토지와 Y토지에 각각 1번 저당권을 설정하였다. 그 후 丙은 乙에 대한 2억 원의 피담보채권을 가지고 X토지에 2번 저당권을 설정하였다. 경매절차에서 X토지와 Y토지는 각각 4억 원, 2억 원에 매각되었다. 이에 관한 설명으로 옳은 것을 모두 고른 것은? (다른 우선권자는 없고 원본만을 고려하며, 다툼이 있으면 판례에 따름)

ㄱ. 동시배당이 이루어지는 경우, 甲은 X토지의 매각대금으로부터 2억 원, Y토지의 매각대금으로부터 1억 원을 배당받는다.
ㄴ. 먼저 X토지에 대한 경매가 이루어져 甲이 3억 원을 배당받은 경우, 丙은 Y토지에 대하여 1억 원의 범위에서 甲의 1번 저당권을 대위할 수 있다.
ㄷ. 먼저 X토지에 대한 경매가 이루어져 甲이 3억 원을 배당받은 경우, 만일 丙이 Y토지에 공동저당의 대위등기를 하지 아니한 사이에 甲이 Y토지에 대한 저당권을 말소하고 丁이 Y토지를 매수하여 소유권을 취득하였더라도 丙은 丁에 대하여 저당권을 주장할 수 있다.
ㄹ. 만일 甲이 경매가 개시되기 전에 Y토지에 대한 저당권을 포기하였다면 甲은 X토지의 매각대금으로부터 3억 원을 배당받고 丙은 Y토지에 대하여 1억 원의 범위에서 甲의 1번 저당권을 대위할 수 있다.

① ㄱ, ㄴ
② ㄴ, ㄷ
③ ㄷ, ㄹ
④ ㄱ, ㄴ, ㄹ
⑤ ㄱ, ㄷ, ㄹ

24 가등기담보에 관한 설명으로 옳지 <u>않은</u> 것은? (다툼이 있으면 판례에 따름)

① 매매대금 채권을 담보하기 위하여 가등기를 한 경우에는 가등기담보 등에 관한 법률이 적용되지 않는다.
② 가등기담보권이 설정되기 위해서는 피담보채권이 등기되어야 한다.
③ 당사자가 가등기담보권설정계약을 체결하면서 가등기 이후에 발생할 채권도 가등기부동산의 피담보채권에 포함시키기로 약정한 경우, 이 약정은 특별한 사정이 없는 한 유효하다.
④ 채권자가 가등기담보권을 실행하기 위해 청산금의 평가액을 통지하는 경우, 그가 주관적으로 평가한 청산금의 평가액을 통지하면 족하다.
⑤ 가등기담보권자는 담보목적부동산의 경매를 청구할 수 있고, 이 경우 경매에 관하여는 가등기담보권을 저당권으로 본다.

25 특정물채권에 관한 설명으로 옳지 않은 것은? (다툼이 있으면 판례에 따름)

① 특정물매매에 있어서 매수인의 대금지급채무가 이행지체에 빠졌다고 하더라도 그 목적물이 매수인에게 인도될 때까지는 매수인은 매매대금의 이자를 지급할 필요가 없다.

② 특정물매매의 경우, 매수인이 매매대금을 지급하지 않더라도 인도받지 않은 목적물로부터 생긴 과실에 대한 수취권은 특별한 사정이 없는 한 매수인에게 귀속된다.

③ 채권자는 특정물에 관한 자신의 채권을 보전하기 위하여 채무자의 제3채무자에 대한 그 특정물에 관한 권리만을 대위행사할 수 있다.

④ 103동 607호, 107동 203호 등으로 아파트를 지정하여 매매하는 것을 내용으로 하는 아파트분양계약은 수량을 지정한 매매가 아닌 특정물을 목적으로 한 매매에 해당한다.

⑤ 채권자가 특정물채권을 보전하기 위해 채권자취소권을 행사하는 것은 허용되지 않는다.

26 채무불이행에 관한 설명으로 옳지 않은 것은? (다툼이 있으면 판례에 따름)

① 이행보조자는 채무자의 의사 관여 아래 채무의 이행행위에 속하는 활동을 하는 자이면 충분하고, 반드시 채무자의 지시 또는 감독을 받는 관계에 있어야 하는 것은 아니다.

② 이행기의 정함이 없는 지명채권을 양수한 채권양수인이 채무자를 상대로 그 이행을 구하는 소를 제기하고, 그 소송 계속 중 채무자에 대한 채권양도통지가 이루어진 경우에는 특별한 사정이 없는 한 채무자는 그 소가 제기된 날부터 채권양수인에 대해 이행지체의 책임을 진다.

③ 매매목적물에 관하여 이중으로 제3자와 매매계약을 체결하였다는 사실만 가지고는 먼저 체결된 매매계약이 법률상 이행불능이라고 할 수 없다.

④ 매매목적물이 채무자의 과실에 의한 화재로 소실됨으로써 채무자의 매매목적물에 대한 인도의무가 이행불능으로 된 경우, 채권자는 화재사고로 채무자가 지급받게 되는 화재보험금에 대하여 대상청구권을 행사할 수 있다.

⑤ 임대인이 임대물수선의무를 이행하기 위하여 제3자에게 도급을 주어 임차물을 공사하던 중 그 수급인의 과실에 의한 임차물의 화재로 인해 임차인의 손해가 발생한 경우, 임대인은 임차인에 대하여 채무불이행에 따른 손해배상책임을 부담한다.

27 채무불이행에 따른 손해배상에 관한 설명으로 옳은 것은? (다툼이 있으면 판례에 따름)

① 숙박업자가 숙박계약에 따른 의무를 다하지 못하여 투숙객이 사망한 경우, 숙박계약의 당사자가 아니면서 그 사고로 인하여 정신적 고통을 받은 그 투숙객의 근친자는 그 투숙객에 대한 숙박계약상의 채무불이행을 이유로 숙박업자에게 위자료를 청구할 수 있다.

② 채무불이행을 이유로 계약이 해제된 경우에 채권자는 이행이익의 배상 대신에 계약이 이행되리라고 믿고 지출한 비용을 채무불이행으로 인한 손해로 배상을 청구할 수 있으며, 그 지출비용이 이행이익의 범위를 초과하더라도 그 전부를 청구할 수 있다.

③ 부동산매매계약에서 매도인의 이행거절로 인한 채무불이행에서의 손해액 산정은 이행거절 당시의 부동산의 시가를 표준으로 한다.

④ 채무자의 채무불이행으로 인한 손해배상액이 예정되어 있는 경우에 채무불이행으로 인한 손해의 발생 및 확대에 채권자에게도 과실이 있다면 과실상계를 할 수 있다.

⑤ 위약금이 위약벌로 해석되기 위해 특별한 사정이 주장·입증될 필요는 없으며, 도급계약서에 계약보증금 외에 지체상금도 규정되어 있다면 이 자체로 계약보증금은 위약벌이 된다.

28 책임재산의 보전에 관한 설명으로 옳지 <u>않은</u> 것은? (다툼이 있으면 판례에 따름)

① 농지취득자격증명 발급신청권은 채권자대위권의 행사대상이 될 수 있다.

② 채권자대위권 행사의 효과는 채무자에게 귀속되는 것이므로 채권자대위소송의 제기로 인한 피대위채권의 소멸시효 중단의 효과는 채무자에게 생긴다.

③ 취득시효의 대상인 부동산의 소유자가 취득시효 완성 후에 그 부동산을 처분하여 점유자의 시효취득을 원인으로 한 소유권이전등기청구권이 침해된 경우, 그 점유자는 소유권이전등기청구권의 보전을 위해 채권자취소권을 행사할 수 있다.

④ 채권자는 원칙적으로 자신의 채권액을 초과하여 채권자취소권을 행사할 수 없다.

⑤ 사해행위에 해당하는지가 문제되는 법률행위가 수익자의 대리인에 의하여 이루어진 때에는 특별한 사정이 없는 한 수익자의 사해의사는 대리인을 표준으로 결정한다.

29 **연대채무자 甲·乙·丙이 채권자 丁에게 대여금 3억 원을 변제하기로 하는 채무를 부담하는 경우, 이에 관한 설명으로 옳지 않은 것은? (甲·乙·丙의 부담부분은 균등하며 원본만 고려함. 각 지문은 독립적이고, 다툼이 있으면 판례에 따름)**

① 丁이 변제기에 甲을 상대로 채무이행의 소를 제기하여 승소판결이 확정된 경우, 그 소멸시효 중단의 효과는 乙과 丙에게도 발생한다.

② 乙이 丁에 대해 상계적상에 있는 2억 원의 채권을 가지고 있으나 상계하지 아니한 경우, 丙은 乙의 丁에 대한 2억 원의 채권 중 1억 원에 한해 상계할 수 있다.

③ 丙이 채무 3억 원의 지급에 갈음하여 자신이 소유하는 부동산의 소유권을 丁에게 이전하기로 하는 경개계약을 丁과 유효하게 체결한 경우, 丁에 대한 甲과 乙의 채무는 소멸한다.

④ 丁이 甲에 대해 채무 전부를 면제한 경우, 丁에 대한 乙과 丙의 채무 전부도 소멸한다.

⑤ 丙이 丁의 위 채권(3억 원)을 유효하게 양수한 경우, 甲과 乙은 丙에게 각 1억 원을 변제하여야 한다.

30 **채권의 양도에 관한 설명으로 옳은 것은? (다툼이 있으면 판례에 따름)**

① 부동산매매로 인한 소유권이전등기청구권이 양도된 경우, 양도인의 채무자에 대한 통지만으로 채무자에 대한 대항력이 발생한다.

② 소송행위를 하게 하는 것을 주목적으로 지명채권의 양도가 이루어진 경우, 그 채권양도가 신탁법상의 신탁에 해당하지 않는 경우에는 유효이다.

③ 주채무자에 대한 지명채권이 양도된 후 양수인이 보증인에게 보증채권을 행사하기 위해서는 주채권의 양도에 대한 대항요건과 별도로 보증채권의 양도에 대한 대항요건을 갖추어야 한다.

④ 선순위의 근저당권부채권을 양수한 채권자보다 후순위의 근저당권자는 '지명채권양도의 대항요건을 갖추지 아니한 경우에 대항할 수 없는 제3자'에 포함되지 않는다.

⑤ 채권자와 양수인 사이의 계약에 의해 지명채권이 양도된 경우, 양수인은 제3자에 대한 대항요건을 구비하기 위함이라고 하더라도 그 채권자에게 채권양도통지절차의 이행을 청구할 수 없다.

31 채무의 인수에 관한 설명으로 옳은 것을 모두 고른 것은? (다툼이 있으면 판례에 따름)

> ㄱ. 중첩적 채무인수는 채권자와 채무인수인과의 합의가 있는 이상 채무자의 의사에 반하여서도 이루어질 수 있다.
> ㄴ. 면책적 채무인수가 있은 경우, 인수채무의 소멸시효기간은 특별한 사정이 없는 한 채무인수와 동시에 이루어진 채무인수인의 채무승인에 따라 채무인수일로부터 새로이 진행된다.
> ㄷ. 채무자와 채무인수인의 합의에 의한 중첩적 채무인수는 제3자를 위한 계약에 해당하지 않으며, 채권자는 채무인수인에게 수익의 의사를 표시하지 않더라도 채무인수인에 대하여 직접 청구할 권리를 갖는다.

① ㄱ
② ㄱ, ㄴ
③ ㄱ, ㄷ
④ ㄴ, ㄷ
⑤ ㄱ, ㄴ, ㄷ

32 채권의 소멸에 관한 설명으로 옳지 <u>않은</u> 것을 모두 고른 것은? (다툼이 있으면 판례에 따름)

> ㄱ. 법정변제충당의 순위를 정함에 있어서 변제의 유예가 있는 채무에 대하여는 유예기까지 변제기가 도래하지 않은 것과 같게 보아야 한다.
> ㄴ. 채권자의 태도로 보아 채무자가 채무의 이행제공을 하였더라도 그 수령을 거절하였을 것이 명백한 경우에도 채무자는 이행의 제공을 하지 않고 바로 변제공탁할 수는 없다.
> ㄷ. 변제공탁이 적법한 경우에는 채권자가 공탁물 출급청구를 하였는지와 관계없이 공탁을 한 때에 변제의 효력이 발생하지만, 그 후 공탁물 출급청구권에 대하여 가압류 집행이 된 경우에는 변제의 효력이 발생하지 아니한다.
> ㄹ. 매도인의 담보책임을 기초로 한 손해배상채권의 제척기간이 지난 경우, 매수인은 그 제척기간이 지나기 전에 상계할 수 있었을지라도 그 손해배상채권을 자동채권으로 해서 매도인의 채권과 상계할 수 없다.

① ㄱ, ㄴ
② ㄷ, ㄹ
③ ㄱ, ㄴ, ㄷ
④ ㄱ, ㄴ, ㄹ
⑤ ㄴ, ㄷ, ㄹ

33 **계약의 성립에 관한 설명으로 옳지 않은 것은? (다툼이 있으면 판례에 따름)**

① 의사표시의 불일치로 인해 계약이 성립하지 않는 경우, 그로 인해 손해를 입은 당사자는 상대방이 계약의 불성립을 알았거나 알 수 있었음을 이유로 계약체결상의 과실로 인한 손해배상을 청구할 수 있다.

② 은행 직원이 예금자로부터 돈을 받아 확인한 후에는 실제로 입금하지 않아도 예금자와 은행 사이에 예금계약이 성립한다.

③ 甲이 자신의 X건물을 乙에게 1억 원에 팔겠다는 청약을 하였는데, 이 사실을 모르는 乙이 甲에게 X건물을 1억 원에 구입하겠다고 청약을 한 경우에 두 청약이 상대방에게 도달한 때에 계약은 성립한다.

④ 매도인이 매수인에게 매매계약의 합의해제를 청약하였는데, 매수인이 그 청약에 대하여 조건을 붙여 승낙한 경우에는 합의해제의 청약이 실효된다.

⑤ 임대인이 임대목적물에 대한 소유권 기타 이를 임대할 권한이 없다고 하더라도 임대차계약은 유효하게 성립할 수 있다.

34 **甲은 2024.2.10. 자신이 소유하는 특정 도자기를 1천만 원에 乙에게 매도하기로 약정하면서 2024.2.28. 乙에게 인도하기로 하였다. 이에 관한 설명으로 옳지 않은 것은? (다툼이 있으면 판례에 따름)**

① 乙의 과실로 도자기가 멸실된 경우, 甲은 도자기 이전의무를 면하면서 얻은 이익이 있더라도 이를 乙에게 상환할 필요는 없다.

② 도자기가 2024.2.20. 지진으로 멸실된 경우, 甲은 乙에게 매매대금의 지급을 청구할 수 없다.

③ 乙이 계약체결 당시 甲에게 매매대금을 지급하였는데, 도자기가 2024.2.20. 지진으로 멸실된 경우에 乙은 甲에게 부당이득반환을 청구할 수 있다.

④ 乙의 과실로 도자기가 멸실된 경우, 甲은 乙에게 매매대금의 지급을 청구할 수 있다.

⑤ 乙의 수령지체 중에 지진으로 도자기가 멸실된 경우, 甲은 乙에게 매매대금의 지급을 청구할 수 있다.

35 증여계약에 관한 설명으로 옳지 않은 것은? (다툼이 있으면 판례에 따름)

① 부담부 증여에서 상대방의 부담의무 불이행을 이유로 한 증여자의 계약해제는 이미 이행한 부분에 대하여는 영향을 미치지 아니한다.

② 증여계약 성립 이후에 그 계약이 존속하는 동안 서면을 작성한 경우에는 그때부터 당사자가 임의로 이를 해제할 수 없다.

③ 재단법인의 설립을 위하여 서면에 의해 출연하였더라도 착오취소를 위한 요건이 갖춰진 경우, 출연자는 착오를 이유로 출연의 의사표시를 취소할 수 있다.

④ 서면에 의하지 않음을 이유로 증여계약을 해제하는 경우에는 원칙적으로 형성권의 제척기간의 적용을 받지 않는다.

⑤ 정기의 급여를 목적으로 한 증여는 특별한 사정이 없는 한 증여자의 사망으로 인하여 그 효력을 잃는다.

36 甲은 자신의 토지 위에 건물신축을 위해 乙과 공사도급계약을 체결하였다. 이에 관한 설명으로 옳지 않은 것을 모두 고른 것은? (다툼이 있으면 판례에 따름)

> ㄱ. 乙이 일을 완성하기 전에 甲은 손해를 배상하고 계약을 해제할 수 있으며, 특별한 사정이 없는 한 甲은 乙에 대한 손해배상에 있어서 과실상계를 주장할 수 있다.
> ㄴ. 乙로부터 공사대금채권을 양수받은 자의 저당권설정청구에 의하여 甲이 신축건물에 저당권을 설정하는 행위는 특별한 사정이 없는 한 甲의 채권자에 대한 사해행위에 해당하지 아니한다.
> ㄷ. 甲이 하자보수에 갈음하여 손해배상을 청구하는 경우, 甲은 보수(報酬)가 손해배상액을 초과하더라도 乙이 그 손해배상채무를 이행할 때까지 乙에게 그 보수 전액의 지급을 거절할 수 있다.
> ㄹ. 완성된 건물에 중요한 하자가 있어 甲이 하자보수에 갈음하여 손해배상을 청구하는 경우, 그 하자보수비는 건물의 완성시를 기준으로 산정해야 한다.

① ㄱ, ㄴ
② ㄴ, ㄹ
③ ㄷ, ㄹ
④ ㄱ, ㄷ, ㄹ
⑤ ㄴ, ㄷ, ㄹ

37 **위임계약에 관한 설명으로 옳지 않은 것은? (다툼이 있으면 판례에 따름)**

① 보수의 수령 여부와 관계없이 수임인은 선량한 관리자의 주의의무를 부담한다.

② 수임인이 위임사무의 처리로 인하여 받은 금전을 위임인에게 반환할 경우, 특별한 사정이 없는 한 위임 종료시를 기준으로 그 금전의 범위가 정해진다.

③ 위임인이 성년후견개시심판을 받더라도 위임이 종료되는 것은 아니다.

④ 위임계약의 당사자는 특별한 이유 없이도 언제든지 위임계약을 해지할 수 있다.

⑤ 수임인이 위임인의 지명에 의하여 복수임인을 선임한 경우, 위임인에 대하여 그 선임감독에 관한 책임을 진다.

38 **사무관리에 관한 설명으로 옳은 것은? (다툼이 있으면 판례에 따름)**

① 관리자가 사무의 적절한 관리를 함에 있어 과실없이 손해를 받은 때에는 본인에 대하여 그 손해 전액의 보상을 청구할 수 있다.

② 관리자가 본인을 위하여 본인의 의사에 부합하게 사무를 관리하면서 유익비를 지출한 경우, 현존이익 한도에서 그 상환을 청구할 수 있다.

③ 상대방과의 약정에 따라 제3자의 사무를 관리한 경우, 그 관리자와 제3자 사이에서는 원칙적으로 사무관리가 성립된다.

④ 관리자에게 타인을 위해 사무를 처리하는 의사와 관리자 자신의 이익을 위한 의사가 모두 있는 경우에는 사무관리가 성립할 수 없다.

⑤ 관리자가 타인의 신체에 대한 급박한 위해를 면하게 하기 위하여 그 사무를 관리한 경우, 그의 경과실로 인해 발생한 본인의 손해를 배상할 책임이 없다.

39 **불법행위에 관한 설명으로 옳은 것은? (다툼이 있으면 판례에 따름)**

① 공동불법행위자 甲과 乙중 甲의 손해배상채무가 시효로 소멸한 후에 乙이 피해자에게 자기의 부담부분을 넘는 손해를 배상한 경우, 乙은 甲을 상대로 구상권을 행사할 수 없다.

② 자신의 과실에 의해 초래된 급박한 위난을 피하기 위해 부득이 타인에게 손해를 가한 자는 그 손해에 대한 배상책임을 지지 않는다.

③ 공작물의 설치·보존의 하자로 인해 타인에게 입힌 손해에 대하여 점유자가 면책된 경우, 그 공작물의 소유자는 과실이 없어도 배상책임을 진다.

④ 피용자와 제3자가 공동불법행위에 따른 손해배상채무를 부담하는 경우, 사용자가 피용자와 제3자의 책임비율에 의해 정해진 부담부분을 초과하여 피해자에게 배상하더라도 제3자에 대하여 구상권을 행사할 수 없다.

⑤ 불법행위로 인하여 건물이 훼손되어 사용 및 수리가 불가능한 경우, 손해배상액의 기준이 되는 건물의 시가에는 원칙적으로 건물의 철거비용이 포함된다.

40 **매도인의 담보책임에 관한 설명으로 옳은 것을 모두 고른 것은? (특별한 사정은 없으며, 다툼이 있으면 판례에 따름)**

ㄱ. 타인의 권리의 매매에서 매도인이 그 권리를 매수인에게 이전할 수 없게 된 경우, 매도인의 손해배상액은 이행불능 당시의 목적물의 시가를 기준으로 산정한다.

ㄴ. 매매목적물의 일부가 계약 당시에 이미 멸실되어 매도인이 그 부분을 이전 할 수 없는 경우, 악의의 매수인은 대금감액을 청구할 수 없다.

ㄷ. 매매목적물이 유치권의 목적이 되어 있는 경우, 계약의 목적을 달성할 수 있더라도 선의의 매수인은 계약을 해제할 수 있다.

ㄹ. 매매당사자가 건축을 위해 매매한 토지에 대하여 건축허가를 받을 수 없어 건축이 불가능한 경우는 물건의 하자에 해당하며, 하자의 존부는 매매계약 성립시를 기준으로 판단한다.

① ㄱ, ㄴ

② ㄴ, ㄹ

③ ㄷ, ㄹ

④ ㄱ, ㄴ, ㄹ

⑤ ㄱ, ㄴ, ㄷ, ㄹ

2023년 제60회 기출문제

Time 분 | 해설편 211p

01 **가상화폐 투자에 실패한 甲은 부인 乙을 볼 면목이 없어 2015.9.15. 지리산으로 들어가 누구와도 연락을 하지 않았다. 甲의 생사를 알지 못한 乙은 2021.9.7. 법원에 실종선고를 청구하여 2022.3.10. 실종선고가 되었다. 甲의 실종선고로 甲에 대한 사망보험금 5억 원을 수령한 乙은 주식에 투자하여 큰 손실을 보았다. 지리산에서 삶의 새로운 목표를 찾은 甲은 2023.2.5. 집으로 돌아왔다. 이에 관한 설명으로 옳은 것은? (다툼이 있으면 판례에 따름)**

① 실종선고로 甲의 사망이 의제된 시점은 2022.3.10.이다.

② 甲의 실종선고가 취소되지 않더라도 甲이 살아 있는 것이 증명되었으므로, 보험회사는 乙을 상대로 한 사망보험금 반환소송에서 승소할 수 있다.

③ 甲에 대한 실종선고가 취소되면, 선의인 乙은 현존이익 한도에서 보험금을 반환하면 된다.

④ 실종선고를 취소하지 않는 한, 甲은 공직선거권이 없다.

⑤ 법원에 의해 甲의 실종선고가 취소되면, 그 때부터 장래를 향하여 甲에 대한 실종선고의 효력이 부정된다.

02 **2022.1.12. 당시 18세 1개월이었던 甲은 법정대리인 丁의 동의 없이, 자신이 소유하는 상가건물을 乙에게 매도하는 매매계약을 체결하였다. 그 후 甲은 2022.3.12. 丙과 혼인하였으나, 6개월 후인 2022.9.12. 이혼을 하였다. 이에 관한 설명으로 옳지 <u>않은</u> 것은? (다툼이 있으면 판례에 따름)**

① 2023.2.18. 현재 甲은 이미 성년이 되었으므로, 매매계약을 취소할 수 없다.

② 만일 甲이 2022.2.17. 丁의 동의 없이 매매계약을 추인하였더라도, 甲은 위 매매계약을 취소할 수 있다.

③ 만일 甲이 2022.5.15. 丁의 동의 없이 매매계약을 추인한 경우, 그 추인은 유효하다.

④ 만일 甲이 2022.10.5. 아무런 이의를 제기하지 않고 乙로부터 매매대금을 수령한 경우, 매매계약을 취소할 수 없다.

⑤ 2023.2.18. 현재 甲은 위 매매계약을 丁의 동의 없이 유효하게 추인할 수 있다.

03 **민법상 법인에 관한 설명으로 옳지 않은 것은?**

① 생전처분으로 재단법인을 설립하는 때에는 증여에 관한 규정을 준용한다.
② 유언으로 재단법인을 설립하는 때에는 출연재산(지명채권)은 유언의 효력이 발생한 때로부터 법인에 귀속한 것으로 본다.
③ 이사의 대표권에 대한 제한은 이를 등기하지 아니하면 그 효력이 없다.
④ 재단법인의 목적을 달성할 수 없는 때에는 설립자나 이사는 주무관청의 허가를 얻어 설립의 취지를 참작하여 그 목적 기타 정관의 규정을 변경할 수 있다.
⑤ 재단법인의 설립자가 그 명칭, 사무소소재지 또는 이사임면의 방법을 정하지 아니하고 사망한 때에는 이해관계인 또는 검사의 청구에 의하여 법원이 이를 정한다.

04 **동일소유자에게 속하는 다음 물건 중 주물과 종물의 관계로 보기 어려운 것은? (다툼이 있으면 판례에 따름)**

① 배와 노
② 자물쇠와 열쇠
③ 주유소건물과 주유기
④ 횟집과 수족관
⑤ 주유소부지와 그 지하에 매설된 유류저장탱크

05 **민법상 기간의 계산으로 옳지 않은 것은? (다툼이 있으면 판례에 따름)**

① 2023년 2월 10일(금요일) 오후 10시 30분부터 12시간이라고 한 경우, 기간의 만료점은 2023년 2월 11일(토요일) 오전 10시 30분이 된다.
② 2004년 1월 17일 오후 2시에 태어난 甲이 성년이 되는 시점은 2023년 1월 17일 24시이다.
③ 2022년 11월 30일 오전 10시부터 3개월이라고 한 경우, 기간의 만료점은 2023년 2월 28일(화요일) 24시이다.
④ 2023년 5월 1일부터 10일간이라고 한 경우, 기간의 만료점은 2023년 5월 10일(수요일) 24시이다.
⑤ 사원총회소집일 1주일 전에 통지를 발송하도록 한 경우, 사원총회소집일이 2023년 3월 10일(금요일) 오후 2시면 소집통지를 늦어도 3월 2일 24시까지 발송하여야 한다.

06 **소멸시효에 관한 설명으로 옳지 않은 것을 모두 고른 것은? (다툼이 있으면 판례에 따름)**

ㄱ. 보험금청구권의 소멸시효는 보험계약자가 보험회사에 보험금을 청구한 때로부터 진행한다.
ㄴ. 동일한 채권자에게 다수의 채무를 부담하는 채무자가 변제 충당을 지정하지 않고 일부 금원을 변제한 경우, 특별한 사정이 없는 한 그 변제는 모든채무에 대한 승인으로서 소멸시효를 중단하는 효력이 있다.
ㄷ. 중첩적 채무인수에 의하여 인수인이 부담하는 채무에 대해서는 기존채무와 동일한 소멸시효기간이 적용된다.
ㄹ. 보험계약자가 보험금을 부정 취득할 목적으로 다수의 보험계약을 체결한 것이 민법 제103조(반사회질서의 법률행위)에 의해 무효로 된 경우, 보험자가 지급한 보험금에 대한 부당이득반환청구권은 10년의 민사 소멸시효기간이 적용된다.

① ㄱ, ㄷ
② ㄱ, ㄹ
③ ㄴ, ㄷ
④ ㄴ, ㄹ
⑤ ㄱ, ㄷ, ㄹ

07 **민법 제104조의 불공정한 법률행위에 관한 설명으로 옳은 것은? (다툼이 있으면 판례에 따름)**

① 행정기관에 진정서를 제출하여 상대방을 궁지에 빠뜨린 다음 이를 취하하는 조건으로 거액의 급부를 제공받기로 약정한 것은 불공정한 법률행위에 해당한다.
② 법률행위의 성립시에는 존재하지 않았던 급부간의 현저한 불균형이 그 이후 외부적 사정의 급격한 변화로 인하여 발생하였다면 다른 요건이 충족되는 한 그때부터 불공정한 법률행위가 인정된다.
③ 불공정한 법률행위의 성립요건으로 요구되는 무경험이란 일반적인 생활체험의 부족이 아니라 해당 법률행위가 행해진 바로 그 영역에서의 경험 부족을 의미한다.
④ 법률행위가 현저히 공정을 잃었고, 어느 한 당사자에게 궁박의 사정이 존재한다고 하여도 그 상대방에게 이러한 사정을 이용하려는 폭리행위의 악의가 없었다면 불공정한 법률행위는 인정되지 않는다.
⑤ 불공정한 법률행위를 할 때 당사자 간에 그 법률행위의 불공정성을 이유로 하여 법률행위의 효력을 다툴 수 없다는 합의가 함께 행해졌다면 그러한 합의는 유효하다.

08 통정허위표시에 관한 설명으로 옳지 않은 것은? (다툼이 있으면 판례에 따름)

① 통정허위표시에 의한 법률행위도 채권자취소권의 대상인 사해행위가 될 수 있다.
② 임대차보증금반환채권을 담보할 목적으로 임대인과 임차인이 체결한 전세권설정계약은 특별한 사정이 없는 한 임대차계약의 내용과 양립할 수 없는 범위에서만 통정허위 표시로 인정된다.
③ 차명(借名)으로 대출받으면서 명의대여자에게는 법률효과를 귀속시키지 않기로 하는 합의가 대출기관과 실제 차주 사이에 있었다면 명의대여자의 명의로 작성된 대출계약은 통정허위표시이다.
④ 통정허위표시에 따른 선급금 반환채무 부담행위에 기하여 선의로 그 채무를 보증한 자는 보증채무의 이행 여부와 상관없이 허위표시의 무효로부터 보호받는 제3자에 해당한다.
⑤ 파산관재인은 그가 비록 통정허위표시에 대해 악의였다고 하더라도 파산채권자 모두가 악의로 되지 않는 한 선의의 제3자로 인정된다.

09 착오로 인한 의사표시에 관한 설명으로 옳지 않은 것은? (다툼이 있으면 판례에 따름)

① 법률행위의 자연적 해석이 행해지는 경우, 표시상의 착오는 문제될 여지가 없다.
② 의사의 수술 후 환자에게 새로이 발생한 증세에 대하여 그 책임소재와 손해배상 여부를 둘러싸고 분쟁이 있다가 화해계약이 체결되었다면, 이후에 그 증세가 수술로 인한 것이 아니라는 것이 밝혀졌더라도 의사는 착오를 이유로 위 화해계약을 취소할 수 없다.
③ 해제되어 이미 실효된 계약도 착오취소의 대상이 될 수 있다.
④ 착오가 법률행위 내용의 일부에만 관계된 경우라면 일부무효의 법리가 유추적용되어 일부취소가 인정될 수도 있다.
⑤ 예술품의 위작(僞作)을 진품으로 착각한 매도인의 말을 믿고서 과실 없이 진품에 상응하는 가격으로 그 위작을 구입한 매수인이 매도인에게 하자담보책임을 물을 수 있다면 그는 착오취소를 주장할 수 없다.

10 민법상 대리에 관한 설명으로 옳은 것은? (다툼이 있으면 판례에 의함)

① 대리권은 대리인의 권리이자 의무의 성격을 갖는다.
② 대리권 남용에 대해 진의 아닌 의사표시에 관한 민법 제107조 제1항 단서가 유추적용되는 경우, 선의의 제3자 보호에 관한 동조 제2항도 함께 유추적용된다.
③ 복대리인은 본인의 대리인이므로 원대리인의 복임행위는 본인을 위한 대리행위이다.
④ 대리권이 이미 소멸한 원대리인에 의해 선임된 복대리인의 대리행위에 대해서는 대리권 소멸 후의 표현대리(제129조)가 성립할 여지가 없다.
⑤ 자신에게 유효한 대리권이 있다고 과실 없이 믿었던, 행위능력 있는 선의의 무권대리인은 본인의 추인이 없더라도 상대방에 대한 무권대리인의 책임에 관한 민법 제135조에 따른 책임을 지지 않는다.

11 **부동산 거래신고 등에 관한 법률에 따른 토지거래허가구역 내에 존재하는 토지에 대하여 매도인 甲과 매수인 乙사이에 허가를 전제로 하여 매매계약이 체결되었으며 계약 당시 乙은 甲에게 계약금을 지급하였다. 이에 관한 설명으로 옳지 않은 것은? (다툼이 있으면 판례에 따름)**

① 甲과 乙이 관할관청으로부터 허가를 받으면 유동적 무효상태에 있던 위 매매계약은 소급해서 유효로 된다.

② 乙의 매수인 지위를 丙이 이전받는다는 취지의 약정을 甲, 乙, 丙이 한 경우, 그와 같은 합의는 甲과 乙간의 위 매매계약에 관한 관할관청의 허가가 있어야 비로소 효력이 발생한다.

③ 보전의 필요성이 인정되는 한 乙은 甲에 대한 토지거래허가 신청절차의 협력의무 이행청구권을 피보전권리로 하여 甲의 권리를 대위 행사할 수 있다.

④ 甲과 乙이 관할관청에 토지거래허가를 신청하여 그 허가를 받은 후에도 乙은 다른 사유가 없는 한 계약금을 포기하고 위 매매계약을 해제할 수 있다.

⑤ 乙은 특별한 사정이 없는 한 위 매매계약의 허가를 받기 전까지 부당이득반환청구권을 행사하여 甲에게 이미 지급한 계약금의 반환을 청구할 수 있다.

12 **조건과 기한에 관한 설명으로 옳지 않은 것은? (다툼이 있으면 판례에 따름)**

① 이행지체의 경우 채권자는 채무자를 상대로 상당한 기간을 정하여 이행을 청구하면서 그 기간 내에 이행이 없으면 계약은 당연히 해제된 것으로 한다는 취지의 해제조건부 해제권 행사를 할 수 있다.

② 동산에 대한 소유권유보부 매매의 경우 물권행위인 소유권이전의 합의가 매매대금의 완납을 정지조건으로 하여 성립한다.

③ 부첩(夫妾)관계의 종료를 해제조건으로 하는 증여계약은 무효이다.

④ 불확정기한의 경우 기한사실의 발생이 불가능한 것으로 확정되어도 기한은 도래한 것으로 본다.

⑤ 기한이익 상실의 특약은 특별한 사정이 없는 한 형성권적 기한이익 상실의 특약으로 추정된다.

13 甲은 X토지에 대하여 등기부취득시효를 주장하고 있다. 이에 관한 설명으로 옳은 것을 모두 고른 것은? (다툼이 있으면 판례에 따름)

> ㄱ. 甲이 개인이 아니라 지방자치단체인 경우 등기부취득시효를 주장할 수 없다.
> ㄴ. 甲의 무과실은 전 시효기간을 통하여 인정되어야 하는 것은 아니다.
> ㄷ. 甲이 X토지에 대하여 무효의 중복된 소유권보존등기를 마친 경우에는 등기부취득시효를 주장할 수 없다.

① ㄱ
② ㄴ
③ ㄱ, ㄴ
④ ㄴ, ㄷ
⑤ ㄱ, ㄴ, ㄷ

14 물권변동에 관한 설명으로 옳지 <u>않은</u> 것은? (다툼이 있으면 판례에 따름)

① 미등기건물에 대한 양도담보계약상의 채권자의 지위를 승계하여 건물을 관리하고 있는 자는 그 건물에 대한 철거처분권을 가진 자에 해당한다.
② 부동산 합유지분의 포기가 적법하더라도 그에 관한 등기가 경료되지 않았다면 그 포기된 합유지분은 나머지 잔존 합유지분권자들에게 귀속되지 않는다.
③ 동산의 선의취득에서 물권적 합의가 동산의 인도보다 먼저 행하여진 경우 양수인의 선의·무과실의 판단시점은 인도된 때를 기준으로 한다.
④ 소유권이전의 약정을 내용으로 하는 화해조서는 민법 제187조(등기를 요하지 아니하는 부동산물권취득)의 판결에 포함되지 않는다.
⑤ 공유물분할의 조정절차에서 공유자 사이에 공유토지에 관한 현물분할의 협의가 성립하여 그 합의사항을 조서에 기재함으로써 조정이 성립하더라도 등기없이 그 협의에 따른 새로운 법률관계가 창설되는 것은 아니다.

15 점유자 甲의 권리관계 등에 관한 설명으로 옳은 것은? (다툼이 있으면 판례에 따름)

① 甲이 부동산을 증여받아 점유를 개시한 이후에 그 증여가 무권리자에 의한 것임을 알았더라도 그 점유가 타주점유가 된다고 볼 수 없다.

② 甲의 통상의 필요비 청구가 부정되는 민법 제203조(점유자의 상환청구권) 제1항 단서 규정은 과실수취권이 없는 악의의 점유자에 대해서도 적용된다.

③ 민법 제203조(점유자의 상환청구권) 제2항에서 유익비의 상환범위는 甲이 유익비로 지출한 금액과 현존하는 증가액 중에서 甲이 선택하는 것으로 정해진다.

④ 점유물이 甲의 책임 있는 사유로 인하여 멸실한 경우, 민법 제202조(점유자의 회복자에 대한 책임)에 따르면 甲이 악의의 점유자로서 부담하는 손해배상범위와 선의이면서 타주점유자로서 부담하는 손해배상범위는 다르다.

⑤ 점유를 침탈당한 甲이 본권인 유치권 소멸에 따른 손해배상청구권을 행사하는 때에는 점유를 침탈당한 날부터 1년 내에 행사해야만 한다.

16 부동산에 관한 등기 또는 등기청구권 등에 관한 설명으로 옳지 않은 것은? (다툼이 있으면 판례에 따름)

① 甲→乙→丙의 순으로 매매계약이 체결된 경우, 3자간 중간생략등기의 합의가 있더라도 乙의 甲에 대한 소유권이전등기청구권이 소멸되는 것은 아니다.

② 가등기에 의하여 순위 보전의 대상이 되어 있는 물권변동청구권이 양도된 경우, 양도인과 양수인의 공동신청으로 그 가등기상 권리의 이전등기를 가등기에 대한 부기등기의 형식으로 경료할 수 있다.

③ 무효인 3자간 등기명의신탁에서 부동산을 매수하여 인도받아 계속 점유하는 명의신탁자의 매도인에 대한 소유권이전등기청구권은 소멸시효에 걸리지 않는다.

④ 매수인의 매도인에 대한 소유권이전청구권 보전을 위한 가등기가 경료된 경우, 소유권이전등기를 청구할 어떤 법률관계가 있다고 추정되지 않는다.

⑤ 임야소유권 이전등기에 관한 특별조치법에 의한 소유권보존등기가 경료된 임야에 관하여 그 임야를 사정받은 사람이 따로 있는 것이 사후에 밝혀졌다면, 그 등기는 실체적 권리관계에 부합하는 등기로 추정되지 않는다.

17 공동소유관계에 관한 설명으로 옳은 것을 모두 고른 것은? (다툼이 있으면 판례에 따름)

ㄱ. 공유물분할청구는 부동산의 구분소유적 공유관계에서 인정되지 않는다.
ㄴ. 지분권자로서의 사용권을 사실상 포기하는 공유자 사이의 특약은 그 사실을 알지 못하고 공유지분을 취득한 특정승계인에게 승계되지 않는다.
ㄷ. 비법인사단의 채권자가 채권자대위권에 기하여 비법인사단의 총유재산에 관한 권리를 적법하게 대위행사하는 경우에도 사원총회의 결의 등 비법인사단의 내부적인 의사결정절차를 거쳐야 한다.
ㄹ. 부동산의 합유자 중 일부가 사망한 경우 합유자 사이에 특별한 약정이 없는한 해당 부동산은 잔존 합유자가 2인 이상일 때에는 잔존 합유자의 합유로 귀속된다.

① ㄱ, ㄹ
② ㄱ, ㄴ, ㄷ
③ ㄱ, ㄴ, ㄹ
④ ㄴ, ㄷ, ㄹ
⑤ ㄱ, ㄴ, ㄷ, ㄹ

18 지상권에 관한 설명으로 옳지 않은 것을 모두 고른 것은? (다툼이 있으면 판례에 따름)

ㄱ. 자기 소유 토지에 분묘를 설치한 甲이 그 토지를 乙에게 양도하면서 분묘 이장의 특약을 하지 않음으로써 분묘기지권을 취득한 경우, 특별한 사정이 없는 한 甲은 분묘기지권이 성립한 때가 아니라 지료청구를 받은 날부터 지료지급의무가 있다.
ㄴ. 지상권자 甲의 지료 지급 연체가 토지소유권의 양도 전후에 걸쳐 이루어진 경우 토지양수인 乙에 대한 연체기간이 2년이 되지 않는다면 乙은 지상권소멸청구를 할 수 없다.
ㄷ. 甲 소유의 대지와 건물 모두 乙에게 매도되었으나 대지에 관하여서만 소유권이전등기가 경료된 경우에 甲과 乙사이에 관습법상의 법정지상권이 인정된다.
ㄹ. 건물 소유자 甲과 토지 소유자 乙사이에 건물의 소유를 목적으로 하는 토지 임대차계약을 체결한 경우에도 관습법상의 법정지상권이 인정된다.

① ㄱ, ㄴ
② ㄱ, ㄷ
③ ㄷ, ㄹ
④ ㄱ, ㄷ, ㄹ
⑤ ㄴ, ㄷ, ㄹ

19 **甲은 2021.5.19. 乙과 X상가를 임대차보증금 1억 원, 임대차기간 2021.6.19.부터 2026.6.18.까지, 차임 월 300만 원으로 정하여 임대차계약을 체결하였고, 계약 당일 乙로부터 보증금 전액을 지급 받으면서 보증금의 반환을 담보하기 위하여 乙의 명의로 전세권을 설정해 주었다. 그 후 乙은 丙에게 8천만 원을 차용하면서 위 전세권에 관하여 채권최고액 1억 원의 근저당권설정등기를 마쳐주었다. 이에 관한 설명으로 옳은 것은? (다툼이 있으면 판례에 따름)**

① 甲이 보증금의 반환을 담보하기 위하여 전세권을 설정하면서 이와 동시에 목적물을 인도하지 않았으므로 전세권의 설정은 효력이 없다.

② 전세금의 지급은 전세권 성립의 요소가 되는 것이므로 전세금을 현실적으로 지급하지 않고 기존의 채권으로 대신할 수 없다.

③ 乙이 차임의 지급을 연체하는 경우 甲은 연체된 차임을 보증금에서 공제할 수 있다.

④ 임대차보증금의 반환을 담보하기 위하여 전세권설정등기가 경료되었음을 丙이 알지 못한 경우에도 甲은 연체차임의 공제를 가지고 丙에게 대항할 수 있다.

⑤ 전세권의 존속기간이 만료되면 丙은 X상가에 대한 전세권저당권을 실행하는 방법으로 乙에 대한 대여금채권을 회수하여야 한다.

20 **민사유치권에 관한 설명으로 옳은 것은? (다툼이 있으면 판례에 따름)**

① 채무자는 상당한 담보를 제공하고 유치권의 소멸을 청구할 수 있는데, 유치물 가액이 피담보채권액보다 적을 경우에는 피담보채권액에 해당하는 담보를 제공하여야 한다.

② 유치권자가 유치물에 대한 점유를 빼앗긴 경우에도 점유물반환청구권을 보유하고 있다면 점유를 회복하기 전에도 유치권이 인정된다.

③ 유치권의 존속 중에 유치물이 소유권이 제3자에게 양도된 경우에는 유치권자는 그 제3자에 대하여 유치권을 행사할 수 없다.

④ 유익비상환청구권을 담보하기 위하여 유치권을 행사하고 있는 경우에도, 법원이 유익비상환청구에 대하여 상당한 상환기간을 허락하면 유치권이 소멸한다.

⑤ 수급인은 도급계약에 따라 자신의 재료와 노력으로 건축된 자기 소유의 건물에 대해서도 도급인으로부터 공사대금을 지급받을 때까지 유치권을 가진다.

21 甲은 2021.3.6. 乙로부터 X주택을 보증금 10억 원에 임차하였고, 2021.3.13. 丙으로부터 6억 원을 대출받으면서 보증금반환채권 중 8억 원에 대하여 질권을 설정해 주었으며, 乙은 이를 승낙하였다. 乙은 2022.6.30. 甲에게 X주택을 15억 원에 매도하면서, 甲으로부터 보증금을 제외한 잔액을 지급받고서 소유권이전등기절차를 마쳐주었다. 이에 관한 설명으로 옳은 것을 모두 고른 것은? (다툼이 있으면 판례에 따름)

ㄱ. 甲이 보증금반환채권에 대하여 질권을 설정하기 위해서는 질권설정의 합의와 함께 임대차계약서를 교부하여야 한다.
ㄴ. 甲과 乙이 丙의 동의 없이 매매대금과 보증금반환채권을 상계한 것은 질권의 목적인 채무를 소멸하게 한 경우에 해당한다.
ㄷ. 만약 甲이 2021.4.20. 보증금반환채권을 담보하기 위하여 X주택에 대한 근저당권을 설정 받았다면, 丙이 가진 질권의 효력은 당연히 근저당권에도 미친다.
ㄹ. 乙이 X주택을 임차인인 甲에게 매도하였지만, 丙은 乙에게 직접 채무의 변제를 청구할 수 있다.

① ㄱ, ㄴ
② ㄱ, ㄷ
③ ㄱ, ㄹ
④ ㄴ, ㄷ
⑤ ㄴ, ㄹ

22 민법상 저당권의 효력이 미치는 목적물의 범위에 관한 설명으로 옳지 않은 것은? (다툼이 있으면 판례에 따름)

① 경매절차의 매수인이 증축부분의 소유권을 취득하기 위해서는 부합된 증축부분이 기존건물에 대한 경매절차에서 경매목적물로 평가되어야 한다.
② 건물의 증축부분이 저당목적물인 기존의 건물에 부합한 경우에는 특별한 사정이 없는한 저당권의 효력이 증축부분에도 미친다.
③ 어떤 물건이 저당권이 설정된 후에 저당목적물의 종물이 된 경우에도 그 종물에 대하여 저당권의 효력이 미친다.
④ 건물의 소유를 목적으로 하여 토지를 임차한 사람이 그 건물에 저당권을 설정한 때에는, 저당권의 효력은 그 건물의 소유를 목적으로 한 토지임차권에도 미친다.
⑤ 특별한 사정이 없는 한 저당목적물인 건물에 대한 저당권자의 압류가 있으면 저당권 설정자의 건물 임차인에 대한 차임채권에 저당권의 효력이 미친다.

23 **근저당권에 관한 설명으로 옳지 않은 것은? (다툼이 있으면 판례에 따름)**

① 결산기에 확정된 채권액이 채권최고액을 넘는 경우, 채무자 겸 근저당권설정자는 최고액을 임의로 변제하더라도 근저당권등기의 말소를 청구할 수 없다.

② 공동근저당권자가 X건물과 Y건물에 대하여 공동저당을 설정한 후, 제3자가 신청한 X건물에 대한 경매절차에 참가하여 배당을 받으면, Y건물에 대한 피담보채권도 확정된다.

③ 공동근저당권자가 후순위근저당권자에 의하여 개시된 경매절차에서 피담보채권의 일부를 배당받은 경우, 우선변제 받은 금액에 관하여는 다시 공동근저당권자로서 우선변제권을 행사할 수 없다.

④ 원본의 이행기일을 경과한 후 발생하는 지연손해금 중 1년이 지난 기간에 대한 지연손해금도 근저당권의 채권최고액 한도에서 전액 담보된다.

⑤ 근저당권의 피담보채권인 원본채권이 확정된 후에 발생하는 이자나 지연손해금 채권은 그 근저당권의 채권최고액의 범위에서 여전히 담보된다.

24 **가등기담보 등에 관한 법률상 가등기담보권의 실행에 관한 설명으로 옳은 것은? (다툼이 있으면 판례에 따름)**

① 가등기담보권자가 목적물의 소유권을 취득하려면 담보설정 당시 목적물의 평가액과 피담보채권액의 범위를 밝혀야 한다.

② 가등기담보권자의 청산금 지급채무와 가등기담보권설정자의 소유권이전등기 및 인도채무는 동시이행관계에 있다.

③ 목적부동산의 평가액이 채권액에 미달하여 청산금이 없다고 인정되는 때에는 그 뜻을 채무자에게 통지할 필요가 없다.

④ 채권자가 담보목적부동산에 관하여 이미 소유권이전등기를 마친 경우에는 청산금을 채무자에게 지급하지 않더라도 담보목적부동산의 소유권을 취득한다.

⑤ 채권자가 평가한 청산금의 액수가 정당하게 평가된 청산금의 액수에 미치지 못하는 경우에는 담보권실행통지로서의 효력이 없다.

25 **채무불이행에 관한 설명으로 옳지 않은 것은? (다툼이 있으면 판례에 따름)**

① 계약당사자 일방이 자신의 계약상 채무 이행에 장애가 될 수 있는 사유를 계약체결 시에 예견할 수 있었음에도 상대방에게 고지하지 않은 경우, 그 사유로 인해 채무불이행이 되는 것에 어떠한 잘못도 없었다면 채무불이행에 대한 귀책사유를 인정할 수 없다.

② 이행보조자의 행위가 채무자의 이행업무와 객관적, 외형적으로 관련된 경우, 그 행위가 채권자에게 불법행위가 되더라도 채무자는 채권자에 대하여 책임을 부담한다.

③ 매매목적물의 인도전 화재로 매도인이 수령할 화재보험금에 대하여 매수인이 대상청구권을 행사할 수 있는 경우, 그 범위는 매매대금의 범위내로 제한되지 않는다.

④ 대상청구권을 행사하려는 일방당사자가 부담하는 급부도 전부불능이 된 경우, 대상청구권의 행사는 허용되지 않는다.

⑤ 이행기의 정함이 없는 채권을 양수한 자가 채무자를 상대로 이행의 소를 제기하고 소송계속 중 채무자에 대하여 채권양도통지가 된 경우, 채무자는 원칙적으로 그 통지가 도달된 다음 날부터 이행지체책임을 진다.

26 **채권자대위권에 관한 설명으로 옳은 것은? (다툼이 있으면 판례에 따름)**

① 채권자는 피보전채권의 변제기 전에 채권자대위권을 행사해서 피대위채권의 시효중단을 위한 이행청구를 하지 못한다.

② 임대인의 동의없는 임차권의 양도는 당사자 사이에서는 유효하므로 임차권의 양수인은 임대인의 권한을 대위 행사할 수 있다.

③ 조합원이 조합을 탈퇴할 권리는 일신전속적 권리가 아니므로, 특별한 사정이 없는 한 피대위권리가 될 수 있다.

④ 채권자가 채무자의 토지 소유권이전등기청구권을 대위행사한 후 이를 채무자에게 통지한 경우, 채무자가 그 토지 소유권을 이전받는 것은 처분권제한에 위배되어 무효이다.

⑤ 제3채무자가 직접 대위채권자에게 금전을 지급하도록 하는 채권자대위소송의 판결이 확정된 경우, 대위채권자의 채권자는 대위채권자가 제3채무자로부터 지급받을 권리를 압류할 수 있다.

27 **채권자취소권에 관한 설명으로 옳지 않은 것은? (다툼이 있으면 판례에 따름)**

① 채권자취소권은 재판상으로만 행사할 수 있다.

② 채권자가 채무자 소유의 부동산에 저당권을 설정받아 채권전액에 대한 우선변제권을 확보하고 있다면, 그 채무의 수탁보증인은 사전구상권을 피보전권리로 하여 채무자의 법률행위를 사해행위로 취소하지 못한다.

③ 저당권이 설정된 부동산이 사해행위로 양도된 후 그 저당권의 실행으로 양수인인 수익자에게 배당이 되었다면 취소채권자는 수익자를 상대로 배당금 상당액의 반환을 청구할 수 있다.

④ 사해행위 취소로 등기명의를 회복한 부동산을 채무자가 제3자에게 처분한 경우, 취소채권자뿐만 아니라 사해행위 취소와 원상회복의 효력을 받는 채권자도 명의인을 상대로 등기의 말소를 청구할 수 있다.

⑤ 취소채권자는 수익자가 사해행위로 취득한 근저당권에 배당된 배당금을 가압류한 수익자의 채권자에 대하여서도 우선하여 배당을 받을 수 있다.

28 **채권의 목적에 관한 설명으로 옳지 않은 것은? (다툼이 있으면 판례에 따름)**

① 특정물채권의 채무자는 이행기에 이행하여도 손해를 면할 수 없는 경우가 아닌 한, 이행지체 중에 과실 없이 목적물이 멸실되더라도 배상책임을 부담한다.

② 원본채권이 시효로 소멸한 경우 그로부터 발생한 지분적 이자채권도 함께 소멸한다.

③ 금전채무불이행에 따른 통상손해배상의 경우 채권자는 자신의 손해를 증명할 필요가 없다.

④ 채무자가 금전채무를 이행하지 않아 발생한 확정된 지연손해금에 대하여 채권자가 이행 청구를 하는 경우 그 지연손해금에 대하여 다시 지연손해금의 지급을 구할 수는 없다.

⑤ 무권대리에서 상대방이 그의 선택에 따라 행사할 수 있는 계약의 이행 또는 손해배상청구권은 선택권을 행사할 수 있는 때부터 소멸시효가 진행한다.

29 甲은 乙로부터 5억 원을 차용하면서 자신의 X부동산(시가 3억 원)과 丙 소유의 Y부동산(시가 4억 원)에 공동저당권을 설정하고, 丁에게 부탁하여 연대보증인이 되도록 하였다. 이에 관한 설명으로 옳지 않은 것은? (부동산의 시가 변동이 없고 이자 기타 비용은 고려하지 않으며, 다툼이 있으면 판례에 따름)

① 甲이 자신의 유일한 재산인 X부동산을 매도한 경우 甲의 일반채권자는 그 매매계약을 사해행위로 취소할 수 없다.

② 丁이 자신의 유일한 재산을 처분한 경우 乙은 이를 사해행위로 취소할 수 있다.

③ 乙에게 2억 원을 변제한 丁은 丙에 대하여 변제자대위를 하지 못한다.

④ 丙이 5억 원 전액을 변제한 후 대위등기를 하기 전에 B가 X부동산을 취득하여 소유권이전등기를 마친 상황이라면 丙은 B에 대하여 변제자대위를 할 수 없다.

⑤ B가 X부동산을 취득하여 소유권이전등기를 마친 후 乙의 저당권실행경매로 B가 X부동산의 소유권을 상실하더라도 B는 丙은 물론 丁에 대하여도 변제자대위를 하지 못한다.

30 채권의 양도 또는 계약 인수에 관한 설명으로 옳은 것을 모두 고른 것은? (다툼이 있으면 판례에 따름)

ㄱ. 임차권양도를 금지하는 임대차계약상 특약이 임대차계약에 기한 임대보증금반환채권의 양도를 금지하는 것으로 볼 수는 없다.
ㄴ. 채무자가 양도인에게 이의를 보류하지 않고 승낙을 하였을 경우, 승낙 당시 이미 상계를 할 수 있는 원인이 있었다는 사정을 양수인이 알고 있었다면 승낙 이후에 상계적상이 생기더라도 채무자는 양수인에게 상계로 대항할 수 있다.
ㄷ. 부동산 명의신탁자가 유효한 명의신탁약정을 해지한 다음 제3자에게 '명의신탁 해지를 원인으로 한 소유권이전등기청구권'을 양도하였다면, 명의수탁자가 그 양도에 대하여 동의하지 않더라도 양수인은 명의수탁자에 대하여 직접 소유권이전등기청구를 할 수 있다.
ㄹ. 임대인의 지위는 원칙적으로 임대인과 임대목적물을 양수한 자의 계약만으로 양도될 수 있다.

① ㄱ, ㄴ, ㄷ
② ㄱ, ㄴ, ㄹ
③ ㄱ, ㄷ, ㄹ
④ ㄴ, ㄷ, ㄹ
⑤ ㄱ, ㄴ, ㄷ, ㄹ

31 채무인수 등에 관한 설명으로 옳은 것은? (다툼이 있으면 판례에 따름)

① 이행인수인이 채권자에 대하여 채무자의 채무를 승인하더라도 특별한 사정이 없는 한 시효중단의 효력은 발생하지 않는다.

② 저당권이 설정된 부동산의 매수인이 피담보채무를 인수하면서 그 채무액을 매매대금에서 공제하기로 하고 잔액만을 지급한 경우, 특별한 사정이 없는 한 매수인은 잔금지급의무를 다한 것으로 볼 수 없다.

③ 주택의 임차인이 대항력을 갖추었다면 그가 그 주택의 소유권을 취득하더라도 특별한 사정이 없는 한 임대인에 대한 보증금반환청구권은 혼동으로 소멸하지 않는다.

④ 중첩적 채무인수에서 채무자와 인수인은 채권자에 대하여 원칙적으로 부진정연대채무관계에 있다.

⑤ 채무가 인수된 경우 특별한 사정이 없는 한 제3자가 제공한 담보물권도 함께 이전한다.

32 채권의 소멸에 관한 설명으로 옳지 않은 것은? (다툼이 있으면 판례에 따름)

① 채무자가 채무액 일부를 지급하면서 이자 아닌 원본에 충당할 것을 지정하고 채권자가 이를 이의 없이 수령하여 묵시적 합의가 인정되는 때에는 지급된 금전은 원본에 충당된다.

② 원금채무는 소멸시효가 완성되지 않았으나 이자채무는 소멸시효가 완성된 상태에서 채무자가 변제충당을 지정하지 않고 채무의 일부를 변제한 때에는 특별한 사정이 없는 한 이자채무에 먼저 충당된다.

③ 상계가 금지되는 채권이라고 하더라도 압류금지채권에 해당하지 않는 한 강제집행에 의한 전부명령의 대상이 될 수 있다.

④ 피용자의 고의의 불법행위로 인하여 사용자책임이 성립하는 경우, 사용자는 자신의 고의가 없음을 주장하여 피해자의 손해배상채권을 수동채권으로 하는 상계권을 행사할 수 있다.

⑤ 소멸시효가 완성된 채권이 그 완성 전에 상계할 수 있었던 것이면 채권자는 그 채권을 자동채권으로 하여 상계할 수 있다.

33 동시이행관계가 인정되는 것을 모두 고른 것은? (특별한 사정이 없고, 다툼이 있으면 판례에 따름)

> ㄱ. 매매계약상 매도인의 소유권이전의무가 이행불능이 되어 생긴 손해배상채무와 매수인의 대금지급채무
> ㄴ. 매매계약상 매도인의 소유권이전의무와 매수인의 대금지급의무 중 어느 하나를 선이행의무로 약정한 경우, 각 의무의 이행기가 모두 지난 후의 쌍방의 의무
> ㄷ. 근저당권 실행을 위한 경매가 무효로 되어 근저당권자가 채무자인 소유자를 대위하여 낙찰자에 대한 소유권이전등기말소청구권을 행사하는 경우, 낙찰자의 소유권이전등기말소의무와 근저당권자의 배당금반환의무

① ㄱ
② ㄴ
③ ㄱ, ㄴ
④ ㄴ, ㄷ
⑤ ㄱ, ㄴ, ㄷ

34 제3자를 위한 계약에 관한 설명으로 옳지 <u>않은</u> 것은? (다툼이 있으면 판례에 따름)

① 요약자는 원칙적으로 제3자의 권리와 별도로 낙약자에 대하여 제3자에게 급부를 이행할 것을 요구할 수 있는 권리를 가진다.
② 제3자가 수익의 의사표시를 한 경우, 계약의 당사자가 제3자의 권리를 임의로 변경·소멸시키는 행위를 하더라도 특별한 사정이 없는 한 제3자에 대하여 효력이 없다.
③ 요약자와 수익자 사이의 법률관계(대가관계)의 효력 상실을 이유로 요약자는 낙약자와 요약자 사이의 법률관계(기본관계)상 낙약자에게 부담하는 채무의 이행을 거절할 수 있다.
④ 채무자와 인수인 사이의 계약으로 체결되는 중첩적 채무인수의 경우, 채권자의 수익의 의사표시는 그 계약의 성립요건 또는 효력발생요건이 아니다.
⑤ 낙약자와 요약자 사이의 계약(기본관계)이 무효가 된 경우, 낙약자는 특별한 사정이 없는 한 제3자를 상대로 그가 제3자에게 한 급부를 부당이득으로 반환 청구할 수 없다.

35 **계약의 해제, 해지에 관한 설명으로 옳지 않은 것은? (다툼이 있으면 판례에 따름)**

① 타인 권리의 매매로 인한 담보책임으로 매수인이 계약을 해제한 경우, 매수인이 진정한 권리자인 타인에게 직접 목적물을 반환한 때에는 그 반환한 범위에서 매도인에게 반환할 의무를 부담하지 않는다.

② 사정변경을 이유로 한 계약의 해제나 해지에서 사정변경에 대한 예견가능성이 있었는지는 개별적 사정을 고려하지 않고 추상적·일반적으로 판단하여야 한다.

③ 매수인의 사망으로 매수인의 지위를 상속한 상속인들이 매매계약을 해제하려면, 특별한 사정이 없는 한 전원이 해제의 의사표시를 하여야 한다.

④ 조합계약에서는 계약을 해제 또는 해지하고 조합원에게 그로 인한 원상회복의 의무를 부담지울 수는 없다.

⑤ 계약이 합의에 따라 해제되거나 해지된 경우, 특별한 사정이 없는 한 채무불이행으로 인한 손해배상을 청구할 수 없다.

36 **매매의 일방예약 또는 매매계약에 관한 설명으로 옳지 않은 것은? (다툼이 있으면 판례에 따름)**

① 예약완결권을 재판상 행사하는 경우, 소장 부본이 제척기간 내에 상대방에게 송달되어야만 제척기간 내에 행사한 것으로 본다.

② 당사자들이 약정한 예약완결권의 행사기간은 그 매매예약이 성립한 때부터 10년을 초과하더라도 무방하다.

③ 매매예약 성립 후 당사자일방의 매매예약 완결권의 행사 전에 상대방의 매매목적물이 멸실된 경우, 매매예약 완결의 의사표시가 있더라도 매매의 효력이 생기지 않는다.

④ 계약이행의 착수가 있기 전에 매도인이 민법 제565조(해약금) 제1항에 따라 계약을 해제하려면, 계약금의 배액을 상환하거나 적어도 이행제공 상태에 두어야 한다.

⑤ 매수인이 매매목적물을 대금지급 전에 인도받았다면 대금지급의무와 소유권이전등기 의무가 동시이행관계에 있더라도 민법 제587조(과실의 귀속, 대금의 이자)에 의한 매매대금이자를 지급할 의무가 있다.

37 임대차에 관한 설명으로 옳은 것을 모두 고른 것은? (다툼이 있으면 판례에 따름)

ㄱ. 임대차가 종료된 경우, 그 임대목적물이 임대인이 아닌 타인 소유라도 특별한 사정이 없는 한 임차인은 임대인에게 임대차 종료일까지의 연체 차임뿐만 아니라 그 이후부터 인도완료일까지 차임 상당의 부당이득금도 반환할 의무가 있다.
ㄴ. 임대인이 임차인에게 필요비상환의무를 이행하지 않는 경우, 임차인은 지출한 필요비 금액의 한도에서 차임의 지급을 거절할 수 있다.
ㄷ. 임차인이 임대인의 동의 없이 임차물을 제3자에게 전대한 경우, 임대인은 임대차계약의 존속 여부를 불문하고 제3자에게 불법점유를 이유로 한 차임 상당액의 손해배상청구를 할 수 있다.
ㄹ. 임차인이 임대인의 동의를 얻어 임차물을 전대한 경우, 전대인과 전차인이 전대차계약상의 차임을 감액하여 전차인이 임대인에 대하여 직접 부담하는 의무의 범위가 변경되더라도 특별한 사정이 없는 한 전차인은 변경된 전대차계약의 내용을 임대인에게 주장할 수 있다.

① ㄱ, ㄴ
② ㄷ, ㄹ
③ ㄱ, ㄴ, ㄷ
④ ㄱ, ㄴ, ㄹ
⑤ ㄴ, ㄷ, ㄹ

38 조합계약에 관한 설명으로 옳은 것은? (다툼이 있으면 판례에 따름)

① 조합재산을 구성하는 개개의 재산에 대한 합유지분을 압류 기타 강제집행의 대상으로 삼을 수 있다.
② 2인으로 구성된 조합에서 1인이 탈퇴하여 조합관계가 종료되는 경우, 특별한 사정이 없는 한 해산이나 청산을 거쳐야 조합재산은 남은 조합원의 단독소유에 속하게 된다.
③ 2인으로 구성된 조합에서 1인이 존속기한을 정하지 않고 부동산 사용권을 출자하였다가 탈퇴한 경우, 특별한 사정이 없는 한 탈퇴 시 남은 조합원의 부동산 사용권은 소멸한다.
④ 공동이행방식의 건설공동수급체의 구성원인 조합원이 그 출자의무를 불이행하면, 특별한 사정이 없는 한 출자의무의 불이행을 이유로 이익분배 자체를 거부할 수 있다.
⑤ 조합원이 다른 조합원 전원의 동의 하에 조합지분을 양도하면, 조합원 지위의 변동은 조합지분의 양도양수에 관한 약정으로써 바로 효력이 생긴다.

39 **부당이득에 관한 설명으로 옳지 않은 것은? (다툼이 있으면 판례에 따름)**

① 쌍무계약에서 당사자 쌍방의 귀책사유 없이 일방의 채무가 후발적으로 불능이 된 경우, 상대방은 이미 이행한 급부에 대하여 부당이득반환을 청구할 수 있다.

② 집행력 있는 정본을 가진 채권자가 배당요구의 종기까지 적법한 배당요구를 하지 않아 배당에서 제외된 경우, 배당금을 수령한 다른 채권자를 상대로 부당이득반환청구를 할 수 없다.

③ 과세관청이 3자간 등기명의신탁에 따라 해당 부동산의 공부상 소유자가 된 명의수탁자에게 재산세 부과처분을 하여 명의수탁자가 재산세를 납부한 경우, 그는 명의신탁자나 그 상속인을 상대로 재산세 상당액에 대한 부당이득반환청구를 할 수 있다.

④ 임차인이 임대차계약 종료 후 임대차건물을 계속 점유하였으나, 본래의 임대차계약상의 목적에 따라 사용·수익하지 아니하여 실질적인 이득을 얻은 바가 없는 경우, 임차인은 차임 상당의 부당이득반환의무를 부담하지 않는다.

⑤ 송금의뢰인과 수취인 사이에 계좌이체의 원인이 되는 법률관계가 존재하지 않는데도 송금의뢰인의 착오송금으로 인해 수취인이 계좌이체금액에 해당하는 예금채권을 취득한 경우, 송금의뢰인이 수취인에 대하여 부당이득반환청구권을 갖는다.

40 **불법행위에 관한 설명으로 옳지 않은 것은? (다툼이 있으면 판례에 따름)**

① 공동불법행위자들 중에 고의로 불법행위를 행한 자가 있는 경우, 모든 공동불법행위자가 과실상계의 주장을 할 수 없다.

② 위법행위 시점과 손해의 발생 시점에 시간적 간격이 있는 경우, 불법행위로 인한 재산상 손해에 대한 배상책임이 성립하는 시기는 손해의 발생 시점이다.

③ 금전을 대여한 채권자가 고의 또는 과실로 이자제한법을 위반하여 최고이자율을 초과하는 이자를 받아 채무자에게 손해를 입힌 경우, 특별한 사정이 없는 한 불법행위가 성립한다.

④ 민법 제756조(사용자의 배상책임)의 사용관계는 실제로 지휘·감독하고 있는지 여부에 의하여 결정되는 것이 아니라 객관적으로 지휘·감독을 하여야 할 관계에 있는지 여부에 따라 결정된다.

⑤ 불법행위로 인한 손해배상채무는 특별한 사정이 없는 한 채무 성립과 동시에 지연손해금이 발생한다.

2022년 제59회 기출문제

Time 분 | 해설편 234p

01 **신의성실의 원칙에 관한 설명으로 옳지 않은 것은? (다툼이 있으면 판례에 따름)**

① 채권자가 유효하게 성립한 계약에 따른 급부의 이행을 청구하는 때에 법원이 급부의 일부를 감축하는 것은 원칙적으로 허용되지 않는다.
② 아파트 분양자는 아파트단지 인근에 공동묘지가 조성되어 있는 사실을 분양계약자에게 고지할 신의칙상의 의무를 부담한다.
③ 경제상황의 변동으로 당사자에게 손해가 생기더라도 합리적인 사람의 입장에서 사정 변경을 예견할 수 있었다면 사정 변경을 이유로 계약을 해제할 수 없다.
④ 법령에 위반되어 무효임을 알면서도 법률행위를 한 자가 강행법규 위반을 이유로 그 무효를 주장하는 것은 신의칙에 반한다.
⑤ 취득시효완성 사실을 모르고 해당 토지에 관하여 어떠한 권리도 주장하지 않기로 약속한 후, 이에 반하여 취득시효주장을 하는 것은 특별한 사정이 없는 한 신의칙상 허용되지 않는다.

02 **성년인 甲은 질병으로 인한 정신적 제약으로 사무를 처리할 능력이 부족한 상태이다. 이에 관한 설명으로 옳지 않은 것은? (다툼이 있으면 판례에 따름)**

① 甲은 스스로 한정후견개시의 심판을 청구할 수 있다.
② 가정법원은 甲에 대한 한정후견개시의 심판을 할 때 甲의 의사를 고려해야 한다.
③ 甲의 배우자가 甲에 대한 성년후견개시의 심판을 청구한 경우에도 가정법원은 필요하다면 한정후견개시의 심판을 할 수 있다.
④ 가정법원은 甲에 대한 한정후견개시의 심판을 할 때 취소할 수 없는 甲의 법률행위의 범위를 정할 수 있다.
⑤ 甲에 대한 한정후견개시의 심판이 있은 후 한정후견개시의 원인이 소멸된 경우, 甲은 한정후견종료의 심판을 청구할 수 있다.

03 법인의 기관에 관한 설명으로 옳은 것은? (다툼이 있으면 판례에 따름)

① 재단법인은 이사를 둘 필요가 없다.
② 대표권 있는 이사가 다른 이사의 정당한 이사회 소집을 거절하는 경우, 법원이 이사회 소집을 허가할 수 있다.
③ 이사가 수인인 경우 정관에 다른 규정이 없으면 법인의 사무에 관하여 이사의 과반수로써 법인을 대표한다.
④ 법인과 이사의 법률관계는 신뢰를 기초로 한 고용 유사의 관계이다.
⑤ 재단법인은 정관의 규정에 따라 감사를 둘 수 있다.

04 민법 제35조(법인의 불법행위능력)에 관한 설명으로 옳지 않은 것은? (다툼이 있으면 판례에 따름)

① 대표권이 없는 이사의 행위로 인하여는 법인의 불법행위가 성립하지 않는다.
② 법인의 불법행위능력은 사단법인뿐만 아니라 재단법인에 대하여도 적용된다.
③ 민법 제35조 제1항의 규정은 법인 아닌 사단에 유추적용된다.
④ 대표자의 행위가 법령의 규정에 위배된 것이라도 외관상, 객관적으로 직무에 관한 행위라고 인정될 수 있는 것이라면 민법 제35조 제1항의 직무에 관한 행위에 해당한다.
⑤ 대표자의 행위가 직무에 관한 행위에 해당하지 아니함을 피해자가 알았던 강우에도 법인의 불법행위 책임이 인정된다.

05 법률행위의 조건에 관한 설명으로 옳은 것은? (다툼이 있으면 판례에 따름)

① 조건이 선량한 풍속 기타 사회질서에 위반한 것인 때에는 조건 없는 법률행위로 한다.
② 조건의 성취가 미정한 권리의무는 이를 처분할 수 없다.
③ 조건을 붙이는 것이 허용되지 아니하는 법률행위에 조건을 붙인 경우 조건 없는 법률 행위로 한다.
④ 정지조건부 채권양도에 있어서 조건이 성취되었다는 사실은 채권양도의 효력을 주장하는 자에게 그 증명 책임이 있다.
⑤ 주택건설을 위한 토지매매 계약의 당사자가 건축허가 신청이 불허되었을 때에는 이를 무효로 한다는 약정을 한 경우 이는 정지조건부계약이다.

06 소멸시효에 관한 설명으로 옳지 않은 것은? (다툼이 있으면 판례에 따름)

① 부동산의 매수인이 목적 부동산을 인도받아 계속 점유하는 경우, 그 매매로 인한 매수인의 소유권이전등기청구권의 소멸시효는 진행하지 않는다.
② 신축 중인 건물에 관한 소유권이전등기 청구권의 소멸시효는 그 건물이 완공되지 아니한 동안에는 진행하지 않는다.
③ 부작위를 목적으로 하는 채권의 소멸시효는 위반행위를 한 때로부터 진행한다.
④ 단기의 소멸시효에 해당하는 주채무의 소멸시효기간이 확정판결에 의하여 10년으로 연장되면 보증채무의 소멸시효기간도 10년으로 연장된다.
⑤ 소멸시효의 중단을 위한 승인은 묵시적인 방법으로도 할 수 있다.

07 물건에 관한 설명으로 옳지 않은 것은? (다툼이 있으면 판례에 따름)

① 토지의 정착물은 부동산이다.
② 일정한 토지가 지적공부에 1필의 토지로 등록된 경우, 그 토지의 지적 및 경계는 일응 그 등록으로써 특정된다,
③ 건물의 경계는 사회통념상 독립한 건물로 인정되는 건물 사이의 현실적 경계에 의하여 특정된다.
④ 주물 그 자체의 효용과 직접 관계가 없는 물건이라도 주물 소유자의 사용에 공여되고 있으면 종물에 해당한다.
⑤ 특별한 사정이 없는 한 법정과실은 수취할 권리의 존속기간일수의 비율로 취득한다.

08 반사회적 법률행위에 해당하지 않는 것을 모두 고른 것은? (다툼이 있으면 판례에 따름)

ㄱ. 강제집행을 면할 목적으로 부동산에 허위의 근저당권설정등기를 경료하는 행위 ㄴ. 오로지 보험사고를 가장하여 보험금을 취득할 목적으로 생명보험계약을 체결하는 행위 ㄷ. 매도인의 배임 행위에 제2매수인이 적극 가담하여 행해진 부동산이중매매 ㄹ. 도박자금에 제공할 목적으로 금전을 대차하는 행위

① ㄱ
② ㄹ
③ ㄱ, ㄴ
④ ㄴ, ㄷ
⑤ ㄷ, ㄹ

09 **허위표시의 무효로 대항할 수 없는 선의의 제3자에 관한 설명으로 옳은 것은? (다툼이 있으면 판례에 따름)**

① 파산관재인은 파산채권자 모두가 악의가 아닌 한 선의의 제3자이다.
② 가장근저당권설정계약이 유효하다고 믿고 그 피담보채권을 가압류한 자는 선의의 제3자로 보호될 수 없다.
③ 가장소비대차의 계약상 지위를 선의로 이전받은 자는 선의의 제3자로 보호될 수 있다.
④ 악의의 제3자로부터 선의로 전득한 자는 선의의 제3자로 보호받지 못한다.
⑤ 선의의 제3자로 보호받기 위해서는 선의뿐만 아니라 무과실도 인정되어야 한다.

10 **사기 · 강박에 의한 의사표시에 관한 설명으로 옳지 <u>않은</u> 것은? (다툼이 있으면 판례에 따름)**

① 아파트 분양자가 아파트 인근에 쓰레기 매립장이 건설될 예정이라는 사실을 분양계약자에게 고지하지 않는 것은 기망행위에 해당한다.
② 신의칙에 반하여 정상가격을 높이 책정한 후 할인하여 원래 가격으로 판매하는 백화점 변칙세일은 기망행위에 해당한다.
③ 강박행위의 주체가 국가 공권력이고 그 공권력 행사의 내용이 기본권을 침해하는 것이면 그 강박에 의한 의사표시는 당연히 무효가 된다.
④ 부정한 이익을 목적으로 부정행위에 대한 고소, 고발이 행해지는 경우에는 강박행위가 될 수 있다.
⑤ 제3자에 의한 사기 행위로 계약을 체결한 강우, 피해자는 그 제3자에게 불법행위로 인한 손해배상을 청구할 수 있다.

11 **법률행위의 무효와 취소에 관한 설명으로 옳지 <u>않은</u> 것은? (다툼이 있으면 판례에 따름)**

① 법률행위가 무효임을 알고 이를 추인한 때에는 원칙적으로 소급하여 유효가 된다.
② 불공정한 법률행위에도 무효행위 전환의 법리가 적용될 수 있다.
③ 법률행위의 일부가 무효인 경우, 그 무효부분이 없더라도 법률행위를 하였을 것으로 인정되는 때에는 나머지 부분은 무효가 되지 않는다.
④ 취소할 수 있는 법률행위의 상대방이 확정되어 있는 경우에는 그 취소는 그 상대방에 대한 의사표시로 하여야 한다.
⑤ 강박에 의한 의사표시는 법률행위를 한 날로부터 10년이 경과하면 취소하지 못한다.

12 법정대리인을 모두 고른 것은?

> ㄱ. 성년후견인
> ㄴ. 법원이 선임한 부재자재산관리인
> ㄷ. 친권자
> ㄹ. 배우자

① ㄱ, ㄹ
② ㄴ, ㄷ
③ ㄱ, ㄴ, ㄷ
④ ㄴ, ㄷ, ㄹ
⑤ ㄱ, ㄴ, ㄷ, ㄹ

13 甲은 자신 소유의 X건물에 대하여 乙과 전세금을 1억 원으로 하는 전세권설정 계약을 체결하고 乙 명의의 전세권설정등기를 마쳐 주었다. 이에 관한 설명으로 옳은 것은? (다툼이 있으면 판례에 따름)

① 甲이 X건물의 소유를 목적으로 한 지상권을 가지고 있던 경우, 그 지상권에는 乙의 전세권의 효력이 미치지 않는다.
② X건물의 대지도 甲의 소유인 경우, 대지소유권의 특별승계인 丙은 乙에 대하여 지상권을 설정한 것으로 본다.
③ 乙은 전세권 존속 중에 원칙적으로 甲의 동의 없이는 자신의 전세권을 제3자에게 양도할 수 없다.
④ 甲이 전세권 존속 중 X건물의 소유권을 丁에게 양도한 경우, 특별한 사정이 없는 한 乙에 대한 전세금 반환의무는 丁이 부담한다.
⑤ 甲에게 X건물의 소유를 위한 토지사용권이 없어 토지소유자가 X건물의 철거를 청구하는 경우, 乙은 자신의 전세권으로 그 철거 청구에 대항할 수 있다.

14 **민사유치권에 관한 설명으로 옳은 것은? (다툼이 있으면 판례에 따름)**

① 채무자가 자신의 소유물을 직접 점유하고 채권자가 이를 통해 간접 점유하는 방법으로는 유치권이 성립하지 않는다.

② 부동산 매도인이 매매대금을 다 지급받지 못하고 매수인에게 부동산 소유권을 이전해준 경우, 특별한 사정이 없는 한 매도인은 매매대금채권을 피담보채권으로 하여 자신이 점유하는 부동산의 유치권을 주장할 수 있다.

③ 유치물이 분할가능한 경우, 유치권자가 피담보채권의 일부를 변제받았다면 유치물 전부에 대하여 유치권을 행사할 수 없다.

④ 임차인이 임대인에 대하여 권리금반환청구권을 가지는 경우, 이를 피담보채권으로 하여 임차목적물에 대한 유치권을 행사할 수 있다.

⑤ 유치권배제특약이 있는 경우, 유치권이 발생하지 않으나 이는 유치권배제특약을 한 당사자 사이에서만 주장할 수 있다.

15 **甲은 乙 소유의 X주택에 관한 공사대금채권을 가진 자로서 그 주택에 거주하며 점유·사용하고 있다. 이에 관한 설명으로 옳은 것을 모두 고른 것은? (각 지문은 독립적이며, 다툼이 있으면 판례에 따름)**

ㄱ. X주택의 존재와 점유가 대지소유권자에게 불법행위가 되는 경우에도 X주택에 대한 甲의 유치권이 인정되면 甲은 자신의 유치권으로 대지소유권자에게 대항할 수 있다.
ㄴ. X주택에 경매개시 결정의 기입등기가 경료되어 압류의 효력이 발생한 후 甲이 X주택의 점유를 乙로부터 이전받은 경우, 甲은 그 경매절차의 매수인에게 유치권을 주장할 수 없다.
ㄷ. 甲이 X주택을 자신의 유치권 행사로 점유·사용하더라도, 이를 이유로는 甲의 乙에 대한 공사대금채권의 소멸시효가 중단되지 않는다.
ㄹ. 甲이 자신의 유치권에 기하여 X주택에 거주하던 중 乙의 허락없이 X주택을 제3자에게 임대하고 임차보증금을 수령하였다면, 甲은 乙에 대하여 임차보증금 상당액을 부당이득으로 반환하여야 한다.

① ㄱ, ㄴ
② ㄴ, ㄷ
③ ㄷ, ㄹ
④ ㄱ, ㄷ, ㄹ
⑤ ㄴ, ㄷ, ㄹ

16 **질권에 관한 설명으로 옳은 것은? (다툼이 있으면 판례에 따름)**

① 질권설정을 위한 인도는 현실의 인도에 한하지 않고 점유개정의 방법에 의하더라도 무방하다.
② 질권은 다른 약정이 없는 한 피담보채권의 원본, 이자, 위약금, 질권실행의 비용뿐 아니라 질물보존의 비용 및 채무불이행 또는 질물의 하자로 인한 손해배상채권도 담보한다.
③ 담보가 없는 채권에 질권을 설정한 다음 그 채권을 담보하기 위해 저당권이 설정된 경우, 저당권등기에 질권의 부기등기 없이도 저당권의 부종성으로 인해 질권의 효력은 저당권에 미친다.
④ 채권질권 설정 후 채권질권설정자인 채권자가 질권자의 동의 없이 입질채권의 채무자와 상계합의를 하였다면 질권자는 그 입질채권의 채무자에게 자신의 질권을 주장할 수 없다.
⑤ 질권의 목적인 채권의 양도행위는 질권자의 이익을 해하는 변경에 해당하므로 그 양도에는 질권자의 동의를 요한다.

17 **전세권에 관한 설명으로 옳지 않은 것은? (다툼이 있으면 판례에 따름)**

① 전세권은 1필의 토지 중 일부에 대해서도 설정 할 수 있다.
② 전세권 존속기간이 시작되기 전에 마친 전세권설정등기는 특별한 사정이 없는 한 무효로 추정된다.
③ 전세금이 현실적으로 수수되지 않은 경우에도 기존의 채권으로 전세금의 지급에 갈음 할 수 있다.
④ 전세권 존속기간 만료의 경우, 합의에 의하여 전세권설정계약을 갱신할 수 있으나 그 기간은 갱신한 날로부터 10년을 넘을 수 없다.
⑤ 전세권설정 계약의 당사자가 전세권의 존속기간을 약정하지 않은 경우, 각 당사자는 언제든지 상대방에 대하여 전세권의 소멸을 통고할 수 있다.

18 **근저당권에 관한 설명으로 옳은 것은? (다툼이 있으면 판례에 따름)**

① 근저당권의 물상보증인은 확정된 채무액이 채권최고액을 초과하더라도 특별한 사정이 없는 한 채권최고액만을 변제하고 근저당권설정등기의 말소청구를 할 수 있다.
② 근저당권에 존속기간이나 결산기의 정함이 없는 경우, 근저당권설정자는 근저당권자에 대한 해지의 의사표시로써 피담보채권을 확정시킬 수 없다.
③ 후순위 근저당권자가 경매를 신청한 경우, 선순위 근저당권의 피담보채권은 후순위 근저당권자의 경매 신청시에 확정된다.
④ 근저당권의 피담보채권 확정 전에 발생한 원본채권에 관하여 확정 후에 발생하는 이자나 지연손해금 채권은 채권최고액의 범위 내일지라도 근저당권에 의하여 담보되지 않는다.
⑤ 근저당권의 피담보채권이 확정되기 전에 채권의 일부가 대위변제된 경우 근저당권의 일부이전의 부기등기 여부와 관계없이 근저당권은 대위변제자에게 법률상 당연히 이전된다.

19 **甲 소유의 X토지에 관하여 甲과 乙, 乙과 丙 사이에 순차로 매매계약이 체결되었다. 甲, 乙, 丙은 이행의 편의상 X토지에 관하여 乙 명의의 소유권이전등기를 생략하고, 바로 甲으로부터 丙 명의로 소유권이전등기를 경료하여 주기로 합의하였다. 이에 관한 설명으로 옳은 것을 모두 고른 것은? (각 지문은 독립적이며, 다툼이 있으면 판례에 따름)**

> ㄱ. 위 합의에도 불구하고 乙은 甲에 대해 X토지에 관한 소유권이전등기 청구권을 행사할 수 있다.
> ㄴ. 위 합의 이후 甲과 乙 사이에 매매대금을 인상하는 약정이 체결된 경우, 甲은 乙이 인상된 매매대금을 지급하지 않았음을 이유로 丙 명의로의 소유권이전등기의무의 이행을 거절할 수 있다.
> ㄷ. 만일 X토지가 토지거래허가구역 내의 토지로서 관할 관청의 허가 없이 전전매매된 것이라면, 丙은 甲에 대하여 직접 X토지에 관한 토지거래허가 신청절차의 협력의무 이행청구권이 있다.

① ㄱ
② ㄷ
③ ㄱ, ㄴ
④ ㄴ, ㄷ
⑤ ㄱ, ㄴ, ㄷ

20 **물권적 청구권에 관한 설명으로 옳지 <u>않은</u> 것은? (다툼이 있으면 판례에 따름)**

① 미등기 무허가건물의 양수인은 미등기인 상태에서 소유권에 기한 방해제거청구를 할 수 없다.
② 소유권에 기한 소유물반환청구를 거부할 수 있는 권리에는 임차권 등과 같이 점유를 수반하는 채권도 포함된다.
③ 특별한 사정이 없는 한 합의해제에 따른 부동산 매도인의 원상회복청구권은 소유권에 기한 물권적 청구권으로서 소멸시효의 대상이 되지 않는다.
④ 소유자가 제3자에게 그 소유 물건에 대한 처분권한을 유효하게 수여하면 제3자의 처분이 없더라도 소유자는 그 제3자 이외의 자에 대해 소유권에 기한 물권적 청구권을 행사할 수 없다.
⑤ 공유자는 자신의 지분권 행사를 방해하는 행위에 대해서 지분권에 기한 방해배제청구권을 행사할 수 있다.

21 **분묘기지권에 관한 설명으로 옳은 것을 모두 고른 것은? (다툼이 있으면 판례에 따름)**

> ㄱ. 시효로 분묘기지권을 취득한 사람은 토지소유자가 분묘기지에 관한 지료를 청구하면 그 청구한 날부터의 지료를 지급할 의무가 있다.
>
> ㄴ. 자기 소유 토지에 분묘를 설치한 사람이 그 토지를 양도하면서 분묘를 이장하겠다는 특약을 하지 않음으로써 분묘기지권을 취득한 경우, 특별한 사정이 없는 한 분묘기지권자는 분묘기지권이 성립한 때부터 토지소유자에게 지료를 지급할 의무가 있다.
>
> ㄷ. 자기 소유의 토지 위에 분묘를 설치한 후 토지의 소유권이 경매 등으로 타인에게 이전되면서 분묘기지권을 취득한 자가, 판결에 따라 분묘기지권에 관한 지료의 액수가 정해졌음에도 판결확정 후 책임 있는 사유로 상당한 기간 동안 지료의 지급을 지체하여 지체된 지료가 판결확정 전후에 걸쳐 2년분 이상이 되는 경우에는 새로운 토지소유자는 분묘기지권자에 대하여 분묘기지권의 소멸을 청구할 수 있다.

① ㄱ

② ㄴ

③ ㄱ, ㄴ

④ ㄴ, ㄷ

⑤ ㄱ, ㄴ, ㄷ

22 **공유에 관한 설명으로 옳지 않은 것은? (다툼이 있으면 판례에 따름)**

① 공유물분할청구권은 공유관계에 수반되는 형성권으로서 채권자대위권의 목적이 될 수 있다.

② 공유물의 소수지분권자가 다른 공유자와 협의 없이 공유물의 전부를 독점적으로 점유·사용하고 있는 경우, 다른 소수지분권자는 보존행위로서 공유물의 인도를 청구할 수 없다.

③ 특별한 사정이 없는 한 공유물의 과반수지분권자가 그 공유물의 특정 부분을 배타적으로 사용·수익하기로 정하는 것은 공유물의 관리방법으로서 적법하다.

④ 특별한 사정이 없는 한 공유물의 과반수지분권자로부터 사용·수익을 허락받은 점유자에 대하여 소수지분권자는 그 점유자가 사용·수익하는 공유물에 대한 점유배제를 구할 수 없다.

⑤ 특별한 사정이 없는 한 공유물의 과반수지분권자로부터 공유부동산의 특정 부분에 대한 사용·수익을 허락받은 제3자는 소수지분권자에 대해 그 점유로 인하여 법률상 원인 없이 이득을 얻은 것으로 볼 수 있다.

23 신축건물의 소유권 귀속에 관한 설명으로 옳지 <u>않은</u> 것을 모두 고른 것은? (다툼이 있으면 판례에 따름)

> ㄱ. 자기 비용과 노력으로 건물을 신축한 자와 그 건축허가명의자가 다른 경우, 원칙적으로 건축허가명의자가 소유권을 원시취득한다.
> ㄴ. 건축주의 사정으로 건축공사가 중단되었던 미완성의 건물을 인도받아 나머지 공사를 마치고 완공한 경우, 그 건물이 공사가 중단된 시점에서 아직 사회통념상 독립한 건물이라고 볼 수 있는 형태와 구조를 갖추고 있지 않았더라도 원래의 건축주가 그 건물의 소유권을 원시취득한다.
> ㄷ. 건물신축도급계약에서 완성된 건물의 소유권을 도급인에게 귀속시키기로 합의한 경우에는 그 건물의 소유권은 도급인에게 원시적으로 귀속된다.
> ㄹ. 미등기건물의 원시취득자와 승계취득자 사이의 합의로 승계취득자 앞으로 직접 경료한 미등기건물에 관한 소유권보존등기는 적법한 등기로서 효력이 있다.

① ㄱ, ㄴ
② ㄱ, ㄷ
③ ㄴ, ㄹ
④ ㄱ, ㄴ, ㄹ
⑤ ㄴ, ㄷ, ㄹ

24 선의취득에 관한 설명으로 옳지 <u>않은</u> 것은? (다툼이 있으면 판례에 따름)

① 선의취득자가 임의로 선의취득 효과를 거부하고 종전 소유자에게 동산을 반환받아 갈 것을 요구할 수 없다.
② 물권적 합의가 동산의 인도보다 먼저 행해지면, 선의취득자의 선의·무과실 여부는 물권적 합의가 이루어진 때를 기준으로 판단한다.
③ 위탁물 횡령의 경우, 그 위탁물은 민법 제250조(도품, 유실물에 대한 특례)의 도품, 유실물에 포함되지 않는다.
④ 특별한 사정이 없는 한 선의취득이 성립되면 무권리자인 양도인은 양수인과의 거래 행위에 의해 취득한 이익을 부당이득으로 종전 소유자에게 반환해야 한다.
⑤ 양도인이 소유자로부터 보관을 위탁받은 동산을 제3자에게 보관시킨 경우에 양도인이 그 제3자에 대한 반환청구권을 양수인에게 양도하고 지명채권 양도의 대항요건을 갖추었을 때에는 양수인은 동산의 선의취득에 필요한 점유의 취득 요건을 충족한다.

25 채권의 목적에 관한 설명으로 옳은 것은? (다툼이 있으면 판례에 따름)

① 주채무가 외화채무인 경우, 채권자와 보증인 사이에 미리 약정한 환율로 환산한 원화로 보증채무를 이행하기로 하는 약정은 허용되지 않는다.

② 특정물채권의 경우, 채무의 성질 또는 당사자의 의사표시로 변제장소를 정하지 아니 한 때에는 특정물의 인도는 채권자의 현주소에서 해야 한다.

③ 선택채권의 경우, 선택권 없는 당사자의 과실로 인하여 수개의 급부 중 일부가 이행불능이 된 때에는 채권의 목적은 잔존한 것에 존재한다.

④ 금전채무의 이행지체로 인하여 발생하는 지연이자는 그 성질이 이자이다.

⑤ 종류채권이 특정되면 그 채권은 특정물채권으로 전환되고, 특별한 사정이 없는 한 채무자는 그 특정물을 인도할 때까지 선량한 관리자의 주의로 보존해야 한다.

26 민법 제391조(이행보조자의 고의, 과실)에 관한 설명으로 옳지 않은 것은? (다툼이 있으면 판례에 따름)

① 이행보조자로서의 피용자라 함은 일반적으로 채무자의 의사관여 아래 그 채무의 이행행위에 속하는 활동을 하는 사람이면 족하다.

② 임대인이 임차인과의 임대차계약상의 약정에 따라 제3자에게 도급을 주어 임차목적물을 수선한 경우, 그 수급인인 제3자는 임대인에 대하여 이행보조자로서의 피용자가 아니다.

③ 이행보조자가 채무의 이행을 위하여 제3자를 복이행보조자로 사용하는 경우, 채무자가 이를 승낙하였거나 적어도 묵시적으로 동의했다면 채무자는 복이행보조자의 고의·과실에 관하여 민법 제391조에 따라 책임을 부담한다.

④ 이행보조자의 행위가 채무자에 의하여 그에게 맡겨진 이행업무와 객관적, 외형적으로 관련을 가지는 경우에는 채무자는 그 행위에 대하여 책임을 져야 한다.

⑤ 임대인의 이행보조자가 임차인으로 하여금 임차목적물을 사용·수익하지 못하게 함으로써 임대인은 채무불이행책임을 지고 그 이행보조자는 불법행위책임을 지는 경우, 양 채임은 부진정 연대채무관계에 있다.

27 **甲은 자신의 X토지를 乙에게 1억 원에 매도하는 계약을 체결하였다. 乙은 계약금과 중도금으로 6천만 원을 甲에게 지급하였다. 그 후 X토지의 가격이 폭등하자 甲은 X 토지를 丙에게 1억 5천만 원에 매도하고 丙 명의로 소유권이전등기를 마쳐주었다. 이에 관한 설명으로 옳은 것을 모두 고른 것은? (각 지문은 독립적이며, 다툼이 있으면 판례에 따름)**

> ㄱ. 甲과 乙의 매매계약은 특별한 사정이 없는 한 甲이 丙과 매매계약을 맺은 때에 이행불능이 된다.
> ㄴ. 특별한 사정이 없는 한 乙은 甲을 상대로 X토지의 인도 및 소유권이전등기의 청구를 할 수 없다.
> ㄷ. 만일 甲이 乙의 잔금미지급을 이유로 계약을 적법하게 해제할 수 있었으나 해제하지 않은 상태에서 甲이 丙에게 X토지를 매도하고 소유권이전등기를 마쳐준 경우라면, 특별한 사정이 없는 한 甲은 乙에게 이행불능에 따른 책임을 부담하지 않는다.
> ㄹ. 만일 甲이 丙에게 X토지의 소유권이전등기가 아니라 소유권이전등기청구권 보전을 위한 가등기만을 마쳐준 경우라면, 특별한 사정이 없는 한 甲은 乙에게 이행불능에 따른 책임을 부담하지 않는다.

① ㄴ
② ㄱ, ㄷ
③ ㄴ, ㄹ
④ ㄱ, ㄷ, ㄹ
⑤ ㄴ, ㄷ, ㄹ

28 **다수당사자의 채권관계에 관한 설명으로 옳은 것은? (다툼이 있으면 판례에 따름)**

① 甲과 乙이 공유하는 건물을 丙에게 공동으로 임대하고 임차보증금을 수령한 경우, 특별한 사정이 없는 한 임대차 종료 시 甲과 乙은 지분비율에 따라 丙에게 임차보증금을 반환할 채무를 부담한다.
② 甲의 乙에 대한 금전채무에 대하여 丙이 乙과 보증계약을 체결한 경우, 주채무자 甲이 시효이익을 포기하면 보증인 丙에게도 그 효력이 있다.
③ 甲, 乙, 丙이 균등한 부담으로 丁에 대하여 3억 원의 연대채무를 부담하고 있는 경우, 甲이 丁에게 9천만 원을 변제하였다면 甲은 乙과 丙에게 각 3천만 원씩 구상할 수 있다.
④ 甲, 乙, 丙이 균등한 부담으로 丁에 대하여 6천만 원의 연대채무를 부담하고, 甲이 丁에 대한 4천만 원의 반대채권을 가지고 유효하게 상계한 경우, 丙은 丁에 대하여 2천만 원의 채무를 면한다.
⑤ 甲의 乙에 대한 금전채무에 대하여 丙이 乙과 연대보증계약을 체결하고, 乙이 丙에게 채무의 이행을 청구한 경우, 丙은 최고·검색의 항변권을 행사할 수 있다.

29 **지명채권의 양도에 관한 설명 중 옳지 <u>않은</u> 것은? (다툼이 있으면 판례에 따름)**

① 장래의 채권도 양도 당시 기본적 채권관계가 어느 정도 확정되어 있어 그 권리의 특정이 가능하고 가까운 장래에 발생할 것임이 상당 정도 기대되는 경우에는 이를 양도할 수 있다.

② 전세권이 존속하는 동안은 전세권을 존속시키기로 하면서 전세금반환채권만을 전세권과 분리하여 확정적으로 양도할 수 있다.

③ 특별한 사정이 없는 한 임차인은 임차권과 분리하여 임대차보증금반환채권만을 제3자에게 양도할 수 있다.

④ 부동산의 매매로 인한 소유권이전등기청구권의 양도는 채무자의 동의나 승낙을 받아야 대항력이 생긴다.

⑤ 주채권과 분리하여 보증채권만을 양도할 수 없다.

30 **甲은 乙에 대하여 다음과 같은 내용의 대여금 채무를 부담하고 있다.**

• A채무: 대여일 2020.3.7., 원금 1억 원(무이자), 변제기 2021.3.7.
• B채무: 대여일 2020.4.12., 원금 2억 원(무이자), 변제기 2021.4.12.

이에 관한 설명으로 옳지 <u>않은</u> 것은? (비용 · 지연이자는 고려하지 말 것) (각 지문은 독립적이며, 다툼이 있으면 판례에 따름)

① 甲이 2021.4.3. 1억 원을 변제하면서 특별한 합의나 지정이 없었던 경우, 위 1억 원은 A채무의 변제에 충당된다.

② 甲이 2021.5.7. 1억 원을 변제하면서 특별한 합의나 지정이 없었던 경우, 위 1약 원은 B채무의 변제에 충당된다.

③ 甲이 2021.5.7. 1억 원을 변제하면서 특별한 합의나 지정이 없었던 경우, A채무의 담보를 위해 丙의 X토지에 저당권이 설정되어 있었다면 위 1억 원은 A채무의 변제에 충당된다.

④ 甲이 2021.5.7. 1억 원을 변제하면서 특별한 합의나 지정이 없었던 경우, B채무의 담보를 위해 보증인 丙이 있었다면 위 1억 원은 A채무의 변제에 충당된다.

⑤ 만일 A채무와 B채무 모두 월 1%의 이자가 약정되어 있고, 甲이 2021.5.7. 1억 원을 변제하면서 A채무의 원본에 충당하기로 지정한 것에 대하여 乙과의 묵시적 합의가 인정된다면, 위 1억 원은 A채무의 원본에 충당된다.

31 면책적 채무인수에 관한 설명으로 옳지 않은 것은?

① 전(前)채무자로부터 채무를 인수한 채무인수인은 특별한 의사표시가 없으면 전(前)채무자에 대한 항변사유를 가지고 채권자에게 대항할 수 있다.

② 이해관계 없는 제3자는 채무자의 의사에 반하여 채무를 인수하지 못한다.

③ 채권자의 채무인수에 대한 승낙은 다른 의사표시가 없으면 원칙적으로 채무를 인수한 때에 소급하여 그 효력이 생긴다.

④ 제3자와 채무자 간의 계약에 의한 채무인수는 특별한 사정이 없는 한 채권자의 승낙이 있을 때까지 당사자는 이를 철회하거나 변경할 수 있다.

⑤ 전(前)채무자의 채무에 대한 보증이나 제3자가 제공한 담보는 채무인수로 인하여 원칙적으로 소멸한다.

32 甲이 乙의 사해행위를 이유로 채권자취소권을 행사하는 것에 관한 설명으로 옳은 것을 모두 고른 것은? (각 지문은 독립적이며, 다툼이 있으면 판례에 따름)

ㄱ. 乙 소유 X토지에 대해 甲의 점유취득시효가 완성된 후에 乙이 X토지를 丙에게 처분한 경우, 甲은 자신의 소유권이전등기 청구권이 침해되었음을 이유로 채권자취소권을 행사할 수 없다.

ㄴ. 乙은 甲에게 5천만 원, 丙에게 1억 원 등 총 3억 원 이상의 채무를 부담하고 있다. 乙의 재산은 시가 2억 원 상당의 X아파트가 유일한데, 乙은 이 아파트를 丙에게 대물변제로 소유권이전등기를 마쳐 주었다. 이경우 특별한 사정이 없는 한 乙이 丙에게 한 대물변제는 사해행위에 해당한다.

ㄷ. 甲은 乙에 대하여 5천만 원의 채권을 가지고 있다. 乙이 소유하고 있는 유일한 재산인 시가 3억 원 상당의 X토지에는 甲의 乙에 대한 채권이 발생하기 전에 이미 근저당권자 丙은행, 채권최고액 1억 원으로 하는 근저당권이 설정되어 있었다. 그 후 乙은 위 부동산을 丁에게 2억 원에 매도하고, 丁은 丙은행에 1억 원을 변제함으로써 근저당권은 소멸되었다. 이 경우 원칙적으로 甲은 乙이 丁에게 X토지를 매도한 행위를 사해행위로 취소하고 원상회복으로 X토지의 명의를 乙에게 회복시킬 수 있다.

ㄹ. 乙은 丙에 대한 자신의 채권을 丁에게 양도하고 丙에게 채권양도의 통지를 하였다. 이후 乙의 금전채권자 甲에 의해 위 채권양도가 사해행위로 적법하게 취소된 경우, 甲은 丙을 상대로 乙을 대위하여 채무의 이행을 청구할 수 있다.

① ㄱ

② ㄱ, ㄴ

③ ㄴ, ㄹ

④ ㄷ, ㄹ

⑤ ㄱ, ㄴ, ㄷ

33 계약금에 관한 설명으로 옳은 것은? (다툼이 있으면 판례에 따름)

① 계약금을 수령한 매도인이 계약금의 배액을 상환하고 계약을 해제하려는 경우, 매수인이 이를 수령하지 않으면 공탁하여야 해제의 효력이 발생한다.

② 매수인이 자신이 지급한 계약금을 포기하고 계약을 해제하기 전에, 매도인이 매수인에 대하여 매매계약의 이행을 최고하고 매매잔대금의 지급을 구하는 소송을 제기하였다면 이는 이행에 착수한 것으로 보아야 한다.

③ 토지거래허가구역 내 토지에 관하여 매매계약을 체결하고 계약금만 주고받은 상태에서 토지거래허가를 받았다면 매도인은 자신이 수령한 계약금의 배액을 상환하여 매매계약을 해제할 수 있다.

④ 당사자 일방의 귀책사유로 인한 법정해제권을 행사하는 경우, 특별한 사정이 없는 한 계약금은 위약금으로서 상대방에게 귀속된다.

⑤ 계약당사자가 계약금에 기한 해제권을 배제하기로 하는 약정을 하더라도, 각 당사자는 계약금에 기한 해지권을 행사할 수 있다.

34 동시이행의 항변권에 관한 설명으로 옳지 않은 것은? (다툼이 있으면 판례에 따름)

① 특별한 사정이 없는 한 주된 급부의무만이 동시이행의 관계에 있다.

② 쌍방의 채무가 별개의 계약에 기한 것이라도 당사자들은 특약으로 동시이행의 항변권을 성립시킬 수 있다.

③ 쌍무계약의 당사자 일방이 선이행의무를 이행하지 않고 있던 중 상대방 채무의 이행기가 도래한 경우에도 특별한 사정이 없는 한 동시이행의 항변권을 행사할 수 있다.

④ 채무자에게 민법 제536조 제2항의 불안의 항변권이 인정되기 위해서는 채권자 측에 발생한 사정이 신용불안이나 재산상태 악화와 같이 객관적·일반적인 것이어야 한다.

⑤ 부동산 매도인이 동시이행의 항변권을 가지는 경우에는 이행거절 의사를 구체적으로 밝히지 않았더라도 동시이행의 항변권으로 인해 이행지체책임이 발생하지 않는다.

35 **합의해제에 관한 설명으로 옳은 것은? (다툼이 있으면 판례에 따름)**

① 계약의 합의해제는 단독행위의 일종이다.

② 계약이 합의해제가 된 경우에도 특별한 사정이 없는 한 채무불이행으로 인한 손해배상청구는 인정된다.

③ 특별한 사정이 없는 한 계약이 일부이행된 상태에서 당사자 쌍방이 장기간에 걸쳐 나머지 의무를 이행하지 않고 이를 방치한 것만으로도 묵시적 합의해제가 인정된다.

④ 계약을 합의해제할 때에는 원상회복에 관하여 반드시 약정을 하여야 한다.

⑤ 매매계약을 합의해제한 후 그 합의해제를 무효화시키고, 해제된 매매계약을 부활시키는 약정은 계약자유의 원칙상 적어도 당사자 사이에서는 가능하다.

36 **甲은 乙로부터 800m^{2}의 X토지를 5천만 원에 매수하여 건물을 신축하기 위한 건축허가를 받았다. 이후 甲은 건물신축을 위한 굴착공사를 하다가 1m 깊이에 300톤의 폐기물이 매립되어 있는 것을 발견하였고, 이를 처리하기 위해 6천만 원을 지출하였다. 이에 관한 설명으로 옳지 <u>않은</u> 것은? (다툼이 있으면 판례에 따름)**

① 특별한 사정이 없는 한 乙은 X토지의 객관적 하자뿐만 아니라 주관적 하자에 대해서도 하자담보책임을 부담한다.

② 폐기물로 인해 X토지에 하자가 인정되는 경우, 하자담보책임으로 인한 손해배상청구권은 甲이 X토지를 인도받은 때 발생한다.

③ X토지에 매립된 폐기물로 인해 乙에게 하자담보책임과 채무불이행책임이 모두 인정되는 경우, 특별한 사정이 없는 한 甲은 채무불이행책임에 따른 손해배상청구만 가능하다.

④ 폐기물로 인해 X토지에 하자가 인정되는 경우, 폐기물처리 비용이 매매대금을 초과한다는 사정은 원칙적으로 채무불이행으로 인한 甲의 손해배상청구권 행사에 장애가 되지 않는다.

⑤ 乙이 X토지에 폐기물을 불법으로 매립하였음에도 이를 처리하지 않은 상태에서 그 토지를 甲에게 매도한 경우, 특별한 사정이 없는 한 이는 甲에 대한 위법행위로서 불법행위가 성립할 수 있다.

37 민법상 소비대차에 관한 설명으로 옳은 것을 모두 고른 것은? (다툼이 있으면 판례에 따름)

ㄱ. 소비대차는 차주가 대주로부터 현실로 금전 등을 수수하거나 현실의 수수가 있은 것과 같은 경제적 이익을 취득하여야만 성립한다.
ㄴ. 금전대차의 경우에 차주가 금전에 갈음하여 유가증권 기타 물건의 인도를 받은 때에는 반환시의 가액으로써 차용액으로 한다.
ㄷ. 이자부 소비대차에서 목적물의 하자가 중대하여 계약의 목적을 달성할 수 없는 경우, 특별한 사정이 없는 한 선의·무과실의 차주는 계약을 해제할 수 있다.

① ㄱ
② ㄴ
③ ㄷ
④ ㄱ, ㄴ
⑤ ㄱ, ㄴ, ㄷ

38 민법상 조합의 재산관계에 관한 설명으로 옳지 않은 것은? (다툼이 있으면 판례에 따름)

① 2인으로 구성된 조합에서 한 사람이 탈퇴하면, 특별한 사정이 없는 한 조합은 해산되고, 조합재산은 탈퇴로 인한 계산으로 청산된다.
② 조합재산에 대한 각자의 지분을 다른 조합원의 동의 없이 양도할 수 있도록 하는 조합원들 상호 간의 약정은 유효하다.
③ 조합원이 출자하기로 한 부동산이 조합재산으로 되려면 권리이전절차가 완료되어야 하며, 완료 전에는 제3자에게 그 부동산을 조합재산이라고 주장 할 수 없다.
④ 조합의 업무집행자가 1인만 있는 경우, 특별한 사정이 없는 한 조합재산의 처분은 그 업무집행자가 단독으로 결정한다.
⑤ 조합원의 지분에 대한 압류는 그 조합원의 장래의 이익배당 및 지분의 반환을 받을 권리에 대하여 효력이 있다.

39 **甲이 소유권을 유보한 채 乙에게 철강제품을 매도하였다. 자신의 토지에 건물을 신축하려는 丙과 도급계약을 체결한 乙은 그 이행과정에서 그 철강제품을 건물의 골조공사에 사용하여 丙 소유의 X건물을 완성하였다. 丙은 그 철강제품의 소유권이 유보된 사실에 대해 과실없이 알지 못하였고, 그 철강제품의 대금은 여전히 지급되지 않은 상태이다. 이에 관한 설명으로 옳은 것을 모두 고른 것은? (다툼이 있으면 판례에 따름)**

ㄱ. 부동산에의 부합에 관한 법리는 건물의 신축의 경우에 적용될 수 있다. ㄴ. 甲의 소유권 유보에도 불구하고 丙은 철강제품에 대한 소유권을 취득한다. ㄷ. 부당이득반환청구의 요건이 충족되지 않았더라도, 甲은 민법 제261조(첨부로 인한 구상권)에 근거하여 丙에게 보상청구권을 행사할 수 있다. ㄹ. 특별한 사정 이 없는 한 丙은 그 철강제품의 귀속으로 인한 할 수 있는 법률상 원인이 있다.

① ㄱ, ㄴ
② ㄷ, ㄹ
③ ㄱ, ㄴ, ㄹ
④ ㄴ, ㄷ, ㄹ
⑤ ㄱ, ㄴ, ㄷ, ㄹ

40 **甲은 농지법상 처분명령을 회피하기 위하여 친구인 乙과 2020.3.19. 양자 간 명의신탁약정을 체결하였다. 이에 따라 乙은 甲으로부터 甲 소유 X토지의 소유권이전등기를 넘겨받았다. 이에 관한 설명으로 옳지 않은 것은? (다툼이 있으면 판례에 따름)**

① 甲은 乙을 상대로 진정명의 회복을 원인으로 하는 소유권이전등기를 청구할 수 있다.
② 甲은 명의신탁해지를 원인으로 하여 乙을 상대로 소유권이전등기를 청구할 수 없다.
③ 甲이 乙을 상대로 그 등기의 말소를 청구하는 것은 특별한 사정이 없는 한 민법 제746조의 불법원인급여를 이유로 금지된다.
④ 乙이 제3자에게 X토지를 임의로 처분한 경우, 甲은 그 제3자에게 소유권이전등기의 말소를 청구할 수 없다.
⑤ 乙이 제3자에게 X토지를 임의로 처분한 경우, 형사상 횡령죄의 성립 여부와 관계없이 乙은 甲에 대하여 민사상 불법행위 책임을 부담한다.

2021년 제58회 기출문제

✔ Time 분 | 해설편 252p

01 권리남용금지의 원칙에 관한 설명으로 옳은 것을 모두 고른 것은? (다툼이 있으면 판례에 따름)

ㄱ. 채무자가 소멸시효완성 전에 채권자의 권리행사를 현저하게 곤란하게 하여 시효가 완성된 경우, 채무자가 시효의 완성을 주장하는 것은 권리남용이 된다.
ㄴ. 권리남용은 당사자의 주장이 없더라도 법원은 직권으로 판단할 수 있다.
ㄷ. 거래당사자가 유치권을 자신의 이익을 위하여 고의적으로 작출하여 유치권의 최우선순위담보권으로서의 지위를 부당하게 이용함으로써 신의성실의 원칙에 반한다고 평가되는 경우에는 유치권의 남용이 된다.
ㄹ. 권리남용으로 인정되는 경우, 남용의 구체적 효과는 권리의 종류와 남용의 결과에 관계없이 권리의 박탈이라는 점에서는 동일하다.

① ㄱ, ㄴ
② ㄴ, ㄷ
③ ㄷ, ㄹ
④ ㄱ, ㄴ, ㄷ
⑤ ㄴ, ㄷ, ㄹ

02 법인의 기관에 관한 설명으로 옳은 것을 모두 고른 것은? (다툼이 있으면 판례에 따름)

ㄱ. 법인의 정관에 이사의 해임사유에 관한 규정이 있는 경우, 법인으로서는 이사의 중대한 의무위반 등의 특별한 사정이 없는 이상 정관에서 정하지 아니한 사유로 이사를 해임할 수 없다.
ㄴ. 이사와 감사의 성명・주소는 등기사항이다.
ㄷ. 법인과 이사의 이익이 상반되는 경우, 법원이 선임한 특별대리인은 그 사항에 대하여 법인을 대표한다.
ㄹ. 이사의 대표권 제한이 정관에 기재된 경우, 이를 등기하지 않아도 악의의 제3자에게 대항할 수 있다.

① ㄱ, ㄷ
② ㄴ, ㄹ
③ ㄱ, ㄴ, ㄹ
④ ㄱ, ㄷ, ㄹ
⑤ ㄴ, ㄷ, ㄹ

03 비법인사단에 관한 설명으로 옳은 것은? (다툼이 있으면 판례에 따름)

① 비법인사단은 부동산소유권에 관하여 등기의무자가 될 수 없다.
② 비법인사단의 해산에 따른 청산절차에는 사단법인의 청산인에 관한 민법 규정을 유추적용할 수 있다.
③ 비법인사단의 대표자가 행한 타인에 대한 업무의 포괄적 위임과 그에 따른 포괄적 수임인의 대행행위는 비법인사단에 대하여 그 효력이 있다.
④ 비법인사단의 채무는 구성원의 지분비율에 따라 귀속한다.
⑤ 이사의 결원으로 인하여 손해가 생길 염려가 있더라도 이해관계인은 법원에 임시이사의 선임을 청구할 수 없다.

04 법률행위의 부관에 관한 설명으로 옳지 <u>않은</u> 것은? (다툼이 있으면 판례에 따름)

① 상계에는 시기(始期)를 붙이지 못한다.
② 현상광고에 정한 행위의 완료에 조건이나 기한을 붙일 수 있다.
③ 무상임치와 무이자 소비대차의 경우, 채무자만이 기한이익을 갖는다.
④ 조건의 성취로 인하여 이익을 받을 당사자가 신의성실에 반하여 조건을 성취시킨 때에는 상대방은 그 조건이 성취하지 아니한 것으로 주장할 수 있다.
⑤ 부관이 붙은 법률행위에 있어서 부관에 표시된 사실이 발생한 때뿐만 아니라 발생하지 않는 것으로 확정된 때에도 그 채무를 이행하여야 한다고 보는 것이 상당한 경우에는 표시된 사실의 발생 여부가 확정되는 것을 불확정기한으로 정한 것으로 본다.

05 물건에 관한 설명으로 옳은 것은? (다툼이 있으면 판례에 따름)

① 부동산에 부속된 동산을 분리하면 그 동산의 경제적 가치가 없는 경우에는 타인이 권원에 의하여 동산을 부속시킨 경우라도 그 동산은 부동산소유자에게 귀속된다.
② 집합물에 대한 양도담보권자가 점유개정의 방법으로 양도담보권설정계약 당시 존재하는 집합물의 점유를 취득한 후 양도담보권설정자가 자기 소유의 집합물을 이루는 물건을 반입한 경우, 나중에 반입된 물건에는 양도담보권의 효력이 미치지 않는다.
③ 적법한 경작권 없이 타인의 토지를 경작하였다면 그 경작한 입도(立稻)가 성숙한 경우에도 경작자는 그 입도의 소유권을 갖지 못한다.
④ 종물은 주물의 처분에 따르므로, 당사자의 특약으로 종물만을 별도로 처분할 수 없다.
⑤ 입목에 관한 법률에 의하여 소유권보존등기가 마쳐진 입목은 토지와 분리하여 양도될 수 있으나, 저당권의 객체는 될 수 없다.

06 **소멸시효에 관한 설명으로 옳지 않은 것은? (다툼이 있으면 판례에 따름)**

① 소멸시효에 관한 규정은 강행규정이지만, 법률행위에 의하여 경감할 수 있다.
② 공유물분할청구권은 공유관계가 존속하는 한 별도로 소멸시효가 진행되지 않는다.
③ 부당이득반환청구권의 소멸시효는 청구권이 성립한 때로부터 진행하고, 원칙적으로 권리의 존재나 발생을 알지 못하였다고 하더라도 소멸시효의 진행에 장애가 되지 않는다.
④ 부동산매수인이 소유권이전등기 없이 부동산을 인도받아 사용·수익하다가 제3자에게 그 부동산을 처분하고 점유를 승계하여 준 경우, 소유권이전등기청구권의 소멸시효가 진행되지 않는다.
⑤ 원인채권의 지급을 확보하기 위하여 어음이 수수된 당사자 사이에 채권자가 어음채권에 관한 집행권원에 기하여 한 배당요구는 그 원인채권의 소멸시효를 중단시키는 효력이 없다.

07 **불공정한 법률행위에 관한 설명으로 옳은 것은? (다툼이 있으면 판례에 따름)**

① 불공정한 법률행위에도 무효행위 전환의 법리가 적용될 수 있다.
② 불공정한 법률행위로서 무효인 경우에도 추인하면 유효로 된다.
③ 불공정한 법률행위에 관한 규정은 부담 없는 증여의 경우에도 적용된다.
④ 경매에서 경매부동산의 매각대금이 시가에 비하여 현저히 저렴한 경우, 불공정한 법률행위에 해당하여 무효이다.
⑤ 법률행위가 현저하게 공정을 잃은 경우, 특별한 사정이 없는 한 그 법률행위는 궁박·경솔·무경험으로 인해 이루어진 것으로 추정된다.

08 **착오로 인한 법률행위에 관한 설명으로 옳은 것은? (다툼이 있으면 판례에 따름)**

① 법률에 관한 착오는 그것이 법률행위 내용의 중요부분에 관한 것이라 하더라도 착오를 이유로 취소할 수 없다.
② 착오로 인한 의사표시의 취소에 관한 민법 제109조 제1항은 당사자의 합의로 그 적용을 배제할 수 없다.
③ 착오한 표의자의 중대한 과실 유무에 관한 증명책임은 의사표시의 효력을 부인하는 착오자에게 있다.
④ 상대방이 표의자의 착오를 알고 이용한 경우, 그 착오가 표의자의 중대한 과실로 인한 것이라고 하더라도 표의자는 착오에 의한 의사표시를 취소할 수 있다.
⑤ 표의자가 착오를 이유로 의사표시를 취소한 경우, 취소로 인하여 손해를 입은 상대방은 표의자에게 불법행위로 인한 손해배상을 청구할 수 있다.

09 **甲 소유의 X토지를 매도하는 계약을 체결할 대리권을 甲으로부터 수여받은 乙은 甲의 대리인임을 현명하고 丙과 매매계약을 체결하였다. 이에 관한 설명으로 옳지 않은 것은? (다툼이 있으면 판례에 따름)**

① 乙은 특별한 사정이 없는 한 매매계약을 해제할 권한이 없다.

② 乙이 미성년자인 경우, 甲은 乙의 제한능력을 이유로 X토지에 대한 매매계약을 취소할 수 없다.

③ 丙과의 매매계약이 불공정한 법률행위에 해당하는지 여부가 문제된 경우, 매도인의 무경험은 甲을 기준으로 판단한다.

④ 乙이 丙으로부터 매매대금을 수령한 경우, 甲에게 이를 아직 전달하지 않았더라도 특별한 사정이 없는 한 丙의 매매대금채무는 소멸한다.

⑤ 甲이 乙에게 매매계약의 체결과 이행에 관한 포괄적 대리권을 수여한 경우, 특별한 사정이 없는 한 乙은 약정된 매매대금 지급기일을 연기하여 줄 권한을 가진다.

10 **법률행위의 취소에 관한 설명으로 옳지 않은 것은? (다툼이 있으면 판례에 따름)**

① 제한능력자의 법률행위에 대한 법정대리인의 추인은 취소의 원인이 소멸된 후에 하여야 그 효력이 있다.

② 취소할 수 있는 법률행위로 취득한 권리를 취소권자의 상대방이 제3자에게 양도한 경우, 법정추인이 되지 않는다.

③ 법률행위의 취소를 전제로 한 소송상의 이행청구나 이를 전제로 한 이행거절에는 취소의 의사표시가 포함되어 있다고 볼 수 있다.

④ 취소할 수 있는 법률행위는 취소권자가 추인할 수 있는 후에 이의를 보류하지 않고 이행청구를 하면 추인한 것으로 본다.

⑤ 취소권자가 취소할 수 있는 법률행위를 적법하게 추인한 경우, 그 법률행위를 다시 취소할 수 없다.

11 **甲은 토지거래허가구역 내에 있는 그 소유의 X토지에 대하여 토지거래허가를 받을 것을 전제로 乙과 매매계약을 체결하였다. 이에 관한 설명으로 옳지 않은 것은? (다툼이 있으면 판례에 따름)**

① 甲이 허가신청절차에 협력하지 않으면 乙은 甲에 대하여 협력의무의 이행을 소구할 수 있다.

② 甲이 허가신청절차에 협력할 의무를 이행하지 않더라도 특별한 사정이 없는 한 乙은 이를 이유로 계약을 해제할 수 없다.

③ 甲과 乙이 허가신청절차 협력의무의 이행거절의사를 명백히 표시한 경우, 매매계약은 확정적으로 무효가 된다.

④ 매매계약이 乙의 사기에 의해 체결된 경우, 甲은 토지거래허가를 신청하기 전에 사기를 이유로 계약을 취소함으로써 허가신청절차의 협력의무를 면할 수 있다.

⑤ X토지가 중간생략등기의 합의에 따라 乙로부터 丙에게 허가 없이 전매된 경우, 丙은 甲에 대하여 직접 허가신청절차의 협력의무 이행청구권을 가진다.

12 **甲은 그 소유의 X토지에 저당권을 설정하고 금전을 차용하는 계약을 체결할 대리권을 친구 乙에게 수여하였는데, 乙이 甲을 대리하여 X토지를 丙에게 매도하는 계약을 체결하였다. 이에 관한 설명으로 옳은 것은? (다툼이 있으면 판례에 따름)**

① 丙이 乙의 대리행위가 유권대리라고 주장하는 경우, 그 주장 속에는 표현대리의 주장이 포함된 것으로 보아야 한다.

② 丙이 계약체결 당시에 乙에게 매매계약 체결의 대리권이 없음을 알았더라도 丙의 甲에 대한 최고권이 인정된다.

③ 丙이 계약체결 당시에 乙에게 매매계약 체결의 대리권이 없음을 알았더라도 계약을 철회할 수 있다.

④ 乙의 행위가 권한을 넘은 표현대리로 인정되는 경우, 丙에게 과실(過失)이 있다면 과실상계의 법리에 따라 甲의 책임이 경감될 수 있다.

⑤ 丙이 乙의 대리행위가 권한을 넘은 표현대리라고 주장하는 경우, 乙에게 매매계약체결의 대리권이 있다고 丙이 믿을 만한 정당한 이유가 있었는지의 여부는 계약성립 이후의 모든 사정을 고려하여 판단해야 한다.

13 **선의취득에 관한 설명으로 옳지 않은 것은? (다툼이 있으면 판례에 따름)**

① 대리인이 본인 소유가 아닌 물건을 처분하고 상대방이 본인 소유라고 오신한 경우에도 선의취득이 인정될 수 있다.

② 자동차관리법이 적용되는 자동차이더라도 행정상 특례조치에 의하지 아니하고는 적법하게 등록할 수 없어서 등록하지 아니한 상태에 있고 통상적인 용도가 도로 외의 장소에서만 사용하는 것이라는 등의 특별한 사정이 있다면, 민법 제249조의 선의취득 규정이 적용될 수 있다.

③ 채무자 이외의 사람에 속하는 동산을 경매절차에서 경락받은 경우에도 선의취득이 성립할 수 있다.

④ 매수인이 점유개정으로 동산의 점유를 취득한 경우에는 선의취득이 인정되지 않는다.

⑤ 점유보조자가 보관한 물건을 횡령하여 형사상 절도죄가 성립되는 경우, 그 물건은 민법 제250조(도품·유실물에 대한 특례)의 도품에 해당되므로, 피해자는 점유를 상실한 날로부터 2년 내에 그 물건의 반환을 청구할 수 있다.

14 **점유자와 회복자의 법률관계에 관한 설명으로 옳은 것은? (다툼이 있으면 판례에 따름)**

① 악의의 점유자가 점유물의 사용에 따른 이익을 반환하여야 하는 경우, 자신의 노력으로 점유물을 활용하여 얻은 초과이익도 반환하여야 한다.

② 악의의 수익자는 받은 이익에 이자를 붙여 반환하여야 하며, 그 이자의 이행지체로 인한 지연손해금도 지급하여야 한다.

③ 악의의 점유자가 과실(果實)을 수취하지 못한 경우, 이에 대한 과실(過失)이 없더라도 그 과실(果實)의 대가를 보상하여야 한다.

④ 점유자가 점유물을 개량하기 위하여 유익비를 지출한 경우는 점유자가 점유물을 반환할 때에 그 상환을 청구할 수 있으나, 필요비를 지출한 경우에는 즉시 상환을 청구할 수 있다.

⑤ 점유물이 점유자의 책임 있는 사유로 멸실된 때, 악의의 점유자라 하더라도 자주점유인 경우는 타주점유에 비하여 책임이 경감된다.

15 등기에 관한 설명으로 옳은 것은? (다툼이 있으면 판례에 따름)

① 본등기에 의한 물권변동의 효력은 가등기를 한 때에 소급하여 발생한다.

② 등기가 원인 없이 말소된 경우, 그 회복등기가 마쳐지기 전이라도 말소된 등기의 등기명의인은 적법한 권리자로 추정된다.

③ 합유자가 그 지분을 포기하면 지분권 이전등기를 하지 않더라도, 포기된 합유지분은 나머지 잔존 합유지분권자들에게 물권적으로 귀속하게 된다.

④ 매매로 인한 소유권이전등기에서 등기명의자가 등기원인을 증여로 주장하였다면 등기의 추정력은 깨어진다.

⑤ 사망자 명의로 신청하여 이루어진 이전등기도 특별한 사정이 없는 한 등기의 추정력이 인정되므로, 등기의 무효를 주장하는 자가 현재의 실체관계에 부합하지 않음을 증명하여야 한다.

16 乙은 甲의 X토지를 임차하여 점유하고 있는데, 丙이 무단으로 X토지 위에 건축폐자재를 적치(積置)하여 乙의 토지사용을 방해하고 있다. 이에 관한 설명으로 옳지 않은 것은? (다툼이 있으면 판례에 따름)

① 甲은 丙에 대하여 소유권에 기한 방해배제청구권을 행사할 수 있다.

② 乙은 丙에 대하여 소유권에 기한 방해배제청구권을 행사할 수 없지만, 甲의 소유권에 기한 방해배제청구권을 대위 행사할 수 있다.

③ 丙이 X토지를 자신의 것으로 오신하여 건축폐자재를 적치한 경우라 하더라도, 乙은 丙에 대하여 점유권에 기한 방해배제청구권을 행사할 수 있다.

④ 甲은 丙에 대하여 점유권에 기한 방해배제청구권을 행사할 수 없지만, 乙의 점유권에 기한 방해배제청구권을 대위 행사할 수 있다.

⑤ X토지에 대한 임대차 계약이 종료되면 甲은 乙에 대하여 임대차 계약상 반환청구권을 행사할 수 있는데, 이는 채권적 청구권으로 물권적 청구권과 별개로 행사할 수 있다.

17 **부동산 소유권의 점유취득시효에 관한 설명으로 옳지 않은 것은? (다툼이 있으면 판례에 따름)**

① 시효완성자는 취득시효완성에 따른 등기를 하지 않더라도 시효완성 당시의 등기명의인에 대하여 취득시효를 주장할 수 있다.

② 취득시효가 완성되기 전에 등기명의인이 바뀐 경우에는 시효완성자는 취득시효완성 당시의 등기명의인에게 취득시효를 주장할 수 있다.

③ 취득시효완성 후 등기명의인이 변경되면 설사 등기원인이 취득시효 완성 전에 존재하였더라도, 시효완성자는 변경된 등기명의인에게 취득시효를 주장할 수 없다.

④ 취득시효기간이 진행하는 중에 등기명의인이 변동된 경우, 취득시효기간의 기산점을 임의로 선택하거나 소급하여 20년 이상 점유한 사실만을 내세워 시효완성을 주장할 수 없다.

⑤ 취득시효완성 후 등기명의인이 바뀐 경우, 등기명의가 바뀐 시점으로부터 다시 취득시효기간이 경과하더라도 취득시효완성을 주장할 수 없다.

18 **2020.10.1. 甲 소유의 X토지와 그 지상에 있는 Y건물에 설정된 저당권의 실행으로 X토지는 乙이 경락받았고, Y건물은 丙이 경락받았다. X토지 및 Y건물에는 매각에 따른 소유권이전등기만 되었으며, X토지에 대한 법정지상권 등기는 현재까지 경료되지 않았다. 2021.1.15. 乙은 X토지를 丁에게 양도하고 丁 명의로 소유권이전등기를 하였고, 2021.2.10. 丙은 자신이 가진 X토지에 대한 권리와 Y건물에 대한 소유권을 戊에게 매도하는 계약을 체결하고 Y건물에 대한 소유권이전등기를 하였다. 이에 관한 설명으로 옳은 것은? (다툼이 있으면 판례에 따름)**

① 2020.10.1. 당시 丙은 X토지에 대하여 법정지상권 등기를 하지 않았기 때문에, 丙은 X토지에 대한 법정지상권을 취득하지 못한다.

② 2020.10.1. 당시 丙이 법정지상권을 취득하였더라도 본인의 의사와 무관하게 취득한 것이므로, 지료를 지급할 필요가 없다.

③ 2021.1.16. 丙은 X토지에 대한 법정지상권을 丁에게 주장할 수 있다.

④ 2021.2.10. 戊는 법정지상권 등기 없이도, X토지에 대하여 법정지상권을 취득한다.

⑤ 2021.2.27. 현재 丁은 戊에 대하여 Y건물의 철거를 청구할 수 있다.

19 저당권에 관한 설명으로 옳지 않은 것은? (다툼이 있으면 판례에 따름)

① 구분건물의 전유부분에 설정된 저당권의 효력은 특별한 사정이 없는 한 그 전유부분의 소유자가 나중에 취득한 대지권에도 미친다.

② 저당목적물에 갈음하는 금전의 인도청구권에 대하여 저당권자가 압류하기 전에 그 금전이 물상보증인에게 지급되었더라도, 저당권자는 물상보증인에게 부당이득반환을 청구할 수 있다.

③ 저당권부 채권을 양수한 채권자가 채권양도의 대항요건을 갖추지 않은 경우에는 그보다 후순위 저당권자에 대하여 채권양도로써 대항할 수 없다.

④ 물상대위권을 행사하지 아니하여 우선변제권을 상실한 저당권자는 저당목적물에 갈음한 보상금으로 이득을 얻은 다른 채권자에 대하여 그 이익을 부당이득으로 반환청구할 수 없다.

⑤ 저당부동산에 대하여 전세권을 취득한 제3자는 저당권자에게 그 부동산으로 담보된 채권을 변제하고 저당권의 소멸을 청구할 수 있다.

20 전세권에 관한 설명으로 옳지 않은 것은? (다툼이 있으면 판례에 따름)

① 타인의 토지에 있는 건물의 소유자가 그 건물에 설정한 전세권의 효력은 그 건물의 소유를 목적으로 한 임차권에도 미친다.

② 대지와 건물이 동일한 소유자에게 속한 경우에 건물에 전세권을 설정한 때에는 그 대지소유권의 특별승계인은 전세권설정자에 대하여 지상권을 설정한 것으로 본다.

③ 전세권이 법정갱신된 경우, 전세권자는 등기 없이도 그 목적물을 취득한 제3자에 대하여 갱신된 권리를 주장할 수 있다.

④ 전세권에 저당권을 설정한 경우, 전세기간이 만료되더라도 전세권의 저당권자는 전세권 자체에 대하여 저당권을 실행하여 전세금을 배당받을 수 있다.

⑤ 토지전세권의 존속기간을 15년으로 약정한 경우에 그 존속기간은 10년으로 단축되지만, 당사자는 존속기간 만료 시에 갱신한 날로부터 10년을 넘지 않는 기간으로 전세권을 갱신할 수 있다.

21 **민사유치권에 관한 설명으로 옳은 것은? (다툼이 있으면 판례에 따름)**

① 유치권자는 유치물의 과실(果實)이 금전인 경우, 이를 수취하여 다른 채권보다 먼저 유치권으로 담보된 채권의 변제에 충당할 수 있다.

② 유치권자가 유치물의 보존에 필요한 사용을 한 경우에는 특별한 사정이 없는 한, 차임 상당의 이득을 소유자에게 반환할 의무가 없다.

③ 건물공사대금의 채권자가 그 건물에 대하여 유치권을 행사하는 동안에는 그 공사대금채권의 소멸시효가 진행하지 않는다.

④ 임대인과 임차인 사이에 임대차 종료에 따른 건물명도 시에 권리금을 반환하기로 약정한 경우, 임차인은 권리금반환청구권을 가지고 건물에 대한 유치권을 행사할 수 있다.

⑤ 유치권자가 경매개시결정등기 전에 부동산에 관하여 유치권을 취득하였더라도 그 취득에 앞서 저당권설정등기가 먼저 되어 있었다면, 경매절차의 매수인에게 자기의 유치권으로 대항할 수 없다.

22 **양도담보에 관한 설명으로 옳지 <u>않은</u> 것은? (다툼이 있으면 판례에 따름)**

① 집합물 양도담보에서 양도담보의 목적인 집합물을 구성하는 개개의 물건이 변동되더라도 양도담보권의 효력은 항상 현재의 집합물에 미친다.

② 주택을 채권담보의 목적으로 양도한 경우, 양도담보권자가 그 주택을 사용·수익하기로 하는 약정이 없는 이상 주택에 대한 임대권한은 양도담보 설정자에게 있다.

③ 채무자가 피담보채무의 이행지체에 빠진 경우, 양도담보권자는 채무자로부터 적법하게 목적 부동산의 점유를 이전받은 제3자에 대하여 직접 소유권에 기한 인도청구를 할 수 있다.

④ 양도담보권의 목적인 주된 동산에 다른 동산이 부합되어 부합된 동산에 관한 권리를 상실하는 손해를 입은 사람은 양도담보권자를 상대로 그로 인한 보상을 청구할 수 없다.

⑤ 채무자가 금전채무를 담보하기 위하여 그 소유의 동산을 채권자에게 양도하되 점유개정에 의하여 이를 계속 점유하기로 한 경우, 다시 다른 채권자와 양도담보 설정계약을 체결하고 점유개정의 방법으로 그 동산을 인도하더라도 뒤의 채권자는 양도담보권을 취득할 수 없다.

23 채권질권에 관한 설명으로 옳지 않은 것은? (다툼이 있으면 판례에 따름)

① 피담보채권액이 입질채권액보다 적은 경우에도 질권의 효력은 입질채권 전부에 미친다.

② 주택임차인이 보증금반환채권을 담보로 질권을 설정한 경우, 질권자에게 임대차계약서를 교부하지 않았더라도 그 질권은 유효하다.

③ 질권설정자가 제3채무자에게 질권설정 사실을 통지한 후 제3채무자가 질권자의 동의없이 질권설정자와 상계합의를 하여 질권의 목적인 채무를 소멸하게 한 경우, 질권자는 제3채무자에 대하여 직접 채무의 변제를 청구할 수 있다.

④ 저당권부 채권에 질권을 설정한 경우에는 그 저당권등기에 질권의 부기등기를 하여야 질권의 효력이 저당권에 미친다.

⑤ 저당권부 채권에 질권을 설정하면서 그 저당권의 피담보채권만을 질권의 목적으로 하고 저당권은 질권의 목적으로 하지 않는 것은 저당권의 부종성에 반하여 허용되지 않는다.

24 관습법상 법정지상권이 성립되지 않는 경우를 모두 고른 것은? (다툼이 있으면 판례에 따름)

ㄱ. 환지처분으로 인하여 토지와 그 지상건물의 소유자가 달라진 경우
ㄴ. 미등기 건물을 그 대지와 함께 양수한 사람이 그 대지에 관하여서만 소유권이전등기를 넘겨받고 건물에 대하여는 그 등기를 이전받지 못하고 있는 상태에서 그 대지가 강제경매되어 소유자가 달라진 경우
ㄷ. 공유토지 위에 신축한 건물을 단독 소유하던 토지공유자 1인이 자신의 토지지분만을 양도하여 건물과 토지의 소유자가 달라진 경우
ㄹ. 토지를 매수하여 소유권이전등기를 마친 매수인이 그 지상에 건물을 신축한 후 그 토지의 소유권이전등기가 원인무효로 밝혀져 말소됨으로써 건물과 토지의 소유자가 달라진 경우

① ㄱ, ㄴ
② ㄴ, ㄹ
③ ㄱ, ㄴ, ㄷ
④ ㄱ, ㄷ, ㄹ
⑤ ㄱ, ㄴ, ㄷ, ㄹ

25 이행지체에 관한 설명으로 옳지 않은 것은? (다툼이 있으면 판례에 따름)

① 동산매매계약에서 매도인 甲이 매수인 乙에 대해 잔금 지급기일 도과를 이유로 지연손해금을 청구하려면 甲은 자기 채무의 이행제공을 계속하여야 한다.

② 신축 중인 상가를 乙에게 분양한 甲이 분양대금의 중도금지급기한을 1층 골조공사 완료시로 약정한 경우, 1층 골조공사 완료 후 乙이 그 사실을 안 날의 다음 날부터 중도금지급채무의 지체책임을 진다.

③ 이행기의 정함이 없는 매매대금채권을 甲으로부터 양수한 丙이 채무자 乙을 상대로 그 이행을 구하는 소를 제기하고 소송 계속 중 甲이 乙에 대해 채권양도통지를 한 경우, 특별한 사정이 없는 한 乙은 채권양도통지가 도달된 날의 다음 날부터 이행지체의 책임을 진다.

④ 매수인 乙이 매도인 甲의 영업소에서 쌀 10포대를 받아가기로 약정한 경우, 乙이 변제기 이후에 오지 않은 이상 甲은 지연에 따른 손해배상책임을 지지 않는다.

⑤ 甲은 乙로부터 1억 원을 빌리면서 5회에 걸쳐 매회 2천만 원씩 분할상환하되, 분할변제기한을 1회라도 지체하였을 때는 기한의 이익을 잃는 것으로 특약한 경우, 특별한 사정이 없는 한 甲은 1회 변제기한이라도 지체하면 미상환금액 전부에 대하여 지체책임을 진다.

26 채권의 목적에 관한 설명으로 옳지 않은 것은? (다툼이 있으면 판례에 따름)

① 수임인이 위임사무의 처리과정에서 받은 물건으로 위임인에게 인도할 목적물이 대체물이더라도 당사자 사이에는 특정된 물건과 같은 것으로 보아야 한다.

② 채권의 성질 또는 당사자의 의사표시로 달리 정한 바가 없는 이상, 특정물의 인도는 채권성립 당시의 그 물건의 소재지에서 한다.

③ 제한종류채권에서 채무자가 지정권자인 경우, 채권의 기한이 도래한 후 채권자의 최고에도 불구하고 채무자가 이행할 물건을 지정하지 않으면 그 지정권은 채권자에게 이전한다.

④ 채권액이 외국통화로 지정된 금액채권인 외화채권의 경우, 채권자는 대용급부권을 행사하여 우리나라 통화로 환산하여 청구할 수 없다.

⑤ 이자제한법상 제한이자를 초과하는 이자채권을 자동채권으로 하여 상계의 의사표시를 하더라도 그 상계의 효력은 발생하지 않는다.

27 **이행불능에 관한 설명으로 옳지 않은 것은? (다툼이 있으면 판례에 따름)**

① 토지거래허가구역 내의 토지에 관하여 허가를 조건으로 매매계약을 체결한 경우, 그 허가 전에는 거래계약상의 채무를 이행할 수 없게 되더라도 그에 따른 손해배상책임을 지지 않는다.

② 쌍무계약에서 당사자 일방이 부담하는 채무의 일부만이 채무자의 책임 있는 사유로 이행할 수 없게 된 경우, 이행가능한 나머지 부분만의 이행으로 계약목적을 달성할 수 없다면 채무의 이행은 전부가 불능이라고 보아야 한다.

③ 민법상 임대차에서 목적물을 사용·수익하게 할 임대인의 의무는 임대인이 임대차목적물의 소유권을 상실한 것만으로 이행불능이 된다.

④ 매매목적물에 관하여 매도인의 다른 채권자가 강제경매를 신청하여 그 절차가 진행 중에 있다는 사유만으로 매도인의 채무가 이행불능이 되는 것은 아니다.

⑤ 쌍무계약에서 당사자 일방의 급부뿐만 아니라 상대방의 반대급부도 전부 이행불능이 된 경우, 특별한 사정이 없는 한 당사자 일방은 상대방에게 대상청구를 할 수 없다.

28 **채무인수에 관한 설명으로 옳은 것은? (다툼이 있으면 판례에 따름)**

① 채무자와 채무인수인 사이의 면책적 채무인수에서 채권자가 승낙을 거절하였더라도 다시 승낙하면 채무인수의 효력이 생긴다.

② 채무자와 채무인수인 사이의 면책적 채무인수에서 채권자가 채무인수인에게 인수금의 지급을 청구하더라도 채무인수의 승낙으로 볼 수 없다.

③ 채무자와 채무인수인 사이의 면책적 채무인수에서 채권자의 승낙이 없는 경우, 채무자와 인수인 사이에는 이행인수로서의 효력도 인정될 수 없다.

④ 채권자와 채무인수인 사이의 중첩적 채무인수는 채무자의 의사에 반하여도 이루어질 수 있다.

⑤ 면책적 채무인수의 경우, 채무인수인은 채무자에 대한 항변사유로 채권자에게 대항할 수 있다.

29 **다수당사자의 채권관계에 관한 설명으로 옳지 않은 것은? (다툼이 있으면 판례에 따름)**

① 甲과 乙이 공유하는 부동산을 丙에게 공동으로 임대한 경우, 임대차 종료 시 甲과 乙은 지분비율에 따라 丙에게 임대차보증금을 반환할 채무를 부담한다.

② 丙에 대해 불가분채권을 가지고 있는 甲과 乙중 甲이 丙에게 이행을 청구하여 丙이 이행지체에 빠진 경우, 丙은 乙에게도 이행지체 책임을 진다.

③ 甲과 乙이 공유하는 부동산을 丙이 무단으로 점유·사용하고 있는 경우, 특별한 사정이 없는 한 甲과 乙은 丙에 대해 지분 비율에 따른 부당이득반환청구권을 갖는다.

④ 甲이 乙의 丙에 대한 채무를 중첩적으로 인수하는 경우, 甲과 乙은 원칙적으로 연대채무를 부담한다.

⑤ 甲의 채권자 丁이 甲의 연대채무자 乙, 丙에 대한 채권 중 甲의 乙에 대한 채권에 대해 압류 및 추심명령을 발령받았더라도 甲은 丙에 대해 이행을 청구할 수 있다.

30 **수급인 甲은 2020.10.1. 도급인 乙과 도급계약을 체결하고, 2021.1.5. 공사를 완성하여 乙에 대한 1억 원의 공사대금채권을 갖고 있던 중 위 채권을 丙에게 양도하고, 이를 乙에게 통지하였다. 이에 관한 설명으로 옳지 않은 것은? (다툼이 있으면 판례에 따름)**

① 甲이 丙에게 공사대금채권의 추심 기타 행사를 위임하면서 그 채권을 양도하였으나 양도의 원인인 위임이 해지된 경우, 공사대금채권은 甲에게 복귀한다.

② 甲이 주채무자 乙에 대한 채권과 그의 보증인 丁에 대한 채권 중 丁에 대한 채권만을 양도하기로 한 경우, 그 약정은 효력이 없다.

③ 甲과 乙사이에 채권양도금지특약이 있는 경우, 이와 같은 사실을 알고 있는 甲의 채권자 戊가 甲의 乙에 대한 채권에 대해 압류 및 전부명령을 받았다면 乙은 戊에게 위 특약에 의해 대항할 수 없다.

④ 甲이 丙에게 공사대금채권 중 5,000만 원만 양도하고 乙에게 채권양도통지 후 乙이 甲에 대한 2,000만 원의 하자보수에 갈음하는 손해배상채권을 취득한 경우, 乙의 위 채권에 의한 상계는 각 분할된 채권액의 채권 총액에 대한 비율에 따라야 한다.

⑤ 甲의 丙에 대한 채권양도 및 乙에 대한 확정일자부 통지와 甲의 채권자 戊가 신청한 甲의 乙에 대한 채권에 대한 압류 및 전부명령이 乙에게 동시에 도달한 경우, 乙은 채권자를 알 수 없음을 이유로 변제공탁을 할 수 있다.

31 **변제에 관한 설명으로 옳은 것을 모두 고른 것은? (다툼이 있으면 판례에 따름)**

> ㄱ. 甲은 乙에 대해 1,000만 원의 채무를 부담하고 있는데, 丙이 자신의 채무로 오해하여 乙에게 1,000만 원을 지급한 경우, 제3자 변제에 해당하지 않는다.
> ㄴ. 甲이 그의 乙에 대한 공사대금채무의 담보로 乙의 유치권이 성립한 그 소유의 건물을 丙에게 매도하면서 소유권이전등기시까지 임대한 경우, 丙은 甲의 의사에 반하여 공사대금채무를 乙에게 변제할 수 없다.
> ㄷ. 예금주 甲의 대리인이라고 주장하는 乙이 甲의 통장과 인감을 소지하고 丙은행에 예금반환청구를 한 경우, 대리인을 사칭한 乙은 채권의 사실상 귀속자와 같은 외형을 갖추고 있지 아니하여 채권의 준점유자로 볼 수 없다.
> ㄹ. 지시채권 증서 소지인 甲에 대한 乙의 변제는 乙이 甲의 권리 없음을 알았거나 중과실이 있는 경우를 제외하고 유효하다.

① ㄱ
② ㄱ, ㄴ
③ ㄱ, ㄹ
④ ㄱ, ㄴ, ㄷ
⑤ ㄴ, ㄷ, ㄹ

32 **甲은 乙에 대해 2020.7.1. 발생한 대여금채권을 갖고 있다. 2021.1.10.부터 채무초과상태인 乙이 사해의 사로 악의의 丙과 2021.1.15.에 법률행위를 하였다. 甲은 乙과 丙사이의 법률행위에 대해서 2021.2.15. 채권자취소권을 행사하고자 한다. 이에 관한 설명으로 옳지 않은 것은? (다툼이 있으면 판례에 따름)**

① 甲이 乙을 상대로 위 대여금채무의 이행청구소송을 제기하였으나 2020.9.1. 원고패소로 확정된 경우, 甲의 사해행위취소청구는 인용될 수 없다.
② 乙이 2020.9.1. 甲의 위 대여금채권에 대한 담보로 그 소유의 X부동산에 저당권설정등기를 한 경우, 우선변제적 효력이 미치는 범위 내에서는 甲의 채권자취소권 행사도 허용되지 않는다.
③ 甲이 위 대여금채권에 기해 2021.1.3. 乙 소유의 X부동산에 가압류를 한 후 乙은 丁의 丙에 대한 채무를 담보하기 위해 X부동산에 대하여 2021.1.15. 丙과 저당권설정계약을 체결하고 저당권설정등기를 마쳐준 경우, 甲은 채권자취소권을 행사할 수 있다.
④ 乙이 2020.10.3. 그 소유 X부동산(시가 6,000만 원)과 Y부동산(시가 4,000만 원)에 丁에 대한 3,000만 원의 피담보채무를 담보하기 위해 공동저당권을 설정한 후, 2021.1.15. 丙에게 X부동산을 매도하고 당일 소유권이전등기를 마친 경우, 4,200만 원의 범위 내에서 사해행위가 성립한다.
⑤ 乙의 채권자 戊가 2020.12.3. 乙 소유의 X부동산을 가압류한 상태에서, 2021.1.15. 乙로부터 X부동산을 양도받은 丙이 乙의 戊에 대한 가압류채무를 변제한 경우, X부동산의 양도계약이 사해행위로 취소되면 丙은 특별한 사정이 없는 한 甲에게 가액반환을 하여야 하고, 위 변제액을 공제하여야 한다.

33 **甲은 자신 소유의 X노트북을 乙에게 매도하면서 그 대금은 乙이 甲의 채권자 丙에게 직접 지급하기로 하는 제3자를 위한 계약을 체결하였고, 丙은 乙에게 수익의 의사를 표시하였다. 이에 관한 설명으로 옳지 않은 것은? (다툼이 있으면 판례에 따름)**

① 甲과 乙이 미리 매매계약에서 丙의 권리를 변경・소멸할 수 있음을 유보한 경우, 이러한 약정은 丙에 대해서도 효력이 있다.

② 甲은 丙의 동의가 없는 한 乙의 채무불이행을 이유로 계약을 해제할 수 없다.

③ 제3자를 위한 계약의 체결 원인이 된 甲과 丙사이의 법률관계가 취소된 경우, 특별한 사정이 없는 한 乙은 丙에게 대금지급을 거절할 수 없다.

④ 乙의 채무불이행을 이유로 甲이 계약을 해제한 경우, 丙은 乙에게 자기가 입은 손해에 대한 배상을 청구할 수 있다.

⑤ 甲과 乙의 매매계약이 취소된 경우, 乙이 丙에게 이미 매매대금을 지급하였다고 하더라도 특별한 사정이 없는 한 乙은 丙을 상대로 부당이득반환청구를 할 수 없다.

34 **계약의 성립에 관한 설명으로 옳지 않은 것은? (다툼이 있으면 판례에 따름)**

① 계약의 당사자가 누구인지는 계약에 관여한 당사자의 의사해석 문제로서, 당사자들의 의사가 일치하는 경우에는 그 의사에 따라 계약의 당사자를 확정해야 한다.

② 임대차계약에서 보증금의 지급약정이 있는 경우, 보증금의 수수는 임대차계약의 성립요건이 아니다.

③ 계약이 의사의 불합치로 성립하지 아니한 경우, 그로 인하여 손해를 입은 당사자는 상대방에 대하여 민법 제535조(계약체결상의 과실)를 유추적용하여 손해배상을 청구할 수 있다.

④ 매매계약체결 당시 목적물과 대금이 구체적으로 확정되지 않았더라도, 이행기 전까지 구체적으로 확정될 수 있는 방법과 기준이 정해져 있다면 계약의 성립을 인정할 수 있다.

⑤ 청약자의 의사표시나 관습에 의해 승낙의 통지가 필요하지 않은 경우, 계약은 승낙의 의사표시로 인정되는 사실이 있는 때에 성립한다.

35 **동시이행의 항변권에 관한 설명으로 옳지 않은 것은? (다툼이 있으면 판례에 따름)**

① 부동산 매매계약에서 매수인이 부가가치세를 부담하기로 약정한 경우, 특별한 사정이 없는 한 부가가치세를 포함한 매매대금 전부와 부동산의 소유권이전등기의무는 동시이행관계에 있다.

② 공사도급계약상 도급인의 지체상금채권과 수급인의 공사대금채권은 특별한 사정이 없는 한 동시이행관계에 있다고 할 수 없다.

③ 구분소유적 공유관계가 전부 해소된 경우, 공유지분권자 상호 간의 지분이전등기의무는 동시이행의 관계에 있다.

④ 원인채무의 지급을 담보하기 위하여 어음이 교부된 경우, 채무자는 어음반환과 동시이행을 주장하여 원인채무의 지급을 거절할 수는 없다.

⑤ 동시이행의 관계에 있는 쌍방의 채무 중 어느 한 채무가 이행불능이 됨으로 인하여 발생한 손해배상채무도 여전히 다른 채무와 동시이행의 관계에 있다.

36 **甲과 乙은 甲 소유의 X토지에 대하여 매매계약을 체결하였다. 이에 관한 설명으로 옳지 않은 것은? (다툼이 있으면 판례에 따름)**

① 甲과 乙이 계약해제로 인한 원상회복의무로 반환할 매매대금에 가산할 이자를 4%로 약정한 경우, 동 약정이율은 매매대금 반환의무의 이행지체로 인한 지연손해금률에도 적용된다.

② 甲이 乙의 채무불이행을 이유로 매매계약을 해제한 후에도 乙은 착오를 이유로 매매계약을 취소할 수 있다.

③ 乙 명의로 소유권이전등기가 경료된 X토지에 대하여 乙의 채권자 丙이 가압류 집행을 마쳐둔 경우, 甲은 丙에 대하여 乙의 채무불이행을 이유로 한 해제의 소급효를 주장할 수 없다.

④ 甲이 乙의 채무불이행에 관하여 원인의 일부를 제공하였다고 하더라도 乙이 이를 이유로 甲의 계약해제에 따른 원상회복청구에 대하여 과실상계하는 것은 인정되지 않는다.

⑤ 乙이 중도금을 약정된 기일에 지급하지 않으면 최고 없이 계약은 자동적으로 해제되는 것으로 약정한 경우, 특별한 사정이 없는 한 그 불이행이 있으면 계약은 자동적으로 해제된다.

37 **甲은 친구 乙이 운전하는 차량에 호의로 동승하여 귀가하던 중 신호를 무시하고 운전하던 丙의 차량과 충돌하는 사고로 부상을 당하였다. 이 사고로 인한 甲의 손해액은 1,000만 원, 乙과 丙의 과실비율은 2:8로 확정되었다. 이에 관한 설명으로 옳지 않은 것은? (단, 자동차손해배상보장법은 고려하지 않으며, 다툼이 있으면 판례에 따름)**

① 甲의 손해에 대하여 乙, 丙은 부진정연대책임을 진다.
② 甲의 호의동승으로 인해 乙의 책임이 제한되는 경우, 이는 丙에게도 인정된다.
③ 甲이 乙의 난폭운전으로 사고발생의 위험성이 상당할 정도로 우려된다는 것을 인식한 경우, 甲에게 안전운전을 촉구할 주의의무가 인정된다.
④ 甲의 호의동승에 따른 책임제한이 30%로 인정되고 丙이 甲에게 600만 원을 변제한 경우, 丙은 乙에게 40만 원을 구상할 수 있다.
⑤ 丙이 甲에게 손해 전부를 배상하고 乙에 대한 구상권을 취득한 후 甲의 乙에 대한 손해배상채권이 시효로 소멸한 경우, 丙은 乙에게 더 이상 구상권을 행사할 수 없다.

38 **甲은 주택을 짓기 위하여 건축업자 乙과 도급계약을 체결하면서 지체상금약정도 하였다. 이에 관한 설명으로 옳은 것을 모두 고른 것은? (다툼이 있으면 판례에 따름)**

ㄱ. 乙에 의해 완공된 주택에 하자가 있어 계약의 목적을 달성할 수 없는 경우라도 甲은 도급계약을 해제할 수 없다.
ㄴ. 乙에 의해 완공된 주택에 발생한 하자가 중요하지 않는데도 그 보수에 과다한 비용이 드는 경우, 甲은 하자보수에 갈음하는 손해배상을 청구 할 수 있다.
ㄷ. 지체상금의 종기는 특별한 사정이 없는 한 乙이 공사를 중단하거나 기타 해제사유가 있어 甲이 실제로 해제한 때로부터 甲이 다른 업자에게 의뢰하여 완공할 수 있었던 시점까지로 제한된다.
ㄹ. 예정된 준공기한 전에 도급계약이 해제되어 乙이 공사를 완료하지 아니한 경우에는 특별한 사정이 없는 한 지체상금약정은 적용되지 않는다.

① ㄱ, ㄴ
② ㄱ, ㄹ
③ ㄴ, ㄷ
④ ㄴ, ㄹ
⑤ ㄷ, ㄹ

39 **민법상 조합에 관한 설명으로 옳은 것은? (다툼이 있으면 판례에 따름)**

① 어느 조합원이 출자의무를 이행하지 않은 경우, 다른 조합원은 이를 이유로 조합계약을 해제할 수 있다.

② 조합계약이 성립하기 위한 공동사업이란 조합원 전원이 사업의 성공에 대하여 이해관계를 가지는 것으로 일부 조합원만이 이익분배를 받는 관계는 조합이 아니다.

③ 부동산의 공동매수인들이 전매차익을 얻으려는 목적으로만 상호 협력하는 경우에도 민법상 조합관계에 있다고 볼 수 있다.

④ 조합원의 채권자는 조합재산을 구성하는 개개의 재산에 대한 조합원의 합유지분에 대하여 강제집행을 할 수 있다.

⑤ 조합원이 조합을 탈퇴할 권리는 그 성질상 채권자대위가 허용되지 않는 일신전속적 권리에 해당한다.

40 **매도인의 담보책임에 관한 설명으로 옳지 <u>않은</u> 것은? (다툼이 있으면 판례에 따름)**

① 수량지정매매에 해당하는 부동산매매계약에서 실제면적이 계약면적에 미달하는 경우, 매수인은 대금감액청구권의 행사와 별도로 부당이득반환청구도 할 수 있다.

② 타인의 권리를 매매한 자가 그 권리를 이전할 수 없게 된 경우, 매도인은 선의의 매수인에 대하여 불능당시의 시가를 표준으로 이행이익을 배상할 의무가 있다.

③ 매매계약 내용의 중요부분에 착오가 있는 경우, 매수인은 매도인의 하자담보책임이 성립하는지와 상관없이 착오를 이유로 그 매매계약을 취소할 수 있다.

④ 매수인이 하자의 발생과 확대에 잘못이 있는 경우, 법원은 매도인의 손해배상액을 산정함에 있어 매수인의 과실을 직권으로 참작하여 그 범위를 정해야 한다.

⑤ 저당권이 설정된 부동산의 매수인이 저당권의 행사로 그 소유권을 취득할 수 없는 경우, 악의의 매수인이라도 특별한 사정이 없는 한 계약을 해제할 수 있다.

2020년 제57회 기출문제

Time 분 | 해설편 273p

01 **신의성실의 원칙 등에 관한 설명으로 옳지 않은 것은? (다툼이 있으면 판례에 따름)**

① 실효의 법리는 법의 일반원리인 신의성실의 원칙에 바탕을 둔 파생원칙이다.
② 취득시효 완성 후에 그 사실을 모르고 당해 토지에 관하여 어떠한 권리도 주장하지 않기로 하였다가 이후에 취득시효 주장을 하는 것은 특별한 사정이 없는 한 신의성실의 원칙상 허용되지 않는다.
③ 법정대리인의 동의 없이 신용구매계약을 체결한 미성년자가 나중에 법정대리인의 동의없음을 사유로 들어 이를 취소하는 것은 신의성실의 원칙에 반한다.
④ 매도인의 해제권이 장기간 행사되지 아니하고 매매대금도 거의 전부가 지급되어 있는 등 해제권이 더 이상 행사되지 아니할 것으로 매수인이 신뢰하는 데에 정당한 사유가 있는 경우, 매도인이 해제권을 행사하는 것은 신의성실의 원칙에 반한다.
⑤ 권리남용금지의 원칙은 당사자의 주장이 없더라도 법원은 직권으로 판단할 수 있다.

02 **甲법인의 대표이사 乙은 그 직무에 관하여 丙에게 불법행위를 하였다. 법인의 불법행위책임(민법 제35조)에 관한 설명으로 옳은 것은? (다툼이 있으면 판례에 따름)**

① 乙의 행위가 乙 자신의 사익을 도모하기 위한 것이라도 甲법인은 불법행위책임을 진다.
② 甲법인은 乙의 선임 및 그 사무감독에 상당한 주의를 다하였음을 증명하면 불법행위책임을 면한다.
③ 丙에 대한 甲법인의 불법행위책임이 인정되는 경우 이중배상을 금지하기 위하여 乙의 丙에 대한 불법행위책임은 성립하지 않는다.
④ 乙이 甲법인을 실질적으로 운영하고 사실상 대표하여 사무를 집행하지만 대표이사로 등기되어 있지 않은 경우, 乙의 불법행위에 대해 甲법인은 손해배상책임이 없다.
⑤ 甲이 비법인사단이라면 乙이 직무수행에 관해 불법행위를 하였어도 丙에 대하여 甲의 불법행위책임은 성립하지 않는다.

03 후견에 관한 설명으로 옳은 것을 모두 고른 것은? (다툼이 있으면 판례에 따름)

ㄱ. 가정법원은 일정한 자의 청구에 의하여 질병, 장애, 노령, 그 밖의 사유로 인한 정신적 제약으로 사무를 처리할 능력이 부족한 사람에 대하여 성년후견개시의 심판을 한다.
ㄴ. 가정법원은 피한정후견인이 한정후견인의 동의를 받아야 하는 행위의 범위를 정할 수 있다.
ㄷ. 피특정후견인의 법률행위는 가정법원에 의해 취소할 수 있는 법률행위로 정해진 경우에만 취소할 수 있다.
ㄹ. 특정후견은 본인의 의사에 반하여 할 수 없다.

① ㄱ, ㄴ
② ㄱ, ㄹ
③ ㄴ, ㄷ
④ ㄴ, ㄹ
⑤ ㄷ, ㄹ

04 법률행위의 해석에 관한 설명으로 옳지 <u>않은</u> 것은? (다툼이 있으면 판례에 따름)

① 문서의 기재내용과 다른 명시적, 묵시적 약정이 있는 사실이 인정될 경우에는 그 기재내용과 다른 사실을 인정할 수 있다.
② 사적 자치가 인정되는 분야의 제정법이 임의규정인 경우, 사실인 관습은 법률행위의 해석기준이 될 수 있다.
③ 매매계약사항에 이의가 생겼을 때에는 매도인의 해석에 따른다는 약정을 한 경우, 법원은 매도인의 해석과 다르게 법률행위를 해석할 권한이 없다.
④ 계약서를 작성하면서 계약상 지위에 관하여 당사자들의 합치된 의사와 달리 착오로 잘못 기재하였는데 오류를 인지하지 못한 채 계약상 지위가 잘못 기재된 계약서에 그대로 기명날인이나 서명을 한 경우, 당사자들의 합치된 의사에 따라 계약이 성립한 것으로 보아야 한다.
⑤ 甲과 乙이 X토지를 매매하기로 합의하였으나 Y토지로 매매계약서를 잘못 작성한 경우 X토지에 관하여 매매계약이 성립된 것으로 보아야 한다.

05 선량한 풍속 기타 사회질서에 반하는 행위를 모두 고른 것은? (다툼이 있으면 판례에 따름)

ㄱ. 수사기관에서 참고인으로서 허위진술을 해주는 대가로 금원을 지급하기로 한 약정
ㄴ. 강제집행을 면할 목적으로 부동산에 허위의 근저당권설정등기를 경료하는 행위
ㄷ. 전통사찰의 주지직을 거액의 금품을 대가로 양도・양수하기로 하는 약정이 있음을 알고도 이를 묵인 혹은 방조한 상태에서 한 종교법인의 주지임명행위
ㄹ. 부동산을 매도인이 이미 제3자에게 매각한 사실을 매수인이 단순히 알고 있었던 경우에 매도인의 요청으로 그 부동산을 매수하기로 한 계약

① ㄱ
② ㄱ, ㄴ
③ ㄴ, ㄷ
④ ㄱ, ㄷ, ㄹ
⑤ ㄴ, ㄷ, ㄹ

06 매수인 甲과 매도인 乙은 진품임을 전제로 하여 乙 소유의 그림 1점의 매매계약을 체결하였는데, 그림이 위작이라는 사실을 나중에 알게 된 甲은 중도금 지급일에 중도금을 지급하지 않았다. 이에 관한 설명으로 옳지 않은 것은? (다툼이 있으면 판례에 따름)

① 위조된 그림을 진품으로 알고 매수한 것은 법률행위 내용의 중요부분의 착오에 해당한다.
② 甲은 매매계약에 따른 하자담보책임을 乙에게 물을 수 있으므로 착오를 이유로 의사표시를 취소할 수 없다.
③ 乙이 甲의 중도금지급채무불이행을 이유로 매매계약을 해제한 후라도 甲은 착오를 이유로 의사표시를 취소할 수 있다.
④ 乙의 기망행위로 인해 매매계약을 체결하였다면 甲은 착오를 이유로 의사표시를 취소할 수 있을 뿐만 아니라 사기를 이유로도 의사표시를 취소할 수 있다.
⑤ 甲이 그림을 진품으로 믿은 것에 중대한 과실이 있는 경우에는 착오를 이유로 의사표시를 취소할 수 없다.

07 **甲의 무권대리인 乙이 丙에게 甲 소유의 부동산을 매도하여 소유권이전등기를 경료해주었고, 그 후 丙은 이 부동산을 丁에게 매도하고 소유권이전등기를 경료해주었다. 이에 관한 설명으로 옳지 않은 것은? (다툼이 있으면 판례에 따름)**

① 丙은 甲에게 상당한 기간을 정하여 추인 여부의 확답을 최고할 수 있고, 그 기간 내에 甲이 확답을 발하지 않으면 추인을 거절한 것으로 본다.
② 丙이 계약 당시 乙에게 대리권이 없음을 안 경우, 丙은 乙에게 한 매수의 의사표시를 철회할 수 없다.
③ 甲이 丁에게 추인의 의사를 표시하더라도 무권대리 행위에 대한 추인의 효과가 발생하지 않는다.
④ 甲이 乙에게 추인의 의사를 표시한 경우, 추인 사실을 알게 된 丙은 乙에게 한 매수의 의사표시를 철회할 수 없다.
⑤ 甲의 추인을 얻지 못한 경우, 丙이 무권대리에 관하여 선의이더라도 과실이 있으면 乙은 계약을 이행할 책임을 부담하지 않는다.

08 **乙은 甲으로부터 甲의 부동산을 담보로 3천만 원을 차용할 수 있는 대리권을 수여받았다고 하면서 甲을 대리하여 丙과 소비대차계약을 체결하였다. 이에 관한 설명으로 옳지 않은 것은? (다툼이 있으면 판례에 따름)**

① 甲이 丙을 상대로, 乙에게 위와 같은 권한을 부여하였다고 말하였지만 실제로는 대리권을 乙에게 수여하지 않은 경우, 甲은 선의이고 무과실인 丙에게 대리권수여의 표시에 의한 표현대리의 책임을 진다.
② 乙이 甲으로부터 위와 같은 권한을 적법하게 부여받고서 丙과 5천만 원을 차용하는 계약을 체결한 경우, 丙이 乙에게 그런 권한이 있었다고 믿을 만한 정당한 이유가 있었다면 3천만 원을 초과하는 부분에 대해서는 甲은 권한을 넘은 표현대리의 책임을 진다.
③ 甲으로부터 위와 같은 권한을 적법하게 부여받은 乙이 선임한 복대리인 丁이 丙으로부터 5천만 원을 차용하는 계약을 체결한 경우, 丙이 丁에게 그런 권한이 있었다고 믿을 만한 정당한 이유가 있었다면 3천만 원을 초과하는 부분에 대해서는 甲은 권한을 넘은 표현대리의 책임을 진다.
④ 甲으로부터 위와 같은 권한을 적법하게 부여받은 乙이 소비대차계약 대신 丙에게 甲의 대리인으로서 그 부동산을 매도하였다면, 丙이 乙에게 매도할 권한이 있었다고 믿을 만한 정당한 이유가 있었다고 하더라도 매도행위는 차용행위와는 별개이므로 甲은 권한을 넘은 표현대리의 책임을 지지 않는다.
⑤ 권한을 넘은 표현대리에서 정당한 이유의 존부는 자칭 대리인의 대리 행위가 행하여질 때에 존재하는 모든 사정을 객관적으로 관찰하여 판단하여야 한다.

09 조건에 관한 설명으로 옳은 것은? (다툼이 있으면 판례에 따름)

① 당사자가 조건성취의 효력을 그 성취 전에 소급하게 할 의사를 표시하였더라도 특별한 사정이 없는 한 소급하지 않는다.

② 조건부 법률행위에서 조건이 선량한 풍속에 위반되면 당사자의 의도를 살리기 위하여 그 조건만이 무효이고 법률행위는 유효한 것이 원칙이다.

③ 조건부 권리는 조건의 성부가 미정인 상태에서는 그 가치에 대한 평가가 곤란하므로 담보제공은 할 수 없다.

④ 해제조건부 법률행위의 조건이 법률행위의 당시에 이미 성취할 수 없는 것인 경우에는 조건없는 법률행위로 한다.

⑤ 상계의 의사표시에는 조건을 붙일 수 있다.

10 소멸시효의 중단에 관한 설명으로 옳지 않은 것은? (다툼이 있으면 판례에 따름)

① 시효의 중단은 당사자 및 그 승계인간에만 효력이 있다.

② 주채무자에 대한 시효의 중단은 보증인에 대하여도 효력이 있다.

③ 연대채무자 중 1인이 소유하는 부동산에 대한 압류에 따른 시효중단의 효력은 다른 연대채무자에게는 미치지 않는다.

④ 채권자가 피고로서 응소하여 적극적으로 권리를 주장하고 그것이 받아들여진 경우 시효중단사유인 재판상의 청구에 해당한다.

⑤ 권리자인 피고가 응소하여 권리를 주장하였으나 그 소가 취하되어 본안에서 그 권리 주장에 관한 판단 없이 소송이 종료된 후 종료된 때부터 6월 내에 가압류를 하면, 권리자가 가압류를 한 때부터 시효중단의 효력이 인정된다.

11 甲이 乙에게는 자신의 부동산을 매도할 권한을, 丙에게는 다른 사람으로부터 부동산을 매수할 권한을 각기 부여하였다. 그에 따라 甲을 대리하여 乙은 丁과 매도계약을, 丙은 戊와 매수계약을 각기 체결한 경우, 이에 관한 설명으로 옳지 않은 것은? (다툼이 있으면 판례에 따름)

① 乙은 위 매매계약에 따라 丁이 지급하는 중도금이나 잔금을 甲을 대리하여 수령할 권한이 있다.

② 丁이 위 매매계약의 채무를 이행하지 않는 경우, 乙은 그 계약을 해제할 수 있는 권한이 있다.

③ 丙은 위 매매계약을 체결한 후에는 그 매수한 부동산을 다시 처분할 수 있는 권한은 없다.

④ 丙이 위 매매계약을 체결한 경우, 丙에게는 戊로부터 위 매매계약의 해제의 의사표시를 수령할 권한은 없다.

⑤ 丁이 채무불이행을 이유로 위 매매계약을 적법하게 해제한 경우, 乙이 丁으로부터 받은 계약금을 도난당하여 甲에게 전달하지 못하였더라도 甲은 계약금을 반환해줄 의무가 있다.

12 소멸시효의 기산점에 관한 설명으로 옳지 않은 것은? (다툼이 있으면 판례에 따름)

① 소멸시효는 원칙적으로 권리를 행사할 수 있는 때부터 진행한다.

② 확정기한부 채권은 기한이 도래한 때부터 진행한다.

③ 불확정기한부 채권은 기한이 객관적으로 도래한 때부터 진행한다.

④ 소유권이전등기의무의 이행불능으로 인한 전보배상청구권의 소멸시효는 이전등기의무가 이행불능이 된 때부터 진행한다.

⑤ 부작위를 목적으로 한 채권의 소멸시효는 계약한 때부터 진행한다.

13 물권의 소멸에 관한 설명으로 옳지 않은 것은? (다툼이 있으면 판례에 따름)

① 부동산 합유지분의 포기로 인한 물권변동은 등기하여야 효력이 있다.

② 어떠한 물건에 대한 소유권과 그에 대한 제한물권이 동일한 사람에게 귀속한 경우에도 본인 또는 제3자의 이익을 위해서 그 제한물권을 존속시킬 필요가 있으면 제한물권은 소멸하지 않는다.

③ 부동산임차권이 대항요건을 갖춘 후에 그 부동산에 제3자의 저당권이 설정된 경우, 소유권과 임차권이 동일인에게 귀속하더라도 임차권이 소멸하지 않는다.

④ 지상권이 저당권의 목적인 경우에는 저당권자의 동의가 없이는 지상권을 포기할 수 없다.

⑤ 부동산 근저당권자가 그 소유권을 취득하여 근저당권이 혼동으로 소멸한 경우 그 소유권 취득이 무효인 것이 밝혀졌더라도 소멸하였던 근저당권은 부활하지 않는다.

14 등기청구권에 관한 설명으로 옳지 않은 것은? (다툼이 있으면 판례에 따름)

① 부동산 매매로 인한 소유권이전등기청구권은 채권적 청구권이다.

② 부동산 매매로 인한 소유권이전등기청구권은 특별한 사정이 없는 한 그 권리의 성질상 양도가 제한되고 그 양도에 채무자의 승낙이나 동의를 요한다.

③ 토지 일부에 대한 점유취득시효가 완성된 후 점유자가 그 토지 부분에 대한 점유를 상실한 경우, 특별한 사정이 없는 한 시효완성을 원인으로 한 소유권이전등기청구권도 즉시 소멸한다.

④ 취득시효완성으로 인한 소유권이전등기청구권의 양도는 특별한 사정이 없는 한 등기 의무자에게 통지함으로써 그에게 대항할 수 있다.

⑤ 소유권이전등기를 받지 않은 부동산의 매수인이 그 부동산을 인도받아 이를 사용·수익하다가 다른 사람에게 그 부동산을 처분하고 그 점유를 승계하여 준 경우, 매수인의 매도인을 상대로 한 이전등기청구권의 소멸시효는 진행되지 않는다.

15 등기의 추정력에 관한 설명으로 옳지 않은 것은? (다툼이 있으면 판례에 따름)

① 미성년자인 전(前) 등기명의인이 친권자에게 이해상반행위인 부동산 증여를 했어도 일단 친권자에게 그 부동산의 소유권이전등기가 경료된 이상, 특별한 사정이 없는 한 그 이전등기의 절차를 적법하게 거친 것으로 추정된다.

② 소유권이전청구권 보전을 위한 가등기가 있으면 소유권이전등기를 청구할 어떤 법률관계가 있다고 추정된다.

③ 신축된 건물은 소유권보존등기의 명의자가 이를 신축한 것이 아니라면 그 보존등기의 권리 추정력은 깨어진다.

④ 등기가 원인 없이 말소된 경우 그 회복등기가 마쳐지기 전이라도 말소된 등기의 등기명의인은 적법한 권리자로 추정된다.

⑤ 토지에 대한 소유권보존등기의 추정력은 그 보존등기 명의인 이외의 자가 당해 토지를 사정받은 것으로 밝혀지면 깨어진다.

16 점유에 관한 설명으로 옳지 않은 것은? (다툼이 있으면 판례에 따름)

① 점유자는 선의로 점유한 것으로 추정되지만, 권원 없는 점유였음이 밝혀지면 곧 그 동안의 점유에 대한 선의의 추정이 깨진다.

② 선의의 점유자라도 본권에 관한 소에 패소한 때에는 그 소가 제기된 때로부터 악의의 점유자로 본다.

③ 선의의 점유자에게 과실취득권이 있다는 이유만으로 불법행위로 인한 손해배상책임이 배제되지는 않는다.

④ 악의의 점유자는 그 받은 이익에 이자를 붙여 반환하여야 하며, 그 이자의 이행지체로 인한 지연손해금도 지급하여야 한다.

⑤ 악의의 점유자는 과실(過失)로 인하여 과실(果實)을 훼손한 경우 그 대가를 보상하여야 한다.

17 **상린관계에 관한 설명으로 옳지 않은 것은?**

① 토지소유자는 일정한 경우 이웃 토지소유자에게 보상하고 여수(餘水)의 급여를 청구할 수 있다.

② 토지소유자는 경계나 그 근방에서 담 또는 건물을 축조하거나 수선하기 위하여 필요한 범위 내에서 이웃 토지의 사용을 청구할 수 있다.

③ 분할로 인하여 공로(公路)에 통하지 못하는 토지의 소유자가 공로에 출입하기 위해 다른 분할자의 토지를 통행하는 경우 이로 인한 손해를 보상하여야 한다.

④ 고지 소유자가 농업용 여수(餘水)를 소통하기 위하여 저지에 물을 통과하게 한 경우 이로 인한 저지의 손해를 보상하여야 한다.

⑤ 수류지(水流地)의 소유자가 대안(對岸)에 언(堰)을 접촉하게 한 경우 이로 인한 대안 소유자의 손해를 보상하여야 한다.

18 **甲은 2010년 2월 11일에 조세 포탈의 목적으로 乙과 명의신탁약정을 맺었고, 이에 따라 乙은 甲으로부터 받은 매수자금을 가지고 계약의 당사자로서 丙 소유의 부동산을 매수하고 丙으로부터 소유권이전등기를 경료받았다. 이에 관한 설명으로 옳지 않은 것은? (다툼이 있으면 판례에 따름)**

① 丙이 계약 체결 이후에 甲과 乙의 명의신탁약정 사실을 알게 된 경우, 乙과의 매매계약은 소급적으로 무효가 된다.

② 丙이 甲과 乙의 명의신탁관계를 모른 경우, 그 명의신탁관계는 계약명의신탁에 해당한다.

③ 丙이 甲과 乙의 명의신탁관계를 모르고 있었던 경우, 특별한 사정이 없는 한 乙은 甲으로부터 지급받은 취득세를 甲에게 부당이득으로 반환하여야 한다.

④ 명의신탁약정의 무효로 인하여 乙은 당해 부동산 자체가 아니라 甲으로부터 제공받은 매수자금을 부당이득한 것이다.

⑤ 丙이 계약 당시 甲과 乙의 명의신탁관계를 알고 있었던 경우, 丙은 乙에게 매매계약이 무효임을 이유로 乙 명의의 등기말소를 구할 수 있다.

19 **甲이 유치권을 행사할 수 있는 경우는? (다툼이 있으면 판례에 따름)**

① 건물 신축공사의 수급인 甲이 사회통념상 독립한 건물이라고 볼 수 없는 구조물을 설치한 상태에서 공사가 중단되고 토지에 대한 경매가 진행되자 공사대금 지급을 요구하며 토지를 점유하는 경우
② 乙 소유의 건물에 경매개시결정의 기입등기가 경료되어 압류의 효력이 발생한 이후에 공사업자 甲이 乙로부터 위 부동산의 점유를 이전받아 공사를 하고 경매절차의 매수인에게 그 공사대금 지급을 요구하며 건물을 점유하는 경우
③ 수급인 甲이 건물을 완공한 후 도급인 乙로부터 공사대금은 받았지만 그 대금의 이행지체로 인한 손해배상액은 지급받지 못하자 그 지급을 요구하며 건물을 점유하는 경우
④ 임차인 甲과 임대인 乙 사이에 임대차계약 종료 후 건물명도 시 권리금을 반환하기로 하는 약정이 있었음에도 乙이 권리금을 반환하지 않자 甲이 그 지급을 요구하며 건물을 점유하는 경우
⑤ 甲이 건물을 매도하면서 중도금만 지급받고 잔금은 못 받은 상태에서 매수인에게 소유권이전등기를 마쳐준 후 잔금지급을 요구하며 건물을 점유하는 경우

20 **甲은 2018년 5월 1일 乙 소유 X아파트를 임차기간 2년, 임대차보증금 1억 5천만 원에 임차하고 전입신고 후 살고 있다. 甲은 2019년 5월 30일 丙으로부터 변제기를 2020년 5월 30일로 하여 1억 원을 대출받으면서 임대차보증금반환채권에 대해 질권을 설정해 주었고, 乙도 이를 승낙하였다. 이에 관한 설명으로 옳지 않은 것은? (다툼이 있으면 판례에 따름)**

① 乙이 丙의 동의 없이 甲에게 임대차보증금 반환채무를 변제하더라도 丙에게 대항할 수 없다.
② 丙은 甲이 변제기가 지나도 변제하지 않는 경우, 질권의 목적이 된 채권을 자기 채권의 한도에서 乙에게 직접 청구할 권리가 있다.
③ 甲이 질권의 목적인 임대차보증금반환채권을 제3자에게 양도하는 경우 丙의 동의를 요하지 않는다.
④ 乙이 丙의 동의 없이 자신의 1억 원의 채권으로 甲과 상계합의를 한 경우, 丙은 乙에게 직접 채무의 변제를 청구할 수 없다.
⑤ 乙이 丁에게 X아파트를 양도한 경우, 질권이 설정되어 있더라도 특별한 사정이 없는 한 丁이 임대차보증금반환채무를 면책적으로 인수한다.

21 **甲은 乙에 대한 1억 5천만 원의 채권을 담보하기 위하여 乙 소유의 X토지(시가 2억 원)와 물상보증인 丙 소유 Y토지(시가 1억 원)에 각각 1번 저당권을 가지고 있다. 그리고 丁이 X토지에 피담보채권 1억 원의 2번 저당권을, 戊가 Y토지에 피담보채권 1억 원의 2번 저당권을 가지고 있다. 경매가 이루어져 X토지 및 Y토지가 시가대로 낙찰되고 다른 비용은 고려하지 않는다면, 이에 관한 설명으로 옳은 것은? (다툼이 있으면 판례에 따름)**

① 동시 배당이 이루어지는 경우, 甲은 X토지로부터 1억 원, Y토지로부터 5천만 원을 배당받는다.

② 甲이 피담보채권을 변제받기 전에 X토지에 관한 저당권을 포기하였더라도, 甲은 Y토지의 경매가 먼저 이루어지는 경우 1억 원을 배당받을 수 있다.

③ 먼저 X토지의 경매가 이루어져 甲이 그 경매대가로부터 채권 전액의 변제를 받았다면, 丁은 Y토지에 대하여 1억 원의 범위 내에서 甲이 가지고 있던 1번 저당권을 대위할 수 있다.

④ 먼저 Y토지의 경매가 이루어져 甲이 그 경매대가로부터 1억 원의 변제를 받았다면, 나중에 X토지의 경매대가로부터 戊가 1억 원, 丙이 5천만 원을 배당받게 된다.

⑤ 먼저 Y토지의 경매가 이루어져 甲이 그 경매대가로부터 1억 원의 변제를 받은 경우, 乙이 丙에 대한 5천만 원의 다른 채권으로 丙의 구상금채권과 상계하더라도 戊에게 대항할 수 없다.

22 **甲은 乙로부터 돈을 빌리면서 자기 소유의 X토지에 1번 근저당권(채권최고액 5억 원)을 설정해 주었고, 甲은 다시 丙으로부터 돈을 빌리면서 X토지에 2번 근저당권(채권최고액 3억 원)을 설정해 주었다. 이에 관한 설명으로 옳은 것은? (다툼이 있으면 판례에 따름)**

① 丙이 2번 근저당권의 피담보채무 불이행을 이유로 경매를 신청한 때에는 경매신청 시 乙의 피담보채권이 확정된다.

② 乙이 경매를 신청하여 피담보채권의 원본채권이 4억 원으로 확정되었더라도 이 4억 원에 대한 확정 후 발생한 이자 1천만 원은 근저당권에 의해 담보된다.

③ 丙의 근저당권의 존속기간을 정하지 않은 경우, 甲이 근저당권 설정계약을 해지하더라도 근저당권으로 담보되는 丙의 피담보채무는 확정되지 않는다.

④ 결산기에 확정된 乙의 채권이 6억 원인 경우, 甲은 5억 원만 변제하면 乙의 근저당권의 소멸을 청구할 수 있다.

⑤ 丁이 X토지를 매수하여 소유권을 취득한 경우, 丙의 확정된 피담보채권이 4억 원이면 丁은 4억 원을 변제하지 않는 한 丙의 근저당권의 소멸을 청구할 수 없다.

23 **저당권과 동산질권에 관한 설명으로 옳은 것을 모두 고른 것은? (다툼이 있으면 판례에 따름)**

> ㄱ. 저당권과 질권 모두 그 설정에 있어 부동산 또는 동산의 인도는 요구되지 않는다.
> ㄴ. 저당권과 질권 모두 피담보채권의 전부를 변제받을 때까지 목적물 전부에 대해 그 권리를 행사할 수 있다.
> ㄷ. 저당권과 달리 질권은 담보물의 보존비용이나 담보물의 하자로 인한 손해배상청구권을 담보한다.
> ㄹ. 저당권과 달리 질권은 담보물의 공용징수로 인하여 질권설정자가 받을 금전에 대해서는 질권을 행사할 수 없다.

① ㄱ, ㄴ
② ㄴ, ㄷ
③ ㄷ, ㄹ
④ ㄱ, ㄴ, ㄹ
⑤ ㄱ, ㄷ, ㄹ

24 **甲은 乙에 대한 5천만 원의 채무를 담보하기 위하여 점유개정의 방법으로 甲 소유의 A기계를 乙에게 양도하였고, 甲은 丙에 대한 5천만 원의 채무를 담보하기 위하여 점유개정의 방법으로 다시 그 기계를 丙에게 양도하였다. 그 후 甲은 乙로부터 5천만 원을 추가로 빌리면서 양도담보계약에서 약정하였던 피담보채무액을 증액하였다. 이에 관한 설명으로 옳은 것을 모두 고른 것은? (다툼이 있으면 판례에 따름)**

> ㄱ. 甲이 A기계에 대한 점유를 잃으면, 乙 역시 양도담보권을 상실한다.
> ㄴ. 만약 甲의 의뢰로 丁이 A기계를 수리한 경우, 丁은 乙에게 수리비 상당의 부당이득반환을 청구할 수 있다.
> ㄷ. A기계에 대해 경매절차가 진행되어 1억 원에 매각된 경우, 乙이 1억 원을 변제받게 된다.
> ㄹ. 丙이 乙에게 양도담보권이 있다는 사실을 알면서 甲으로부터 A기계를 현실 인도받아 제3자에게 처분하여 제3자가 선의취득한 경우, 丙은 乙에게 불법행위책임을 진다.

① ㄱ, ㄴ
② ㄴ, ㄷ
③ ㄷ, ㄹ
④ ㄱ, ㄴ, ㄷ
⑤ ㄱ, ㄷ, ㄹ

25 이자채권에 관한 설명으로 옳지 않은 것은? (다툼이 있으면 판례에 따름)

① 이자채권은 주된 채권인 원본의 존재를 전제로 그에 대응하여 일정한 비율로 발생하는 종된 권리이다.
② 이미 발생한 이자에 관하여 채무자가 이행을 지체한 경우에는 그 이자에 대한 지연손해금을 청구할 수 있다.
③ 원본채권이 양도될 당시 이미 변제기에 도달한 이자채권은 그 이자채권도 함께 양도한다는 의사표시가 없더라도 양도되는 것이 원칙이다.
④ 이자채권이라고 하더라도 1년 이내의 정기에 지급하기로 한 것이 아니면 민법 제163조가 정한 3년의 단기소멸시효가 적용되지 않는다.
⑤ 대여금 원본채권에 대한 소멸시효 완성의 효력은 소멸시효가 완성된 원금 부분으로부터 그 완성 전에 발생한 이자에도 미친다.

26 대상청구권에 관한 설명으로 옳지 않은 것은? (다툼이 있으면 판례에 따름)

① 쌍무계약의 당사자 일방이 대상청구권을 행사하는 경우 상대방에 대하여 반대급부를 이행할 의무가 있다.
② 부동산 점유취득시효 완성을 원인으로 한 등기청구권이 이행불능으로 되었다고 하여 대상청구권을 행사하기 위해서는, 그 이행불능 전에 등기명의자에 대하여 점유취득시효 완성을 이유로 그 권리를 주장하였거나 점유취득시효 완성을 원인으로 한 등기청구권을 행사하였어야 한다.
③ 매매 목적물인 부동산이 수용되어 그 소유권이전등기의무가 이행불능이 된 경우, 등기청구권자는 등기의무자에게 대상청구권의 행사로써 등기의무자가 지급받은 수용보상금의 반환을 구하거나 또는 등기의무자가 취득한 수용보상금청구권의 양도를 구할 수 있다.
④ 대상청구의 대상이 되는 보상금을 채권자가 직접 자신의 명의로 지급받았다면 채무자에 대한 관계에서 바로 부당이득이 된다.
⑤ 매매 목적물의 이중매매로 인하여 매도인의 소유권이전등기의무가 이행불능된 경우, 매수인에게 인정되는 대상청구권은 특별한 사정이 없는 한 매도인의 소유권이전등기 의무가 이행불능되었을 때부터 소멸시효가 진행하는 것이 원칙이다.

27 이행지체책임의 발생시기에 관한 설명으로 옳은 것을 모두 고른 것은? (다툼이 있으면 판례에 따름)

> ㄱ. 채무이행의 확정한 기한이 있는 경우에는 채무자는 기한이 도래한 때로부터 지체책임이 있고, 채무이행의 불확정한 기한이 있는 경우에는 채무자는 기한이 도래함을 안 때로부터 지체책임이 있다.
> ㄴ. 채무이행의 기한이 없는 경우에는 채무자는 이행청구를 받은 다음 날부터 지체책임이 있다.
> ㄷ. 불법행위로 인한 손해배상의 경우 채무자는 불법행위일 다음 날부터 재산상 손해와 위자료를 합산한 금액 전부에 대하여 지체책임이 있다.
> ㄹ. 불법행위에서 위법행위 시점과 손해발생 시점 사이에 시간적 간격이 있는 경우에 불법행위로 인한 손해배상청구권의 지연손해금은 손해발생시점을 기산일로 하여 발생한다.

① ㄱ, ㄴ
② ㄴ, ㄷ
③ ㄷ, ㄹ
④ ㄱ, ㄴ, ㄹ
⑤ ㄱ, ㄷ, ㄹ

28 채무불이행으로서 이행거절에 관한 설명으로 옳지 <u>않은</u> 것은? (다툼이 있으면 판례에 따름)

① 이행거절을 이유로 계약을 해제하기 위해서는 채권자는 채무자에게 채무이행을 최고하여야 한다.
② 채무자가 계약을 이행하지 않을 의사를 명백히 표시하였는지 여부는 계약 이행에 관한 당사자의 행동과 계약 전·후의 구체적인 사정 등을 종합적으로 고려하여 판단하야 한다.
③ 쌍무계약에서 당사자 일방이 자기의 채무를 아직 다 이행하지 아니하였으면서도 이미 다 이행하였다고 주장하면서 상대방 채무의 이행을 구하는 제소까지 하였다면, 특별한 사정이 없는 한 미리 자기의 채무를 이행하지 아니할 의사를 표명한 것으로 볼 수 있다.
④ 이행거절을 이유로 채권자가 해제권을 행사하는 경우 그 이행거절 의사를 표명했는지 여부에 대한 판단 시기는 계약해제 시이다.
⑤ 이행거절이라는 채무불이행이 인정되기 위해서는 채무를 이행하지 아니할 채무자의 명백한 의사표시가 위 법한 것으로 평가되어야 한다.

29 **채권자대위권에 관한 설명으로 옳은 것은? (다툼이 있으면 판례에 따름)**

① 토지거래허가구역 내의 토지에 관한 매매계약에서 매수인이 매도인에 대하여 가지는 토지거래허가신청 절차의 협력의무의 이행청구권은 채권자대위권의 피보전채권에 해당하지 않는다.

② 특정채권도 채권자대위권의 피보전채권이 될 수 있지만, 순차 매도에서 소유권이전등기청구권이나 임대차에 있어 명도청구권 등의 보전을 위한 경우에 한하여 채권자대위권이 인정된다.

③ 채권자대위권의 피보전채권이 되기 위해서는 그 채권이 제3채무자에게까지 대항할 수 있는 것이어야 한다.

④ 채권자가 채권자대위권을 행사하여 제3채무자에 대하여 하는 청구에서, 제3채무자는 채무자가 채권자에 대하여 가지는 동시이행의 항변권을 행사하여 대항할 수 있다.

⑤ 임대인의 동의 없는 임차권의 양도는 다른 특약이 없는 한 임대인에게는 대항할 수 없고, 그 임차권의 양수인은 임대인의 권한을 대위행사할 수 없다.

30 **채권자취소권의 대상이 되는 사해행위에 관한 설명으로 옳지 <u>않은</u> 것은? (다툼이 있으면 판례에 따름)**

① 사해행위는 채무자가 재산을 처분하기 이전에 이미 채무초과 상태에 있는 경우뿐만 아니라, 문제된 처분행위로 말미암아 비로소 채무초과 상태에 빠지는 경우에도 성립할 수 있다.

② 채권양도행위가 사해행위에 해당하지 않는 경우에 양도통지가 따로 채권자취소권행사의 대상이 될 수는 없다.

③ 채무자의 재산적 법률행위라 하더라도 채무자의 책임재산이 아닌 재산에 관한 법률행위인 경우에는 채권자취소권의 대상이 될 수 없다.

④ 채권자취소권에서 취소의 대상이 되는 사해행위는 채권행위거나 물권행위임을 불문한다.

⑤ 채무자의 법률행위가 통정허위표시로서 무효이거나 이미 해지된 경우에는 채권자취소권의 대상이 되지 않는다.

31 **甲은 乙의 피용자 丙의 과실에 의한 불법행위로 2억 원의 손해를 입었는데, 丙의 위 불법행위에 대해 乙의 사용자책임이 인정되었다. 丙의 손해배상채무액은 2억 원으로 인정되었고, 乙의 손해배상채무액은 甲의 과실을 참작하여 과실상계를 한 결과 1억 5천만 원으로 인정되었다. 이에 관한 설명으로 옳지 않은 것은? (다툼이 있으면 판례에 따름)**

① 甲에 대한 丙의 손해배상채무와 乙의 손해배상채무는 부진정연대채무의 관계에 있다.
② 丙이 甲에게 1억 원을 변제한 경우, 甲에 대한 乙의 손해배상채무액은 5천만 원이 남게 된다.
③ 甲이 乙에 대한 손해배상채권의 소멸시효를 중단시키더라도 丙에 대한 손해배상채권의 소멸시효는 중단되지 않는다.
④ 丙이 자신의 甲에 대한 2억 원의 대여금채권으로 적법하게 상계한 경우, 그 상계로 인한 채무소멸의 효력은 乙에 대하여도 미친다.
⑤ 丙이 甲에 대하여 상계할 채권을 가지고 있으면서 상계하지 않고 있는 경우, 乙이 그 채권을 가지고 상계할 수는 없다.

32 **채무인수 등에 관한 설명으로 옳지 않은 것은? (다툼이 있으면 판례에 따름)**

① 부동산의 매수인이 매매목적물에 관한 근저당권의 피담보채무를 인수하는 한편 그 채무액을 매매대금에서 공제하기로 약정한 경우, 다른 특별한 약정이 없는 한 이는 채무인수로 보아야 한다.
② 부동산매매계약과 함께 매수인이 매매대금 지급에 갈음하여 매도인의 제3자에 대한 채무의 이행을 인수하였는데 매수인의 인수채무불이행으로 말미암아 매도인이 인수채무를 대신 변제한 경우, 그로 인한 매수인의 손해배상채무와 매도인의 소유권이전등기의무는 동시이행관계에 있다.
③ 채무자와 인수인 사이에 이행인수계약이 체결된 경우, 채권자는 직접 인수인에게 채무를 이행할 것을 청구할 수 없다.
④ 계약당사자로서의 지위 승계를 목적으로 하는 계약인수는 계약당사자 및 인수인의 3면 합의에 의하여 이루어지는 것이 보통이나, 관계 당사자 중 2인이 합의하고 나머지 당사자가 이를 동의 내지 승낙하는 방법으로도 가능하다.
⑤ 채무자와 인수인의 계약으로 체결되는 병존적 채무인수는 제3자를 위한 계약의 하나로 볼 수 있다.

33 계약에 관한 설명으로 옳은 것을 모두 고른 것은? (다툼이 있으면 판례에 따름)

ㄱ. 승낙기간을 정하지 아니한 계약의 청약을 한 자가 상당한 기간 내에 승낙의 통지를 받은 때에는 계약이 성립한다.
ㄴ. 관습에 의하여 승낙의 의사표시가 필요하지 아니한 경우, 계약의 성립시기는 청약자가 승낙의 의사표시로 인정되는 사실을 알게 된 때이다.
ㄷ. 어느 일방이 교섭단계에서 계약이 확실하게 체결되리라는 정당한 기대 내지 신뢰를 부여하여 상대방이 그 신뢰에 따라 행동하였음에도 상당한 이유 없이 계약의 체결을 거부하여 손해를 입혔다면 불법행위를 구성할 수 있다.
ㄹ. 목적이 불능인 계약을 체결할 때에 그 불능을 알 수 있었을 자는 상대방이 그 불능을 알 수 있었더라도 이행이익을 넘지 않은 한도에서 상대방에게 신뢰이익을 배상하여야 한다.

① ㄱ, ㄴ
② ㄱ, ㄷ
③ ㄴ, ㄹ
④ ㄱ, ㄷ, ㄹ
⑤ ㄴ, ㄷ, ㄹ

34 동시이행관계에 관한 설명으로 옳은 것은? (다툼이 있으면 판례에 따름)

① 목적물 인도와 대금지급이 동시이행관계에 있는 매매에서 매도인이 대금채권을 제3자에게 양도하고 매수인에게 통지한 경우, 매수인은 제3자에 대해 동시이행의 항변권을 행사할 수 없다.
② 매수인이 선이행의무 있는 중도금지급을 이행하지 않은 상태에서 잔대금지급과 동시이행관계에 있는 매도인의 소유권이전등기 소요서류 제공 없이 잔대금지급기일이 도과한 경우, 특별한 사정이 없는 한 그때 이후의 기간에 대해서는 매수인은 위 중도금을 지급하지 않더라도 이행지체의 책임을 지지 않는다.
③ 동시이행관계에 있는 채무에 있어 상대방의 이행제공을 수령하지 않음으로써 수령지체에 빠진 당사자는 그 후 상대방이 자신의 채무의 이행제공 없이 이행을 청구하는 경우 동시이행의 항변권을 행사할 수 없다.
④ 동시이행의 항변권이 붙은 채권을 수동채권으로 하여 상계하지 못한다.
⑤ 乙이 甲의 공장건물을 매수한 뒤 그 소유권이전등기 전에 甲의 동의를 얻어 丙에게 임대하였으나 甲이 매매계약을 적법하게 해제하고 丙에게 건물 명도를 청구하는 경우, 丙의 甲에 대한 건물명도의무와 乙의 보증금반환의무는 동시이행관계에 있다.

35 **증여에 관한 설명으로 옳지 않은 것은? (다툼이 있으면 판례에 따름)**

① 정기의 급여를 목적으로 한 증여는 증여자의 사망으로 인하여 그 효력을 잃는다.
② 부담부증여에서 수증자가 부담의무를 이행하지 않은 경우, 증여자는 자신의 의무를 이행했더라도 증여계약을 해제할 수 있다.
③ 증여자가 증여의 목적에 대한 담보책임을 진다는 특약은 효력이 있다.
④ 증여자에 대해 법률상 부양의무를 지는 수증자가 부양의무를 이행하지 않은 경우, 증여자는 그 사실을 안 날로부터 6개월이 경과한 때에는 해제할 수 없다.
⑤ 증여의 의사가 서면으로 표시되지 않았음을 이유로 한 증여의 해제는 형성권의 제척기간의 적용을 받는다.

36 **매매에 관한 설명으로 옳은 것은? (다툼이 있으면 판례에 따름)**

① 자전거 매매에 있어 자전거의 인도와 동시에 대금을 지급할 경우에는 자전거 인도장소에서 대금을 지급하여야 한다.
② 행사기간의 약정이 없는 매매예약 완결권은, 권리자가 예약목적물인 부동산을 인도받은 경우에는 예약이 성립한 때로부터 10년이 경과하더라도 소멸하지 않는다.
③ 매수인이 매도인에세 지급한 계약금을 포기하고 적법하게 매매를 해제한 경우, 이루 인해 매도인에게 계약금 이상의 손해가 발생한 때에는 매도인은 매수인에 대해 손해배상청구를 할 수 있다.
④ 매매계약 후에도 인도하지 아니한 목적물로부터 생긴 과실은 매도인에 속하므로, 매수인이 매매대금을 완납한 후라도 매매목적물을 인도하기까지는 과실수취권은 매도인에게 귀속된다.
⑤ 매매의 목적인 재산권과 대금에 관한 합의가 있더라도, 계약비용·채무이행기·이행장소에 관한 합의가 없으면 특별한 사정이 없는 한 매매계약이 성립할 수 없다.

37 **甲은 2020년 1월 29일에 그 소유 토지를 乙에게 10억 원에 매도하는 계약을 체결하면서 계약금은 1억 원으로 하고, 2020년 2월 29일에 중도금 4억 원을 지급받음과 동시에 소유권이전등기를 넘겨주고, 잔금은 2020년 3월 29일까지 지급받기로 하였다. 이에 관한 설명으로 옳은 것을 모두 고른 것은? (다툼이 있으면 판례에 따름)**

ㄱ. 乙이 약정대로 중도금까지 지급하고 소유권이전등기를 경료하였으나, 2020년 3월 29일에 잔금을 지급하지 않은 경우, 甲은 즉시 계약을 해제할 수 있다.
ㄴ. 등기를 취득한 乙이 2020년 4월 16일에 丙에게 매도하고 이전등기를 해준 뒤, 甲이 乙의 채무불이행을 이유로 적법하게 계약을 해제한 경우, 丙이 乙과의 계약 당시 乙의 채무불이행 사실을 알았더라도 甲은 丙 명의 등기의 말소를 청구할 수 없다.
ㄷ. 乙이 등기를 취득한 후 甲이 2020년 4월 25일에 乙의 채무불이행을 이유로 적법하게 계약을 해제하였으나 乙 명의의 등기를 말소하기 전에 丙 명의의 저당권등기가 이루어진 경우, 丙이 계약해제 사실을 몰랐다면 甲은 丙 명의의 등기의 말소를 청구할 수 없다.

① ㄱ
② ㄷ
③ ㄱ, ㄴ
④ ㄴ, ㄷ
⑤ ㄱ, ㄴ, ㄷ

38 **위임에 관한 설명으로 옳은 것은? (다툼이 있으면 판례에 따름)**

① 위임계약의 성립은 위임장의 작성·교부를 요한다.
② 보수를 받지 않는 수임인은 위임사무처리에 관해 자기재산과 동일한 주의의무를 부담한다.
③ 변호사에게 소송사건의 처리를 위임함에 있어서 그 보수 지급 및 액수에 관하여 명시적인 약정을 하지 않은 경우, 특별한 사정이 없는 한 변호사는 보수를 청구할 수 없다.
④ 유상위임의 수임인도 언제든지 위임계약을 해지할 수 있다.
⑤ 경찰관이 응급의 구호를 요하는 자를 보건의료기관에게 긴급구호요청을 하고 보건의료기관이 이에 따라 치료행위를 한 경우, 국가와 보건의료기관 사이에 치료위임계약이 체결된 것으로 볼 수 있다.

39 **甲은 2018년 6월 1일 乙에게 건물의 신축공사를 공사대금 10억 원으로 하고, 공사기간 2018년 6월 1일부터 2018년 12월 30일까지로 정하여 도급을 주었는데, 위 공사대금에는 승강기를 설치하는 것이 포함되어 있었다. 丙은 2018년 6월 30일 乙과 사이에 그 건물에 丙이 제작한 승강기를 1억 원에 제작·판매·설치하기로 하는 계약을 체결하고 승강기의 소유권은 그 제작·판매·설치대금을 모두 지급받는 시점까지 丙에게 유보하는 것으로 정하였다. 丙은 2018년 12월 9일 승강기를 설치하여 그 승강기가 건물로부터 분리할 수 없게 되었고, 甲은 2019년 3월 1일 乙에게 공사잔대금을 완불한 뒤 건물을 인도받아 보존등기 없이 丁에게 매도하고 대금 전액 수령과 동시에 인도하였다. 乙은 丙에게 승강기 제작·판매·설치대금을 지급하지 않고 있다. 이에 관한 설명으로 옳은 것은? (다툼이 있으면 판례에 따름)**

① 乙과 丙은 승강기를 그 대체가 어렵거나 불가능할 정도로 신축건물에 맞추어 일정한 사양으로 특정하였고, 그 제작·판매·설치대금의 구분 없이 총 계약금액을 1억 원으로 정했더라도, 乙과 丙의 계약은 매매와 도급이 혼합된 계약이다.

② 2020년 5월 30일 丙의 승강기 제작·판매·설치대금 청구에 대해 乙은 그 채무가 시효로 소멸했음을 주장할 수 있다.

③ 丁은 건물에 관해 등기를 취득하지 않았더라도 그 소유권을 취득한다.

④ 위 건물이 戊의 토지 위에 무단으로 건축된 경우, 戊는 건물을 점유하는 丁을 상대로 건물철거를 청구할 수 없다.

⑤ 甲이 승강기 소유권이 丙에게 유보된 사실에 관하여 과실 없이 알지 못한 경우, 丙은 甲을 상대로 승강기 제작·판매·설치대금 상당의 부당이득반환을 청구할 수 없다.

40 **불법행위에 관한 설명으로 옳지 <u>않은</u> 것은? (다툼이 있으면 판례에 따름)**

① 공작물 보존의 하자로 인하여 타인에게 손해를 가한 경우, 그 점유자는 손해의 방지에 필요한 주의를 해태하지 아니한 때에도 소유자와 연대하여 손해를 배상할 책임이 있다.

② 수급인이 도급받은 일에 관하여 제3자에게 손해를 가한 경우, 도급인에게 도급 또는 지시에 관하여 중대한 과실이 있는 때에는 도급인은 제3자에게 손해를 배상할 책임이 있다.

③ 책임능력 있는 미성년자의 불법행위로 인하여 손해가 발생한 경우, 그 발생된 손해가 당해 미성년자의 감독의무자의 의무위반과 상당인과관계가 있을 때에는 감독의무자는 일반 불법행위자로서 손해배상책임이 있다.

④ "타인의 불법행위로 생명을 잃은 피해자의 직계비속의 배우자는 경험칙상 그 직계비속에 비견할 정신적 고통을 받는다."할 것이므로 그에 대한 위자료를 청구할 수 있다.

⑤ 타인의 명예를 훼손한 자에 대하여 법원은 사죄광고를 명할 수 없다.

2019년 제56회 기출문제

Time 분 | 해설편 292p

01 신의성실의 원칙에 관한 설명으로 옳은 것을 모두 고른 것은? (다툼이 있으면 판례에 따름)

> ㄱ. 사정변경을 이유로 계약의 해제가 인정되는 경우는 계약준수 원칙의 예외에 해당한다.
> ㄴ. 사용자는 근로계약에 수반되는 신의칙상의 부수의무로서 피용자가 노무를 제공하는 과정에서 건강을 해치는 일이 없도록 필요한 조치를 강구하여야 할 의무를 부담한다.
> ㄷ. 채권자가 채권을 확보하기 위하여 제3자의 부동산을 채무자에게 명의신탁 하도록 한 다음 그 부동산에 대하여 강제집행을 하는 행위는 신의칙상 허용되지 않는다.
> ㄹ. 아파트 분양자는 아파트 단지 인근에 쓰레기 매립장이 건설예정인 사실을 분양계약자에게 고지할 신의칙상 의무를 부담한다.

① ㄱ
② ㄴ, ㄷ
③ ㄷ, ㄹ
④ ㄱ, ㄴ, ㄹ
⑤ ㄱ, ㄴ, ㄷ, ㄹ

02 17세인 甲은 乙 소유의 자전거를 법정대리인의 동의를 얻지 않고 100만 원에 구입하기로 乙과 매매계약을 체결하고, 다음 달 대금지급과 동시에 자전거를 건네받기로 하였다. 이에 관한 설명으로 옳지 <u>않은</u> 것은? (다툼이 있으면 판례에 따름)

① 甲의 법정대리인은 특별한 사정이 없는 한 매매계약을 취소할 수 있다.
② 甲은 법정대리인의 동의가 없었다는 이유로 자신이 체결한 매매계약을 원칙적으로 취소할 수 없다.
③ 乙은 매매계약을 체결할 당시 甲이 17세라는 것을 알았던 경우에도 甲의 법정대리인에게 매매계약을 추인할 것인지 여부의 확답을 촉구할 수 있다.
④ 甲이 매매계약에 대하여 법정대리인의 동의서를 위조하였고, 乙이 이를 믿고 계약을 체결한 경우, 甲의 법정대리인도 매매계약을 취소할 수 없다.
⑤ 매매계약을 체결할 당시 甲이 17세라는 것을 乙이 알았던 경우, 乙은 매매계약과 관련한 자신의 의사표시를 철회할 수 없다.

03 민법상 법인에 관한 설명으로 옳지 않은 것은? (다툼이 있으면 판례에 따름)

① 민법상 재단법인은 비영리법인이다.
② 사원자격의 득실에 관한 규정은 재단법인 정관의 필요적 기재사항에 해당한다.
③ 해산한 법인은 청산의 목적범위 내에서만 권리가 있고 의무를 부담한다.
④ 이사의 대표권에 대한 제한은 이를 등기하지 않으면, 제3자가 악의이더라도 대항하지 못한다.
⑤ 청산종결의 등기가 마쳐졌더라도 청산사무가 종료되지 않은 경우에는 그 범위 내에서 청산법인으로서 존속한다.

04 원물과 과실에 관한 설명으로 옳지 않은 것은?

① 소유권이전의 대가, 노동의 대가는 법정과실이다.
② 물건의 용법에 의하여 수취하는 산출물은 천연과실이다.
③ 천연과실은 그 원물로부터 분리하는 때에 이를 수취할 권리자에게 속한다.
④ 미분리의 과실은 독립한 물건이 아니지만, 명인방법을 갖춘 경우에는 타인 소유권의 객체가 될 수 있다.
⑤ 법정과실은 수취할 권리의 존속기간일수의 비율로 취득할 수 있는 것이지만, 당사자가 그와 다르게 약정할 수도 있다.

05 법률행위의 무효와 취소에 관한 설명으로 옳은 것은? (다툼이 있으면 판례에 따름)

① 착오가 의사표시자의 중대한 과실로 인한 경우에는 상대방이 그 착오를 알고 이를 이용하였더라도 의사표시자는 착오를 이유로 의사표시를 취소할 수 없다.
② 통정허위표시의 무효는 선의의 제3자에게 대항하지 못하며, 이때 제3자는 선의이면 족하고 무과실을 요하지 않는다.
③ 무효인 가등기를 유효한 등기로 전용할 것을 약정하였다면, 무효행위의 전환이론에 따라 무효인 가등기는 그 등기시로 소급하여 유효로 전환된다.
④ 취소권을 행사할 수 있는 기간의 경과 여부는 당사자가 주장하여야 하므로, 법원이 이를 당연히 조사하고 고려해야 할 사항은 아니다.
⑤ 유동적 무효인 토지거래계약이 확정적으로 무효가 된 경우, 이에 대해 귀책사유가 있는 자는 계약의 무효를 주장할 수 없다.

06 **의사표시에 관한 설명으로 옳지 않은 것은? (다툼이 있으면 판례에 따름)**

① 공무원 甲이 사직의 의사표시를 하는 것과 같은 사인의 공법행위에도 진의 아닌 의사표시에 관한 민법 규정이 적용된다.

② 甲이 상대방 乙에게 진의 아닌 의사표시의 무효를 주장하는 경우, 乙의 악의나 과실유무는 甲이 증명해야 한다.

③ 채무자 甲의 법률행위가 통정허위표시로서 무효인 경우에도 그 법률행위가 채권자취소권의 요건을 갖추었다면, 甲의 채권자 乙은 채권자취소권을 행사할 수 있다.

④ 통정허위표시의 제3자가 악의라도 그 전득자가 통정허위표시에 대하여 선의인 때에는 전득자에게 허위표시의 무효를 주장할 수 없다.

⑤ 의사표시의 상대방이 의사표시를 받은 때에 제한능력자인 경우에는 의사표시자는 원칙적으로 그 의사표시로써 대항할 수 없다.

07 **착오나 사기에 의한 의사표시에 관한 설명으로 옳은 것은? (다툼이 있으면 판례에 따름)**

① 동기의 착오가 상대방에 의하여 제공되거나 유발된 경우에는 착오를 이유로 취소할 수 없다.

② 법률행위 내용의 중요부분에 대한 착오를 판단할 때, 의사표시자의 경제적인 불이익 여부는 문제되지 않는다.

③ 착오를 이유로 한 취소권은 추인할 수 있는 날로부터 3년 내에, 법률행위를 한 날로부터 10년 내에 행사하여야 한다.

④ 법률행위가 사기에 의한 것으로서 취소되는 경우, 그 법률행위가 동시에 불법행위를 구성하는 때에는 취소의 효과로 생기는 부당이득반환청구권과 불법행위로 인한 손해배상청구권을 중첩적으로 행사할 수 있다.

⑤ 제3자의 사기로 인하여 계약을 체결한 경우, 그 제3자에 대하여 불법행위로 인한 손해배상을 청구하기 위해서는 먼저 그 계약을 취소해야 한다.

08 제척기간에 관한 설명으로 옳은 것은? (다툼이 있으면 판례에 따름)

① 제척기간이 경과하면 그 기산일에 소급하여 권리소멸의 효과가 발생한다.

② 제척기간은 권리자의 청구나 압류 등이 있으면 중단되고 그때까지 경과된 기간은 산입되지 않는다.

③ 점유보호청구권의 행사기간은 제척기간이기 때문에 점유보호청구권은 재판상・재판외에서 행사할 수 있다.

④ 제척기간이 지난 후에는 당사자가 책임질 수 없는 사유로 그 기간을 준수하지 못하였더라도 추후에 보완될 수 없다.

⑤ 채권양도의 통지는 그 양도인이 채권이 양도되었다는 사실을 채무자에게 알리는 행위이므로, 채권양도의 통지만으로 제척기간의 준수에 필요한 권리의 재판외 행사가 이루어졌다고 볼 수 있다.

09 무권대리인 乙은 자신을 甲의 대리인이라고 하면서 丙과 매매계약을 체결하였다. 이에 관한 설명으로 옳지 않은 것은? (다툼이 있으면 판례에 따름)

① 乙이 무권대리인임을 알았던 丙은 甲에게 乙의 대리행위에 대한 추인 여부의 확답을 최고할 수 없다.

② 丙이 매매계약을 적법하게 철회하였다면 乙의 무권대리행위는 확정적으로 무효가 되어 그 후에는 甲이 매매계약을 추인할 수 없다.

③ 甲이 乙에 대하여 매매계약에 관한 추인의 의사표시를 한 경우, 이러한 추인의 의사표시를 丙이 알지 못하였다면 丙은 철회할 수 있다.

④ 丙이 매매계약을 철회하는 경우, 철회의 효과를 다투는 甲은 丙이 乙에게 대리권이 없다는 사실에 관하여 악의임을 증명할 책임이 있다.

⑤ 乙이 甲을 단독상속한 경우, 乙은 甲의 지위에서 무권대리임을 이유로 매매계약의 무효를 주장하는 것은 허용되지 않는다.

10 **甲은 2017.10.1. 친구 乙에게 3,000만 원을 대여하면서 이자는 월 1%, 변제기는 2018.10.1.로 정하였는데, 2019.2.16. 현재까지 乙은 원금과 이자를 전혀 변제하지 않고 있다. 이에 관한 설명으로 옳지 <u>않은</u> 것은? (다툼이 있으면 판례에 따름)**

① 甲의 원금반환채권은 10년간 행사하지 아니하면 소멸시효가 완성한다.

② 甲이 乙을 사기죄로 고소하여 형사소송이 제기되었는데, 이 과정에서 배상명령을 신청하지 않은 경우에는 甲의 대여금채권의 소멸시효는 중단되지 않는다.

③ 甲이 乙을 상대로 대여금반환청구의 소를 제기하였다가 이후 그 소를 취하한 경우에도 甲의 대여금반환청구의 소제기로 인한 시효중단의 효력은 유지된다.

④ 乙의 재산에 대하여 甲의 가압류가 있는 경우에도 시효중단의 효력이 인정되지만, 당연무효의 가압류는 소멸시효의 중단사유에 해당하지 않는다.

⑤ 甲이 乙에게 대여금반환채무의 이행을 최고한 경우, 최고 후 6개월 내에 재판상의 청구를 하였다면 최고시에 시효중단의 효력이 발생한다.

11 **乙은 甲의 대리인으로서 甲을 위하여 丙과 계약을 체결하였다. 이에 관한 설명으로 옳지 <u>않은</u> 것은? (다툼이 있으면 판례에 따름)**

① 乙이 임의대리인이라면 乙은 행위능력자임을 요하지 않는다.

② 乙의 대리행위가 무권대리라는 이유로 甲이 무효를 주장하는 경우, 乙의 대리행위가 권한을 넘은 표현대리행위라는 주장 및 증명책임은 丙에게 있다.

③ 매매계약의 체결에 관한 권한을 수여받은 乙이 甲을 대리하여 매매계약을 체결한 경우, 乙은 특별한 사정이 없는 한 甲을 대리하여 매매계약의 해제 등 일체의 처분권을 행사할 수 있다.

④ 甲으로부터 아파트에 관한 일체의 관리권한을 위임받아 甲으로 가장하여 아파트를 丙에게 임대한 乙이 다시 甲으로 가장하여 임차인 丙에게 아파트를 매도하였다면, 권한을 넘은 표현대리의 법리를 유추적용할 수 있다.

⑤ 대리권 수여행위는 묵시적인 의사표시로도 할 수 있으므로, 乙이 甲의 대리인의 외양을 가지고 행위하는 것을 甲이 알면서도 이의를 하지 않고 방인하는 등 사실상의 용태에 의하여 대리권의 수여가 추단되는 경우도 있다.

12 **조건과 기한에 관한 설명으로 옳지 <u>않은</u> 것은?**

① 종기 있는 법률행위는 기한이 도래한 때로부터 그 효력을 잃는다.
② 기한의 이익은 이를 포기할 수 있지만, 상대방의 이익을 해하지 못한다.
③ 조건이 법률행위 당시 이미 성취한 것인 경우에는 그 조건이 해제조건이면 그 법률행위는 조건 없는 법률행위로 한다.
④ 조건 있는 법률행위의 당사자는 조건의 성부가 미정인 동안에 조건의 성취로 인하여 생길 상대방의 이익을 해하지 못한다.
⑤ 조건의 성취로 인하여 불이익을 받을 당사자가 신의성실에 반하여 조건의 성취를 방해한 때에는 상대방은 그 조건이 성취한 것으로 주장할 수 있다.

13 **乙은 2005.1.10. 甲 소유의 X토지를 매수하고 대금을 지급한 후 X토지를 인도받았으나 소유권이전등기는 마치지 않았다. 乙은 2015.12.31. X토지를 다시 丙에게 매도하였고, 2019.2.16. 현재까지 丙 역시 미등기 상태로 X토지를 점유하고 있다. 이에 관한 설명으로 옳지 <u>않은</u> 것은? (다툼이 있으면 판례에 따름)**

① 甲은 丙에게 소유권에 기하여 X토지의 반환을 청구할 수 없다.
② 乙의 甲에 대한 소유권이전등기청구권의 소멸시효는 진행되지 않는다.
③ 丙은 乙의 甲에 대한 소유권이전등기청구권을 대위하여 행사할 수 있다.
④ 甲은 丙에 대해 불법점유를 이유로 임료 상당의 부당이득반환을 청구할 수 없다.
⑤ X토지를 제3자가 불법점유하고 있다면, 丙은 제3자에 대하여 소유권에 기한 물권적청구권을 행사할 수 있다.

14 **물권의 소멸에 관한 설명으로 옳지 않은 것은? (다툼이 있으면 판례에 따름)**

① 점유권은 혼동이나 소멸시효에 의해 소멸하지 않는다.
② 소유권은 소멸시효에 의해 소멸하지 않지만, 타인이 시효취득하면 상대적으로 소멸할 수 있다.
③ 전세권에 저당권이 설정된 경우, 전세목적물에 대한 소유권과 전세권이 동일인에게 귀속되더라도 전세권은 혼동에 의해 소멸하지 않는다.
④ 후순위 저당권이 있는 부동산의 소유권을 선순위 저당권자가 아무런 조건 없이 증여받아 취득한 경우, 혼동에 의해 저당권은 소멸한다.
⑤ 부동산공유자의 공유지분포기의 의사표시가 다른 공유자에게 도달하더라도 그 공유지분이 바로 소멸하는 것은 아니고, 다른 공유자는 자신에게 귀속될 공유지분에 관하여 소유권이전등기를 청구할 수 있을 뿐이다.

15 **취득시효 중단에 관한 설명으로 옳지 않은 것은? (다툼이 있으면 판례에 따름)**

① 취득시효기간 만료 전에 등기부상 소유명의가 변경된 사실은 취득시효의 중단사유가 될 수 없다.
② 취득시효의 중단사유인 재판상 청구에는 소유권 침해의 경우, 그 소유권을 기초로 하는 방해배제 및 손해배상 또는 부당이득반환청구소송도 포함된다.
③ 취득시효를 주장하는 자가 소를 제기한 데 대하여 권리자가 피고로서 응소하고 그 소송에서 적극적으로 권리를 주장하여 그것이 받아들여진 경우에는 시효중단사유인 재판상 청구에 해당한다.
④ 시효중단의 효력은 당사자 및 그 승계인에 미치므로, 그 중단효과가 발생한 후의 특정승계인 또는 포괄승계인은 중단 당시의 당사자의 점유기간을 승계하여 시효취득을 주장할 수 없다.
⑤ 소유권이전등기의 말소를 구하는 소를 제기하였다가 그 소를 취하한 후, 그로부터 6개월 내에 다시 취하된 소와 동일한 내용의 소를 제기한 경우, 후소가 제기된 때로부터 취득시효의 진행이 중단된다.

16 **지상권에 관한 설명으로 옳은 것은? (다툼이 있으면 판례에 따름)**

① 지상권은 1필 토지의 전부가 아닌 일부에 대해서는 성립할 수 없다.
② 지상권자는 존속기간이 만료한 때에 지상물이 현존하는 경우, 지상권설정자에 대해 선택적으로 지상권의 갱신청구 또는 지상물의 매수청구를 할 수 있다.
③ 지상권은 지상물의 소유를 목적으로 토지를 사용하는 권리이므로, 지상권자는 지상권을 유보한 채 지상물 소유권만을 양도할 수 없다.
④ 지상권의 지료지급 연체가 토지소유권의 양도 전후에 걸쳐 이루어진 경우, 토지양수인에 대한 연체기간이 2년 이상이면 토지양수인은 지상권의 소멸을 청구할 수 있다.
⑤ 금융기관이 토지에 저당권과 함께 지료 없는 지상권을 설정받으면서 채무자의 사용수익권을 배제하지 않은 경우, 금융기관은 그 토지의 무단점유자에 대해 지상권침해를 근거로 임료 상당의 손해배상을 청구할 수 있다.

17 **甲 소유의 산악자전거를 乙이 훔쳐 보관하던 중, 선의이지만 과실이 있는 丙에게 팔고 인도하였다. 며칠 후 甲은 丙이 자신의 자전거를 가지고 있는 것을 발견하여 이를 자력으로써 탈환하였다. 이에 관한 설명으로 옳은 것을 모두 고른 것은? (다툼이 있으면 판례에 따름)**

> ㄱ. 丙은 甲에 대해 자전거의 반환을 청구할 수 있다.
> ㄴ. 丙은 자전거에 대한 선의취득을 근거로 소유권을 주장할 수 있다.
> ㄷ. 丙의 甲에 대한 점유의 소에서 甲은 자전거에 대한 소유권을 근거로 항변할 수 있다.
> ㄹ. 甲은 탈환행위 전에 丙에 대해 점유물반환청구권을 행사할 수 있다.

① ㄱ
② ㄱ, ㄴ
③ ㄴ, ㄷ
④ ㄱ, ㄴ, ㄹ
⑤ ㄴ, ㄷ, ㄹ

18 동산질권에 관한 설명으로 옳지 않은 것은? (다툼이 있으면 판례에 따름)

① 질물의 과실에 대해서도 질권의 효력이 미친다.

② 질권설정을 위한 인도는 현실의 인도에 한하지 않고 점유개정에 의하더라도 무방하다.

③ 질권자가 질물을 점유하고 있더라도 피담보채권의 소멸시효 진행에 영향을 미치지 않는다.

④ 건물의 임대인이 임대차에 관한 채권에 의하여 그 건물에 부속한 임차인 소유의 동산을 압류한 때에는 질권과 동일한 효력이 있다.

⑤ 질권설정자에게 처분권한이 없더라도 채권자가 평온·공연하게 선의이며 과실 없이 질권설정을 받은 경우, 채권자는 동산질권을 선의취득한다.

19 민사유치권에 관한 설명으로 옳은 것은? (다툼이 있으면 판례에 따름)

① 채권자가 채무자의 직접점유를 통하여 간접점유하는 경우에는 유치권은 성립하지 않는다.

② 유치권자는 채권의 변제를 받기 위하여 유치물을 경매할 수 있고, 매각대금에서 후순위권리자보다 우선변제를 받을 수 있다.

③ 수급인이 자신의 노력과 재료를 들여 신축한 건물에 대한 소유권을 원시취득한 경우, 수급인은 공사대금을 지급받을 때까지 유치권을 행사할 수 있다.

④ 유치권의 피담보채권의 소멸시효기간이 확정판결 등에 의하여 10년으로 연장된 경우, 유치권이 성립된 부동산의 매수인은 종전의 단기소멸시효를 원용할 수 있다.

⑤ 공사대금채권에 기하여 유치권을 행사하는 자가 스스로 보존에 필요한 범위 내에서 유치물인 주택에 거주하며 사용하는 경우에도 소유자는 유치권의 소멸을 청구할 수 있다.

20 **甲은 乙 소유의 X주택 일부(A부분)에 전세금 1억 원, 존속기간 2년으로 하는 전세계약을 체결하고 전세권설정등기를 마쳤다. 이에 관한 설명으로 옳은 것은? (다툼이 있으면 판례에 따름)**

① 甲은 전세권 존속 중에는 장래에 그 전세권이 소멸하는 경우에 전세금반환채권이 발생하는 것을 조건으로 그 장래의 조건부 채권을 양도할 수 없다.

② 乙이 甲에게 전세금의 반환을 지체한 경우, 甲은 X주택의 A부분이 아니라 전부에 대하여 경매를 청구할 수 있다.

③ 경매절차에서 X주택이 매각된 경우, 甲은 X주택의 전부에 대하여 후순위권리자보다 전세금을 우선변제받을 수 없다.

④ 甲의 채권자 丙이 甲의 전세권에 저당권을 취득한 경우, 전세권의 존속기간이 만료되더라도 丙은 전세권 자체에 대하여 저당권을 실행할 수 있다.

⑤ 甲의 전세권이 존속하는 동안에 乙이 X주택을 丁에게 매도하고 丁 명의로 소유권이전등기를 마쳐준 경우, 乙은 전세금반환의무를 면하게 된다.

21 **甲은 乙에 대한 1억 원의 채권을 담보하기 위해 乙 소유의 X주택에 저당권설정등기를 마쳤다. 그 후 丙은 2017.10.1. X주택을 보증금 2억 원에 임차하여 인도받고, 전입신고를 마친 후 2019.2.16. 현재까지 살고 있다. 2018.1.10. 丁이 乙에 대한 8,000만 원의 채권으로 X주택을 가압류하였고, 2018.4.10. 戊는 乙에 대한 1억 원의 채권을 담보하기 위해 X주택에 저당권설정등기를 마쳤다. 2019.2.16. X주택은 戊의 저당권실행을 위한 경매로 A에게 매각되었으며, 배당할 금액은 2억 5,000만 원이다. 이에 관한 설명으로 옳은 것은? (다툼이 있으면 판례에 따름)**

① A는 임대인 乙의 지위를 승계한 것으로 본다.

② 저당권자는 가압류채권자에 우선하므로, 戊는 丁에 우선하여 변제받을 수 있다.

③ 경매로 인해 丙의 임차권은 소멸하기 때문에 丙은 A에게 주택을 인도하여야 한다.

④ 丙이 임대차계약서상에 확정일자를 받았다면, 丙은 甲에 우선하여 보증금 전액에 대해 우선변제를 받을 수 있다.

⑤ 丙이 적법하게 배당요구를 하였다면 배당받을 수 있었던 금액이 丙의 적법한 배당요구가 없어서 丁과 戊에게 배당된 경우, 丙은 丁과 戊에게 부당이득반환을 청구할 수 있다.

22 **甲은 乙에 대한 1억 원의 대여금채권을 담보하기 위해 乙 소유의 부동산(가액 3억 원)에 가등기를 마쳤고, 그 후 丙이 그 부동산에 저당권설정등기를 마쳤다. 이에 관한 설명으로 옳은 것은? (다툼이 있으면 판례에 따름)**

① 甲이 담보권실행을 통지할 때에 청산금이 없더라도 2개월의 청산기간이 지나기 전에는 가등기에 기한 본등기를 청구할 수 없다.

② 甲이 담보권실행을 통하여 우선변제 받게 되는 이자나 지연배상금 등 피담보채권의 범위는 청산금 지급 당시를 기준으로 확정된다.

③ 甲이 담보권실행을 통지하고 2개월의 청산기간이 지난 경우, 청산금의 지급이 없더라도 乙은 대여금을 변제하고 가등기말소를 청구할 수는 없다.

④ 甲이 주관적으로 평가한 청산금의 액수가 정당하게 평가된 청산금의 액수에 미치지 못하면 담보권실행 통지는 효력이 없다.

⑤ 甲이 담보권실행을 위해 통지하여야 할 청산금의 평가액은 통지 당시의 목적부동산가액에서 그 당시의 목적부동산에 존재하는 모든 피담보채권액을 공제한 차액이다.

23 **채권자 甲이 채무자 乙에 대한 1억 원의 채권을 담보하기 위해 물상보증인 丙 소유의 X부동산(가액 1억 2,000만 원), 丁 소유의 Y부동산(가액 8,000만 원)에 각각 1번 저당권을 취득하고, A가 8,000만 원의 채권으로 X부동산에, B가 6,000만 원의 채권으로 Y부동산에 각각 2번 저당권을 취득하였다. 甲이 X부동산에 대하여 먼저 담보권실행을 위한 경매를 하여 매각대금 1억 2,000만 원이 배당순위에 따라 甲과 A에게 배당되었다. 이 경우 A가 Y부동산의 매각대금(8,000만 원)에서 배당받을 수 있는 금액은? (단, 실행비용·이자 등은 고려하지 않고, 다툼이 있으면 판례에 따름)**

① 0원
② 2,000만 원
③ 4,000만 원
④ 6,000만 원
⑤ 8,000만 원

24 **채권질권에 관한 설명으로 옳지 <u>않은</u> 것은? (다툼이 있으면 판례에 따름)**

① 질권의 목적인 채권의 양도행위에는 질권자의 동의가 필요하다.

② 채권의 목적물이 금전인 때에는 질권자는 자기 채권의 한도에서 직접 청구할 수 있다.

③ 채권질권의 효력은 질권의 목적이 된 채권의 지연손해금 등과 같은 부대채권에도 미친다.

④ 저당권으로 담보한 채권을 질권의 목적으로 한 때에는 그 저당권등기에 질권의 부기등기를 하여야 그 효력이 저당권에 미친다.

⑤ 제3채무자가 질권설정 사실을 승낙한 후 질권설정계약이 합의해지된 경우, 질권설정자가 해지를 이유로 제3채무자에게 원래의 채권으로 대항하려면 질권자가 제3채무자에게 해지 사실을 통지하여야 한다.

25 **甲은 乙에 대한 대여금채무 6억 원을 담보하기 위하여 자기 소유 X토지에 乙 명의의 저당권을 설정해주었다. 甲의 부탁으로 위 채무를 담보하기 위하여 丙은 乙과 보증계약을 체결하였고, 丁과 戊는 각각 자기 소유 Y토지와 Z토지에 乙 명의의 저당권을 설정해주었다. 이에 관한 설명으로 옳지 않은 것은? (단, 이자 및 지연배상금은 고려하지 않고, 다툼이 있으면 판례에 따름)**

① 丁이 甲의 대여금채무를 모두 변제한 경우, 丁은 甲에 대하여 구상권을 행사할 수 있다.
② 丁이 甲의 대여금채무를 모두 변제한 경우, 丁은 乙을 대위하여 丙을 상대로 2억 원의 지급을 청구할 수 있다.
③ 戊는 甲의 대여금채무를 변제할 정당한 이익이 있는 자이므로, 戊가 그 채무를 모두 변제하였다면 乙의 승낙이 없어도 당연히 乙을 대위한다.
④ 丙이 甲의 대여금채무를 모두 변제한 경우, 미리 저당권등기에 대위의 부기등기를 하지 않더라도 丁에 대하여 乙을 대위할 수 있다.
⑤ A가 甲과의 매매계약을 원인으로 X토지의 소유권이전등기를 마친 후 甲의 대여금채무를 모두 변제한 경우, A는 丙에 대하여 乙을 대위할 수 있다.

26 **보증계약에 관한 설명으로 옳지 않은 것은?**

① 보증인은 보증채무에 대하여 위약금 또는 손해배상액을 예정할 수 있다.
② 채무자가 보증인을 세울 의무가 있는 경우, 채권자가 보증인을 지명하였다면 보증인은 행위능력 및 변제자력이 없어도 된다.
③ 주채무자의 의사에 반하여 보증인이 된 자가 과실 없이 변제 기타 자기의 출재로 주채무를 소멸시킨 경우, 주채무자는 현존 이익의 한도에서 배상하여야 한다.
④ 채권자가 연대보증인에게 채무이행을 청구한 경우, 연대보증인은 채무자의 변제자력이 있는 사실 및 그 집행이 용이할 것을 증명하여 먼저 채무자에게 청구할 것과 그 재산에 대하여 집행할 것을 항변할 수 있다.
⑤ 주채무자의 부탁으로 보증인이 된 자가 과실 없이 변제 기타의 출재로 주채무를 소멸시킨 경우, 보증인은 주채무자를 상대로 면책된 날 이후의 법정이자에 관하여 구상청구를 할 수 있다.

27 **채무불이행으로 인한 손해배상책임에 관한 설명으로 옳지 않은 것은? (다툼이 있으면 판례에 따름)**

① 손해배상 방법으로서 금전배상의 경우, 금전은 우리나라 통화를 의미하지만, 당사자의 약정이 있으면 외국통화로 배상할 수 있다.

② 채무불이행으로 인한 손해배상책임과 달리 매매계약의 해제로 인한 원상회복의무의 이행으로서 이미 지급한 매매대금 기타 급부의 반환을 구하는 경우에는 과실상계의 법리가 적용되지 않는다.

③ 지체상금이 손해배상의 예정으로 인정되어 감액할 때, 채무자가 계약을 위반한 경위 등 제반사정이 참작되므로, 손해배상액의 감경에 앞서 채권자의 과실 등을 들어 따로 감경할 필요는 없다.

④ 특별손해의 배상에서 채무자가 그 사정을 알았거나 알 수 있었는지의 여부는 채무의 이행기가 아니라 계약체결 당시를 기준으로 판단하여야 한다.

⑤ 매도인이 매수인으로부터 부동산 매매대금을 약정기일에 지급받지 못한 결과 제3자로부터 이와 유사한 부동산을 매수하고 그 잔대금을 지급하지 못하여 계약금이 몰수되는 손해를 입었다면, 이는 특별한 사정으로 인한 손해에 해당한다.

28 **甲이 乙에 대한 대여금채권을 丙에게 양도하였고 乙이 이를 승낙하여 그 의사표시가 丙에게 도달되었다. 이에 관한 설명으로 옳지 않은 것은? (다툼이 있으면 판례에 따름)**

① 乙의 승낙에는 조건을 붙일 수 있다.

② 乙이 이의 없이 승낙을 하더라도 특별한 사정이 없는 한 乙에게는 甲의 대여금채권의 성립이나 소멸에 영향을 미치는 사정을 丙에게 알려야 할 주의의무가 없다.

③ 丙이 甲의 대여금채권에 양도금지특약이 있다는 사실을 알았더라도 그 후 乙이 승낙하였다면, 채권양도는 다른 약정이 없는 한 그 성립 당시로 소급하여 유효하게 된다.

④ 乙이 이의 없이 승낙을 하였더라도 그 때까지 발생한 乙의 甲에 대한 항변사유를 丙이 중대한 과실로 알지 못하였다면, 乙은 甲에 대한 그 항변사유로 丙에게 대항할 수 있다.

⑤ 甲의 대여금채권에 관하여 보증인 丁이 있는 경우, 다른 약정이 없는 한 丁에 대한 보증채권의 양도에 관하여 별도의 대항요건을 갖추지 않더라도 甲의 대여금채권과 함께 丁에 대한 보증채권 역시 丙에게 이전된다.

29 **甲이 乙에 대한 A채권을 보전하기 위하여 丙을 상대로 채권자대위소송을 제기하는 경우, A채권에 관한 설명으로 옳지 않은 것은? (다툼이 있으면 판례에 따름)**

① A채권의 존재뿐만 아니라 그 발생원인도 甲이 증명할 책임이 있다.

② A채권은 丙에게 대항할 수 있는 권리가 아니어도 된다.

③ 토지거래허가신청절차의 협력의무이행청구권도 A채권이 될 수 있다.

④ 丙은 특별한 사정이 없는 한 甲에 대하여 A채권의 소멸시효가 완성되었음을 항변할 수 없다.

⑤ 丙은 甲에 대하여 A채권의 발생원인이 된 법률행위가 무효라는 사실을 주장하여 A채권의 인정 여부를 다툴 수 있다.

30 **乙이 유일하게 소유하고 있는 X토지를 丙에게 매도한 후 소유권이전등기를 마쳐주었고, 甲은 乙에 대한 대여금채권을 보전하기 위하여 丙을 상대로 채권자취소소송을 제기하여 승소하였다. 이에 관한 설명으로 옳은 것을 모두 고른 것은? (다툼이 있으면 판례에 따름)**

ㄱ. 채권자취소소송의 확정판결에 따라 丙 명의의 소유권이전등기가 말소되면 乙은 소유권이전등기명의의 회복으로 X토지의 소유권을 취득한다.

ㄴ. 甲의 대여금채권이 乙과 丙사이의 매매계약 전에 성립되었다면 그 액수나 범위가 구체적으로 확정되지 않아도 피보전채권이 된다.

ㄷ. 甲이 사해행위의 취소만을 먼저 구한 다음 원상회복을 나중에 청구하는 경우, 사해행위취소청구가 채권자취소권의 행사기간 내에 제기되었다면 원상회복청구는 그 기간이 지난 뒤에도 할 수 있다.

ㄹ. 채권자취소소송의 확정판결에 따라 丙 명의의 소유권이전등기가 말소된 후, 乙이 회복된 소유권이전등기명의를 기화로 丁에게 X토지를 매도하고 소유권이전등기를 마쳐준 경우, 사해행위취소와 원상회복의 효력을 받는 乙의 다른 일반채권자 戊는 丁을 상대로 소유권이전등기말소를 청구할 수 없다.

① ㄱ, ㄷ

② ㄴ, ㄷ

③ ㄷ, ㄹ

④ ㄱ, ㄴ, ㄹ

⑤ ㄴ, ㄷ, ㄹ

31 **이행불능에 관한 설명으로 옳지 <u>않은</u> 것은? (다툼이 있으면 판례에 따름)**

① 증여계약의 대상인 권리가 타인에게 귀속되어 있다는 이유만으로 증여자의 계약에 따른 이행이 불능이라고 할 수는 없다.

② 매매목적물인 부동산이 가압류되었다는 사유만으로 매도인의 이행불능을 이유로 매매계약을 해제할 수는 없다.

③ 부동산의 소유권이전등기의무자가 그 부동산에 제3자 명의로 가등기를 마쳐주면, 부동산의 처분권한 상실로 소유권이전등기의무가 이행불능이 된다.

④ 매수인의 잔대금지급의무가 소유권이전등기의무와 동시이행관계에 있더라도, 소유권이전등기의무의 이행불능을 이유로 매수인이 매매계약을 해제하기 위해서는 매수인이 대금지급의무의 이행제공을 할 필요가 없다.

⑤ 임대인에게 임대목적물에 대한 소유권이 없는 경우, 임차인이 진실한 소유자로부터 목적물의 반환청구를 받는 등의 이유로 임차인이 이를 사용·수익할 수가 없게 되면 임대인의 채무는 이행불능이 된다.

32 **채무인수에 관한 설명으로 옳지 <u>않은</u> 것은? (다툼이 있으면 판례에 따름)**

① 중첩적 채무인수는 채권자와 인수인 사이의 합의가 있으면 채무자의 의사에 반해서도 할 수 있다.

② 면책적 채무인수가 있는 경우, 인수채무의 소멸시효기간은 채무인수에 따라 중단되고 채무인수일로부터 새로이 진행한다.

③ 채권자의 승낙에 의하여 채무인수의 효력이 생기는 경우, 채권자가 승낙을 거절하면 그 이후에는 채권자가 다시 승낙하여도 채무인수로서의 효력이 생기지 않는다.

④ 면책적 채무인수에 대한 채권자의 승낙은 묵시적으로도 가능하며, 채권자가 승낙을 하지 않는 대신 직접 인수인을 상대로 인수채무의 이행을 청구하는 것도 묵시적 승낙에 해당한다.

⑤ 매수인이 매매목적물에 관한 임대차보증금반환채무를 인수하면서 그 채무액을 매매대금에서 공제하기로 약정한 경우, 임차인의 승낙이 없으면 병존적 채무인수로 본다.

33 **해약금 규정(민법 제565조)에 의하여 계약을 해제하는 경우에 관한 설명으로 옳지 않은 것은? (다툼이 있으면 판례에 따름)**

① 계약금의 일부만 지급된 경우, 수령자는 실제 지급된 계약금이 아니라 약정계약금의 배액을 상환하고 계약을 해제할 수 있다.

② 계약당사자 일방이 채무의 이행기 전에 이미 채무의 이행에 착수하였다면 특별한 사정이 없는 한 계약당사자는 해제권을 행사할 수 없다.

③ 계약당사자가 계약금에 기한 해제권을 배제하기로 하는 약정을 하였다면, 각 당사자는 해제권을 행사할 수 없다.

④ 계약금을 수령한 매도인이 매수인에 대하여 해제권을 행사하기 위해서는 수령한 계약금의 배액의 이행제공을 하여야 하며 매수인이 수령을 거부하는 경우, 이를 공탁하여야 한다.

⑤ 토지거래허가구역 내의 토지에 관한 매매계약의 당사자가 토지거래허가신청절차의 협력의무를 이행하여 관할관청으로부터 거래허가를 받았더라도, 그러한 사정만으로는 아직 이행의 착수가 있다고 볼 수 없다.

34 **甲은 2018.9.10. 乙에게 자신이 사용하던 X컴퓨터를 50만 원에 매각하겠다는 의사표시와 2018.9.25.까지 구매여부를 알려 달라는 내용의 편지를 발송하였고, 그 편지는 2018.9.13. 乙에게 도달하였다. 이에 乙이 2018.9.17. X컴퓨터를 50만 원에 매수하겠다는 승낙의 편지를 甲에게 발송하였다. 이에 관한 설명으로 옳은 것은?**

① 甲은 乙이 발송한 편지를 2018.9.19. 받았는데, 甲이 2018.9.24. 개봉하여 읽었다면 매매계약은 2018.9.24. 성립한다.

② 乙이 승낙의 의사표시를 하였으므로, 乙이 발송한 편지를 甲이 2018.9.25.까지 받지 못하였더라도 매매계약은 성립한다.

③ 甲은 乙이 발송한 편지를 2018.9.20. 받았다면, 매매계약은 그 때부터 성립하고 효력이 발생한다.

④ 乙이 발송한 편지가 2018.9.26. 甲에게 도달하였고 甲이 2018.9.27. 연착의 통지를 한 경우, 매매계약은 성립하지 않는다.

⑤ 乙이 2018.9.17. 매수하겠다는 편지를 발송하기 전까지 특별한 사정이 없는 한 甲은 乙에 대하여 매각의 의사표시를 철회할 수 있다.

35 **동시이행의 항변권에 관한 설명으로 옳은 것은? (다툼이 있으면 판례에 따름)**

① 근저당권 실행을 위한 경매가 무효로 된 경우, 매수인의 채무자에 대한 소유권이전등기말소의무와 근저당권자의 매수인에 대한 배당금반환의무는 동시이행관계에 있다.

② 동시이행관계에 있는 쌍방의 채무 중 어느 한 채무가 이행불능이 됨으로 인하여 발생한 손해배상채무는 다른 채무와 동시이행관계에 있지 않다.

③ 가압류등기가 있는 부동산 매매계약의 경우, 특별한 사정이 없는 한 매도인의 가압류등기의 말소의무는 매수인의 대금지급의무와 동시이행관계에 있지 않다.

④ 쌍방의 채무가 동시이행관계에 있는 경우, 상대방 채무의 이행제공이 없더라도 채무자가 이행기에 채무를 이행하지 않으면 이행지체의 책임을 진다.

⑤ 부동산 매매계약에서 매수인이 부가가치세를 부담하기로 약정한 경우, 특별한 사정이 없는 한 부가가치세를 포함한 매매대금 전부와 부동산 소유권이전등기의무가 동시이행관계에 있다.

36 **계약의 합의해제 등에 관한 설명으로 옳지 않은 것은? (다툼이 있으면 판례에 따름)**

① 계약이 합의해제된 경우, 특별한 사정이 없는 한 채무불이행으로 인한 손해배상청구는 할 수 없다.

② 매도인이 매수인에게 매매계약의 합의해제를 청약하였더라도 매수인이 그 청약에 대하여 조건을 붙여 승낙한 경우, 매도인의 청약은 실효된다.

③ 계약이 일부이행된 경우, 그 원상회복에 관하여 의사가 일치되지 않아도 계약의 묵시적 합의해제가 인정될 수 있다.

④ 매매계약을 합의해제한 후 그 합의해제를 무효화시키고, 해제된 매매계약을 부활시키는 약정은 적어도 당사자 사이에서는 가능하다.

⑤ 당사자 사이에 약정이 없는 이상 합의해지로 인하여 반환할 금전에 그 받은 날로부터 이자를 붙여서 반환할 의무는 없다.

37 **乙은 건물의 소유를 목적으로 甲 소유의 X토지를 임차한 후, 甲의 동의 없이 이를 丙에게 전대하였다. 이에 관한 설명으로 옳은 것은? (다툼이 있으면 판례에 따름)**

① 甲은 丙에게 X토지의 반환을 청구할 수 없다.

② 甲은 乙에 대한 임대차계약상의 차임청구권을 상실한다.

③ 甲과 乙사이의 임대차계약은 무단전대를 이유로 甲의 해지의 의사표시가 없더라도 해지의 효력이 발생한다.

④ 임대차 및 전대차기간 만료시에 丙이 신축한 건물이 X토지에 현존하고 甲이 임대차계약의 갱신을 거절한 경우, 丙은 甲에게 건물매수를 청구할 수 없다.

⑤ 甲과 乙사이의 임대차계약이 존속하더라도 甲은 X토지의 불법점유를 이유로 丙에게 차임상당의 부당이득반환을 청구할 수 있다.

38 사무관리에 관한 설명으로 옳은 것을 모두 고른 것은? (다툼이 있으면 판례에 따름)

ㄱ. 관리자가 사무관리를 함에 있어서 과실 없이 손해를 받은 경우, 본인에게 그 손해 전부의 보상을 청구할 수 있다.
ㄴ. 관리자는 본인의 청구가 있는 때에 사무처리의 상황을 보고하여야 하며, 사무처리가 종료된 때에는 지체 없이 그 전말을 보고하여야 한다.
ㄷ. 타인을 위하여 사무를 처리하는 의사는 관리자 자신의 이익을 위한 의사와 병존할 수 있고, 반드시 외부적으로 표시될 필요가 없으며, 사무를 관리할 당시에 확정되어 있을 필요도 없다.
ㄹ. 제3자와의 약정에 따라 타인의 사무를 처리한 경우에도 그 타인과의 관계에서는 의무 없이 타인의 사무를 처리한 것이므로, 그 타인과의 관계에서 원칙적으로 사무관리가 성립한다.

① ㄱ, ㄴ
② ㄴ, ㄷ
③ ㄷ, ㄹ
④ ㄱ, ㄴ, ㄹ
⑤ ㄱ, ㄷ, ㄹ

39 민법상 조합에 관한 설명으로 옳은 것은?

① 조합원은 정당한 사유가 있는 경우에 한하여 조합의 업무 및 재산상태를 검사할 수 있다.
② 조합의 존속기간을 정한 때에도 조합원은 부득이한 사유가 있으면 탈퇴할 수 있다.
③ 조합원의 제명은 정당한 사유가 있는 때에 한하여 다른 조합원 3분의 2 이상의 찬성으로 결정된다.
④ 조합의 채무자는 그 채무와 조합원에 대하여 개인적으로 가지는 채권과 상계할 수 있다.
⑤ 조합원의 제명 결정은 제명된 조합원에게 통지하지 않아도 그 조합원에게 대항할 수 있다.

40 공동불법행위에 관한 설명으로 옳지 <u>않은</u> 것은? (다툼이 있으면 판례에 따름)

① 수인이 공동의 불법행위로 타인에게 손해를 가한 때에는 연대하여 그 손해를 배상할 책임이 있다.
② 공동불법행위가 성립하기 위해서는 행위자 사이에 의사의 공통이나 행위공동의 인식은 필요하지 않다.
③ 공동불법행위자 중 1인의 변제는 변제된 금액의 한도 내에서 다른 공동불법행위자를 위하여 공동면책의 효력이 있다.
④ 가해자불명의 공동불법행위의 경우, 개별 행위자가 자기의 행위와 손해발생 사이에 인과관계가 없음을 증명하면 불법행위책임을 면한다.
⑤ 공동불법행위자 중 1인인 甲의 손해배상채무가 시효로 소멸한 후에, 다른 공동불법행위자 乙이 피해자에게 자기의 부담부분을 넘는 손해를 배상하였더라도 乙은 甲에게 구상권을 행사할 수 없다.

2018년 제55회 기출문제

✔ Time 분 | 해설편 312p

01 소멸시효에 관한 설명으로 옳은 것은? (다툼이 있으면 판례에 따름)

① 부작위채권은 권리의 불행사가 있을 수 없으므로 소멸시효의 대상이 되지 않는다.
② 주채무자가 시효완성의 이익을 포기한 경우 보증인은 주채무의 시효소멸을 원용할 수 없다.
③ "시효의 중단은 당사자 및 그 승계인 간에만 효력이 있다"는 규정(민법 제169조)에서 '승계인'에는 특정승계인이 포함되지 아니한다.
④ 기한을 정하지 않은 채권의 소멸시효의 기산점은 채권이 발생된 때가 아니라 이행청구를 받은 때이다.
⑤ 단기 소멸시효에 걸리는 채권이라도 판결에 의하여 확정되면 그 소멸시효기간은 10년이다.

02 법률행위의 무효와 취소에 관한 설명으로 옳은 것은? (다툼이 있으면 판례에 따름)

① 법률행위가 무효임을 알고 당사자가 추인한 때에는 새로운 법률행위로 추정한다.
② 취소할 수 있는 법률행위의 상대방이 확정된 경우에는 그 취소는 그 상대방에 대한 의사표시로 하여야 한다.
③ 취소권은 법률행위를 추인할 수 있는 날로부터 5년 뒤에도 소멸하지 않는다.
④ 폭리행위는 그 무효원인이 해소되지 않았더라도 당사자의 추인이 있으면 유효로 될 수 있다.
⑤ 미성년을 이유로 취소할 수 있다는 사실을 알고 법정대리인의 동의 없이 법률행위를 한 미성년자가 그 법률행위를 적법하게 취소한 경우, 미성년자는 그 행위로 받은 이익에 이자를 붙여서 반환하여야 한다.

03 **관습법과 관습에 관한 설명으로 옳은 것은? (다툼이 있으면 판례에 따름)**

① 온천에 관한 권리는 관습법상의 물권이나 준물권이라고 볼 수 없다.
② 관습법은 사회의 거듭된 관행과 법적 확신이 없어도 성립된다.
③ 관습은 당사자의 주장·입증을 기다림이 없이 법원이 직권으로 이를 확정하여야 한다.
④ 공동선조와 성과 본을 같이하는 후손이면 미성년자라도 성별의 구별 없이 당연히 종중의 구성원이 된다.
⑤ 관습법이 사회생활규범으로 승인되었다면 사회를 지배하는 기본적 이념이나 사회질서의 변화로 인하여 그 관습법을 적용하여야 할 시점에 있어서의 전체 법질서에 부합하지 않게 되었더라도 그 법규범으로서의 효력이 인정된다.

04 **미성년자에 관한 설명으로 옳은 것은? (다툼이 있으면 판례에 따름)**

① 미성년자는 임의대리인이 될 수 없다.
② 법정대리인이 미성년자에게 영업을 허락한 후 그 허락을 취소한 경우에 미성년자는 그 영업허락의 취소 전에 그 영업을 위하여 한 상품주문행위를 미성년임을 이유로 취소할 수 없다.
③ 미성년자가 법정대리인의 동의 없이 법률행위를 한 경우에 법정대리인의 취소권이 기간경과로 소멸되지 않는 한, 미성년자는 성년이 되기 전까지만 취소할 수 있고 성년이 된 후에는 취소할 수 없다.
④ 甲이 乙과 계약을 체결할 당시 乙이 미성년자임을 알고 계약했더라도 甲은 철회권을 행사할 수 있다.
⑤ 미성년자가 법정대리인의 동의 없이 법률행위를 하면서 특약에 의하여 미성년을 이유로 한 취소를 하지 않기로 한 경우에는 미성년을 이유로 그 법률행위를 취소할 수 없다.

05 **반사회질서행위의 효과에 관한 설명으로 옳지 <u>않은</u> 것은? (다툼이 있으면 판례에 따름)**

① 도박자금에 제공할 목적으로 금전을 대차한 때에 그 대차계약으로 인한 금전의 반환을 청구할 수 없다.
② 반사회질서행위의 무효는 이를 주장할 이익이 있는 자라면 누구든지 그 무효를 주장할 수 있다.
③ 법률행위의 성립과정에 강박이라는 불법적 방법이 사용된 데에 불과한 때에는 반사회질서행위로서 무효라고 할 수는 없다.
④ 본처가 남편의 과거 부첩(夫妾)관계를 용서한 때에는 그것이 손해배상청구권의 포기라고 해석되는 한 그대로의 법적 효력이 인정될 수 있다.
⑤ 법률행위가 반사회질서행위로 무효인지 여부는 그 효력이 발생한 때를 기준으로 판단하여야 한다.

06 甲의 대리인 乙은 계약의 체결과 취소 등 포괄적인 대리권을 수여받아 甲의 대리인으로서 丙과 계약을 체결하였다. 이에 관한 설명으로 옳은 것을 모두 고른 것은? (다툼이 있으면 판례에 따름)

> ㄱ. 乙이 丙을 기망한 경우, 丙은 의사표시를 취소할 수 있다.
> ㄴ. 丙이 乙을 기망한 경우, 甲은 의사표시를 취소할 수 있다.
> ㄷ. 丙이 乙을 기망한 경우, 乙은 의사표시를 취소할 수 있다.

① ㄱ
② ㄴ
③ ㄱ, ㄷ
④ ㄴ, ㄷ
⑤ ㄱ, ㄴ, ㄷ

07 권리능력 없는 사단에 관한 설명으로 옳은 것은? (다툼이 있으면 판례에 따름)

① 권리능력 없는 사단의 구성원은 그가 사단의 대표자이거나 사원총회의 결의를 거쳤다 하더라도 그 사단의 재산에 관한 제3자와의 소송에서 당사자가 될 수 없다.
② 권리능력 없는 사단의 사원이 집합체로서 물건을 소유한 경우에는 합유로 한다.
③ 권리능력 없는 사단에 구성원이 없게 되었다면 그 사단은 바로 소멸하여 소송상의 당사자능력을 상실한다.
④ 권리능력 없는 사단의 대표자는 필요한 경우에 자신의 업무를 타인에게 포괄적으로 위임할 수 있다.
⑤ 권리능력 없는 사단의 사원의 지위는 규약에 의해서라도 양도나 상속될 수 없다.

08 신의성실의 원칙에 관한 설명으로 옳은 것을 모두 고른 것은? (다툼이 있으면 판례에 따름)

> ㄱ. 회사의 이사가 채무액과 변제기가 특정되어 있는 회사 채무를 보증한 경우에는 이사직 사임이라는 사정변경을 이유로 일방적으로 보증계약을 해지할 수 없다.
> ㄴ. 공무원의 불법행위에 따른 국가배상청구권의 소멸시효 기간이 지났으나 국가가 소멸시효 완성을 주장하는 것이 신의성실의 원칙에 반하는 권리남용으로 허용될 수 없어 배상책임을 이행한 경우, 국가가 사건의 은폐・조작 등 권리남용에 해당하게 된 원인행위를 적극적으로 주도한 공무원에게 구상권을 행사하는 것은 신의칙상 허용되지 않는다.
> ㄷ. 주식회사 대표이사의 대표권 남용행위의 상대방이 그와 같은 사정을 알았던 경우에 회사는 상대방의 악의를 증명하여 행위의 효과를 부인할 수 있다.
> ㄹ. 재산권의 거래계약에 있어서 일방 당사자에게 상대방에 대한 고지의무가 인정되는 경우에는 상대방이 고지의무의 대상이 되는 사실을 이미 알고 있는 때에도 여전히 고지의무를 부담한다.
> ㅁ. 부동산 거래에 있어 거래 상대방이 일정한 사정에 관한 고지를 받았더라면 그 거래를 하지 않았을 것임이 경험칙상 명백한 경우에는 신의성실의 원칙상 사전에 상대방에게 그와 같은 사정을 고지할 의무가 있다.

① ㄱ, ㄴ, ㄹ
② ㄱ, ㄴ, ㅁ
③ ㄱ, ㄷ, ㅁ
④ ㄴ, ㄷ, ㄹ
⑤ ㄷ, ㄹ, ㅁ

09 법인의 이사에 관한 설명으로 옳은 것은? (다툼이 있으면 판례에 따름)

① 법인의 정관에 법인 대표권의 제한에 관한 규정이 있다면, 그러한 취지가 등기되어 있지 않은 경우에도 법인은 그 제한으로써 악의의 제3자에게 대항할 수 있다.
② 법인의 정관에 이사의 해임사유에 관한 규정이 있는 경우에는 이사의 중대한 의무위반이 있더라도 법인은 정관에서 정하지 아니한 사유로 이사를 해임할 수 없다.
③ 법인과 이사의 법률관계는 신뢰를 기초로 한 위임 유사의 관계이고, 위임계약은 원래 해지의 자유가 인정되어 쌍방 누구나 정당한 이유 없이도 언제든지 해지할 수 있으며, 다만 불리한 시기에 부득이한 사유 없이 해지한 경우에 한하여 상대방에게 그로 인한 손해배상책임을 부담할 뿐이다.
④ 이사의 임기가 만료되었더라도 아직 임기가 만료되지 아니한 다른 이사들로 법인이 정상적인 활동을 할 수 있는 경우에는 임기만료된 이사로 하여금 이사로서 직무를 행사하게 할 필요가 없고, 법인의 정상적인 활동이 가능한지 여부는 이사의 임기만료시뿐만 아니라 이후의 사정까지도 종합적으로 고려하여 판단하여야 한다.
⑤ 대표권 없는 이사도 법인의 기관이므로 그의 행위로 인하여 민법 제35조 소정의 법인의 불법행위가 성립할 수 있다.

10 의사능력에 관한 설명으로 옳지 <u>않은</u> 것은? (다툼이 있으면 판례에 따름)

① 의사능력이란 자신의 행위의 의미나 결과를 정상적인 인식력과 예기력을 바탕으로 합리적으로 판단할 수 있는 정신적 능력 내지 지능을 말한다.

② 의사능력의 유무는 구체적인 법률행위와 관련하여 개별적으로 판단되어야 한다.

③ 미성년자가 의사무능력 상태에서 법정대리인의 동의 없이 법률행위를 한 경우, 법정대리인은 미성년을 이유로 법률행위를 취소할 수 있다.

④ 어떤 법률행위에 그 일상적인 의미만을 이해하여서는 알기 어려운 특별한 법률적인 의미나 효과가 부여되어 있는 경우에도 의사능력이 인정되기 위하여 그 행위의 일상적인 의미에 대한 이해만으로 족하고 법률적인 의미나 효과에 대한 이해는 요구되지 않는다.

⑤ 의사무능력자의 법률행위에 있어서는 그 행위의 무효를 주장하는 자가 의사능력이 없었음을 증명하여야 한다.

11 복대리에 관한 설명으로 옳은 것은? (다툼이 있으면 판례에 따름)

① 복대리인은 대리인의 대리인이다.

② 임의대리인은 그 책임으로 언제든지 복대리인을 선임할 수 있다.

③ 대리인이 대리권 소멸 후 선임한 복대리인과 상대방 사이의 법률행위에도 상대방이 대리권 소멸 사실을 알지 못하여 복대리인에게 적법한 대리권이 있는 것으로 믿었고 그와 같이 믿은 데 과실이 없다면, 대리권소멸 후의 표현대리(민법 제129조)가 성립할 수 있다.

④ 법정대리인이 부득이한 사유로 복대리인을 선임한 경우에는 그 부적임 또는 불성실함을 알고 본인에 대한 통지나 그 해임을 태만한 때가 아니면 책임이 없다.

⑤ 대리인의 사망으로 대리권이 소멸한 경우에도 복대리권은 소멸하지 않는다.

12 물건에 관한 설명으로 옳지 <u>않은</u> 것은? (다툼이 있으면 판례에 따름)

① 특정물과 불특정물의 구별은 당사자의 의사에 따른 주관적인 구별이다.

② 종물은 주물의 일부이거나 구성부분이어야 한다.

③ 관리할 수 있는 전기는 동산이다.

④ 건물을 사용함으로써 얻는 이득은 그 건물의 과실에 준하는 것이다.

⑤ 수확되지 아니한 성숙한 쪽파와 같은 농작물 매매에 있어서 매수인이 그 소유권을 취득하기 위해서는 명인방법을 갖추어야 한다.

13 **법률의 규정에 의한 부동산 물권변동에 관한 설명으로 옳지 않은 것은? (다툼이 있으면 판례에 따름)**

① 상속재산인 부동산에 관하여 상속등기를 하지 않았더라도, 상속인은 상속이 개시된 때에 그 부동산의 소유권을 취득한다.

② 공용징수를 위한 수용절차에서 재결에 의하여 토지가 수용되는 경우, 보상금을 공탁한 사업시행자는 수용의 개시일에 그 토지의 소유권을 취득한다.

③ 자기의 노력과 비용으로 건물을 신축한 자는 그 건축허가가 타인의 명의로 된 경우에도 그 건물의 소유권을 원시취득한다.

④ 공유물분할의 조정절차에서 공유자 사이에 공유토지에 대한 현물분할의 조정이 성립한 경우, 각 공유자는 조정에 기하여 지분이전등기를 마침으로써 분할된 부분에 대한 소유권을 취득한다.

⑤ 민사집행법에 따른 경매를 통하여 부동산을 매수한 경우, 매수인은 경매법원의 촉탁에 의한 이전등기가 경료된 때에 소유권을 취득한다.

14 **甲과 乙의 점유에 관한 설명으로 옳지 않은 것은? (다툼이 있으면 판례에 따름)**

① 甲이 그 소유건물을 乙에게 임대함으로써 현실적으로 건물이나 그 부지를 점거하고 있지 않으면, 甲은 그 부지를 점유한다고 볼 수 없다.

② 甲이 신축한 미등기건물을 양수하여 건물에 대한 사실상의 처분권을 보유하게 된 乙은 그 건물의 부지도 함께 점유하고 있다고 볼 수 있다.

③ 甲이 신축한 건물의 경비원 乙이 甲의 지시를 받아 건물을 사실상 지배하고 있더라도 특별한 사정이 없는 한 乙은 그 건물의 점유자가 되지 못한다.

④ 甲이 그 소유건물을 乙에게 임대하여 인도한 경우에도 甲에게 점유권이 인정된다.

⑤ 甲 명의로 토지에 대한 소유권보존등기를 마쳤다면, 특별한 사정이 없는 한 甲이 그 등기 당시 그 토지의 점유를 이전받았다고 인정할 수 없다.

15 甲 명의로 등기된 甲 소유 토지에 관해 乙이 관계서류를 위조하여 자기 명의로 이전등기를 한 뒤 丙에게 임대하였고, 丙은 그 토지 위에 주택을 완성하여 보존등기를 하고 현재까지 그 주택에 거주하고 있다. 이에 관한 설명으로 옳은 것을 모두 고른 것은? (다툼이 있으면 판례에 따름)

> ㄱ. 甲은 丙을 상대로 주택으로부터의 퇴거를 청구할 수 있다.
> ㄴ. 甲은 乙을 상대로 토지에 대한 소유권이전등기를 청구할 수 있다.
> ㄷ. 甲은 丙을 상대로 주택의 철거를 청구할 수 있다.
> ㄹ. 만약 丁이 그 주택을 丙으로부터 임차하여 주민등록을 마치고 그 주택에 거주하고 있다면, 甲은 丁을 상대로 퇴거를 청구할 수 있다.

① ㄱ, ㄴ
② ㄱ, ㄹ
③ ㄴ, ㄷ
④ ㄴ, ㄷ, ㄹ
⑤ ㄱ, ㄴ, ㄷ, ㄹ

16 법정지상권에 관한 설명으로 옳지 <u>않은</u> 것은? (다툼이 있으면 판례에 따름)

① 토지에 관하여 1번 저당권 설정 당시 건물이 건축 중이던 경우에도 건물의 규모, 종류를 예상할 수 있었다면 법정지상권이 성립할 수 있다.
② 토지에 관하여 1번 저당권 설정 당시 건물이 존재하였다면, 그 후 그 건물을 철거하고 동일한 규모의 건물을 신축한 경우에도 법정지상권이 성립할 수 있다.
③ 동일인 소유의 토지와 지상건물에 관하여 공동저당권을 설정한 후, 그 건물을 철거하고 새로 건물을 신축한 경우에는 특별한 사정이 없는 한 법정지상권이 성립하지 않는다.
④ 지상건물이 없는 토지에 관하여 1번 저당권을 설정할 당시 저당권자가 그 토지에 건물을 축조하는 것에 동의하였다면 법정지상권이 성립할 수 있다.
⑤ 토지공유자 한 사람이 다른 공유자 지분 과반수의 동의를 얻어 건물을 건축한 후 경매로 인하여 토지와 건물의 소유자가 달라진 경우 법정지상권이 성립하지 않는다.

17 **점유취득시효에 관한 설명으로 옳은 것은? (다툼이 있으면 판례에 따름)**

① 취득시효 완성 후 등기 경료 전에 그 부동산이 제3자에게 명의신탁된 경우, 점유자는 시효완성을 이유로 그 제3자의 소유권 행사를 저지할 수 없다.

② 취득시효 기간의 계산에 있어 시효기간 동안 소유자에 변경이 없는 경우에는 그 기산점을 어디에 두던지 간에 취득시효 완성을 주장할 수 있는 시점에서 보아 그 기간이 경과된 사실이 확정되면 된다.

③ 甲의 취득시효 완성 당시 미등기로 남아 있던 토지의 소유자가 취득시효 완성 후에 그 명의로 소유권보존등기를 마쳤다면, 甲은 토지소유자에 대하여 취득시효의 완성을 주장할 수 없다.

④ 국유재산이 일반재산이던 당시에 취득시효가 완성되었다면 그 후 행정재산으로 되었다고 하더라도 시효취득을 원인으로 하는 소유권이전등기를 청구할 수 있다.

⑤ 점유자가 취득시효기간이 경과한 후 소유자와의 분쟁을 간편하게 해결하기 위하여 상대방에게 매수제의를 하였다면, 점유자의 점유는 타주점유로 전환된다.

18 **甲은 자신이 소유하는 건물을 乙에게 매도한 뒤 인도하였고, 乙은 이를 다시 丙에게 매도한 뒤 인도하였다. 이에 관한 설명으로 옳은 것은? (다툼이 있으면 판례에 따름)**

① 乙이 무자력이 아닌 경우 丙은 乙의 甲에 대한 이전등기청구권을 대위행사할 수 없다.

② 甲, 乙, 丙 전원의 합의가 없더라도, 丙은 甲에게 직접 이전등기를 청구할 수 있다.

③ 甲에서 직접 丙에게 이전등기하는 것에 관해 甲, 乙, 丙 전원의 합의가 있었으나, 甲과 乙사이의 매매가 적법하게 합의해제된 경우, 甲은 丙의 이전등기청구를 거절할 수 없다.

④ 甲에서 丙으로 직접 이전등기가 된 경우, 乙과 丙이 대금을 완제했더라도 甲은 중간생략등기의 합의가 없다는 이유로 丙 명의의 등기의 말소를 청구할 수 있다.

⑤ 만약 乙이 甲으로부터 丙으로 이전등기하는 것에 동의했더라도, 乙은 甲에 대한 이전등기청구권을 잃지 않는다.

19 **甲 소유 부동산에 乙 명의로 소유권이전등기청구권 보전을 위한 가등기가 경료된 후 甲에서 丙 명의로 매매를 원인으로 한 소유권이전등기가 경료되었다. 이에 관한 설명으로 옳은 것은? (다툼이 있으면 판례에 따름)**

① 甲이 丙에게 한 처분행위는 특별한 사정이 없는 한 무효이다.

② 乙의 甲에 대한 본등기청구권은 乙의 가등기가 존속하는 동안 소멸시효에 걸리지 않는다.

③ 乙이 甲에게 본등기를 청구하여 乙 명의로 본등기가 이루어지면, 丙의 등기는 직권말소된다.

④ 乙이 가등기에 기한 본등기를 하면, 乙의 소유권취득의 효력은 가등기를 한 때로 소급한다.

⑤ 丙 명의의 소유권이전등기가 원인무효라면 가등기권리자인 乙이 직접 그 말소를 구할 수 있다.

20 **동산 선의취득에 관한 설명으로 옳은 것은? (다툼이 있으면 판례에 따름)**

① 甲 소유의 동산을 乙이 丙에게 양도하고 丙이 다시 丁에게 양도한 경우, 만약 丙의 선의취득이 인정된다면 丁의 선의취득 여부는 문제되지 않는다.

② 반환청구권의 양도에 의한 소유권의 양도의 경우에는 대항요건을 갖추었더라도 선의취득이 인정되지 않는다.

③ 甲이 자신의 소유 동산을 乙에게 매도하여 인도하고, 乙이 다시 丙에게 매도하여 인도한 경우, 甲과 乙의 매매가 사회질서에 반하여 무효라면 丙은 선의, 무과실이더라도 선의취득할 수 없다.

④ 점유보조자가 횡령한 물건은 민법 제250조(도품, 유실물에 대한 특례)의 도품에 해당한다.

⑤ 甲 소유 동산을 점유하는 乙이 丙에게 매도함과 동시에 丙으로부터 임차하기로 약정한 경우 丙은 현실인도를 받기 전이라도 그 동산을 선의취득할 수 있다.

21 **지역권에 관한 설명으로 옳지 않은 것은? (다툼이 있으면 판례에 따름)**

① 무상의 지역권 설정도 가능하다.

② 요역지의 불법점유자는 지역권을 시효취득할 수 없다.

③ 지역권자 甲이 그 소유 토지를 乙에게 매도하고 이전등기한 경우, 특별한 사정이 없는 한 乙은 지역권의 이전등기 없이는 지역권을 취득하지 못한다.

④ 지역권자는 승역지의 점유를 침탈한 제3자를 상대로 지역권에 기초하여 승역지의 반환을 청구할 수 없다.

⑤ 요역지를 여러 사람이 공유하는 경우 공유자 중 한 사람에 대한 지역권의 소멸시효 중단은 다른 공유자를 위하여 효력이 있다.

22 **공유에 관한 설명으로 옳지 않은 것은? (다툼이 있으면 판례에 따름)**

① 제3자가 공유물의 이용을 방해하고 있는 경우 각 공유자는 그의 지분에 기하여 단독으로 공유물 전부에 대한 방해의 제거를 청구할 수 있다.

② 제3자가 공유물의 이용을 방해하고 있는 경우 각 공유자는 제3자에 대하여 자신의 지분의 비율에 해당하는 부분에 한하여 부당이득의 반환을 청구할 수 있다.

③ 공유물분할의 소는 공유자 전원이 당사자로 되어야 하므로, 원고를 제외한 공유자 모두가 피고로 된다.

④ 부동산 공유자의 공유지분 포기의 의사표시가 다른 공유자에게 도달하더라도 등기를 하여야 공유지분 포기에 따른 물권변동의 효력이 발생한다.

⑤ 공유자 중 1인이 다른 공유자의 동의 없이 공유토지 전부를 매도하여 타인 명의로 소유권이전등기가 마쳐진 경우, 다른 공유자는 그 공유물 전부에 관해 소유권이전등기의 말소를 청구할 수 있다.

23 **민법상의 유치권에 관한 설명으로 옳은 것은? (다툼이 있으면 판례에 따름)**

① 세금체납을 이유로 한 체납처분압류가 되어 있는 부동산에 대한 경매절차가 개시되기 전에 유치권을 취득한 유치권자는 그 경매절차의 매수인에게 유치권을 주장할 수 없다.
② 아직 변제기에 이르지 아니한 채권에 기해서는 유치권을 행사할 수 없다.
③ 매도인이 중도금만 받고서 매수인에게 부동산의 소유권을 이전한 경우, 매도인은 잔금채권을 피담보채권으로 하여 매수인에 대하여 유치권을 행사할 수 있다.
④ 부동산 근저당권에 기한 압류의 효력이 발생한 후에 취득한 유치권으로 그 근저당권에 기한 경매절차의 매수인에게 대항할 수 있다.
⑤ 건물신축공사를 도급받은 수급인이 사회통념상 독립한 건물이 되지 못한 정착물을 토지에 설치한 상태에서 공사가 중단된 경우, 토지에 대하여 유치권을 행사할 수 있다.

24 **甲男은 乙女와 부첩(夫妾)관계를 맺고, 그 대가로 자신이 소유하는 주택을 乙에게 증여하여 乙앞으로 소유권이전등기를 해주었다. 현재 乙은 위 주택에서 거주하고 있다. 다음 보기 중 옳은 설명을 모두 고른 것은? (다툼이 있으면 판례에 따름)**

ㄱ. 甲과 乙의 증여계약은 무효이다.
ㄴ. 甲은 乙 명의의 이전등기의 말소를 청구할 수 있다.
ㄷ. 甲은 乙을 상대로 주택의 명도를 청구할 수 없다.
ㄹ. 만약 乙이 丙에게 주택을 양도하고 이전등기를 해준 경우 甲은 丙 명의의 이전등기의 말소를 청구할 수 없다.

① ㄱ, ㄴ
② ㄱ, ㄷ
③ ㄴ, ㄹ
④ ㄱ, ㄷ, ㄹ
⑤ ㄴ, ㄷ, ㄹ

25 채권자지체에 관한 설명으로 옳은 것은? (다툼이 있으면 판례에 따름)

① 채권자지체 중에 채무자가 채권의 목적물을 보관하던 중 그의 경과실로 목적물이 멸실된 경우, 채무자는 그 멸실로 인한 책임이 없다.

② 채권자지체 중에 이행불능이 된 경우, 채권자지체가 발생한 사실에 대한 증명책임은 채권자에게 있다.

③ 채권자지체로 인하여 채권의 목적물을 보관 또는 변제하기 위한 비용이 증가된 때에 그 증가액은 채무자가 부담한다.

④ 이자 있는 채권의 경우에 채권자지체 중에도 채무자는 이자를 지급할 의무가 있다.

⑤ 민법 제538조 제1항의 '채권자의 수령지체 중에 당사자 쌍방의 책임 없는 사유로 채무를 이행할 수 없게 된 때'에 해당하기 위해서 채무자의 현실 제공 또는 구두 제공이 필요한 것은 아니다.

26 채권자취소권에 관한 설명으로 옳은 것은? (다툼이 있으면 판례에 따름)

① 채무자의 법률행위가 통정허위표시로 무효인 경우에는 채권자취소권의 대상이 될 수 없다.

② 매매계약을 원인으로 하는 가등기에 기하여 본등기가 경료된 경우, 사해행위 요건의 구비 여부는 특별한 사정이 없는 한 본등기를 한 시점을 기준으로 판단하여야 한다.

③ 부동산이 이중(二重)으로 매도되고 제2매수인에게 소유권이전등기가 이루어진 경우, 제1매수인은 자신의 소유권이전등기청구권을 보전하기 위하여, 매도인과 제2매수인 사이에 이루어진 양도행위에 대하여 채권자취소권을 행사할 수 없다.

④ 채무자가 저당권이 설정되어 있는 자신의 유일한 재산을 양도한 경우, 저당권의 피담보채권액이 그 재산의 가액을 초과하더라도 당해 재산의 양도는 사해행위에 해당한다.

⑤ 채권자가 채무자와 수익자 사이의 부동산매매계약을 사해행위로 취소함에 따라 수익자 명의의 소유권이전등기가 말소되어 채무자의 등기명의가 회복된 경우, 채무자는 그 부동산의 소유권을 제3자에게 유효하게 양도할 수 있다.

27 **甲은 자신이 사용하던 노트북 X, Y 중에 하나를 乙에게 팔기로 하였고, 대금지급일에 乙이 선택하기로 하였다. 그런데 대금지급일 전에 甲이 X노트북을 丙에게 매도하고 인도까지 해주었다. 이에 관한 설명으로 옳은 것은? (다툼이 있으면 판례에 따름)**

① 乙이 Y노트북을 선택하고 그 의사를 甲에게 전달한 경우, 乙은 특별한 사정이 없는 한 甲의 동의 없이도 이를 철회할 수 있다.
② 乙은 Y노트북을 선택하면서 조건을 붙일 수 있다.
③ 乙이 X노트북을 선택하더라도 채권의 목적물은 Y노트북으로 확정된다.
④ 乙은 X노트북을 선택하고 丙에게 X노트북의 반환을 청구할 수 있다.
⑤ 乙은 X노트북을 선택하고 甲에게 채무불이행을 이유로 손해배상을 청구할 수 있다.

28 **甲, 乙, 丙이 균등한 부담으로 丁에 대하여 6천만 원의 연대채무를 부담하고 있다. 이에 관한 설명으로 옳지 <u>않은</u> 것은?**

① 甲이 丁에 대한 4천만 원의 반대채권을 가지고 유효하게 상계한 경우, 丙은 2천만 원의 채무를 면한다.
② 乙이 6천만 원의 지급에 갈음하여 丁에게 자신의 주택의 소유권이전을 내용으로 하는 경개계약을 체결한 경우, 甲과 丙의 丁에 대한 연대채무는 소멸한다.
③ 甲이 丁에게 6천만 원을 변제하고 과실(過失) 없이 바로 乙과 丙에게 구상하려는데 乙이 무자력이 된 경우, 甲은 丙에게 3천만 원을 구상할 수 있다.
④ 丁이 丙의 채무를 면제한 경우, 甲과 乙은 丁에 대해 4천만 원에 대하여 연대채무를 부담한다.
⑤ 甲이 乙과 丙에게 사전통지를 하지 않은 채 丁에게 채무 전부를 변제하고 乙과 丙에게 구상권을 행사하였는데 乙이 甲의 변제 전에 丁에 대하여 4천만 원의 상계적상인 반대채권을 갖고 있었던 경우, 乙의 丁에 대한 채권은 2천만 원에 한하여 甲에게 이전된다.

29 **乙은 丙으로부터 부동산을 매수하면서 甲에게 자신의 대금지급채무의 보증을 부탁하였고, 이에 따라 甲은 丙과 보증계약을 체결하였다. 이에 관한 설명으로 옳은 것은? (다툼이 있으면 판례에 따름)**

① 丙이 보증계약 후 乙의 변제기를 연장해 준 경우, 특별한 사정이 없는 한 甲은 주채무의, 보증계약 당시의 이행기가 되더라도 乙에게 미리 구상권을 행사할 수 없다.

② 甲이 丙에게 변제한 이후 乙과 丙의 계약이 해제되어 소급적으로 소멸한 경우, 甲은 丙을 상대로 이미 이행한 급부를 부당이득으로 반환청구할 수 없다.

③ 乙이 채무를 변제하고도 그 사실을 甲에게 통지하지 않고 있던 중에 甲이 이러한 사실을 모르고 乙에 대한 사전통지 없이 채무를 변제한 경우, 甲은 乙에 대하여 자기의 변제가 유효함을 주장할 수 없다.

④ 丙이 乙에 대한 대금채권을 실행하기 위해 乙의 재산을 압류하더라도 甲의 보증채무의 소멸시효는 중단되지 않는다.

⑤ 甲이 변제로 乙의 채무를 소멸시킨 경우, 甲은 乙이 그 당시에 이익을 받은 한도에서 구상할 수 있다.

30 **甲이 乙에게 자신의 주택을 매도한 후에 乙에 대한 매매대금채권을 丙에게 양도하였다. 이에 관한 설명으로 옳지 않은 것은? (다툼이 있으면 판례에 따름)**

① 乙은 丙에게 채권양도에 대한 승낙을 하면서 조건을 붙일 수 있다.

② 甲으로부터 채권양도통지 권한을 위임받은 丙이 대리관계를 현명하지 않고 丙 명의의 채권양도통지서를 乙에게 발송하여 도달한 경우, 특별한 사정이 없는 한 그 양도통지는 효력이 없다.

③ 甲이 乙에게 채권양도 사실을 통지한 후에 乙이 甲에게 금전을 빌려주었다면, 乙은 그 대여금반환채권에 의한 상계로써 丙에게 대항할 수 없다.

④ 채권양도에 대한 乙의 승낙이 있은 후에 채권양도계약이 해제되어 甲이 乙에게 양도철회통지를 한 경우, 乙은 이로써 丙의 채무이행청구에 대하여 대항할 수 있다.

⑤ 甲이 乙에게 채권양도의 사실을 통지하였으나 양도행위가 적법하게 취소된 경우, 乙이 이 사실을 모르고 丙에게 변제하였다면 이를 가지고 甲에게 대항할 수 있다.

31 채무인수에 관한 설명으로 옳은 것은? (다툼이 있으면 판례에 따름)

① 채무인수인은 특별한 의사표시가 없으면 자신의 구(舊)채무자에 대한 항변사유를 가지고 채권자에게 대항할 수 있다.

② 채무자와 인수인 사이의 계약에 의해 채무인수가 이루어지는 경우, 채권자가 승낙을 거절하면 이후에 다시 승낙을 하더라도 면책적 채무인수의 효력이 발생하지 않는다.

③ 토지매수인이 토지에 관한 매도인의 채무를 인수하면서 그 채무액을 매매대금에서 공제하기로 약정한 경우, 특별한 사정이 없는 한 면책적 채무인수에 해당한다.

④ 채무자 아닌 제3자가 설정한 근저당권에 관하여 그 제3자의 동의를 얻어 채무인수를 원인으로 채무자를 교체하는 변경등기가 마쳐졌다면, 특별한 사정이 없는 한 그 근저당권은 그 후 채무인수인이 다른 원인으로 부담하는 채무까지 담보한다.

⑤ 채무자와 인수인 간의 중첩적 채무인수계약의 경우에 채권자는 인수인에 대하여 수익의 의사표시 없이도 직접 청구할 권리를 갖는다.

32 甲이 乙에게 5천만 원을 빌릴 때 丙은 甲을 위한 보증인이 되었다. 丁은 乙에 대하여 3천만 원의 공사대금채권을 갖고 있으며, 甲은 乙에 대하여 2천만 원의 채권을 갖고 있다. 이에 관한 설명으로 옳지 <u>않은</u> 것은? (모든 채무는 상계적상에 있음을 가정하며, 다툼이 있으면 판례에 따름)

① 甲과 乙 상호 간의 채권이 상계로 인해 소멸하는 경우, 그 효력은 각 채무가 상계할 수 있는 때로 소급하여 발생한다.

② 丙은 甲의 乙에 대한 위 금전채권에 의한 상계로 乙에게 대항할 수 있다.

③ 甲과 乙이 상계금지 특약을 하였는데, 乙에 대해 보증금반환채무를 부담하는 A가 그 특약 사실을 모른 채 甲의 乙에 대한 위 금전채권을 양수하고 채권양도의 대항요건을 갖춘 경우, A는 그 양수채권을 가지고 乙에 대한 자신의 채무와 상계할 수 있다.

④ 만약 丁이 乙의 甲에 대한 대여금채권을 압류한 이후에 甲이 乙에게 자동차를 매도하여 위 금전채권을 취득하였다면, 甲은 乙에 대한 위 금전채권에 의한 상계로써 丁에게 대항할 수 있다.

⑤ 만약 甲의 乙에 대한 위 금전채권이 고의의 불법행위로 인한 것이라면, 甲은 이를 자동채권으로 하여 상계할 수 있다.

33 **甲은 자신이 소유하는 토지를 乙에게 매도하고 중도금까지 받았는데, 乙에게 그 토지에 대한 소유권이전등기를 넘기지 않은 상태에서 甲이 丙에게 다시 그 토지를 매도하고, 丙 명의로 소유권이전등기까지 마쳤다. 이에 관한 설명으로 옳은 것은? (다툼이 있으면 판례에 따름)**

① 乙이 甲과의 계약을 해제하기 위해서는 상당한 기간을 정해 이행을 최고하여야 한다.

② 乙이 甲과의 계약을 해제하면 乙은 甲에 대해 원상회복청구권을 갖는데, 그 권리의 소멸시효는 해제권이 발생한 때로부터 진행한다.

③ 乙이 甲과의 계약을 해제하기 위해서는 甲의 소유권이전등기의무와 동시이행관계에 있는 잔대금지급의무의 이행제공을 하여야 한다.

④ 만약 丙이 아직 甲에게 매매대금을 지급하지 않았다면, 乙은 甲과의 계약을 해제하지 않고 丙을 상대로 甲에게 지급할 매매대금을 자신에게 대상(代償)으로 지급하라고 청구할 수 있다.

⑤ 만약 丁이 甲의 乙에 대한 채무의 이행을 보증하였고 乙이 甲의 채무불이행을 이유로 계약을 해제하였다면, 丁은 특별한 사정이 없는 한 甲의 乙에 대한 원상회복의무에 대해 책임을 부담한다.

34 **임차보증금에 관한 설명으로 옳지 <u>않은</u> 것은? (다툼이 있으면 판례에 따름)**

① 건물 임차인은 임대인에게 지급한 보증금의 반환을 위하여 그 임차목적물에 대해 유치권을 주장할 수 없다.

② 임차인의 차임연체를 이유로 임대차계약이 해지되어, 임대인이 임차목적물의 인도와 연체차임의 지급을 구하는 소송을 제기한 경우 그 소송비용은 특별한 합의가 없는 한 보증금에서 당연히 공제될 수 없다.

③ 임대차계약이 계속되는 동안에 임차인이 차임지급을 연체한 경우, 그 연체차임은 임대인의 별도의 의사표시 없이 보증금에서 당연히 공제되는 것은 아니다.

④ 보증금반환채권에 대해 전부명령이 있은 후, 임대인의 임차인에 대한 연체차임채권이 발생하였다면 그 전부명령은 임차목적물을 반환할 때까지 임대인의 임차인에 대한 그 채권을 보증금에서 공제한 잔액에 대해서만 효력을 가진다.

⑤ 임대보증금이 지급된 임대차계약에서 차임채권에 관하여 추심명령이 송달된 경우, 당해 임대차계약이 종료되어 목적물이 반환될 때에는 그 때까지 추심되지 않은 잔존 차임채권 상당액도 임대보증금에서 공제된다.

35 **부당이득에 관한 설명으로 옳지 않은 것은? (다툼이 있으면 판례에 따름)**

① 임대차계약이 합의해지된 후, 임차인이 임차목적물을 계속 점유하였으나, 이를 사용·수익하지 않았다면 임대인은 임차인에게 차임상당액의 부당이득반환을 청구할 수 없다.

② 타인 소유의 토지 위에 권한 없이 건물을 소유하고 있는 자는 이를 사용·수익하지 않았더라도 특별한 사정이 없는 한, 그 자체만으로 토지소유자에게 토지의 차임에 상당하는 부당이득반환의무를 부담한다.

③ 임차인이 임대차계약 종료 후 임차건물을 계속 점유하였으나, 임차인의 사정으로 인해 임차건물을 사용·수익하지 아니하여 이익을 얻지 못한 경우, 임차인은 차임 상당액의 부당이득반환의무를 부담하지 않는다.

④ 甲이 乙에게 부동산을 매도하고 목적물을 인도하지 않은 상태에서 乙로부터 중도금까지 받았으나 매매계약이 처음부터 무효였다면, 甲은 선의였더라도 乙로부터 받은 금전에 받은 날로부터 이자를 가산하여 반환하여야 한다.

⑤ 甲 소유의 토지에 대한 사용권한 없이 미등기 건물을 신축한 乙로부터 그 건물을 丙이 매수하여, 이전등기를 넘겨받지 않았으나 그것에 대하여 사실상의 처분권을 갖고 있는 경우, 乙은 특별한 사정이 없는 한 甲에게 건물 부지부분에 관한 차임에 상당하는 부당이득반환의무를 부담한다.

36 **사용자책임에 관한 설명으로 옳지 않은 것은? (다툼이 있으면 판례에 따름)**

① 피용자의 불법행위에 기한 손해배상채무가 시효로 인해 소멸하더라도, 그것에 의해 사용자책임에 기한 손해배상채무까지 소멸하는 것은 아니다.

② 도급인이 수급인에 대하여 특정한 행위를 지휘하는 등의 노무도급의 경우에 도급인은 수급인의 불법행위에 대해 사용자책임을 질 수 있다.

③ 지입차량의 차주가 고용한 운전자의 과실로 인한 불법행위로 인해 타인에게 손해가 발생한 경우, 그 운전자의 불법행위에 대해 지입회사는 사용자책임을 질 수 있다.

④ 피용자가 제3자와의 공동불법행위로 피해자에게 손해를 입힌 경우, 사용자가 피용자의 부담부분을 초과하여 피해자에게 손해를 배상하면 사용자는 제3자에게 그 초과부분에 대해 구상권을 행사할 수 있다.

⑤ 피용자와 제3자와의 공동불법행위로 인해 손해를 입은 피해자에게 사용자가 채권을 가지고 있으나 사용자가 상계할 수 있음에도 상계하지 않는 경우, 제3자는 사용자의 부담부분 범위 내에서 사용자의 채권을 가지고 피해자에게 상계할 수 있다.

37 동시이행의 항변권에 관한 설명으로 옳은 것을 모두 고른 것은? (다툼이 있으면 판례에 따름)

> ㄱ. 매매계약을 맺은 후에야 매수인이 등기부상의 매매목적물이 매도인의 소유가 아니라는 것을 알게 되었다면 매수인은 중도금지급을 선이행하기로 하였더라도 그 지급을 거절할 수 있다.
> ㄴ. 임대차계약 종료 후 발생하는, 임차인의 임차목적물반환의무와 임대인의 임차보증금반환의무는 동시이행관계이다.
> ㄷ. 임대차계약 해제에 따른 임차인의 목적물반환의무와 임대인의 목적물을 사용수익하게 할 의무불이행에 대한 약정 지연손해배상의무는 특별한 사정이 없는 한 동시이행관계이다.
> ㄹ. 채무자의 변제와 채권자의 채권증서반환의무는 동시이행관계이다.
> ㅁ. 가압류등기가 있는 부동산의 매매계약에서 매도인의 소유권이전등기 의무와 아울러 가압류등기의 말소의무도 매수인의 대금지급의무와 동시이행관계이다.
> ㅂ. 부동산 매매계약에서 부동산 소유권이전등기의무뿐만 아니라 그 인도의무도 대금지급의무와 동시이행관계이다.

① ㄱ, ㄴ
② ㄴ, ㄷ
③ ㄱ, ㄴ, ㅁ, ㅂ
④ ㄱ, ㄷ, ㄹ, ㅁ
⑤ ㄴ, ㄷ, ㅁ, ㅂ

38 매도인의 담보책임에 관한 설명으로 옳지 않은 것은? (다툼이 있으면 판례에 따름)

① 甲이 변제기에 도달하지 않은 채권을 乙에게 매도하면서 그 채무자의 자력을 담보한 경우, 甲은 변제기의 자력을 담보한 것으로 추정한다.
② 甲의 채권자 丙이 甲 소유의 물건에 흠결이 있다는 것을 안 상태에서 담보권 실행을 위한 경매를 신청하였고 乙이 그 물건을 경락받은 경우, 乙은 그 물건에 흠결이 있음을 이유로 丙에게 손해배상을 청구할 수 없다.
③ 매수인 乙이 매도인 甲으로부터 취득한 목적물에 대한 소유권을 제3자의 저당권의 실행으로 잃게 된 경우, 乙은 매매의 목적물에 저당권이 설정되어 있다는 사실을 계약체결 당시에 알고 있었더라도 甲과의 계약을 해제할 수 있다.
④ 매도인 甲이 계약을 체결할 당시에 매매목적물에 대한 소유권이 자신에게 속하지 않는다는 사실을 알지 못하였고, 그 소유권을 취득하여 매수인 乙에게 이전할 수 없는 경우, 甲은 손해를 배상하고 乙과의 계약을 해제할 수 있다.
⑤ 가압류의 목적이 된 부동산을 甲으로부터 매수한 乙이 그 가압류에 기한 강제집행으로 소유권을 상실하였고, 그로 인해 손해를 입은 경우, 乙은 계약체결 당시에 가압류의 존재를 알고 있었더라도 손해배상을 청구할 수 있다.

39 **환매에 관한 설명으로 옳지 않은 것은? (다툼이 있으면 판례에 따름)**

① 매도인이 계약과 동시에 환매할 권리를 보류한 때에는 환매대금은 매도인이 영수한 대금 및 매수인이 부담한 매매비용에 한정되며, 당사자가 특약으로 환매대금을 다르게 정할 수 없다.
② 당사자가 부동산에 대한 환매기간을 정하지 않은 때에는 그 기간은 5년으로 되며, 이와 달리 환매기간을 정한 때에는 이를 다시 연장하지 못한다.
③ 환매특약의 실효는 원칙적으로 매매계약의 효력에 영향을 주지 않는다.
④ 환매의 경우, 특별한 약정이 없으면 목적물의 과실과 대금의 이자는 상계한 것으로 본다.
⑤ 부동산 매매계약에서 소유권이전등기와 함께 환매특약에 따라 환매등기가 있은 후, 그 부동산에 제3자의 저당권등기가 마쳐진 경우라도, 매도인이 환매기간 내에 적법하게 환매권을 행사하면 제3자의 저당권은 소멸한다.

40 **계약해제에 관한 설명으로 옳지 않은 것은? (다툼이 있으면 판례에 따름)**

① 해제권자가 그 상대방으로부터 인도받은 목적물을 자신의 과실(過失)로 인해 반환할 수 없게 된 경우에 그 해제권은 소멸한다.
② 당사자가 수인인 경우에 적용되는 해제권의 불가분성에 관한 규정(민법 제547조)에 대해 당사자는 특약으로 그 적용을 배제할 수 있다.
③ 해제권의 행사기간을 정하지 아니한 때에는 상대방은 상당한 기간을 정하여 해제권행사 여부의 확답을 해제권자에게 최고할 수 있다.
④ 계약에서 위약시의 해제권을 배제하기로 약정하지 않은 경우, 어느 일방에 대한 약정해제권의 유보는 채무불이행으로 인한 법정해제권의 발생에 영향을 주지 않는다.
⑤ 매수인이 매도인의 채무불이행을 이유로 계약금 반환을 구하는 소를 제기함으로써 계약해제권을 행사하고 그 소장이 송달된 후, 그 소를 취하하고 본래의 매매계약의 이행을 구하는 소를 제기하면 매도인은 매매계약상의 의무를 이행하여야 한다.

2017년 제54회 기출문제

Time 분 | 해설편 335p

01 **관습법과 사실인 관습에 관한 설명으로 옳지 않은 것은? (다툼이 있으면 판례에 따름)**

① 관습법은 법원(法源)으로서 법령에 저촉되지 않는 한, 법칙으로서의 효력이 있다.
② 미등기 무허가건물의 매수인은 그 소유권이전등기를 경료하지 않으면 건물의 소유권을 취득할 수 없지만, 소유권에 준하는 관습상의 물권이 인정될 수는 있다.
③ 종중의 명칭사용이 그에 관한 관습에 어긋난다고 하여도, 그러한 사실만으로 그 종중의 실체를 부인할 수는 없다.
④ 사실인 관습은 사적 자치가 인정되는 분야의 제정법이 임의규정인 경우에는 법률행위의 해석기준이 되므로, 이를 재판의 자료로 할 수 있다.
⑤ 제정법규와 배치되는 사실인 관습의 효력을 인정하려면, 그러한 관습을 인정할 수 있는 당사자의 주장과 입증이 있어야 할 뿐만 아니라 그 관습이 임의규정에 관한 것인지 여부를 심리・판단해야 한다.

02 **甲은 2014.5.20. 항공기 추락으로 실종된 후, 2015.12.20. 실종선고가 청구되어 2016.7.20. 실종선고가 되었다. 甲에게는 가족으로 배우자 乙외에 어머니 丙, 아들 丁이 있었고, 유산으로 X건물을 남겼다. 이에 관한 설명으로 옳지 않은 것을 모두 고른 것은? (다툼이 있으면 판례에 따름)**

ㄱ. 특별한 사정이 없는 한 乙, 丙, 丁은 모두 甲의 실종선고에 대하여 이해관계가 있는 자로서 실종선고를 청구할 수 있다.
ㄴ. 乙의 甲에 대한 이혼판결이 2016.5.10. 확정되었더라도, 그 후 甲에 대한 실종선고로 사망간주시점이 소급되면, 이혼판결은 사망자를 상대로 한 것이므로 무효가 된다.
ㄷ. 甲에 대한 실종선고로 X건물은 이미 상속되었는데, 2015.6.10. 甲의 생존사실이 밝혀진 경우, 실종선고가 취소되기 전에는 위 상속은 효력이 있다.

① ㄱ
② ㄴ
③ ㄱ, ㄴ
④ ㄴ, ㄷ
⑤ ㄱ, ㄴ, ㄷ

03 비법인사단인 A종중과 그 대표자 甲, 그리고 乙사이의 법률관계에 관한 설명으로 옳은 것을 모두 고른 것은? (다툼이 있으면 판례에 따름)

ㄱ. 甲이 乙에게 한 A의 업무에 대한 포괄적 위임과 그에 따른 乙의 대행행위는 A에게 그 효력이 미친다.
ㄴ. 비법인사단은 자연인과 달리 명예권을 가질 수 없으므로, A의 명예를 훼손한 乙에 대하여 A가 손해배상을 청구할 수는 없다.
ㄷ. 甲의 불법행위로 乙에게 손해가 발생한 경우, 甲의 행위가 직무에 관한 것이 아님을 乙이 알았다면, 乙은 A에 대하여 민법 제35조 제1항에 따른 불법행위책임을 물을 수 없다.
ㄹ. 甲의 불법행위로 乙에게 손해가 발생한 경우, 甲의 행위가 법령의 규정에 위배되더라도 외관상 객관적으로 직무에 관한 행위라고 인정된다면, A는 乙에 대하여 민법 제35조 제1항에 따른 불법행위책임을 진다.

① ㄱ
② ㄷ
③ ㄱ, ㄴ
④ ㄷ, ㄹ
⑤ ㄱ, ㄴ, ㄹ

04 물건에 관한 설명으로 옳은 것은? (다툼이 있으면 판례에 따름)

① 어떤 토지가 지적공부상 1필의 토지로 등록되면 특별한 사정이 없는 한, 그 경계는 지적도상의 경계에 의하여 특정된다.
② 입목등기를 하지 않은 수목은 명인방법을 갖추더라도 독립된 물건이 될 수 없다.
③ 주물 소유자의 사용에 공여되고 있는 물건은 주물 자체의 효용과 관계없는 물건이라도 종물이 된다.
④ 성숙한 농작물은 명인방법을 갖추어야 경작자의 소유가 된다.
⑤ 토지등기부에 분필등기가 되면 공간정보의 구축 및 관리 등에 관한 법률이 정하는 바에 따른 분할절차를 밟지 않아도 분필의 효과가 발생한다.

05 민법 제103조의 반사회적 법률행위에 해당하지 않는 것을 모두 고른 것은? (다툼이 있으면 판례에 따름)

ㄱ. 강제집행을 면할 목적으로 부동산에 허위의 근저당권을 설정하는 행위
ㄴ. 의무의 강제에 의하여 얻어지는 채권자의 이익에 비하여 과도하게 중한 위약벌의 약정
ㄷ. 뇌물로 받은 금전을 소극적으로 은닉하기 위하여 이를 임치하는 약정
ㄹ. 해외연수 후 그 비용과 관련하여 일정기간 동안 소속회사에서 근무해야 한다는 사규나 약정
ㅁ. 공무원의 직무에 관한 사항에 대하여 특별한 청탁을 하게 하고, 그에 대한 보수로 금전을 지급하기로 하는 약정

① ㄱ, ㄴ, ㄷ
② ㄱ, ㄷ, ㄹ
③ ㄴ, ㄹ, ㅁ
④ ㄷ, ㄹ, ㅁ
⑤ ㄱ, ㄴ, ㄷ, ㅁ

06 사기나 강박에 의한 의사표시에 관한 설명으로 옳지 않은 것은? (다툼이 있으면 판례에 따름)

① 민법상의 법률행위에 관한 규정은 특별한 사정이 없는 한 소송행위에는 적용이 없으므로, 소송행위가 강박에 의하여 이루어지더라도 이를 이유로 취소할 수는 없다.

② 매도인의 기망에 의하여 타인 소유의 물건을 매도인의 것으로 알고 매수한 자는 만일 그것이 타인의 물건인 줄 알았더라면 매수하지 아니하였을 사정이 있는 경우, 매도인의 사기를 이유로 매매계약을 취소할 수 있다.

③ 상대방의 사기에 속아 신원보증서류에 서명날인한다는 착각에 빠진 상태로 연대보증서면에 서명날인한 경우, 이러한 표시상의 착오에서는 착오 이외에 사기를 이유로도 연대보증계약을 취소할 수 있다.

④ 은행 출장소장은 은행 또는 은행과 동일시할 수 있는 자이므로, 그의 사기에 속아 은행과 대출계약을 체결한 사람은 은행이 그 사기사실을 알았거나 알 수 있었을 경우에 한하여 대출계약을 취소할 수 있는 것은 아니다.

⑤ 강박에 의한 법률행위가 동시에 불법행위를 구성하는 경우, 그 취소의 효과로 생기는 부당이득반환청구권과 불법행위로 인한 손해배상청구권은 경합하지만 중첩적으로 행사할 수는 없다.

07 甲은 乙에게 자기 소유의 아파트에 대하여 매매계약의 체결에 관한 대리권을 수여하였고, 이에 따라 乙은 甲을 위하여 丙과 매매계약을 체결하였다. 이에 관한 설명으로 옳지 않은 것은? (다툼이 있으면 판례에 따름)

① 특별한 사정이 없는 한, 乙은 丙으로부터 중도금이나 잔금을 수령할 권한이 있다.

② 특별한 사정이 없는 한, 乙은 丙에게 약정된 매매대금 지급기일을 연기해 줄 권한은 없다.

③ 丙이 甲에 대하여 소유권이전등기를 청구하는 경우, 乙의 대리권 존재 사실에 대한 증명책임은 丙이 진다.

④ 만약 乙이 甲을 위한 것임을 표시하지 않고 매매계약을 체결하였는데 乙이 甲의 대리인임을 丙이 알았다면, 그 계약의 효력은 甲에게 미친다.

⑤ 乙이 丙으로부터 받은 매매대금을 유용할 배임적 의도를 갖고 있었고 丙이 이를 알았다면, 그 한도에서 乙은 무권대리가 된다.

08 **甲의 무권대리인 乙은 甲 소유의 X토지에 대한 관련 서류를 위조하여 甲의 이름으로 丙과 매매계약을 체결하였다. 乙의 표현대리가 인정되지 않은 경우, 무권대리행위의 추인과 관련된 설명으로 옳지 않은 것은? (다툼이 있으면 판례에 따름)**

① 甲은 乙 또는 丙을 상대로 매매계약을 추인할 수 있다.
② 甲은 乙의 처분행위와 사문서위조행위를 불문에 붙이기로 합의하는 등 묵시적인 방법으로도 매매계약을 추인할 수 있다.
③ 乙이 甲을 단독으로 상속하여 X토지의 소유자가 되면, 乙은 본인의 지위에서 매매계약의 추인을 거절할 수 있다.
④ 丙이 매매계약 당시 乙이 무권대리인임을 알지 못하였다면, 丙은 본인의 추인이 있을 때까지 乙을 상대로 매수의 의사표시를 철회할 수 있다.
⑤ 丙이 상당한 기간을 정하여 매매계약의 추인 여부에 대한 확답을 최고하였으나 甲이 그 기간 내에 확답을 발하지 않으면 추인을 거절한 것으로 본다.

09 **민법상의 불공정한 법률행위에 관한 설명으로 옳지 않은 것은? (다툼이 있으면 판례에 따름)**

① 궁박, 경솔, 무경험은 모두 구비되어야 하는 요건이 아니라 그중 일부만 갖추어져도 충분하다.
② 궁박은 경제적인 것에 한정하지 않으며 정신적, 신체적인 원인에 기인하는 것을 포함한다.
③ 무경험은 생활체험의 부족을 의미하는 것으로, 거래일반에 대한 경험부족이 아니라 특정영역에 있어서의 경험부족을 의미한다.
④ 당사자 중 일방이 상대방의 궁박, 경솔 또는 무경험을 알면서 이를 이용하려는 의사가 있어야 한다.
⑤ 불공정한 법률행위로서 무효인 경우, 추인에 의하여 무효인 법률행위가 유효로 될 수는 없지만, 무효행위의 전환에 관한 민법 제138조는 적용될 수 있다.

10 **민법상 조건부 법률행위에 관한 설명으로 옳지 않은 것은? (다툼이 있으면 판례에 따름)**

① 정지조건부 채권양도에 있어서 정지조건이 성취되었다는 사실은 채권양도의 효력을 부정하는 자가 증명해야 한다.
② 어떤 법률행위에 정지조건이 붙어 있는지 여부는 그 조건의 존재를 주장하는 자가 증명해야 한다.
③ 조건이 법률행위 당시에 이미 성취할 수 없는 것인 경우에 그 조건이 해제조건이면 조건 없는 법률행위가 된다.
④ 조건성취의 효력발생시기에 관한 민법의 규정은 임의규정이다.
⑤ 조건부 법률행위에 있어서 조건의 내용 자체가 불법으로 무효인 경우, 특별한 사정이 없는 한 그 조건만을 분리하여 일부만 무효로 할 수는 없다.

11 **甲은 A호텔에서 2015.12.5. 회갑연을 하고, 당일 지급하기로 한 3천만 원의 음식료 채무를 그의 친구 乙과 연대하여 부담하기로 약정하였다. A호텔이 2016.11.21. 3천만 원을 받기 위하여 甲을 상대로 이행 청구의 소를 제기하였다. 다음 설명 중 옳지 않은 것은? (다툼이 있으면 판례에 따름)**

① A호텔의 음식료 채권은 1년의 소멸시효에 걸린다.

② 소멸시효가 완성되기 전에 A호텔이 소를 제기했으므로, 소멸시효의 진행이 중단된다.

③ A호텔이 소송을 취하하면 소멸시효 중단의 효력은 없으나, 6개월 내에 가압류를 하면 최초의 재판상 청구로 인하여 소멸시효가 중단된 것으로 본다.

④ A호텔의 청구에 대하여 기각판결이 확정된 후, A호텔이 재심을 청구하면 소멸시효의 진행이 중단된다.

⑤ A호텔의 재판상 청구로 인한 소멸시효 중단의 효력은 乙에게도 미친다.

12 **소멸시효에 관한 설명으로 옳은 것은?**

① 재산을 관리하는 후견인에 대한 제한능력자의 권리는 그가 능력자가 된 때로부터 6개월 내에는 소멸시효가 완성되지 아니한다.

② 채권자가 채무자를 상대로 법원에 신청한 화해가 불성립되어 채권자가 그로부터 1월내에 소를 제기한 경우, 채권의 소멸시효는 소제기 시부터 중단된다.

③ 소멸시효의 기간만료 전 1년 내에 제한능력자에게 법정대리인이 없는 경우, 그가 능력자가 되거나 법정대리인이 취임한 때로부터 1년 내에는 소멸시효가 완성되지 아니한다.

④ 상속재산에 대한 권리는 상속인의 확정, 관리인의 선임 또는 파산선고가 있는 때로부터 1년 내에는 소멸시효가 완성되지 아니한다.

⑤ 채무자가 시효중단의 효력이 있는 승인을 하려면 채권자의 채권에 관한 처분의 능력이나 권한이 있어야 한다.

13 **점유취득시효에 관한 설명으로 옳지 않은 것은? (다툼이 있으면 판례에 따름)**

① 자연인이나 법인뿐만 아니라 권리능력 없는 사단도 시효취득의 주체가 될 수 있다.

② 취득시효 완성으로 인한 소유권취득의 효력은 점유를 개시한 때에 소급한다.

③ 토지에 대한 취득시효가 완성된 후 토지소유자가 그 토지 위에 담장을 설치한 경우, 시효완성자는 소유권에 기한 방해배제청구권의 행사로서 토지소유자를 상대로 담장의 철거를 청구할 수 없다.

④ 취득시효기간의 완성 전에 등기부상의 소유명의가 변경되었다 하더라도 이는 취득시효의 중단사유가 될 수 없다.

⑤ 미등기 부동산의 경우, 점유자가 취득시효기간의 완성만으로 등기 없이 소유권을 취득한다.

14 총유에 관한 설명으로 옳은 것을 모두 고른 것은? (다툼이 있으면 판례에 따름)

> ㄱ. 총유물에 관한 사원의 의무는 사원의 지위를 상실함으로써 상실된다.
> ㄴ. 총유물의 관리는 정관 기타 규약에 달리 정한 바가 없으면 사원총회의 결의에 의한다.
> ㄷ. 종중이 그 총유재산에 대한 보존행위로서 소송을 하는 경우에도 특별한 사정이 없는 한, 종중총회에서 전체 종원 과반수 이상의 결의를 거쳐야 한다.
> ㄹ. 비법인사단이 정관에 다른 정함이 있다는 등의 특별한 사정이 없음에도 불구하고 사원총회 결의 없이 총유재산의 처분에 관하여 자기 명의로 제기한 소송은 소송요건의 흠결로서 부적법하다.

① ㄱ, ㄷ
② ㄱ, ㄴ, ㄹ
③ ㄱ, ㄷ, ㄹ
④ ㄴ, ㄷ, ㄹ
⑤ ㄱ, ㄴ, ㄷ, ㄹ

15 전세권에 관한 설명으로 옳지 않은 것은? (다툼이 있으면 판례에 따름)

① 전세권설정자가 전세권자에 대하여 민법 제315조에 정한 손해배상채권 이외의 다른 채권을 가지고 있더라도 특별한 사정이 없는 한, 이를 가지고 전세금반환채권에 대하여 물상대위권을 행사한 전세권저당권자에게 상계로 대항할 수 없다.
② X건물에 대해 1순위 저당권자 甲, 2순위 전세권자 乙, 3순위 저당권자 丙이 있고 그중 丙이 경매신청을 하여 丁에게 매각된 경우, 乙의 전세권은 소멸하되 2순위로 우선변제권을 가진다.
③ 타인의 토지에 있는 건물에 전세권을 설정한 경우, 전세권의 효력은 그 건물의 소유를 목적으로 한 지상권에 미친다.
④ 지상권을 가진 건물소유자가 그 건물에 전세권을 설정하였으나 그가 2년 이상의 지료를 지급하지 아니한 경우, 토지소유자는 전세권자의 동의 없이 지상권 소멸청구를 할 수 없다.
⑤ 전세권에 저당권이 설정되어 있는 경우에도 전세권의 존속기간이 만료되면 전세권의 용익물권적 권능은 전세권설정등기의 말소등기 없이도 당연히 소멸한다.

16 점유의 추정에 관한 설명으로 옳은 것을 모두 고른 것은? (다툼이 있으면 판례에 따름)

> ㄱ. 선의의 점유자라도 본권에 관한 소에 패소한 때에는 그 소가 제기된 때로부터 악의의 점유자로 본다.
> ㄴ. 전후 양 시점에 점유한 사실이 있는 때에는 그 점유는 계속한 것으로 추정되지만, 전후 양 시점의 점유자가 다른 경우에는 점유의 승계가 입증되더라도 점유계속은 추정되지 않는다.
> ㄷ. 점유의 승계가 있는 경우, 전 점유자의 점유가 타주점유라 하여도 점유자의 승계인이 자기의 점유만을 주장하는 경우에는 현 점유자의 점유는 자주점유로 추정된다.
> ㄹ. 점유자는 소유의 의사로 선의·무과실, 평온 및 공연하게 점유한 것으로 추정한다.

① ㄱ, ㄴ
② ㄱ, ㄷ
③ ㄷ, ㄹ
④ ㄱ, ㄷ, ㄹ
⑤ ㄴ, ㄷ, ㄹ

17 부동산 물권변동에 관한 설명으로 옳지 않은 것은? (다툼이 있으면 판례에 따름)

① 소유권이전등기청구소송에서 승소판결이 확정된 경우에도 등기하여야 소유권을 취득한다.
② 전세권이 법정갱신된 경우, 전세권자는 등기 없이도 전세권설정자나 그 목적물을 취득한 제3자에 대하여 갱신된 권리를 주장할 수 있다.
③ 신축건물의 보존등기를 건물 완성 전에 하였더라도 그 후 건물이 완성된 이상 그 등기는 무효가 아니다.
④ 무허가건물의 신축자는 등기 없이 소유권을 원시취득하지만 이를 양도하는 경우에는 등기 없이 인도에 의하여 소유권을 이전할 수 없다.
⑤ 공유물분할의 소에서 공유부동산의 특정한 일부씩을 각각의 공유자에게 귀속시키는 것으로 현물분할하는 내용의 조정이 성립하였다면, 그 조정이 성립한 때 물권변동의 효력이 발생한다.

18 등기의 추정력에 관한 설명으로 옳지 않은 것은? (다툼이 있으면 판례에 따름)

① 소유권이전등기가 경료되어 있는 경우, 그 등기명의자는 제3자에 대하여서뿐만 아니라 그 전 소유자에 대하여서도 적법한 등기원인에 의하여 소유권을 취득한 것으로 추정된다.
② 허무인으로부터 등기를 이어받은 소유권이전등기는 원인무효이므로 그 등기명의자에 대한 소유권추정은 깨어진다.
③ 소유권이전등기의 원인으로 주장된 계약서가 진정하지 않은 것으로 증명된 경우에도 등기는 적법한 것으로 추정된다.
④ 등기가 원인 없이 말소된 경우에는 그 회복등기가 마쳐지기 전이라도 말소된 등기의 등기명의인은 적법한 권리자로 추정된다.
⑤ 신축된 건물의 소유권은 이를 건축한 사람이 원시취득하는 것이므로, 건물소유권보존등기의 명의자가 이를 신축한 것이 아니라면 그 등기의 권리추정력은 깨어진다.

19 **저당권에 관한 설명으로 옳지 않은 것은? (다툼이 있으면 판례에 따름)**

① 피담보채권을 저당권과 함께 양수한 자는 저당권 이전의 부기등기를 마치고 저당권실행의 요건을 갖추고 있는 한 채권양도의 대항요건을 갖추고 있지 아니하더라도 경매신청을 할 수 있다.

② 저당권설정자로부터 저당토지에 용익권을 설정 받은 자가 그 토지에 건물을 축조한 경우라도 그 후 저당권설정자가 그 건물의 소유권을 취득하였다면, 저당권자는 토지와 함께 그 건물에 대하여 경매를 신청할 수 있다.

③ 피담보채권이 저당권과 분리되어 양도된 경우, 채권의 처분에 따르지 않는 저당권은 소멸한다.

④ 저당부동산에 대하여 지상권을 취득한 제3자는 채무자의 의사에 반하여 저당권자에게 그 부동산으로 담보된 채권을 변제하고 저당권의 소멸을 청구할 수 있다.

⑤ 저당권의 효력은 저당부동산에 대한 압류가 없더라도 저당권설정자가 그 부동산으로부터 수취한 과실 또는 수취할 수 있는 과실에 미친다.

20 **甲이 채무자 乙 소유인 X토지에 대하여 채무불이행을 이유로 채권최고액 1천만 원의 근저당권을 실행하기 위한 경매를 신청하였다. 이에 관한 설명으로 옳지 않은 것은? (다툼이 있으면 판례에 따름)**

① 경매개시결정이 있은 후, 甲이 경매신청을 취하하였다면 채무확정의 효과는 번복된다.

② 甲의 경매신청 시에 근저당권이 확정되므로, 그 이후에 발생하는 甲의 원본채권은 근저당으로 담보되지 않는다.

③ 근저당권의 실행에 따른 경매비용은 채권최고액 1천만 원에 포함되지 아니한다.

④ 甲의 피담보채권이 확정되기 전에 발생한 원본채권에 관하여 그 확정 후에 발생하는 원본채권의 이자나 지연손해금은 채권최고액의 범위 내에서는 근저당권에 의하여 담보된다.

⑤ 만일 X토지에 대하여 후순위 저당권을 취득한 丙이 경매를 신청한 경우에는 그 매각대금 완납 시에 甲의 피담보채권액이 확정된다.

21 **지역권에 관한 설명으로 옳은 것은? (다툼이 있으면 판례에 따름)**

① 지역권은 다른 약정이 없는 한 승역지소유권에 부종하여 이전한다.

② 계약에 의하여 승역지소유자가 자기의 비용으로 지역권의 행사를 위하여 공작물의 설치 또는 수선의 의무를 부담하기로 한 경우, 위 약정으로 승역지소유자의 특별승계인에게 대항하기 위해서는 등기를 하여야 한다.

③ 통행지역권을 시효취득하기 위해서는 요역지의 소유자가 타인의 토지를 20년간 통행하였다는 사실만으로 충분하며, 요역지의 소유자가 타인의 소유인 승역지 위에 통로를 개설할 필요는 없다.

④ 요역지의 공유자 중 1인이 지역권을 시효로 취득하더라도 다른 공유자는 지역권을 취득하지 못한다.

⑤ 승역지는 반드시 1필의 토지이어야 하며, 토지의 일부 위에 지역권을 설정할 수 없다.

22 **비전형담보에 관한 설명 중 옳지 않은 것은? (다툼이 있으면 판례에 따름)**

① 채권자와 채무자가 가등기담보권설정계약을 체결함에 있어 가등기 이후에 발생될 채무도 피담보채무의 범위에 포함시키기로 한 약정은 유효하다.

② 가등기가 금전소비대차에 기한 차용금반환채무와 그 외의 원인으로 발생한 채무를 동시에 담보할 목적으로 경료되었으나 그 후 금전소비대차에 기한 차용금반환채무만이 남게 된 경우, 그 가등기담보에 가등기담보 등에 관한 법률이 적용된다.

③ 양도담보 목적물이 소실되어 양도담보 설정자가 보험회사에 대하여 화재보험계약에 따른 보험금청구권을 취득한 경우, 양도담보권자는 위 보험금청구권에 대하여 양도담보권에 기한 물상대위권을 행사할 수 있다.

④ 양도담보권자는 사용·수익할 수 있는 정당한 권한이 있는 채무자나 그 채무자로부터 사용·수익할 수 있는 권한을 승계한 자에 대하여 그 사용·수익을 하지 못한 것을 이유로 임료 상당의 손해배상이나 부당이득반환을 청구할 수 있다.

⑤ 채무자가 채무를 변제하고 가등기말소를 구하는 경우, 채무변제와 담보가등기말소는 동시이행관계가 아니라 채무변제가 선이행의무이다.

23 **甲은 자신의 채권담보를 위해 乙로부터 X동산에 질권을 설정받아 이를 점유하고 있다. 이에 관한 설명으로 옳은 것을 모두 고른 것은? (다툼이 있으면 판례에 따름)**

ㄱ. X동산의 소유자 乙이 제3자에 대하여 가지는 목적물반환청구권의 양도의 방법으로 甲에게 질권을 설정하는 것도 유효하다.

ㄴ. 乙이 X동산에 대한 처분권 없이 질권을 설정한 경우, 甲이 X동산의 선의취득에 필요한 요건을 갖추었더라도 甲은 질권을 취득할 수 없다.

ㄷ. 甲의 채무자인 丙의 부탁을 받고 乙이 X동산에 질권을 설정한 경우, 甲의 질권 실행으로 X동산의 소유권을 상실한 乙은 자신의 구상범위 내에서 甲의 丙에 대한 권리를 대위할 수 있다.

ㄹ. 만약 X동산이 타인의 물건에 부합되어 乙이 보상금을 지급받은 경우, 甲은 물상대위권을 행사할 수 없다.

① ㄱ, ㄴ

② ㄱ, ㄹ

③ ㄴ, ㄷ

④ ㄱ, ㄷ, ㄹ

⑤ ㄴ, ㄷ, ㄹ

24 **민사유치권에 관한 설명으로 옳지 않은 것은? (다툼이 있으면 판례에 따름)**

① 특별한 사정이 없는 한, 간접점유는 유치권의 성립요건이자 존속요건인 점유에 해당한다.
② 건축자재공급업자가 건물 신축공사 수급인과 체결한 자재공급계약에 따라 건축자재를 공급한 경우, 자재공급업자는 자재대금을 피담보채권으로 하여 건물에 대한 유치권을 행사할 수 없다.
③ 유치권에 의한 경매절차가 정지된 상태에서 그 목적물에 대한 담보권실행을 위한 경매가 진행되어 매각이 이루어지게 되면 그 유치권은 소멸한다.
④ 유치권자로부터 유치물을 유치하기 위한 방법으로 유치물의 점유를 위탁받은 자는 특별한 사정이 없는 한 점유할 권리가 있음을 들어 소유자의 소유물반환청구를 거부할 수 있다.
⑤ 건물신축공사를 도급받은 수급인은 사회통념상 독립한 건물이 되지 못한 정착물을 토지에 설치한 상태에서 공사가 중단된 경우, 위 정착물에 대하여 유치권을 행사할 수 없다.

25 **채무불이행에 관한 설명으로 옳지 않은 것은? (다툼이 있으면 판례에 따름)**

① 매매계약 당시 매매목적 토지의 소유권이 매도인에게 속하지 아니함을 알고 있던 매수인은 소유권이전의무의 이행불능에 매도인의 귀책사유가 있더라도 채무불이행을 이유로 계약을 해제하고 손해배상을 청구할 수 없다.
② 이행보증계약에 기한 보증인의 보증금지급의무에 관하여 지급금지가처분결정이 있었다고 하더라도, 이로써 보증인에게 지급거절의 권능이 발생한다고 할 수 없다.
③ 매매의 대상인 권리가 타인에게 귀속되어 있다는 이유만으로 채무자의 계약에 따른 이행이 불능이라고 할 수는 없다.
④ 부당이득반환의무는 이행기한의 정함이 없는 채무이므로 그 채무자는 이행청구를 받은 그 다음 날부터 지체책임을 진다.
⑤ 채무자가 채무 발생원인 내지 존재에 관한 잘못된 법률적 판단을 통하여 자신의 채무가 없다고 믿고 채무이행을 거부한 채 소송을 통하여 다툰 경우, 특별한 사정이 없는 한 채무불이행에 관하여 채무자에게 고의나 과실이 인정된다.

26 손해배상에 관한 설명으로 옳지 않은 것은? (다툼이 있으면 판례에 따름)

① 계약 당시 당사자 사이에 손해배상액을 예정하는 내용의 약정이 있는 경우, 특별한 사정이 없는 한 위 약정은 그 계약과 관련된 불법행위책임에 따른 손해배상까지 예정한 것이라고는 볼 수 없다.

② 채권자가 그 채권의 목적인 물건 또는 권리의 가액전부를 손해배상으로 받은 때에는 채무자는 그 물건 또는 권리에 관하여 당연히 채권자를 대위한다.

③ 숙박업자가 숙박계약상의 고객보호의무를 다하지 못하여 투숙객이 사망한 경우, 그 투숙객의 근친자가 그 사고로 인하여 정신적 고통을 받았다면, 숙박계약의 당사자가 아닌 그 근친자는 숙박업자의 그 망인에 대한 숙박계약상의 채무불이행을 이유로 위자료를 청구할 수 있다.

④ 피용자의 고의에 의한 불법행위로 인하여 사용자가 사용자책임을 부담하는 경우, 사용자책임의 범위를 정함에 있어서 피해자의 과실을 고려하여 그 책임을 제한할 수 있다.

⑤ 과실상계는 매매계약이 해제되어 원상회복의무의 이행으로서 이미 지급한 매매대금 기타 급부의 반환을 구하는 경우에는 적용되지 않는다.

27 채권자대위권에 관한 설명으로 옳은 것은? (다툼이 있으면 판례에 따름)

① 채권자대위소송에서 제3채무자로 하여금 직접 대위채권자에게 금전의 지급을 명하는 판결이 확정된 경우, 피대위채권이 변제 등으로 소멸하기 전이라면 채무자의 다른 채권자가 이를 압류 또는 가압류할 수 있다.

② 채권자대위소송에서 제3채무자는 채권자의 채무자에 대한 권리의 발생원인이 된 법률행위가 무효라거나 변제 등으로 소멸하였다는 등의 사실을 주장하여 채권자의 채무자에 대한 권리가 인정되는지를 다툴 수 없다.

③ 토지거래허가구역에 있는 토지의 매수인은 채권보전의 필요성 여부와 무관하게 토지거래허가 신청절차의 협력의무 이행청구권을 보전하기 위하여 매도인의 권리를 대위하여 행사할 수 있다.

④ 이행인수 약정이 체결된 경우, 채무자는 인수인이 그 채무를 이행하지 아니하면 인수인에 대하여 채권자에게 이행할 것을 청구할 수 있으나, 채무자의 인수인에 대한 위 청구권을 채권자가 대위행사할 수 없다.

⑤ 지하도상가 내 점포의 사용청구권을 가지는 자는 상가의 소유자인 시(市)가 불법점유자들에 대하여 가지는 점포의 인도청구권을 대위행사할 수 없다.

28 **채권자취소권에 관한 설명으로 옳지 않은 것은? (다툼이 있으면 판례에 따름)**

① 채권자가 수익자를 상대로 사해행위 취소 및 원상회복으로 소유권이전등기의 말소를 명하는 판결을 받았으나 말소등기를 마치지 않은 경우, 소송당사자가 아닌 다른 채권자가 위 판결에 따라 채무자를 대위하여 마친 말소등기는 등기절차상의 흠에도 불구하고 실체관계에 부합하는 등기로서 유효하다.

② 채권자의 채권이 사해행위 이전에 성립한 이상 사해행위 이후에 양도되었다고 하더라도 양수인의 채권은 채권자취소권의 피보전채권이 될 수 있다.

③ 주채무의 전액에 관하여 물상보증인의 담보로 채권자의 우선변제권이 확보되어 있다면, 연대보증인이 유일한 재산을 처분하였더라도 사해행위가 되지 않는다.

④ 채무자의 수익자에 대한 채권양도가 사해행위로 취소되고, 그에 따른 원상회복으로서 제3채무자에게 채권양도가 취소되었다는 취지의 통지가 이루어진 경우, 채권자는 채무자를 대위하여 제3채무자에게 채권에 관한 지급을 청구할 수 있다.

⑤ 채권자가 채무자의 채권자취소권을 대위행사하는 경우, 채권자취소권을 대위행사하는 채권자가 취소원인을 안 지 1년이 경과하였다고 하더라도 채무자가 취소원인을 안 날로부터 1년, 법률행위가 있은 날로부터 5년 내라면 채권자취소의 소를 제기할 수 있다.

29 **甲은 乙에게 1천만 원의 채무를 지고 있고, 이러한 甲의 채무에 대하여 丙이 연대보증을 하였다. 이에 관한 설명으로 옳은 것은? (다툼이 있으면 판례에 따름)**

① 甲이 1천만 원의 채무에 대한 소멸시효 기간이 경과한 후 시효의 이익을 포기한 경우, 丙은 소멸시효를 원용하여 연대보증채무의 소멸을 주장할 수 없다.

② 甲이 乙에게 8백만 원의 채권을 가지고 있는 경우, 丙은 5백만 원의 한도 내에서만 상계를 할 수 있다.

③ 乙이 甲에 대한 채권을 丁에게 양도하고 확정일자 있는 증서로 甲에게 통지한 경우, 乙이 丙에게 보증채권 양도의 통지를 해야 丙에 대한 채권이 丁에게 이전된다.

④ 乙의 甲에 대한 채권에 시효중단 사유가 발생한 경우, 丙에게 통지 등 별도의 중단조치를 하지 않아도 丙에게 시효중단의 효력이 미친다.

⑤ 甲의 채무가 본래 단기소멸시효에 걸리는 것이었지만 확정판결에 의해 소멸시효기간이 10년으로 연장된 경우, 丙의 보증채무도 10년의 소멸시효기간이 적용된다.

30 甲은 2016.1.5. 乙에게 1억 원을 대여하였고, 그 후 A 또는 B에게 자신의 채권을 양도하였다. 이에 관한 설명으로 옳은 것을 모두 고른 것은? (다툼이 있으면 판례에 따름)

ㄱ. 甲이 A에게만 채권을 양도하였을 경우, A가 甲의 대리인으로서 乙에게 한 채권양도의 통지도 효력이 있다.
ㄴ. 甲이 乙에게 휴대폰 문자로 양수인을 A로 한 채권양도의 통지를 하였고 이에 따라 乙이 A에 대하여 채무를 변제하였는데, 그 후 다시 甲이 양수인을 B로 한 확정일자 있는 증서로 채권양도통지를 하였더라도 乙의 A에 대한 채무변제는 유효하다.
ㄷ. 甲이 乙에게 양수인을 A로 한 단순한 채권양도의 통지를 하였고, 그 후 乙이 아직 변제하지 않은 상태에서 다시 양수인을 B로 한 확정일자 있는 증서로 채권양도를 통지하였다면 乙이 A에 대하여 한 변제로 B에게 대항할 수 없다.
ㄹ. 채권양수인을 A로 한 양도통지서의 확정일자는 2017.1.10.이고, B로 한 양도통지서의 확정일자는 2017.1.11.이었으나, 양수인 B로 한 확정일자 있는 증서가 먼저 乙에게 도달하였을 경우, 乙은 B에게 변제할 책임이 있다.

① ㄱ
② ㄴ, ㄹ
③ ㄱ, ㄷ, ㄹ
④ ㄴ, ㄷ, ㄹ
⑤ ㄱ, ㄴ, ㄷ, ㄹ

31 채무인수 등에 관한 설명으로 옳은 것은? (다툼이 있으면 판례에 따름)

① 이행인수인은 법정대위를 할 수 있는 변제할 정당한 이익이 있는 자에 해당하지 않는다.
② 채권자와 보증인 사이에 보증인이 주채무를 중첩적으로 인수하기로 약정한 경우, 특별한 사정이 없는 한 보증인은 주채무자에 대한 관계에서는 종전의 보증인의 지위를 그대로 유지한다.
③ 부동산 매수인이 매매목적물에 설정된 근저당권의 피담보채무를 이행인수한 뒤 그 변제를 게을리하여 근저당권이 실행됨으로써 매도인이 매매목적물에 대한 소유권을 상실한 경우, 이는 매수인의 책임 있는 사유로 소유권이전등기의무가 이행불능으로 된 경우에 해당하고 그에 대하여 매도인의 과실도 인정된다.
④ 계약당사자로서의 지위가 제3자에게 이전되는 경우, 계약상 지위를 전제로 한 권리관계가 이전될 뿐만 아니라 불법행위에 기한 손해배상청구권도 별도의 채권 양도절차 없이 제3자에게 당연히 이전된다.
⑤ 채무자와 인수인의 합의에 의한 중첩적 채무인수의 경우, 채권자의 수익의 의사표시는 계약의 성립요건이 아니라 효력발생요건이다.

32 **甲과 乙은 상호 간에 각 1억 원의 대여금채권을 가지고 있었는데, 그 후 甲의 채권자 丙이 甲의 乙에 대한 채권을 가압류하였다. 이러한 상태에서 乙은 상계를 하고자 한다. 다음 설명 중 옳지 않은 것은? (다툼이 있으면 판례에 따름)**

① 가압류의 효력 발생 당시 乙의 채권과 甲의 채권의 변제기가 모두 도래한 경우, 乙은 상계로써 丙에게 대항할 수 있다.

② 가압류 효력발생 당시 乙의 채권이 변제기에 도달하지 않은 경우, 乙의 채권의 변제기가 甲의 채권의 변제기와 동시에 도래하면, 乙은 상계로써 丙에게 대항할 수 있다.

③ 가압류의 효력발생 당시 乙의 채권이 변제기에 도달하지 않은 경우, 甲의 채권의 변제기 후에 乙의 채권이 변제기에 도달하더라도 乙은 상계로써 丙에게 대항할 수 있다.

④ 가압류 효력발생 당시 乙의 채권이 변제기에 도달하지 않은 경우, 乙의 채권의 변제기가 甲의 채권의 변제기보다 먼저 도래하면 乙은 상계로써 丙에게 대항할 수 있다.

⑤ 가압류 효력발생 당시 비록 甲과 乙의 채권이 변제기에 도달하였더라도 乙이 甲에 대하여 상계의 의사표시를 하지 않은 경우, 특별한 사정이 없는 한 乙은 상계로써 丙에게 대항할 수 없다.

33 **甲은 물품보관창고를 필요로 하는 乙의 요청에 따라 그 소유의 X토지를 乙에게 임대함과 동시에 그 지상에 신축한 미등기 Y건물을 乙에게 매도하였고, 그 후 乙은 Y건물에 대한 보존등기를 마쳤다. 다음 설명 중 옳은 것은? (다툼이 있으면 판례에 따름)**

① 乙의 차임채무불이행으로 임대차가 종료되어도 乙은 甲에게 Y건물의 매수를 청구할 수 있다.

② 乙이 적법하게 Y건물의 매수를 청구한 경우, 甲의 대금지급의무는 乙의 Y건물명도 및 소유권이전의무보다 선이행되어야 한다.

③ 乙이 Y건물에 대한 보존등기를 마친 후 甲이 丙에게 X토지를 매도하고 소유권이전등기를 마쳐 준 경우, 乙의 임차권이 기간만료로 소멸하면 乙은 丙을 상대로 Y건물의 매수를 청구할 수 없다.

④ 만약 乙의 채권자 명의로 근저당권이 설정된 Y건물에 대하여 乙이 적법하게 매수청구권을 행사한 경우, 甲은 근저당권이 말소되지 않았음을 이유로 채권최고액에 상당한 대금의 지급을 거절할 수 없다.

⑤ 만약 Y건물이 미등기 상태에 있더라도 임대차기간이 만료되어 乙이 적법하게 매수청구권을 행사한 경우, Y건물은 그 매수청구의 대상이 될 수 있다.

34 **乙은 甲 소유의 X주택을 매수하면서 그 대금을 甲의 대여금 채권자 丙에게 지급하기로 하는 제3자를 위한 계약을 체결하였고, 丙은 위 매매대금의 수령의사를 밝혔다. 다음 설명 중 옳지 않은 것은? (다툼이 있으면 판례에 따름)**

① X주택의 소유권이전의무가 甲의 과실로 이행불능이 된 경우, 乙은 丙의 동의 없이 매매계약을 해제할 수 있다.

② 甲과 丙간의 금전소비대차계약이 취소되더라도 甲과 乙간의 매매계약은 유효하다.

③ 甲과 乙간의 매매계약이 乙의 사기를 이유로 취소된 경우, 丙이 그 사실을 몰랐더라도 丙은 선의의 제3자로서 보호받지 못한다.

④ 만약 丙이 甲의 대리인으로서 乙을 기망하여 乙이 위 매매계약을 체결한 경우, 乙은 丙의 대금지급청구를 거절할 수 있을 뿐이고 위 매매계약을 취소할 수는 없다.

⑤ 甲의 채무불이행으로 위 매매계약이 해제된 경우, 乙이 丙에게 매매대금의 일부를 이미 지급하였더라도, 특별한 사정이 없는 한 乙은 丙을 상대로 부당이득을 원인으로 이미 지급한 대금의 반환을 청구할 수 없다.

35 **2015.2.5. 甲은 乙에게 자신 소유의 X주택을 대금 1억 원에 매도하면서 계약금 1천만 원을 수령하였고, 중도금 7천만 원은 2015.2.25. X주택의 소유권이전에 필요한 서류 일체를 교부함과 동시에 지급받기로 하였으며, 잔금 2천만 원은 2015.3.5. 지급받기로 하였다. 2015.2.25. 乙이 중도금을 지급하고 자신의 명의로 X주택의 소유권이전등기를 마쳤으나, 2015.4.15. 甲은 乙의 잔금 미지급을 이유로 위 매매계약을 적법하게 해제하였다. 다음 설명 중 옳은 것은? (다툼이 있으면 판례에 따름)**

① 만약 계약 당시 乙이 계약금 5백만 원을 지급하였더라도 계약의 이행 착수 전이라면, 甲은 1천만 원을 상환하고 위 매매계약을 해제할 수 있다.

② 甲의 채권자 丙이 2015.2.15. 甲의 잔대금 채권을 가압류한 경우라면, 丙은 민법 제548조 제1항 단서에 의해 보호받을 수 있는 제3자에 해당한다.

③ 2015.3.1. 丁이 乙과 X주택에 대하여 매매예약을 하고 그에 기해 소유권이전등기청구권 보전을 위한 가등기를 마쳤다면, 위 매매계약의 해제에도 불구하고 丁은 매매예약에 기한 본등기를 할 수 있다.

④ 乙 명의의 등기말소 전인 2015.4.20. 乙로부터 X주택의 일부를 임차하여 주택임대차보호법상 대항력을 갖춘 임차인은 위 매매계약이 해제된 사실을 알고 있었더라도 X주택에 대한 甲의 명도청구에 대항할 수 있다.

⑤ X주택을 사용한 乙이 계약의 해제로 이를 甲에게 반환하는 경우, X주택이 乙의 사용으로 인해 훼손되었다고 볼 수 없는 경우에도 그 사용이익 외에 감가상각비를 별도로 산정하여 반환하여야 한다.

36 **甲은 영업공간을 제공하고, 乙과 丙은 각 1억 원을 출자하여 A식당을 공동운영하기로 하는 조합계약을 체결하였다. 다음 설명 중 옳은 것은? (다툼이 있으면 판례에 따름)**

① 乙이 출자를 지연한 때에는 연체이자를 지급하면 되고, 그 외에 손해까지 배상할 필요는 없다.
② 乙의 채권자는 특별한 사정이 없는 한, 乙을 집행채무자로 하여 A식당의 채권에 대하여 강제집행을 할 수 있다.
③ 현물을 출자한 甲이 동업에서 탈퇴하게 되면, 甲의 지분은 금전으로 반환할 수 없다.
④ 甲은 동업자로서의 지위를 유지한 채 전체 지분을 제3자에게 처분할 수도 있다.
⑤ A식당이 영업이익으로 구입한 부동산에 대하여 합유등기를 하지 않고 甲 명의로 소유권이전등기를 하였다면, 이는 A식당이 甲에게 명의신탁한 것으로 보아야 한다.

37 **사무관리에 관한 설명으로 옳지 <u>않은</u> 것은? (다툼이 있으면 판례에 따름)**

① 사무처리의 긴급성 등으로 국가의 사무에 대하여 사인의 개입이 정당화되는 경우, 사인은 국가의 사무를 처리하면서 지출한 필요비를 청구할 수 있으나 유익비의 상환을 청구할 수는 없다.
② 관리인이 본인에게 인도할 금전을 자기를 위하여 소비한 때에는 소비한 날 이후의 이자뿐만 아니라 그에 따른 손해까지 배상하여야 한다.
③ 관리자가 타인의 명예에 대한 급박한 위해를 면하게 하기 위하여 그 사무를 관리한 경우, 그의 경과실로 인하여 본인에게 손해가 발생하여도 그에 따른 손해배상책임을 지지 않는다.
④ 관리자가 사무관리를 함에 있어서 과실 없이 손해를 받은 때에는 본인의 현존이익의 한도에서 그 손해의 보상을 청구할 수 있다.
⑤ 타인을 위하여 사무를 처리하는 의사는 관리자 자신의 이익을 위한 의사와 병존할 수 있다.

38 **甲과 乙은 과실에 의한 공동불법행위자로서 丙에게 5천만 원의 손해를 입혔다. 이 손해의 발생에 丙의 과실은 30%로 평가되었고, 甲과 乙사이의 과실비율은 7:3이었다. 이에 관한 설명으로 옳지 <u>않은</u> 것은? (다툼이 있으면 판례에 따름)**

① 甲과 乙은 丙에 대하여 3천 5백만 원의 손해배상채무를 부담한다.
② 甲이 丙에 대한 대여금채권을 자동채권으로 하여 2천만 원을 상계한 경우, 乙은 丙에 대하여 4백 5십만 원의 손해배상채무를 부담하게 된다.
③ 甲이 丙에게 손해배상채무를 전액 배상한 경우, 甲의 乙에 대한 구상채권의 소멸시효는 10년으로 완성되고, 그 기산점은 甲이 현실로 丙에게 손해배상금을 지급한 때이다.
④ 甲이 丙에게 1천만 원을 배상한 경우, 甲은 乙에 대하여 구상할 수 없다.
⑤ 甲의 보증인 丁이 丙에 대하여 손해배상채무를 변제한 경우, 丁은 乙에게 乙의 부담부분에 한하여 구상권을 행사할 수 있다.

39 **임차인에게 불리한 약정을 하여도 그 효력이 인정되는 것은?**

① 토지임차인의 지상물매수청구권
② 임차인의 비용상환청구권
③ 임차인의 차임감액청구권
④ 임대차기간의 약정이 없는 임차인의 해지통고
⑤ 임차인의 차임연체로 인한 임대인의 해지권

40 **약관에 관한 설명으로 옳은 것은? (다툼이 있으면 판례에 따름)**

① 사업자와 고객 사이에 교섭이 이루어진 약관 조항도 약관의 규제에 관한 법률에 정한 약관에 해당한다.
② 약관조항이 무효로 되면, 민법상 일부무효의 법리에 따라 그 전부를 무효로 함이 원칙이다.
③ 약관에 정하여진 사항이 거래상 일반적이고 공통된 것이어서 고객이 별도의 설명 없이도 충분히 예상할 수 있었던 사항이더라도, 사업자에게 명시·설명의무가 있다.
④ 사업자가 고객의 대리인과 계약을 체결하는 경우, 설명의무의 상대방이 계약자 본인에 국한되는 것은 아니므로 그 대리인에게 약관을 설명하는 것으로 충분하다.
⑤ 동일한 약관집 내의 대다수의 조항들이 교섭되고 변경된 사정이 있다고 하더라도, 변경되지 아니한 나머지 소수의 조항들에 대해서 교섭이 이루어진 것으로 추정할 수는 없다.

2016년 제53회 기출문제

Time 분 | 해설편 359p

01 **신의성실의 원칙에 관한 설명으로 옳은 것을 모두 고른 것은? (다툼이 있으면 판례에 따름)**

ㄱ. 계약 성립의 기초가 되지 않는 사정이 그 후 변경되어 일방 당사자가 계약 당시 의도한 계약 목적을 달성할 수 없게 됨으로써 손해를 입은 경우, 특별한 사정이 없는 한 사정변경을 이유로 한 계약 해제가 인정되지 않는다.
ㄴ. 회사의 이사가 채무액과 변제기가 특정되어 있는 회사 채무에 대하여 보증계약을 체결한 경우, 이사직 사임이라는 사정변경을 이유로 일방적으로 보증계약을 해지할 수 있다.
ㄷ. 신의성실의 원칙에 반하는 것 또는 권리남용은 강행규정에 위배되는 것이므로 당사자의 주장이 없더라도 법원은 직권으로 판단할 수 있다.
ㄹ. 강행법규에 위반한 자가 스스로 그 약정의 무효를 주장하는 것은 특별한 사정이 없는 한 신의성실의 원칙에 반하는 것으로서 허용되지 않는다.

① ㄱ, ㄴ
② ㄱ, ㄷ
③ ㄱ, ㄹ
④ ㄴ, ㄷ
⑤ ㄷ, ㄹ

02 **제한능력자의 행위능력에 관한 설명으로 옳지 <u>않은</u> 것은? (다툼이 있으면 판례에 따름)**

① 법정대리인의 동의 없이 신용구매계약을 체결한 미성년자는 특별한 사정이 없는 한 그 동의 없음을 이유로 위 계약을 취소할 수 있다.
② 미성년자가 법률행위를 함에 있어서 요구되는 법정대리인의 동의는 언제나 명시적이어야 하는 것은 아니고 묵시적으로도 가능하다.
③ 피성년후견인이 성년후견인의 동의 없이 일용품의 구입 등 일상생활에 필요하고 그 대가가 과도하지 아니한 법률행위를 한 경우, 성년후견인이 이를 취소할 수 없다.
④ 성년후견개시의 심판을 받은 자가 취소할 수 없는 범위에 속하는 법률행위를 성년후견인의 동의 없이 한 경우에는 유효한 법률행위가 성립한다.
⑤ 한정후견인의 동의가 있어야 하는 법률행위에 있어서 동의가 없으면 피한정후견인의 이익이 침해될 염려가 있음에도 동의하지 않는 경우, 피한정후견인이 동의 없이 법률행위를 하였다면 한정후견인은 이를 취소할 수 없다.

03 법인의 불법행위(민법 제35조)에 관한 설명으로 옳은 것은? (다툼이 있으면 판례에 따름)

① 법인의 불법행위는 대표권이 없는 이사가 제3자에 대하여 행한 불법행위에 의해서도 성립한다.
② 법인의 불법행위는 법인을 실질적으로 운영하면서 법인을 사실상 대표하여 법인의 사무를 집행하는 자가 법인사무에 관하여 제3자에 대하여 행한 불법행위에 대해서는 성립하지 않는다.
③ 법인의 불법행위는 감사의 행위에 의해서도 성립한다.
④ 법인의 불법행위는 대표기관이 법인의 목적범위 외의 행위로 인하여 타인에게 손해를 가한 때에도 인정된다.
⑤ 법인의 불법행위책임의 성립요건으로 요구되는 대표기관의 직무관련성은 행위의 외형을 기준으로 객관적으로 판단하여야 한다.

04 주물과 종물에 관한 설명으로 옳지 않은 것은? (다툼이 있으면 판례에 따름)

① 주택에 부속하여 지어진 연탄창고는 그 주택에서 떨어져 지어진 것일지라도 그 주택의 종물이다.
② 주물과 종물의 관계에 관한 법리는 특별한 사정이 없는 한 권리 상호 간의 관계에도 적용된다.
③ 물건이 주물의 소유자의 상용에 공여되고 있다면, 주물 그 자체의 효용과 직접관계가 없는 것도 종물이다.
④ 주물을 처분할 때에 특약으로 종물을 제외할 수 있고, 종물만을 별도로 처분할 수도 있다.
⑤ 저당권의 효력은 특별한 사정이 없는 한 당해 저당부동산의 종물에도 미친다.

05 불공정한 법률행위에 관한 설명으로 옳지 않은 것은? (다툼이 있으면 판례에 따름)

① 계약체결 당시 불공정한 법률행위가 아니더라도 사후에 외부 환경의 급격한 변화로 계약당사자 일방에게 큰 손실이, 상대방에게는 그에 상응하는 큰 이익이 발생할 수 있는 계약은 불공정한 계약에 해당한다.
② 폭리행위의 악의가 없거나 급부와 반대급부 사이에 현저한 불균형이 존재하지 않으면 불공정한 법률행위가 인정되지 않는다.
③ 대리인이 매매계약을 체결한 경우, 무경험은 그 대리인을 기준으로 판단하고 궁박상태에 있었는지의 여부는 본인의 입장에서 판단해야 한다.
④ 매매계약이 약정된 매매대금의 과다로 불공정한 법률행위에 해당하여 무효인 경우에 무효행위의 전환에 관한 민법 제138조가 적용될 수 있다.
⑤ 아무런 대가관계나 부담 없이 당사자 일방이 상대방에게 일방적인 급부를 하는 법률행위는 불공정한 법률행위가 아니다.

06 사기에 의한 의사표시에 관한 설명으로 옳지 않은 것은? (다툼이 있으면 판례에 따름)

① 사기에 의한 의사표시에는 의사와 표시의 불일치가 있을 수 없고, 단지 의사표시의 동기에 착오가 있을 뿐이다.

② 상대방의 대리인 등 상대방과 동일시할 수 있는 자의 사기는 제3자의 사기에 해당하지 않는다.

③ 상품의 선전·광고에 있어서 중요한 사항에 관하여 구체적 사실을 신의성실의 의무에 비추어 비난받을 정도의 방법으로 허위로 고지하는 것은 기망행위에 해당한다.

④ 사기에 의한 법률행위가 동시에 불법행위를 구성하는 때에는, 취소의 효과로 생기는 부당이득반환청구권과 불법행위로 인한 손해배상청구권은 경합하여 병존한다.

⑤ 사기에 의한 의사표시의 취소로써 대항하지 못하는 선의의 제3자란 취소 전부터 취소를 주장하는 자와 양립되지 않는 법률관계를 가졌던 제3자에 한한다.

07 의사표시의 효력발생에 관한 설명으로 옳지 않은 것은? (다툼이 있으면 판례에 따름)

① 준법률행위의 도달은 의사표시와 마찬가지로 사회관념상 상대방이 준법률행위의 내용을 알 수 있는 객관적 상태에 놓여졌을 때를 말한다.

② 의사표시의 상대방이 정당한 사유 없이 통지의 수령을 거절한 경우 상대방이 그 통지의 내용을 알 수 있는 객관적 상태에 놓여 있는 때에 의사표시의 효력이 발생한다.

③ 채권양도의 통지는 채무자의 주소 등에 해당하지 아니하는 장소에서라도 채무자가 사회통념상 그 통지의 내용을 알 수 있는 객관적 상태에 놓여졌을 때에 그 효력이 발생한다.

④ 보통우편의 방법으로 의사표시를 통지한 경우에도 발송되었다는 사실만 증명되면, 상당한 기간 내에 도달한 것으로 추정된다.

⑤ 표의자의 의사표시가 상대방에게 도달하기 전에 그 표의자가 사망한 경우, 상속인은 의사표시의 도달 전에 이를 철회할 수 있다.

08 **표현대리에 관한 설명으로 옳지 않은 것은? (다툼이 있으면 판례에 따름)**

① 비법인사단인 교회의 대표자가 교인총회의 결의를 거치지 않고 총유물인 교회재산을 처분한 행위에 대하여는 민법 제126조(권한을 넘은 표현대리)를 준용할 수 있다.

② 민법 제129조(대리권소멸후의 표현대리)에 의하여 인정되는 표현대리를 기본대리권으로 하여 그 권한을 넘는 표현대리가 성립할 수 있다.

③ 민법 제125조(대리권수여의 표시에 의한 표현대리)의 표현대리가 인정되려면, 대리행위의 상대방이 대리인으로 행위한 사람에게 실제로는 대리권이 없다는 점에 대하여 선의일 뿐만 아니라 무과실이어야 한다.

④ 민법 제126조의 표현대리가 인정되려면, 대리행위의 상대방이 대리행위가 대리권의 범위 내에 있다고 믿고 그와 같이 믿는 데 정당한 이유가 있을 것을 요한다.

⑤ 민법 제125조의 표현대리는 어떤 자가 본인을 대리하여 제3자와 법률행위를 함에 있어 본인이 그 자에게 대리권을 수여하였다는 표시를 제3자에게 한 경우에 성립한다.

09 **법률행위의 무효와 취소에 관한 설명으로 옳지 않은 것은? (다툼이 있으면 판례에 따름)**

① 취소의 의사표시란 반드시 명시적이어야 하는 것은 아니고, 취소자가 자신의 법률행위의 효력을 처음부터 배제하려고 한다는 의사가 드러나면 된다.

② 매매계약 체결 당시 일정한 기간 안에 토지거래허가를 받기로 약정하였다고 하더라도, 특별한 사정이 없는 한 그 약정기간이 경과하였다는 사정만으로 곧바로 매매계약이 확정적으로 무효가 된다고 할 수 없다.

③ 법률행위의 취소를 당연한 전제로 한 소송상의 이행청구나 이행거절 가운데는 취소의 의사표시가 포함되어 있다.

④ 무효인 계약의 성립에 기초하여 외견상 있는 것처럼 보이는 의무를 위반한 계약당사자를 상대로 하여 채무불이행을 이유로 하는 손해배상을 청구할 수 있다.

⑤ 징계해임이 정당한 사유나 절차의 흠결로 인하여 무효인 경우 직권해임으로서 정당한 사유 및 절차식 요건을 갖추었다 하더라도 직권해임으로서의 효력을 발휘할 수 없다.

10 **복대리에 관한 설명으로 옳지 않은 것은? (다툼이 있으면 판례에 따름)**

① 복대리인은 대리인의 보조자 내지 대리인의 대리인이다.
② 임의대리인은 원칙적으로 복임권을 갖지 못한다.
③ 법정대리인은 재산상의 법률행위에 대하여 복임권이 있다.
④ 복대리인은 행위능력자임을 요하지 아니한다.
⑤ 甲이 채권자를 특정하지 않은 채 부동산을 담보로 제공하면서 금원을 차용해 줄 것을 乙에게 위임하였다면, 甲의 의사에는 '복대리인 선임에 관한 승낙'이 포함되어 있다.

11 **조건과 기한에 관한 설명으로 옳지 않은 것은? (다툼이 있으면 판례에 따름)**

① 불확정기한부 법률행위는 특별한 사정이 없는 한 그 법률행위에 따른 채무가 이미 발생한 것으로 본다.
② 기성조건이 정지조건이면 조건 없는 법률행위가 된다.
③ 조건부 법률행위에서 조건은 외부에 표시되지 않으면 그 법률행위의 동기에 불과하다.
④ 조건을 붙이는 것이 허용되지 않는 법률행위에 조건을 붙인 경우 그 법률행위는 조건 없는 법률행위로서 유효하다.
⑤ 부관이 붙은 법률행위에 있어서 부관에 표시된 사실이 발생하지 않으면 채무를 이행하지 않아도 된다고 보는 것이 상당한 경우 그 부관은 조건으로 보아야 한다.

12 **제척기간에 관한 설명으로 옳지 않은 것은? (다툼이 있으면 판례에 따름)**

① 형성권은 제척기간의 경과 자체만으로 곧 권리 소멸의 효과가 발생하지 않는다.
② 수급인의 하자담보책임기간은 재판상 또는 재판 외의 권리행사기간인 제척기간이다.
③ 민법 제146조에서 규정하는 취소권의 행사기간은 제척기간으로서 법원의 직권조사 사항이다.
④ 매매예약완결권의 행사기간은 제척기간으로 해석되며, 기간의 중단이 있을 수 없다.
⑤ 점유보호청구권의 행사기간은 제척기간으로, 재판 외에서 권리를 행사할 수 있는 기간이 아니라 반드시 그 기간 내에 소를 제기하여야 하는 출소기간이다.

13 **등기의 권리 추정력에 관한 설명으로 옳지 않은 것은? (다툼이 있으면 판례에 따름)**

① 甲이 X건물을 신축하였으나 그 건물이 乙 명의로 소유권보존등기가 된 경우, 乙 명의의 보존등기에 대한 권리 추정력은 부정된다.

② 甲이 자신의 X건물을 乙에게 매도하고 소유권이전등기를 하여 준 경우, 乙은 제3자 뿐만 아니라 甲에 대해서도 적법한 등기원인에 의하여 소유권을 취득한 것으로 추정된다.

③ 甲이 X건물에 대한 乙 명의의 소유권보존등기를 말소해 달라는 청구소송에서 승소판결을 받아 그 보존등기를 말소하고 자신의 명의로 소유권보존등기를 마친 경우, 위 판결이 공시송달절차에 의한 것이더라도 甲 명의의 소유권보존등기는 적법한 것으로 추정된다.

④ 甲 소유의 X건물을 乙이 丙에게 매도하고 소유권이전등기를 하여 준 경우, 丙이 乙을 甲의 대리인이라고 주장하면, 丙 명의의 등기가 원인무효임을 이유로 말소하기 위해서는 甲이 乙에게 대리권이 없다는 사실을 증명하여야 한다.

⑤ 미성년자인 甲이 자신의 X건물을 친권자 乙에게 증여하고 소유권이전등기를 하여 준 경우, 그 증여행위는 이해상반행위로서 특별한 사정이 없는 한 乙의 이전등기는 적법한 것으로 추정되지 않는다.

14 **甲은 무단으로 자신의 명의로 X토지에 관한 소유권보존등기를 하고 있다가, 매매를 원인으로 하여 乙 명의로 소유권을 이전해주었다. 그런데 X토지의 정당한 소유자 丙이 甲에 대해서는 소유권보존등기말소를, 乙에 대해서는 소유권이전등기말소를 구하는 소를 제기하였다. 이 소송에서 법원은 甲 명의의 소유권보존등기는 원인무효이므로 그 말소등기절차를 이행할 의무가 있지만, 乙 명의의 소유권이전등기에 대해서는 등기부취득시효가 완성되어 실체관계에 부합하는 유효한 등기라고 판시하였고, 이 판결은 곧 확정되었다. 이에 대한 설명으로 옳은 것을 모두 고른 것은? (다툼이 있으면 판례에 따름)**

ㄱ. 丙의 甲에 대한 소유권보존등기말소청구는 소유권에 기한 방해배제청구권의 성격을 갖는다.
ㄴ. 丙의 甲에 대한 소유권보존등기말소청구가 승소판결로 확정되었더라도 그 청구권의 법적 성격이 채권적 청구권으로 바뀌지는 않는다.
ㄷ. 丙은 甲에 대하여 불법행위를 이유로 손해배상을 청구할 수 있다.
ㄹ. 丙은 甲에 대하여 이행불능에 근거하여 X토지의 시가 상당액에 대한 전보배상을 청구할 수 있다.

① ㄱ, ㄴ
② ㄷ, ㄹ
③ ㄱ, ㄴ, ㄷ
④ ㄴ, ㄷ, ㄹ
⑤ ㄱ, ㄴ, ㄷ, ㄹ

15 甲은 2015년 초에 乙 소유의 X토지를 매입하면서, 친구인 丙이 乙과의 매매계약을 통하여 丙 명의로 소유권이전등기를 하되 나중에 甲이 원하면 甲의 명의로 X토지의 소유권을 이전해 주기로 丙과 합의한 후, 매매대금 명목으로 丙에게 5억 원을 건네주었다. 수일 후 丙은 이러한 사정을 모르는 乙과 매매계약을 체결하고 같은 날 丙 명의의 소유권이전등기를 마쳤다. 그 후 丙이 X토지의 소유관계를 알고 있는 丁에게 매각하고 소유권이전등기를 넘겨주었다. 이에 대한 설명으로 옳지 않은 것은? (다툼이 있으면 판례에 따름)

① 甲과 丙 사이의 합의는 무효이다.
② 丙은 X토지의 소유권을 적법하게 취득한다.
③ 丁은 X토지의 소유권을 적법하게 취득한다.
④ 甲의 丙에 대한 부당이득반환청구로서 X토지의 소유권을 甲에게 이전하라는 것은 허용되지 않는다.
⑤ 甲은 丙에게 지급한 매수자금 5억 원의 반환을 청구할 수 없다.

16 甲, 乙, 丙이 X토지를 각각 4:2:1의 지분비율로 공유하고 있다. 이에 관한 설명으로 틀린 것을 모두 고른 것은? (다툼이 있으면 판례에 따름) **기출 변형**

ㄱ. 乙이 甲, 丙과 협의 없이 X토지 지상에 Y건물을 신축한 경우, 丙은 乙에게 Y건물의 철거 및 X토지의 인도를 청구할 수 있다.
ㄴ. 乙과 丙으로부터 X토지를 임차한 丁은 이에 동의하지 않은 甲에게 임대차의 효력을 주장할 수 있다.
ㄷ. 甲이 X토지의 개량을 위하여 단독으로 丁과 공사계약을 체결하면서 공사비용을 甲 자신이 전액 지급하기로 약정하였더라도, 乙과 丙 역시 丁에게 그들의 지분에 상응하는 공사비를 지급할 의무를 부담한다.
ㄹ. 甲, 乙, 丙이 X토지를 구분소유하는 경우 甲의 공유지분 위에 근저당권이 설정된 후 구분소유적 공유관계가 해소되어 각자의 단독소유로 분할되었다면, 그 근저당권은 甲의 단독소유로 분할된 토지에 집중된다.

① ㄱ
② ㄱ, ㄴ
③ ㄱ, ㄹ
④ ㄱ, ㄷ, ㄹ
⑤ ㄱ, ㄴ, ㄷ, ㄹ

17 甲 소유의 X건물을 임차하여 점유한 乙이 丙과 도급계약을 체결하고 X건물을 수리하게 하여 그 건물의 가치가 증가하였다. 이 사안에 관한 설명으로 옳은 것을 모두 고른 것은? (다툼이 있으면 판례에 따름)

> ㄱ. 丙이 X건물을 수리하던 중 丁이 무단으로 X건물에 침입한 경우, 乙은 丁을 상대로 X건물의 점유권에 근거하여 방해배제를 청구할 수 없다.
> ㄴ. 丙은 甲을 상대로 수리비 상당액의 부당이득반환을 청구할 수 없다.
> ㄷ. 丙은 민법 제203조에 따라 甲을 상대로 수리비 상당의 비용상환을 청구할 수 있다.
> ㄹ. 甲이 X건물의 소유권을 戊에게 이전한 경우, 乙은 민법 제203조에 따라 戊를 상대로 수리비 상당의 비용상환을 청구할 수 있다.

① ㄱ
② ㄴ
③ ㄷ
④ ㄴ, ㄹ
⑤ ㄷ, ㄹ

18 A토지와 그 지상의 B건물을 등기하여 소유하는 甲은 A토지의 자투리 공간에 C건물을 완공하였으나 보존등기를 하지 않은 채 A, B, C 모두를 乙에게 일괄 매도하고 인도하였다. 乙은 A토지와 B건물에 관하여 소유권이전등기를 하였으나 C건물에 대해서는 소유권이전등기를 하지 않고 있었다. 그 후 乙이 은행으로부터 돈을 빌리면서 A토지에 근저당권을 설정하였는데, 이것이 경매되어 丙이 매수대금을 완납하고 A토지의 소유권을 취득하였다. 이어 乙은 B건물과 C건물 역시 丁에게 매도하고 인도하였는데, B건물에 대해서는 丁의 명의로 소유권이전등기가 되었고, C건물은 여전히 미등기 상태로 남아 있다. 이에 관한 설명으로 옳은 것은? (다툼이 있으면 판례에 따름)

① 甲은 乙에게 A토지의 소유권을 넘겨주는 때에 C건물을 위한 관습법상 법정지상권을 취득한다.
② C가 무허가건물인 경우에는 무허가건물이라는 이유만으로도 C의 소유자는 그 건물의 소유를 위한 관습법상 법정지상권을 취득할 수 없다.
③ 丙이 A토지의 소유권을 취득한 때 乙은 B건물을 위한 법정지상권을 취득한다.
④ 만일 乙이 근저당권 설정 당시 존재하던 B건물을 철거하고 D건물을 신축한 후에 A토지에 대한 저당권이 실행되었다면, B건물과 D건물의 동일성이 인정되지 않는 한 乙은 D건물을 위한 법정지상권을 취득할 수 없다.
⑤ 丁은 지상권등기를 하지 않아도 B건물을 위한 법정지상권을 취득한다.

19 **甲은 자신의 소유인 X주택을 乙에게 빌려주고 전세권을 설정하였다. 이에 관한 설명으로 옳은 것을 모두 고른 것은? (다툼이 있으면 판례에 따름)**

> ㄱ. 甲과 乙 사이의 전세권설정계약이 그 합의에 따라 해지되더라도 乙은 전세권과 분리하여 전세금반환채권을 양도할 수 없다.
> ㄴ. X주택의 소유권이 丙에게 양도된 후 전세권이 계약기간의 만료에 따라 소멸하면, 乙은 甲에 대해서도 전세금반환을 청구할 수 있다.
> ㄷ. 丁이 乙의 전세권에 대하여 저당권을 취득한 후 乙의 전세권이 기간만료로 소멸하면, 丁은 전세금반환채권에 대한 압류의 방법으로 권리를 행사하여 甲에 대해 전세금의 지급을 청구할 수 있다.

① ㄱ
② ㄴ
③ ㄷ
④ ㄱ, ㄴ
⑤ ㄱ, ㄴ, ㄷ

20 **甲건설회사는 乙회사와 공사비 10억 원의 공장건축의 도급계약을 맺고 1년 후 약정대로 공장을 완공하였으며, 乙회사는 이를 보존등기 하였다. 甲은 공사대금 중 5억 원은 지급받았으나 공장완공 후에도 잔금 5억 원을 받지 못하고 있던 중, 乙회사가 부도가 나자 공사잔금채권을 확보하기 위해 직원을 보내 위 공장을 점유하였다. 그런데 공장은 완공과 동시에 丙은행에 근저당권이 설정되었고, 甲의 점유 직후에 경매가 진행되어 이를 매수한 丁에게 소유권이 이전되었다. 이에 관한 설명으로 옳은 것은? (다툼이 있으면 판례에 따름)**

① 채권발생 후에 공장을 점유한 甲은 공장에 대한 유치권을 주장하지 못한다.
② 甲이 공장을 점유하는 과정에서 폭력을 사용하는 등의 불법행위가 있었더라도 공장을 점유한 이상 유치권은 성립한다.
③ 丙 은행에 근저당권이 설정된 후에 공장을 점유한 甲은 매수인 丁에 대해서는 유치권을 주장하지 못한다.
④ 甲이 丁에게 유치권을 행사할 수 있다는 것은 丁에게 직접 공사잔금 5억 원을 청구할 수 있음을 뜻한다.
⑤ 공장을 유치하기 위한 방법으로 甲으로부터 공장의 점유를 위탁받은 戊에게 乙회사가 자신의 소유라고 하면서 반환을 청구할 경우, 戊는 이를 거절할 수 있다.

21 **채무자 甲은 채권자 乙을 위하여 자신의 丙에 대한 금전채권에 대하여 질권을 설정하였다. 이에 관한 설명으로 옳은 것은? (다툼이 있으면 판례에 따름)**

① 甲이 질권의 목적인 채권을 양도하기 위해서는 乙의 동의를 요한다.
② 丙이 질권설정 사실을 승낙한 후 그 질권설정계약이 합의해지된 경우, 甲이 해지를 이유로 丙에게 원래의 채권으로 대항하려면 甲이 丙에게 해지 사실을 통지하여야 한다.
③ 甲과 丙이 질권의 목적된 권리를 소멸하게 하는 행위를 하였더라도 이는 乙에 대한 관계에 있어 무효일 뿐이어서 특별한 사정이 없는 한 乙 아닌 제3자가 그 무효의 주장을 할 수는 없다.
④ 甲에게 이미 변제한 丙이 착오로 乙에게 이의를 보류하지 아니하고 승낙하였다면, 乙에게 중과실이 있다고 하여도 丙은 변제로 乙에게 대항하지 못한다.
⑤ 乙이 丙에게 직접청구권을 행사하여 변제받은 경우, 입질채권의 발생원인인 계약관계가 무효였다면 丙은 乙을 상대로 부당이득반환을 청구할 수 있다.

22 **근저당권에 관한 설명으로 옳지 않은 것은? (다툼이 있으면 판례에 따름)**

① 물상보증인이 근저당권 채무자의 채무만을 면책적으로 인수하고 이를 원인으로 하여 근저당권 변경의 부기등기가 경료된 경우, 그 후 물상보증인이 다른 원인으로 근저당권자에 대하여 부담하게 된 새로운 채무까지 담보하는 것은 아니다.
② 근저당권에 기해 경매신청을 하면 경매신청시에 근저당 채무액이 확정되고, 경매신청에 따른 경매개시결정이 있은 후에 경매신청이 취하되더라도 채무확정의 효과가 번복되지 않는다.
③ 존속기간이나 결산기의 정함이 없는 때에는 특별한 사정이 없으면 근저당권설정자가 근저당권자를 상대로 언제든지 해지의 의사표시를 함으로써 피담보채무를 확정시킬 수 있다.
④ 근저당권설정등기가 원인 없이 말소된 이후에, 근저당목적물인 부동산에 관하여 다른 근저당권자의 신청에 따라 경매절차가 진행되어 매각허가결정이 확정되고 매수인이 매각대금을 완납하였더라도, 그 근저당권은 소멸하지 않는다.
⑤ 근저당권에 있어서 피담보채무의 이자는 최고액 중에 산입한 것으로 본다.

23 甲 소유의 X토지와 乙 소유의 Y건물에 甲의 丙에 대한 채무 5억 원을 담보하기 위하여 공동저당권이 설정되었고, X토지에는 甲의 丁에 대한 피담보채무 4억 원을 담보하기 위하여 丁 명의의 2번 저당권이 설정되었다. X토지와 Y건물의 경매대가가 각각 4억 원인 경우, 옳은 것을 모두 고른 것은? (매각 비용, 이자는 고려하지 않으며, 다툼이 있으면 판례에 따름)

> ㄱ. X토지의 경매대가가 먼저 배당되는 경우, 丁은 Y건물의 경매대가에서 배당받지 못한다.
> ㄴ. Y건물의 경매대가가 먼저 배당되는 경우, 乙은 X토지의 경매대가에서 3억 원을 배당받을 수 있다.
> ㄷ. X토지와 Y건물의 경매대가가 동시에 배당되는 경우, 丁은 Y건물의 경매대가에서 1억 5천만 원을 배당받을 수 있다.

① ㄴ
② ㄱ, ㄴ
③ ㄱ, ㄷ
④ ㄴ, ㄷ
⑤ ㄱ, ㄴ, ㄷ

24 甲이 乙에 대한 1억 원의 채무를 담보하기 위하여 자신의 소유인 X기계를 乙에게 점유개정의 방법으로 양도하였다. 그 후 甲이 丙에 대한 다른 금전채무 5천만 원을 담보하기 위하여 다시 점유개정의 방법으로 X기계를 丙에게 양도하였다. 이에 관한 설명으로 옳은 것을 모두 고른 것은? (다툼이 있으면 판례에 따름)

> ㄱ. 甲과 乙 사이의 대내적 관계에서 X기계의 소유권은 乙에게 있다.
> ㄴ. 甲이 X기계에 대한 점유를 상실하면 乙은 X기계에 대한 양도담보권을 상실한다.
> ㄷ. 丙은 선의취득에 의하여 양도담보권을 취득한다.
> ㄹ. 丙이 乙에게 양도담보권이 있음을 알면서 甲으로부터 그 기계를 인도받아 제3자에게 처분함으로써 乙의 담보권실행을 방해하였다면, 丙의 행위는 위법한 것으로 불법행위에 기한 손해배상청구의 대상이 될 수 있다.

① ㄹ
② ㄱ, ㄷ
③ ㄴ, ㄹ
④ ㄱ, ㄴ, ㄷ
⑤ ㄴ, ㄷ, ㄹ

25 채권에 관한 설명으로 옳지 않은 것은? (다툼이 있으면 판례에 따름)

① 목적물의 인도장소가 정해지지 않은 경우 특정물의 인도는 채권성립 당시 그 물건이 있던 장소에서 하여야 한다.

② 특정물채권에서 채무자의 목적물에 대한 선관주의의무의 존속기간은 특정물채무의 성립시부터 이행기까지이다.

③ 종류채권에서 지정권자로 된 채무자가 이행기가 지나도 이행할 물건을 지정하지 않는 경우, 채권자가 상당한 기간을 정하여 최고하였으나 채무자가 이행할 물건을 지정하지 않으면 지정권은 채권자에게 이전한다.

④ 이미 발생한 이자에 관하여 채무자가 이행을 지체한 경우에는 그 이자에 대한 지연손해금을 청구할 수 있다.

⑤ 채무자가 자신이 가진 주식의 일부분을 담보로 제공하기로 한 경우, 담보약정에 기한 채권은 제한종류채권에 해당한다.

26 손해배상에 관한 설명으로 옳지 않은 것은? (다툼이 있으면 판례에 따름)

① 이행불능 후에 가격이 등귀하였다고 하여도 매도인이 이행불능 당시 이를 알았거나 알 수 있었던 경우에만 등귀한 가격에 의한 손해배상을 청구할 수 있다.

② 불법행위의 직접적 대상에 대한 손해가 아닌 간접적 손해는 가해자가 그 사정을 알았거나 알 수 있었을 것이라고 인정되는 경우에만 배상책임이 있다.

③ 재산상 손해의 발생이 인정되는데도 입증곤란 등의 이유로 그 손해액의 확정이 불가능하여 그 배상을 받을 수 없다는 사정은 위자료의 증액사유로 참작할 수 있다.

④ 손해발생으로 인하여 피해자에게 이득이 생겼다면 손해액을 산정할 때 먼저 손익상계를 한 후에 과실상계를 하여야 한다.

⑤ 손해배상액 산정에서 손익상계가 허용되기 위해서는 피해자의 이득이 배상의무자가 배상하여야 할 손해의 범위에 대응하는 것이어야 한다.

27 **채무불이행에 관한 설명으로 옳은 것은? (다툼이 있으면 판례에 따름)**

① 임차건물이 화재로 소실된 경우 그 화재의 발생 원인이 불명이면, 임차인은 임차건물의 보존에 관한 선관주의의무를 다하지 않은 경우에도 그 책임을 면한다.
② 이행보조자의 불법행위로 인하여 채무자가 채무불이행책임을 부담하는 경우 이행보조자의 손해배상책임과 채무자의 채무불이행책임은 연대채무관계에 있다.
③ 채무자의 제3채무자에 대한 채권의 가압류가 있는 경우에는 그 채권의 이행기가 도래하였다고 하더라도 제3채무자는 그 지체책임을 부담하지 않는다.
④ 채무불이행으로 인하여 계약이 합의해제 되었더라도 손해배상을 금하는 특약이 없는 한 채무불이행으로 인한 손해배상을 청구할 수 있다.
⑤ 이행거절이라는 채무불이행이 인정되기 위해서는 채무를 이행하지 아니할 채무자의 명백한 의사표시가 위법한 것으로 평가되어야 한다.

28 **甲, 乙, 丙은 丁에 대하여 3,000만 원의 연대채무를 부담하고 있으며, 그 부담부분이 균등한 경우에 관한 설명으로 옳지 않은 것은? (다툼이 있으면 판례에 따름)**

① 甲이 丁에게 900만 원을 변제하였다면 甲은 乙과 丙에게 각 300만 원씩 구상할 수 있다.
② 乙이 변제기가 도래한 丁에 대한 2,000만 원의 금전채권을 자동채권으로 하여 상계한 경우, 2,000만 원의 범위 내에서 甲과 丙의 채무도 소멸한다.
③ 乙이 丁에 대한 채권으로 상계하지 않는 경우, 甲은 乙의 丁에 대한 금전채권을 자동채권으로 하여 1,000만 원의 범위 내에서 상계할 수 있다.
④ 丁의 甲에 대한 채권이 시효완성으로 인하여 소멸하였다면 乙과 丙도 채무를 전부 면하게 된다.
⑤ 丁이 丙에 대하여 채무 전부를 면제해 주었다면 이제 甲과 乙은 丁에 대하여 2,000만 원의 연대채무를 부담하게 된다.

29 **이행지체의 성립과 관련한 설명으로 옳지 않은 것은? (다툼이 있으면 판례에 따름)**

① 2016년 1월 12일(화)까지 채무를 이행하기로 한 경우에는 2016년 1월 13일부터 지체책임을 진다.

② 지시채권의 경우 확정기한이 정하여져 있는 때에도 그 기한이 도래한 후 소지인이 증서를 제시하여 이행을 청구한 때로부터 지체책임이 있다.

③ 2016년 1월 12일(화)에 채권자가 방문하면 상품을 인도하기로 하였으나 채권자가 오지 않아서 이행을 못한 때에는, 2016년 1월 13일이 지나도 채무자는 지체책임을 지지 않는다.

④ 원인채무의 이행확보를 위해 발행한 어음의 반환과 원인채무의 이행이 동시이행관계에 있는 경우, 원인채무의 이행기가 지났다 하더라도 채무자는 어음을 반환받을 때까지는 이행지체책임을 지지 않는다.

⑤ 금전채무의 채무자는 확정된 지연손해금채무에 대하여 채권자로부터 이행청구를 받은 때부터 지체책임을 진다.

30 **甲이 자신의 乙에 대한 매매대금채권을 丙에게 양도한 경우에 관한 설명으로 옳은 것은? (다툼이 있으면 판례에 따름)**

① 丙이 乙에게 자신의 명의로 된 확정일자 있는 채권양도통지서를 발송하여 도달되었다면, 특별한 사정이 없는 한 丙은 乙에게 위 채권양도로 대항할 수 있다.

② 매매대금채권에 관하여 甲과 乙 사이에 양도금지 특약이 있다면, 乙은 경과실로 이를 알지 못한 丙에게 위 특약으로써 대항할 수 있다.

③ 丙이 乙로부터 변제를 받은 후 甲과 乙 사이의 매매계약이 해제되었다면 乙은 직접 丙에게 급부의 반환을 청구할 수 있다.

④ 甲이 乙에 대한 위 채권을 丁에게도 양도하였고 丙과 丁에 대한 양도에 대하여 확정일자 있는 증서에 의한 통지가 이루어졌다면 丙과 丁 간의 우열은 확정일자의 선후에 의한다.

⑤ 丙이 乙에 대하여 매매대금의 지급을 소구(訴求)하였다고 하더라도 丙이 아직 대항요건을 갖추지 못하였다면 丙의 재판상 청구는 소멸시효 중단사유로 인정되지 않는다.

31 **채무인수에 관한 설명으로 옳지 않은 것은? (다툼이 있으면 판례에 따름)**

① 채무인수계약에 있어서 당사자 의사가 면책적 채무인수인지 중첩적 채무인수인지 분명하지 아니한 경우, 중첩적 채무인수로 보아야 한다.

② 계약당사자 중 일방이 상대방의 승낙을 얻어 계약상 당사자의 지위를 포괄적으로 제3자에게 이전하는 경우, 제3자는 종래 계약에서 이미 발생한 채권·채무도 모두 이전 받는다.

③ 중첩적 채무인수인이 채권자에 대한 채권을 자동채권으로 하여 채권자의 인수인에 대한 채권을 대등액에서 상계한 경우, 원채무자의 채권자에 대한 채무도 그 범위에서 소멸된다.

④ 토지매수인이 그 토지에 관한 임대차보증금 반환채무 등을 인수하면서 채무액을 매매대금에서 공제하기로 약정한 경우, 그 인수는 특별한 사정이 없는 한 면책적 채무인수로 보아야 한다.

⑤ 인수인이 채무자의 부탁을 받지 아니하고 채권자와의 계약으로 채무를 중첩적으로 인수한 경우, 채무자와 인수인은 부진정연대관계에 있는 것으로 보아야 한다.

32 **대물변제에 관한 설명으로 옳지 않은 것은? (다툼이 있으면 판례에 따름)**

① 채무자가 채권자에게 채무변제에 갈음하여 다른 채권을 양도하기로 한 경우, 채권양도의 요건을 갖추어 대체급부가 이루어짐으로써 원래의 채무는 소멸한다.

② 채무자가 채권자에게 채무변제에 갈음하여 다른 채권을 양도하기로 한 경우, 양도인은 양도된 채권의 채무자의 변제자력까지 담보하는 것으로 보아야 한다.

③ 채무자가 채무 담보를 위해 대물변제의 예약을 한 후 같은 채권자로부터 추가로 채무를 지는 경우에는 특별한 사정이 없는 한 추가되는 채무도 대물변제 예약의 대상이 되는 채무 범위에 포함된다.

④ 대물변제가 채무소멸의 효력을 발생하려면 채무자가 본래의 이행에 갈음하여 행하는 다른 급부가 현실적인 것이어야 한다.

⑤ 대물변제예약완결권의 행사기간에 관한 약정이 없는 때에는 그 권리가 발생한 때로부터 10년 내에 이를 행사하여야 하고, 이 기간을 도과한 때에는 예약완결권은 소멸한다.

33 **동시이행의 항변권에 관한 설명으로 옳지 않은 것은? (다툼이 있으면 판례에 따름)**

① 당사자 쌍방의 채무가 각각 별개의 계약에 의하여 생긴 경우에는 특별한 사정이 없는 한 동시이행의 항변권이 인정되지 않는다.

② 당사자 일방의 채무가 손해배상채무로 전환되는 경우 본래의 채무와 손해배상채무는 동일성을 유지하므로 동시이행항변권은 존속한다.

③ 공사도급계약의 도급인이 자기 소유의 토지에 근저당권을 설정하여 수급인으로 하여금 공사에 필요한 자금을 대출받도록 한 경우, 수급인의 근저당권말소의무는 도급인의 공사대금채무보다 먼저 이행되어야 한다.

④ 매수인이 선이행해야 할 중도금을 지급하지 않은 채 잔대금지급일을 경과한 경우, 매수인의 중도금과 지연손해금 및 잔대금지급채무와 매도인의 소유권이전등기의무는 특별한 사정이 없는 한 동시이행관계에 있다.

⑤ 당사자 일방이 먼저 현실의 제공을 함으로써 상대방을 수령지체에 빠지게 하였다하더라도 그 이행의 제공이 계속되지 않는 경우에는 과거에 이행의 제공이 있었다는 사실만으로 상대방이 가지는 동시이행의 항변권이 소멸하지 않는다.

34 **甲이 乙을 대위하여 丙에 대하여 채권자대위권을 행사한 경우에 관한 설명으로 옳은 것은? (다툼이 있으면 판례에 따름)**

① 乙이 丙에 대하여 채무의 이행을 청구하는 소를 제기하였다가 패소한 경우에도 甲은 丙에 대하여 채권자대위권을 행사할 수 있다.

② 甲이 丙에 대하여 채권자대위권을 행사한 경우 丙은 甲의 乙에 대한 채권이 시효로 소멸하였음을 주장할 수 있다.

③ 甲이 乙에 대하여 이행청구의 소를 제기하여 승소한 경우에도, 丙은 甲의 채권자대위권 행사에 대항하여 乙에 대한 甲의 채권이 무효임을 주장할 수 있다.

④ 무자력인 丙이 자신의 채무자인 丁의 채무를 면제함으로써 乙에 대한 관계에서 사해행위를 한 경우, 甲은 丙의 사해행위를 취소하기 위하여 乙의 채권자취소권을 대위할 수 있다.

⑤ 甲이 채권자대위권을 행사하는 과정에서 비용을 지출하였더라도 甲은 乙에게 그 비용의 상환을 청구할 수 없다.

35 **해약금(민법 제565조)에 관한 설명으로 옳은 것은? (다툼이 있으면 판례에 따름)**

① 계약당사자가 위 규정상의 해약권을 배제하는 약정을 한 경우에 그 약정은 유효하다.

② 매도인이 계약금의 배액을 상환하고 계약을 해제하려면 계약해제의 의사표시를 하고 계약금 배액을 지급하여야 하며, 상대방이 수령하지 않는 경우에는 이를 공탁하여야 한다.

③ 계약당사자가 위 민법규정에 따라 매매계약을 해제하는 경우, 상대방에 대하여 원상회복은 청구할 수 없으나 채무불이행을 이유로 손해배상은 청구할 수 있다.

④ 매도인이 매수인에게 매매계약의 이행을 최고하고 매매잔대금의 지급을 구하는 소송을 제기한 것만으로도 이행에 착수한 것이다.

⑤ 토지거래허가구역 내 토지에 관하여 매매계약을 체결하고 계약금만 주고받은 상태에서 토지거래허가를 받았다면, 매도인은 이제 더 이상 해약금규정에 따른 계약해제를 할 수 없다.

36 **계약해제에 관한 설명으로 옳지 <u>않은</u> 것은? (다툼이 있으면 판례에 따름)**

① 채권자가 채무불이행을 이유로 하여 계약을 적법하게 해제한 후에도 채무자는 착오를 이유로 그 계약을 취소할 수 있다.

② 채권자대위권행사의 통지를 받은 후 채무자의 채무불이행을 이유로 제3채무자가 매매계약을 해제한 경우, 특별한 사정이 없는 한 그 제3채무자는 계약해제로써 대위권을 행사하는 채권자에게 대항할 수 없다.

③ 매도인의 소유권이전등기의무가 이행불능임을 이유로 매매계약을 해제함에 있어서, 상대방의 잔대금 지급의무가 매도인의 소유권이전등기의무와 동시이행관계에 있더라도 그 이행의 제공을 필요로 하지 않는다.

④ 제3자를 위한 계약에서 수익자는 낙약자의 채무불이행을 이유로 계약을 해제할 수 없다.

⑤ 수증자가 증여자에 대하여 범죄행위를 한 경우에 증여자는 그 증여를 해제할 수 있지만, 그 해제는 이미 이행한 부분에는 효력을 미치지 않는다.

37 **도급에 관한 설명으로 옳지 않은 것은? (다툼이 있으면 판례에 따름)**

① 수급인이 재료의 전부 또는 주요부분을 제공한 경우 특약이나 기타 특별한 사정이 없으면 완성된 건물의 소유권은 수급인에게 속한다.

② 건설공사 도급계약에서 많이 행해지는 지체상금 약정의 법적 성질은 손해배상액의 예정이므로 법원은 이를 감액할 수도 있다.

③ 제작물공급계약에서 그 제작물이 부대체물인 경우에는 도급에 관한 규정이 적용된다.

④ 수급인의 하수급인에 대한 하도급 공사대금채무를 인수한 도급인은 수급인의 하수급인에 대한 하자보수청구권 내지 하자에 갈음한 손해배상채권 등에 기한동시이행의 항변으로 하수급인에게 대항할 수 있다.

⑤ 건축주 사정으로 공사가 중단된 미완성의 건물을 인도받아 완공하였다면, 그 건물이 공사 중단 시점에서 사회통념상 독립한 건물이라고 볼 수 있는 형태와 구조를 갖추고 있었더라도 완공자가 그 건물의 소유권을 원시취득한다.

38 **조합계약에 관한 설명으로 옳지 않은 것은? (다툼이 있으면 판례에 따름)**

① 조합원 중에 변제할 자력이 없는 자가 있는 때에는 그 변제할 수 없는 부분에 대해서는 다른 조합원이 출자가액에 비례하여 변제할 책임이 있다.

② 조합이 그 목적을 달성하여 해산된 경우, 별도로 처리할 조합의 잔무가 없고 다만 잔여재산을 분배하는 일만이 남아 있을 때에는 따로 청산절차를 거칠 필요가 없다.

③ 조합원 3분의 2 이상의 찬성으로 일부 조합원을 업무집행자로 선임할 수 있지만, 그를 해임하기 위해서는 조합원의 일치된 의사가 있어야 한다.

④ 조합의 대표조합원이 그 대표자격을 밝히고 어음상의 서명을 하는 경우에는 그 조합의 대표자격을 밝히기만 하면 유효한 것이며 반드시 어음행위의 본인이 되는 전조합원을 구체적으로 표시할 필요는 없다.

⑤ 동업자들이 공동으로 처리해야 할 업무를 동업자 중 1인에게 그 업무집행을 위임하여 처리하도록 한 경우, 다른 동업자는 그 1인의 업무집행 과정에서 발생한 불법행위에 대해 사용자책임을 진다.

39 **사무관리에 관한 설명으로 옳은 것은? (다툼이 있으면 판례에 따름)**

① 사무관리의 성립요건인 '타인을 위하여 사무를 처리하려는 의사'는 관리자 자신의 이익을 도모하려는 의사와 병존할 수 없다.

② 甲이 乙과의 계약에 따라 丙의 사무를 처리한 경우에 원칙적으로 甲과 丙 사이에서는 사무관리가 성립하지 않는다.

③ 사무관리자가 본인의 의사에 반하여 사무를 관리한 때에는 본인에 대하여 비용의 상환을 청구할 수 없다.

④ 사무관리자는 본인에 대하여 비용의 상환을 청구할 수 있는 외에 사무관리에 의하여 결과적으로 사실상 이익을 얻은 다른 제3자에 대하여 직접 부당이득반환을 청구할 수도 있다.

⑤ 사무관리 관계의 종료를 위해서는 본인이 명시적으로 관리자에게 그 목적인 사무를 스스로 직접 관리하겠다는 의사표시를 하여야 한다.

40 **부당이득에 관한 설명으로 옳지 않은 것은? (다툼이 있으면 판례에 따름)**

① 어업권의 임대차를 금지하는 구 수산업법 규정을 위반하여 어업권을 임대한 어업권자는 임차인이 어장을 점유·사용함으로써 얻은 이익을 부당이득으로 반환청구할 수 있다.

② 고의의 불법행위를 원인으로 한 부당이득반환채권을 수동채권으로 하는 상계는 허용된다.

③ 과반수 지분의 공유자가 다른 공유자들의 허락 없이 공유토지의 전부를 배타적으로 점유·사용하고 있는 경우 다른 공유자들은 부당이득반환채권을 가진다.

④ 확정판결 이후 그 내용에 반하는 다른 확정판결이 있더라도 최초 확정판결이 취소되지 않는 한 최초 확정판결에 기한 강제집행으로 교부받은 금전이 부당이득이라고 할 수는 없다.

⑤ 부동산에 대한 점유취득시효가 완성된 경우 소유명의자는 점유자가 시효가 완성되기까지 그 부동산으로부터 얻은 이익에 대하여 부당이득반환청구를 할 수 없다.

2015년 제52회 기출문제

Time 분 | 해설편 383p

01 **법률행위의 대리에 관한 설명으로 옳지 않은 것은?**

① 甲의 대리인 乙이 대리행위를 하면서 甲을 위한 것임을 표시하지 않은 경우, 乙은 착오를 이유로 의사표시를 취소할 수 있다.

② 甲이 乙에게 재산관리에 관한 대리권을 수여하였지만 그 대리권의 범위가 명확하지 않은 경우, 乙은 甲의 주택을 수선하기 위한 공사계약을 체결할 수는 있지만, 甲의 예금을 주식으로 전환할 수는 없다.

③ 乙이 甲으로부터 예금인출의 대리권을 부여받았는데, 乙의 甲에 대한 금전채권의 기한이 도래한 경우, 乙은 甲의 예금을 인출하여 자신의 채권변제에 충당할 수 있다.

④ 甲이 乙을 대리인으로 선임한 경우, 乙은 甲의 승낙이 없더라도 부득이한 사유가 있는 때에는 복대리인을 선임할 수 있다.

⑤ 甲이 乙을 대리인으로 선임하였는데 乙이 파산선고를 받을 경우, 乙의 대리권은 소멸한다.

02 **乙은 甲의 X건물에 대하여 甲의 대리인으로서 丙과 매매계약을 체결하였는데, 乙에게는 대리권이 없었다. 이에 관한 설명으로 옳지 않은 것은? (다툼이 있으면 판례에 따름)**

① 丙이 甲의 요구에 따라 매매대금 전부를 지급한 경우, 특별한 사정이 없는 한 丙은 甲에게 X건물의 소유권이전등기를 청구할 수 있다.

② 甲이 乙의 대리행위에 대하여 乙에게 추인의 의사표시를 한 경우, 甲은 이러한 사실을 알지 못한 丙에게 그 추인의 효력을 주장하지 못한다.

③ 乙과 丙사이에 매매계약이 체결된 후, 甲이 X건물을 丁에게 매도하고 소유권이전등기를 해 준 경우, 甲이 乙의 대리행위를 추인하더라도 丁은 유효하게 소유권을 취득한다.

④ 丙이 상당한 기간을 정하여 甲에게 추인여부의 확답을 최고하였음에도 甲이 그 기간 내에 확답을 발하지 않은 경우, 甲은 추인을 거절한 것으로 본다.

⑤ 丙은 乙과의 매매계약 체결 당시에 乙에게 대리권 없음을 안 경우에도 甲의 추인이 있을 때까지 乙에 대하여 매매계약을 철회할 수 있다.

03 **미성년자의 법률행위에 관한 설명으로 옳지 <u>않은</u> 것은? (다툼이 있으면 판례에 따름)**

① 법정대리인의 동의 없이 신용구매계약을 체결한 미성년자가 그 동의 없음을 이유로 계약을 취소하는 것은 신의칙에 반한다.

② 미성년자가 법정대리인으로부터 허락을 얻은 특정한 영업에 관하여는 성년자와 동일한 행위능력을 갖는다.

③ 미성년자가 법정대리인으로부터 재산처분의 허락을 받았지만 그 재산을 처분하기 전이라면, 법정대리인은 그 허락을 취소할 수 있다.

④ 법정대리인의 동의가 있었다는 점에 대한 증명책임은 그 법률행위의 유효를 주장하는 자에게 있다.

⑤ 법정대리인은 미성년자에게 한 특정한 영업의 허락을 제한할 수 있으나, 이러한 제한을 가지고 미성년자와 거래한 선의의 상대방에게 대항할 수 없다.

04 **제척기간에 관한 설명으로 옳은 것은? (다툼이 있으면 판례에 따름)**

① 점유를 침탈당한 자의 침탈자에 대한 점유물회수청구권의 행사기간 1년은 제척기간이다.

② 법률행위의 취소권은 추인할 수 있는 날로부터 3년 내에 재판상으로 행사를 하여야 한다.

③ 제척기간 내에 권리자의 권리주장 또는 의무자의 승인이 있으면 제척기간은 중단된다.

④ 제척기간의 경우 그 기간이 경과하면 그 기산일에 소급하여 권리소멸의 효력이 생긴다.

⑤ 하자담보책임에 기한 매수인의 손해배상청구권에는 민법 제582조의 제척기간 규정으로 인하여 소멸시효 규정이 적용되지 않는다.

05 **법률행위의 부관에 관한 설명으로 옳지 <u>않은</u> 것은? (다툼이 있으면 판례에 따름)**

① 정지조건부 화해계약 당시 이미 그 조건이 성취되었다면, 이는 조건이 없는 화해계약이다.

② 정지조건부 채권양도에서 정지조건이 성취되었다는 사실은 채권양도의 효력을 주장하는 자에게 그 증명책임이 있다.

③ 조건의 성취로 이익을 받게 되는 당사자가 신의성실에 반하여 조건을 성취시킨 경우, 상대방은 그 조건의 불성취를 주장할 수 있다.

④ 기한의 이익은 상대방의 이익을 해하지 않는 한 포기할 수 있으므로, 그 포기의 효과는 소급효를 갖는다.

⑤ 채무자가 담보제공의 의무를 이행하지 않는 경우, 기한의 이익을 주장할 수 없다.

06 피성년후견인에 관한 설명으로 옳은 것은?

① 질병, 장애, 노령, 그 밖의 사유로 인한 정신적 제약으로 사무를 처리할 능력이 지속적으로 결여된 자를 피성년후견인이라 한다.

② 가정법원은 취소할 수 없는 피성년후견인의 법률행위의 범위를 정한 경우에도 본인의 청구에 의해 그 범위를 변경할 수 있다.

③ 피성년후견인이 성년후견인의 동의를 얻어 재산상의 법률행위를 한 경우, 성년후견인은 이를 취소할 수 없다.

④ 가정법원이 한정후견개시의 심판을 할 때에는 성년후견개시의 심판을 할 때와 달리 본인의 의사를 고려하지 않는다.

⑤ 가정법원이 피한정후견인에 대하여 성년후견개시의 심판을 할 때에는 종전의 한정후견의 종료 심판을 할 필요가 없다.

07 실종선고에 관한 설명으로 옳지 않은 것은? (다툼이 있으면 판례에 따름)

① 실종선고를 받은 자가 생존하여 새로운 주소에서 체결한 부동산 매매계약은 실종선고가 취소되지 않았더라도 유효하다.

② 가정법원은 실종선고를 취소하기 위해서는 6개월 이상 공고를 하여야 한다.

③ 2013년 4월 16일 제주도행 여객선이 침몰하여 행방불명된 甲에 대하여 2015년 2월 11일 실종선고가 내려진 경우, 甲은 2014년 4월 16일 24시에 사망한 것으로 간주된다.

④ 해녀인 甲이 해산물을 채취하다가 행방불명되었다면, 이는 특별실종선고를 위한 '사망의 원인이 될 위난'이라고 할 수 없다.

⑤ 실종선고가 취소된 경우, 실종선고를 직접원인으로 하여 재산을 취득한 자가 선의인 경우에는 그 받은 이익이 현존하는 한도에서 반환할 의무가 있다.

08 물건에 관한 설명으로 옳지 않은 것은? (다툼이 있으면 판례에 따름)

① 사람의 유체·유골은 매장·관리·제사·공양의 대상이 될 수 있는 유체물에 해당한다.

② 관공서의 건물과 같이 국가나 공공단체의 소유로서 공적 목적에 사용되는 공용물은 불융통물의 일종이다.

③ 1필의 토지 일부는 분필을 하지 않는 한 그 일부의 토지 위에 용익물권을 설정할 수 없다.

④ 입목에 관한 법률에 의하여 소유권보존등기를 한 수목의 집단 위에 저당권을 설정할 수 있다.

⑤ 어느 건물이 주된 건물의 종물이기 위해서는 주된 건물의 경제적 효용을 보조하기 위하여 계속적으로 이바지하는 관계가 있어야 한다.

09 **착오에 의한 의사표시에 관한 설명으로 옳지 않은 것은? (다툼이 있으면 판례에 따름)**

① 대리인의 표시 내용과 본인의 의사가 다른 경우, 본인은 착오를 이유로 의사표시를 취소할 수 없다.
② 착오를 이유로 의사표시를 취소하면 그 법률행위는 소급하여 무효로 된다.
③ 착오의 존재여부는 의사표시 당시를 기준으로 판단하므로, 장래의 불확실한 사실은 착오의 대상이 되지 않는다.
④ 시(市)의 개발사업을 위한 토지매수협의를 진행하면서 토지 전부가 대상에 편입된다는 시 공무원의 말을 믿고 매매계약을 체결한 경우, 동기의 착오를 이유로 의사표시를 취소할 수 있다.
⑤ 부동산매매에서 목적물의 시가에 관한 착오는 법률행위의 중요부분에 관한 착오에 해당하지 않는다.

10 **법률행위의 무효와 취소에 관한 설명으로 옳은 것은? (다툼이 있으면 판례에 따름)**

① 토지거래허가구역 내의 토지매매계약은 처음부터 그 허가를 배제하는 내용이더라도 유동적 무효이다.
② 토지거래허가구역 내의 토지매매계약의 당사자는 상대방의 허가신청 협력의무 불이행을 이유로 거래계약 그 자체를 해제할 수 있다.
③ 무효인 법률행위의 당사자가 그 무효임을 알면서 추인한 경우에는 소급하여 유효한 법률행위로 된다.
④ 법률행위의 취소를 전제로 한 소송상의 이행청구나 이를 전제로 한 이행거절에는 취소의 의사표시가 포함되어 있다고 볼 수 있다.
⑤ 법정대리인의 동의 없이 매매계약을 체결한 미성년자는 성년이 되지 않았더라도 단독으로 그 계약을 추인할 수 있다.

11 **소멸시효에 관한 설명으로 옳지 않은 것은?**

① 주된 권리의 소멸시효가 완성한 때에는 종속된 권리에 그 효력이 미친다.
② 파산절차참가는 채권자가 이를 취소하거나 그 청구가 각하된 때에는 시효중단의 효력이 없다.
③ 변리사에 대하여 직무상 보관한 서류의 반환을 청구하는 채권은 3년간 행사하지 않으면 소멸시효가 완성한다.
④ 부부 중 한쪽이 다른 쪽에 대하여 가지는 권리는 혼인관계가 종료된 때부터 6개월 내에는 소멸시효가 완성되지 않는다.
⑤ 천재 기타 사변으로 인하여 소멸시효를 중단할 수 없을 때에는 그 사유가 종료한 때로부터 6개월 내에는 시효가 완성하지 않는다.

12 민법상 법인의 기관에 관한 설명으로 옳은 것은?

① 감사는 재단법인에서는 필요기관이지만 사단법인에서는 임의기관이다.
② 정관으로 정한 이사의 수가 여럿인 경우, 특별한 사정이 없는 한 공동으로 법인을 대표한다.
③ 이사의 성명과 주소는 등기사항이지만, 그 변경등기가 경료되기 전이라도 신임이사가 한 직무행위는 법인에 대하여 유효하다.
④ 법인과 이사의 이익이 상반되는 경우, 법원은 이해관계인이나 검사의 청구에 의하여 임시이사를 선임하여야 한다.
⑤ 정관에 달리 정함이 없으면 총사원 10분의 1이 회의의 목적사항을 제시하여 청구한 경우, 이사는 임시총회를 소집하여야 한다.

13 등기 없이 물권변동이 일어나는 경우가 아닌 것은? (다툼이 있으면 판례에 따름)

① 단독건물을 완공하였으나 소유권보존등기를 하지 않은 경우
② 부동산 소유자가 사망하여 그 부동산이 상속된 경우
③ 민사집행법에 의한 경매에서 부동산을 매수하고 매각대금을 완납한 경우
④ 채무의 담보로 자신의 토지에 저당권을 설정해 준 채무자가 그 채무를 모두 변제한 경우
⑤ 잔금을 지급한 부동산 매수인이 매도인을 상대로 매매를 원인으로 한 소유권이전등기청구소송을 제기하여 승소의 확정판결을 받은 경우

14 乙은 甲으로부터 X토지를 매수하고 중도금까지 지급한 후 소유권이전등기청구권을 보전하기 위하여 가등기를 하였다. 그 후 甲은 X토지를 丙에게 매도하고 소유권이전등기를 해 주었다. 乙이 잔금을 제공하면서 이전등기를 요구했으나 甲이 응하지 않고 있다. 이에 관한 설명으로 옳지 않은 것은? (다툼이 있으면 판례에 따름)

① 乙은 가등기만으로 丙 명의의 소유권이전등기의 말소를 구할 수 없다.
② 乙의 본등기청구권은 甲을 상대로 하여 행사하여야 한다.
③ 乙의 가등기에 기하여 본등기가 이루어진 경우, 丙은 乙에 대해 소유권을 주장할 수 없다.
④ 乙의 가등기에 기하여 본등기가 이루어진 경우, 乙은 가등기를 한 때로부터 소유권을 취득한 것으로 본다.
⑤ 乙의 가등기에 기하여 본등기가 이루어진 경우, 丙 명의의 소유권이전등기는 등기관에 의해 직권말소된다.

15 **점유자와 회복자의 관계에 관한 설명으로 옳지 않은 것은? (다툼이 있으면 판례에 따름)**

① 선의의 점유자는 과실을 취득한 경우에도 점유물을 보존하기 위하여 지출한 통상의 필요비를 상환할 것을 청구할 수 있다.

② 과실수취권이 인정되는 선의의 점유자란 과실수취권을 포함하는 권원이 있다고 오신한 점유자를 말하고, 그와 같은 오신을 함에는 오신할 만한 정당한 근거가 있어야 한다.

③ 권원 없이 타인 소유 토지의 상공에 송전선을 설치하여 그 토지를 사용・수익한 악의의 점유자는 받은 이익에 이자를 붙여 반환하여야 하며, 이자의 이행지체로 인한 지연손해금도 지급하여야 한다.

④ 악의의 점유자는 수취한 과실을 반환하여야 하며 소비하였거나 과실로 인하여 훼손 또는 수취하지 못한 경우에는 그 과실의 대가를 보상하여야 한다.

⑤ 점유자가 물건에 유익비를 지출할 당시 계약관계 등 적법한 점유의 권원을 가지고 있었다면, 계약관계 등의 상대방이 아닌 점유회복 당시의 소유자에 대하여 점유자와 회복자의 관계에 따른 유익비의 상환을 청구할 수 없다.

16 **공유에 관한 설명으로 옳지 않은 것은? (다툼이 있으면 판례에 따름)** 기출 변형

① 공유자는 다른 공유자가 분할로 인하여 취득한 물건에 대하여 그 지분의 비율로 매도인과 동일한 담보책임이 있다.

② 공유자가 그 지분을 포기하거나 상속인 없이 사망한 때에는 법률에 다른 규정이 없으면 그 지분은 다른 공유자에게 각 지분의 비율로 귀속한다.

③ 공유물 분할협의가 성립한 후에 공유자 일부가 분할에 따른 이전등기에 협력하지 않으면, 재판상 분할을 청구할 수 있다.

④ 토지의 1/2 지분권자가 나머지 1/2 지분권자와 협의 없이 토지를 배타적으로 독점 사용하는 경우, 나머지 지분권자가 공유물의 보존행위로서 그 인도를 청구할 수는 없고, 다만 자신의 지분권에 기초하여 공유물에 대한 방해상태를 제거하거나 공동점유를 방해하는 행위의 금지 등을 청구할 수 있다.

⑤ 공유자는 법률에 다른 규정이 없으면 5년 내의 기간으로 공유물분할금지 약정을 할 수 있고, 갱신한 때에는 그 기간은 갱신일로부터 5년을 넘지 못한다.

17 **甲 소유의 X토지를 乙이 소유의 의사로 평온 · 공연하게 점유하고 있다. 이에 관한 설명으로 옳지 않은 것은? (다툼이 있으면 판례에 따름)**

① 乙의 취득시효가 완성된 경우, 甲은 乙에 대하여 X토지에 대한 불법점유임을 이유로 X토지의 인도를 청구할 수 없다.

② 乙이 X토지를 시효취득했더라도, 乙이 시효취득 전에 X토지를 사용하여 얻은 이익은 甲에게 반환하여야 한다.

③ 乙이 취득시효 완성 후 등기하기 전에 甲이 X토지를 丙에게 매도하여 소유권이전등기를 해 준 경우, 乙은 특별한 사정이 없는 한 丙에 대하여 시효취득을 이유로 등기말소를 청구할 수 없다.

④ 乙이 취득시효 완성 후 등기하기 전에 甲이 X토지를 丙에게 매도하여 소유권이전등기를 해 준 경우, 乙은 시효기간의 기산점을 임의로 선택할 수 없다.

⑤ 乙의 취득시효가 진행되는 중에 甲이 X토지를 丙에게 매도하여 소유권이전등기를 해 준 다음 시효가 완성된 경우, 乙은 丙에 대하여 시효취득 완성을 주장할 수 있다.

18 **지상권에 관한 설명으로 옳지 않은 것은? (다툼이 있으면 판례에 따름)**

① 토지에 관하여 저당권을 취득함과 아울러 그 저당권이 실행될 때까지 목적 토지의 담보가치를 하락시키는 침해행위를 배제할 목적으로 지상권을 설정할 수 있다.

② 관습상의 법정지상권을 취득한 자가 대지소유자와 사이에 대지에 관하여 임대차계약을 체결한 경우, 특별한 사정이 없는 한 관습상의 법정지상권을 포기한 것으로 된다.

③ 지상권이 존속기간의 만료로 소멸한 경우, 건물 기타 공작물이나 수목이 현존하는 때에는 지상권자는 계약의 갱신을 청구할 수 있다.

④ 토지소유자가 지상권자의 지료연체를 이유로 지상권소멸청구를 하여 지상권이 소멸된 경우에도, 지상권자는 토지소유자를 상대로 현존하는 건물 기타 공작물이나 수목의 매수를 청구할 수 있다.

⑤ 법정지상권에 관한 지료가 결정된 바 없다면, 법정지상권자가 2년 이상의 지료를 지급하지 아니하였더라도 토지소유자는 지료지급 연체를 이유로 지상권의 소멸을 청구할 수 없다.

19 전세권에 관한 설명으로 옳은 것을 모두 고른 것은? (다툼이 있으면 판례에 따름)

> ㄱ. 전세권자와 인접 토지소유자 사이에는 상린관계에 관한 규정이 적용되지 않는다.
> ㄴ. 현실적으로 전세금을 지급하지 않고 기존 채권으로 전세금에 갈음한 경우, 설사 전세권설정등기가 되어 있고 전세권자로 등기된 자가 사용·수익을 하고 있더라도 전세권은 성립하지 않는다.
> ㄷ. 전세권자가 목적물을 타인에게 임대한 경우, 임대하지 않았으면 면할 수 있었던 불가항력으로 인한 손해에 대하여도 책임을 부담한다.
> ㄹ. 전세기간 만료 후 전세권양도계약 및 전세권이전의 부기등기가 이루어졌으나 전세금반환채권의 양도에 관하여 대항요건을 갖추지 못한 경우, 양수인은 전세금반환채권의 압류채권자에게 전세금반환채권의 취득을 대항할 수 없다.
> ㅁ. 대지와 건물이 동일한 소유자에 속한 경우에 건물에 전세권을 설정한 때에는 그 대지소유권의 특별승계인은 전세권자에 대하여 지상권을 설정한 것으로 본다.

① ㄱ, ㄴ
② ㄷ, ㄹ
③ ㄷ, ㅁ
④ ㄱ, ㄴ, ㅁ
⑤ ㄷ, ㄹ, ㅁ

20 甲은 자신의 X노트북을 乙에게 빌려주었는데, 乙은 丙에게 노트북 수리를 맡겼다. 丙이 수리를 마쳤지만 아직 수리대금을 받지 못하고 있다. 이에 관한 설명으로 옳지 않은 것은? (다툼이 있으면 판례에 따름)

① 丙의 乙에 대한 수리대금채권은 민법상 3년의 단기소멸시효에 걸린다.
② 乙과 丙이 유치권의 성립을 배제하는 특약을 하였다면, 그 특약은 유효하다.
③ X노트북을 점유하고 있는 丙은 甲에 대하여 유치권을 주장할 수 있다.
④ 丙이 乙에게 노트북을 반환하였다면, 丙은 수리대금채권에 관하여 甲에게 유치권을 주장할 수 없다.
⑤ 甲과 乙사이에 수리비는 乙이 부담하기로 사전에 약정하였다면, X노트북을 점유하고 있는 丙은 甲에게 유치권을 주장할 수 없다.

21 민법상 동산질권에 관한 설명으로 옳지 않은 것은?

① 질권은 다른 약정이 없는 한 원본, 이자, 위약금, 질권실행의 비용, 질물보존의 비용 및 채무불이행 또는 질물의 하자로 인한 손해배상의 채권을 담보한다.
② 질권자는 그 권리의 범위 내에서 자기의 책임으로 질물을 전질할 수 있으며, 이 경우에는 전질을 하지 아니하였으면 면할 수 있는 불가항력으로 인한 손해에 대해서도 책임을 부담한다.
③ 책임전질의 경우에 질권자가 채무자에게 전질의 사실을 통지하거나 채무자가 이를 승낙하지 않으면 전질로써 채무자, 보증인, 질권설정자 및 그 승계인에게 대항하지 못한다.
④ 질권자가 질물에 대해 우선변제권을 행사할 수 있으려면 채무자가 이행지체에 빠져야 한다.
⑤ 질권자는 정당한 이유가 있는 때에는 미리 채무자 및 질권설정자에게 통지함이 없이 감정인의 평가에 의하여 질물로 직접 변제에 충당할 것을 법원에 청구할 수 있다.

22 저당권의 효력이 미치는 범위 등에 관한 설명으로 옳지 않은 것은? (다툼이 있으면 판례에 따름)

① 저당권설정행위에서 저당권의 효력은 종물에 미치지 않는다고 약정한 경우, 이를 등기하여야 제3자에게 대항할 수 있다.
② 건물의 증축부분이 기존 건물에 부합하여 기존 건물과 분리하여서는 별개의 독립물로서 효용을 갖지 못하는 경우, 기존 건물에 대한 저당권은 부합된 증축부분에도 그 효력이 미친다.
③ 지상권자가 축조하여 소유하고 있는 건물에는 토지저당권의 효력이 미치지 않는다.
④ 저당부동산에 대한 압류가 있기 전에 저당권설정자가 그 부동산으로부터 수취한 과실에도 저당권의 효력이 미친다.
⑤ 건물 소유를 목적으로 한 토지임차인이 그 토지 위에 소유하는 건물에 저당권을 설정한 때에는, 저당권의 효력이 건물뿐만 아니라 건물 소유를 목적으로 한 토지의 임차권에도 미친다.

23 저당권의 처분에 관한 설명으로 옳지 않은 것은? (다툼이 있으면 판례에 따름)

① 저당권은 그 담보한 채권과 분리하여 타인에게 양도하거나 다른 채권의 담보로 하지 못한다.
② 피담보채권을 저당권과 함께 양수한 자는 저당권이전의 부기등기를 마치고 저당권 실행의 요건을 갖추고 있는 한, 채권양도의 대항요건을 갖추고 있지 않더라도 경매신청을 할 수 있다.
③ 저당권의 양도에 있어서 물권적 합의는 저당권의 양도인과 양수인 사이뿐만 아니라 채무자 사이에까지 있어야 한다.
④ 저당권부 채권을 양도하는 경우, 피담보채권 양도의 시기와 저당권이전등기의 시기가 반드시 일치할 필요는 없으므로, 일시적으로 피담보채권과 저당권의 귀속이 달라진다고 하여 저당권이 무효로 되는 것은 아니다.
⑤ 저당권으로 담보한 채권을 질권의 목적으로 한 때에는 저당권등기에 질권의 부기등기를 하여야 그 효력이 저당권에 미친다.

24 **가등기담보 등에 관한 설명으로 옳지 않은 것은? (다툼이 있으면 판례에 따름)**

① 채권자가 담보권을 실행하여 담보목적 부동산의 소유권을 취득하기 위해서는 그 채권의 변제기 후에 청산금의 평가액을 채무자 등에게 통지하고, 그 통지가 채무자 등에게 도달한 날부터 2개월이 지나야 한다.

② 담보권 실행의 통지시 담보목적 부동산의 평가액이 채권액에 미달하여 청산금이 없다고 인정되는 때에는 그 뜻을 통지하여야 한다.

③ 채권자는 담보목적 부동산에 관하여 이미 소유권이전등기를 마친 경우에는 청산기간이 지난 후 청산금을 채무자 등에게 지급한 때에 담보목적 부동산의 소유권을 취득한다.

④ 가등기담보권자인 채권자가 청산기간이 경과하기 전에 채무자에게 청산금을 지급한 경우, 후순위권리자에게 대항할 수 있다.

⑤ 담보가등기를 마친 부동산에 대하여 강제경매 등이 행하여진 경우, 담보가등기권리는 그 부동산의 매각에 의하여 소멸한다.

25 **甲의 乙에 대한 금전채무에 대하여 丙이 乙과 보증계약을 체결하였다. 이에 관한 설명으로 옳은 것은? (다툼이 있으면 판례에 따름)**

① 甲이 시효이익을 포기하면 丙은 보증채무의 소멸을 乙에게 주장할 수 없다.

② 甲과 乙사이에 금전채무에 관하여 위약금 약정이 없는 경우, 乙과 丙은 보증채무에 관하여 위약금을 정할 수는 없다.

③ 甲이 乙에게 변제를 한 경우, 丙에게 사전에 통지하지 않으면 甲은 자기의 면책행위의 유효를 丙에게 주장할 수 없다.

④ 丙이 甲의 의사에 반하여 乙과 보증계약을 체결하고 乙에게 보증채무를 이행한 경우, 丙은 甲의 현존이익의 한도에서 甲에 대하여 구상할 수 있다.

⑤ 丙이 보증채무의 이행을 지체한 경우, 丙은 특별한 약정이 없으면 법정이율이 아니라 甲과 乙사이에 약정된 연체이율에 따라 보증채무 자체의 이행지체로 인한 지연손해금을 부담한다.

26 **채권의 목적에 관한 설명으로 옳은 것은? (다툼이 있으면 판례에 따름)**

① 집행법원이 경매절차에서 외화채권자에 대하여 배당할 때에는 특별한 사정이 없는 한 외화채권 성립 당시의 외국환시세를 우리나라 통화로 환산하는 기준으로 삼아야 한다.

② 토지소유자가 수필의 토지 중 일정 면적을 상대방에게 매도한 경우, 양도할 토지의 위치가 확정되지 않았다면 특별한 사정이 없는 한 상대방의 채권은 종류채권에 해당한다.

③ 계약해제로 인한 원상회복의무가 이행지체에 빠진 이후의 지연손해금률에 관하여 약정이 있는 경우, 그 지연손해금률이 법정이율보다 낮더라도 약정에 따른 지연손해금률이 적용된다.

④ 선택권 없는 당사자의 과실로 인하여 수개의 급부 중 일부가 이행불능이 된 때에는 채권의 목적은 잔존한 것에 존재한다.

⑤ 이자제한법의 최고이자율을 초과하는 이자에 대하여 당사자가 준소비대차계약을 체결하면, 그 초과부분은 유효하다.

27 **이행불능에 관한 설명으로 옳지 <u>않은</u> 것은? (다툼이 있으면 판례에 따름)**

① 동시이행의 관계에 있는 쌍방의 채무 중 어느 한 채무가 이행불능이 됨으로 인하여 발생한 손해배상채무도 여전히 다른 채무와 동시이행의 관계에 있다.

② 매매목적물에 관하여 매도인의 다른 채권자가 강제경매를 신청하여 그 절차가 진행 중이라는 사유만으로 매도인의 채무가 이행불능이 되는 것은 아니다.

③ 甲이 자신의 토지를 乙에게 매도하는 계약을 체결한 후 그 토지가 수용된 경우, 乙이 대상청구권을 행사하면 甲의 수용보상금청구권 자체가 乙에게 귀속한다.

④ 甲과 乙사이에 토지 교환계약이 체결된 후 甲이 그 소유 교환목적 토지에 대하여 친구 丙과의 명의신탁약정에 따라 丙에게 소유권이전등기를 해 준 경우, 특별한 사정이 없는 한 甲의 소유권이전등기의무가 이행불능이 되는 것은 아니다.

⑤ 甲이 자신의 토지를 乙에게 매도한 후 그 토지를 丙에게 채무담보를 위하여 소유권이전등기를 해 준 경우, 甲이 채무를 변제할 자력이 없으면 甲의 乙에 대한 소유권이전등기의무는 특별한 사정이 없는 한 이행불능이 된다.

28 **손해배상액의 예정에 관한 설명으로 옳은 것은? (다툼이 있으면 판례에 따름)**

① 채권자는 채무불이행 사실 및 손해발생 사실을 증명하여야 예정배상액을 청구할 수 있다.

② 법원은 손해배상의 예정액이 부당하게 과다한지 여부는 채무불이행시를 기준으로 판단하여야 한다.

③ 손해배상액의 예정에 관한 약관조항이 약관의 규제에 관한 법률에 의하여 무효인 경우에도 그것이 유효함을 전제로 손해배상의 예정액을 적당한 한도로 감액할 수 있다.

④ 채무자는 채무불이행에 대하여 자신의 귀책사유가 없음을 주장·증명하더라도 특별한 사정이 없는 한 예정배상액의 지급책임을 면할 수 없다.

⑤ 법원이 손해배상의 예정액이 부당하게 과다하다고 하여 감액을 한 경우, 손해배상액의 예정에 관한 약정 중 감액부분에 해당하는 부분은 처음부터 무효이다.

29 **채권자 甲이 乙에 대한 채권을 보전하기 위하여 대위행사할 수 있는 권리(피대위권리)를 모두 고른 것은? (다툼이 있으면 판례에 따름)**

ㄱ. 丙이 乙의 甲에 대한 채무를 이행인수하기로 한 계약에 따라 가지는 乙의 丙에 대한 청구권

ㄴ. 토지소유자 乙이 甲에게 임대한 토지 전부를 丙이 불법점유하고 있는 경우, 乙의 丙에 대한 소유권에 기한 소유물반환청구권

ㄷ. 丙이 乙에게 자신의 부동산을 매도하고 乙이 그 부동산을 甲에게 전매한 경우, 乙의 丙에 대한 소유권이전등기청구권

ㄹ. 임차인 丙으로부터 건물임대차보증금 반환채권을 양수한 甲이 그 이행을 청구하기 위하여 丙의 건물명도가 선 이행되어야 할 필요가 있는 경우, 임대인 乙의 丙에 대한 명도청구권

① ㄱ, ㄷ

② ㄴ, ㄷ

③ ㄴ, ㄹ

④ ㄱ, ㄴ, ㄹ

⑤ ㄱ, ㄴ, ㄷ, ㄹ

30 2013년 10월 10일 甲은 乙로부터 1억 원을 변제기는 2014년 10월 10일, 이자는 월 1%로 하여 차용하였으며, 이 채무에 대하여 丙이 연대보증하였다. 2014년 3월 10일 乙은 위 1억 원의 원본채권을 丁에게 양도하였고, 甲은 乙에게 그동안의 이자를 지급하지 않았다. 이에 관한 설명으로 옳은 것은? (다툼이 있으면 판례에 따름)

① 乙이 丙에게 채권양도 사실을 별도로 통지하지 않으면, 甲에 대한 대항요건을 갖춘 것만으로 丁은 丙에게 대항할 수 없다.

② 채권을 양도하기 전에 이미 변제한 甲이 채권양도를 이의 없이 승낙했더라도 甲은 丁의 이행청구를 거절할 수 있다.

③ 이자채권도 양도한다는 의사표시가 없는 한 대항요건을 구비한 丁은 丙에 대하여 1억 원의 원본채권을 양도받을 때까지 발생한 이자를 청구할 수 없다.

④ 丁이 채권을 취득한 후 丙에 대하여 그 채무의 일부를 면제한 경우, 그 면제의 효력은 甲에게 미친다.

⑤ 甲과 乙사이에 양도금지특약이 있는 경우, 丁이 중과실로 그 사실을 알지 못하더라도 丁은 양도에 의해 채권을 취득할 수 있다.

31 채무인수 또는 이행인수에 관한 설명으로 옳지 <u>않은</u> 것은? (다툼이 있으면 판례에 따름)

① 채무자와 인수인이 면책적 채무인수를 약정하더라도 채권자의 승낙이 없으면 채무자는 채무를 면하지 못한다.

② 채권자와 인수인의 합의에 의한 중첩적 채무인수는 면책적 채무인수와 달리 채무자의 의사에 반하여서도 이루어질 수 있다.

③ 면책적 채무인수는 소멸시효의 중단사유인 채무승인에 해당하여 인수채무의 소멸시효기간은 채무인수일로부터 새로이 진행한다.

④ 부동산 매수인이 매매목적물에 관한 채무를 인수하고 그 채무액을 매매대금에서 공제하기로 약정한 경우, 특별한 사정이 없는 한 이행인수에 해당한다.

⑤ 물상보증인이 저당부동산을 제3취득자에게 매도하고 제3취득자가 피담보채무의 이행을 인수한 경우, 저당권이 실행되더라도 물상보증인은 저당채무자에 대한 구상권을 행사할 수 없다.

32 **변제공탁에 관한 설명으로 옳지 않은 것은?**

① 공탁자는 공탁으로 인하여 질권이 소멸하더라도 공탁물을 회수할 수 있다.
② 변제자가 과실 없이 채권자를 알 수 없는 경우, 채권자를 위하여 변제의 목적물을 공탁할 수 있다.
③ 공탁소에 관하여 법률에 특별한 규정이 없으면 법원은 변제자의 청구에 의하여 공탁소를 지정하고 공탁물보관자를 선임하여야 한다.
④ 변제의 목적물이 공탁에 적당하지 않은 경우, 변제자는 법원의 허가를 얻어 그 물건을 경매하여 대금을 공탁할 수 있다.
⑤ 채무자가 채권자의 상대의무이행과 동시에 변제할 경우, 채권자는 그 의무이행을 하지 않으면 공탁물을 수령하지 못한다.

33 **甲은 乙 소유 건물을 丙에게 매도하였으나, 그 소유권을 취득하여 丙에게 이전할 수 없게 되었다. 이에 관한 설명으로 옳은 것은? (다툼이 있으면 판례에 따름)**

① 丙이 계약을 해제하려면 계약체결일로부터 1년 내에 행사하여야 한다.
② 계약체결 당시 丙이 악의인 경우에도 丙은 계약을 해제할 수 있다.
③ 甲이 선의였다면, 甲과 丙의 계약은 원시적 불능으로서 무효이다.
④ 甲의 귀책사유로 건물이 소실되었더라도, 丙은 채무불이행의 일반규정에 의하여 계약을 해제하고 손해배상을 청구할 수는 없다.
⑤ 丙이 甲의 기망에 의하여 乙의 건물을 甲 소유로 알고 매수의 의사표시를 한 경우, 丙은 乙의 건물인 줄 알았더라면 매수하지 아니하였을 때에도 사기를 이유로 그 의사표시를 취소할 수 없다.

34 **甲은 건축업자 乙에게 단독주택 신축을 도급하였고, 乙은 계약에서 정한 완공기한을 1개월 넘겨 완공하였다. 그 계약에는 지체상금약정이 있었다. 이에 관한 설명으로 옳은 것은? (다툼이 있으면 판례에 따름)**

① 지체상금이 부당하게 과다한 경우, 법원은 직권으로 감액할 수 있다.
② 완공된 건물의 하자로 인해 확대손해가 발생한 경우, 특별한 사정이 없는 한 乙의 손해배상채무는 甲의 공사대금채무와 동시이행관계에 있지 않다.
③ 완공된 건물에 하자가 있는 경우, 甲은 이를 이유로 계약을 해제할 수 있다.
④ 乙이 단순 장마로 인하여 공사를 지체한 경우, 지체상금이 발생하지 않는다.
⑤ 지체상금채권과 공사대금채권은 동시이행관계에 있으나 동시이행항변권이 붙어 있는 채권을 자동채권으로 하여 상계하는 것은 금지되므로 甲과 乙은 상계할 수 없다.

35 甲은 자기 소유 주택을 乙에게 매도하고 계약금을 받았다. 그리고 1개월 후 중도금, 3개월 후 잔금을 지급받고, 잔금지급과 동시에 이전등기를 해 주기로 하였다. 이에 관한 설명으로 옳지 않은 것은? (다툼이 있으면 판례에 따름)

① 계약금은 이를 위약금으로 하기로 하는 특약이 없는 이상 손해배상액의 예정액으로서의 성질을 갖는 것이 아니다.

② 甲이 해제권을 행사하는 경우, 甲이 계약금의 배액을 乙에게 제공하기 전이라도 해제의 의사표시가 乙에게 도달한 때 해제의 효과가 발생한다.

③ 乙이 중도금을 지급한 경우, 甲이 매매계약의 이행에 착수한 바가 없더라도 乙은 계약금을 포기하고 매매계약을 해제할 수 없다.

④ 乙이 중도금 지급기일을 지키지 않자 甲이 상당한 기간을 정해 최고하였음에도 그 기간 내에 지급하지 않은 경우, 甲은 채무불이행을 이유로 계약을 해제하고 손해배상을 청구할 수 있다.

⑤ 乙의 채무불이행을 이유로 계약이 해제되는 경우, 특약이 없는 이상 甲은 채무불이행으로 입은 실제 손해만을 배상받을 수 있을 뿐, 계약금이 위약금으로 甲에게 귀속되는 것은 아니다.

36 매도인의 담보책임에 관한 설명으로 옳지 않은 것은? (다툼이 있으면 판례에 따름)

① 건축을 목적으로 매매된 토지에 대하여 법률상 건축허가를 받을 수 없어 건축이 불가능한 경우, 이는 매매목적물의 하자에 해당하고, 그 하자의 존부는 매매계약 성립시를 기준으로 판단한다.

② 타인의 권리를 매도한 자가 권리이전을 할 수 없게 된 때에는 매도인은 선의의 매수인에 대하여 계약체결 당시의 시가를 표준으로 그 계약이 완전히 이행된 것과 동일한 경제적 이익을 배상할 의무가 있다.

③ 매매목적물의 하자로 인하여 확대손해 내지 2차 손해가 발생하였다는 이유로 매도인에게 그 확대손해에 대한 배상책임을 묻기 위해서는 매도인에게 귀책사유가 인정될 수 있어야만 한다.

④ 하자담보책임에 따른 손해배상에 있어서 하자 발생 및 그 확대에 가공한 매수인의 잘못을 참작하여 손해배상의 범위를 정할 수 있다.

⑤ 매매의 목적이 된 부동산에 설정된 저당권 또는 전세권의 행사로 인하여 매수인이 그 소유권을 취득할 수 없거나 취득한 소유권을 잃은 때에는 매수인은 계약을 해제할 수 있다.

37 **甲은 건물을 신축할 목적으로 乙로부터 토지를 임차하면서, 임대차 종료시 건물 기타 지상시설 일체를 대가 없이 포기하고, 만약 지상건물을 철거하지 아니할 경우에는 그 소유권을 乙에게 이전하기로 약정하였다. 임대차가 기간만료로 종료되자 乙은 甲을 상대로 토지인도 및 건물철거 청구소송을 제기하였다. 이에 관한 설명으로 옳지 않은 것은? (다툼이 있으면 판례에 따름)**

① 임대차 종료시 대가 없이 건물 기타 지상시설 일체를 포기하겠다는 약정은 특별한 사정이 없는 한 甲에게 불리한 것이어서 무효이다.

② 甲의 채무불이행을 이유로 계약이 해지된 경우에도 甲은 건물매수청구권을 행사할 수 있다.

③ 甲이 그 지상건물에 대하여 적법하게 매수청구권을 행사하더라도 지상건물의 점유・사용을 통하여 그 부지를 계속하여 점유・사용하는 한, 부지의 임료 상당액을 부당이득으로서 반환할 의무가 있다.

④ 건물철거소송 과정에서 甲이 건물매수청구권을 행사할 수 있었는데도 이를 행사하지 않았고, 甲의 패소판결이 확정되었더라도, 건물철거가 집행되기 전이라면 건물매수청구권을 행사할 수 있다.

⑤ 만약 임대차의 존속기간을 정하지 않은 경우, 乙의 해지통고에 의하여 임대차가 종료되었더라도 甲은 계약갱신청구의 유무에 관계없이 건물매수청구권을 행사할 수 있다.

38 **위임계약에 관한 설명으로 옳지 않은 것은? (다툼이 있으면 판례에 따름)**

① 보수 약정이 있는 경우, 수임인의 귀책사유 없이 위임이 종료했더라도, 수임인은 이미 행해진 이행의 비율에 따라 보수의 지급을 청구할 수 없다.

② 위임사무의 처리에 비용을 요하는 때에는 위임인은 수임인의 청구에 의하여 이를 선급하여야 한다.

③ 수임인이 위임사무의 처리에 관하여 필요비를 지출한 때에는 위임인에 대하여 지출한 날 이후의 이자를 청구할 수 있다.

④ 수임인이 위임사무를 처리하기 위하여 과실 없이 손해를 입은 때에는 위임인의 과실 유무와 관계없이 손해의 배상을 청구할 수 있다.

⑤ 변리사는 의뢰받은 사무와 밀접하게 연관되는 범위 안에서는 비록 별도의 위임이 없다 하여도 의뢰인의 이익을 도모하고 손해를 방지하기 위하여 필요한 조치를 취하도록 의뢰인에게 설명하고 조언할 의무가 있다.

39 **甲은 乙에 대해 금전채권을 가지고 있다. 이에 관한 설명으로 옳지 않은 것은? (다툼이 있으면 판례에 따름)**

① 乙이 변제기가 되지 않았음을 모르고 甲에게 변제한 경우, 乙은 甲에게 그로 인한 이익의 반환을 청구할 수 있다.

② 乙이 보관하던 丙 소유의 동산을 乙의 소유로 잘못 알고 甲이 강제경매에 의해 매각대금을 배당받은 경우, 丙은 甲을 상대로 부당이득반환을 청구할 수 있다.

③ 丙이 자신의 채무라고 오인하여 甲에게 변제한 경우, 丙은 특별한 사정이 없는 한 甲에게 부당이득반환을 청구할 수 있다.

④ 甲이 乙의 토지에 저당권을 설정 받은 후 그 토지가 수용되었고, 甲이 물상대위권 행사로 乙의 수용보상금을 압류하기 전에 乙이 수령한 경우, 甲은 乙에게 부당이득반환을 청구할 수 없다.

⑤ 甲이 자신의 물건을 乙에게 매도하고 乙이 그 물건을 丙에게 전매하였고, 丙이 乙의 지시에 따라 甲에게 직접 매매대금을 지급하였지만 甲과 乙사이의 계약이 무효인 경우, 丙은 甲에게 부당이득반환을 청구할 수 없다.

40 **공동불법행위에 관한 설명으로 옳지 않은 것은? (다툼이 있으면 판례에 따름)**

① 피해자가 공동불법행위자 중 1인에게 손해배상을 청구한 경우, 그에 따른 시효중단 효과는 다른 공동불법행위자에게도 미친다.

② 피해자가 공동불법행위자 중 1인에 대하여 손해배상에 관한 권리를 포기하거나 채무를 면제하는 의사표시를 하였다 하더라도 다른 불법행위자에 대하여 그 효력이 미치지 않는다.

③ 가해자 甲이 다른 가해자 乙에 비하여 불법행위에 가공한 정도가 경미하더라도 피해자 丙에 대한 관계에서 甲의 책임범위를 손해배상액의 일부로 제한할 수 없다.

④ 불법행위를 방지할 작위의무 있는 사람이 그것을 방지하여야 할 제반조치를 취하지 아니하는 부작위로 인하여 불법행위자의 실행행위를 용이하게 하는 경우, 공동불법행위책임을 질 수 있다.

⑤ 공동불법행위자 1인이 공동면책행위를 한 경우, 다른 공동불법행위자에 대한 구상권은 공동면책행위를 한 날로부터 10년이 지나면 소멸시효가 완성된다.

합격의 공식
SD에듀

당신이 저지를 수 있는 가장 큰 실수는,

실수를 할까 두려워하는 것이다.

– 앨버트 하버드 –

해설편

변리사 1차 민법개론

2024년 제61회 정답 및 해설

문제편 003p

01	02	03	04	05	06	07	08	09	10	11	12	13	14	15	16	17	18	19	20
①	③	④	⑤	①	②	③	①	⑤	④	③	③	⑤	③	②	④	④	①	⑤	⑤
21	22	23	24	25	26	27	28	29	30	31	32	33	34	35	36	37	38	39	40
④	②	①	②	②	②	③	③	④	④	②	⑤	①	①	①	④	⑤	⑤	③	④

01

답 ①

정답 해설

① (×) 물상보증인은 채권자가 아니라 채무자를 위해 자기 소유의 부동산을 담보로 제공하는 사람이다. 물상보증인은 담보권의 실행으로 담보물의 소유권을 잃게 되면 채무자에 대한 구상권을 행사할 수 있다. 보증제도는 본질적으로 주채무자의 무자력에 따른 채권자의 위험을 인수하는 것이다. 이러한 사정을 고려하면 물상보증인이 주채무자의 자력에 대하여 조사한 다음 계약을 체결할 것인지 여부를 스스로 결정해야 하고, 채권자가 물상보증인에게 주채무자의 신용 상태를 고지할 신의칙상 의무는 존재하지 않는다(대판 2020.10.15. 2017다254051).

오답 해설

② (○) 환자가 병원에 입원하여 치료를 받는 경우에 있어서, 병원은 진료뿐만 아니라 환자에 대한 숙식의 제공을 비롯하여 간호, 보호 등 입원에 따른 포괄적 채무를 지는 것인 만큼, 병원은 병실에의 출입자를 통제·감독하든가 그것이 불가능하다면 최소한 입원환자에게 휴대품을 안전하게 보관할 수 있는 시정장치가 있는 사물함을 제공하는 등으로 입원환자의 휴대품 등의 도난을 방지함에 필요한 적절한 조치를 강구하여 줄 신의칙상의 보호의무가 있다고 할 것이고, 이를 소홀히 하여 입원환자와는 아무런 관련이 없는 자가 입원환자의 병실에 무단출입하여 입원환자의 휴대품 등을 절취하였다면 병원은 그로 인한 손해배상책임을 면하지 못한다(대판 2003.4.11. 2002다63275).

③ (○) 공중접객업인 숙박업을 경영하는 자가 투숙객과 체결하는 숙박계약은 숙박업자가 고객에게 숙박을 할 수 있는 객실을 제공하여 고객으로 하여금 이를 사용할 수 있도록 하고 고객으로부터 그 대가를 받는 일종의 일시사용을 위한 임대차계약으로서, 여관의 객실 및 관련시설, 공간은 오로지 숙박업자의 지배 아래 놓여 있는 것이므로 숙박업자는 통상의 임대차와 같이 단순히 여관의 객실 및 관련시설을 제공하여 고객으로 하여금 이를 사용수익하게 할 의무를 부담하는 것에서 한 걸음 더 나아가 고객에게 위험이 없는 안전하고 편안한 객실 및 관련시설을 제공함으로써 고객의 안전을 배려하여야 할 보호의무를 부담하며 이러한 의무는 숙박계약의 특수성을 고려하여 신의칙상 인정되는 부수적인 의무로서 숙박업자가 이를 위반하여 고객의 생명, 신체를 침해하여 손해를 입힌 경우 불완전이행으로 인한 채무불이행책임을 부담한다(대판 1994.1.28. 93다43590).

④ (○) 민법상 신의성실의 원칙은, 법률관계의 당사자가 상대방의 이익을 배려하여 형평에 어긋나거나 신뢰를 저버리는 내용 또는 방법으로 권리를 행사하거나 의무를 이행하여서는 안 된다는 추상적 규범을 말하는 것인바, 사적자치의 영역을 넘어 공공질서를 위하여 공익적 요구를 선행시켜야 할 사안에서는 원칙적으로 합법성의 원칙은 신의성실의 원칙보다 우월한 것이므로 신의성실의 원칙은 합법성의 원칙을 희생하여서라도 구체적 신뢰보호의 필요성이 인정되는 경우에 비로소 적용된다고 봄이 상당하다(대판 2000.8.22. 99다62609·62616).

⑤ (○) 신의성실의 원칙에 반하는 것 또는 권리남용은 강행규정에 위배되는 것이므로 당사자의 주장이 없더라도 법원은 직권으로 판단할 수 있다(대판 1995.12.22. 94다42129).

02

답 ③

정답 해설

ㄴ. (○) [1] 민법 제35조 제1항은 "법인은 이사 기타 대표자가 그 직무에 관하여 타인에게 가한 손해를 배상할 책임이 있다"라고 정한다. 여기서 '법인의 대표자'에는 그 명칭이나 직위 여하, 또는 대표자로 등기되었는지 여부를 불문하고 당해 법인을 실질적으로 운영하면서 법인을 사실상 대표하여 법인의 사무를 집행하는 사람을 포함한다고 해석함이 상당하다. [2] 甲 주택조합의 대표자가 乙에게 대표자의 모든 권한을 포괄적으로 위임하여 乙이 그 조합의 사무를 집행하던 중 불법행위로 타인에게 손해를 발생시킨 데 대하여 불법행위 피해자가 甲 주택조합을 상대로 민법 제35조에서 정한 법인의 불법행위책임에 따른 손해배상청구를 한 사안에서, ...(중략)... 乙은 甲 주택조합을 실질적으로 운영하면서 법인을 사실상 대표하여 법인의 사무를 집행하는 사람으로서 민법 제35조에서 정한 '대표자'에 해당한다고 보아야 함에도, 乙이 甲 주택조합의 적법한 대표자 또는 대표기관이라고 볼 수 없다는 이유로 甲 주택조합에 대한 법인의 불법행위에 따른 손해배상청구를 배척한 원심판결에는 법리오해의 위법이 있다고 한 사례(대판 2011.4.28. 2008다15438).

ㄹ. (○) 대표이사가 대표이사로서의 업무 일체를 다른 이사 등에게 위임하고, 대표이사로서의 직무를 전혀 집행하지 않는 것은 그 자체가 이사의 직무상 충실 및 선관의무를 위반하는 행위에 해당한다(대판 2003.4.11. 2002다70044).

오답 해설

ㄱ. (×) 비법인사단에 대하여는 사단법인에 관한 민법규정 가운데 법인격을 전제로 하는 것을 제외하고는 이를 유추적용하여야 하는데, 민법 제62조에 비추어 보면 비법인사단의 대표자는 정관 또는 총회의 결의로 금지하지 아니한 사항에 한하여 타인으로 하여금 특정한 행위를 대리하게 할 수 있을 뿐 비법인사단의 제반 업무처리를 포괄적으로 위임할 수는 없으므로 비법인사단 대표자가 행한 타인에 대한 업무의 포괄적 위임과 그에 따른 포괄적 수임인의 대행행위는 민법 제62조를 위반한 것이어서 비법인사단에 대하여 그 효력이 미치지 않는다(대판 2011.4.28. 2008다15438). 사단법인에 관한 민법규정 제62조를 비법인사단에 유추적용 한다는 입장이다.

민법 제62조(이사의 대리인 선임)
이사는 정관 또는 총회의 결의로 금지하지 아니한 사항에 한하여 타인으로 하여금 특정한 행위를 대리하게 할 수 있다.

ㄷ. (×) 주택조합과 같은 비법인사단의 대표자가 직무에 관하여 타인에게 손해를 가한 경우 그 사단은 민법 제35조 제1항의 유추적용에 의하여 그 손해를 배상할 책임이 있으며, 비법인사단의 대표자의 행위가 대표자 개인의 사리를 도모하기 위한 것이었거나 혹은 법령의 규정에 위배된 것이었다 하더라도 외관상, 객관적으로 직무에 관한 행위라고 인정할 수 있는 것이라면 민법 제35조 제1항의 직무에 관한 행위에 해당한다(대판 2003.7.25. 2002다27088). 법인의 불법행위능력을 규정한 민법 제35조 제1항을 비법인사단에 유추적용하며, 민법 제35조의 제1항의 '직무에 관하여'의 의미는 행위의 외형상 법인의 대표자의 직무행위라고 인정할 수 있는 것이라면 설사 그것이 대표자 개인의 사리를 도모하기 위한 것이었거나 혹은 법령의 규정에 위배된 것이었다 하더라도 위의 직무에 관한 행위에 해당한다고 본다는 판례이다.

민법 제35조(법인의 불법행위능력)
① 법인은 이사 기타 대표자가 그 직무에 관하여 타인에게 가한 손해를 배상할 책임이 있다. 이사 기타 대표자는 이로 인하여 자기의 손해배상책임을 면하지 못한다.

03

답 ④

정답 해설

ㄴ. (○) 무능력자의 책임을 제한하는 민법 제141조 단서는 부당이득에 있어 수익자의 반환범위를 정한 민법 제748조의 특칙으로서 무능력자의 보호를 위해 그 선의·악의를 묻지 아니하고 반환범위를 현존 이익에 한정시키려는데 그 취지가 있으므로, 의사능력의 흠결을 이유로 법률행위가 무효가 되는 경우에도 유추적용되어야 할 것이나, 법률상 원인 없이 타인의 재산 또는 노무로 인하여 이익을 얻고 그로 인하여 타인에게 손해를 가한 경우에 그 취득한 것이 금전상의 이득인 때에는 그 금전은 이를 취득한 자가 소비하였는가의 여부를 불문하고 현존하는 것으로 추정되므로, 위 이익이 현존하지 아니함은 이를 주장하는 자, 즉 의사무능력자 측에 입증책임이 있다(대판 2009.1.15. 2008다58367). 무능력자의 책임을 제한하는 민법 제141조 단서 규정을 의사능력의 흠결을 이유로 법률행위가 무효가 되는 경우에도 유추적용한다는 판례이다.

민법 제141조(취소의 효과)
취소된 법률행위는 처음부터 무효인 것으로 본다. 다만, 제한능력자는 그 행위로 인하여 받은 이익이 현존하는 한도에서 상환(償還)할 책임이 있다.

ㄷ. (○) 의사무능력자가 자신이 소유하는 부동산에 근저당권을 설정해 주고 금융기관으로부터 금원을 대출받아 이를 제3자에게 대여한 사안에서, 대출로 받은 이익이 위 제3자에 대한 대여금채권 또는 부당이득반환채권의 형태로 현존하므로, 금융기관은 대출거래약정 등의 무효에 따른 원상회복으로서 위 대출금 자체의 반환을 구할 수는 없더라도 현존 이익인 위 채권의 양도를 구할 수 있다고 본 사례(대판 2009.1.15. 2008다58367). 나아가 이 판결은 이유 부분에서 「공평의 관념과 신의칙에 비추어 볼 때 원고의 위 채권양도 의무와 피고 조합의 이 사건 근저당권설정등기말소 의무는 동시이행관계에 있다고 보아야 할 것」이라고 하였다.

오답 해설

ㄱ. (×) 의사무능력자가 사실상의 후견인이었던 아버지의 보조를 받아 자신의 명의로 대출계약을 체결하고 자신 소유의 부동산에 관하여 근저당권을 설정한 후, 의사무능력자의 여동생이 특별대리인으로 선임되어 위 대출계약 및 근저당권설정계약의 효력을 부인하는 경우에, 이러한 무효 주장이 거래관계에 있는 당사자의 신뢰를 배신하고 정의의 관념에 반하는 예외적인 경우에 해당하지 않는 한, 의사무능력자에 의하여 행하여진 법률행위의 무효를 주장하는 것이 신의칙에 반하여 허용되지 않는다고 할 수 없다(대판 2006.9.22. 2004다51627).

04

답 ⑤

정답 해설

⑤ (○) 이자채권은 원본채권에 대하여 종속성을 갖고 있으나 이미 변제기에 도달한 이자채권은 원본채권과 분리하여 양도할 수 있고 원본채권과 별도로 변제할 수 있으며 시효로 인하여 소멸되기도 하는 등 어느 정도 독립성을 갖게 되는 것이므로, 원본채권이 양도된 경우 이미 변제기에 도달한 이자채권은 원본채권의 양도당시 그 이자채권도 양도한다는 의사표시가 없는 한 당연히 양도되지는 않는다(대판 1989.3.28. 88다카12803).

오답 해설

① (×) 횟집으로 사용할 점포 건물에 거의 붙여서 횟감용 생선을 보관하기 위하여 즉 위 점포 건물의 상용에 공하기 위하여 신축한 수족관 건물은 위 점포 건물의 종물이라고 해석할 것이다(대판 1993.2.12. 92도3234). 종물은 독립한 물건으로 동산과 부동산 모두 종물이 될 수 있다.

② (×) 종물은 주물의 처분에 따른다(민법 제100조 제2항)는 규정에서의 처분은 점유 기타 사실관계에 기한 권리의 득실변경에 대해서는 적용되지 않는다. 주물 만에 대한 점유의 시효취득에 대하여 점유를 하지 않는 종물에 대해서는 시효취득이 인정되지 않는다.

③ (×) 민법 제100조 제2항의 종물과 주물의 관계에 관한 법리는 물건 상호간의 관계뿐 아니라 권리 상호간에도 적용되고, 위 규정에서의 처분은 처분행위에 의한 권리변동뿐 아니라 주물의 권리관계가 압류와 같은 공법상의 처분 등에 의하여 생긴 경우에도 적용되어야 하는 점, 저당권의 효력이 종물에 대하여도 미친다는 민법 제358조 본문 규정은 같은 법 제100조 제2항과 이론적 기초를 같이하는 점, 집합건물의 소유 및 관리에 관한 법률 제20조 제1항, 제2항에 의하면 구분건물의 대지사용권은 전유부분과 종속적 일체불가분성이 인정되는 점 등에 비추어 볼 때, 구분건물의 전유부분에 대한 소유권보존등기만 경료되고 대지지분에 대한 등기가 경료되기 전에 전유부분만에 대해 내려진 가압류결정의 효력은, 대지사용권의 분리처분이 가능하도록 규약으로 정하였다는 등의 특별한 사정이 없는 한, 종물 내지 종된 권리인 그 대지권에까지 미친다(대판 2006.10.26. 2006다29020).

> **민법 제100조(주물, 종물)**
> ② 종물은 주물의 처분에 따른다.

④ (×) 어느 건물이 주된 건물의 종물이기 위하여는 주물의 상용에 이바지되어야 하는 관계가 있어야 하는바, 여기에서 주물의 상용에 이바지한다 함은 주물 그 자체의 경제적 효용을 다하게 하는 것을 말하는 것이며, 주물의 소유자나 이용자의 상용에 공여되고 있더라도 주물 그 자체의 효용과는 직접 관계없는 물건은 종물이 아니다(대판 1994.6.10. 94다11606).

> **민법 제100조(주물, 종물)**
> ① 물건의 소유자가 그 물건의 상용에 공하기 위하여 자기소유인 다른 물건을 이에 부속하게 한 때에는 그 부속물은 종물이다.

05

답 ①

정답 해설

ㄱ. (○) 부동산의 이중매매가 반사회적 법률행위로서 무효가 되기 위하여는 매도인의 배임행위와 매수인이 매도인의 배임행위에 적극 가담한 행위로 이루어진 매매로서, 그 적극가담하는 행위는 매수인이 다른 사람에게 매매목적물이 매도된 것을 안다는 것만으로는 부족하고, 적어도 그 매도사실을 알고도 매도를 요청하여 매매계약에 이르는 정도가 되어야 한다(대판 1994.3.11. 93다55289). 따라서 제2매수인이 매도인의 제1매수인에 대한 배임행위에 적극 가담하였으면 제2매매는 민법 제103조의 선량한 풍속 기타 사회질서에 위반하여 무효이다.

| 관련 | 어떠한 부동산에 관하여 소유자가 양도의 원인이 되는 매매 기타의 계약을 하여 일단 소유권 양도의 의무를 짐에도 다시 제3자에게 매도하는 등으로 같은 부동산에 관하여 소유권 양도의 의무를 이중으로 부담하고 나아가 그 의무의 이행으로, 그러나 제1의 양도채권자에 대한 양도의무에 반하여, 소유권의 이전에 관한 등기를 그 제3자 앞으로 경료함으로써 이를 처분한 경우에, 소유자의 그러한 제2의 소유권양도의무를 발생시키는 원인이 되는 매매 등의 계약이 소유자의 위와 같은 의무위반행위를 유발시키는 계기가 된다는 것만을 이유로 이를 공서양속에 반하여 무효라고 할 것이 아님은 물론이다. 그것이 공서양속에 반한다고 하려면, 다른 특별한 사정이 없는 한 상대방에게도 그러한 무효의 제재, 보다 실질적으로 말하면 나아가 그가 의도한 권리취득 자체의 좌절을 정당화할 만한 책임귀속사유가 있어야 한다(대판 2013.10.11. 2013다52622).

오답 해설

ㄴ. (×) 매도인의 매수인에 대한 배임행위에 가담하여 증여를 받아 이를 원인으로 소유권이전등기를 경료한 수증자에 대하여 매수인은 매도인을 대위하여 위 등기의 말소를 청구할 수는 있으나 직접 청구할 수는 없다는 것은 형식주의 아래서의 등기청구권의 성질에 비추어 당연하다(대판 1983.4.26. 83다카57).

ㄷ. (×) 채권자취소권을 특정물에 대한 소유권이전등기청구권을 보전하기 위하여 행사하는 것은 허용되지 않으므로, 부동산의 제1양수인은 자신의 소유권이전등기청구권 보전을 위하여 양도인과 제3자 사이에서 이루어진 이중양도행위에 대하여 채권자취소권을 행사할 수 없다(대판 1999.4.27. 98다56690). 채권자취소권은 민법 제407조의 모든 채권자를 위하여 행사되어야 하기 때문에 특정채권인 소유권이전등기청구권을 보전하기 위하여 채권자취소권을 행사할 수는 없다.

ㄹ. (×) 부동산의 이중매매가 반사회적 법률행위에 해당하는 경우에는 이중매매계약은 절대적으로 무효이므로, 당해 부동산을 제2매수인으로부터 다시 취득한 제3자는 설사 제2매수인이 당해 부동산의 소유권을 유효하게 취득한 것으로 믿었더라도 이중매매계약이 유효하다고 주장할 수 없다(대판 1996.10.25. 96다29151).

06

답 ②

정답 해설

② (×) 민법 제109조 제1항에 의하면 법률행위 내용의 중요 부분에 착오가 있는 경우 착오에 중대한 과실이 없는 표의자는 법률행위를 취소할 수 있고, 민법 제580조 제1항, 제575조 제1항에 의하면 매매의 목적물에 하자가 있는 경우 하자가 있는 사실을 과실 없이 알지 못한 매수인은 매도인에 대하여 하자담보책임을 물어 계약을 해제하거나 손해배상을 청구할 수 있다. 착오로 인한 취소 제도와 매도인의 하자담보책임 제도는 취지가 서로 다르고, 요건과 효과도 구별된다. 따라서 매매계약 내용의 중요 부분에 착오가 있는 경우 매수인은 매도인의 하자담보책임이 성립하는지와 상관없이 착오를 이유로 매매계약을 취소할 수 있다(대판 2018.9.13. 2015다78703).

오답 해설

① (○) 민법 제110조 제2항

민법 제110조(사기, 강박에 의한 의사표시)
① 사기나 강박에 의한 의사표시는 취소할 수 있다.
② 상대방있는 의사표시에 관하여 제3자가 사기나 강박을 행한 경우에는 상대방이 그 사실을 알았거나 알 수 있었을 경우에 한하여 그 의사표시를 취소할 수 있다.

③ (○) 통정허위표시로 매매계약이 체결된 경우 당사자 사이에서 매매계약은 무효이므로(민법 제108조 제1항), 채무불이행으로 인한 손해배상을 청구할 수 없다.

④ (○) 불법행위로 인한 손해배상책임이 성립하기 위하여는 가해자의 고의 또는 과실 이외에 행위의 위법성이 요구되므로, 전문건설공제조합이 계약보증서를 발급하면서 조합원이 수급할 공사의 실제 도급금액을 확인하지 아니한 과실이 있다고 하더라도 민법 제109조에서 중과실이 없는 착오자의 착오를 이유로 한 의사표시의 취소를 허용하고 있는 이상, 전문건설공제조합이 과실로 인하여 착오에 빠져 계약보증서를 발급한 것이나 그 착오를 이유로 보증계약을 취소한 것이 위법하다고 할 수는 없다(대판 1997.8.22. 97다13023). 따라서 불법행위로 인한 손해배상을 청구할 수 없다.

⑤ (○) 민법 제109조 제1항 단서는 의사표시의 착오가 표의자의 중대한 과실로 인한 때에는 그 의사표시를 취소하지 못한다고 규정하고 있는데, 위 단서 규정은 표의자의 상대방의 이익을 보호하기 위한 것이므로, 상대방이 표의자의 착오를 알고 이를 이용한 경우에는 착오가 표의자의 중대한 과실로 인한 것이라고 하더라도 표의자는 의사표시를 취소할 수 있다(대판 2014.11.27. 2013다49794).

민법 제109조(착오로 인한 의사표시)
① 의사표시는 법률행위의 내용의 중요부분에 착오가 있는 때에는 취소할 수 있다. 그러나 그 착오가 표의자의 중대한 과실로 인한 때에는 취소하지 못한다.

07

답 ③

정답 해설

③ (×) 민법은 제한능력자를 의사표시의 수령무능력자로 규정하여 제한능력자를 보호하고 있으므로(민법 제112조), 미성년자의 법정대리인이 의사표시가 도달한 사실을 안 후여야 표의자는 해제의 효력발생을 주장할 수 있다.

민법 제112조(제한능력자에 대한 의사표시의 효력)
의사표시의 상대방이 의사표시를 받은 때에 제한능력자인 경우에는 의사표시자는 그 의사표시로써 대항할 수 없다. 다만, 그 상대방의 법정대리인이 의사표시가 도달한 사실을 안 후에는 그러하지 아니하다.

오답 해설

① (○) 민법 제111조 제1항

민법 제111조(의사표시의 효력발생시기)
① 상대방이 있는 의사표시는 상대방에게 도달한 때에 그 효력이 생긴다.

② (○) 민법 제111조 제2항

민법 제111조(의사표시의 효력발생시기)
② 의사표시자가 그 통지를 발송한 후 사망하거나 제한능력자가 되어도 의사표시의 효력에 영향을 미치지 아니한다.

④ (○) 상대방이 부당하게 등기취급 우편물의 수취를 거부함으로써 우편물의 내용을 알 수 있는 객관적 상태의 형성을 방해한 경우 그러한 상태가 형성되지 아니하였다는 사정만으로 발송인의 의사표시의 효력을 부정하는 것은 신의성실의 원칙에 반하므로 허용되지 아니한다. 이러한 경우에는 부당한 수취 거부가 없었더라면 상대방이 우편물의 내용을 알 수 있는 객관적 상태에 놓일 수 있었던 때, 즉 수취 거부 시에 의사표시의 효력이 생긴 것으로 보아야 한다. 여기서 우편물의 수취 거부가 신의성실의 원칙에 반하는지는 발송인과 상대방과의 관계, 우편물의 발송 전에 발송인과 상대방 사이에 우편물의 내용과 관련된 법률관계나 의사교환이 있었는지, 상대방이 발송인에 의한 우편물의 발송을 예상할 수 있었는지 등 여러 사정을 종합하여 판단하여야 한다. 이때 우편물의 수취를 거부한 것에 정당한 사유가 있는지에 관해서는 수취 거부를 한 상대방이 이를 증명할 책임이 있다(대판 2020.8.20. 2019두34630).

⑤ (○) 채권양도의 통지와 같은 준법률행위의 도달은 의사표시와 마찬가지로 사회관념상 채무자가 통지의 내용을 알 수 있는 객관적 상태에 놓여졌을 때를 지칭하고, 그 통지를 채무자가 현실적으로 수령하였거나 그 통지의 내용을 알았을 것까지는 필요하지 않다. 채권양도의 통지서가 들어 있는 우편물을 채무자의 가정부가 수령한 직후 한집에 거주하고 있는 통지인인 채권자가 그 우편물을 바로 회수해 버렸다면 그 우편물의 내용이 무엇인지를 그 가정부가 알고 있었다는 등의 특별한 사정이 없었던 이상 그 채권양도의 통지는 사회관념상 채무자가 그 통지내용을 알 수 있는 객관적 상태에 놓여 있는 것이라고 볼 수 없으므로 그 통지는 피고에게 도달되었다고 볼 수 없을 것이다(대판 1983.8.23. 82다카439).

08

답 ①

정답 해설

① (×) 민법 제122조 본문

민법 제122조(법정대리인의 복임권과 그 책임)
법정대리인은 그 책임으로 복대리인을 선임할 수 있다. 그러나 부득이한 사유로 인한 때에는 전조 제1항에 정한 책임만이 있다.

| 참고 | 법정대리인은 본인의 신임을 받아서 대리인이 된 것이 아니라, 법률의 규정에 의해 대리인이 된 자이고 임의로 사임할 수 없으므로, 언제든지 복임권을 갖는다. 이렇게 법정대리인에게 복임권을 주는 대신 책임은 가중된다. 복대리인의 행위에 의해 본인이 손해를 입은 경우에는 복대리인의 선임·감독에 관하여 과실이 없더라도 전적인 책임을 지며(민법 제122조 본문 참고), 다만 부득이한 사유로 복대리인을 선임한 경우에는 그 선임·감독상의 과실에 대해서만 책임을 진다(민법 제122조 단서).

오답 해설

② (O) 법정대리인이 부득이한 사유로 복대리인을 선임한 경우에는 그 선임·감독상의 과실에 대해서만 책임을 진다(민법 제122조 단서).

③ (O) 민법 제120조. 임의대리인은 원칙적으로 복임권을 갖지 못하며, 임의대리인이 본인의 승낙이나 부득이한 사유없이 복대리인을 선임하여 복대리인이 본인의 대리인으로 법률행위를 하면, 이는 무권대리가 된다.

민법 제120조(임의대리인의 복임권)
대리권이 법률행위에 의하여 부여된 경우에는 대리인은 본인의 승낙이 있거나 부득이한 사유있는 때가 아니면 복대리인을 선임하지 못한다.

④ (O) 민법 제121조 제1항

민법 제121조(임의대리인의 복대리인선임의 책임)
① 전조의 규정에 의하여 대리인이 복대리인을 선임한 때에는 본인에게 대하여 그 선임감독에 관한 책임이 있다.

⑤ (O) 대판 1996.1.26. 94다30690

09

답 ⑤

정답 해설

⑤ (×) 무권대리행위의 추인에 특별한 방식이 요구되는 것이 아니므로 명시적인 방법만 아니라 묵시적인 방법으로도 할 수 있고, 그 추인은 무권대리인, 무권대리행위의 직접의 상대방 및 그 무권대리행위로 인한 권리 또는 법률 관계의 승계인에 대하여도 할 수 있다(대판 1981.4.14. 80다2314).

오답 해설

① (O) 본인의 적법한 추인이 있으면 처음부터 유권대리였던 것과 마찬가지로 다루어지므로, 법률행위의 효과는 대리인이 아니라 본인에게 귀속된다. 따라서 상대방은 무권대리인에게 계약상의 책임을 물을 수 없고, 또한 본인의 추인을 받은 경우에는 상대방은 무권대리인에게 민법 제135조의 책임도 물을 수 없다(민법 제135조 참고).

② (O) 민법 제132조는 본인이 무권대리인에게 무권대리행위를 추인한 경우에 상대방이 이를 알지 못하는 동안에는 본인은 상대방에게 추인의 효과를 주장하지 못한다는 취지이므로 상대방은 그때까지 민법 제134조에 의한 철회를 할 수 있고, 또 무권대리인에의 추인이 있었음을 주장할 수도 있다(대판 1981.4.14. 80다2314). 여기서 철회는 상대방이 계약 당시 선의인 경우에 한하여 할 수 있다(민법 제134조).

③ (O) 민법 제135조 제1항은 "타인의 대리인으로 계약을 한 자가 그 대리권을 증명하지 못하고 또 본인의 추인을 얻지 못한 때에는 상대방의 선택에 좇아 계약의 이행 또는 손해배상의 책임이 있다."고 규정하고 있다. 위 규정에 따른 무권대리인의 상대방에 대한 책임은 무과실책임으로서 대리권의 흠결에 관하여 대리인에게 과실 등의 귀책사유가 있어야만 인정되는 것이 아니고, 무권대리행위가 제3자의 기망이나 문서위조 등 위법행위로 야기되었다고 하더라도 책임은 부정되지 아니한다(대판 2014.2.27. 2013다213038).

민법 제135조(상대방에 대한 무권대리인의 책임)
① 다른 자의 대리인으로서 계약을 맺은 자가 그 대리권을 증명하지 못하고 또 본인의 추인을 받지 못한 경우에는 그는 상대방의 선택에 따라 계약을 이행할 책임 또는 손해를 배상할 책임이 있다.
② 대리인으로서 계약을 맺은 자에게 대리권이 없다는 사실을 상대방이 알았거나 알 수 있었을 때 또는 대리인으로서 계약을 맺은 사람이 제한능력자일 때에는 제1항을 적용하지 아니한다.

④ (O) 다른 자의 대리인으로서 계약을 맺은 자가 그 대리권을 증명하지 못하고 또 본인의 추인을 받지 못한 경우에는 그는 상대방의 선택에 따라 계약을 이행할 책임 또는 손해를 배상할 책임이 있다(민법 제135조 제1항). 이때 상대방이 계약의 이행을 선택한 경우 무권대리인은 계약이 본인에게 효력이 발생하였더라면 본인이 상대방에게 부담하였을 것과 같은 내용의 채무를 이행할 책임이 있다. 무권대리인은 마치 자신이 계약의 당사자가 된 것처럼 계약에서 정한 채무를 이행할 책임을 지는 것이다. 무권대리인이 계약에서 정한 채무를 이행하지 않으면 상대방에게 채무불이행에 따른 손해를 배상할 책임을 진다. 위 계약에서 채무불이행에 대비하여 손해배상액의 예정에 관한 조항을 둔 때에는 특별한 사정이 없는 한 무권대리인은 조항에서 정한 바에 따라 산정한 손해액을 지급하여야 한다. 이 경우에도 손해배상액의 예정에 관한 민법 제398조가 적용됨은 물론이다(대판 2018.6.28. 2018다210775).

10

답 ④

정답 해설

④ (O) 민법 제140조. 따라서 건물양수인은 특정승계인으로서 전세권자의 사기를 이유로 전세권 설정 계약을 취소할 수 있다.

민법 제140조(법률행위의 취소권자)
취소할 수 있는 법률행위는 제한능력자, 착오로 인하거나 사기·강박에 의하여 의사표시를 한 자, 그의 대리인 또는 승계인만이 취소할 수 있다.

오답 해설

① (×) 미성년자 자신이 체결한 계약도 미성년자가 단독으로 그 계약을 취소할 수 있다(민법 제140조).

② (×) 계약을 체결할 수 있는 권한만을 가진 임의대리인이 상대방의 사기로 계약을 체결한 경우, 그 임의대리인은 특별수권이 없는 한 그 계약을 취소 또는 해제 등을 할 수 없다.

③ (×) 대리인은 행위능력자임을 요하지 아니하므로(민법 제117조), 본인은 미성년자에 의한 대리행위라는 이유로 취소할 수 없다.

⑤ (×) 미성년자가 단독으로 발급받은 신용카드를 이용하여 구입한 물품의 대금을 성년자가 되어 이의없이 결제한 후에는 법정추인이 되어 그 물품구입계약을 미성년자의 행위임을 이유로 취소할 수 없다(민법 제145조 제1호).

민법 제145조(법정추인)
취소할 수 있는 법률행위에 관하여 전조의 규정에 의하여 추인할 수 있는 후에 다음 각 호의 사유가 있으면 추인한 것으로 본다. 그러나 이의를 보류한 때에는 그러하지 아니하다.

1. 전부나 일부의 이행

11

답 ③

정답 해설

③ (○) 국토이용관리법상 토지거래허가를 받지 않아 거래계약이 유동적 무효의 상태에 있는 경우, 유동적 무효 상태의 계약은 관할 관청의 불허가처분이 있을 때뿐만 아니라 당사자 쌍방이 허가신청협력의무의 이행거절 의사를 명백히 표시한 경우에는 허가 전 거래계약관계, 즉 계약의 유동적 무효 상태가 더 이상 지속된다고 볼 수 없으므로, 계약관계는 확정적으로 무효가 된다고 할 것이고, 그와 같은 법리는 거래계약상 일방의 채무가 이행불능임이 명백하고 나아가 상대방이 거래계약의 존속을 더 이상 바라지 않고 있는 경우에도 마찬가지라고 보아야 하며, 거래계약이 확정적으로 무효가 된 경우에는 거래계약이 확정적으로 무효로 됨에 있어서 귀책사유가 있는 자라고 하더라도 그 계약의 무효를 주장할 수 있다(대판 1997.7.25. 97다4357 · 4364).

오답 해설

① (×) 국토의 계획 및 이용에 관한 법률상의 토지거래계약 허가구역 내의 토지에 관하여 관할관청의 허가를 받을 것을 전제로 한 매매계약은 법률상 미완성의 법률행위로서 허가받기 전의 상태에서는 아무런 효력이 없어, 그 매수인이 매도인을 상대로 하여 권리의 이전 또는 설정에 관한 어떠한 이행청구도 할 수 없고, 이행청구를 허용하지 않는 취지에 비추어 볼 때 그 매매계약에 기한 소유권이전등기청구권 또는 토지거래계약에 관한 허가를 받을 것을 조건으로 한 소유권이전등기청구권을 피보전권리로 한 부동산처분금지가처분신청 또한 허용되지 않는다(대결 2010.8.26. 2010마818). 토지거래허가를 받지 않은 상태에서의 매매계약은 유동적 무효로서, 허가가 있기까지는 채권계약의 효력이 발생하지 아니한다. 따라서 허가조건부이전등기의무나 토지거래계약에 관한 허가를 받을 것을 조건으로 한 소유권이전등기청구권을 피보전권리로 한 부동산처분금지가처분신청이 허용되지 않는다.

② (×) 허가받을 것을 전제로 하는 거래계약은 허가를 받을 때까지는 법률상 미완성의 법률행위로서 소유권 등 권리의 이전 또는 설정에 관한 거래의 효력이 전혀 발생하지 않으나 일단 허가를 받으면 그 계약은 소급하여 유효한 계약이 되고, 이와 달리 불허가가 된 때에 무효로 확정되므로 허가를 받기까지는 유동적 무효의 상태에 있다고 볼 것인바, 허가를 받을 것을 전제로 한 거래계약은 허가받기 전의 상태에서는 거래계약의 채권적 효력도 전혀 발생하지 않으므로 권리의 이전 또는 설정에 관한 어떠한 내용의 이행청구도 할 수 없고, 그러한 거래계약의 당사자로서는 허가받기 전의 상태에서 상대방의 거래계약상 채무불이행을 이유로 거래계약을 해제하거나 그로 인한 손해배상을 청구할 수 없다(토지거래허가구역 내에 있는 토지를 허가대상이 아닌 다른 부동산과 교환하기로 하는 내용의 교환계약이 국토이용관리법상의 토지거래허가를 받아야 하는 거래계약이어서, 당해 계약에 관하여 관할관청의 토지거래허가를 받지 않은 이상 허가를 받기까지는 유동적 무효의 상태에 있는 것임에도 불구하고, 당해 계약이 유효한 계약임을 전제로 하여, 매수인의 교환대상 건물에 관한 소유권이전등기의무가 이행불능이 되었고 그와 같은 채무불이행이 매수인의 귀책사유에 기한 것이라는 이유로 계약이 매도인에 의하여 적법하게 해제된 것을 이유로, 매수인은 매도인에게 이행불능으로 인한 손해배상책임이 있다고 한 원심판결을 파기한 사례)(대판 1997.7.25. 97다4357 · 4364). 매매계약이 유동적 무효인 상태에서는 물권적 효력뿐만 아니라, 채권적 효력도 발생하지 않는다. 따라서 허가가 나오기 전에는 각 당사자는 주된 급부의무의 이행을 청구할 수 없으며, 주된 급부의무가 없으므로 채무불이행을 이유로 손해배상을 청구하거나 계약을 해제할 수는 없다.

④ (×) 국토이용관리법상 규제구역 내에 속하는 토지거래에 관하여 관할 도지사로부터 거래허가를 받지 아니한 거래계약은 처음부터 위 허가를 배제하거나 잠탈하는 내용의 계약이 아닌 한 허가를 받기까지는 유동적 무효의 상태에 있고 거래 당사자는 거래허가를 받기 위하여 서로 협력할 의무가 있으나, 그 토지거래가 계약 당사자의 표시와 불일치한 의사(비진의표시, 허위표시 또는 착오) 또는 사기, 강박과 같은 하자 있는 의사에 의하여 이루어진 경우에는, 이들 사유에 의하여 그 거래의 무효 또는 취소를 주장할 수 있는 당사자는 그러한 거래허가를 신청하기 전 단계에서 이러한 사유를 주장하여 거래허가신청 협력에 대한 거절의사를 일방적으로 명백히 함으로써 그 계약을 확정적으로 무효화시키고 자신의 거래허가절차에 협력할 의무를 면할 수 있다(대판 1997.11.14. 97다36118).

⑤ (×) 제3자를 위한 계약관계에서 낙약자와 요약자 사이의 법률관계(이른바 기본관계)를 이루는 계약이 무효이거나 해제된 경우 그 계약관계의 청산은 계약의 당사자인 낙약자와 요약자 사이에 이루어져야 하므로, 특별한 사정이 없는 한 낙약자가 이미 제3자에게 급부한 것이 있더라도 낙약자는 계약해제 등에 기한 원상회복 또는 부당이득을 원인으로 제3자를 상대로 그 반환을 구할 수 없다(대판 2010.8.19. 2010다31860 · 31877). 따라서 乙은 丙을 상대로 지급한 계약금 상당액의 반환을 청구할 수 없다.

12

답 ③

정답 해설

③ (×) 민법 제168조 제1호, 제170조 제1항에서 시효중단사유의 하나로 규정하고 있는 재판상의 청구란, 통상적으로는 권리자가 원고로서 시효를 주장하는 자를 피고로 하여 소송물인 권리를 소의 형식으로 주장하는 경우를 가리키나, 이와 반대로 시효를 주장하는 자가 원고가 되어 소를 제기한 데 대하여 피고로서 응소하여 소송에서 적극적으로 권리를 주장하고 그것이 받아들여진 경우도 이에 포함되고, 위와 같은 응소행위로 인한 시효중단의 효력은 피고가 현실적으로 권리를 행사하여 응소한 때에 발생하지만, 권리자인 피고가 응소하여 권리를 주장하였으나 소가 각하되거나 취하되는 등의 사유로 본안에서 권리주장에 관한 판단 없이 소송이 종료된 경우에는 민법 제170조 제2항을 유추적용하여 그때부터 6월 이내에 재판상의 청구 등 다른 시효중단조치를 취한 경우에 한하여 응소 시에 소급하여 시효중단의 효력이 있다고 보아야 한다(대판 2012.1.12. 2011다78606).

오답 해설

① (○) 민법 제174조

> **민법 제174조(최고와 시효중단)**
> 최고는 6월내에 재판상의 청구, 파산절차참가, 화해를 위한 소환, 임의출석, 압류 또는 가압류, 가처분을 하지 아니하면 시효중단의 효력이 없다.

② (○) 민사소송법 제265조에 의하면, 시효중단사유 중 하나인 '재판상의 청구'(민법 제168조 제1호, 제170조)는 소를 제기한 때 시효중단의 효력이 발생한다. 이는 소장 송달 등으로 채무자가 소 제기 사실을 알기 전에 시효중단의 효력을 인정한 것이다. 가압류에 관해서도 위 민사소송법 규정을 유추적용하여 '재판상의 청구'와 유사하게 가압류를 신청한 때 시효중단의 효력이 생긴다고 보아야 한다(대판 2017.4.7. 2016다35451).

④ (○) 비록 대항요건을 갖추지 못하여 채무자에게 대항하지 못한다고 하더라도 채권의 양수인이 채무자를 상대로 재판상의 청구를 하였다면 이는 소멸시효 중단사유인 재판상의 청구에 해당한다(대판 2005.11.10. 2005다41818). 그리고 재판상의 청구는 소송의 각하, 기각 또는 취하의 경우에는 시효중단의 효력이 없지만 6월 내에 재판상의 청구, 파산절차참가, 압류 또는 가압류, 가처분을 한 때에는 시효는 최초의 재판상 청구로 인하여 중단된 것으로 본다(민법 제170조).

⑤ (○) 채권자의 신청에 의한 경매개시결정에 따라 연대채무자 1인의 소유 부동산이 압류된 경우, 이로써 위 채무자에 대한 채권의 소멸시효는 중단되지만, 압류에 의한 시효중단의 효력은 다른 연대채무자에게 미치지 아니하므로, 경매개시결정에 의한 시효중단의 효력을 다른 연대채무자에 대하여 주장할 수 없다(대판 2001.8.21. 2001다22840). 연대채무에서 압류, 가압류 등 이행청구 이외의 시효중단사유는 상대적 효력이 있을 뿐이다.

13

답 ⑤

정답 해설

ㄱ. (○) 사인증여는 등기가 경료되어야지 물권변동이 된다.

ㄴ. (○) 합유지분 포기가 적법하다면 그 포기된 합유지분은 나머지 잔존 합유지분권자들에게 균분으로 귀속하게 되지만 그와 같은 물권변동은 합유지분권의 포기라고 하는 법률행위에 의한 것이므로 등기하여야 효력이 있고 지분을 포기한 합유지분권자로부터 잔존 합유지분권자들에게 합유지분권 이전등기가 이루어지지 아니하는 한 지분을 포기한 지분권자는 제3자에 대하여 여전히 합유지분권자로서의 지위를 가지고 있다(대판 1997.9.9. 96다16896).

ㄷ. (○) 민법 제187조의 판결은 형성판결을 의미하므로, 매매를 원인으로 한 소유권이전등기절차 이행판결이 확정된 경우에는, 매수인 명의로 등기가 된 때에 비로소 소유권 이전의 효력이 생긴다(민법 제186조).
ㄹ. (○) 부동산점유취득시효의 경우 등기를 요한다(민법 제245조 제1항).

민법 제245조(점유로 인한 부동산소유권의 취득기간)
① 20년간 소유의 의사로 평온, 공연하게 부동산을 점유하는 자는 등기함으로써 그 소유권을 취득한다.

14

답 ③

정답 해설

③ (×) 선의취득은 양도인이 무권리자(처분권이 없다)라는 것을 제외하고 거래행위 자체는 유효하여야 한다. 따라서 거래행위가 무효이거나 당사자에게 제한능력, 착오, 사기·강박 등의 사유가 있어 취소 또는 무효가 된 경우에는 성립하지 않는다.

오답 해설

① (○) 토지로부터 분리된 수목은 동산이므로 선의취득의 대상이 된다.
② (○) 서울특별시가 무허가 건물을 자진철거하는 시민들을 위하여 건립하는 연립주택의 입주권은 수분양자로서의 지위에 불과한 것이므로 선의취득의 대상이 될 수 없다(대판 1980.9.9. 79다2233).
④ (○) 동산의 선의취득에 필요한 점유의 취득은 현실적 인도가 있어야 하고 점유개정에 의한 점유취득만으로서는 그 요건을 충족할 수 없다(대판 1978.1.17. 77다1872). 판례는 동산의 선의취득에 필요한 점유의 취득으로 점유개정을 부정한다. 위 사례의 경우, 乙이 종전대로 점유하고 있으므로 외부에서 매도하였다는 사실을 전혀 알 수 없기 때문에 선의취득이 부정된다.
⑤ (○) 민법 제250조

민법 제250조(도품, 유실물에 대한 특례)
전조의 경우에 그 동산이 도품이나 유실물인 때에는 피해자 또는 유실자는 도난 또는 유실한 날로부터 2년내에 그 물건의 반환을 청구할 수 있다. 그러나 도품이나 유실물이 금전인 때에는 그러하지 아니하다.

15

답 ②

정답 해설

② (○) 사회통념상 건물은 그 부지를 떠나서는 존재할 수 없는 것이므로 건물의 부지가 된 토지는 그 건물의 소유자가 점유하는 것으로 볼 것이고, 건물의 소유권이 양도된 경우에는 건물의 종전의 소유자가 건물의 소유권을 상실하였음에도 불구하고 그 부지를 계속 점유할 별도의 독립된 권원이 있는 등의 특별한 사정이 없는 한 그 부지에 대한 점유도 함께 상실하는 것으로 보아야 하며, 이 경우에 건물의 종전의 소유자가 그 건물에 계속 거주하고 있고 건물의 새로운 소유자는 현실적으로 건물이나 그 부지를 점거하고 있지 아니하고 있더라도 결론은 마찬가지이다(대판 1993.10.26. 93다2483).

오답 해설

① (×) 민법 제197조 제2항

민법 제197조(점유의 태양)
② 선의의 점유자라도 본권에 관한 소에 패소한 때에는 그 소가 제기된 때로부터 악의의 점유자로 본다.

③ (×) 직접점유자가 제3자에 의하여 점유를 침탈당하거나 방해받고 있는 경우에는 간접점유자도 제3자에 대하여 점유보호청구권을 갖는다(민법 제207조 제1항).

민법 제207조(간접점유의 보호)
① 전3조의 청구권은 제194조의 규정에 의한 간접점유자도 이를 행사할 수 있다.

④ (×) 점유의 승계가 있는 경우 전 점유자의 점유가 타주점유라 하여도 점유자의 승계인이 자기의 점유만을 주장하는 경우에는 현 점유자의 점유는 자주점유로 추정된다(대판 2002.2.26. 99다72743).
⑤ (×) 기계의 점유자가 그 기계장치를 계속 사용함에 따라 마모되거나 손상된 부품을 교체하거나 수리하는 데에 소요된 비용은 통상의 필요비에 해당하고, 그러한 통상의 필요비는 점유자가 과실을 취득하면 회복자로부터 그 상환을 구할 수 없다(대판 1996.7.12. 95다41161·41178). (민법 제203조 제1항 단서 참고)

민법 제203조(점유자의 상환청구권)
① 점유자가 점유물을 반환할 때에는 회복자에 대하여 점유물을 보존하기 위하여 지출한 금액 기타 필요비의 상환을 청구할 수 있다. 그러나 점유자가 과실을 취득한 경우에는 통상의 필요비는 청구하지 못한다.

16

답 ④

정답 해설

④ (×) 민법 제247조 제2항은 '소멸시효의 중단에 관한 규정은 점유로 인한 부동산소유권의 시효취득기간에 준용한다.'고 규정하고, 민법 제168조 제2호는 소멸시효 중단사유로 '압류 또는 가압류, 가처분'을 규정하고 있다. 점유로 인한 부동산소유권의 시효취득에 있어 취득시효의 중단사유는 종래의 점유상태의 계속을 파괴하는 것으로 인정될 수 있는 사유이어야 하는데, 민법 제168조 제2호에서 정하는 '압류 또는 가압류'는 금전채권의 강제집행을 위한 수단이거나 그 보전수단에 불과하여 취득시효기간의 완성 전에 부동산에 압류 또는 가압류 조치가 이루어졌다고 하더라도 이로써 종래의 점유상태의 계속이 파괴되었다고는 할 수 없으므로 이는 취득시효의 중단사유가 될 수 없다(대판 2019.4.3. 2018다296878).

오답 해설

① (○) 시효취득의 요건인 점유에는 직접점유뿐만 아니라 간접점유도 포함되는 것이기는 하나, 간접점유를 인정하기 위해서는 간접점유자와 직접점유를 하는 자 사이에 일정한 법률관계, 즉 점유매개관계가 필요하다(대판 2020.5.28. 2020다202562). 따라서 甲은 20년간 소유의 의사로 평온, 공연하게 부동산을 점유하였으므로 시효취득을 주장할 수 있다.

② (○) 시효기간 진행 중 제3취득자의 이전등기는 점유상태를 파괴한 것으로 볼 수 없으므로 취득시효기간의 중단사유에 해당하지 않는다. 따라서 시효완성자는 완성 당시의 제3취득자에게 취득시효 완성을 이유로 이전등기를 청구할 수 있다(대판 1997.4.25. 97다6186).

③ (○) 부동산의 점유로 인한 시효취득자는 취득시효완성당시의 소유자에 대하여 소유권이전등기청구권을 가질뿐 그 등기전에 먼저 소유권이전등기를 경료하여 부동산소유권을 취득한 제3자에 대하여 시효취득을 주장할 수 없는 것이지만 이는 어디까지나 그 제3자 명의의 등기가 적법 유효함을 전제로 하는 것이므로 만일 위 제3자 명의의 등기가 원인무효라면 동인에게 대항할 수 있고, 따라서 취득시효완성당시의 소유자에 대하여 가지는 소유권이전등기청구권으로서 위 소유자를 대위하여 동인앞으로 경료된 원인무효인 등기의 말소를 구하고 아울러 위 소유자에게 취득시효완성을 원인으로 한 소유권이전등기를 구할 수 있다(대판 1986.8.19. 85다카2306).

⑤ (○) 부동산에 대한 취득시효가 완성되면 점유자는 소유명의자에 대하여 취득시효완성을 원인으로 한 소유권이전등기절차의 이행을 청구할 수 있고 소유명의자는 이에 응할 의무가 있으므로 점유자가 그 명의로 소유권이전등기를 경료하지 아니하여 아직 소유권을 취득하지 못하였다고 하더라도 소유명의자는 점유자에 대하여 점유로 인한 부당이득반환청구를 할 수 없다(대판 1993.5.25. 92다51280).

| 참고 | 취득시효 완성으로 인한 소유권 취득의 효력은 점유를 개시한 때에 소급한다(민법 제247조 제1항). 이는 '시효취득자의 점유'가 '원소유자'에 대하여 소급하여 적법한 점유가 된다는 의미로, 따라서 원소유자는 시효취득자에 대하여 그 동안의 점유에 대해 불법점유임을 이유로 대지의 인도·건물철거를 청구할 수 없고, 점유를 이유로 부당이득반환청구나 손해배상청구를 할 수도 없다.

17

답 ④

정답 해설

④ (○) 민법 제273조 제1항

민법 제273조(합유지분의 처분과 합유물의 분할금지)
① 합유자는 전원의 동의없이 합유물에 대한 지분을 처분하지 못한다.

오답 해설

① (×) 공유자는 공유지분 처분의 자유가 있으므로(민법 제263조), 다른 공유자의 동의없이 자기의 지분을 담보로 제공할 수 있다.

민법 제263조(공유지분의 처분과 공유물의 사용, 수익)
공유자는 그 지분을 처분할 수 있고 공유물 전부를 지분의 비율로 사용, 수익할 수 있다.

② (×) 공유물의 처분과 변경은 공유자 전원의 동의를 요한다(민법 제264조).

민법 제264조(공유물의 처분, 변경)
공유자는 다른 공유자의 동의없이 공유물을 처분하거나 변경하지 못한다.

③ (×) 공유물의 관리에 관한 사항은 공유자의 지분의 과반수로써 결정한다(민법 제265조 본문).

⑤ (×) 민법 제276조 제1항은 "총유물의 관리 및 처분은 사원총회의 결의에 의한다", 같은 조 제2항은 "각 사원은 정관 기타의 규약에 좇아 총유물을 사용 · 수익할 수 있다"라고 규정하고 있을 뿐 공유나 합유의 경우처럼 보존행위는 그 구성원 각자가 할 수 있다는 민법 제265조 단서 또는 제272조 단서와 같은 규정을 두고 있지 아니한바, 이는 법인 아닌 사단의 소유형태인 총유가 공유나 합유에 비하여 단체성이 강하고 구성 원 개인들의 총유재산에 대한 지분권이 인정되지 아니하는 데에서 나온 당연한 귀결이라고 할 것이므로 총유재산에 관한 소송은 법인 아닌 사단이 그 명의로 사원총회의 결의를 거쳐 하거나 또는 그 구성원 전원이 당사자가 되어 필수적 공동소송의 형태로 할 수 있을 뿐 그 사단의 구성원은 설령 그가 사단의 대표자라거나 사원총회의 결의를 거쳤다 하더라도 그 소송의 당사자가 될 수 없고, 이러한 법리는 총유재산의 보존행위로서 소를 제기하는 경우에도 마찬가지라 할 것이다(대판[전합] 2005.9.15. 2004다44971).

18

답 ①

정답 해설

① (×) 근저당권 등 담보권 설정의 당사자들이 그 목적 토지 위에 차후 용익권 설정 등으로 담보가치가 저감하는 것을 막기 위해 채권자 앞으로 지상권을 설정한 경우, 피담보채권이 변제나 시효로 소멸하면 그 지상권도 부종하여 소멸한다(대판 2011.4.14. 2011다6342). 저당권의 담보가치를 획득하기 위하여 지상권을 취득하는 담보지상권의 경우, 담보지상권은 저당권의 담보가치를 확보하는데 그 목적이 있기 때문에, 저당권이 양도되면 함께 양도되고 저당권이 피담보채권의 변제 등으로 소멸하면 담보지상권도 함께 소멸한다(담보지상권의 부종성).

| 관련 | 토지에 관하여 저당권을 취득함과 아울러 그 저당권의 담보가치를 확보하기 위하여 지상권을 취득하는 경우, 특별한 사정이 없는 한 당해 지상권은 저당권이 실행될 때까지 제3자가 용익권을 취득하거나 목적 토지의 담보가치를 하락시키는 침해행위를 하는 것을 배제함으로써 저당 부동산의 담보가치를 확보하는 데에 그 목적이 있다고 할 것이므로, 그와 같은 경우 제3자가 비록 토지소유자로부터 신축중인 지상 건물에 관한 건축주 명의를 변경받았다 하더라도, 그 지상권자에게 대항할 수 있는 권원이 없는 한 지상권자로서는 제3자에 대하여 목적 토지 위에 건물을 축조하는 것을 중지하도록 요구할 수 있다(대결 2004.3.29. 2003마1753).

오답 해설

② (○) 민법 제283조 제1항의 갱신청구권은, 지상권이 존속기간의 만료로 소멸한 경우에 한하여 건물 기타 공작물이나 수목이 현존하는 때에 지상권자에게 인정되는 권리이며(통설), 지상권자의 갱신청구로 곧 계약갱신의 효과가 발생하지는 않고 지상권설정자가 갱신청구에 응하여 갱신계약을 체결함으로써 갱신이 효과가 발생한다.

민법 제283조(지상권자의 갱신청구권, 매수청구권)
① 지상권이 소멸한 경우에 건물 기타 공작물이나 수목이 현존한 때에는 지상권자는 계약의 갱신을 청구할 수 있다.

③ (○) 민법 제285조 제2항

민법 제285조(수거의무, 매수청구권)
① 지상권이 소멸한 때에는 지상권자는 건물 기타 공작물이나 수목을 수거하여 토지를 원상에 회복하여야 한다.
② 전항의 경우에 지상권설정자가 상당한 가액을 제공하여 그 공작물이나 수목의 매수를 청구한 때에는 지상권자는 정당한 이유없이 이를 거절하지 못한다.

④ (○) 지상권은 타인의 토지에서 건물 기타의 공작물이나 수목을 소유하는 것을 본질적 내용으로 하는 것이 아니라 타인의 토지를 사용하는 것을 본질적 내용으로 하고 있으므로 지상권 설정계약 당시 건물 기타의 공작물이나 수목이 없더라도 지상권은 유효하게 성립할 수 있고, 또한 기존의 건물 기타의 공작물이나 수목이 멸실되더라도 존속기간이 만료되지 않는 한 지상권이 소멸되지 아니한다(대판 1996.3.22. 95다49318).

⑤ (○) 무상의 지상권은 기간에 관한 약정의 유무를 불문하고 지상권자가 자유롭게 포기할 수 있다. 그러나 지상권이 저당권의 목적인 때에는 저당권자의 동의 없이는 포기하지 못한다(민법 제371조 제2항).

민법 제371조(지상권, 전세권을 목적으로 하는 저당권)
② 지상권 또는 전세권을 목적으로 저당권을 설정한 자는 저당권자의 동의없이 지상권 또는 전세권을 소멸하게 하는 행위를 하지 못한다.

19

답 ⑤

정답 해설

⑤ (○) 지상권을 가지는 건물소유자가 그 건물에 전세권을 설정하였으나 그가 2년 이상의 지료를 지급하지 아니하였음을 이유로 지상권설정자, 즉 토지소유자의 청구로 지상권이 소멸하는 것(민법 제287조 참조)은 전세권설정자가 전세권자의 동의 없이는 할 수 없는 민법 제304조 제2항상의 "지상권 또는 임차권을 소멸하게 하는 행위"에 해당하지 아니한다. 민법 제304조 제2항이 제한하려는 것은 포기, 기간단축약정 등 지상권 등을 소멸하게 하거나 제한하여 건물전세권자의 지위에 불이익을 미치는 전세권설정자의 임의적인 행위이고, 그것이 법률의 규정에 의하여 지상권소멸청구권의 발생요건으로 정하여졌을 뿐인 지상권자의 지료 부지급 그 자체를 막으려고 한다거나 또는 지상권설정자가 취득하는 위의 지상권소멸청구권이 그의 일방적 의사표시로 행사됨으로 인하여 지상권이 소멸되는 효과를 제한하려고 하는 것이라고 할 수 없다. 따라서 전세권설정자가 건물의 존립을 위한 토지사용권을 가지지 못하여 그가 토지소유자의 건물철거 등 청구에 대항할 수 없는 경우에 민법 제304조 등을 들어 전세권자 또는 대항력 있는 임차권자가 토지소유자의 권리행사에 대항할 수 없음은 물론이다. 또한 건물에 대하여 전세권 또는 대항력 있는 임차권을 설정하여 준 지상권자가 그 지료를 지급하지 아니함을 이유로 토지소유자가 한 지상권소멸청구가 그에 대한 전세권자 또는 임차인의 동의가 없이 행하여졌다고 해도 민법 제304조 제2항에 의하여 그 효과가 제한된다고 할 수 없다(대판 2010.8.19. 2010다43801). 따라서 乙은 丙의 동의 없이도 甲에게 지상권소멸을 청구할 수 있다.

오답 해설

① (×) 전세권이 용익물권적 성격과 담보물권적 성격을 겸비하고 있다는 점 및 목적물의 인도는 전세권의 성립요건이 아닌 점 등에 비추어 볼 때, 당사자가 주로 채권담보의 목적으로 전세권을 설정하였고, 그 설정과 동시에 목적물을 인도하지 아니한 경우라 하더라도, 장차 전세권자가 목적물을 사용·수익하는 것을 완전히 배제하는 것이 아니라면, 그 전세권의 효력을 부인할 수는 없다(대판 1995.2.10. 94다18508). 전세금의 지급은 전세권의 성립요소인 반면 목적물의 인도는 전세권의 성립요건이 아니다.

② (×) 민법 제313조. 따라서 상대방이 이 통고를 받은 날로부터 6개월이 경과하여야 전세권이 소멸한다.

민법 제313조(전세권의 소멸통고)
전세권의 존속기간을 약정하지 아니한 때에는 각 당사자는 언제든지 상대방에 대하여 전세권의 소멸을 통고할 수 있고 상대방이 이 통고를 받은 날로부터 6월이 경과하면 전세권은 소멸한다.

③ (×) 전세금의 지급은 전세권 성립의 요소가 되는 것이지만 그렇다고 하여 전세금의 지급이 반드시 현실적으로 수수되어야만 하는 것은 아니고 기존의 채권으로 전세금의 지급에 갈음할 수도 있다(대판 1995.2.10. 94다18508).

④ (×) 전세권자는 전세권을 타인에게 양도 또는 담보로 제공할 수 있고 그 존속기간내에서 그 목적물을 타인에게 전전세 또는 임대할 수 있다(민법 제306조 본문). 따라서 전세권설정자의 동의 없이도 전세권자는 타인에게 목적물을 임대할 수 있다.

20

답 ⑤

정답 해설

⑤ (×) 유치권의 성립요건인 유치권자의 점유는 직접점유이든 간접점유이든 관계없지만, 유치권자는 채무자 또는 소유자의 승낙이 없는 이상 그 목적물을 타에 임대할 수 있는 권한이 없으므로(민법 제324조 제2항 참조), 유치권자의 그러한 임대행위는 소유자의 처분권한을 침해하는 것으로서 소유자에게 그 임대의 효력을 주장할 수 없다. 따라서 소유자의 승낙 없는 유치권자의 임대차에 의하여 유치권의 목적물을 임차한 자의 점유는 소유자에게 대항할 수 있는 적법한 권원에 기한 것이라고 볼 수 없다(대판 2011.2.10. 2010다94700).

민법 제324조(유치권자의 선관의무)
② 유치권자는 채무자의 승낙없이 유치물의 사용, 대여 또는 담보제공을 하지 못한다. 그러나 유치물의 보존에 필요한 사용은 그러하지 아니하다.

오답 해설

① (○) 유치권은 타물권인 점에 비추어 볼 때 수급인의 재료와 노력으로 건축되었고 독립한 건물에 해당되는 기성부분은 수급인의 소유라 할 것이므로 수급인은 공사대금을 지급받을 때까지 이에 대하여 유치권을 가질 수 없다(대판 1993.3.26. 91다14116). 따라서 자기 소유물에 대한 유치권은 성립하지 않는다.

② (O) 임대인과 임차인 사이에 건물명도시 권리금을 반환하기로 하는 약정이 있었다 하더라도 그와 같은 권리금반환청구권은 건물에 관하여 생긴 채권이라 할 수 없으므로 그와 같은 채권을 가지고 건물에 대한 유치권을 행사할 수 없다(대판 1994.10.14. 93다62119).

③ (O) 제한물권은 이해관계인의 이익을 부당하게 침해하지 않는 한 자유로이 포기할 수 있는 것이 원칙이다. 유치권은 채권자의 이익을 보호하기 위한 법정담보물권으로서, 당사자는 미리 유치권의 발생을 막는 특약을 할 수 있고 이러한 특약은 유효하다. 유치권 배제 특약이 있는 경우 다른 법정요건이 모두 충족되더라도 유치권은 발생하지 않는데, 특약에 따른 효력은 특약의 상대방뿐 아니라 그 밖의 사람도 주장할 수 있다(대판 2018.1.24. 2016다234043).

④ (O) 유치권자가 유치물을 점유하기 전에 발생된 채권(건축비채권)이라도 그 후 그 물건(건물)의 점유를 취득했다면 유치권은 성립한다(대판 1965.3.30. 64다1977).

21

답 ④

정답 해설

④ (×) 타인의 채무를 담보하기 위하여 자신의 채권에 질권을 설정하여 준 물상보증인은 채무자의 채무를 변제하거나, 질권의 실행으로 인하여 질물의 소유권을 잃은 경우, 민법 제355조에 의하여 준용되는 같은 법 제341조에 의하여 채무자에 대하여 구상권을 갖게 된다고 할 것이다(대판 2007.5.31. 2005다28686).

오답 해설

① (O) 질권설정은 처분행위이므로, 질권설정자는 처분권한이 있어야 한다. 다만, 질권설정자에게 처분권한이 없더라도, 채권자가 평온·공연하게 선의이며 과실 없이 질권설정을 받은경우에는, 채권자는 그 동산질권을 선의취득한다(민법 제343조, 제249조).

② (O) 민법 제348조

③ (O) 대판 2009.10.15. 2009다43621

⑤ (O) 대판 1996.7.12. 96다21058

22

답 ②

정답 해설

② (×) 근저당권설정등기가 위법하게 말소되어 아직 회복등기를 경료하지 못한 연유로 그 부동산에 대한 경매절차에서 피담보채권액에 해당하는 금액을 전혀 배당받지 못한 근저당권자로서는 위 경매절차에서 실제로 배당받은 자에 대하여 부당이득반환 청구로서 그 배당금의 한도 내에서 그 근저당권설정등기가 말소되지 아니하였더라면 배당받았을 금액의 지급을 구할 수 있을 뿐이고, 이미 소멸한 근저당권에 관한 말소등기의 회복등기를 위하여 현소유자를 상대로 그 승낙의 의사표시를 구할 수는 없다(대판 1998.10.2. 98다27197).

오답 해설

① (O) 민법상 부동산(민법 제356조)과 지상권, 전세권을 저당권의 목적으로 할 수 있다(민법 제371조 제1항).

③ (O) 실질관계의 소멸로 무효로 된 등기의 유용은 그 등기를 유용하기로 하는 합의가 이루어지기 전에 등기상 이해관계가 있는 제3자가 생기지 않은 경우에는 허용된다(대판 2002.12.6. 2001다2846).

④ (O) 민법 제359조 전문은 "저당권의 효력은 저당부동산에 대한 압류가 있은 후에 저당권설정자가 그 부동산으로부터 수취한 과실 또는 수취할 수 있는 과실에 미친다."라고 규정하고 있는데, 위 규정상 '과실'에는 천연과실뿐만 아니라 법정과실도 포함되므로, 저당부동산에 대한 압류가 있으면 압류 이후의 저당권설정자의 저당부동산에 관한 차임채권 등에도 저당권의 효력이 미친다(대판 2016.7.27. 2015다230020).

⑤ (O) 저당권의 피담보채권의 범위는 민법 제360조에 열거되어 있다. 즉, 원본, 이자, 위약금, 채무불이행에 기한 손해배상채권, 저당권실행비용이 그 범위에 포함된다. 피담보채권이 금전으로 산정되어 등기되면 채권자는 제3자와의 관계에서는 등기된 평가액의 한도에서만 저당권의 효력을 주장할 수 있다.

23

답 ①

정답 해설

ㄱ. (○) 동시배당의 경우 각 부동산의 경매대가에 비례하여 안분배당해야 하므로 甲은 X토지의 매각대금으로부터 2억 원, Y토지의 매각대금으로부터 1억 원을 배당받는다(민법 제368조 제1항).

ㄴ. (○) 일부의 경매대가를 먼저 배당하는 경우에는 그 대가에서 그 채권전부의 변제를 받을 수 있다. 이 경우에 그 경매한 부동산의 차순위저당권자는 선순위저당권자가 전항의 규정에 의하여 다른 부동산의경매대가에서 변제를 받을 수 있는 금액의 한도에서 선순위자를 대위하여 저당권을 행사할 수 있다(민법 제368조 제2항). 따라서 먼저 X토지에 대한 경매가 이루어져 甲이 3억 원을 배당받은 경우, 丙은 Y토지에 대하여 1억 원의 범위에서 甲의 1번 저당권을 대위할 수 있다.

오답 해설

ㄷ. (×) 먼저 경매된 부동산의 후순위저당권자가 다른 부동산에 공동저당의 대위등기를 하지 아니하고 있는 사이에 선순위저당권자 등에 의해 그 부동산에 관한 저당권등기가 말소되고, 그와 같이 저당권등기가 말소되어 등기부상 저당권의 존재를 확인할 수 없는 상태에서 그 부동산에 관하여 소유권이나 저당권 등 새로 이해관계를 취득한 사람에 대해서는, 후순위저당권자가 민법 제368조 제2항에 의한 대위를 주장할 수 없다(대판 2015.3.20. 2012다99341).

ㄹ. (×) 선순위 공동저당권자가 피담보채권을 변제받기 전에 공동저당 목적 부동산 중 일부에 관한 저당권을 포기한 경우에는, 후순위저당권자가 있는 부동산에 관한 경매절차에서, 저당권을 포기하지 아니하였더라면 후순위저당권자가 대위할 수 있었던 한도에서는 후순위저당권자에 우선하여 배당을 받을 수 없다고 보아야 하고, 이러한 법리는 공동근저당권의 경우에도 마찬가지로 적용된다(대판 2009.12.10. 2009다41250). 따라서 사례에서 甲은 X토지의 매각대금으로부터 2억 원만 우선 배당받을 수 있다.

24

답 ②

정답 해설

② (×) 가등기담보권이 성립하기 위해서는 '피담보채권의 발생원인에 해당하는 소배대차계약이나 준소비대차계약이 존재'해야 하고, '계약 당사자 사이에 가등기담보설정계약을 체결'하였으며, '채권자명의의 (가)등기'가 설정되었어야 한다. 피담보채권의 등기여부는 요건이 아니다.

오답 해설

① (○) 가등기담보 등에 관한 법률은 소비대차계약이나 준소비대차에 의하여 발생한 차용물의 반환에 관하여 차주가 차용물에 갈음하여 다른 재산권을 이전할 것을 예약한 경우에 적용된다.

③ (○) 채권자와 채무자가 가등기담보권설정계약을 체결하면서 가등기 이후에 발생할 채권도 후순위권리자에 대하여 우선변제권을 가지는 가등기담보권의 피담보채권에 포함시키기로 약정할 수 있고, 가등기담보권을 설정한 후에 채권자와 채무자의 약정으로 새로 발생한 채권을 기존 가등기담보권의 피담보채권에 추가할 수도 있다(대판 2011.7.14. 2011다28090).

④ (○) 가등기담보 등에 관한 법률 제3조, 제4조에 의하면 가등기담보권자가 담보계약에 따른 담보권을 실행하여 담보목적부동산의 소유권을 취득하기 위해서는 채권의 변제기 후에 청산금의 평가액을 채무자 등에게 통지하여야 한다. 여기서 말하는 청산금의 평가액은 통지 당시의 담보목적부동산의 가액에서 그 당시의 피담보채권액(원본, 이자, 위약금, 지연배상금, 실행비용)을 뺀 금액을 의미하므로, 가등기담보권자가 담보권 실행을 통하여 우선변제받게 되는 이자나 지연배상금 등 피담보채권의 범위는 통지 당시를 기준으로 확정된다. 채권자는 주관적으로 평가한 청산금의 평가액을 통지하면 족하고, 채권자가 주관적으로 평가한 청산금의 액수가 정당하게 평가된 청산금의 액수에 미치지 못하더라도 담보권 실행의 통지로서의 효력에는 아무런 영향이 없다(대판 2016.6.23. 2015다13171).

⑤ (○) 가등기담보에 관한 법률 제12조 제1항

25

답 ②

정답 해설

② (×) 매매계약 있은 후에도 인도하지 아니한 목적물로부터 생긴 과실은 매도인에게 속한다(민법 제587조).

오답 해설

① (○) 특정물의 매매에 있어서 매수인의 대금지급채무가 이행지체에 빠졌다 하더라도 그 목적물이 매수인에게 인도될 때까지는 매수인은 매매대금의 이자를 지급할 필요가 없는 것이므로, 그 목적물의 인도가 이루어지지 아니하는 한매도인은 매수인의 대금지급의무 이행의 지체를 이유로 매매대금의 이자 상당액의 손해배상청구를 할 수 없다(대판 1995.6.10. 95다14190).

③ (○) 채권자대위권은 채무자의 채권을 대위행사함으로써 채권자의 채권이 보전되는 관계가 존재하는 경우에 한하여 이를 행사할 수 있으므로 특정물에 관한 채권자는 채권을 보전하기 위하여 채무자의 제3채무자에 대한 그 특정물에 관한 권리만을 대위행사할 수 있다(대판 1993.4.23. 93다289).

④ (○) 원고와 피고들간에 체결된 아파트분양계약이 아파트의 6층 607호, 1층 102호 등으로 특정된 아파트 1동씩을 특정하여 매매한 것이므로 이는 수량을 지정한 매매가 아니라 특정물을 목적으로 한 매매로서 설사 분양안내 카타로그가 잘못되어 피고들이 분양받은 아파트의 실제 면적이 분양계약서상에 표시된 분양면적보다 다소 넓다 하더라도 피고들이 법률상 원인없이 이득을 얻은 것이라 할 수 없다(대판 1991.3.27. 90다13888).

⑤ (○) 채권자취소권은 채무자가 채권자를 해함을 알면서 자기의 일반재산을 감소시키는 행위를 한 경우에 그 행위를 취소하여 채무자의 재산을 원상회복시킴으로써 모든 채권자를 위하여 채무자의 책임재산을 보전하는 권리로서, 특정물 채권을 보전하기 위하여 행사하는 것은 허용되지 않는다(대판 1995.2.10. 94다2534).

26

답 ②

정답 해설

② (×) 채무에 이행기의 정함이 없는 경우에는 채무자가 이행의 청구를 받은 다음 날부터 이행지체의 책임을 지는 것이나, 한편 지명채권이 양도된 경우 채무자에 대한 대항요건이 갖추어질 때까지 채권양수인은 채무자에게 대항할 수 없으므로, 이행기의 정함이 없는 채권을 양수한 채권양수인이 채무자를 상대로 그 이행을 구하는 소를 제기하고 소송 계속 중 채무자에 대한 채권양도통지가 이루어진 경우에는 특별한 사정이 없는 한 채무자는 채권양도통지가 도달된 다음 날부터 이행지체의 책임을 진다(대판 2014.4.10. 2012다29557).

오답 해설

① (○) 대판 2011.5.26. 2011다13330

③ (○) 매매목적물에 관하여 이중으로 제3자와 매매계약을 체결하였다는 사실만 가지고는 매매계약이 법률상 이행불능이라고 할 수 없고, 채무의 이행이 불능이라는 것은 단순히 절대적, 물리적으로 불능인 경우가 아니라 사회생활에 있어서의 경험법칙 또는 거래상의 관념에 비추어 볼 때 채권자가 채무자의 이행의 실현을 기대할 수 없는 경우를 말한다(대판 1996.7.26. 96다14616).

④ (○) 대판 2016.10.27. 2013다7769

⑤ (○) 임대인이 임차인과의 임대차계약상의 약정에 따라 제3자에게 도급을 주어 임대차목적 시설물을 수선한 경우에는 그 수급인도 임대인에 대하여 종속적인지 여부를 불문하고 이행보조자로서의 피용자라고 보아야 할 것이고, 이러한 수급인이 시설물 수선 공사 등을 하던 중 수급인의 과실로 인하여 화재가 발생한 경우에는 임대인은 민법 제391조에 따라 위 화재발생에 귀책사유가 있다 할 것이어서 임차인에 대한 채무불이행상의 손해배상책임이 있다(대판 2002.7.12. 2001다44338).

27

답 ③

정답 해설

③ (○) 이행지체에 의한 전보배상에 있어서의 손해액 산정은 본래의 의무이행을 최고한 후 상당한 기간이 경과한 당시의 시가를 표준으로 하고, 이행불능으로 인한 전보배상액은 이행불능 당시의 시가 상당액을 표준으로 할 것인바, 채무자의 이행거절로 인한 채무불이행에서의 손해액 산정은, 채무자가 이행거절의 의사를 명백히 표시하여 최고 없이 계약의 해제나 손해배상을 청구할 수 있는 경우에는 이행거절 당시의 급부목적물의 시가를 표준으로 해야 한다(대판 2007.9.20. 2005다63337).

오답 해설

① (×) 숙박업자가 숙박계약상의 고객 보호의무를 다하지 못하여 투숙객이 사망한 경우, 숙박계약의 당사자가 아닌 그 투숙객의 근친자가 그 사고로 인하여 정신적 고통을 받았다 하더라도 숙박업자의 그 망인에 대한 숙박계약상의 채무불이행을 이유로 위자료를 청구할 수는 없다(대판 2000.11.14. 2000다38718).

② (×) 채무불이행을 이유로 계약을 해제하거나 해지하고 손해배상을 청구하는 경우에, 채권자는 채무가 이행되었더라면 얻었을 이익을 얻지 못하는 손해를 입은 것이므로 계약의 이행으로 얻을 이익, 즉 이행이익의 배상을 구하는 것이 원칙이다. 그러나 채권자는 그 대신에 계약이 이행되리라고 믿고 지출한 비용의 배상을 채무불이행으로 인한 손해라고 볼 수 있는 한도에서 청구할 수도 있다. 이러한 지출비용의 배상은 이행이익의 증명이 곤란한 경우에 증명을 용이하게 하기 위하여 인정되는데, 이 경우에도 채권자가 입은 손해, 즉 이행이익의 범위를 초과할 수는 없다(대판 2017.2.15. 2015다235766).

④ (×) 당사자 사이의 계약에서 채무자의 채무불이행으로 인한 손해배상액이 예정되어 있는 경우, 채무불이행으로 인한 손해의 발생 및 확대에 채권자에게도 과실이 있더라도 민법 제398조 제2항에 따라 채권자의 과실을 비롯하여 채무자가 계약을 위반한 경위 등 제반 사정을 참작하여 손해배상 예정액을 감액할 수는 있을지언정 채권자의 과실을 들어 과실상계를 할 수는 없다(대판 2016.6.10. 2014다200763).

⑤ (×) 도급계약서 및 그 계약내용에 편입된 약관에 수급인의 귀책사유로 인하여 계약이 해제된 경우에는 계약보증금이 도급인에게 귀속한다는 조항이 있는 경우, 그 계약보증금이 손해배상액의 예정인지 위약벌인지는 도급계약서 및 위 약관 등을 종합하여 개별적으로 결정할 의사해석의 문제이고, 위약금은 민법 제398조 제4항에 의하여 손해배상액의 예정으로 추정되므로 위약금이 위약벌로 해석되기 위하여는 특별한 사정이 주장·입증되어야 하는바, 도급계약서에 계약보증금 외에 지체상금도 규정되어 있다는 점만을 이유로 하여 계약보증금을 위약벌이라고 보기는 어렵다 할 것이다(대판 2005.11.10. 2004다40597).

28

답 ③

정답 해설

③ (×) 취득시효의 대상인 부동산의 소유자가 취득시효 완성 후에 이를 처분하여 채권자의 시효취득을 원인으로 한 소유권이전등기청구권이 침해되었음을 이유로 하는 경우에는 채권자취소권을 인정할 수 없다(대판 1992.11.24. 92다33855).

오답 해설

① (○) 농지를 취득하려는 자가 농지에 대한 매매계약을 체결하는 등으로 농지에 관한 소유권이전등기청구권을 취득하였다면, 농지취득자격증명 발급신청권을 보유하게 된다. 이러한 농지취득자격증명 발급신청권은 채권자대위권의 행사대상이 될 수 있다(대판 2018.7.11. 2014다36518).

② (○) 대판 2011.10.13. 2010다80930

④ (○) 채권자가 채권자취소권을 행사할 때에는 원칙적으로 자신의 채권액을 초과하여 취소권을 행사할 수 없고, 이때 채권자의 채권액에는 사해행위 이후 사실심 변론종결시까지 발생한 이자나 지연손해금이 포함된다(대판 2001.9.4. 2000다66416).

⑤ (○) 사해행위인지가 문제되는 법률행위가 대리인에 의하여 이루어진 때에는 수익자의 사해의사 또는 전득자의 사해행위에 대한 악의의 유무는 대리인을 표준으로 결정하여야 한다(대판 2006.9.8. 2006다22661).

29

답 ④

정답 해설

④ (×) 어느 연대채무자에 대한 채무면제는 그 채무자의 부담부분에 한하여 다른 연대채무자의 이익을 위하여 효력이 있다(민법 제419조). 따라서 1억 원의 범위에서 채무면제의 효력이 있다.

오답 해설

① (○) 어느 연대채무자에 대한 이행청구는 다른 연대채무자에게도 효력이 있다(민법 제416조).

② (○) 상계할 채권이 있는 연대채무자가 상계하지 아니한 때에는 그 채무자의 부담부분에 한하여 다른 연대채무자가 상계할 수 있다(민법 제418조 제2항).

③ (○) 어느 연대채무자와 채권자간에 채무의 경개가 있는 때에는 채권은 모든 연대채무자의 이익을 위하여 소멸한다(민법 제417조).

⑤ (○) 어느 연대채무자와 채권자간에 혼동이 있는 때에는 그 채무자의 부담부분에 한하여 다른 연대채무자도 의무를 면한다(민법 제420조).

30

답 ④

정답 해설

④ (○) 채권양도의 대항요건의 흠결의 경우 채권을 주장할 수 없는 채무자 이외의 제3자는 양도된 채권 자체에 관하여 양수인의 지위와 양립할 수 없는 법률상 지위를 취득한 자에 한하므로, 선순위의 근저당권부채권을 양수한 채권자보다 후순위의 근저당권자는 채권양도의 대항요건을 갖추지 아니한 경우 대항할 수 없는 제3자에 포함되지 않는다(대판 2005.6.23. 2004다29279).

오답 해설

① (×) 부동산의 매매로 인한 소유권이전등기청구권은 물권의 이전을 목적으로 하는 매매의 효과로서 매도인이 부담하는 재산권이전의무의 한 내용을 이루는 것이고, 매도인이 물권행위의 성립요건을 갖추도록 의무를 부담하는 경우에 발생하는 채권적 청구권으로 그 이행과정에 신뢰관계가 따르므로, 소유권이전등기청구권을 매수인으로부터 양도받은 양수인은 매도인이 그 양도에 대하여 동의하지 않고 있다면 매도인에 대하여 채권양도를 원인으로 하여 소유권이전등기절차의 이행을 청구할 수 없고, 따라서 매매로 인한 소유권이전등기청구권은 특별한 사정이 없는 이상 그 권리의 성질상 양도가 제한되고 그 양도에 채무자의 승낙이나 동의를 요한다고 할 것이므로 통상의 채권양도와 달리 양도인의 채무자에 대한 통지만으로는 채무자에 대한 대항력이 생기지 않으며 반드시 채무자의 동의나 승낙을 받아야 대항력이 생긴다(대판 2001.10.9. 2000다51216).

② (×) 소송행위를 하게 하는 것을 주목적으로 채권양도 등이 이루어진 경우, 그 채권 양도가 신탁법상의 신탁에 해당하지 않는다고 하여도 신탁법 제6조가 유추적용되므로 무효이다(대판 2022.1.14. 2017다257098).

③ (×) 보증채무는 주채무에 대한 부종성 또는 수반성이 있어서 주채무자에 대한 채권이 이전되면 당사자 사이에 별도의 특약이 없는 한 보증인에 대한 채권도 함께 이전하고, 이 경우 채권양도의 대항요건도 주채권의 이전에 관하여 구비하면 족하고, 별도로 보증채권에 관하여 대항요건을 갖출 필요는 없다(대판 2002.9.10. 2002다21509).

⑤ (×) 지명채권의 양도는 특별한 사정이 없는 한 채권자와 양수인 사이의 계약에 의하여 이루어지는데, 채무자에 대한 통지 또는 채무자의 승낙이 없으면 채무자 기타 제3자에게 대항할 수 없다(민법 제450조 제1항). 한편 위 통지나 승낙이 확정일자 있는 증서에 의한 것이 아니면 채무자 이외의 제3자에게 대항하지 못하므로(민법 제450조 제2항), 양수인은 대항요건을 구비하기 위해 채권자에게 채권양도통지절차의 이행을 청구할 수 있다(대판 2022.10.27. 2017다243143).

31

답 ②

정답 해설

ㄱ. (○) 채권자와 인수인 사이의 계약으로 이루어질 경우 이는 담보적 기능을 갖기 때문에 채무자의 의사에 반해서도 제3자의 병존적 채무인수가 가능하다(대판 1988.11.22. 87다카1836).

ㄴ. (○) 면책적 채무인수가 있은 경우, 인수채무의 소멸시효기간은 채무인수와 동시에 이루어진 소멸시효 중단사유, 즉 채무승인에 따라 채무인수일로부터 새로이 진행된다(대판 1999.7.9. 99다12376).

오답 해설

ㄷ. (×) 채무자와 인수인의 합의에 의한 중첩적 채무인수는 일종의 제3자를 위한 계약이라고 할 것이므로, 채권자는 인수인에 대하여 채무이행을 청구하거나 기타 채권자로서의 권리를 행사하는 방법으로 수익의 의사표시를 함으로써 인수인에 대하여 직접 청구할 권리를 갖게 된다(대판 2013.9.13. 2011다56033).

32

답 ⑤

정답 해설

ㄴ. (×) 채권자의 태도로 보아 채무자가 설사 채무의 이행제공을 하였더라도 그 수령을 거절하였을 것이 명백한 경우에는 채무자는 이행의 제공을 하지 않고 바로 변제공탁할 수 있다(대판 1981.9.8. 80다2851).

ㄷ. (×) 변제공탁이 적법한 경우에는 채권자가 공탁물 출급청구를 하였는지와 관계없이 공탁을 한 때에 변제의 효력이 발생하고, 그 후 공탁물 출급청구권에 대하여 가압류 집행이 되더라도 변제의 효력에 영향을 미치지 아니한다(대판 2011.12.13. 2011다11580).

ㄹ. (×) 매도인이나 수급인의 담보책임을 기초로 한 손해배상채권의 제척기간이 지난 경우에도 제척기간이 지나기 전 상대방의 채권과 상계할 수 있었던 경우에는 매수인이나 도급인은 민법 제495조를 유추적용해서 위 손해배상채권을 자동채권으로 해서 상대방의 채권과 상계할 수 있다고 봄이 타당하다(대판 2019.3.14. 2018다255648).

오답 해설

ㄱ. (○) 법정변제충당의 순위를 정함에 있어서 변제의 유예가 있는 채무에 대하여는 유예기까지 변제기가 도래하지 않은 것과 같게 보아야 한다(대판 1999.8.24. 99다22281).

33

답 ①

정답 해설

① (×) 계약이 의사의 불합치로 성립하지 아니한 경우 그로 인하여 손해를 입은 당사자가 상대방에게 부당이득반환청구 또는 불법행위로 인한 손해배상청구를 할 수 있는지는 별론으로 하고, 상대방이 계약이 성립되지 아니할 수 있다는 것을 알았거나 알 수 있었음을 이유로 민법 제535조를 유추적용하여 계약체결상의 과실로 인한 손해배상청구를 할 수는 없다(대판 2017.11.14. 2015다10929).

오답 해설

② (○) 예금계약은 예금자가 예금의 의사를 표시하면서 금융기관에 돈을 제공하고 금융기관이 그 의사에 따라 그 돈을 받아 확인을 하면 그로써 성립하며, 금융기관의 직원이 그 받은 돈을 금융기관에 입금하지 아니하고 이를 횡령하였다고 하더라도 예금계약의 성립에는 아무런 소장이 없다(대판 1996.1.26. 95다26919).

③ (○) 1억 원에 매도, 매수하겠다는 甲과 乙의 청약이 도달한 경우라면 의사표시의 객관적 합치와 주관적 합치가 발생하였으므로 계약이 성립한다.

④ (○) 매매계약 당사자 중 매도인이 매수인에게 매매계약을 합의해제할 것을 청약하였다고 할지라도, 매수인이 그 청약에 대하여 조건을 붙이거나 변경을 가하여 승낙한 때에는 민법 제534조의 규정에 비추어 보면 그 청약의 거절과 동시에 새로 청약한 것으로 보게 되는 것이고, 그로 인하여 종전의 매도인의 청약은 실효된다(대판 2002.4.12. 2000다17834).

⑤ (○) 임대차는 당사자 일방이 상대방에게 목적물을 사용·수익하게 할 것을 약정하고 상대방이 이에 대하여 차임을 지급할 것을 약정함으로써 성립하는 것으로서(민법 제618조 참조), 임대인이 그 목적물에 대한 소유권 기타 이를 임대할 권한이 없다고 하더라도 임대차계약은 유효하게 성립한다(대판 2009.9.24. 2008다38325).

34

답 ①

정답 해설

① (×) 채권자 귀책사유로 인한 이행불능시 채무자는 채무를 면함으로써 이익을 얻는 때에는 이를 채권자에게 상환하여야 한다(민법 제538조 제2항) 따라서 사례에서 乙의 과실로 도자기가 멸실된 경우, 甲은 도자기 이전의무를 면하면서 얻은 이익이 있으면 이를 乙에게 상환해야 한다.

오답 해설

② (○) 쌍무계약의 당사자 일방의 채무가 당사자쌍방의 책임 없는 사유로 이행할 수 없게 된 때에는 채무자는 상대방의 이행을 청구하지 못한다(민법 제537조). 따라서 도자기가 2024.2.20. 지진으로 멸실된 경우, 甲은 乙에게 매매대금의 지급을 청구할 수 없다.

③ (○) 계약일에 대금을 지급했고 그 후 인도일 이전에 쌍방 귀책사유없는 사유로 이행불능이 된 경우이므로 부당이득의 법리에 따라 乙은 甲에게 부당이득반환을 청구할 수 있다.

④ (○) 민법 제538조 제1항 전문

민법 제538조(채권자귀책사유로 인한 이행불능)
① 쌍무계약의 당사자 일방의 채무가 채권자의 책임있는 사유로 이행할 수 없게 된 때에는 채무자는 상대방의 이행을 청구할 수 있다. 채권자의 수령지체 중에 당사자쌍방의 책임없는 사유로 이행할 수 없게 된 때에도 같다.

⑤ (○) 민법 제538조 제1항 후문

35 답 ①

정답 해설

① (×) 상대부담 있는 증여에 대하여는 민법 제561조에 의하여 쌍무계약에 관한 규정이 준용되어 부담의무 있는 상대방이 자신의 의무를 이행하지 아니할 때에는 비록 증여계약이 이미 이행되어 있다 하더라도 증여자는 계약을 해제할 수 있고, 그 경우 민법 제555조와 제558조는 적용되지 아니한다(대판 1997.7.8. 97다2177).

오답 해설

② (○) 민법 제555조 소정의 증여의 의사가 표시된 서면의 작성시기에 대하여는 법률상 아무런 제한이 없으므로 증여계약이 성립한 당시에는 서면이 작성되지 않았더라도 그후 계약이 존속하는 동안 서면을 작성한 때에는 그 때부터는 서면에 의한 증여로서 당사자가 임의로 이를 해제할 수 없게 된다(대판 1989.5.9. 88다카2271).

③ (○) 재단법인에 대한 출연자와 법인과의 관계에 있어서 그 출연행위에 터잡아 법인이 성립되면 그로써 출연재산은 민법 제48조에 의하여 법인 성립시에 법인에게 귀속되어 법인의 재산이 되는 것이고, 출연재산이 부동산인 경우에 있어서도 위 양당사자 간의 관계에 있어서는 법인의 성립 외에 등기를 필요로 하는 것은 아니라 할지라도, 재단법인의 출연자가 착오를 원인으로 취소를 한 경우에는 출연자는 재단법인의 성립 여부나 출연된 재산의 기본재산인 여부와 관계없이 그 의사표시를 취소할 수 있다(대판 1999.7.9. 98다9045).

④ (○) 민법 제555조에서 말하는 증여계약의 해제는 민법 제543조 이하에서 규정한 본래 의미의 해제와는 달리 형성권의 제척기간의 적용을 받지 않는 특수한 철회로서, 10년이 경과한 후에 이루어졌다 하더라도 원칙적으로 적법하다(대판 2009.9.24. 2009다37831).

⑤ (○) 민법 제560조

36 답 ④

정답 해설

ㄱ. (×) '완성된 목적물'이 건물 기타 공작물인 경우에는, 그 하자로 인해 계약의 목적을 달성할 수 없는 때에도 해제할 수 없다(민법 제668조 단서).

ㄷ. (×) 도급인의 손해배상청구권과 수급인의 보수청구권은 동시이행의 관계에 있다. 다만, 동시이행관계에 있는 보수청구권은 <u>손해배상채권액에 상당하는 부분에 한한다.</u>

ㄹ. (×) 하자보수에 갈음한 손해배상청구권은 하자가 발생하여 보수가 필요하게 된 시점에서 성립된다(대판 2000.3.10. 99다55632).

오답 해설

ㄴ. (○) 민법 제666조에서 정한 수급인의 저당권설정청구권은 공사대금채권을 담보하기 위하여 인정되는 채권적 청구권으로서 공사대금채권에 부수하여 인정되는 권리이므로, 당사자 사이에 공사대금채권만을 양도하고 저당권설정청구권은 이와 함께 양도하지 않기로 약정하였다는 등의 특별한 사정이 없는 한, 공사대금채권이 양도되는 경우 저당권설정청구권도 이에 수반하여 함께 이전된다고 봄이 타당하다. <u>따라서 신축건물의 수급인으로부터 공사대금채권을 양수받은 자의 저당권설정청구에 의하여 신축건물의 도급인이 그 건물에 저당권을 설정하는 행위 역시 다른 특별한 사정이 없는 한 사해행위에 해당하지 아니한다</u>(대판 2018.11.29. 2015다19827).

37

답 ⑤

정답 해설

⑤ (×) 대리인이 본인의 지명에 의하여 복대리인을 선임한 경우에는 그 부적임 또는 불성실함을 알고 본인에게 대한 통지나 그 해임을 태만한 때가 아니면 책임이 없다(민법 제121조 제2항). 따라서 수임인이 위임인의 지명에 의하여 복수임인을 선임한 경우, 위임인에 대하여 그 선임감독에 관한 책임을 지지 않는다.

오답 해설

① (○) 수임인은 위임계약이 유상인지 무상인지 여부와 무관하게 위임의 취지에 따라 선량한 관리자의 주의로써 위임사무를 처리할 의무를 부담한다(민법 제681조).
② (○) 민법 제684조 제1항은 "수임인은 위임사무의 처리로 인하여 받은 금전 기타의 물건 및 그 수취한 과실을 위임인에게 인도하여야 한다."라고 규정하고 있다. 이때 인도 시기는 당사자 간에 특약이 있거나 위임의 본뜻에 반하는 경우 등과 같은 특별한 사정이 없는 한 위임계약이 종료된 때이므로, 수임인이 반환할 금전의 범위도 위임 종료 시를 기준으로 정해진다(대판 2016.6.28. 2016다11295).
③ (○) 수임인에 대한 성년후견개시의 심판(민법 제690조) 시 위임이 종료된다.
④ (○) 민법 제689조 제1항

38

답 ⑤

정답 해설

⑤ (○) 관리자가 타인의 생명, 신체, 명예 또는 재산에 대한 급박한 위해를 면하게 하기 위하여 그 사무를 관리한 때에는 고의나 중대한 과실이 없으면 이로 인한 손해를 배상할 책임이 없다(민법 제735조).

오답 해설

① (×) 관리자가 사무관리를 함에 있어서 과실없이 손해를 받은 때에는 본인의 현존이익의 한도에서 그 손해의 보상을 청구할 수 있다(민법 제740조).
② (×) 관리자가 본인의 의사에 반하여 관리한 때에는 본인의 현존이익의 한도에서 상환을 청구할 수 있다(민법 제739조 제3항 참고).

> **민법 제739조(관리자의 비용상환청구권)**
> ① 관리자가 본인을 위하여 필요비 또는 유익비를 지출한 때에는 본인에 대하여 그 상환을 청구할 수 있다.
> ② 관리자가 본인을 위하여 필요 또는 유익한 채무를 부담한 때에는 제688조 제2항의 규정을 준용한다.
> ③ 관리자가 본인의 의사에 반하여 관리한 때에는 본인의 현존이익의 한도에서 전2항의 규정을 준용한다.

③ (×) 의무 없이 타인의 사무를 처리한 자는 그 타인에 대하여 민법상 사무관리 규정에 따라 비용상환 등을 청구할 수 있으나, 제3자와의 약정에 따라 타인의 사무를 처리한 경우에는 의무 없이 타인의 사무를 처리한 것이 아니므로 이는 원칙적으로 그 타인과의 관계에서는 사무관리가 된다고 볼 수 없다(대판 2013.9.26. 2012다43539).
④ (×) 사무관리가 성립하기 위하여는 우선 그 사무가 타인의 사무이고 타인을 위하여 사무를 처리하는 의사, 즉 관리의 사실상의 이익을 타인에게 귀속시키려는 의사가 있어야 하며, 나아가 그 사무의 처리가 본인에게 불리하거나 본인의 의사에 반한다는 것이 명백하지 아니할 것을 요한다. 여기에서 '타인을 위하여 사무를 처리하는 의사'는 관리자 자신의 이익을 위한 의사와 병존할 수 있고, 반드시 외부적으로 표시될 필요가 없으며, 사무를 관리할 당시에 확정되어 있을 필요가 없다(대판 2013.8.22. 2013다30882).

39

답 ③

정답 해설

③ (○) 점유자의 1차 책임은 과실의 입증책임을 전환한 중간책임이나, 2차로 보충적으로 지는 소유자의 책임은 무과실책임으로 구성되어 있다(민법 제758조 제1항).

민법 제758조(공작물등의 점유자, 소유자의 책임)

① 공작물의 설치 또는 보존의 하자로 인하여 타인에게 손해를 가한 때에는 공작물점유자가 손해를 배상할 책임이 있다. 그러나 점유자가 손해의 방지에 필요한 주의를 해태하지 아니한 때에는 그 소유자가 손해를 배상할 책임이 있다.

오답 해설

① (×) 공동불법행위자의 다른 공동불법행위자에 대한 구상권은 피해자의 다른 공동불법행위자에 대한 손해배상채권과는 그 발생 원인 및 성질을 달리하는 별개의 권리이고, 연대채무에 있어서 소멸시효의 절대적 효력에 관한 민법 제421조의 규정은 공동불법행위자 상호 간의 부진정연대채무에 대하여는 그 적용이 없으므로, 공동불법행위자 중 1인의 손해배상채무가 시효로 소멸한 후에 다른 공동불법행위자 1인이 피해자에게 자기의 부담부분을 넘는 손해를 배상하였을 경우에도, 그 공동불법행위자는 다른 공동불법행위자에게 구상권을 행사할 수 있다(대판 1997.12.23. 97다42830).

② (×) 민법 제761조 제3항의 긴급피난이 성립하기 위해서는 위난이 자신의 과실에 의해 초래되어서는 안 된다.

④ (×) 피용자와 제3자가 공동불법행위로 피해자에게 손해를 가하여 그 손해배상채무를 부담하는 경우에 피용자와 제3자는 공동불법행위자로서 서로 부진정연대관계에 있고, 한편 사용자의 손해배상책임은 피용자의 배상책임에 대한 대체적 책임이어서 사용자도 제3자와 부진정연대관계에 있다고 보아야 할 것이므로, 사용자가 피용자와 제3자의 책임비율에 의하여 정해진 피용자의 부담부분을 초과하여 피해자에게 손해를 배상한 경우에는 사용자는 제3자에 대하여도 구상권을 행사할 수 있으며, 그 구상의 범위는 제3자의 부담부분에 국한된다고 보는 것이 타당하다(대판 1992.6.23. 91다33070).

⑤ (×) 불법행위로 인하여 건물이 훼손된 경우 그 손해는 수리가 가능하다면 그 수리비, 수리가 불가능하다면 그 교환가치(시가)가 통상의 손해이고, 사용 및 수리가 불가능한 경우 통상 불법행위로 인한 손해배상액의 기준이 되는 건물의 시가에는 건물의 철거비용은 포함되지 않는다(대판 1995.7.28. 94다19129).

40

답 ④

정답 해설

ㄱ. (○) 타인의 권리를 매매한 자가 권리이전을 할수 없게 된 때에는 매도인은 선의의 매수인에 대하여 불능 당시의 시가를 표준으로 그 계약이 완전히 이행된 것과 동일한 경제적 이익을 배상할 의무가 있다(대판[전합] 1967.5.18. 66다2618).

ㄴ. (○) 매수인이 선의의 경우에 한하여 대금감액청구권, 계약해제권, 손해배상청구권을 행사할 수 있다(민법 제574조).

ㄹ. (○) 매매의 목적물이 거래통념상 기대되는 객관적 성질·성능을 결여하거나, 당사자가 예정 또는 보증한 성질을 결여한 경우에 매도인은 매수인에 대하여 그 하자로 인한 담보책임을 부담한다 할 것이고, 한편 건축을 목적으로 매매된 토지에 대하여 건축허가를 받을 수 없어 건축이 불가능한 경우, 위와 같은 법률적 제한 내지 장애 역시 매매목적물의 하자에 해당한다 할 것이나, 다만 위와 같은 하자의 존부는 매매계약 성립시를 기준으로 판단하여야 할 것이다(대판 2000.1.18. 98다18506).

오답 해설

ㄷ. (×) 매매의 목적물이 지상권, 지역권, 전세권, 질권 또는 유치권의 목적이 된 경우에 매수인이 이를 알지 못한 때에는 이로 인하여 계약의 목적을 달성할 수 없는 경우에 한하여 매수인은 계약을 해제할 수 있다(민법 제575조 제1항).

2023년 제60회 정답 및 해설

문제편 023p

01	02	03	04	05	06	07	08	09	10	11	12	13	14	15	16	17	18	19	20
③	①	③	⑤	②	②	④	④	⑤	②	⑤	①	④	①	①	⑤	③	④	③	④
21	22	23	24	25	26	27	28	29	30	31	32	33	34	35	36	37	38	39	40
⑤	①	②	②	①	③	⑤	④	②	②	①	④	③	③	②	⑤	④	⑤	③	①

01

답 ③

정답 해설

③ (○) 실종선고의 취소가 있을 때에 실종의 선고를 직접원인으로 하여 재산을 취득한 자가 선의인 경우에는 그 받은 이익이 현존하는 한도에서 반환할 의무가 있고, 악의인 경우에는 그 받은 이익에 이자를 붙여서 반환하고 손해가 있으면 이를 배상하여야 한다(민법 제29조 제2항). 따라서 선의인 乙은 현존이익 한도에서 보험금을 반환하면 된다.

오답 해설

① (×) 실종선고에 의하여 사망한 것으로 간주되는 시기에 관하여 다양한 입법례가 있으나, 민법은 실종기간 만료시에 사망한 것으로 본다(민법 제28조). 보통실종의 경우 실종기간은 최후 소식 시로부터 5년이다. 따라서 사례에선 지리산에 들어간 2015.9.15부터 5년 경과시인 2020년 9월 15일 24시에 실종기간이 만료되므로 그 날부터 甲의 사망이 의제된다.

② (×) 甲의 실종선고가 취소되지 않는 한 반증을 들어 실종선고의 효과를 다툴 수는 없으므로(대판 1995.2.17. 94다52751), 보험회사는 甲의 妻 乙을 상대로 한 사망보험금 반환소송에서 승소할 수 없다.

④ (×) 실종선고는 부재자의 「종래 주소를 중심」으로 「실종기간 만료시의 사법상의 법률관계를 종료시키고, 그 범위에서만」 사망의 효과를 발생시키는 것이고, 실종자의 권리능력 자체를 박탈하는 제도가 아니다. 따라서 종래의 주소로 「생환 후의 법률관계」나 실종자의 「다른 곳에서의 신주소를 중심으로 하는 법률관계」에 관하여는 사망의 효과가 미치지 않으며 공법상의 법률관계(선거권, 납세의무 등)에 관해서도 영향을 미치지는 않는다.

⑤ (×) 실종선고의 취소는 소급효가 있는 것이 원칙이다.

02

답 ①

정답 해설

① (×) 甲은 미성년시절이던 2022년 1월 12일 부동산매도행위(법률행위)를 법정대리인의 동의 없이 하였으므로 甲의 법률행위는 취소가능하다. 甲의 취소권은 추인할 수 있는 날로부터 3년 내, 법률행위를 한 날로부터 10년 내에 행사하여야 하는데(민법 제146조), 설문의 경우 甲은 성년의제 시점인 2022.3.12.부터는 추인할 수 있으므로 그로부터 3년이 지나지 않은 2023.2.18. 매매계약을 취소할 수 있다.

오답 해설

② (○) 추인은 취소의 원인이 소멸된 후에 하여야만 효력이 있는데(민법 제144조 제1항), 2022.2.17. 甲은 아직 미성년자이고 성년의제가 되기도 전이므로 유효하게 추인할 수 없다. 따라서 법정대리인 丁의 동의 없이 매매계약을 추인하였더라도, 유효한 추인이 아니므로 甲은 위 매매계약을 추후에 취소할 수 있다.

③ (○) 甲은 2022.3.12.부터 성년의제되어 행위능력자로 간주되므로 유효하게 법률행위를 할 수 있다. 이에 따라 2022.5.15. 법정대리인 丁의 동의 없이도 유효하게 매매계약을 추인할 수 있다.

④ (○) 통설은 甲이 성년이 되기 전인 2022.9.12. 혼인이 해소된 경우에도 성년의제의 효과는 유지된다고 본다. 따라서 갑은 성년의제가 되므로 법정추인이 가능하다. 사례에서 甲이 성년의제된 이후인 2022.10.5. 아무런 이의를 제기하지 않고 乙로부터 매매대금을 수령하였다면, 이는 민법 제145조 제1호(전부나 일부의 이행)의 법정추인이 되어 甲은 매매계약을 더 이상 취소할 수 없다.
⑤ (○) 2023.2.18. 현재 甲은 19세 2개월이 넘은 성년자로서 이혼으로 인한 성년의제 효과가 유지되는지 여부와 관계없이 법정대리인 丁의 동의 없이 단독으로 매매계약을 유효하게 추인할 수 있다(민법 제144조 제1항).

03

답 ③

정답 해설

③ (×) 이사의 대표권의 제한은 정관에 기재하여야 그 효력이 생기며(민법 제41조), 이를 등기하지 아니하면 제3자에게 대항할 수 없다(민법 제60조). 즉 대표권의 제한은 정관에 기재하는 것으로 족하지 않고 등기해야만 제3자에 대항할 수 있다(민법 제41조, 제49조 제2항 제9호, 제54조 제1항).

오답 해설

① (○) 민법 제47조 제1항
② (○) 민법 제48조 제2항
④ (○) 민법 제46조
⑤ (○) 민법 제44조

04

답 ⑤

정답 해설

⑤ (×) 건물의 정화조, 주유소 토지에 매설된 유류저장탱크 등은 부합물에 불과할 뿐 종물이 아니다(대판 1995.6.29. 94다6345).

오답 해설

③ (○) 대법원은 주유소의 주유기가 비록 독립된 물건이기는 하나 유류저장탱크에 연결되어 유류를 수요자에게 공급하는 기구로서 주유소 영업을 위한 건물이 있는 토지의 지상에 설치되었고 그 주유기가 설치된 건물은 당초부터 주유소 영업을 위한 건물로 건축되었다는 점 등을 종합하여 볼 때, 그 주유기는 계속해서 주유소 건물 자체의 경제적 효용을 다하게 하는 작용을 하고 있으므로 주유소건물의 상용에 공하기 위하여 부속시킨 종물이라고 보았다(대판 1995.6.29. 94다6345).
④ (○) 횟집으로 사용할 점포 건물에 거의 붙여서 횟감용 생선을 보관하기 위하여 즉 위 점포 건물의 상용에 공하기 위하여 신축한 수족관 건물은 위 점포 건물의 종물이라고 해석할 것이다(대판 1993.2.12. 92도3234).

05

답 ②

정답 해설

② (×) 연령계산에는 출생일을 산입한다(민법 제158조). 따라서 2004년 1월 17일부터 기산하여 만 19세가 되는 날인 2023년 1월 16일 24시에 성년이 된다.

오답 해설

① (○) 기간을 시, 분, 초로 정한 때에는 즉시로부터 기산한다(민법 제156조).
③ (○) 기간을 일, 주, 월 또는 연으로 정한 때에는 기간의 초일은 산입하지 않고(민법 제157조 본문), 또 주, 월 또는 연의 처음으로부터 기간을 기산하지 아니하는 때에는 최후의 주, 월 또는 연에서 그 기산일에 해당한 날의 전일로 기간이 만료하므로(민법 제160조 제2항) 기간의 기산점은 2022.12.1. 오전 0시이고, 기간의 만료점은 2023.2.28. 24시이다.
④ (○) 현재시점이 언제인지 조건이 명확하지 않으나 민법 제157조 단서의 "기간이 오전 영시로부터 시작하는 때"에 해당하는 경우로 산정하면 기산점 산정 시 초일을 산입해야 한다. 따라서 2023.5.1. 오전 0시부터 10일을 기산하면 기간의 만료점은 2023.5.10. 24시이다.
⑤ (○) 기간의 역산에 관하여는 민법에 규정이 없어 기간의 순산의 규정을 유추적용한다. 따라서 초일불산입의 원칙은 기간의 역산에도 적용된다. 민법 제71조에 의하면 총회의 소집은 1주간 전에 그 회의의 목적사항을 기재한 통지를 발하고 기타 정관에 정한 방법에 의하여야 한다. 사례에서 사원총회 소집일이 2023.3.10. 오후 2시이므로 기산점은 2023.3.10. 오전 0시(또는 2023.3.9. 24시)이고, 이로부터 1주간 전까지 발송해야 하므로 2023.3.3. 오전 0시(또는 2023.3.2. 24시)까지 발송해야 한다.

06

답 ②

정답 해설

ㄱ. (×) 보험금청구권은 보험사고가 발생하기 전에는 추상적인 권리에 지나지 않고 보험사고의 발생으로 인하여 구체적인 권리로 확정되어 그때부터 권리를 행사할 수 있게 되는 것이므로, 보험금청구권의 소멸시효는 특별한 다른 사정이 없는 한 보험사고가 발생한 때부터 진행하는 것이 원칙이지만, 보험사고가 발생하였는지 여부가 객관적으로 분명하지 아니하여 보험금청구권자가 과실 없이 보험사고의 발생을 알 수 없었던 경우에도 보험사고가 발생한 때부터 보험금청구권의 소멸시효가 진행한다고 해석하는 것은 보험금청구권자에게 가혹한 결과를 초래하게 되어 정의와 형평의 이념에 반하고 소멸시효제도의 존재이유에도 부합하지 않는다. 따라서 객관적으로 보아 보험사고가 발생한 사실을 확인할 수 없는 사정이 있는 경우에는 보험금청구권자가 보험사고의 발생을 알았거나 알 수 있었던 때부터 보험금청구권의 소멸시효가 진행한다(대판 2008.11.13. 2007다19624).

ㄹ. (×) 보험계약자가 다수의 계약을 통하여 보험금을 부정취득할 목적으로 보험계약을 체결하여 그것이 민법 제103조에 따라 선량한 풍속 기타 사회질서에 반하여 무효인 경우 보험자의 보험금에 대한 부당이득반환청구권은 상법 제64조를 유추적용하여 5년의 상사 소멸시효기간이 적용된다고 봄이 타당하다(대판[전합] 2021.7.22. 2019다277812).

오답 해설

ㄴ. (○) 대판 2021.9.30. 2021다239745

ㄷ. (○) 대판 2021.9.30. 2019다209345

07

답 ④

정답 해설

③ (×), ④ (○) 민법 제104조에 규정된 불공정한 법률행위는 객관적으로 급부와 반대급부 사이에 현저한 불균형이 존재하고, 주관적으로 그와 같이 균형을 잃은 거래가 피해 당사자의 궁박, 경솔 또는 무경험을 이용하여 이루어진 경우에 성립하는 것으로서, 약자적 지위에 있는 자의 궁박, 경솔 또는 무경험을 이용한 폭리행위를 규제하려는 데에 그 목적이 있고, 불공정한 법률행위가 성립하기 위한 요건인 궁박, 경솔, 무경험은 모두 구비되어야 하는 요건이 아니라 그중 일부만 갖추어져도 충분한데, 여기에서 '궁박'이라 함은 '급박한 곤궁'을 의미하는 것으로서 경제적 원인에 기인할 수도 있고 정신적 또는 심리적 원인에 기인할 수도 있으며, '무경험'이라 함은 일반적인 생활체험의 부족을 의미하는 것으로서 어느 특정영역에 있어서의 경험부족이 아니라 거래일반에 대한 경험부족을 뜻하고, 당사자가 궁박 또는 무경험의 상태에 있었는지 여부는 그의 나이와 직업, 교육 및 사회경험의 정도, 재산 상태 및 그가 처한 상황의 절박성의 정도 등 제반 사정을 종합하여 구체적으로 판단하여야 하며, 한편 피해 당사자가 궁박, 경솔 또는 무경험의 상태에 있었다고 하더라도 그 상대방 당사자에게 그와 같은 피해 당사자 측의 사정을 알면서 이를 이용하려는 의사, 즉 폭리행위의 악의가 없었다거나 또는 객관적으로 급부와 반대급부 사이에 현저한 불균형이 존재하지 아니한다면 불공정 법률행위는 성립하지 않는다(대판 2002.10.22. 2002다38927).

오답 해설

① (×) 행정기관에 진정서를 제출하여 상대방을 궁지에 빠뜨린 다음 이를 취하하는 조건으로 거액의 급부를 제공받기로 약정한 경우, 민법 제103조 소정의 반사회질서의 법률행위에 해당한다(대판 2000.2.11. 99다56833).

② (×) 계약 체결 당시를 기준으로 계약 내용에 따른 권리의 무관계를 종합적으로 고려한 결과 불공정한 것이 아니라면, 사후에 외부적 환경의 급격한 변화에 따라 계약당사자 일방에게 큰 손실이 발생하고 상대방에게는 그에 상응하는 큰 이익이 발생할 수 있는 구조라고 하여 그 계약이 당연히 불공정한 계약에 해당한다고 말할 수 없다(대판[전합] 2013.9.26. 2011다53683).

⑤ (×) 매매계약과 같은 쌍무계약이 급부와 반대급부와의 불균형으로 말미암아 민법 제104조에서 정하는 '불공정한 법률행위'에 해당하여 무효라고 한다면, 그 계약으로 인하여 불이익을 입는 당사자로 하여금 위와 같은 불공정성을 소송 등 사법적 구제수단을 통하여 주장하지 못하도록 하는 부제소합의 역시 다른 특별한 사정이 없는 한 무효이다(대판 2010.7.15. 2009다50308).

08

답 ④

정답 해설

④ (×) 보증인이 주채무자의 기망행위에 의하여 주채무가 있는 것으로 믿고 주채무자와 보증계약을 체결한 다음 그에 따라 보증채무자로서 그 채무까지 이행한 경우, 그 보증인은 주채무자에 대한 구상권 취득에 관하여 법률상의 이해관계를 가지게 되었고 그 구상권 취득에는 보증의

부종성으로 인하여 주채무가 유효하게 존재할 것을 필요로 한다는 이유로 결국 그 보증인은 주채무자의 채권자에 대한 채무 부담행위라는 허위표시에 기초하여 구상권 취득에 관한 법률상 이해관계를 가지게 되었다고 보아 민법 제108조 제2항 소정의 '제3자'에 해당한다(대판 2000.7.6. 99다51258).

오답 해설

① (○) 대판 1984.7.24. 84다카68
② (○) 대판 2021.12.30. 2018다268538
③ (○) 대판 2006.11.10. 2004다10299

09 답 ⑤

정답 해설

⑤ (×) 민법 제109조 제1항에 의하면 법률행위 내용의 중요 부분에 착오가 있는 경우 착오에 중대한 과실이 없는 표의자는 법률행위를 취소할 수 있고, 민법 제580조 제1항, 제575조 제1항에 의하면 매매의 목적물에 하자가 있는 경우 하자가 있는 사실을 과실 없이 알지 못한 매수인은 매도인에 대하여 하자담보책임을 물어 계약을 해제하거나 손해배상을 청구할 수 있다. 착오로 인한 취소 제도와 매도인의 하자담보책임 제도는 취지가 서로 다르고, 요건과 효과도 구별된다. 따라서 매매계약 내용의 중요 부분에 착오가 있는 경우 매수인은 매도인의 하자담보책임이 성립하는지와 상관없이 착오를 이유로 매매계약을 취소할 수 있다(대판 2018.9.13. 2015다78703).

오답 해설

① (○) 자연적 해석시 오표시무해의 원칙이 적용되므로 표시상의 착오 문제는 발생하지 않는다.
② (○) 계약 당사자 사이에 수술 후 발생한 새로운 증세에 관하여 그 책임 소재와 손해의 전보를 둘러싸고 분쟁이 있어 오다가 이를 종결짓기 위하여 합의에 이른 것이라면, 가해자의 수술행위와 피해자의 수술 후의 증세 사이의 인과관계의 유무 및 그에 대한 가해자의 귀책사유의 유무는 분쟁의 대상인 법률관계 자체에 관한 것으로서, 가해자는 피해자의 수술 후의 증세가 가해자의 수술행위로 인한 것이 아니라거나 그에 대하여 가해자에게 귀책사유가 없다는 등의 이유를 들어 그 합의를 취소할 수 없다(대판 1995.10.12. 94다42846).
③ (○) 매도인이 매수인의 중도금 지급채무 불이행을 이유로 매매계약을 적법하게 해제한 후라도 매수인으로서는 상대방이 한 계약해제의 효과로서 발생하는 손해배상책임을 지거나 매매계약에 따른 계약금의 반환을 받을 수 없는 불이익을 면하기 위하여 착오를 이유로 한 취소권을 행사하여 매매계약 전체를 무효로 돌리게 할 수 있다(대판 1996.12.6. 95다24982, 24999).
④ (○) 하나의 법률행위라 하더라도 가분성이 있거나 그 목적물의 일부가 특정될 수 있다면 그 일부만의 취소도 가능하고 그 일부의 취소는 법률행위의 일부에 관하여 효력이 생긴다(대판 1992.2.14. 91다36062).

10 답 ②

정답 해설

② (○) 법정대리인인 친권자의 대리행위가 객관적으로 볼 때 미성년자 본인에게는 경제적인 손실만을 초래하는 반면, 친권자나 제3자에게는 경제적인 이익을 가져오는 행위이고 행위의 상대방이 이러한 사실을 알았거나 알 수 있었을 때에는 민법 제107조 제1항 단서의 규정을 유추적용하여 행위의 효과가 子(자)에게는 미치지 않는다고 해석함이 타당하나, 그에 따라 외형상 형성된 법률관계를 기초로 하여 새로운 법률상 이해관계를 맺은 선의의 제3자에 대하여는 같은 조 제2항의 규정을 유추적용하여 누구도 그와 같은 사정을 들어 대항할 수 없으며, 제3자가 악의라는 사실에 관한 주장・증명책임은 무효를 주장하는 자에게 있다(대판 2018.4.26. 2016다3201).

오답 해설

① (×) 대리권은 본인을 위하여 일정한 법률행위를 할 수 있는 권한이지 권리가 아니다. 따라서 의무 등의 문제가 발생하지 않는다.
③ (×) 복대리인은 본인의 대리인이며 복임행위는 수권행위에 해당한다.
④ (×) 표현대리의 법리는 거래의 안전을 위하여 어떠한 외관적 사실을 야기한 데 원인을 준 자는 그 외관적 사실을 믿음에 정당한 사유가 있다고 인정되는 자에 대하여는 책임이 있다는 일반적인 권리외관 이론에 그 기초를 두고 있는 것인 점에 비추어 볼 때, 대리인이 대리권 소멸 후 직접 상대방과 사이에 대리행위를 하는 경우는 물론 대리인이 대리권 소멸 후 복대리인을 선임하여 복대리인으로 하여금 상대방과 사이에 대리행위를 하도록 한 경우에도, 상대방이 대리권 소멸 사실을 알지 못하여 복대리인에게 적법한 대리권이 있는 것으로 믿었고 그와 같이 믿은 데 과실이 없다면 민법 제129조에 의한 표현대리가 성립할 수 있다(대판 1998.5.29. 97다55317).

⑤ (×) 민법 제135조 제1항은 "타인의 대리인으로 계약을 한 자가 그 대리권을 증명하지 못하고 또 본인의 추인을 얻지 못한 때에는 상대방의 선택에 좇아 계약의 이행 또는 손해배상의 책임이 있다."고 규정하고 있다. 위 규정에 따른 무권대리인의 상대방에 대한 책임은 무과실책임으로서 대리권의 흠결에 관하여 대리인에게 과실 등의 귀책사유가 있어야만 인정되는 것이 아니고, 무권대리행위가 제3자의 기망이나 문서위조 등 위법행위로 야기되었다고 하더라도 책임은 부정되지 아니한다(대판 2014.2.27. 2013다213038).

11

답 ⑤

정답 해설

⑤ (×) 유동적 무효상태에 있는 계약을 체결한 당사자는 쌍방 그 계약이 효력 있는 것으로 완성될 수 있도록 서로 협력할 의무가 있다고 할 것이므로, 위와 같이 허가를 배제하거나 잠탈하는 내용이 아닌 유동적 무효상태의 매매계약을 체결하고 매도인이 이에 기하여 임의로 지급한 계약금은 그 계약이 유동적 무효상태로 있는 한 이를 부당이득으로 반환을 구할 수는 없고 유동적 무효상태가 확정적으로 무효로 되었을 때 비로소 부당이득으로 그 반환을 구할 수 있다(대판 1993.7.27. 91다33766). 이에 따라 乙은 특별한 사정이 없는 한 매매계약의 허가를 받기 전까지의 유동적 무효상태에서는 부당이득반환청구권을 행사하여 甲에게 이미 지급한 계약금의 반환을 청구할 수 없다.

오답 해설

① (○) 국토이용관리법상 토지거래허가지역 내의 토지에 관하여 관할 관청의 허가를 받기 전에 체결한 매매계약은 처음부터 그 허가를 배제하거나 잠탈하는 내용의 계약일 경우에는 확정적 무효로서 유효화될 여지가 없으나, 그와 달리 허가받을 것을 전제로 한 거래계약일 경우에는 일단 허가를 받을 때까지는 법률상 미완성의 법률행위로서 소유권 등 권리의 이전에 관한 계약의 효력이 전혀 발생하지 않음은 위 확정적 무효의 경우와 다를 바 없지만 일단 허가를 받으면 그 계약은 소급하여 유효한 계약이 되고 그와 달리 불허가가 된 때에는 무효로 확정되므로, 허가를 받기까지는 유동적 무효의 상태에 있다고 보아야 하고 당사자 사이에 있어서 그 계약이 효력이 있는 것으로 완성될 수 있도록 서로 협력할 의무가 있다(대판 1996.11.22. 96다31703).

② (○) 유동적 무효상태에 있는 매매계약상의 매수인의 지위에 관하여 매도인과 매수인 및 제3자 사이에 제3자가 그와 같은 매수인의 지위를 매수인으로부터 이전받는다는 취지의 합의를 한 경우, 국토이용관리법상 토지거래허가 제도가 토지의 투기적 거래를 방지하여 정상적 거래를 조장하려는 데에 그 입법취지가 있음에 비추어 볼 때, 그와 같은 합의는 매도인과 매수인 사이의 매매계약에 대한 관할 관청의 허가가 있어야 비로소 효력이 발생한다고 보아야 하고, 그 허가가 없는 이상 그 3 당사자 사이의 합의만으로 유동적 무효상태의 매매계약의 매수인 지위가 매수인으로부터 제3자에게 이전하고 제3자가 매도인에 대하여 직접 토지거래허가 신청절차 협력의무의 이행을 구할 수 있다고 할 수는 없다(대판 1996.7.26. 96다7762). 이에 따라 乙의 매수인 지위를 丙이 이전받는다는 취지의 약정을 甲, 乙, 丙이 한 경우, 그와 같은 합의는 甲과 乙간의 위 매매계약에 관한 관할관청의 허가가 있어야 비로소 효력이 발생한다.

③ (○) 국토의 계획 및 이용에 관한 법률상의 허가구역에 있는 토지의 거래계약이 토지거래허가를 전제로 체결된 경우에는 유동적 무효의 상태에 있고 거래계약의 채권적 효력도 전혀 발생하지 않으므로 권리의 이전 또는 설정에 관한 어떠한 내용의 이행청구도 할 수 없지만, 계약을 체결한 당사자 사이에서는 계약이 효력 있는 것으로 완성될 수 있도록 서로 협력할 의무가 있으므로, 계약의 쌍방 당사자는 공동으로 관할 관청의 허가를 신청할 의무가 있다. 그 결과 경우에 따라서는 매수인이 토지거래허가 신청절차의 협력의무 이행청구권을 보전하기 위하여 매도인의 권리를 대위하여 행사하는 것도 허용된다고 할 수 있지만, 보전의 필요성이 인정되어야 한다(대판 2013.5.23. 2010다50014).

④ (○) 국토의 계획 및 이용에 관한 법률에 정한 토지거래계약에 관한 허가구역으로 지정된 구역 안의 토지에 관하여 매매계약이 체결된 후 계약금만 수수한 상태에서 당사자가 토지거래허가신청을 하고 이에 따라 관할관청으로부터 그 허가를 받았다 하더라도, 그러한 사정만으로는 아직 이행의 착수가 있다고 볼 수 없어 매도인으로서는 민법 제565조에 의하여 계약금의 배액을 상환하여 매매계약을 해제할 수 있고(대판 2009.4.23. 2008다62427), 매수인도 민법 제565조에 따라 계약금을 포기하고 위 매매계약을 해제할 수 있으므로, 매도인 甲과 매수인 乙이 관할관청에 토지거래허가를 신청하여 그 허가를 받은 후에도 매수인 乙은 다른 사유가 없는 한 계약금을 포기하고 위 매매계약을 해제할 수 있다.

12 답 ①

정답 해설

① (×) 소정의 기간 내에 이행이 없으면 계약은 당연히 해제된 것으로 한다는 뜻을 포함하고 있는 이행청구는 이행청구와 동시에 그 기간 내에 이행이 없는 것을 정지조건으로 하여 미리 해제의 의사를 표시한 것으로 볼 수 있다(대판 1992.12.22. 92다28549).

오답 해설

② (○) 동산의 매매계약을 체결하면서, 매도인이 대금을 모두 지급받기 전에 목적물을 매수인에게 인도하지만 대금이 모두 지급될 때까지는 목적물의 소유권은 매도인에게 유보되며 대금이 모두 지급된 때에 그 소유권이 매수인에게 이전된다는 내용의 소위 소유권유보의 특약을 한 경우, 목적물의 소유권을 이전한다는 당사자 사이의 물권적 합의는 매매계약을 체결하고 목적물을 인도한 때 이미 성립하지만 대금이 모두 지급되는 것을 정지조건으로 하므로, 목적물이 매수인에게 인도되었다고 하더라도 특별한 사정이 없는 한 매도인은 대금이 모두 지급될 때까지 매수인뿐만 아니라 제3자에 대하여도 유보된 목적물의 소유권을 주장할 수 있고, 다만 대금이 모두 지급되었을 때에는 그 정지조건이 완성되어 별도의 의사표시 없이 목적물의 소유권이 매수인에게 이전된다(대판 1996.6.28. 96다14807).

③ (○) 부첩관계인 부부생활의 종료를 해제조건으로 하는 증여계약은 그 조건만이 무효인 것이 아니라 증여계약 자체가 무효이다(대판 1966.6.21. 66다530).

④ (○) 당사자가 불확정한 사실이 발생한 때를 이행기한으로 정한 경우에 있어서 그 사실이 발생한 때는 물론 그 사실의 발생이 불가능하게 된 때에도 이행기한은 도래한 것으로 보아야 한다(대판 1989.6.27. 88다카10579).

⑤ (○) 기한이익 상실의 특약은 그 내용에 의하여 일정한 사유가 발생하면 채권자의 청구 등을 요함이 없이 당연히 기한의 이익이 상실되어 이행기가 도래하는 것으로 하는 정지조건부 기한이익 상실의 특약과 일정한 사유가 발생한 후 채권자의 통지나 청구 등 채권자의 의사행위를 기다려 비로소 이행기가 도래하는 것으로 하는 형성권적 기한이익 상실의 특약의 두 가지로 대별할 수 있고, 기한이익 상실의 특약이 위의 양자 중 어느 것에 해당하느냐는 당사자의 의사해석의 문제이지만 일반적으로 기한이익 상실의 특약이 채권자를 위하여 둔 것인 점에 비추어 명백히 정지조건부 기한이익 상실의 특약이라고 볼 만한 특별한 사정이 없는 이상 형성권적 기한이익 상실의 특약으로 추정하는 것이 타당하다(대판 2002.9.4. 2002다28340).

13 답 ④

정답 해설

ㄴ. (○) 민법 제245조 제2항에서 정한 부동산의 등기부시효취득을 인정함에 있어서 점유에 과실이 없다고 함은 그 점유의 개시시에 과실이 없으면 된다는 취지이다(대판 1993.11.23. 93다21132). 따라서 갑의 무과실은 전 시효기간을 통하여 인정되어야 하는 것은 아니다.

ㄷ. (○) 민법 제245조 제2항은 부동산의 소유자로 등기한 자가 10년간 소유의 의사로 평온·공연하게 선의이며 과실 없이 그 부동산을 점유한 때에는 소유권을 취득한다고 규정하고 있는바, 위 법 조항의 '등기'는 부동산등기법 제15조가 규정한 1부동산 1용지주의에 위배되지 아니한 등기를 말하므로, 어느 부동산에 관하여 등기명의인을 달리하여 소유권보존등기가 2중으로 경료된 경우 먼저 이루어진 소유권보존등기가 원인무효가 아니어서 뒤에 된 소유권보존등기가 무효로 되는 때에는, 뒤에 된 소유권보존등기나 이에 터잡은 소유권이전등기를 근거로 하여서는 등기부취득시효의 완성을 주장할 수 없다(대판[전합] 1996.10.17. 96다12511). 따라서 甲이 X토지에 대하여 무효의 중복된 소유권보존등기를 마친 경우라면 등기부취득시효를 주장할 수 없다.

오답 해설

ㄱ. (×) 권리능력을 가진 자는 모두 부동산 등기부취득시효의 주체가 될 수 있다. 따라서 국가뿐만 아니라 지방자치단체도 부동산의 소유자로 등기된 경우 10년간 소유의 의사로 평온, 공연하게 선의이며 과실 없이 그 부동산을 점유한 때에는 등기부취득시효를 주장하여 소유권을 취득할 수 있다(민법 제245조 제2항).

14 답 ①

정답 해설

① (×) [1] 건물철거는 그 소유권의 종국적 처분에 해당되는 사실행위이므로 원칙으로는 그 소유자(민법상 원칙적으로는 등기명의자)에게만 그 철거처분권이 있다 할 것이고, 예외적으로 건물을 전소유자로부터 매수하여 점유하고 있는 등 그 권리의 범위 내에서 그 점유 중인 건물에 대하여 법률상 또는 사실상 처분을 할 수 있는 지위에 있는 자에게도 그 철거처분권이 있다. [2] 미등기건물에 대한 양도담보계약상의 채권자의 지위를 승계하여 건물을 관리하고 있는 자는 건물의 소유자가 아님은 물론 건물에

대하여 법률상 또는 사실상 처분권을 가지고 있는 자라고 할 수도 없다 할 것이어서 건물에 대한 철거처분권을 가지고 있는 자라고 할 수 없다(대판 2003.1.24. 2002다61521).

오답 해설

② (○) 합유지분 포기가 적법하다면 그 포기된 합유지분은 나머지 잔존 합유지분권자들에게 균분으로 귀속하게 되지만 그와 같은 물권변동은 합유지분권의 포기라고 하는 법률행위에 의한 것이므로 등기하여야 효력이 있고 지분을 포기한 합유지분권자로부터 잔존 합유지분권자들에게 합유지분권 이전등기가 이루어지지 아니하는 한 지분을 포기한 지분권자는 제3자에 대하여 여전히 합유지분권자로서의 지위를 가지고 있다고 보아야 한다(대판 1997.9.9. 96다16896).

③ (○) 민법 제249조가 규정하는 선의 무과실의 기준시점은 물권행위가 완성되는 때인 것이므로 물권적 합의가 동산의 인도보다 먼저 행하여지면 인도된 때를, 인도가 물권적 합의보다 먼저 행하여지면 물권적 합의가 이루어진 때를 기준으로 해야 한다(대판 1991.3.22. 91다70).

④ (○) 본조에서 이른바 판결이라 함은 판결자체에 의하여 부동산물권취득의 형식적 효력이 발생하는 경우를 말하는 것이고 당사자 사이에 이루어진 어떠한 법률행위를 원인으로 하여 부동산소유권이전등기절차의 이행을 명하는 것과 같은 내용의 판결 또는 소유권이전의 약정을 내용으로 하는 화해조서는 이에 포함되지 않는다(대판 1965.8.17. 64다1721).

⑤ (○) 공유물분할의 소송절차 또는 조정절차에서 공유자 사이에 공유토지에 관한 현물분할의 협의가 성립하여 그 합의사항을 조서에 기재함으로써 조정이 성립하였다고 하더라도, 그와 같은 사정만으로 재판에 의한 공유물분할의 경우와 마찬가지로 그 즉시 공유관계가 소멸하고 각 공유자에게 그 협의에 따른 새로운 법률관계가 창설되는 것은 아니고, 공유자들이 협의한 바에 따라 토지의 분필절차를 마친 후 각 단독소유로 하기로 한 부분에 관하여 다른 공유자의 공유지분을 이전받아 등기를 마침으로써 비로소 그 부분에 대한 대세적 권리로서의 소유권을 취득하게 된다고 보아야 한다(대판[전합] 2013.11.21. 2011두1917).

15 답 ①

정답 해설

① (○) 부동산취득시효를 인정하기 위한 요건으로서의 자주점유라 함은 소유자와 동일한 지배를 하려는 의사를 가지고 하는 점유를 의미하는 것이지 법률상 그러한 지배를 할 수 있는 권원, 즉 소유권을 가지고 있거나 또한 소유권이 있다고 믿고서 하는 점유를 의미하는 것은 아니므로 부동산을 증여받아 그 점유를 개시하였다면 그 점유권원의 성질상 이는 자주점유라 할 것이고 설사 그 증여가 무권리자에 의한 것이어서 소유권을 적법하게 취득하지 못한다는 사정을 알았다고 하더라도 그와 같은 사유만으로 그 점유가 타주점유가 된다고 볼 수는 없다(대판 1994.11.25. 94다14612).

오답 해설

② (×) 민법 제201조 제1항은 “선의의 점유자는 점유물의 과실을 취득한다.”라고 정하고, 제2항은 “악의의 점유자는 수취한 과실을 반환하여야 하며 소비하였거나 과실로 인하여 훼손 또는 수취하지 못한 경우에는 그 과실의 대가를 보상하여야 한다.”라고 정하고 있다. 민법 제203조 제1항은 “점유자가 점유물을 반환할 때에는 회복자에 대하여 점유물을 보존하기 위하여 지출한 금액 기타 필요비의 상환을 청구할 수 있다. 그러나 점유자가 과실을 취득한 경우에는 통상의 필요비는 청구하지 못한다.”라고 정하고 있다. 위 규정을 체계적으로 해석하면 민법 제203조 제1항 단서에서 말하는 ‘점유자가 과실을 취득한 경우’란 점유자가 선의의 점유자로서 민법 제201조 제1항에 따라 과실수취권을 보유하고 있는 경우를 뜻한다고 보아야 한다. 선의의 점유자는 과실을 수취하므로 물건의 용익과 밀접한 관련을 가지는 비용인 통상의 필요비를 스스로 부담하는 것이 타당하기 때문이다. 따라서 과실수취권이 없는 악의의 점유자에 대해서는 위 단서 규정이 적용되지 않는다(대판 2021.4.29. 2018다261889).

③ (×) 점유자가 점유물을 개량하기 위하여 지출한 금액 기타 유익비에 관하여는 그 가액의 증가가 현존한 경우에 한하여 회복자의 선택에 좇아 지출금액이나 증가액의 상환을 청구할 수 있다(민법 제203조 제2항).

④ (×) 점유물이 점유자의 책임있는 사유에 의하여 멸실 또는 훼손한 때에는 악의의 점유자는 그 손해의 전부를 배상하여야 하며 선의의 점유자는 이익이 현존하는 한도에서 배상하여야 한다. 소유의 의사가 없는 점유자는 선의인 경우에도 손해의 전부를 배상하여야 한다(민법 제202조).

⑤ (×) 민법 제204조에 따르면, 점유자가 점유의 침탈을 당한 때에는 그 물건의 반환 및 손해의 배상을 청구할 수 있고(제1항), 위 청구권은 점유를 침탈당한 날부터 1년 내에 행사하여야 하며(제3항), 여기서 말하는 1년의 행사기간은 제척기간으로서 소를 제기하여야 하는 기간을 말한다. 그런데 민법 제204조 제3항은 본권 침해로 발생한 손해배상청구권의 행사에는 적용되지 않으므로 점유를 침탈당한 자가 본권인 유치권 소멸에 따른 손해배상청구권을 행사하는 때에는 민법 제204조 제3항이 적용되지 아니하고, 점유를 침탈당한 날부터 1년 내에 행사할 것을 요하지 않는다(대판 2021.8.19. 2021다213866).

16

답 ⑤

정답 해설

⑤ (×) 임야소유권 이전등기 등에 관한 특별조치법(법률 제2111호, 실효)에 의하여 소유권보존등기가 이루어진 경우에는 그 임야를 사정받은 사람이 따로 있는 것으로 밝혀졌다든가, 임야대장에 등기명의인에 앞서 다른 사람의 소유명의로 등재되어 있는 경우라도 그 등기는 동법 소정의 적법한 절차에 따라 마쳐진 것으로서 실체적 권리관계에 부합하는 등기로 추정된다 할 것이므로 위 특별조치법에 의하여 경료된 소유권보존등기의 말소를 소구하려는 자는 그 소유권보존등기 명의자가 위 법 제5조 소정의 보증서와 확인서가 허위 내지 위조되었든가 그밖에 다른 어떤 사유로 인하여 그 소유권보존등기가 적법하게 이루어진 것이 아니라는 주장과 입증을 하여야 하며, 허위의 보증서나 확인서라 함은 권리변동의 원인이 되는 실체적 기재내용이 진실이 아닌 것을 의미한다 할 것이다(대판 1991.12.27. 91다14475).

오답 해설

① (○) 중간생략등기의 합의가 있었다 하더라도 이러한 합의는 중간등기를 생략하여도 당사자 사이에 이의가 없겠고 또 그 등기의 효력에 영향을 미치지 않겠다는 의미가 있을 뿐이지 그러한 합의가 있었다 하여 중간매수인의 소유권이전등기청구권이 소멸된다거나 첫 매도인의 그 매수인에 대한 소유권이전등기의무가 소멸되는 것은 아니라 할 것이다(대판 1991.12.13. 91다18316).

② (○) 가등기는 원래 순위를 확보하는 데에 그 목적이 있으나, 순위 보전의 대상이 되는 물권변동의 청구권은 그 성질상 양도될 수 있는 재산권일 뿐만 아니라 가등기로 인하여 그 권리가 공시되어 결과적으로 공시방법까지 마련된 셈이므로, 이를 양도한 경우에는 양도인과 양수인의 공동신청으로 그 가등기상의 권리의 이전등기를 가등기에 대한 부기등기의 형식으로 경료할 수 있다고 보아야 한다(대판[전합] 1998.11.19. 98다24105).

③ (○) 부동산의 매수인이 목적물을 인도받아 계속 점유하는 경우에는 매도인에 대한 소유권이전등기청구권은 소멸시효가 진행되지 않고, 이러한 법리는 3자간 등기명의신탁에 의한 등기가 유효기간의 경과로 무효로 된 경우에도 마찬가지로 적용된다. 따라서 그 경우 목적 부동산을 인도받아 점유하고 있는 명의신탁자의 매도인에 대한 소유권이전등기청구권 역시 소멸시효가 진행되지 않는다(대판 2013.12.12. 2013다26647).

④ (○) 소유권이전청구권 보전을 위한 가등기가 있다하여 소유권이전등기를 청구할 어떤 법률관계가 있다고 추정되지 않는다(대판 1979.5.22. 79다239).

17

답 ③

정답 해설

ㄱ. (○) 상호명의신탁관계 내지 구분소유적 공유관계에서 건물의 특정 부분을 구분소유하는 자는 그 부분에 대하여 신탁적으로 지분등기를 가지고 있는 자를 상대로 하여 그 특정 부분에 대한 명의신탁 해지를 원인으로 한 지분이전등기절차의 이행을 구할 수 있을 뿐 그 건물 전체에 대한 공유물분할을 구할 수는 없다(대판 2010.5.27. 2006다84171).

ㄴ. (○) 공유자는 공유물 전부를 지분의 비율로 사용·수익할 수 있으며(민법 제263조), 공유물의 관리에 관한 사항은 공유자의 지분의 과반수로써 결정된다(민법 제265조). 그리고 공유물의 사용·수익·관리에 관한 공유자 사이의 특약은 유효하며 그 특정승계인에 대해서도 승계되지만, 그 특약이 지분권자로서의 사용·수익권을 사실상 포기하는 등으로 공유지분권의 본질적 부분을 침해하는 경우에는 특정승계인이 그러한 사실을 알고도 공유지분권을 취득하였다는 등의 특별한 사정이 없다면 특정승계인에게 당연히 승계된다고 볼 수 없다(대판 2013.3.14. 2011다58701).

ㄹ. (○) 부동산의 합유자 중 일부가 사망한 경우 합유자 사이에 특별한 약정이 없는 한 사망한 합유자의 상속인은 합유자로서의 지위를 승계하는 것이 아니므로 해당 부동산은 잔존 합유자가 2인 이상일 경우에는 잔존합유자의 합유로 귀속되고 합유자가 1인인 경우에는 잔존 합유자의 단독소유로 귀속된다(대판 1994.2.25. 93다39225).

오답 해설

ㄷ. (×) 비법인사단이 총유재산에 관한 소를 제기할 때에는 정관에 다른 정함이 있는 등의 특별한 사정이 없는 한 사원총회의 결의를 거쳐야 하지만(대법원 2011.7.28. 선고 2010다97044 판결 등 참조), 이는 비법인사단의 대표자가 비법인사단 명의로 총유재산에 관한 소를 제기하는 경우에 비법인사단의 의사결정과 특별수권을 위하여 필요한 내부적인 절차이다. 채권자대위권은 채무자가 스스로 자기의 권리를 행사하지 아니하는 때에 채권자가 채무자에 대한 채권을 보전하기 위하여 채무자의 의사와는 상관없이 채무자의 권리를 대위하여 행사할 수 있는 권리로서 그 권리행사에 채무자의 동의를 필요로 하는 것은 아니므로, 비법인사단이 총유재산에 관한 권리를 행사하지 아니하고 있어 비법인사단의 채권자가 채권자대위권에 기하여 비법인사단의 총유재산에 관한 권리를 대위행사하는 경우에는 사원총회의 결의 등 비법인사단의 내부적인 의사결정절차를 거칠 필요가 없다(대판 2014.9.25. 2014다211336).

18

답 ④

정답 해설

ㄱ. (×) 자기 소유의 토지에 분묘를 설치한 사람이 그 토지를 양도하면서 분묘를 이장하겠다는 특약을 하지 않음으로써 분묘기지권을 취득한 경우, 특별한 사정이 없는 한 분묘기지권자는 분묘기지권이 성립한 때부터 토지 소유자에게 그 분묘의 기지에 대한 토지사용의 대가로서 지료를 지급할 의무가 없다(대판 2021.5.27. 2020다295892).

ㄷ. (×) 미등기 건물을 그 대지와 함께 양수한 사람이 그 대지에 관하여서만 소유권이전등기를 넘겨받고 건물에 대하여는 그 등기를 이전받지 못하고 있는 상태에서 그 대지가 경매되어 소유자가 달라지게 된 경우에는, 미등기 건물의 양수인은 미등기 건물을 처분할 수 있는 권리는 있을지언정 소유권은 가지고 있지 아니하므로 대지와 건물이 동일인의 소유에 속한 것이라고 볼 수 없어 법정지상권이 발생할 수 없다(대판 1998.4.24. 98다4798).

ㄹ. (×) 동일인 소유의 토지와 그 토지상에 건립되어 있는 건물 중 어느 하나만이 타에 처분되어 토지와 건물의 소유자를 각 달리하게 된 경우에는 관습상의 법정지상권이 성립한다고 할 것이나, 건물 소유자가 토지 소유자와 사이에 건물의 소유를 목적으로 하는 토지 임대차 계약을 체결한 경우에는 관습상의 법정지상권을 포기한 것으로 봄이 상당하다(대판 1992.10.27. 92다3984).

오답 해설

ㄴ. (○) 민법 제287조가 토지소유자에게 지상권소멸청구권을 부여하고 있는 이유는 지상권은 성질상 그 존속기간 동안은 당연히 존속하는 것을 원칙으로 하는 것이나, 지상권자가 2년 이상의 지료를 연체하는 때에는 토지소유자로 하여금 지상권의 소멸을 청구할 수 있도록 함으로써 토지소유자의 이익을 보호하려는 취지에서 나온 것이라고 할 것이므로, 지상권자가 그 권리의 목적이 된 토지의 특정한 소유자에 대하여 2년분 이상의 지료를 지불하지 아니한 경우에 그 특정의 소유자는 선택에 따라 지상권의 소멸을 청구할 수 있으나, 지상권자의 지료 지급 연체가 토지소유권의 양도 전후에 걸쳐 이루어진 경우 토지양수인에 대한 연체기간이 2년이 되지 않는다면 양수인은 지상권소멸청구를 할 수 없다(대판 2001.3.13. 99다17142).

관련 법정지상권의 경우 당사자 사이에 지료에 관한 협의가 있었다거나 법원에 의하여 지료가 결정되었다는 아무런 입증이 없다면, 법정지상권자가 지료를 지급하지 않았다고 하더라도 지료지급을 지체한 것으로는 볼 수 없으므로, 법정지상권자가 2년 이상의 지료를 지급하지 아니하였음을 이유로 하는 토지소유자의 지상권소멸청구는 이유가 없고, 지료액 또는 그 지급시기 등 지료에 관한 약정은 이를 등기하여야만 제3자에게 대항할 수 있는 것이고, 법원에 의한 지료의 결정은 당사자의 지료결정청구에 의하여 형식적 형성소송인 지료결정판결로 이루어져야 제3자에게도 그 효력이 미친다(대판 2001.3.13. 99다17142).

19

답 ③

정답 해설

③ (○), ④ (×) [1] 임대차계약에 따른 임대차보증금반환채권을 담보할 목적으로 임대인과 임차인 사이의 합의에 따라 임차인 명의로 전세권설정등기를 마친 경우, 그 전세금의 지급은 이미 지급한 임대차보증금으로 대신한 것이고, 장차 전세권자가 목적물을 사용·수익하는 것을 완전히 배제하는 것도 아니므로, 그 전세권설정등기는 유효하다. 이때 임대인과 임차인이 그와 같은 전세권설정등기를 마치기 위하여 전세권설정계약을 체결하여도, 임대차보증금은 임대차계약이 종료된 후 임차인이 목적물을 인도할 때까지 발생하는 차임 및 기타 임차인의 채무를 담보하는 것이므로, 임대인과 임차인이 위와 같이 임대차보증금반환채권을 담보할 목적으로 전세권을 설정하기 위하여 전세권설정계약을 체결하였다면, 임대차보증금에서 연체차임 등을 공제하고 남은 돈을 전세금으로 하는 것이 임대인과 임차인의 합치된 의사라고 볼 수 있다. 그러나 그 전세권설정계약은

외관상으로는 그 내용에 차임지급 약정이 존재하지 않고 이에 따라 전세금이 연체차임으로 공제되지 않는 등 임대인과 임차인의 진의와 일치하지 않는 부분이 존재한다. 따라서 그러한 전세권설정계약은 위와 같이 임대차계약과 양립할 수 없는 범위에서 통정허위표시에 해당하여 무효라고 봄이 타당하다. 다만 그러한 전세권설정계약에 의하여 형성된 법률관계에 기초하여 새로이 법률상 이해관계를 가지게 된 제3자에 대하여는 그 제3자가 그와 같은 사정을 알고 있었던 경우에만 그 무효를 주장할 수 있다. [2] 임대차계약에 따른 임대차보증금반환채권을 담보할 목적으로 유효한 전세권설정등기가 마쳐진 경우에는 전세권저당권자가 저당권 설정 당시 그 전세권설정등기가 임대차보증금반환채권을 담보할 목적으로 마쳐진 것임을 알고 있었다면, 제3채무자인 전세권설정자는 전세권저당권자에게 그 전세권설정계약이 임대차계약과 양립할 수 없는 범위에서 무효임을 주장할 수 있으므로, 그 임대차계약에 따른 연체차임 등의 공제 주장으로 대항할 수 있다(대판 2021.12.30. 2018다268538).

오답 해설

① (×) 전세권이 용익물권적 성격과 담보물권적 성격을 겸비하고 있다는 점 및 목적물의 인도는 전세권의 성립요건이 아닌 점 등에 비추어 볼 때, 당사자가 주로 채권담보의 목적으로 전세권을 설정하였고, 그 설정과 동시에 목적물을 인도하지 아니한 경우라 하더라도, 장차 전세권자가 목적물을 사용·수익하는 것을 완전히 배제하는 것이 아니라면, 그 전세권의 효력을 부인할 수는 없다(대판 1995.2.10. 94다18508).

② (×) 전세금의 지급은 전세권 성립의 요소가 되는 것이지만 그렇다고 하여 전세금의 지급이 반드시 현실적으로 수수되어야만 하는 것은 아니고 기존의 채권으로 전세금의 지급에 갈음할 수도 있다(대판 1985.2.10. 94다18508).

⑤ (×) 전세권에 대하여 저당권이 설정된 경우 그 저당권의 목적물은 물권인 전세권 자체이지 전세금반환채권은 그 목적물이 아니고, 전세권의 존속기간이 만료되면 전세권은 소멸하므로 더 이상 전세권 자체에 대하여 저당권을 실행할 수 없게 되고, 이러한 경우에는 민법 제370조, 제342조 및 민사소송법 제733조에 의하여 저당권의 목적물인 전세권에 갈음하여 존속하는 것으로 볼 수 있는 전세금반환채권에 대하여 압류 및 추심명령 또는 전부명령을 받거나 제3자가 전세금반환채권에 대하여 실시한 강제집행절차에서 배당요구를 하는 등의 방법으로 자신의 권리를 행사하여 비로소 전세권설정자에 대해 전세금의 지급을 구할 수 있게 된다는 점, 원래 동시이행항변권은 공평의 관념과 신의칙에 입각하여 각 당사자가 부담하는 채무가 서로 대가적 의미를 가지고 관련되어 있을 때 그 이행에 있어서 견련관계를 인정하여 당사자 일방은 상대방이 채무를 이행하거나 이행의 제공을 하지 아니한 채 당사자 일방의 채무의 이행을 청구할 때에는 자기의 채무이행을 거절할 수 있도록 하는 제도인 점, 전세권을 목적물로 하는 저당권의 설정은 전세권의 목적물 소유자의 의사와는 상관없이 전세권자의 동의만 있으면 가능한 것이고, 원래 전세권에 있어 전세권설정자가 부담하는 전세금반환의무는 전세금반환채권에 대한 제3자의 압류 등이 없는 한 전세권자에 대해 전세금을 지급함으로써 그 의무이행을 다할 뿐이라는 점에 비추어 볼 때, 전세권저당권이 설정된 경우에도 전세권이 기간만료로 소멸되면 전세권설정자는 전세금반환채권에 대한 제3자의 압류 등이 없는 한 전세권자에 대하여만 전세금반환의무를 부담한다고 보아야 한다(대판 1999.9.17. 98다31301).

20

답 ④

정답 해설

④ (O) 유익비상환청구권을 피담보채권으로 하여 유치권이 성립할 수 있지만, 법원이 유익비상환청구권에 대하여 상당한 상환기간을 허락할 경우 피담보채권의 변제기가 도래하지 않은 것이 되므로 유치권은 소멸한다.

오답 해설

① (×) 채무자는 상당한 담보를 제공하고 유치권의 소멸을 청구할 수 있다(민법 제327조). 유치권 소멸청구는 민법 제327조에 규정된 채무자뿐만 아니라 유치물의 소유자도 할 수 있다. 민법 제327조에 따라 채무자나 소유자가 제공하는 담보가 상당한지는 담보 가치가 채권 담보로서 상당한지, 유치물에 의한 담보력을 저하시키지 않는지를 종합하여 판단해야 한다. 따라서 유치물 가액이 피담보채권액보다 많을 경우에는 피담보채권액에 해당하는 담보를 제공하면 되고, 유치물 가액이 피담보채권액보다 적을 경우에는 유치물 가액에 해당하는 담보를 제공하면 된다(대판 2021.7.29. 2019다216077).

② (×) 점유가 제3자에 의해 불법침탈된 경우에는 유치권자가 점유물반환청구권을 행사하여 점유를 회수하게 되면 점유를 상실하지 않은 것으로 취급되어 유치권이 소멸하지 않은 것으로 본다.

③ (×) 유치권자의 점유하에 있는 유치물의 소유자가 변동하더라도 유치권자의 점유는 유치물에 대한 보존행위로서 하는 것이므로 적법하고 그 소유자 변동 후 유치권자가 유치물에 관하여 새로이 유익비를 지급하여 그 가격의 증가가 현존하는 경우에는 이 유익비에 대하여도 유치권을 행사할 수 있다(대판 1972.1.31. 71다2414).

⑤ (×) 유치권은 타물권인 점에 비추어 볼 때 수급인의 재료와 노력으로 건축되었고 독립한 건물에 해당되는 기성부분은 수급인의 소유라 할 것이므로 수급인은 공사대금을 지급받을 때까지 이에 대하여 유치권을 가질 수 없다(대판 1993.3.26. 91다14116).

21

답 ⑤

정답 해설

ㄴ. (○) 타인에 대한 채무의 담보로 제3채무자에 대한 채권에 대하여 권리질권을 설정한 경우 질권설정자는 질권자의 동의 없이 질권의 목적된 권리를 소멸하게 하거나 질권자의 이익을 해하는 변경을 할 수 없다(민법 제352조). 이는 질권자가 질권의 목적인 채권의 교환가치에 대하여 가지는 배타적 지배권능을 보호하기 위한 것이다. 따라서 질권설정자가 제3채무자에게 질권설정의 사실을 통지하거나 제3채무자가 이를 승낙한 때에는 제3채무자가 질권자의 동의 없이 질권의 목적인 채무를 변제하더라도 이로써 질권자에게 대항할 수 없고, 질권자는 민법 제353조 제2항에 따라 여전히 제3채무자에 대하여 직접 채무의 변제를 청구할 수 있다. 제3채무자가 질권자의 동의 없이 질권설정자와 상계합의를 함으로써 질권의 목적인 채무를 소멸하게 한 경우에도 마찬가지로 질권자에게 대항할 수 없고, 질권자는 여전히 제3채무자에 대하여 직접 채무의 변제를 청구할 수 있다(대판 2018.12.27. 2016다265689).

ㄹ. (○) 대항력을 갖춘 임차인인 소외인은 임대인인 피고로부터 이 사건 아파트를 매수하면서 그와 동시에 임대차계약을 해지하고 매매대금채권과 보증금반환채권을 상계하기로 합의하였다고 할 것이므로 소외인이 임대인의 지위를 승계하는 것이 아니다. 나아가 피고는 질권설정의 제3채무자로서 질권설정을 승낙하였으므로 피고가 질권자인 원고의 동의 없이 질권설정자인 소외인과 상계합의를 함으로써 질권의 목적인 이 사건 아파트에 관한 임대차보증금반환채무를 소멸하게 하였더라도 이로써 원고에게 대항할 수 없고, 원고는 여전히 피고에 대하여 직접 임대차보증금의 반환을 청구할 수 있다고 보아야 한다(대판 2018.12.27. 2016다265689).

오답 해설

ㄱ. (×) 민법 제347조는 채권을 질권의 목적으로 하는 경우에 채권증서가 있는 때에는 질권의 설정은 그 증서를 질권자에게 교부함으로써 효력이 생긴다고 규정하고 있다. 여기에서 말하는 '채권증서'는 채권의 존재를 증명하기 위하여 채권자에게 제공된 문서로서 특정한 이름이나 형식을 따라야 하는 것은 아니지만, 장차 변제 등으로 채권이 소멸하는 경우에는 민법 제475조에 따라 채무자가 채권자에게 그 반환을 청구할 수 있는 것이어야 한다. 이에 비추어 임대차계약서와 같이 계약 당사자 쌍방의 권리의무관계의 내용을 정한 서면은 그 계약에 의한 권리의 존속을 표상하기 위한 것이라고 할 수는 없으므로 위 채권증서에 해당하지 않는다(대판 2013.8.22. 2013다32574).

ㄷ. (×) 민법 제348조는 저당권으로 담보한 채권을 질권의 목적으로 한 때에는 그 저당권설정등기에 질권의 부기등기를 하여야 그 효력이 저당권에 미친다고 정한다. 저당권에 의하여 담보된 채권에 질권을 설정하였을 때 저당권의 부종성으로 인하여 등기 없이 성립하는 권리질권이 당연히 저당권에도 효력이 미친다고 한다면, 공시의 원칙에 어긋나고 그 저당권에 의하여 담보된 채권을 양수하거나 압류한 사람, 저당부동산을 취득한 제3자 등에게 예측할 수 없는 질권의 부담을 줄 수 있어 거래의 안전을 해할 수 있다. 이에 따라 민법 제348조는 저당권설정등기에 질권의 부기등기를 한 때에만 질권의 효력이 저당권에 미치도록 한 것이다. 이는 민법 제186조에서 정하는 물권변동에 해당한다. 이러한 민법 제348조의 입법 취지에 비추어 보면, '담보가 없는 채권에 질권을 설정한 다음 그 채권을 담보하기 위해서 저당권을 설정한 경우'에도 '저당권으로 담보한 채권에 질권을 설정한 경우'와 달리 볼 이유가 없다(대판 2020.4.29. 2016다235411).

22

답 ①

정답 해설

① (×) 건물의 증축부분이 기존건물에 부합하여 기존건물과 분리하여서는 별개의 독립물로서의 효용을 갖지 못하는 이상 기존건물에 대한 근저당권은 민법 제358조에 의하여 부합된 증축부분에도 효력이 미치는 것이므로 기존건물에 대한 경매절차에서 경매목적물로 평가되지 아니하였다고 할지라도 경락인은 부합된 증축부분의 소유권을 취득한다(대판 1992.12.8. 92다26772).

오답 해설

② (O), ③ (O) 저당권의 효력은 저당부동산에 부합된 물건과 종물에 미친다. 그러나 법률에 특별한 규정 또는 설정행위에 다른 약정이 있으면 그러하지 아니하다(민법 제358조).

④ (O) 건물의 소유를 목적으로 하여 토지를 임차한 사람이 그 토지 위에 소유하는 건물에 저당권을 설정한 때에는 민법 제358조 본문에 따라서 저당권의 효력이 건물뿐만 아니라 건물의 소유를 목적으로 한 토지의 임차권에도 미친다고 보아야 할 것이므로, 건물에 대한 저당권이 실행되어 경락인이 건물의 소유권을 취득한 때에는 특별한 다른 사정이 없는 한 건물의 소유를 목적으로 한 토지의 임차권도 건물의 소유권과 함께 경락인에게 이전된다(대판 1993.4.13. 92다24950).

⑤ (O) 민법 제359조 전문은 "저당권의 효력은 저당부동산에 대한 압류가 있은 후에 저당권설정자가 그 부동산으로부터 수취한 과실 또는 수취할 수 있는 과실에 미친다."라고 규정하고 있는데, 위 규정상 '과실'에는 천연과실뿐만 아니라 법정과실도 포함되므로, 저당부동산에 대한 압류가 있으면 압류 이후의 저당권설정자의 저당부동산에 관한 차임채권 등에도 저당권의 효력이 미친다(대판 2016.7.27. 2015다230020).

23

답 ②

정답 해설

② (×) 공동근저당권자가 목적 부동산 중 일부 부동산에 대하여 제3자가 신청한 경매절차에 소극적으로 참가하여 우선배당을 받은 경우, 해당 부동산에 관한 근저당권의 피담보채권은 그 근저당권이 소멸하는 시기, 즉 매수인이 매각대금을 지급한 때에 확정되지만, 나머지 목적 부동산에 관한 근저당권의 피담보채권은 기본거래가 종료하거나 채무자나 물상보증인에 대하여 파산이 선고되는 등의 다른 확정사유가 발생하지 아니하는 한 확정되지 아니한다. 공동근저당권자가 제3자가 신청한 경매절차에 소극적으로 참가하여 우선배당을 받았다는 사정만으로는 당연히 채권자와 채무자 사이의 기본거래가 종료된다고 볼 수 없고, 기본거래가 계속되는 동안에는 공동근저당권자가 나머지 목적 부동산에 관한 근저당권의 담보가치를 최대한 활용할 수 있도록 피담보채권의 증감·교체를 허용할 필요가 있으며, 위와 같이 우선배당을 받은 금액은 나머지 목적 부동산에 대한 경매절차에서 다시 공동근저당권자로서 우선변제권을 행사할 수 없어 이후에 피담보채권액이 증가하더라도 나머지 목적 부동산에 관한 공동근저당권자의 우선변제권 범위는 우선배당액을 공제한 채권최고액으로 제한되므로 후순위 근저당권자나 기타 채권자들이 예측하지 못한 손해를 입게 된다고 볼 수 없기 때문이다(대판 2017.9.21. 2015다50637).

오답 해설

① (O) 원래 저당권은 원본, 이자, 위약금, 채무불이행으로 인한 손해배상 및 저당권의 실행비용을 담보하는 것이며, 채권최고액의 정함이 있는 근저당권에 있어서 이러한 채권의 총액이 그 채권최고액을 초과하는 경우, 적어도 근저당권자와 채무자 겸 근저당권설정자와의 관계에 있어서는 위 채권 전액의 변제가 있을 때까지 근저당권의 효력은 채권최고액과는 관계없이 잔존채무에 여전히 미친다(대판 2001.10.12. 2000다59081).

③ (O) 대판 2017.9.21. 2015다50637

④ (O) 저당권의 피담보채권 범위에 관한 민법 제360조 단서는 근저당권에 적용되지 않으므로 근저당권의 피담보채권 중 지연손해금도 근저당권의 채권최고액 한도에서 전액 담보된다(대판 2021.10.14. 2021다240851).

⑤ (O) 근저당권자의 경매신청 등의 사유로 인하여 근저당권의 피담보채권이 확정되었을 경우, 확정 이후에 새로운 거래관계에서 발생한 원본채권은 그 근저당권에 의하여 담보되지 아니하지만, 확정 전에 발생한 원본채권에 관하여 확정 후에 발생하는 이자나 지연손해금 채권은 채권최고액의 범위 내에서 근저당권에 의하여 여전히 담보되는 것이다(대판 2007.4.26. 2005다38300).

24

답 ②

정답 해설

② (O) 청산금의 지급채무와 부동산의 소유권이전등기 및 인도채무(引渡債務)의 이행에 관하여는 동시이행의 항변권(抗辯權)에 관한 민법 제536조를 준용한다(가등기담보 등에 관한 법률 제4조).

오답 해설

① (×) 채권자가 담보계약에 따른 담보권을 실행하여 그 담보목적부동산의 소유권을 취득하기 위하여는 그 채권(債權)의 변제기(辨濟期) 후에 제4조의 청산금(淸算金)의 평가액을 채무자등에게 통지하고, 그 통지가 채무자등에게 도달한 날부터 2개월(이하 "청산기간"이라 한다)이 지나야 한다. 이 경우 청산금이 없다고 인정되는 경우에는 그 뜻을 통지하여야 한다(가등기담보 등에 관한 법률 제3조).

③ (×) 목적부동산의 평가액이 채권액에 미달하여 청산금이 없다고 인정되는 경우에는 그 뜻을 통지하여야 한다(가등기담보 등에 관한 법률 제3조 제1항 후문).

④ (×) 채권자는 담보목적부동산에 관하여 이미 소유권이전등기를 마친 경우에는 청산기간이 지난 후 청산금을 채무자등에게 지급한 때에 담보목적부동산의 소유권을 취득한다(가등기담보 등에 관한 법률 제4조 제2항 전단).

⑤ (×) 채권자가 가등기담보 등에 관한 법률(이하 '가등기담보법'이라 한다)에 의한 가등기담보권을 실행하여 그 담보목적 부동산의 소유권을 취득하기 위하여 채무자 등에게 하는 담보권 실행의 통지에는 채권자가 주관적으로 평가한 통지 당시의 목적 부동산의 가액과 피담보채권액을 명시함으로써 청산금의 평가액을 채무자 등에게 통지하면 족하며, 채권자가 이와 같이 주관적으로 평가한 청산금의 액수가 정당하게 평가된 청산금의 액수에 미치지 못한다고 하더라도 담보권 실행의 통지로서의 효력이나 청산기간의 진행에는 아무런 영향이 없고 청산기간이 경과한 후에는 그 가등기에 기한 본등기를 청구할 수 있다(대판 2008.4.11. 2005다36618).

25

답 ①

정답 해설

① (×) 계약당사자 일방이 자신이 부담하는 계약상 채무를 이행하는 데 장애가 될 수 있는 사유를 계약을 체결할 당시에 알았거나 예견할 수 있었음에도 이를 상대방에게 고지하지 아니한 경우에는, 비록 그 사유로 말미암아 후에 채무불이행이 되는 것 자체에 대하여는 그에게 어떠한 잘못이 없다고 하더라도, 상대방이 그 장애사유를 인식하고 이에 관한 위험을 인수하여 계약을 체결하였다거나 채무불이행이 상대방의 책임 있는 사유로 인한 것으로 평가되어야 하는 등의 특별한 사정이 없는 한, 그 채무가 불이행된 것에 대하여 귀책사유가 없다고 할 수 없다. 그것이 계약의 원만한 실현과 관련하여 각각의 당사자가 부담하여야 할 위험을 적절하게 분배한다는 계약법의 기본적 요구에 부합한다(대판 2011.8.25. 2011다43778).

오답 해설

② (○) 민법 제391조의 이행보조자로서의 피용자라 함은 일반적으로 채무자의 의사관여 아래 그 채무의 이행행위에 속하는 활동을 하는 사람이면 족하고, 반드시 채무자의 지시 또는 감독을 받는 관계에 있어야 하는 것은 아니므로 채무자에 대하여 종속적인가 또는 독립적인 지위에 있는가는 문제되지 않는다(대법원 2002.7.12. 선고 2001다44338 판결 등 참조). 다만, 이행보조자의 행위가 채무자에 의하여 그에게 맡겨진 이행업무와 객관적, 외형적으로 관련을 가지는 경우에는 채무자는 그 행위에 대하여 책임을 져야 하고, 채무의 이행에 관련된 행위이면 가사 이행보조자의 행위가 채권자에 대한 불법행위가 된다고 하더라도 채무자가 면책될 수는 없다(대판 2008.2.15. 2005다69458).

③ (○) 손해보험은 본래 보험사고로 인하여 생길 피보험자의 재산상 손해의 보상을 목적으로 하는 것으로(상법 제665조), 보험자가 보상할 손해액은 당사자 간에 다른 약정이 없는 이상 손해가 발생한 때와 곳의 가액에 의하여 산정하고(상법 제676조 제1항), 이 점은 손해공제의 경우도 마찬가지이므로, 매매의 목적물이 화재로 소실됨으로써 매도인이 지급받게 되는 화재보험금, 화재공제금에 대하여 매수인의 대상청구권이 인정되는 이상, 매수인은 특별한 사정이 없는 한 목적물에 대하여 지급되는 화재보험금, 화재공제금 전부에 대하여 대상청구권을 행사할 수 있고, 인도의무의 이행불능 당시 매수인이 지급하였거나 지급하기로 약정한 매매대금 상당액의 한도 내로 범위가 제한된다고 할 수 없다(대판 2016.10.27. 2013다7769).

④ (○) 쌍무계약의 당사자 일방이 상대방의 급부가 이행불능이 된 사정의 결과로 상대방이 취득한 대상에 대하여 급부청구권을 행사할 수 있다고 하더라도, 그 당사자 일방이 대상청구권을 행사하려면 상대방에 대하여 반대급부를 이행할 의무가 있는바, 이 경우 당사자 일방의 반대급부도 그 전부가 이행불능이 되거나 그 일부가 이행불능이 되고 나머지 잔부의 이행만으로는 상대방의 계약목적을 달성할 수 없는 등 상대방에게 아무런 이익이 되지 않는다고 인정되는 때에는, 상대방이 당사자 일방의 대상청구를 거부하는 것이 신의칙에 반한다고 볼 만한 특별한 사정이 없는 한, 당사자 일방은 상대방에 대하여 대상청구권을 행사할 수 없다(대판 1996.6.25. 95다6601).

⑤ (○) 채무에 이행기의 정함이 없는 경우에는 채무자가 이행의 청구를 받은 다음 날부터 이행지체의 책임을 지는 것이나, 한편 지명채권이 양도된 경우 채무자에 대한 대항요건이 갖추어질 때까지 채권양수인은 채무자에게 대항할 수 없으므로, 이행기의 정함이 없는 채권을 양수한 채권양수인이 채무자를 상대로 그 이행을 구하는 소를 제기하고 소송 계속 중 채무자에 대한 채권양도통지가 이루어진 경우에는 특별한 사정이 없는 한 채무자는 채권양도통지가 도달된 다음 날부터 이행지체의 책임을 진다(대판 2014.4.10. 2012다29557).

26

답 ③

정답 해설

③ (O) 민법상 조합원은 조합의 존속기간이 정해져 있는 경우 등을 제외하고는 원칙적으로 언제든지 조합에서 탈퇴할 수 있고(민법 제716조 참고), 조합원이 탈퇴하면 그 당시의 조합재산상태에 따라 다른 조합원과 사이에 지분의 계산을 하여 지분환급청구권을 가지게 되는바(민법 제719조 참고), 조합원이 조합을 탈퇴할 권리는 그 성질상 조합계약의 해지권으로서 그의 일반재산을 구성하는 재산권의 일종이라 할 것이고 채권자대위가 허용되지 않는 일신전속적 권리라고는 할 수 없다(대결 2007.11.30. 2005마1130).

오답 해설

① (×) 채권자는 그 채권의 기한이 도래하기 전에는 법원의 허가 없이 채권자대위권을 행사할 수 없으나 보존행위는 할 수 있으므로(민법 제404조 제2항 참조), 채권자인 원고로서는 위와 같은 약정상의 권리를 피보전채권으로 하여 소외 3, 2를 대위하여 이 사건 계약금반환채권의 소멸시효 중단을 위한 보존행위로서 피고에게 이 사건 계약금 반환에 관한 최고 및 재판상 청구를 할 수 있다(대판 2010.6.24. 2010다17284).

② (×) 임대인의 동의없는 임차권의 양도는 당사자 사이에서는 유효하다 하더라도 다른 특약이 없는 한 임대인에게는 대항할 수 없는 것이고 임대인에 대항할 수 없는 임차권의 양수인으로서는 임대인의 권한을 대위행사할 수 없다(대판 1985.2.8. 84다카188).

④ (×) 채권자가 채무자를 대위하여 채무자의 제3채무자에 대한 권리를 행사하고 채무자에게 통지를 하거나 채무자가 채권자의 대위권 행사사실을 안 후에는 채무자는 그 권리에 대한 처분권을 상실하여 그 권리의 양도나 포기등 처분행위를 할 수 없고 채무자의 처분행위에 기하여 취득한 권리로서는 채권자에게 대항할 수 없으나, 채무자의 변제수령은 처분행위라 할 수 없고 같은 이치에서 채무자가 그 명의로 소유권이전등기를 경료하는 것 역시 처분행위라고 할 수 없으므로 소유권이전등기청구권의 대위행사 후에도 채무자는 그 명의로 소유권이전등기를 경료하는 데 아무런 지장이 없다(대판 1991.4.12. 90다9407).

⑤ (×) 자기의 금전채권을 보전하기 위하여 채무자의 금전채권을 대위행사하는 대위채권자는 제3채무자로 하여금 직접 대위채권자 자신에게 지급의무를 이행하도록 청구할 수 있고 제3채무자로부터 변제를 수령할 수도 있으나, 이로 인하여 채무자의 제3채무자에 대한 피대위채권이 대위채권자에게 이전되거나 귀속되는 것이 아니므로, 대위채권자의 제3채무자에 대한 추심권능 내지 변제수령권능은 자체로서 독립적으로 처분하여 환가할 수 있는 것이 아니어서 압류할 수 없는 성질의 것이고, 따라서 추심권능 내지 변제수령권능에 대한 압류명령 등은 무효이다. 그리고 채권자대위소송에서 제3채무자로 하여금 직접 대위채권자에게 금전의 지급을 명하는 판결이 확정되었더라도 판결에 기초하여 금전을 지급받는 것 역시 대위채권자의 제3채무자에 대한 추심권능 내지 변제수령권능에 속하므로, 채권자대위소송에서 확정된 판결에 따라 대위채권자가 제3채무자로부터 지급받을 채권에 대한 압류명령 등도 무효이다(대판 2016.8.29. 2015다236547).

| 관련 | 채권자가 자기의 금전채권을 보전하기 위하여 채무자의 금전채권을 대위행사하는 경우 제3채무자로 하여금 채무자에게 지급의무를 이행하도록 청구할 수도 있지만, 직접 대위채권자 자신에게 이행하도록 청구할 수도 있다. 그런데 채권자대위소송에서 제3채무자로 하여금 직접 대위채권자에게 금전의 지급을 명하는 판결이 확정되더라도, 대위의 목적인 권리, 즉 채무자의 제3채무자에 대한 피대위채권이 판결의 집행채권으로서 존재하고 대위채권자는 채무자를 대위하여 피대위채권에 대한 변제를 수령하게 될 뿐 자신의 채권에 대한 변제로서 수령하게 되는 것이 아니므로, 피대위채권이 변제 등으로 소멸하기 전이라면 채무자의 다른 채권자는 이를 압류, 가압류할 수 있다(대판 2016.8.29. 2015다236547). 채권자대위소송에서 제3채무자로 하여금 직접 대위채권자에게 금전의 지급을 명한 경우, 판례는 대위채권자는 자신의 채권에 대한 변제로서 수령하게 되는 것이 아니므로 피대위채권이 변제 등으로 소멸하기 전이라면 채무자의 다른 채권자는 이를 압류, 가압류할 수 있다고 판시하였다.

27

답 ⑤

정답 해설

⑤ (×) 사해행위취소란 채권의 보전을 위하여 일반 채권자들의 공동담보에 제공되고 있는 채무자의 재산이 그의 처분행위로 감소되는 경우, 채권자의 청구에 의해 이를 취소하고, 일탈된 재산을 채무자의 책임재산으로 환원시키는 제도로서, 사해행위의 취소와 원상회복은 모든 채권자의 이익을 위하여 효력이 있으므로(민법 제407조), 취소채권자가 자신이 회복해 온 재산에 대하여 우선권을 가지는 것은 아니라고 할 것이므로, 사해행위의 수익자 소유의 부동산에 대한 경매절차에서 취소채권자가 수익자에 대한 가액배상판결에 기하여 배당을 요구하여 배당을 받은 경우, 그 배당액은 배당요구를 한 취소채권자에게 그대로 귀속되는 것이 아니라 채무자의 책임재산으로 회복되는 것이며, 이에 대하여 채무자에 대한 채권자들은 채권만족에 관한 일반원칙에 따라 채권 내용을 실현할 수 있는 것이다(대판 2005.8.25. 2005다14595).

오답 해설

① (○) 채무자가 채권자를 해함을 알고 재산권을 목적으로 한 법률행위를 한 경우, 채권자는 사해행위의 취소를 법원에 소를 제기하는 방법으로 청구할 수 있을 뿐 소송상의 공격방어방법으로 주장할 수 없다.

② (○) 채무자가 다른 재산을 처분하는 법률행위를 하더라도, 채무자 소유의 부동산에 채권자 앞으로 근저당권이 설정되어 있고 그 부동산의 가액 및 채권최고액이 당해 채권액을 초과하여 채권자에게 채권 전액에 대한 우선변제권이 확보되어 있다면, 그와 같은 재산처분행위는 채권자를 해하지 아니하므로 채권자에 대하여 사해행위가 성립하지 않는다. 이러한 경우 주채무의 보증인이 있더라도 채무자가 보증인에 대하여 부담하는 사전구상채무를 별도로 소극재산으로 평가할 수는 없고, 보증인이 변제로 채권자를 대위할 경우 자기의 권리에 의하여 구상할 수 있는 범위에서 채권 및 그 담보에 관한 권리를 행사할 수 있으므로, 사전구상권을 피보전권리로 주장하는 보증인에 대하여도 사해행위가 성립하지 않는다(대판 2009.6.23. 2009다549).

③ (○) 저당권이 설정된 부동산에 관하여 사해행위를 원인으로 저당권을 취득하였다가 선행 저당권의 실행으로 사해의 저당권이 말소되었으나 수익자에게 돌아갈 배당금채권이 있는 경우의 원상회복의 방법으로는, 그 배당금채권이 수익자에게 지급된 경우에는 동액 상당의 가액의 배상으로, 배당금지급금지가처분 등으로 인하여 지급되지 못한 경우에는 그 배당금채권의 양도절차의 이행으로 각 이루어져야 할 것이고, 이러한 법리는 저당권이 설정된 부동산의 소유권이 사해행위로서 양도되었다가 그 저당권의 실행으로 말미암아 양수인인 수익자에게 배당이 이루어진 경우에도 마찬가지라 할 것이다(대판 2005.5.27. 2004다67806).

④ (○) 채무자가 사해행위 취소로 등기명의를 회복한 부동산을 제3자에게 처분하더라도 이는 무권리자의 처분에 불과하여 효력이 없으므로, 채무자로부터 제3자에게 마쳐진 소유권이전등기나 이에 기초하여 순차로 마쳐진 소유권이전등기 등은 모두 원인무효의 등기로서 말소되어야 한다. 이 경우 취소채권자나 민법 제407조에 따라 사해행위 취소와 원상회복의 효력을 받는 채권자는 채무자의 책임재산으로 취급되는 부동산에 대한 강제집행을 위하여 원인무효 등기의 명의인을 상대로 등기의 말소를 청구할 수 있다(대판 2017.3.9. 2015다217980).

28

답 ④

정답 해설

④ (×) 금전채무의 지연손해금채무는 금전채무의 이행지체로 인한 손해배상채무로서 이행기의 정함이 없는 채무에 해당하므로, 채무자는 확정된 지연손해금채무에 대하여 채권자로부터 이행청구를 받은 때부터 지체책임을 부담하게 된다. 한편 원금채권과 금전채무불이행의 경우에 발생하는 지연손해금채권은 별개의 소송물이다. 따라서 판결이 확정된 채권자가 시효중단을 위한 신소를 제기하면서 확정판결에 따른 원금과 함께 원금에 대한 확정 지연손해금 및 이에 대한 지연손해금을 청구하는 경우, 확정 지연손해금에 대한 지연손해금채권은 채권자가 신소로써 확정 지연손해금을 청구함에 따라 비로소 발생하는 채권으로서 전소의 소송물인 원금채권이나 확정 지연손해금채권과는 별개의 소송물이므로, 채무자는 확정 지연손해금에 대하여도 이행청구를 받은 다음 날부터 지연손해금을 별도로 지급하여야 하되 그 이율은 신소에 적용되는 법률이 정한 이율을 적용하여야 한다(대판 2022.4.14. 2020다268760).

오답 해설

① (○) 채무자는 자기에게 과실이 없는 경우에도 그 이행지체 중에 생긴 손해를 배상하여야 한다. 그러나 채무자가 이행기에 이행하여서도 손해를 면할 수 없는 경우에는 그러하지 아니하다(민법 제392조).

② (○) 변제기에 도달한 이자채권인 지분적 이자채권도 원본채권이 없으면 발생할 여지가 없으므로 원본채권이 시효로 소멸할 경우 지분적 이자채권도 함께 소멸한다.

③ (○) 금전채무 불이행에 관한 특칙을 규정한 민법 제397조는 그 이행지체가 있으면 지연이자 부분만큼의 손해가 있는 것으로 의제하려는 데에 그 취지가 있는 것이므로 지연이자를 청구하는 채권자는 그만큼의 손해가 있었다는 것을 증명할 필요가 없는 것이나, 그렇다고 하더라도 채권자가 금전채무의 불이행을 원인으로 손해배상을 구할 때에 지연이자 상당의 손해가 발생하였다는 취지의 주장은 하여야 하는 것이지 주장조차 하지 아니하여 그 손해를 청구하고 있다고 볼 수 없는 경우까지 지연이자 부분만큼의 손해를 인용해 줄 수는 없는 것이다(대판 2000.2.11. 99다49644).

⑤ (○) 무권대리인이 대리권을 증명하지 못하고 본인의 추인도 얻지 못한 경우 상대방의 계약이행청구권이나 손해배상청구권의 소멸시효는 그 선택권을 행사할 수 있을 때부터 진행한다(대판 1963.8.22. 63다323).

29

답 ②

정답 해설

② (×) 주채무자 또는 제3자 소유의 부동산에 대하여 채권자 앞으로 근저당권이 설정되어 있고, 그 부동산의 가액 및 채권최고액이 당해 채무액을 초과하여 채무 전액에 대하여 채권자에게 우선변제권이 확보되어 있다면, 연대보증인이 비록 유일한 재산을 처분하는 법률행위를 하더라도 채권자에 대하여 사해행위가 성립되지 않는다고 보아야 한다(대판 2000.12.8. 2000다21017).

오답 해설

① (○) 채무자 소유 부동산에 담보권이 설정되어 있으면 그 피담보채권액을 공제한 나머지 부분만이 일반채권자들의 공동담보로 제공되는 책임재산이 되므로 피담보채권액이 부동산의 가액을 초과하고 있는 때에는 그와 같은 부동산의 양도나 그에 대한 새로운 담보권의 설정은 사해행위에 해당한다고 할 수 없다(대판 2007.7.26. 2007다23081). 따라서 사례에서 채무자 甲이 자신의 유일한 재산인 X부동산을 매도한 경우 甲의 일반채권자는 그 매매계약을 사해행위로 취소할 수 없다.

③ (○) 물상보증인 丙과 연대보증인 丁은 각각 2억 5천만 원의 책임을 부담하고 변제자대위는 구상할 수 있는 범위에서만 가능하므로 丁이 2억 원을 변제한 경우라면 자신의 책임범위(2억 5천만 원)에 미달하는 금액을 변제한 것에 불과하여 구상권을 행사할 수 없으므로 물상보증인인 丙에게 변제자 대위를 할 수 없다.

④ (○), ⑤ (○) 민법 제481조는 "변제할 정당한 이익이 있는 자는 변제로 당연히 채권자를 대위한다."라고 규정하고, 민법 제482조 제1항은 "전2조의 규정에 의하여 채권자를 대위한 자는 자기의 권리에 의하여 구상할 수 있는 범위에서 채권 및 그 담보에 관한 권리를 행사할 수 있다."라고 규정하며, 같은 조 제2항은 "전항의 권리행사는 다음 각 호의 규정에 의하여야 한다."라고 규정하고 있으나, 그중 물상보증인과 제3취득자 사이의 변제자대위에 관하여는 명확한 규정이 없다. 그런데 보증인과 제3취득자 사이의 변제자대위에 관하여 민법 제482조 제2항 제1호는 "보증인은 미리 전세권이나 저당권의 등기에 그 대위를 부기하지 아니하면 전세물이나 저당물에 권리를 취득한 제3자에 대하여 채권자를 대위하지 못한다."라고 규정하고, 같은 항 제2호는 "제3취득자는 보증인에 대하여 채권자를 대위하지 못한다."라고 규정하고 있다. 한편 민법 제370조, 제341조에 의하면 물상보증인이 채무를 변제하거나 담보권의 실행으로 소유권을 잃은 때에는 '보증채무'에 관한 규정에 의하여 채무자에 대한 구상권을 가지고, 민법 제482조 제2항 제5호에 따르면 물상보증인과 보증인 상호 간에는 그 인원수에 비례하여 채권자를 대위하게 되어 있을 뿐 이들 사이의 우열은 인정하고 있지 아니하다. 위와 같은 규정 내용을 종합하여 보면, 물상보증인이 채무를 변제하거나 담보권의 실행으로 소유권을 잃은 때에는 보증채무를 이행한 보증인과 마찬가지로 채무자로부터 담보부동산을 취득한 제3자에 대하여 구상권의 범위 내에서 출재한 전액에 관하여 채권자를 대위할 수 있는 반면, 채무자로부터 담보부동산을 취득한 제3자는 채무를 변제하거나 담보권의 실행으로 소유권을 잃더라도 물상보증인에 대하여 채권자를 대위할 수 없다고 보아야 한다. 만일 물상보증인의 지위를 보증인과 다르게 보아서 물상보증인과 채무자로부터 담보부동산을 취득한 제3자 상호 간에는 각 부동산의 가액에 비례하여 채권자를 대위할 수 있다고 한다면, 본래 채무자에 대하여 출재한 전액에 관하여 대위할 수 있었던 물상보증인은 채무자가 담보부동산의 소유권을 제3자에게 이전하였다는 우연한 사정으로 이제는 각 부동산의 가액에 비례하여서만 대위하게 되는 반면, 당초 채무 전액에 대한 담보권의 부담을 각오하고 채무자로부터 담보부동산을 취득한 제3자는 그 범위에서 뜻하지 않은 이득을 얻게 되어 부당하다(대판[전합] 2014.12.18. 2011다50233). 따라서 B가 X부동산을 취득하여 소유권이전등기를 마친 후 乙의 저당권실행경매로 B가 X부동산의 소유권을 상실하더라도 B는 丙은 물론 丁에 대하여도 변제자대위를 하지 못한다.

30

답 ②

정답 해설

ㄱ. (○) 임대차계약의 당사자 사이에 '임차인은 임대인의 동의 없이는 임차권을 양도 또는 담보제공 하지 못한다.'는 약정을 하였다면, 그 약정의 취지는 임차권의 양도를 금지한 것으로 볼 것이지 임대차계약에 기한 임대보증금반환채권의 양도를 금지하는 것으로 볼 수는 없다(대판 2013.2.28. 2012다104366).

ㄴ. (○) [1] 지명채권의 양도는 양도인이 채무자에게 통지하거나 채무자가 승낙하지 않으면 채무자에게 대항하지 못한다(민법 제450조 제1항). 채무자가 채권양도 통지를 받은 경우 채무자는 그때까지 양도인에 대하여 생긴 사유로써 양수인에게 대항할 수 있고(민법 제451조 제2항), 당시 이미 상계할 수 있는 원인이 있었던 경우에는 아직 상계적상에 있지 않더라도 그 후에 상계적상에 이르면 채무자는 양수인에 대하여 상계로 대항할 수 있다.

[2] 민법 제451조 제1항 본문은 "채무자가 이의를 보류하지 아니하고 전조의 승낙을 한 때에는 양도인에게 대항할 수 있는 사유로써 양수인에게 대항하지 못한다."라고 정하고 있다. 이 조항은 채무자의 이의를 보류하지 않은 승낙이라는 사실에 공신력을 주어 양수인을 보호하고 거래의 안전을 꾀하기 위한 것이다. 여기에서 양도인에게 대항할 수 있지만 양수인에게는 대항하지 못하는 사유는 협의의 항변권에 한정되지 않고 넓게 채권의 성립·존속·행사를 저지하거나 배척하는 사유를 포함한다(대판 2019.6.27. 2017다222962).

ㄹ. (○) 임대차계약에 있어 임대인의 지위의 양도는 임대인의 의무의 이전을 수반하는 것이지만 임대인의 의무는 임대인이 누구인가에 의하여 이행방법이 특별히 달라지는 것은 아니고, 목적물의 소유자의 지위에서 거의 완전히 이행할 수 있으며, 임차인의 입장에서 보아도 신 소유자에게 그 의무의 승계를 인정하는 것이 오히려 임차인에게 훨씬 유리할 수도 있으므로 임대인과 신 소유자와의 계약만으로써 그 지위의 양도를 할 수 있다 할 것이나, 이 경우에 임차인이 원하지 아니하면 임대차의 승계를 임차인에게 강요할 수는 없는 것이어서 스스로 임대차를 종료시킬 수 있어야 한다는 공평의 원칙 및 신의성실의 원칙에 따라 임차인이 곧 이의를 제기함으로써 승계되는 임대차관계의 구속을 면할 수 있고, 임대인과의 임대차 관계도 해지할 수 있다고 보아야 한다(대판 1998.9.2. 98마100).

오답 해설

ㄷ. (×) 부동산이 전전 양도된 경우에 중간생략등기의 합의가 없는 한 최종 양수인은 최초 양도인에 대하여 직접 자기 명의로의 소유권이전등기를 청구할 수 없고, 부동산의 양도계약이 순차 이루어져 최종 양수인이 중간생략등기의 합의를 이유로 최초 양도인에게 직접 소유권이전등기청구권을 행사하기 위하여는 관계 당사자 전원의 의사 합치, 즉 중간생략등기에 대한 최초 양도인과 중간자의 동의가 있는 외에 최초 양도인과 최종 양수인 사이에도 중간등기 생략의 합의가 있었음이 요구된다. 그러므로 비록 최종 양수인이 중간자로부터 소유권이전등기청구권을 양도받았다 하더라도 최초 양도인이 양도에 대하여 동의하지 않고 있다면 최종 양수인은 최초 양도인에 대하여 채권양도를 원인으로 하여 소유권이전등기절차 이행을 청구할 수 없다. 이와 같은 법리는 명의신탁자가 부동산에 관한 유효한 명의신탁약정을 해지한 후 이를 원인으로 한 소유권이전등기청구권을 양도한 경우에도 적용된다(대판 2021.6.3. 2018다280316).

31

답 ①

정답 해설

① (○) 이행인수는 채무자와 인수인 사이의 계약에 따라 인수인이 채권자에 대한 채무를 변제하기로 약정하는 것을 말한다. 이 경우 인수인은 채무자의 채무를 변제하는 등으로 면책시킬 의무를 부담하지만 채권자에 대한 관계에서 직접 이행의무를 부담하게 되는 것은 아니다. 한편 소멸시효 중단사유인 채무의 승인은 시효이익을 받을 당사자나 대리인만 할 수 있으므로 이행인수인이 채권자에 대하여 채무자의 채무를 승인하더라도 다른 특별한 사정이 없는 한 시효중단 사유가 되는 채무승인의 효력은 발생하지 않는다(대판 2016.10.27. 2015다239744).

오답 해설

② (×) 부동산의 매수인이 매매목적물에 관한 채무를 인수하는 한편 그 채무액을 매매대금에서 공제하기로 약정한 경우, 그 인수는 특별한 사정이 없는 한 매도인을 면책시키는 채무인수가 아니라 이행인수로 보아야 하고, 매수인은 매매계약시 인수한 채무를 현실적으로 변제할 의무를 부담하는 것은 아니며, 특별한 사정이 없는 한 매수인이 매매대금에서 그 채무액을 공제한 나머지를 지급함으로써 잔금지급의 의무를 다하였다 할 것이므로, 설사 매수인이 위 채무를 현실적으로 변제하지 아니하였다 하더라도 그와 같은 사정만으로는 매도인은 매매계약을 해제할 수 없는 것이지만, 매수인이 인수채무를 이행하지 아니함으로써 매매대금의 일부를 지급하지 아니한 것과 동일하다고 평가할 수 있는 특별한 사유가 있을 때에는 계약해제권이 발생한다(대판 2007.9.21. 2006다69479).

③ (×) 주택의 임차인이 제3자에 대한 대항력을 갖춘 후 임차주택의 소유권이 양도되어 그 양수인이 임대인의 지위를 승계하는 경우에는, 임대차보증금의 반환채무도 부동산의 소유권과 결합하여 일체로서 이전하는 것이므로 양도인의 임대인으로서의 지위나 보증금반환채무는 소멸하는 것이고, 대항력을 갖춘 임차인이 양수인이 된 경우라고 하여 달리 볼 이유가 없으므로 대항력을 갖춘 임차인이 당해 주택을 양수한 때에도 임대인의 보증금반환채무는 소멸하고 양수인인 임차인이 임대인의 자신에 대한 보증금반환채무를 인수하게 되어, 결국 임차인의 보증금반환채권은 혼동으로 인하여 소멸하게 된다(대판 1996.11.22. 96다38216).

④ (×) 중첩적 채무인수에서 인수인이 채무자의 부탁 없이 채권자와의 계약으로 채무를 인수하는 것은 매우 드문 일이므로 채무자와 인수인은 원칙적으로 주관적 공동관계가 있는 연대채무관계에 있고, 인수인이 채무자의 부탁을 받지 아니하여 주관적 공동관계가 없는 경우에는 부진정연대관계에 있는 것으로 보아야 한다(대판 2014.8.20. 2012다97420).

⑤ (×) 전채무자의 채무에 제3자가 제공한 담보는 제3자가 채무인수에 동의한 특별한 사정이 없는 한 채무인수로 인하여 원칙적으로 소멸한다(민법 제459조).

32

답 ④

정답 해설

④ (×) 민법 제756조에 의한 사용자의 손해배상책임은 피용자의 배상책임에 대한 대체적 책임이고, 같은 조 제1항에서 사용자가 피용자의 선임 및 그 사무감독에 상당한 주의를 한 때 또는 상당한 주의를 하여도 손해가 있을 경우에는 책임을 면할 수 있도록 규정함으로써 사용자책임에서 사용자의 과실은 직접의 가해행위가 아닌 피용자의 선임·감독에 관련된 것으로 해석되는 점에 비추어 볼 때, 피용자의 고의의 불법행위로 인하여 사용자책임이 성립하는 경우에 민법 제496조의 적용을 배제하여야 할 이유가 없으므로 사용자책임이 성립하는 경우 사용자는 자신의 고의의 불법행위가 아니라는 이유로 민법 제496조의 적용을 면할 수는 없다(대판 2006.10.26. 2004다63019).

오답 해설

① (○) 비용, 이자, 원본에 대한 변제충당에 있어서는 민법 제479조에 그 충당 순서가 법정되어 있고 지정 변제충당에 관한 같은 법 제476조는 준용되지 않으므로 당사자 사이에 특별한 합의가 없는 한 비용, 이자, 원본의 순서로 충당하여야 할 것이고, 채무자는 물론 채권자라고 할지라도 위 법정 순서와 다르게 일방적으로 충당의 순서를 지정할 수는 없다고 할 것이지만, 당사자의 일방적인 지정에 대하여 상대방이 지체없이 이의를 제기하지 아니함으로써 묵시적인 합의가 되었다고 보여지는 경우에는 그 법정충당의 순서와는 달리 충당의 순서를 인정할 수 있는 것이다(대판 2002.5.10. 2002다12871).

② (○) 원금채무에 관하여는 소멸시효가 완성되지 아니하였으나 이자채무에 관하여는 소멸시효가 완성된 상태에서 채무자가 채무를 일부 변제한 때에는 액수에 관하여 다툼이 없는 한 원금채무에 관하여 묵시적으로 승인하는 한편 이자채무에 관하여 시효완성의 사실을 알고 그 이익을 포기한 것으로 추정되며, 채무자의 변제가 채무 전체를 소멸시키지 못하고 당사자가 변제에 충당할 채무를 지정하지 아니한 때에는 민법 제479조, 제477조에 따른 법정변제충당의 순서에 따라 충당되어야 한다(대판 2013.5.23. 2013다12464).

③ (○) 상계가 금지되는 채권이라고 하더라도 압류금지채권에 해당하지 않는 한 강제집행에 의한 전부명령의 대상이 될 수 있다(대결 2017.8.21. 2017마499).

⑤ (○) 소멸시효가 완성된 채권이라 하더라도 그 시효 완성전에 상계할 수 있었던 것이면 그 채권자는 상계할 수 있는 것이고 그 상계의 효과는 각 채무가 상계할 수 있는 때에 대등액에 관하여 소멸한 것으로 본다(대판 1987.8.18. 87다카768).

33

답 ③

정답 해설

ㄱ. (○) 부동산의 매매계약이 체결된 경우에는 매도인의 소유권이전등기의무, 인도의무와 매수인의 잔대금 지급의무는 동시이행의 관계에 있는 것이 원칙이고(대판 1991.9.10. 91다6368) 동시이행의 관계에 있는 쌍방의 채무 중 어느 한 채무가 이행불능이 됨으로 인하여 발생한 손해배상채무도 여전히 다른 채무와 동시이행의 관계에 있다(대판 2000.2.25. 97다30066).

ㄴ. (○) 매매계약에서 대가적 의미가 있는 매도인의 소유권이전의무와 매수인의 대금지급의무는 다른 약정이 없는 한 동시이행의 관계에 있다. 설령 어느 의무가 선이행의무라고 하더라도 이행기가 지난 때에는 이행기가 지난 후에도 여전히 선이행하기로 약정하는 등의 특별한 사정이 없는 한 그 의무를 포함하여 매도인과 매수인 쌍방의 의무는 동시이행관계에 놓이게 된다(대판 2021.7.29. 2017다3222).

오답 해설

ㄷ. (×) 근저당권 실행을 위한 경매가 무효로 되어 채권자(=근저당권자)가 채무자를 대위하여 낙찰자에 대한 소유권이전등기 말소청구권을 행사하는 경우, 낙찰자가 부담하는 소유권이전등기 말소의무는 채무자에 대한 것인 반면, 낙찰자의 배당금 반환청구권은 실제 배당금을 수령한 채권자(=근저당권자)에 대한 채권인바, 채권자(=근저당권자)가 낙찰자에 대하여 부담하는 배당금 반환채무와 낙찰자가 채무자에 대하여 부담하는 소유권이전등기 말소의무는 서로 이행의 상대방을 달리하는 것으로서, 채권자(=근저당권자)의 배당금 반환채무가 동시이행의 항변권이 부착된 채 채무자로부터 승계된 채무도 아니므로, 위 두 채무는 동시에 이행되어야 할 관계에 있지 아니하다(대판 2006.9.22. 2006다24049).

34

답 ③

정답 해설

③ (×) 제3자를 위한 계약의 체결 원인이 된 요약자와 제3자(수익자) 사이의 법률관계(이른바 대가관계)의 효력은 제3자를 위한 계약 자체는 물론 그에 기한 요약자와 낙약자 사이의 법률관계(이른바 기본관계)의 성립이나 효력에 영향을 미치지 아니하므로 낙약자는 요약자와 수익자 사이의 법률관계에 기한 항변으로 수익자에게 대항하지 못하고, 요약자도 대가관계의 부존재나 효력의 상실을 이유로 자신이 기본관계에 기하여 낙약자에게 부담하는 채무의 이행을 거부할 수 없다(대판 2003.12.11. 2003다49771).

오답 해설

① (○) 제3자를 위한 계약에서 제3자는 채무자(낙약자)에 대하여 계약의 이익을 받을 의사를 표시한 때에 채무자에게 직접 이행을 청구할 수 있는 권리를 취득하고(민법 제539조), 요약자는 제3자를 위한 계약의 당사자로서 원칙적으로 제3자의 권리와는 별도로 낙약자에 대하여 제3자에게 급부를 이행할 것을 요구할 수 있는 권리를 가진다(대판 2022.1.27. 2018다259565).

② (○) 제3자의 권리는 그 제3자가 채무자에 대하여 계약의 이익을 받을 의사를 표시한 때 생긴다(민법 제539조 제2항). 민법 제539조의 규정에 의하여 제3자의 권리가 생긴 후에는 당사자는 이를 변경 또는 소멸시키지 못한다(민법 제541조).

④ (○) 채무자와 인수인의 합의에 의한 중첩적 채무인수는 일종의 제3자를 위한 계약이라고 할 것이므로, 채권자는 인수인에 대하여 채무이행을 청구하거나 기타 채권자로서의 권리를 행사하는 방법으로 수익의 의사표시를 함으로써 인수인에 대하여 직접 청구할 권리를 갖게 된다. 이러한 점에서 채무자에 대한 채권을 상실시키는 효과가 있는 면책적 채무인수의 경우 채권자의 승낙을 계약의 효력발생요건으로 보아야 하는 것과는 달리, 채무자와 인수인의 합의에 의한 중첩적 채무인수의 경우 채권자의 수익의 의사표시는 그 계약의 성립요건이나 효력발생요건이 아니라 채권자가 인수인에 대하여 채권을 취득하기 위한 요건이다(대판 2013.9.13. 2011다56033).

⑤ (○) 제3자를 위한 계약관계에서 낙약자와 요약자 사이의 법률관계(이른바 기본관계)를 이루는 계약이 해제된 경우 그 계약관계의 청산은 계약의 당사자인 낙약자와 요약자 사이에 이루어져야 하므로, 특별한 사정이 없는 한 낙약자가 이미 제3자에게 급부한 것이 있더라도 낙약자는 계약해제에 기한 원상회복 또는 부당이득을 원인으로 제3자를 상대로 그 반환을 구할 수 없다(대판 2005.7.22. 2005다7566).

35

답 ②

정답 해설

② (×) 계약을 체결할 때 예견할 수 없었던 사정이 발생함으로써 야기된 불균형을 해소하고자 신의성실 원칙의 파생원칙으로서 사정변경의 원칙을 인정하고 있다. 즉, 계약 성립의 기초가 된 사정이 현저히 변경되고 당사자가 계약의 성립 당시 이를 예견할 수 없었으며, 그로 인하여 계약을 그대로 유지하는 것이 당사자의 이해에 중대한 불균형을 초래하거나 계약을 체결한 목적을 달성할 수 없는 경우에는 계약준수 원칙의 예외로서 사정변경을 이유로 계약을 해제하거나 해지할 수 있다. 여기에서 말하는 사정이란 당사자들에게 계약 성립의 기초가 된 사정을 가리키고, 당사자들이 계약의 기초로 삼지 않은 사정이나 어느 일방당사자가 변경에 따른 불이익이나 위험을 떠안기로 한 사정은 포함되지 않는다. 사정변경에 대한 예견가능성이 있었는지는 추상적·일반적으로 판단할 것이 아니라, 구체적인 사안에서 계약의 유형과 내용, 당사자의 지위, 거래경험과 인식가능성, 사정변경의 위험이 크고 구체적인지 등 여러 사정을 종합적으로 고려하여 개별적으로 판단하여야 한다. 이때 합리적인 사람의 입장에서 볼 때 당사자들이 사정변경을 예견했다면 계약을 체결하지 않거나 다른 내용으로 체결했을 것이라고 기대되는 경우 특별한 사정이 없는 한 예견가능성이 없다고 볼 수 있다(대판 2021.6.30. 2019다276338).

오답 해설

① (○) 타인의 권리의 매매의 경우에 매도인이 그 권리를 취득하여 매수인에게 이전할 수 없는 때에는 매수인은 계약을 해제할 수 있다(민법 제570조). 이러한 해제의 효과에 관하여 특별한 규정은 없지만 일반적인 해제와 달리 해석할 이유가 없다. 따라서 위 규정에 따라 매매계약이 해제되는 경우에, 매도인은 매수인에게 매매대금과 그 받은 날부터의 이자를 반환할 의무를 부담하고, 매수인 역시 특별한 사정이 없는 한 매도인에게 목적물을 반환할 의무는 물론이고 목적물을 사용하였으면 그 사용이익을 반환할 의무도 부담한다. 그리고 이러한 결론은 매도인이 목적물의 사용권한을 취득하지 못하여 매수인으로부터 반환받은 사용이익을 궁극적으로 정당한 권리자에게 반환하여야 할 입장이라 하더라도 마찬가지이다(대법원 1993.4.9. 선고 92다25946 판결 참조). 다만, 매수인이 진정한 권리자인 타인에게 직접 목적물 또는 사용이익을 반환하는 등의 특별한 사정이 있는 경우에는 매수인은 적어도 그 반환 등의 한도에서는 매도인에게 목적물 및 사용이익을 반환할 의무를 부담하지 않는다고 할 것이다(대판 2017.5.31. 2016다240).

③ (○) 민법 제547조 제1항은 '당사자의 일방 또는 쌍방이 수인인 경우에는 계약의 해지나 해제는 그 전원으로부터 또는 전원에 대하여 하여야 한다'고 규정하고 있다. 따라서 매매계약의 일방 당사자가 사망하였고 그에게 여러 명의 상속인이 있는 경우에 그 상속인들이 위 계약을 해제하려면, 상대방과 사이에 다른 내용의 특약이 있다는 등의 특별한 사정이 없는 한, 상속인들 전원이 해제의 의사표시를 하여야 한다(대판 2013.11.28. 2013다22812).

④ (○) 동업계약과 같은 조합계약에 있어서는 조합의 해산청구를 하거나 조합으로부터 탈퇴를 하거나 또는 다른 조합원을 제명할 수 있을 뿐이지 일반계약에 있어서처럼 조합계약을 해제하고 상대방에게 그로 인한 원상회복의 의무를 부담지울 수는 없다(대판 1994.5.13. 94다7157).

⑤ (○) 계약이 합의에 따라 해제되거나 해지된 경우에는 상대방에게 손해배상을 하기로 특약하거나 손해배상청구를 유보하는 의사표시를 하는 등 다른 사정이 없는 한 채무불이행으로 인한 손해배상을 청구할 수 없다. 그와 같은 손해배상의 특약이 있었다거나 손해배상청구를 유보하였다는 점은 이를 주장하는 당사자가 증명할 책임이 있다(대판 2021.5.7. 2017다220416).

36

답 ⑤

정답 해설

⑤ (×) 목적물 인도를 받은 경우에도 대금지급기한이 따로 정해져 있는 경우라면 대금에 대한 이자지급의무는 없다. 따라서 "매수인이 매매목적물을 대금지급 전에 인도받았다면 대금지급의무와 소유권이전등기 의무가 동시이행관계에 있더라도 민법 제587조(과실의 귀속, 대금의 이자)에 의한 매매대금이자를 지급할 의무가 있다."고 말할 수는 없다(민법 제587조 참고).

오답 해설

① (○) 예약완결권은 재판상이든 재판외이든 그 기간 내에 행사하면 되는 것으로서, 예약완결권자가 예약완결권 행사의 의사표시를 담은 소장 부본을 상대방에게 송달함으로써 재판상 행사하는 경우에는 그 소장 부본이 상대방에게 도달한 때에 비로소 예약완결권 행사의 효력이 발생하여 예약완결권자와 상대방 사이에 매매의 효력이 생기므로, 예약완결권 행사의 의사표시가 담긴 소장 부본이 제척기간 내에 상대방에게 송달되어야만 예약완결권자가 제척기간 내에 적법하게 예약완결권을 행사하였다고 볼 수 있다(대판 2019.7.25. 2019다227818).

② (○) 민법 제564조가 정하고 있는 매매의 일방예약에서 예약자의 상대방이 매매예약 완결의 의사표시를 하여 매매의 효력을 생기게 하는 권리, 즉 매매예약의 완결권은 일종의 형성권으로서 당사자 사이에 행사기간을 약정한 때에는 그 기간 내에, 약정이 없는 때에는 예약이 성립한 때로부터 10년 내에 이를 행사하여야 하고, 그 기간을 지난 때에는 예약완결권은 제척기간의 경과로 인하여 소멸한다. 한편 당사자 사이에 약정하는 예약완결권의 행사기간에 특별한 제한은 없다(대판 2017.1.25. 2016다42077).

③ (○) 매매예약이 성립한 이후 상대방의 매매예약 완결의 의사표시 전에 목적물이 멸실 기타의 사유로 이전할 수 없게 되어 예약완결권의 행사가 이행불능이 된 경우에는 예약완결권을 행사할 수 없고, 이행불능 이후에 상대방이 매매예약 완결의 의사표시를 하여도 매매의 효력이 생기지 아니한다. 그리고 채무의 이행이 불능이라는 것은 단순히 절대적·물리적으로 불능인 경우가 아니라 사회생활의 경험법칙 또는 거래상의 관념에 비추어 볼 때 채권자가 채무자의 이행의 실현을 기대할 수 없는 경우를 말한다(대판 1992.7.28. 91다33612).

④ (○) 매수인이 계약의 이행에 착수하기 전에는 매도인이 계약금의 배액을 상환하고 계약을 해제할 수 있으나, 이 해제는 통고로써 즉시 효력을 발생하고 나중에 계약금 배액의 상환의무만 지는 것이 아니라 매도인이 수령한 계약금의 배액을 매수인에게 상환하거나 적어도 그 이행제공을 하지 않으면 계약을 해제할 수 없다(대판 1992.7.28. 91다33612).

37

답 ④

정답 해설

ㄱ. (○) 임대차는 당사자 일방이 상대방에게 목적물을 사용·수익하게 할 것을 약정하고 상대방이 이에 대하여 차임을 지급할 것을 약정하면 되는 것으로서 나아가 임대인이 그 목적물에 대한 소유권 기타 이를 임대할 권한이 있을 것을 성립요건으로 하고 있지 아니하므로, 임대차가 종료된 경우 임대목적물이 타인 소유라고 하더라도 그 타인이 목적물의 반환청구나 차임 내지 그 해당액의 지급을 요구하는 등 특별한 사정이 없는 한 임차인은 임대인에게 그 부동산을 명도하고 임대차 종료일까지의 연체 차임을 지급할 의무가 있음은 물론, 임대차 종료일 이후부터 부동산 명도 완료일까지 그 부동산을 점유·사용함에 따른 차임 상당의 부당이득금을 반환할 의무도 있다. 이와 같은 법리는 임차인이 임차물을 전대하였다가 임대차 및 전대차가 모두 종료된 경우의 전차인에 대하여도 특별한 사정이 없는 한 그대로 적용된다(대판 2019.5.30. 2019다202573).

ㄴ. (○) 임차인이 임차물의 보존에 관한 필요비를 지출한 때에는 임대인에게 상환을 청구할 수 있다(민법 제626조 제1항). 여기에서 '필요비'란 임차인이 임차물의 보존을 위하여 지출한 비용을 말한다. 임대차계약에서 임대인은 목적물을 계약존속 중 사용·수익에 필요한 상태를 유지하게 할 의무를 부담하고, 이러한 의무와 관련한 임차물의 보존을 위한 비용도 임대인이 부담해야 하므로, 임차인이 필요비를 지출하면, 임대인은 이를 상환할 의무가 있다. 임대인의 필요비상환의무는 특별한 사정이 없는 한 임차인의 차임지급의무와 서로 대응하는 관계에 있으므로, 임차인은 지출한 필요비 금액의 한도에서 차임의 지급을 거절할 수 있다(대판 2019.11.14. 2016다227694).

ㄹ. (○) 전대인과 전차인은 계약자유의 원칙에 따라 전대차계약의 내용을 변경할 수 있다. 그로 인하여 민법 제630조 제1항에 따라 전차인이 임대인에 대하여 직접 부담하는 의무의 범위가 변경되더라도, 전대차계약의 내용 변경이 전대차에 동의한 임대인 보호를 목적으로 한 민법 제630조 제1항의 취지에 반하여 이루어진 것이라고 볼 특별한 사정이 없는 한 전차인은 변경된 전대차계약의 내용을 임대인에게 주장할 수 있다. 전대인과 전차인이 전대차계약상의 차임을 감액한 경우도 마찬가지이다(대판 2018.7.11. 2018다200518).

오답 해설

ㄷ. (×) 임차인이 임대인의 동의를 받지 않고 제3자에게 임차권을 양도하거나 전대하는 등의 방법으로 임차물을 사용·수익하게 하더라도, 임대인이 이를 이유로 임대차계약을 해지하거나 그 밖의 다른 사유로 임대차계약이 적법하게 종료되지 않는 한 임대인은 임차인에 대하여 여전히 차임청구권을 가지므로, 임대차계약이 존속하는 한도 내에서는 제3자에게 불법점유를 이유로 한 차임상당 손해배상청구나 부당이득반환청구를 할 수 없다(대판 2018.7.11. 2018다200518).

38

답 ⑤

정답 해설

⑤ (○) 조합원은 다른 조합원 전원의 동의가 있으면 그 지분을 처분할 수 있으나, 조합의 목적과 단체성에 비추어 조합원으로서의 자격과 분리하여 그 지분권만을 처분할 수는 없으므로, 조합원이 지분을 양도하면 그로써 조합원의 지위를 상실하게 된다. 그리고 이와 같은 조합원 지위의 변동은 조합지분의 양도양수에 관한 약정으로써 바로 효력이 생긴다(대판 2013.10.24. 2012다47524).

오답 해설

① (×) 민법 제714조는 "조합원의 지분에 대한 압류는 그 조합원의 장래의 이익배당 및 지분의 반환을 받을 권리에 대하여 효력이 있다."고 규정하여 조합원의 지분에 대한 압류를 허용하고 있으나, 여기에서의 조합원의 지분이란 전체로서의 조합재산에 대한 조합원 지분을 의미하는 것이고, 이와 달리 조합재산을 구성하는 개개의 재산에 대한 합유지분에 대하여는 압류 기타 강제집행의 대상으로 삼을 수 없다 할 것이다(대결 2007.11.30. 2005마1130).

② (×), ③ (×) 조합의 탈퇴란 특정 조합원이 장래에 향하여 조합원으로서의 지위를 벗어나는 것으로서, 이 경우 조합 자체는 나머지 조합원에 의해 동일성을 유지하며 존속하는 것이므로 결국 탈퇴는 잔존 조합원이 동업사업을 계속 유지·존속함을 전제로 한다. 2인으로 구성된 조합에서 한 사람이 탈퇴하면 조합관계는 종료되나 특별한 사정이 없는 한 조합은 해산이나 청산이 되지 않고, 다만 조합원의 합유에 속한 조합재산은 남은 조합원의 단독소유에 속하여 탈퇴 조합원과 남은 조합원 사이에는 탈퇴로 인한 계산을 해야 한다. 이러한 법리는 부동산 사용권을 출자한 경우에도 적용된다. 조합원이 부동산 사용권을 존속기한을 정하지 않고 출자하였다가 탈퇴한 경우 특별한 사정이 없는 한 탈퇴 시 조합재산인 부동산 사용권이 소멸한다고

볼 수는 없고, 그러한 사용권은 공동사업을 유지할 수 있도록 일정한 기간 동안 존속한다고 보아야 한다. 이때 탈퇴 조합원이 남은 조합원으로 하여금 부동산을 사용・수익할 수 있도록 할 의무를 이행하지 않음으로써 남은 조합원에게 손해가 발생하였다면 탈퇴 조합원은 그 손해를 배상할 책임이 있다(대판 2018.12.13. 2015다72385).

④ (×) 당사자들이 공동이행방식의 공동수급체를 구성하여 도급인으로부터 공사를 수급받는 경우 공동수급체는 원칙적으로 민법상 조합에 해당한다. 건설공동수급체 구성원은 공동수급체에 출자의무를 지는 반면 공동수급체에 대한 이익분배청구권을 가지는데, 이익분배청구권과 출자의무는 별개의 권리・의무이다. 따라서 공동수급체의 구성원이 출자의무를 이행하지 않더라도, 공동수급체가 출자의무의 불이행을 이유로 이익분배 자체를 거부할 수도 없고, 그 구성원에게 지급할 이익분배금에서 출자금이나 그 연체이자를 당연히 공제할 수도 없다. 다만 구성원에 대한 공동수급체의 출자금 채권과 공동수급체에 대한 구성원의 이익분배청구권이 상계적상에 있으면 상계에 관한 민법 규정에 따라 두 채권을 대등액에서 상계할 수 있을 따름이다(대판 2018.1.24. 2015다69990).

39

답 ③

정답 해설

③ (×) 과세관청이 3자간 등기명의신탁에 따라 해당 부동산의 공부상 소유자가 된 명의수탁자에게 재산세 부과처분을 하고 이에 따라 명의수탁자가 재산세를 납부하였더라도 명의수탁자가 명의신탁자 또는 그 상속인을 상대로 재산세 상당의 금액에 대한 부당이득반환청구권을 가진다고 보기는 어렵다(대판 2020.9.3. 2018다283773).

오답 해설

① (○) 민법 제537조는 채무자위험부담주의를 채택하고 있는바, 쌍무계약에서 당사자 쌍방의 귀책사유 없이 채무가 이행불능된 경우 채무자는 급부의무를 면함과 더불어 반대급부도 청구하지 못하므로, 쌍방 급부가 없었던 경우에는 계약관계는 소멸하고 이미 이행한 급부는 법률상 원인 없는 급부가 되어 부당이득의 법리에 따라 반환청구할 수 있다(대판 2009.5.28. 2008다98655).

② (○) 배당받을 권리 있는 채권자가 자신이 배당받을 몫을 받지 못하고 그로 말미암아 권리 없는 다른 채권자가 그 몫을 배당받은 경우에는 배당이의 여부 또는 배당표의 확정 여부와 관계없이 배당받을 수 있었던 채권자가 배당금을 수령한 다른 채권자를 상대로 부당이득반환청구를 할 수 있다. 다만 집행력 있는 정본을 가진 채권자 등은 배당요구의 종기까지 배당요구를 한 경우에 한하여 비로소 배당을 받을 수 있고, 적법한 배당요구를 하지 않은 경우에는 매각대금으로부터 배당을 받을 수는 없다. 이러한 채권자가 적법한 배당요구를 하지 않아 배당에서 제외되는 것으로 배당표가 작성되어 배당이 실시되었다면, 그가 적법한 배당요구를 한 경우에 배당받을 수 있었던 금액에 해당하는 돈이 다른 채권자에게 배당되었다고 해서 법률상 원인이 없는 것이라고 할 수 없다(대판 2020.10.15. 2017다216523).

④ (○) 법률상의 원인 없이 이득하였음을 이유로 한 부당이득의 반환에 있어 이득이라 함은 실질적인 이익을 의미하므로, 임차인이 임대차계약관계가 소멸된 이후에 임차건물 부분을 계속 점유하기는 하였으나 이를 본래의 임대차계약상의 목적에 따라 사용・수익하지 아니하여 실질적인 이득을 얻은 바 없는 경우에는, 그로 인하여 임대인에게 손해가 발생하였다고 하더라도 임차인의 부당이득반환의무는 성립하지 아니하는 것이고, 이는 임차인의 사정으로 인하여 임차건물 부분을 사용・수익을 하지 못하였거나 임차인이 자신의 시설물을 반출하지 아니하였다고 하더라도 마찬가지이다(대판 1998.7.10. 98다8554).

⑤ (○) 계좌이체는 은행 간 및 은행점포 간의 송금절차를 통하여 저렴한 비용으로 안전하고 신속하게 자금을 이동시키는 수단이고, 다수인 사이에 다액의 자금이동을 원활하게 처리하기 위하여, 그 중개 역할을 하는 은행이 각 자금이동의 원인인 법률관계의 존부, 내용 등에 관여함이 없이 이를 수행하는 체제로 되어 있다. 따라서 현금으로 계좌송금 또는 계좌이체가 된 경우에는 예금원장에 입금의 기록이 된 때에 예금이 된다고 예금거래기본약관에 정하여져 있을 뿐이고, 수취인과 은행 사이의 예금계약의 성립 여부를 송금의뢰인과 수취인 사이에 계좌이체의 원인인 법률관계가 존재하는지 여부에 의하여 좌우되도록 한다고 별도로 약정하였다는 등의 특별한 사정이 없는 경우에는, 송금의뢰인이 수취인의 예금구좌에 계좌이체를 한 때에는, 송금의뢰인과 수취인 사이에 계좌이체의 원인인 법률관계가 존재하는지 여부에 관계없이 수취인과 수취은행 사이에는 계좌이체금액 상당의 예금계약이 성립하고, 수취인이 수취은행에 대하여 위 금액 상당의 예금채권을 취득한다. 이때, 송금의뢰인과 수취인 사이에 계좌이체의 원인이 되는 법률관계가 존재하지 않음에도 불구하고, 계좌이체에 의하여 수취인이 계좌이체금액 상당의 예금채권을 취득한 경우에는, 송금의뢰인은 수취인에 대하여 위 금액 상당의 부당이득반환청구권을 가지게 되지만, 수취은행은 이익을 얻은 것이 없으므로 수취은행에 대하여는 부당이득반환청구권을 취득하지 아니한다(대판 2007.11.29. 2007다51239).

40

답 ①

정답 해설

① (×) 피해자의 부주의를 이용하여 고의로 불법행위를 저지른 자가 바로 그 피해자의 부주의를 이유로 자신의 책임을 감하여 달라고 주장하는 것은 허용될 수 없으나, 이는 그러한 사유가 있는 자에게 과실상계의 주장을 허용하는 것이 신의칙에 반하기 때문이므로, 불법행위자 중 일부에게 그러한 사유가 있다고 하여 그러한 사유가 없는 다른 불법행위자까지도 과실상계의 주장을 할 수 없다고 해석할 것은 아니다(대판 2016.4.12. 2013다31137).

오답 해설

② (○) 불법행위로 인한 손해배상책임은 원칙적으로 위법행위 시에 성립하지만, 위법행위 시점과 손해발생 시점 사이에 시간적 간격이 있는 경우에는 손해가 발생한 때에 성립한다. 손해란 위법한 가해행위로 인하여 발생한 재산상의 불이익, 즉 그 위법행위가 없었더라면 존재하였을 재산상태와 그 위법행위가 있은 후의 재산상태의 차이를 말한다. 또한 손해의 발생 시점이란 이러한 손해가 현실적으로 발생한 시점을 의미하는데, 현실적으로 손해가 발생하였는지 여부는 사회통념에 비추어 객관적이고 합리적으로 판단하여야 한다(대판 2021.1.14. 2017다6115).

③ (○) 금전을 대여한 채권자가 고의 또는 과실로 이자제한법을 위반하여 최고이자율을 초과하는 이자를 받아 채무자에게 손해를 입힌 경우에는 특별한 사정이 없는 한 민법 제750조에 따라 불법행위가 성립한다고 보아야 한다. 최고이자율을 초과하여 지급된 이자는 이자제한법 제2조 제4항에 따라 원본에 충당되므로, 이와 같이 충당하여 원본이 소멸하고도 남아 있는 초과 지급액은 이자제한법 위반 행위로 인한 손해라고 볼 수 있다. 부당이득반환청구권과 불법행위로 인한 손해배상청구권은 서로 별개의 청구권으로서, 제한 초과이자에 대하여 부당이득반환청구권이 있다고 해서 그것만으로 불법행위의 성립이 방해되지 않는다(대판 2021.2.25. 2020다230239).

④ (○) 민법 제756조의 사용자관계는 어떤 사람이 다른 사람을 위하여 그 지휘・감독 아래 그 의사에 따라 사무를 집행하는 관계로서, 고용관계에 의하는 것이 보통이겠지만 위임・조합・도급 기타 어떠한 관계라도 실질적인 지휘・감독관계가 있으면 충분하고, 이러한 지휘・감독관계는 실제로 지휘・감독하고 있었느냐의 여부에 의하여 결정되는 것이 아니라 객관적으로 지휘・감독을 하여야 할 관계에 있었느냐의 여부에 따라 결정된다(대판 2016.7.14. 2013다69286).

⑤ (○) 불법행위로 인한 손해배상채무는 특별한 사정이 없는 한 채무 성립과 동시에 지연손해금이 발생한다(대판 2020.1.30. 2018다204787).

2022년 제59회 정답 및 해설

문제편 042p

01	02	03	04	05	06	07	08	09	10	11	12	13	14	15	16	17	18	19	20
④	④	⑤	⑤	④	④	④	①	①	③	①	③, ⑤	④	①	②	②	②	①	③	④
21	22	23	24	25	26	27	28	29	30	31	32	33	34	35	36	37	38	39	40
⑤	⑤	①	②	⑤	②	③	③	②	②	①	②	③	④	⑤	③	③	①	③	③

01

답 ④

정답 해설

④ (×) 민법상 신의성실의 원칙은 법률관계의 당사자는 상대방의 이익을 배려하여 형평에 어긋나거나, 신뢰를 저버리는 내용 또는 방법으로 권리를 행사하거나 의무를 이행하여서는 아니 된다는 추상적 규범으로서, 신의성실의 원칙에 위배된다는 이유로 그 권리의 행사를 부정하기 위하여는 상대방에게 신의를 공여하였다거나, 객관적으로 보아 상대방이 신의를 가짐이 정당한 상태에 있어야 하고, 이러한 상대방의 신의에 반하여 권리를 행사하는 것이 정의관념에 비추어 용인될 수 없는 정도의 상태에 이르러야 하며, 또한 특별한 사정이 없는한, 법령에 위반되어 무효임을 알고서도 그 법률행위를 한 자가 강행법규 위반을 이유로 무효를 주장한다 하여 신의칙 또는 금반언의 원칙에 반하거나 권리남용에 해당한다고 볼 수는 없다(대판 2001.5.15. 99다53490).

오답 해설

① (○) 유효하게 성립한 계약상의 책임을 공평의 이념 또는 신의칙과 같은 일반원칙에 의하여 제한하는 것은 사적 자치의 원칙이나 법적 안정성에 대한 중대한 위협이 될 수 있으므로 채권자가 유효하게 성립한 계약에 따른 급부의 이행을 청구하는 때에 법원이 급부의 일부를 감축하는 것은 원칙적으로 허용되지 않는다(대판 2016.12.1. 2016다2405431).

② (○) 우리 사회의 통념상으로는 공동묘지가 주거환경과 친한 시설이 아니어서 분양계약의 체결 여부 및 가격에 상당한 영향을 미치는 요인일 뿐만 아니라 대규모 공동묘지를 가까이에서 조망할 수 있는 곳에 아파트 단지가 들어선다는 것은 통상 예상하기 어렵다는 점 등을 감안할 때 아파트 분양자는 아파트단지 인근에 공동묘지가 조성되어 있는 사실을 수분양자에게 고지할 신의칙상의 의무를 부담한다(대판 2007.6.1. 2005다5812).

③ (○) 계약 성립의 기초가 된 사정이 현저히 변경되고 당사자가 계약의 성립 당시 이를 예견할 수 없었으며 그로 인하여 계약을 그대로 유지하는 것이 당사자의 이해에 중대한 불균형을 초래하거나 계약을 체결한 목적을 달성할 수 없는 경우에는 계약준수 원칙의 예외로서 사정변경을 이유로 계약을 해제하거나 해지할 수 있다. 경제상황 등의 변동으로 당사자에게 손해가 생기더라도 합리적인 사람의 입장에서 사정변경을 예견할 수 있었다면 사정변경을 이유로 계약을 해제할 수 없다(대판 2017.6.8. 2016다249557).

⑤ (○) 취득시효완성 후에 그 사실을 모르고 당해 토지에 관하여 어떠한 권리도 주장하지 않기로 하였다 하더라도 이에 반하여 시효주장을 하는 것은 특별한 사정이 없는 한 신의칙상 허용되지 않는다(대판 1998.5.22. 96다24101).

02

답 ④

정답 해설

④ (×) 가정법원은 성년후견개시의 심판을 할 때 취소할 수 없는 피성년후견인의 법률행위의 범위를 정할 수 있다(민법 제10조 제2항).

오답 해설

① (O) 성년인 甲은 스스로 가정법원에 한정후견개시의 심판을 청구할 수 있다(민법 제12조 제1항).
② (O) 가정법원은 한정후견개시의 심판을 할 때 본인의 의사를 고려하여야 한다(민법 제12조 제2항).
③ (O) 성년후견이나 한정후견에 관한 심판 절차는 가사소송법 제2조 제1항 제2호 (가)목에서 정한 가사비송사건으로서, 가정법원이 당사자의 주장에 구애받지 않고 후견적 입장에서 합목적적으로 결정할 수 있다. 이때 성년후견이든 한정후견이든 본인의 의사를 고려하여 개시 여부를 결정한다는 점은 마찬가지이다(제9조 제2항, 제12조 제2항). 위와 같은 규정 내용이나 입법 목적 등을 종합하면, 성년후견이나 한정후견개시의 청구가 있는 경우 가정법원은 청구 취지와 원인, 본인의 의사, 성년후견 제도와 한정후견 제도의 목적 등을 고려하여 어느 쪽의 보호를 주는 것이 적절한지를 결정하고, 그에 따라 필요하다고 판단하는 절차를 결정해야 한다. 따라서 한정후견의 개시를 청구한 사건에서 의사의 감정 결과 등에 비추어 성년후견개시의 요건을 충족하고 본인도 성년후견의 개시를 희망한다면 법원이 성년후견을 개시할 수 있고, 성년후견개시를 청구하고 있더라도 필요하다면 한정후견을 개시할 수 있다고 보아야 한다(대결 2021.6.10. 2020스596).
⑤ (O) 성년인 甲은 한정후견개시의 원인이 소멸된 경우에는 가정법원에 한정후견종료의 심판을 청구할 수 있다(민법 제14조).

03

답 ⑤

정답 해설

⑤ (O) 법인은 정관 또는 총회의 결의로 감사를 둘 수 있다(민법 제166조).

오답 해설

① (×) 이사는 집행기관으로서 재단법인・사단법인을 불문하고 필수적 상설기관이다(민법 제57조).
② (×) 민법 제58조 제1항은 민법상 법인의 사무집행은 이사가 하도록 규정하고 있고, 같은 조 제2항은 이사가 수인인 경우에는 이사의 과반수로써 결정하되 정관에 다른 규정이 있으면 이에 따르도록 규정하고 있다. 그러므로 이사가 수인인 민법상 법인의 정관에 대표권 있는 이사만 이사회를 소집할 수 있다고 규정하고 있다고 하더라도 이는 과반수의 이사가 본래 할 수 있는 이사회 소집에 관한 행위를 대표권 있는 이사로 하여금 하게 한 것에 불과하다. 따라서 정관에 다른 이사가 요건을 갖추어 이사회 소집을 요구하면 대표권 있는 이사가 이에 응하도록 규정하고 있는데도 대표권 있는 이사가 다른 이사의 정당한 이사회 소집을 거절하였다면, 대표권 있는 이사만 이사회를 소집할 수 있는 규정은 적용될 수 없다. 이경우 이사는 정관의 이사회 소집권한에 관한 규정 또는 민법에 기초하여 법인의 사무를 집행할 권한에 의하여 이사회를 소집할 수 있다(대결 2017.12.1. 2017그661).
③ (×) 이사가 수인인 경우에는 정관에 다른 규정이 없으면 이사의 과반수로써 법인의 사무집행을 결정하나(민법 제58조 제2항), 이사는 법인의 사무에 관하여 각자 법인을 대표한다(민법 제59조 제1항).
④ (×) 법인과 이사의 법률관계는 신뢰를 기초로 한 위임 유사의 관계로 볼 수 있는데, 민법 제689조 제1항에서는 위임계약은 각 당사자가 언제든지 해지할 수 있다고 규정하고 있으므로, 법인은 원칙적으로 이사의 임기 만료 전에도 이사를 해임할 수 있지만, 이러한 민법의 규정은 임의규정에 불과하므로 법인이 자치법규인 정관으로 이사의 해임사유 및 절차 등에 관하여 별도의 규정을 두는 것도 가능하다(대판 2013.11.28. 2011다41741).

04

답 ⑤

정답 해설

⑤ (×) 법인의 대표자의 행위가 직무에 관한 행위에 해당하지 아니함을 피해자 자신이 알았거나 또는 중대한 과실로 인하여 알지 못한 경우에는 법인에게 손해배상책임을 물을 수 없다(대판 2004.3.26. 2003다34045).

오답 해설

① (O) 민법 제35조에서 말하는 '이사 기타 대표자'는 법인의 대표기관을 의미하는 것이고 대표권이 없는 이사는 법인의 기관이기는 하지만 대표기관은 아니기 때문에 그들의 행위로 인하여 법인의 불법행위가 성립하지 않는다(대판 2005.12.23. 2003다30159).
② (O) 법인의 능력에 관한 규정은 강행규정이므로 사단법인・재단법인 모두에 적용된다.
③ (O) 주택조합과 같은 비법인사단의 대표자가 직무에 관하여 타인에게 손해를 가한 경우 그 사단은 민법 제35조 제1항의 유추적용에 의하여 그 손해를 배상할 책임이 있다(대판 2003.7.25. 2002다27088).
④ (O) 행위의 외형상 법인의 대표자의 직무행위라고 인정할 수 있는 것이라면 설사 그것이 대표자 개인의 사리를 도모하기 위한 것이었거나 혹은 법령의 규정에 위배된 것이었다 하더라도 위의 직무에 관한 행위에 해당한다(대판 1969.8.26. 68다2320).

05

답 ④

정답 해설

④ (○) 정지조건부 법률행위에 있어서 조건이 성취되었다는 사실은 권리를 취득하고자 하는 측에서 그 입증책임이 있으므로, 정지조건부 채권양도에 있어서 정지조건이 성취되었다는 사실은 채권양도의 효력을 주장하는 자에게 그 입증책임이 있다(대판 1983.4.12. 81다카692).

오답 해설

① (×) 조건이 선량한 풍속 기타 사회질서에 위반한 것인 때에는 그 법률행위는 무효로 한다(민법 제151조 제1항).
② (×) 조건의 성취가 미정한 권리의무는 일반규정에 의하여 처분, 상속, 보존 또는 담보로 할 수 있다(민법 제149조).
③ (×) 조건부 법률행위에 있어 조건의 내용 자체가 불법적인 것이어서 무효일 경우 또는 조건을 붙이는 것이 허용되지 아니하는 법률행위에 조건을 붙인 경우 그 조건만을 분리하여 무효로 할 수는 없고 그 법률행위 전부가 무효로 된다(대결 2005.11.8. 2005마541).
⑤ (×) 주택건설을 위한 원·피고 간의 토지매매계약에 앞서 양자 간의 협의에 의하여 건축허가를 필할 때 매매계약이 성립하고 건축허가 신청이 불허되었을 때에는 이를 무효로 한다는 약정 아래 이루어진 본건 계약은 해제조건부계약이다(대판 1983.8.23. 83다카552).

06

답 ④

정답 해설

④ (×) 채권자와 주채무자 사이의 판결 등에 의해 채권이 확정되어 그 소멸시효가 10년으로 되었다 할지라도 위 당사자 이외의 채권자와 연대보증인 사이에 있어서는 위 확정판결 등은 그 시효기간에 대하여는 아무런 영향도 없고 채권자의 연대보증인의 연대보증채권의 소멸시효 기간은 여전히 종전의 소멸시효기간에 따른다(대판 1986.11.25. 86다카1569).

오답 해설

① (○) 시효제도의 존재이유에 비추어 보아 부동산 매수인이 그 목적물을 인도받아서 이를 사용수익하고 있는 경우에는 그 매수인을 권리 위에 잠자는 것으로 볼 수도 없고 또 매도인 명의로 등기가 남아 있는 상태와 매수인이 인도받아 이를 사용수익하고 있는 상태를 비교하면 매도인 명의로 잔존하고 있는 등기를 보호하기 보다는 매수인의 사용수익상태를 더욱 보호하여야 할 것이므로 그 매수인의 등기청구권은 다른 채권과는 달리 소멸시효에 걸리지 않는다고 해석함이 타당하다(대판[전합] 1976.11.6. 76다148).
② (○) 소멸시효는 객관적으로 권리가 발생하여 그 권리를 행사할 수 있는 때로부터 진행하고 그 권리를 행사할 수 없는 동안만은 진행하지 않는바, '권리를 행사할 수 없는' 경우란, 권리자가 권리의 존재나 권리행사가능성을 알지 못하였다는 등의 사실상 장애사유가 있는 경우가 아니라, 법률상의 장애사유, 예컨대 기간의 미도래나 조건불성취 등이 있는 경우를 말하는데, 건물에 관한 소유권이전등기청구권에 있어서 그 목적물인 건물이 완공되지 아니하여 이를 행사할 수 없었다는 사유는 법률상의 장애사유에 해당한다(대판 2007.8.23. 2007다28024·28031).
③ (○) 민법 제166조 제2항
⑤ (○) 소멸시효 중단사유인 승인은 시효이익을 받을 당사자인 채무자가 소멸시효의 완성으로 권리를 상실하게 될 자 또는 그 대리인에게 권리가 존재함을 인식하고 있다는 뜻을 표시함으로써 성립한다. 표시의 방법은 아무런 형식을 요구하지 않고, 명시적이든 묵시적이든 상관없다. 묵시적인 승인의 표시는 채무자가 채무의 존재와 액수를 인식하고 있음을 전제로 상대방으로 하여금 채무자가 채무를 인식하고 있음을 표시를 통해 추단하게 할 수 있는 방법으로 하면 충분하다(대판 2018.4.24. 2017다205127).

07

답 ④

정답 해설

④ (×) 주물의 상용에 이바지한다 함은 주물 그 자체의 경제적 효용을 다하게 하는 것을 말하는 것으로서 주물의 소유자나 이용자의 상용에 공여되고 있더라도 주물 그 자체의 효용과 직접 관계가 없는 물건은 종물이 아니다(대판 1997.10.10. 97다3750).

오답 해설

① (○) 민법 제99조
② (○) 일정한 토지가 지적공부에 1필의 토지로 등록된 경우 그 토지의 소재 지번 지목, 지적 및 경계는 일응 그 등록으로써 특정되고 그 토지의 소유권의 범위는 지적공부상의 경계에 의하여 확정되어져야 한다(대판 1982.6.8. 81다611).

③ (○) 건물은 일정한 면적 공간의 이용을 위하여 지상 지하에 건설된 구조물을 말하는 것으로서 건물의 개수는 토지와 달리 공부상의 등록에 의하여 결정되는 것이 아니라 사회통념 또는 거래관념에 따라 물리적 구조, 거래 또는 이용의 목적물로서 관찰한 건물의 상태 등 객관적 사정과 건축한 자 또는 소유자의 의사 등 주관적 사정을 참작하여 결정되는 것이고, 그 경계 또한 사회통념상 독립한 건물로 인정되는 건물 사이의 현실의 경계에 의하여 특정되는 것이므로 이러한 의미에서 건물의 경계는 공적으로 설정 인증된 것이 아니고 단순히 사적관계에 있어서의 소유권의 한계선에 불과함을 알 수 있고, 따라서 사적자치의 영역에 속하는 건물 소유권의 범위를 확정하기 위하여는 소유권확인소송에 의하여야 할 것이고, 공법상 경계를 확정하는 경계확정 소송에 의할 수는 없다(대판 1997.7.8. 96다36517).

⑤ (○) 민법 제102조 제2항

08

답 ①

정답 해설

ㄱ. (×) 강제집행을 면할 목적으로 부동산에 허위의 근저당권설정등기를 경료하는 행위는 민법 제103조의 선량한 풍속 기타 사회질서에 위반한 사항을 내용으로 하는 법률행위로 볼 수 없다(대판 2004.5.28. 2003다700411).

오답 해설

ㄴ. (○) 당초부터 오로지 보험사고를 가장하여 보험금을 취득할 목적으로 생명보험계약을 체결한 경우에는 사람의 생명을 수단으로 이득을 취하고자 하는 불법적인 행위를 유발할 위험성이 크고, 이러한 목적으로 체결된 생명보험계약에 의하여 보험금을 지급하게 하는 것은 보험계약을 악용하여 부정한 이득을 얻고자 하는 사행심을 조장함으로써 사회적 상당성을 일탈하게 되므로, 이와 같은 생명보험계약은 사회질서에 위배되는 법률행위로서 무효이다(대판 2000.2.11. 99다49064).

ㄷ. (○) 부동산의 이중매매가 그 매수인이 매도인의 배임행위에 적극가담함으로써 이루어진 때는 반사회적 법률행위로서 무효이다(대판 1970.10.23. 70다2038).

ㄹ. (○) 도박자금에 제공할 목적으로 금전의 대차를 한 때에는 그 대차계약은 민법 제103조의 반사회질서의 법률행위로 무효이다(대판 1973.5.22. 72다2249).

09

답 ①

정답 해설

① (○) 파산자가 상대방과 통정한 허위의 의사표시를 통하여 가장채권을 보유하고 있다가 파산이 선고된 경우 그 가장채권도 일단 파산재단에 속하게 되고, 파산선고에 따라 파산자와는 독립한 지위에서 파산채권자 전체의 공동의 이익을 위하여 직무를 행하게 된 파산관재인은 그 허위표시에 따라 외형상 형성된 법률관계를 토대로 실질적으로 새로운 법률상 이해관계를 가지게 된 민법 제108조 제2항의 제3자에 해당하고, 그 선의·악의도 파산관재인 개인의 선의·악의를 기준으로 할 수는 없고, 총파산채권자를 기준으로 하여 파산채권자 모두가 악의로 되지 않는 한 파산관재인은 선의의 제3자라고 할 수밖에 없다(대판 2010.4.29. 2009다96083).

오답 해설

②(×), ⑤(×) 통정한 허위표시에 의하여 외형상 형성된 법률관계로 생긴 채권을 가압류한 경우, 그 가압류권자는 허위표시에 기초하여 새로운 법률상 이해관계를 가지게 되므로 민법 제108조 제2항의 제3자에 해당한다고 봄이 상당하고, 또한 민법 제108조 제2항의 제3자는 선의이면 족하고 무과실은 요건이 아니다(대판 2004.5.28. 2003다70041).

③ (×) 민법 제108조 제2항의 제3자는 허위표시의 당사자 및 포괄승계인 이외의 자로서 허위표시에 의하여 형성된 법률관계를 토대로 실질적으로 이해관계를 갖는 자를 말하므로, 가장소비대차의 계약상 지위를 선의로 이전받은 자는 민법 제108조 제2항의 제3자에 해당하지 않는다(대판 2004.1.15. 2002다31537 참고).

④ (×) 甲이 乙의 임차보증금반환채권을 담보하기 위하여 통정허위표시로 乙에게 전세권설정등기를 마친 후 丙이 이러한 사정을 알면서도 乙에 대한 채권을 담보하기 위하여 위 전세권에 대하여 전세권근저당권설정등기를 마쳤는데, 그 후 丁이 丙의 전세권근저당권부 채권을 가압류하였다가 이를 본압류로 이전하는 압류명령을 받은 사안에서, 丙의 전세권근저당권부 채권은 통정허위표시에 의하여 외형상 형성된 전세권을 목적물로 하는 전세권근저당권의 피담보채권이고, 丁은 이러한 丙의 전세권근저당권부 채권을 가압류하고 압류명령을 얻음으로써 그 채권에 관한 담보권인 전세권근저당권의 목적물에 해당하는 전세권에 대하여 새로이 법률상 이해관계를 가지게 되었으므로, 丁이 통정허위표시에 관하여 선의라면 비록 丙이 악의라 하더라도 허위표시자는 그에 대하여 전세권이 통정허위표시에 의한 것이라는 이유로 대항할 수 없다(대판 2013.2.15. 2012다49292).

10

답 ③

정답 해설

③ (×) 국가기관이 헌법상 보장된 국민의 기본권을 침해하는 위헌적인 공권력을 행사한 결과 국민이 그 공권력의 행사에 외포되어 자유롭지 못한 의사표시를 하였다고 하더라도 그 의사표시의 효력은 의사표시의 하자에 관한 민법의 일반원리에 의하여 판단되어야 할 것이고, 그 강박행위의 주체가 국가 공권력이고 그 공권력 행사의 내용이 기본권을 침해하는 것이라고 하여 그 강박에 의한 의사표시가 항상 반사회성을 띠게 되어 당연히 무효로 된다고는 볼 수 없다(대판 2002.12.10. 2002다56031).

오답 해설

① (○) [1] 이 사건 쓰레기 매립장이 분양계약을 체결할 당시에는 폐기물처리시설 설치승인처분을 받은 단계에 있었다고 할지라도 그러한 사실이 이 사건 분양계약의 체결에 영향을 미칠 수 있는 사실임을 인정할 수 있는 이상 이를 고지의무의 대상이 된다고 본 원심의 판단도 정당하므로, 거기에 상고이유에서 주장하는 바와 같은 법리오해의 위법이 없다. [2] 고지의무 위반은 부작위에 의한 기망행위에 해당하므로 원고들로서는 기망을 이유로 분양계약을 취소하고 분양대금의 반환을 구할 수도 있고 분양계약의 취소를 원하지 않을 경우 그로 인한 손해배상만을 청구할 수도 있다(대판 2006.10.12. 2004다48515).

② (○) 종전에 출하한 일이 없던 신상품에 대하여 첫 출하시부터 종전가격 및 할인가격을 비교표시하여 막바로 세일에 들어가는 이른바 변칙세일은 진실규명이 가능한 구체적 사실인 가격조건에 관하여 기망이 이루어진 경우로서 그 사술의 정도가 사회적으로 용인될 수 있는 상술의 정도를 넘은 것이어서 사기죄의 기망행위를 구성한다(대판 1992.9.14. 91도2994).

④ (○) 일반적으로 부정행위에 대한 고소, 고발은 그것이 부정한 이익을 목적으로 하는 것이 아닌 때에는 정당한 권리행사가 되어 위법하다고 할 수 없으나, 부정한 이익의 취득을 목적으로 하는 경우에는 위법한 강박행위가 되는 경우가 있고 목적이 정당하다 하더라도 행위나 수단 등이 부당한 때에는 위법성이 있는 경우가 있을 수 있다(대판 1992.12.24. 92다25120).

⑤ (○) 제3자의 사기행위로 인하여 피해자가 주택건설사와 사이에 주택에 관한 분양계약을 체결하였다고 하더라도 제3자의 사기행위 자체가 불법행위를 구성하는 이상, 제3자로서는 그 불법행위로 인하여 피해자가 입은 손해를 배상할 책임을 부담하는 것이므로, 피해자가 제3자를 상대로 손해배상청구를 하기 위하여 반드시 그 분양계약을 취소할 필요는 없다(대판 1998.3.10. 97다55829).

11

답 ①

정답 해설

① (×) 무효인 법률행위는 당사자가 무효임을 알고 추인할 경우 새로운 법률행위를 한 것으로 간주할 뿐이고 소급효가 없는 것이므로 무효인 가등기를 유효한 등기로 전용키로 한 약정은 그때부터 유효하고 이로써 위 가등기가 소급하여 유효한 등기로 전환될 수 없다(대판 1992.5.12. 91다26546).

오답 해설

② (○) 불공정한 법률행위에 해당하여 무효인 경우에는 원칙적으로 추인에 의하여 무효인 법률행위가 유효로 될 수 없으나(대판 1994.6.24. 94다10900), 무효행위의 전환에 관한 민법 제138조는 적용될 수 있다(대판 2010.7.15. 2009다50308).

| 관련 | 매매계약이 약정된 매매대금의 과다로 말미암아 민법 제104조에서 정하는 '불공정한 법률행위'에 해당하여 무효인 경우에도 무효행위의 전환에 관한 민법 제138조가 적용될 수 있다. 따라서 당사자 쌍방이 위와 같은 무효를 알았더라면 대금을 다른 액으로 정하여 매매계약에 합의하였을 것이라고 예외적으로 인정되는 경우에는, 그 대금액을 내용으로 하는 매매계약이 유효하게 성립한다. 이때 당사자의 의사는 매매계약이 무효임을 계약 당시에 알았다면 의욕하였을 가정적(假定的) 효과의사로서, 당사자 본인이 계약 체결시와 같은 구체적 사정 아래 있다고 상정하는 경우에 거래관행을 고려하여 신의성실의 원칙에 비추어 결단하였을 바를 의미한다. 이와 같이 여기서는 어디까지나 당해 사건의 제반 사정 아래서 각각의 당사자가 결단하였을 바가 탐구되어야 하는 것이므로, 계약당시의 시가와 같은 객관적 지표는 그러한 가정적 의사의 인정에 있어서 하나의 참고자료로 삼을 수는 있을지언정 그것이 일응의 기준이 된다고도 쉽사리 말할 수 없다. 이와 같이 가정적 의사에 기한 계약의 성립 여부 및 그 내용을 발굴, 구성하여 제시하게 되는 법원으로서는 그 '가정적 의사'를 함부로 추단하여 당사자가 의욕하지 아니하는 법률효과를 그에게 또는 그들에게 계약의 이름으로 불합리하게 강요하는 것이 되지 아니하도록 신중을 기하여야 한다(대판 2010.7.15. 2009다50308). 따라서 판례는 매매계약이 약정된 매매대금의 과다로 말미암아 제104조 위반으로 무효인 경우에도, 당사자 쌍방이 무효를 알았더라면 대금을 다른 액으로 정하여 매매계약에 합의하였을 것이라는 '가정적 의사'가 예외적으로 인정되는 경우에는, 그 대금액을 내용으로 하는 매매계약이 유효하게 성립한다고 본다.

③ (O) 민법 제137조 단서
④ (O) 민법 제142조
⑤ (O) 민법 제146조

12

답 ③, ⑤

정답 해설

ㄱ. (O) 성년후견인은 피후견인의 법정대리인이 된다(민법 제938조 제1항).
ㄴ. (O) 법원이 선임한 부재자재산관리인은 부재자 본인의 의사에 의하는 것이 아니라 법률에 규정된 자의 청구로 법원에 의하여 선임되는 일종의 법정대리인으로서 법정위임 관계가 있다(대결 1976.12.21. 75마551).
ㄷ. (O) 친권자는 미성년자인 자녀의 법정대리인이 된다(민법 제911조).
ㄹ. 부부는 일상의 가사에 관하여 서로 대리권이 있는데(제827조 제1항) '일상의 가사'에 대하여 배우자 일방은 상대방의 법정대리인이 된다고 보는 것이 통설과 판례이다.
※ '일상의 가사' 이외에는 대리권이 인정되지 않기 때문에(대판 2000.12.8. 99다37856 참고) 처음에는 ⑤번이 정답으로 발표되었으나, 그 후에 ③번 ⑤번 모두 복수 정답으로 인정되었습니다.

13

답 ④

정답 해설

④ (O) 전세권이 성립한 후 전세목적물의 소유권이 이전된 경우 민법이 전세권 관계로부터 생기는 상환청구, 소멸청구, 갱신청구, 전세금증감청구, 원상회복, 매수청구 등의 법률관계의 당사자로 규정하고 있는 전세권 설정자 또는 소유자는 모두 목적물의 소유권을 취득한 신 소유자로 새길 수밖에 없다고 할 것이므로, 전세권은 전세권자와 목적물의 소유권을 취득한 신 소유자 사이에서 계속 동일한 내용으로 존속하게 된다고 보아야 할 것이고, 따라서 목적물의 신 소유자는 구 소유자와 전세권자 사이에 성립한 전세권의 내용에 따른 권리의무의 직접적인 당사자가 되어 전세권이 소멸하는 때에 전세권자에 대하여 전세권설정자의 지위에서 전세금 반환의무를 부담하게 되므로(대판 2006.5.11. 2006다6072) 甲이 전세권 존속 중 X건물의 소유권을 丁에게 양도한 경우, 특별한 사정이 없는 한 乙에 대한 전세금반환의무는 丁이 부담한다.

오답 해설

① (×) 타인의 토지에 있는 건물에 전세권을 설정한 때에는 전세권의 효력은 그 건물의 소유를 목적으로한 지상권 또는 임차권에 미친다(민법 제304조 제1항).
② (×) 대지와 건물이 동일한 소유자에 속한 경우에 건물에 전세권을 설정한 때에는 그 대지소유권의 특별승계인은 전세권설정자에 대하여 지상권을 설정한 것으로 본다(민법 제305조 제1항). 따라서 丙은 전세권설정자인 甲에 대해 전세권을 설정한 것으로 본다.
③ (×) 전세권자는 전세권을 타인에게 양도 또는 담보로 제공할 수 있고 그 존속기간 내에서 그 목적물을 타인에게 전전세 또는 임대할 수 있다. 그러나 설정행위로 이를 금지한 때에는 그러하지 아니하다(민법 제306조).
⑤ (×) 민법 제304조는 전세권을 설정하는 건물소유자가 건물의 존립에 필요한 지상권 또는 임차권과 같은 토지사용권을 가지고 있는 경우에 관한 것으로서, 그 경우에 건물전세권자로 하여금 토지소유자에 대하여 건물소유자, 즉 전세권설정자의 그러한 토지사용권을 원용할 수 있도록 함으로써 토지소유자 기타 토지에 대하여 권리를 가지는 사람에 대한 관계에서 건물전세권자를 보다 안전한 지위에 놓으려는 취지의 규정이다. 따라서 전세권설정자가 건물의 존립을 위한 토지사용권을 가지지 못하여 그가 토지소유자의 건물철거 등 청구에 대항할 수 없는 경우에 민법 제304조 등을 들어 전세권자 또는 대항력 있는 임차권자가 토지소유자의 권리행사에 대항할 수 없음은 물론이다(대판 2010.8.19. 2010다43801).

14

답 ①

정답 해설

① (O) 유치권의 성립요건이자 존속요건인 유치권자의 점유는 직접점유이든 간접점유이든 관계가 없으나, 다만 유치권은 목적물을 유치함으로써 채무자의 변제를 간접적으로 강제하는 것을 본체적 효력으로 하는 권리인 점 등에 비추어 그 직접점유자가 채무자인 경우에는 유치권의 요건으로서의 점유에 해당하지 않는다(대판 2008.4.11. 2007다27236).

오답 해설

② (×) 부동산 매도인이 매매대금을 다 지급받지 아니한 상태에서 매수인에게 소유권이전등기를 마쳐주어 목적물의 소유권을 매수인에게 이전한 경우에는, 매도인의 목적물 인도의무에 관하여 동시이행의 항변권 외에 물권적 권리인 유치권까지 인정할 것은 아니다. 왜냐하면 법률행위로

한 부동산물권변동의 요건으로 등기를 요구함으로써 물권관계의 명확화 및 거래의 안전·원활을 꾀하는 우리 민법의 기본정신에 비추어 볼 때, 만일 이를 인정한다면 매도인은 등기에 의하여 매수인에게 소유권을 이전하였음에도 매수인 또는 그의 처분에 기하여 소유권을 취득한 제3자에 대하여 소유권에 속하는 대세적인 점유의 권능을 여전히 보유하게 되는 결과가 되어 부당하기 때문이다. 또한 매도인으로서는 자신이 원래 가지는 동시이행의 항변권을 행사하지 아니하고 자신의 소유권이전의무를 선이행함으로써 매수인에게 소유권을 넘겨 준 것이므로 그에 필연적으로 부수하는 위험은 스스로 감수하여야 한다. 따라서 매도인이 부동산을 점유하고 있고 소유권을 이전받은 매수인에게서 매매대금 일부를 지급받지 못하고 있다고 하여 매매대금채권을 피담보채권으로 매수인이나 그에게서 부동산 소유권을 취득한 제3자를 상대로 유치권을 주장할 수 없다(대결 2012.1.12. 2011마2380).

③ (×) 민법 제320조 제1항에서 '그 물건에 관하여 생긴 채권'은 유치권 제도 본래의 취지인 공평의 원칙에 특별히 반하지 않는 한 채권이 목적물 자체로부터 발생한 경우는 물론이고 채권이 목적물의 반환청구권과 동일한 법률관계나 사실관계로부터 발생한 경우도 포함하고, 한편 민법 제321조는 "유치권자는 채권 전부의 변제를 받을 때까지 유치물 전부에 대하여 그 권리를 행사할 수 있다"고 규정하고 있으므로, 유치물은 그 각 부분으로써 피담보채권의 전부를 담보하며, 이와 같은 유치권의 불가분성은 그 목적물이 분할 가능하거나 수개의 물건인 경우에도 적용된다(대판 2007.9.7. 2005다16942).

④ (×) 임대인과 임차인 사이에 건물명도시 권리금을 반환하기로 하는 약정이 있었다 하더라도 그와 같은 권리금반환청구권은 건물에 관하여 생긴 채권이라 할 수 없으므로 그와 같은 채권을 가지고 건물에 대한 유치권을 행사할 수 없다(대판 1994.10.14. 93다62119).

⑤ (×) 유치권은 채권자의 이익을 보호하기 위한 법정담보물권으로서 당사자는 미리 유치권의 발생을 막는 특약을 할 수 있고 이러한 특약은 유효하다. 유치권 배제 특약이 있는 경우 다른 법정요건이 모두 충족되더라도 유치권은 발생하지 않는데 특약에 따른 효력은 특약의 상대방뿐 아니라 그 밖의 사람도 주장할 수 있다(대판 2018.1.24. 2016다234043).

15

답 ②

정답 해설

ㄴ. (O) 채무자 소유의 건물 등 부동산에 강제경매개시결정의 기입등기가 경료되어 압류의 효력이 발생한 이후에 채무자가 위 부동산에 관한 공사대금 채권자에게 그 점유를 이전함으로써 그로 하여금 유치권을 취득하게 한 경우, 그와 같은 점유의 이전은 목적물의 교환가치를 감소시킬 우려가 있는 처분행위에 해당하여 민사집행법 제92조 제1항, 제83조 제4항에 따른 압류의 처분금지효에 저촉되므로 점유자로서는 위 유치권을 내세워 그 부동산에 관한 경매절차의 매수인에게 대항할 수 없다(대판 2005.8.19. 2005다22688). 따라서 X주택에 경매개시결정의 기입등기가 경료되어 압류의 효력이 발생한 후 甲이 X주택의 점유를 乙로부터 이전받은 경우, 甲은 그 경매절차의 매수인에게 유치권을 주장할 수 없다.

ㄷ. (O) 유치권의 행사는 채권의 소멸시효의 진행에 영향을 미치지 아니한다(민법 제326조).

오답 해설

ㄱ. (×) 건물점유자가 건물의 원시취득자에게 그 건물에 관한 유치권이 있다고 하더라도 그 건물의 존재와 점유가 토지소유자에게 불법행위가 되고 있다면 그 유치권으로 토지소유자에게 대항할 수 없다(대판 1989.2.14. 87다카3073).

ㄹ. (×) 유치권자가 유치물에 관하여 제3자와의 사이에 전세계약을 체결하여 전세금을 수령하였다면 전세금이 종국에는 전세입자에게 반환되어야 할 것임에 비추어 다른 특별한 사정이 없는 한 그가 얻은 구체적 이익은 그가 전세금으로 수령한 금전의 이용가능성이고, 그가 이와 같이 구체적으로 얻은 이익과 관계없이 추상적으로 산정된 차임 상당액을 부당이득으로 반환하여야 한다고 할 수 없다. 그리고 이러한 이용가능성은 그 자체 현물로 반환될 수 없는 성질의 것이므로 그 '가액'을 산정하여 반환을 명하여야 하는바, 그 가액은 결국 전세금에 대한 법정이자 상당액이다(대판 2009.12.24. 2009다32324).

16

답 ②

정답 해설

② (○) 질권은 원본, 이자, 위약금, 질권실행의 비용, 질물보존의 비용 및 채무불이행 또는 질물의 하자로 인한 손해배상의 채권을 담보한다. 그러나 다른 약정이 있는 때에는 그 약정에 의한다(민법 제334조).

오답 해설

① (×) 질권자는 설정자로 하여금 질물의 점유를 하게 하지 못한다(민법 제332조). 따라서 점유개정의 방식으로는 질권을 설정할 수 없다.
③ (×) 담보가 없는 채권에 질권을 설정한 다음 그 채권을 담보하기 위해 저당권이 설정되었더라도 민법 제348조가 유추적용되어 저당권설정등기에 질권의 부기등기를 하지 않으면 질권의 효력이 저당권에 미친다고 볼 수 없다(대판 2020.4.29. 2016다235411).
④ (×) 질권설정자가 제3채무자에게 질권설정의 사실을 통지하거나 제3채무자가 이를 승낙한 때에는 제3채무자가 질권자의 동의 없이 질권의 목적인 채무를 변제하더라도 이로써 질권자에게 대항할 수 없고, 질권자는 민법 제353조 제2항에 따라 여전히 제3채무자에 대하여 직접 채무의 변제를 청구할 수 있다. 제3채무자가 질권자의 동의 없이 질권설정자와 상계합의를 함으로써 질권의 목적인 채무를 소멸하게 한 경우에도 마찬가지로 질권자에게 대항할 수 없고, 질권자는 여전히 제3채무자에 대하여 직접 채무의 변제를 청구할 수 있다(대판 2018.12.27. 2016다265689).
⑤ (×) 질권의 목적인 채권의 양도행위는 민법 제352조 소정의 질권자의 이익을 해하는 변경에 해당되지 않으므로 질권자의 동의를 요하지 아니한다(대판 2005.12.22. 2003다55059).

17

답 ②

정답 해설

② (×) 전세권자는 전세금을 지급하고 타인의 부동산을 점유하여 그 부동산의 용도에 좇아 사용·수익하며, 그 부동산 전부에 대하여 후순위권리자 기타 채권자보다 전세금의 우선변제를 받을 권리가 있다(민법 제303조 제1항). 이처럼 전세권이 용익물권적인 성격과 담보물권적인 성격을 모두 갖추고 있는 점에 비추어 전세권 존속기간이 시작되기 전에 마친 전세권설정등기도 특별한 사정이 없는 한 유효한 것으로 추정된다(대결 2018.1.25. 2017마1093).

오답 해설

① (○) 전세권의 목적은 1필의 토지 전부라야 할 필요는 없고 그 일부라도 무방하다(부동산등기법 제72조 참고).
③ (○) 전세금의 지급은 전세권 성립의 요소가 되는 것이지만 그렇다고 하여 전세금의 지급이 반드시 현실적으로 수수되어야만 하는 것은 아니고 기존의 채권으로 전세금의 지급에 갈음할 수도 있다(대판 1995.2.10. 94다18508).
④ (○) 전세권의 설정은 이를 갱신할 수 있다. 그 기간은 갱신한 날로부터 10년을 넘지 못한다(민법 제312조 제3항).
⑤ (○) 전세권의 존속기간을 약정하지 아니한 때에는 각 당사자는 언제든지 상대방에 대하여 전세권의 소멸을 통고할 수 있고 상대방이 이 통고를 받은 날로부터 6월이 경과하면 전세권은 소멸한다(민법 제313조).

18

답 ①

정답 해설

① (○) 근저당권의 물상보증인은 민법 제357조에서 말하는 채권의 최고액만을 변제하면 근저당권설정등기의 말소청구를 할 수 있고 채권최고액을 초과하는 부분의 채권액까지 변제할 의무가 있는 것이 아니다(대판 1974.12.10. 74다998).

오답 해설

② (×) 존속기간이나 결산기의 정함이 없는 때에는 근저당권설정자가 근저당권자를 상대로 언제든지 해지의 의사표시를 함으로써 피담보채무를 확정시킬 수 있다(대판 2001.11.9. 2001다47528).
③ (×) 후순위 근저당권자가 경매를 신청한 경우 선순위 근저당권의 피담보채권은 그 근저당권이 소멸하는 시기 즉 경락인이 경락대금을 완납한 때에 확정된다고 보아야 한다(대판 1999.9.21. 99다26085).
④ (×) 근저당권의 피담보채권이 확정되었을 경우 확정 이후에 새로운 거래관계에서 발생한 원본채권은 그 근저당권에 의하여 담보되지 아니하지만 확정 전에 발생한 원본채권에 관하여 확정 후에 발생하는 이자나 지연손해금 채권은 채권최고액의 범위 내에서 근저당권에 의하여 여전히 담보되는 것이다(대판 2007.4.26. 2005다38300).
⑤ (×) 근저당권이라고 함은 계속적인 거래관계로부터 발생하고 소멸하는 불특정다수의 장래채권을 결산기에 계산하여 잔존하는 채무를 일정한 한도액의 범위 내에서 담보하는 저당권이어서, 거래가 종료하기까지 채권은 계속적으로 증감변동하는 것이므로, 근저당 거래관계가 계속 중인 경우

즉, 근저당권의 피담보채권이 확정되기 전에 그 채권의 일부를 양도하거나 대위변제한 경우 근저당권이 양수인이나 대위변제자에게 이전할 여지는 없다 할 것이나, 그 근저당권에 의하여 담보되는 피담보채권이 확정되게 되면, 그 피담보채권액이 그 근저당권의 채권최고액을 초과하지 않는 한 그 근저당권 내지 그 실행으로 인한 경락대금에 대한 권리 중 그 피담보채권액을 담보하고 남는 부분은 저당권의 일부이전의 부기등기의 경료 여부와 관계없이 대위변제자에게 법률상 당연히 이전된다(대판 2002.7.26. 2001다53929).

19

답 ③

정답 해설

ㄱ. (○) 중간생략등기의 합의란 부동산이 전전 매도된 경우 각 매매계약이 유효하게 성립함을 전제로 그 이행의 편의상 최초의 매도인으로부터 최종의 매수인 앞으로 소유권이전등기를 경료하기로 한다는 당사자 사이의 합의에 불과할 뿐이므로, 이러한 합의가 있다고 하여 최초의 매도인이 자신이 당사자가 된 매매계약상의 매수인인 중간자에 대하여 갖고 있는 매매대금청구권의 행사가 제한되는 것은 아니다(대판 2005.4.29. 2003다66431).

ㄴ. (○) 중간생략등기의 합의가 있은 후에 최초 매도인과 중간 매수인 간에 매매대금을 인상하는 약정이 체결된 경우, 최초 매도인은 인상된 매매대금이 지급되지 않았음을 이유로 최종 매수인 명의로의 소유권이전등기의무의 이행을 거절할 수 있다(대판 2005.4.29. 2003다66431).

오답 해설

ㄷ. (×) 토지거래허가구역 내의 토지가 관할 관청의 허가 없이 전전매매되고 그 당사자들 사이에 최초의 매도인으로부터 최종 매수인 앞으로 직접 소유권이전등기를 경료하기로 하는 중간생략등기의 합의가 있는 경우, 이러한 중간생략등기의 합의란 부동산이 전전매도된 경우 각 매매계약이 유효하게 성립함을 전제로 그 이행의 편의상 최초의 매도인으로부터 최종의 매수인 앞으로 소유권이전등기를 경료하기로 한다는 당사자 사이의 합의에 불과할 뿐 그러한 합의가 있다고 하여 최초의 매도인과 최종의 매수인 사이에 매매계약이 체결되었다는 것을 의미하는 것은 아니고, 따라서 최종 매수인은 최초 매도인에 대하여 직접 그 토지에 관한 토지거래허가 신청절차의 협력의무 이행청구권을 가지고 있다고 할 수 없다(대판 1996.6.28. 96다3982).

20

답 ④

정답 해설

④ (×) 소유자는 제3자에게 그 물건을 제3자의 소유물로 처분할 수 있는 권한을 유효하게 수여할 수 있다고 할 것인데 그와 같은 이른바 '처분수권'의 경우에도 그 수권에 기하여 행하여진 제3자의 처분행위가 대세적으로 효력을 가지게 되고 그로 말미암아 소유자가 소유권을 상실하거나 제한받게 될 수는 있다고 하더라도, 그러한 제3자의 처분이 실제로 유효하게 행하여지지 아니하고 있는 동안에는 소유자는 처분수권이 제3자에게 행하여졌다는 것만으로 그가 원래 가지는 처분권능에 제한을 받지 아니한다(대판 2014.3.13. 2009다105215).

오답 해설

① (○) 미등기 무허가건물의 양수인이라도 소유권이전등기를 마치지 않는 한 건물의 소유권을 취득할 수 없고 소유권에 준하는 관습상의 물권이 있다고도 할 수 없으므로 미등기 무허가건물의 양수인은 소유권에 기한 방해제거청구를 할 수 없다(대판 2016.7.29. 2016다214483).

② (○) 소유자는 그 소유에 속한 물건을 점유한 자에 대하여 반환을 청구할 수 있다. 그러나 점유자가 그 물건을 점유할 권리가 있는 때에는 반환을 거부할 수 있다(민법 제213조). 여기서 반환을 거부할 수 있는 권리에는 임차권, 임치, 도급 등과 같이 점유를 수반하는 채권도 포함되고, 소유자에 대하여 이러한 채권을 갖는 자가 소유자의 승낙이나 소유자와의 약정 등에 기초하여 제3자에게 점유할 권리를 수여할 수 있는 경우에는 그로부터 점유 내지 보관을 위탁받거나 그 밖에 점유할 권리를 취득한 제3자는 특별한 사정이 없는 한 자신에게도 점유할 권리가 있음을 들어 소유자의 소유물반환청구를 거부할 수 있다(대판 2020.5.28. 2020다211085).

③ (○) 매매계약이 합의해제된 경우에도 매수인에게 이전되었던 소유권은 당연히 매도인에게 복귀하는 것이므로 합의해제에 따른 매도인의 원상회복청구권은 소유권에 기한 물권적 청구권이라고 할 것이고 이는 소멸시효의 대상이 되지 아니한다(대판 1982.7.27. 80다2968).

⑤ (○) 공유자는 자신의 지분권 행사를 방해하는 행위에 대해서 민법 제214조에 따른 방해배제청구권을 행사할 수 있고, 공유물에 대한 지분권은 공유자 개개인에게 귀속되는 것이므로 공유자 각자가 행사할 수 있다(대판[전합] 2020.5.21. 2018다287522).

21

답 ⑤

정답 해설

ㄱ. (○) 분묘기지권을 시효로 취득하였더라도, 분묘기지권자는 토지소유자가 분묘기지에 관한 지료를 청구하면 그 청구한 날부터의 지료를 지급할 의무가 있다고 보아야 한다(대판[전합] 2021.4.29. 2017다228007).

ㄴ. (○) 자기 소유 토지에 분묘를 설치한 사람이 그 토지를 양도하면서 분묘를 이장하겠다는 특약을 하지 않음으로써 분묘기지권을 취득한 경우 특별한 사정이 없는 한 분묘기지권자는 분묘기지권이 성립한 때부터 토지 소유자에게 그 분묘의 기지에 대한 토지사용의 대가로서 지료를 지급할 의무가 있다(대판 2021.5.27. 2020다295892, 2021.9.16. 2017다271834).

ㄷ. (○) 자기 소유의 토지 위에 분묘를 설치한 후 토지의 소유권이 경매 등으로 타인에게 이전되면서 분묘기지권을 취득한 자가, 판결에 따라 분묘기지권에 관한 지료의 액수가 정해졌음에도 판결확정 후 책임 있는 사유로 상당한 기간 동안 지료의 지급을 지체하여 지체된 지료가 판결확정 전후에 걸쳐 2년분 이상이 되는 경우에는 민법 제287조를 유추적용하여 새로운 토지소유자는 분묘기지권자에 대하여 분묘기지권의 소멸을 청구할 수 있다(대판 2015.7.23. 2015다206850).

22

답 ⑤

정답 해설

③ (○), ④ (○), ⑤ (×) [1] 공유자 사이에 공유물을 사용·수익할 구체적인 방법을 정하는 것은 공유물의 관리에 관한 사항으로서 공유자의 지분의 과반수로써 결정하여야 할 것이고, 과반수 지분의 공유자는 다른 공유자와 사이에 미리 공유물의 관리방법에 관한 협의가 없었다 하더라도 공유물의 관리에 관한 사항을 단독으로 결정할 수 있으므로, 과반수 지분의 공유자가 그 공유물의 특정 부분을 배타적으로 사용·수익하기로 정하는 것은 공유물의 관리방법으로서 적법하다고 할 것이므로, 과반수 지분의 공유자로부터 사용·수익을 허락받은 점유자에 대하여 소수 지분의 공유자는 그 점유자가 사용·수익하는 건물의 철거나 퇴거 등 점유배제를 구할 수 없다. [2] 과반수 지분의 공유자는 공유자와 사이에 미리 공유물의 관리방법에 관하여 협의가 없었다 하더라도 공유물의 관리에 관한 사항을 단독으로 결정할 수 있으므로 과반수 지분의 공유자는 그 공유물의 관리방법으로서 그 공유토지의 특정된 한 부분을 배타적으로 사용·수익할 수 있으나, 그로 말미암아 지분은 있으되 그 특정 부분의 사용·수익을 전혀 하지 못하여 손해를 입고 있는 소수지분권자에 대하여 그 지분에 상응하는 임료 상당의 부당이득을 하고 있다 할 것이므로 이를 반환할 의무가 있다 할 것이나, 그 과반수 지분의 공유자로부터 다시 그 특정 부분의 사용·수익을 허락받은 제3자의 점유는 다수지분권자의 공유물관리권에 터잡은 적법한 점유이므로 그 제3자는 소수지분권자에 대하여도 그 점유로 인하여 법률상 원인 없이 이득을 얻고 있다고는 볼 수 없다(대판 2002.5.14. 2002다9738).

오답 해설

① (○) 채권자는 자기의 채권을 보전하기 위하여, 일신에 전속한 권리가 아닌 한 채무자의 권리를 행사할 수 있다(민법 제404조 제1항). 공유물분할청구권은 공유관계에서 수반되는 형성권으로서 공유자의 일반재산을 구성하는 재산권의 일종이다. 공유물분할청구권의 행사가 오로지 공유자의 자유로운 의사에 맡겨져 있어 공유자 본인만 행사할 수 있는 권리라고 볼 수는 없다. 따라서 공유물분할청구권도 채권자대위권의 목적이 될 수 있다(대판[전합] 2020.5.21. 2018다879).

② (○) 공유물의 소수지분권자가 다른 공유자와 협의하지 않고 공유물의 전부 또는 일부를 독점적으로 점유하는 경우 다른 소수지분권자가 공유물의 보존행위로서 공유물의 인도를 청구할 수는 없다(대판[전합] 2020.5.21. 2018다287522).

| 비교 | 공유물에 대한 과반수지분권자는 공유물의 관리방법으로 이를 점유하고 있는 다른 공유자 또는 제3자에 대하여 그 공유물 전부의 인도를 청구할 수 있다(대판 1968.11.26. 68다1675).

| 비교 | 제3자가 공유물의 전부 또는 일부를 불법으로 점유하는 경우에는, 과반수 지분권자, 소수 지분권자를 불문하고 각 공유자는 '지분권에 기한 물권적 청구권'으로써 제3자에 대하여 '단독'으로 '전부'의 반환을 청구할 수 있다. 판례는 민법 제265조 단서의 보존행위를 그 근거로 한다.

23

답 ①

정답 해설

ㄱ. (×), ㄴ. (×) 자기의 비용과 노력으로 건물을 신축한 자는 그 건축허가가 타인의 명의로 된 여부에 관계없이 그 소유권을 원시취득하게 되는바, 따라서 건축주의 사정으로 건축공사가 중단된 미완성의 건물을 인도받아 나머지 공사를 하게 된 경우에는 그 공사의 중단 시점에 이미 사회통념상 독립한 건물이라고 볼 수 있는 정도의 형태와 구조를 갖춘 경우가 아닌 한 이를 인도받아 자기의 비용과 노력으로 완공한 자가 그 건물의 원시취득자가 된다(대판 2006.5.12. 2005다68783).

오답 해설

ㄷ. (○) 일반적으로 자기의 노력과 재료를 들여 건물을 건축한 사람은 그 건물의 소유권을 원시취득하는 것이고, 다만 도급계약에 있어서 수급인이 자기의 노력과 재료를 들여 건물을 완성하더라도 도급인과 수급인 사이에 도급인 명의로 건축허가를 받아 소유권보존등기를 하기로 하는 등 완성된 건물의 소유권을 도급인에게 귀속시키기로 합의한 것으로 보여질 경우에는 그 건물의 소유권은 도급인에게 원시적으로 귀속된다(대판 1992.8.18. 91다25505).

ㄹ. (○) 미등기건물을 등기할 때에는 소유권을 원시취득한 자 앞으로 소유권보존등기를 한 다음 이를 양수한 자 앞으로 이전등기를 함이 원칙이라 할 것이나 원시취득자와 승계취득자 사이의 합치된 의사에 따라 그 주차장에 관하여 승계취득자 앞으로 직접 소유권보존등기를 경료하게 되었다면 그 소유권보존등기는 실체적 권리관계에 부합되어 적법한 등기로서의 효력을 가진다(대판 1995.12.26. 94다44675).

24

답 ②

정답 해설

② (×) 민법 제249조가 규정하는 선의 무과실의 기준시점은 물권행위가 완성되는 때인 것이므로 물권적 합의가 동산의 인도보다 먼저 행하여 지면 인도된 때를 인도가 물권적 합의보다 먼저 행하여지면 물권적 합의가 이루어진 때를 기준으로 해야 한다(대판 1991.3.22. 91다70).

오답 해설

① (○) 민법 제249조의 동산 선의취득제도는 동산을 점유하는 자의 권리외관을 중시하여 이를 신뢰한 자의 소유권 취득을 인정하고 진정한 소유자의 추급을 방지함으로써 거래의 안전을 확보하기 위하여 법이 마련한 제도이므로 위 법조 소정의 요건이 구비되어 동산을 선의취득한 자는 권리를 취득하는 반면, 종전 소유자는 소유권을 상실하게 되는 법률효과가 법률의 규정에 의하여 발생되므로, 취득자가 임의로 이와 같은 선의취득 효과를 거부하고 종전 소유자에게 동산을 반환받아 갈 것을 요구할 수 없다(대판 1998.6.12. 98다6800).

③ (○) 민법 제250조, 제251조 소정의 도품, 유실물이란 원권리자로부터 점유를 수탁한 사람이 적극적으로 제3자에게 부정 처분한 경우와 같은 위탁물 횡령의 경우는 포함되지 아니하고 또한 점유보조자 내지 소지기관의 횡령처럼 형사법상 절도죄가 되는 경우도 형사법과 민사법의 경우를 동일시 해야 하는 것은 아닐 뿐만 아니라 진정한 권리자와 선의의 거래 상대방 간의 이익형량의 필요성에 있어서 위탁물 횡령의 경우와 다를 바 없으므로 이 역시 민법 제250조의 도품·유실물에 해당되지 않는다(대판 1991.3.22. 91다70).

④ (○) 민법 제741조. 판례는 「채무자 이외의 자의 소유에 속하는 동산을 경매한 경매절차에서 그 동산을 경락받아 경락대금을 납부하고 이를 인도받은 경락인이 동산의 소유권을 선의취득한 사안에서 그 동산의 매득금은 채무자의 것이 아니어서 채권자가 이를 배당을 받았다고 하더라도 채권은 소멸하지 않고 계속 존속하므로, 배당을 받은 채권자는 이로 인하여 법률상 원인 없는 이득을 얻고 소유자는 경매에 의하여 소유권을 상실하는 손해를 입게 되었다고 할 것이니 그 동산의 소유자는 배당을 받은 채권자에 대하여 부당이득으로서 배당받은 금원의 반환을 청구할 수 있다」(대판 1998.6.12. 98다6800)고 하였다.

⑤ (○) 대판 1999.1.26. 97다48906

25

답 ⑤

정답 해설

⑤ (○) 종류채권이 특정되면 그 때부터 특정물채권으로 전환되어(민법 제375조 제2항). 채무자는 그 물건을 인도할 때까지 선관주의로 보존하여야 한다(민법 제374조).

오답 해설

① (×) 보증채무는 채권자와 보증인 간의 보증계약에 의하여 성립하고, 주채무와는 별개 독립의 채무이지만 주채무와 동일한 내용의 급부를 목적으로 함이 원칙이라고 할 것이나 채권자와 보증인은 보증채무의 내용, 이행의 시기, 방법 등에 관하여 특약을 할 수 있고, 그 특약에 따른 보증인의 부담이 주채무의 목적이나 형태보다 중하지 않는 한 그러한 특약이 무효라고 할 수도 없으므로(민법 제430조 참조), 주채무가 외화채무인 경우에도 채권자와 보증인 사이에 미리 약정한 환율로 환산한 원화로 보증채무를 이행하기로 약정하는 것도 허용된다(대판 2002.8.27. 2000다9734).

② (×) 채무의 성질 또는 당사자의 의사표시로 변제장소를 정하지 아니한 때에는 특정물의 인도는 채권성립 당시에 그 물건이 있던 장소에서 하여야 한다(민법 제467조 제1항).

③ (×) 선택채권의 경우, 선택권 없는 당사자의 과실로 인하여 수개의 급부 중 일부가 이행불능이 된 때에는 선택채권의 존속에 영향이 없다. 즉, 선택권자는 불능이 된 급부를 선택할 수 있고, 이때 선택한 급부 자체의 이행이 불가능하므로 제1차적 급부의무는 소멸하고 그 대신 전보배상이 문제될 뿐이다(민법 제385조 제2항 참고).

④ (×) 금전채무의 이행지체로 인하여 발생하는 지연손해금은 그 성질이 손해배상금이지 이자가 아니며 민법 제163조 제1호의 1년 이내의 기간으로 정한 채권도 아니므로 3년간의 단기소멸시효의 대상이 되지 아니한다(대판 1995.10.13. 94다57800).

26

답 ②

정답 해설

② (×) 임대인이 임차인과의 임대차계약상의 약정에 따라 제3자에게 도급을 주어 임대차목적물에 시설물을 설치하던 중 원인불명의 화재가 발생하였는데 공사수급인에게 화재발생에 대한 과실이 인정되는 경우, 공사수급인은 임대차계약에 따른 임대인의 이행보조자라 할 것이어서 임대인은 민법 제391조에 따라 위 화재발생에 귀책사유가 있으므로 임차인에 대한 채무불이행상의 손해배상책임이 있다(대판 1999.4.13. 98다51077).

오답 해설

① (○), ③ (○) 이행보조자는 채무자의 의사 관여 아래 채무의 이행행위에 속하는 활동을 하는 사람이면 충분하고 반드시 채무자의 지시 또는 감독을 받는 관계에 있어야 하는 것은 아니므로, 그가 채무자에 대하여 종속적인 지위에 있는지 독립적인 지위에 있는지는 상관없다. 이행보조자가 채무의 이행을 위하여 제3자를 복이행보조자로 사용하는 경우에도 채무자가 이를 승낙하였거나 적어도 묵시적으로 동의한 경우 채무자는 복이행보조자의 고의·과실에 관하여 민법 제391조에 따라 책임을 부담한다고 보아야 한다(대판 2020.6.11. 2020다201156).

④ (○) 이행보조자의 행위가 채무자에 의하여 그에게 맡겨진 이행업무와 객관적·외형적으로 관련을 가지는 경우에는 채무자는 그 행위에 대하여 책임을 져야 하고 채무의 이행에 관련된 행위이면 가사 이행보조자의 행위가 채권자에 대한 불법행위가 된다고 하더라도 채무자가 면책될 수는 없다(대판 2008.2.15. 2005다69458).

⑤ (○) 임대인인 피고 甲은 이행보조자인 피고 乙이 임차물인 점포의 출입을 봉쇄하고 내부시설공사를 중단시켜 임차인인 원고로 하여금 그 사용·수익을 하지 못하게 한 행위에 대하여 임대인으로서의 채무불이행으로 인한 손해를 배상할 의무가 있고, 또한 피고 乙이 원고가 임차인이라는 사정을 알면서도 위와 같은 방법으로 원고로 하여금 점포를 사용·수익하지 못하게 한 것은 원고의 임차권을 침해하는 불법행위를 이룬다고 할 것이므로 피고 乙은 원고에게 불법행위로 인한 손해배상의무가 있다고 할 경우, 피고 甲의 채무불이행책임과 피고 乙의 불법행위책임은 동일한 사실관계에 기한 것으로 부진정연대채무관계에 있다(대판 1994.11.11. 94다22446).

27 답 ③

정답 해설

ㄴ. (○) 매수인에게 부동산의 소유권이전등기를 해줄 의무를 지는 매도인이 그 부동산에 관하여 다른 사람에게 이전등기를 마쳐 준 때에는 매도인이 그 부동산의 소유권에 관한 등기를 회복하여 매수인에게 이전등기해 줄 수 있는 특별한 사정이 없어야 비로소 매수인에 대한 소유권이전등기의 무가 이행불능의 상태에 이르렀다(대판 2010.4.29. 2009다99129). 따라서 丙 명의로 X 토지의 소유권이전등기가 마쳐지면 甲의 乙에 대한 소유권이전등기의무가 이행불능이 되므로 더 이상 乙은 甲을 상대로 X토지의 인도 및 소유권이전등기의 청구를 할 수 없다.

ㄹ. (○) 부동산소유권이전등기 의무자가 그 부동산상에 가등기를 경료한 경우 가등기는 본등기의 순위보전의 효력을 가지는 것에 불과하고 또한 그 소유권이전등기 의무자의 처분권한이 상실되지도 아니하므로 그 가등기만으로는 소유권이전등기의무가 이행불능이 된다고 할 수 없다(대판 1991.7.26. 91다8104).

오답 해설

ㄱ. (×) 매매목적물에 관하여 이중으로 제3자와 매매계약을 체결하였다는 사실만 가지고는 매매계약이 법률상 이행불능이라고 할 수 없다(대판 1996.7.26. 96다14616). 매수인에게 부동산의 소유권이전등기를 해줄 의무를 지는 매도인이 그 부동산에 관하여 다른 사람에게 이전등기를 마쳐 준 때에는 매도인이 그 부동산의 소유권에 관한 등기를 회복하여 매수인에게 이전등기해 줄 수 있는 특별한 사정이 없어야 비로소 매수인에 대한 소유권이전등기의 무가 이행불능의 상태에 이르렀다(대판 2010.4.29. 2009다99129).

ㄷ. (×) 부동산 매매계약에서 계약금만 지급된 단계에서는 어느 당사자나 계약금을 포기하거나 그 배액을 상환함으로써 자유롭게 계약의 구속력에서 벗어날 수 있다. 그러나 중도금이 지급되는 등 계약이 본격적으로 이행되는 단계에 이른 때에는 계약이 취소되거나 해제되지 않는 한 매도인은 매수인에게 부동산의 소유권을 이전해 줄 의무에서 벗어날 수 없다(대판[전합] 2018.5.17. 2017도4027). 따라서 사례에서 甲은 乙에게 이행불능에 따른 책임을 부담한다.

28 답 ③

정답 해설

③ (○) 연대채무자 사이의 구상권행사에 있어서 '부담부분'이란 연대채무자가 그 내부관계에서 출재를 분담하기로 한 비율을 말한다고 봄이 타당하다. 그 결과 변제 기타 자기의 출재로 일부 공동면책되게 한 연대채무자는 역시 변제 기타 자기의 출재로 일부 공동면책되게 한 다른 연대채무자를 상대로 하여서도 자신의 공동면책액 중 다른 연대채무자의 분담비율에 해당하는 금액이 다른 연대채무자의 공동면책액 중 자신의 분담비율에 해당하는 금액을 초과한다면 그 범위에서 여전히 구상권을 행사할 수 있다(대판 2013.11.14. 2013다46023). 따라서 연대채무자 甲, 乙, 丙이 균등한 부담으로 丁에 대하여 3억 원의 연대채무를 부담하고 있는 경우, 甲이 丁에게 9천만 원을 변제하였다면 출재를 분담하기로 한 비율(1/3) 만큼 甲은 다른 연대채무자 乙과 丙에게 각 3천만 원씩 구상할 수 있다.

오답 해설

① (×) 건물의 공유자가 공동으로 건물을 임대하고 보증금을 수령한 경우, 그 임대는 각자 공유지분을 임대한 것이 아니고 임대목적물을 다수의 당사자로서 공동으로 임대한 것이고 그 보증금 반환채무는 성질상 불가분채무에 해당된다(대판 1998.12.8. 98다43137). 특별한 사정이 없는 한 임대차 종료 시 건물의 공유자 甲과 乙은 임차인 丙에게 불가분의 임차보증금 반환채무를 부담한다.

② (×) 주채무가 시효로 소멸한 때에는 보증인도 그 시효소멸을 원용할 수 있으며, 주채무자가 시효의 이익을 포기하더라도 보증인에게는 그 효력이 없으므로(대판 1991.1.29. 89다카1114) 주채무자 甲이 시효이익을 포기한 경우에도 보증인 丙에게는 그 효력이 없다(제433조 제2항).

④ (×) 어느 연대채무자가 채권자에 대하여 채권이 있는 경우에 그 채무자가 상계한 때에는 채권은 모든 연대채무자의 이익을 위하여 소멸한다(민법 제418조 제1항). 따라서 연대채무자 甲이 丁에 대하여 가지고 있는 4천만 원의 반대채권으로 상계한 경우 일체형 절대효가 발생하여 6천만 원 중 4천만 원의 연대채무는 소멸하고(민법 제418조 제1항), 甲, 乙, 丙은 2천만 원의 연대채무를 부담하게 된다.

⑤ (×) 연대보증의 경우 최고·검색의 항변권이 인정되지 않는다(민법 제437조 단서). 따라서 丙은 최고·검색의 항변권을 행사할 수 없다.

29

답 ②

정답 해설

② (×) 전세금은 전세권의 요소이므로 전세권이 존속하는 동안은 전세권을 존속시키기로 하면서 전세금반환채권만을 전세권과 분리하여 확정적으로 양도하는 것은 허용되지 않는다(대판 2002.8.23. 2001다69122).

오답 해설

① (O) 대판 1996.7.30. 95다7932
③ (O) 임차권의 양도가 금지된다 하더라도 임차보증금반환채권의 양도마저 금지되는 것은 아니다(대판 1993.6.25. 93다13131). 따라서 특별한 사정이 없는 한 임차인은 임차권과 분리하여 임대차보증금반환채권만을 제3자에게 양도할 수 있다.
④ (O) 매매로 인한 소유권이전등기청구권의 양도는 특별한 사정이 없는 이상 양도가 제한되고 양도에 채무자의 승낙이나 동의를 요한다고 할 것이므로 통상의 채권양도와 달리 양도인의 채무자에 대한 통지만으로는 채무자에 대한 대항력이 생기지 않으며 반드시 채무자의 동의나 승낙을 받아야 대항력이 생긴다(대판 2018.7.12. 2015다36167).
⑤ (O) 주채권과 보증인에 대한 채권의 귀속주체를 달리하는 것은 주채무자의 항변권으로 채권자에게 대항할 수 있는 보증인의 권리가 침해되는 등 보증채무의 부종성에 반하고 주채권을 가지지 않는 자에게 보증채권만을 인정할 실익도 없기 때문에 주채권과 분리하여 보증채권만을 양도하기로 하는 약정은 그 효력이 없다(대판 2002.9.10. 2002다21509).

30

답 ②

정답 해설

② (×) 당사자 간에 변제충당에 대한 특별한 합의나 지정이 없었던 경우라면 법정변제충당에 의한다. 2021.5.7. 1억 원의 변제금은 A, B 채무의 변제기가 모두 도래한 경우로 설문의 경우는 A, B채무 모두 무이자 채무로 변제이익에 차이가 없으므로 결국 이행기가 먼저 도래한 A채무의 변제에 충당된다(민법 제477조 제2호·제3호).

오답 해설

① (O) 당사자 간에 변제충당에 대한 특별한 합의나 지정이 없었던 경우, 법정변제충당에 따라 채무 중에 이행기가 도래한 것과 도래하지 아니한 것이 있으면 이행기가 도래한 채무의 변제에 충당되므로(민법 제477조 제1호) 2021.4.3. 1억 원의 변제금은 이행기가 도래한 A채무의 변제에 충당된다.
③ (O), ④ (O) 당사자 간에 변제충당에 대한 특별한 합의나 지정이 없었던 경우, 법정변제충당에 따른다. 판례는 변제자가 주채무자인 경우 보증인이 있는 채무와 보증인이 없는 채무 사이에 전자가 후자에 비하여 변제이익이 더 많다고 볼 근거는 전혀 없으므로 양자는 변제이익의 점에서 차이가 없다고 보아야 한다. 마찬가지로 변제자가 채무자인 경우 물상보증인이 제공한 물적 담보가 있는 채무와 그러한 담보가 없는 채무 사이에도 변제이익의 점에서 차이가 없다(대판 2014.4.30. 2013다8250)」고 본다. 따라서 1억 원의 변제금은 이행기가 먼저 도래한 A채무의 변제에 충당된다.
⑤ (O) 당사자 간에 변제충당에 대한 특별한 합의나 지정이 없었던 경우, 법정변제충당에 따른다. 판례는 「변제자가 주채무자인 경우에 보증인이 있는 채무와 보증인이 없는 채무사이에 있어서 전자가 후자에 비하여 변제이익이 더 많다고 볼 근거는 전혀 없는 것이고 양자는 변제의 이익의 점에 있어 차이가 없다고 봄이 상당하다고 할 것이며 이와 같이 변제의 이익이 같을 경우에는 변제금은 이행기가 먼저 도래한 채무나 먼저 도래할 채무의 변제에 충당하여야 한다」(대판 1985.3.12. 84다카2093)고 본다. 따라서 2021.5.7. 1억 원의 변제금은 이행기가 먼저 도래한 A채무의 변제에 충당된다.

31

답 ①

정답 해설

① (×) 채무인수계약은 구 채무자의 채무의 동일성을 유지하면서 신 채무자가 이를 부담하는 것이므로 특별한 의사표시가 없으면 채무인수자의 구 채무자에 대한 항변사유로서는 채권자에게 대항할 수는 없다고 해석된다(대판 1966.11.29. 66다1861). 반면에 면책적 채무인수인은 전 채무자의 채권자에 대한 항변사유를 채권자에게 대항할 수 있다(민법 제458조).

오답 해설

② (○) 민법 제453조 제2항
③ (○) 민법 제457조 본문
④ (○) 민법 제456조
⑤ (○) 민법 제459조 본문

32

답 ②

정답 해설

ㄱ. (○) 채권자취소권은 채권자의 공동담보인 채무자의 책임재산의 감소를 방지하기 위한 것이므로 특정물에 대한 소유권이전등기청구권을 보전하기 위하여는 채권자취소권을 행사할 수 없다(대판 1988.2.23. 87다카1586).

ㄴ. (○) 판례는 「채무자의 재산이 채무의 전부를 변제하기에 부족한 경우에 채무자가 그의 유일한 재산을 어느특정 채권자에게 대물변제로 제공하는 행위는 다른 특별한 사정이 없는 한 다른 채권자들에 대한 관계에서 사해행위가 되지만, 채권자들의 공동담보가 되는 채무자의 총재산에 대하여 다른 채권자에 우선하여 변제를 받을 수 있는 권리를 가지는 채권자는 처음부터 채무자의 재산에 대한 환가절차에서 다른 채권자에 우선하여 배당을 받을 수 있는 지위에 있으므로, 그와 같은 우선변제권 있는 채권자에 대한 대물변제의 제공행위는 특별한 사정이 없는 한 다른 채권자들의 이익을 해한다고 볼 수 없어 사해행위가 되지 않는다」(대판 2008.2.14. 2006다33357)고 하였다. 따라서 사례에서 丙이 우선변제권 있는 채권자에 해당한다는 특별한 사정이 없는 한 乙이 丙에게 한 대물변제는 사해행위에 해당한다.

오답 해설

ㄷ. (×) 어느 부동산의 매매계약이 사해행위에 해당하는 경우에는 원칙적으로 그 매매계약을 취소하고 그 소유권이전등기의 말소 등 부동산 자체의 회복을 명하여야 하지만, 그 사해행위가 저당권이 설정되어 있는 부동산에 관하여 당해 저당권자 이외의 자와의 사이에 이루어지고 그 후 변제 등에 의하여 저당권설정 등기가 말소된 때에는, 매매계약 전부를 취소하여 그 부동산 자체의 회복을 명하는 것은 당초 담보로 되어있지 아니하던 부분까지 회복시키는 것이 되어 공평에 반하는 결과가 되므로, 그 부동산의 가액에서 저당권의 피담보채권액을 공제한 잔액의 한도에서 그 매매계약의 일부 취소와 그 가액의 배상을 구할 수 있을 뿐 부동산 자체의 회복을 구할 수는 없다(대판 1996.10.29. 96다23207). 따라서 乙의 금전채권자 甲은 乙이 丁에게 X토지를 매도한 행위를 사해행위로 취소하고 원상회복으로 X토지의 명의를 乙에게 회복시킬 수는 없다.

ㄹ. (×) 채무자의 수익자에 대한 채권양도가 사해행위로 취소되고, 그에 따른 원상회복으로서 제3채무자에게 채권양도가 취소되었다는 취지의 통지가 이루어지더라도 채권자와 수익자의 관계에서 채권이 채무자의 책임재산으로 취급될 뿐 채무자가 직접 채권을 취득하여 권리자로 되는 것은 아니므로, 채권자는 채무자를 대위하여 제3채무자에게 채권에 관한 지급을 청구할 수 없다(대판 2015.11.17. 2012다2743).

33

답 ③

정답 해설

③ (○) 국토의 계획 및 이용에 관한 법률에 정한 토지거래계약에 관한 허가구역으로 지정된 구역 안의 토지에 관하여 매매계약이 체결된 후 계약금만 수수한 상태에서 당사자가 토지거래허가신청을 하고 이에 따라 관할관청으로부터 그 허가를 받았다 하더라도, 그러한 사정만으로는 아직 이행의 착수가 있다고 볼 수 없어 매도인으로서는 민법 제565조에 의하여 계약금의 배액을 상환하여 매매계약을 해제할 수 있다(대판 2009.4.23. 2008다62427).

오답 해설

① (×) 매도인이 계약금의 배액을 상환하고 계약을 해제하려면 계약해제의 의사표시 외에 계약금 배액의 이행의 제공이 있으면 족하고, 상대방이 이를 수령하지 아니한다 하여 이를 공탁할 필요는 없다(대판 1981.10.27. 80다2784).

② (×) 매수인은 민법 제565조 제1항에 따라 본인 또는 매도인이 이행에 착수할 때까지는 계약금을 포기하고 계약을 해제할 수 있는바, 여기에서 이행에 착수한다는 것은 객관적으로 외부에서 인식할 수 있는 정도로 채무의 이행행위의 일부를 하거나 또는 이행을 하기 위하여 필요한 전제행위를 하는 경우를 말하는 것으로서 단순히 이행의 준비를 하는 것만으로는 부족하고, 그렇다고 반드시 계약내용에 들어맞는 이행제공의 정도에까지 이르러야 하는 것은 아니지만, 매도인이 매수인에 대하여 매매계약의 이행을 최고하고 매매잔대금의 지급을 구하는 소송을 제기한 것만으로는 이행에 착수하였다고 볼 수 없다(대판 2008.10.23. 2007다72274 · 72281).

④ (×) 유상계약을 체결함에 있어서 계약금이 수수된 경우 계약금은 해약금의 성질을 가지고 있어서 이를 위약금으로 하기로 하는 특약이 없는 이상 계약이 당사자 일방의 귀책사유로 인하여 해제되었다 하더라도 상대방은 계약불이행으로 입은 실제 손해만을 배상받을 수 있을 뿐 계약금이 위약금으로서 상대방에게 당연히 귀속되는 것은 아니다(대판 1996.6.14. 95다54693).

⑤ (×) 민법 제565조의 해약권은 당사자 간에 다른 약정이 없는 경우에 한하여 인정되는 것이고, 만일 당사자가 위 조항의 해약권을 배제하기로 하는 약정을 하였다면 더 이상 그 해제권을 행사할 수 없다(대판 2009.4.23. 2008다50615).

34

답 ④

정답 해설

④ (×) 민법 제536조 제2항의 이른바 불안의 항변권을 발생시키는 사유에 관하여 신용불안이나 재산상태 악화와 같이 채권자 측에 발생한 객관적 · 일반적 사정만이 이에 해당한다고 제한적으로 해석할 이유는 없다. 특히 상당한 기간에 걸쳐 공사를 수행하는 도급계약에서 일정 기간마다 이미 행하여진 공사부분에 대하여 기성공사금 등의 이름으로 그 대가를 지급하기로 약정되어 있는 경우에는 도급인이 약정을 위반하여 정당한 이유 없이 기성공사금을 지급하지 아니하므로 수급인으로 하여금 당초의 계약내용에 따른 선이행의무의 이행을 요구하는 것이 공평에 반하게 되었다면 비록 도급인에게 신용불안 등과 같은 사정이 없다고 하여도 수급인은 민법 제536조 제2항에 의하여 계속공사의무의 이행을 거절할 수 있다(대판 2012.3.29. 2011다93025).

오답 해설

① (○) 특별한 사정이 없는 한 주된 급부의무만이 동시이행의 관계에 있다. 견련성은 주된 급부의무 사이에서 문제되고, 부수의무 상호 간 또는 그와 주된 급부의무 사이에서는 원칙적으로 동시이행관계가 인정되지 않는다.

② (○) 당사자 쌍방이 각각 별개의 약정으로 채무를 부담하게 된 경우에는 당사자 간의 특약으로 그 채무이행과 상대방의 어떤 채무이행과를 견련시켜 동시이행을 하기로 특약한 사실이 없는 한 상대방이 자기에게 이행할 채무가 있다 하더라도 동시이행의 항변권이 생긴다고 할 수는 없다(대판 1990.4.13. 89다카23794).

③ (○) 쌍무계약인 매매계약에서 매수인이 선이행의무인 잔금지급의무를 이행하지 않던 중 매도인도 소유권 이전등기의무의 이행을 제공하지 아니한 채 소유권이전등기의무의 이행기를 도과한 경우, 여전히 선이행의무로 하기로 약정하는 등 특별한 사정이 없는 한 매도인과 매수인 쌍방의 의무는 동시이행 관계에 놓이게 된다(대판 1999.7.9. 98다13754 · 13761).

⑤ (○) 쌍무계약상의 동시이행항변권에 의하여 대가적 채무간에 이행거절의 권능을 가지는 경우에는 비록 이행거절 의사를 구체적으로 밝히지 아니하였다고 할지라도 이행거절 권능의 존재 자체로 이행지체책임은 발생하지 않는다(대판 1999.7.9. 98다13754).

35

답 ⑤

정답 해설

⑤ (○) 매매계약을 합의해제한 후 그 합의해제를 무효화시키고, 해제된 매매계약을 부활시키는 약정은 계약 자유의 원칙상 적어도 당사자 사이에서는 가능하다(대판 2006.4.13. 2003다45700).

오답 해설

① (×) 해제는 상대방 있는 단독행위이나, 합의해제는 기존계약을 해소하기로 하는 계약당사자 간의 합의(계약)이다.

② (×) 계약이 합의에 따라 해제되거나 해지된 경우에는 특별한 사정이 없는 한 채무불이행으로 인한 손해배상을 청구할 수 없다(대판 2021.3.25. 2020다285048).

③ (×) 계약의 합의해제는 명시적으로뿐만 아니라 당사자 쌍방의 묵시적인 합의에 의하여도 할 수 있으나, 묵시적인 합의해제를 한 것으로 인정되려면 계약이 체결되어 그 일부가 이행된 상태에서 당사자 쌍방이 장기간에 걸쳐 나머지 의무를 이행하지 아니함으로써 이를 방치한 것만으로는 부족하고, 당사자 쌍방에게 계약을 실현할 의사가 없거나 계약을 포기할 의사가 있다고 볼 수 있을 정도에 이르러야 한다. 이 경우에 당사자 쌍방이 계약을 실현할 의사가 없거나 포기할 의사가 있었는지 여부는 계약이 체결된 후의 여러가지 사정을 종합적으로 고려하여 판단하여야 한다(대판 2011.2.10. 2010다77385).

④ (×) 계약을 합의해제할 때에 원상회복에 관하여 반드시 약정을 하여야 하는 것은 아니지만 매매계약을 합의해제하는 경우에 이미 지급된 계약금, 중도금의 반환 및 손해배상금에 관하여는 아무런 약정도 하지 아니한 채 매매계약을 해제하기만 하는 것은 경험칙에 비추어 이례에 속하는 일이다(대판 1994.9.13. 94다17093).

36

답 ③

정답 해설

③ (×) 매매의 목적물에 하자가 있는 경우 매도인의 하자담보책임과 채무불이행책임은 별개의 권원에 의하여 경합적으로 인정된다. 이 경우 특별한 사정이 없는 한 하자를 보수하기 위한 비용은 매도인의 하자담보책임과 채무불이행책임에서 말하는 손해에 해당한다. 따라서 매매 목적물인 토지에 폐기물이 매립되어 있고 매수인이 폐기물을 처리하기 위해 비용이 발생한다면 매수인은 그 비용을 민법 제390조에 따라 채무불이행으로 인한 손해배상으로 청구할 수도 있고, 민법 제580조 제1항에 따라 하자담보책임으로 인한 손해배상으로 청구할 수도 있다(대판 2021.4.8. 2017다202050).

오답 해설

① (O) 대판 2021.4.8. 2017다202050

② (O) 하자담보책임으로 인한 손해배상청구권은 매수인이 매매 목적물을 인도받은 때 발생한다(대판 2021.4.8. 2017다202050).

④ (O) 원고가 폐기물 처리비용 상당의 손해배상을 구하는 이 사건에서 원고에게 피고가 스스로 폐기물을 처리할 것만을 청구하거나 손해배상청구에 앞서 이러한 청구를 먼저 행사하여야 할 의무는 없는 것이고, 나아가 폐기물처리비용이 매매대금을 초과한다는 사정은 원고의 손해배상청구권 행사에 아무런 장애가 되지 않는다(대판 2004.7.22. 2002다51586).

⑤ (O) 토지의 소유자라 하더라도 토양오염물질을 토양에 누출·유출하거나 투기·방치함으로써 토양오염을 유발하였음에도 오염토양을 정화하지 않은 상태에서 오염토양이 포함된 토지를 거래에 제공함으로써 유통되게 하거나 토지에 폐기물을 불법으로 매립하였음에도 처리하지 않은 상태에서 토지를 거래에 제공하는 등으로 유통되게 하였다면 다른 특별한 사정이 없는 한 이는 거래의 상대방 및 토지를 전전 취득한 현재의 토지소유자에 대한 위법행위로서 불법행위가 성립할 수 있다(대판[전합] 2016.5.19. 2009다66549).

37

답 ③

정답 해설

ㄷ. (O) 이자부 소비대차에서 목적물의 하자가 중대하여 계약의 목적을 달성할 수 없는 경우, 특별한 사정이 없는 한 선의·무과실의 차주는 계약을 해제할 수 있다(민법 제602조 제1항, 제580조 제1항, 제575조 제1항 전문).

오답 해설

ㄱ. (×) 민법상 소비대차는 당사자 일방이 금전 기타 대체물의 소유권을 상대방에게 이전할 것을 약정하고 상대방은 그와 같은 종류, 품질 및 수량으로 반환할 것을 약정함으로써 그 효력이 생기는 이른바 낙성계약이므로, 차주가 현실로 금전 등을 수수하거나 현실의 수수가 있은 것과 같은 경제적 이익을 취득하여야만 소비대차가 성립하는 것은 아니다(대판 1991.4.9. 90다14652).

ㄴ. (×) 금전대차의 경우에 차주가 금전에 갈음하여 유가증권 기타 물건의 인도를 받은 때에는 그 인도시의 가액으로써 차용액으로 한다(민법 제606조).

38

답 ①

정답 해설

① (×) 2인으로 구성된 조합에서 한 사람이 탈퇴하면 조합관계는 종료되나 특별한 사정이 없는 한 조합은 해산이나 청산이 되지 않고, 다만 조합원의 합유에 속한 조합재산은 남은 조합원의 단독소유에 속하여 탈퇴조합원과 남은 조합원 사이에는 탈퇴로 인한 계산을 해야 한다(대판 2018.12.13. 2015다72385).

오답 해설

② (O) 2인 이상이 상호 출자하여 공동사업을 경영할 것을 약정함에 따라 성립한 민법상 조합에서 조합원 지분의 양도는 원칙적으로 다른 조합원 전원의 동의가 있어야 하지만, 다른 조합원의 동의 없이 각자 지분을 자유로이 양도할 수 있도록 조합원 상호 간에 약정하거나 사후적으로 지분 양도를 인정하는 합의를 하는 것은 유효하다(대판 2016.8.30. 2014다19790).

③ (O) 토석채취권을 매수한 자가 그 권리를 조합에 출자하고 별도의 권리이전절차를 밟지 않은 경우, 다른 조합원이나 매도인이 그 권리가 조합재산임을 주장할 수 없다(대판 1996.2.27. 94다27083).

④ (○) 조합재산의 처분·변경에 관한 행위는 조합의 특별사무에 해당하는 업무집행으로서 이에 대하여는 특별한 사정이 없는 한 민법 제706조 제2항이 민법 제272조에 우선하여 적용되므로, 조합재산의 처분·변경은 업무집행자가 없는 경우에는 조합원의 과반수로 결정하고 업무집행자가 수인 있는 경우에는 그 업무집행자의 과반수로써 결정하며, 업무집행자가 1인만 있는 경우에는 그 업무집행자가 단독으로 결정한다(대판 2010.4.29. 2007다18911).

⑤ (○) 민법 제714조

39

답 ③

정답 해설

ㄱ. (○), ㄴ. (○), ㄷ. (×), ㄹ. (○) [1] 어떠한 동산이 민법 제256조에 의하여 부동산에 부합된 것으로 인정되기 위해서는 그 동산을 훼손하거나 과다한 비용을 지출하지 않고서는 분리할 수 없을 정도로 부착·합체되었는지 여부 및 그 물리적 구조, 용도와 기능면에서 기존 부동산과는 독립한 경제적 효용을 가지고 거래상 별개의 소유권의 객체가 될 수 있는지 여부 등을 종합하여 판단하여야 하고, 이러한 부동산에의 부합에 관한 법리는 건물의 증축의 경우는 물론 건물의 신축의 경우에도 그대로 적용될 수 있다(대판 2009.9.24. 2009다15602). [2] 민법 제261조의 보상청구가 인정되기 위해서는 민법 제261조 자체의 요건만이 아니라 부당이득 법리에 따른 판단에 의하여 부당이득의 요건이 모두 충족되었음이 인정되어야 한다. 매도인에게 소유권이 유보된 자재가 제3자와 매수인 사이에 이루어진 도급계약의 이행으로 제3자 소유 건물의 건축에 사용되어 부합된 경우 보상청구를 거부할 법률상 원인이 있다고 할 수 없지만 제3자가 도급계약에 의하여 제공된 자재의 소유권이 유보된 사실에 관하여 과실 없이 알지 못한 경우라면 선의취득의 경우와 마찬가지로 제3자가 그 자재의 귀속으로 인한 이익을 보유할 수 있는 법률상 원인이 있다고 봄이 상당하므로, 매도인으로서는 그에 관한 보상청구를 할 수 없다(대판 2009.9.24. 2009다15602).

40

답 ③

정답 해설

③ (×) 부동산실명법 규정의 문언, 내용, 체계와 입법 목적 등을 종합하면, 부동산실명법을 위반하여 무효인 명의신탁약정에 따라 명의수탁자 명의로 등기를 하였다는 이유만으로 그것이 당연히 불법원인급여에 해당한다고 단정할 수는 없다. 이는 농지법에 따른 제한을 회피하고자 명의신탁을 한 경우에도 마찬가지이다(대판[전합] 2019.6.20. 2013다218156).

오답 해설

① (○) 이미 자기 앞으로 소유권을 표상하는 등기가 되어 있었거나 법률에 의하여 소유권을 취득한 자가 진정한 등기명의를 회복하기 위한 방법으로는 현재의 등기명의인을 상대로 그 등기의 말소를 구하는 외에 "진정한 등기명의의 회복"을 원인으로 한 소유권이전등기절차의 이행을 직접 구하는 것도 허용된다(대판[전합] 1990.11.27. 89다카12398).

② (○) 부동산 실권리자명의 등기에 관한 법률 제11조, 제12조 제1항과 제4조의 규정에 의하면, 같은 법 시행 전에 명의신탁약정에 의하여 부동산에 관한 물권을 명의수탁자의 명의로 등기하도록 한 명의신탁자는 같은 법 제11조에서 정한 유예기간 이내에 실명등기 등을 하여야 하고, 유예기간이 경과한 날 이후부터 명의신탁약정과 그에 따라 행하여진 등기에 의한 부동산에 관한 물권변동이 무효가 되므로 명의신탁자는 더 이상 명의신탁해지를 원인으로 하는 소유권이전등기를 청구할 수 없다(대판 1999.1.26. 98다1027).

④ (○) 양자 간 등기명의신탁에서 명의수탁자가 신탁부동산을 처분하여 제3취득자가 유효하게 소유권을 취득하고 이로써 명의신탁자가 신탁부동산에 대한 소유권을 상실하였다면, 명의신탁자의 소유권에 기한 물권적 청구권, 즉 말소등기청구권이나 진정명의회복을 원인으로 한 이전등기청구권도 더 이상 그 존재 자체가 인정되지 않는다(대판 2013.2.28. 2010다89814).

⑤ (○) 명의수탁자가 양자 간 명의신탁에 따라 명의신탁자로부터 소유권이전등기를 넘겨받은 부동산을 임의로 처분한 행위가 형사상 횡령죄로 처벌되지 않더라도, 위 행위는 명의신탁자의 소유권을 침해하는 행위로서 형사상 횡령죄의 성립 여부와 관계없이 민법상 불법행위에 해당하여 명의수탁자는 명의신탁자에게 손해배상책임을 부담한다(대판 2021.6.3. 2016다34007).

2021년 제58회 정답 및 해설

문제편 060p

01	02	03	04	05	06	07	08	09	10	11	12	13	14	15	16	17	18	19	20
④	①	②	③	①	⑤	①	④	③	①	⑤	②	⑤	②	②	④	⑤	③	③	④
21	22	23	24	25	26	27	28	29	30	31	32	33	34	35	36	37	38	39	40
①	①, ③	⑤	⑤	⑤	④	③	④	①	④	③	⑤	②	③	④	①	⑤	②	②	①

01

답 ④

정답 해설

ㄱ. (○) 채무자의 소멸시효에 기한 항변권의 행사도 우리 민법의 대원칙인 신의성실의 원칙과 권리남용금지의 원칙의 지배를 받는 것이어서 채무자가 시효완성 전에 채권자의 권리행사나 시효중단을 불가능 또는 현저히 곤란하게 하였거나 그러한 조치가 불필요하다고 믿게 하는 행동을 하였거나, 객관적으로 채권자가 권리를 행사할 수 없는 장애사유가 있었거나, 또는 일단 시효완성 후에 채무자가 시효를 원용하지 아니할 것 같은 태도를 보여 권리자로 하여금 그와 같이 신뢰하게 하였거나 채권자보호의 필요성이 크고 같은 조건의 다른 채권자가 채무의 변제를 수령하는 등의 사정이 있어 채무이행의 거절을 인정함이 현저히 부당하거나 불공평하게 되는 등의 특별한 사정이 있는 경우에는 채무자가 소멸시효의 완성을 주장하는 것이 신의성실의 원칙에 반하여 권리남용으로서 허용될 수 없다(대판 2005.5.13. 2004다1881).

ㄴ. (○) 신의성실의 원칙에 반하는 것 또는 권리남용은 강행규정에 위배되는 것이므로 당사자의 주장이 없더라도 법원은 직권으로 판단할 수 있다(대판 1995.12.22. 94다42129).

ㄷ. (○) [1] 유치권제도와 관련하여서는 거래당사자가 유치권을 자신의 이익을 위하여 고의적으로 작출함으로써 앞서 본 유치권의 최우선순위담보권으로서의 지위를 부당하게 이용하고 전체 담보권질서에 관한 법의 구상을 왜곡할 위험이 내재한다. 이러한 위험에 대처하여 개별 사안의 구체적인 사정을 종합적으로 고려할 때 신의성실의 원칙에 반한다고 평가되는 유치권제도 남용의 유치권 행사는 이를 허용하여서는 안 될 것이다. [2] 채무자가 채무초과의 상태에 이미 빠졌거나 그러한 상태가 임박함으로써 채권자가 원래라면 자기 채권의 충분한 만족을 얻을 가능성이 현저히 낮아진 상태에서 이미 채무자 소유의 목적물에 저당권 기타 담보물권이 설정되어 있어서 유치권의 성립에 의하여 저당권자 등이 그 채권 만족상의 불이익을 얻을 것을 잘 알면서 자기 채권의 우선적 만족을 위하여 위와 같이 취약한 재정적 지위에 있는 채무자와의 사이에 의도적으로 유치권의 성립요건을 충족하는 내용의 거래를 일으키고 그에 기하여 목적물을 점유하게 됨으로써 유치권이 성립하였다면 유치권자가 그 유치권을 저당권자 등에 대하여 주장하는 것은 다른 특별한 사정이 없는 한 신의칙에 반하는 권리행사 또는 권리남용으로서 허용되지 아니한다(대판 2011.12.22. 2011다84298).

오답 해설

ㄹ. (×) 권리남용이 인정되더라도 원칙적으로 권리자의 권리가 실현되지 않는 것에 불과하며, 권리 자체가 박탈·소멸되는 것은 아니다. 다만, 친권이 남용된 경우 가정법원은 일정한 자의 청구에 의하여 친권의 상실 또는 일시 정지를 선고할 수 있다(민법 제924조 제1항 참고).

02

답 ①

정답 해설

ㄱ. (○) 법인과 이사의 법률관계는 신뢰를 기초로 한 위임 유사의 관계로 볼 수 있는데 민법 제689조 제1항에서는 위임계약은 각 당사자가 언제든지 해지할 수 있다고 규정하고 있으므로 법인은 원칙적으로 이사의 임기 만료 전에도 이사를 해임할 수 있지만 이러한 민법의 규정은 임의규정에 불과하므로 법인이 자치법규인 정관으로 이사의 해임사유 및 절차 등에 관하여 별도의 규정을 두는 것도 가능하다. 그리고 이와 같이 법인이 정관에 이사의 해임사유 및 절차 등을 따로 정한 경우 그 규정은 법인과 이사와의 관계를 명확히 함은 물론 이사의 신분을 보장하는 의미도 아울러 가지고 있어 이를 단순히 주의적 규정으로 볼 수는 없다. 따라서 법인의 정관에 이사의 해임사유에 관한 규정이 있는 경우 법인으로서는 이사의 중대한 의무위반 또는 정상적인 사무집행 불능 등의 특별한 사정이 없는 이상, 정관에서 정하지 아니한 사유로 이사를 해임할 수 없다(대판 2013.11.28. 2011다41741).

ㄷ. (○) 법인과 이사의 이익이 상반하는 사항에 관해서는 이사의 대표권은 없다. 이 경우 법원은 이해관계인이나 검사의 청구에 의하여 특별대리인을 선임하여야 한다(민법 제64조 참고).

오답 해설

ㄴ. (×) 이사의 성명과 주소가 법인 설립등기 시 등기사항에 해당한다(민법 제49조 제1항 · 제2항). 감사의 성명 주소는 등기사항이 아니다(민법 제49조 참고).

ㄹ. (×) 법인의 정관에 법인 대표권의 제한에 관한 규정이 있으나 그와 같은 취지가 등기되어 있지 않다면 법인은 그와 같은 정관의 규정에 대하여 선의냐 악의냐에 관계없이 제3자에 대하여 대항할 수 없다(대판 1992.2.14. 91다24564).

03

답 ②

정답 해설

② (○) 비법인사단에 대하여는 사단법인에 관한 민법규정 중 법인격을 전제로 하는 것을 제외한 규정 등을 유추적용하여야 할 것이므로 비법인사단인 교회의 교인이 존재하지 않게 된 경우 그 교회는 해산하여 청산절차에 들어가서 청산의 목적범위 내에서 권리 · 의무의 주체가 되며 이 경우 해산 당시 그 비법인사단의 총회에서 향후 업무를 수행할 자를 선정하였다면 민법 제82조 제1항을 유추하여 그 선임된 자가 청산인으로서 청산 중의 비법인사단을 대표하여 청산업무를 수행하게 된다(대판 2003.11.14. 2001다32687).

오답 해설

① (×) 비법인사단은 부동산소유권에 관하여 등기권리자 또는 등기의무자가 될 수 있다(부동산등기법 제26조 제1항).

③ (×) 비법인사단에 대하여는 사단법인에 관한 민법 규정 가운데서 법인격을 전제로 하는 것을 제외하고는 이를 유추적용하여야 할 것인바, 민법 제62조의 규정에 비추어 보면 비법인사단의 대표자는 정관 또는 총회의 결의로 금지하지 아니한 사항에 한하여 타인으로 하여금 특정한 행위를 대리하게 할 수 있을 뿐 비법인사단의 제반 업무처리를 포괄적으로 위임할 수는 없다 할 것이므로, 비법인사단 대표자가 행한 타인에 대한 업무의 포괄적 위임과 그에 따른 포괄적 수임인의 대행행위는 민법 제62조의 규정에 위반된 것이어서 비법인사단에 대하여는 그 효력이 미치지 아니한다(대판 1996.9.6. 94다18522).

④ (×) 비법인사단의 채무는 사원들의 준총유 형태로 귀속되며(민법 제278조), 비법인사단의 재산으로 책임을 진다.

⑤ (×) 이해관계인은 이사의 결원으로 인하여 손해가 생길 염려가 있는 때에는 법원에 임시이사의 선임을 청구할 수 있다(민법 제63조 참고).

04

답 ③

정답 해설

③ (×) 무상임치의 경우에는 채권자(임치인)만이 기한의 이익을 가지고(민법 제698조 참고), 무이자부 소비대차의 경우에는 차주(채무자)가 기한의 이익을 갖는다.

오답 해설

① (○) 상계의 의사표시에는 조건 또는 기한을 붙이지 못한다(민법 제493조 제1항 참고).

② (○) 민법 제675조에 정하는 현상광고라 함은 광고자가 어느 행위를 한 자에게 일정한 보수를 지급할 의사를 표시하고 이에 응한 자가 그 광고에 정한 행위를 완료함으로써 그 효력이 생기는 것으로서 그 광고에 정한 행위의 완료에 조건이나 기한을 붙일 수 있다(대판 2000.8.22. 2000다3675).

④ (○) 민법 제150조 제2항

⑤ (○) 법률행위에 붙은 부관이 조건인지 기한인지가 명확하지 않은 경우 법률행위의 해석을 통해서 이를 결정해야 한다. 부관에 표시된 사실이 발생하지 않으면 채무를 이행하지 않아도 된다고 보는 것이 합리적인 경우에는 조건으로 보아야 한다. 그러나 부관에 표시된 사실이 발생한 때에는 물론이고 반대로 발생하지 않는 것이 확정된 때에도 채무를 이행하여야 한다고 보는 것이 합리적인 경우에는 표시된 사실의 발생 여부가 확정되는 것을 불확정기한으로 정한 것으로 보아야 한다(대판 2018.6.28. 2018다201702).

05

답 ①

정답 해설

① (○) 부합물에 관한 소유권귀속의 예외를 규정한 민법 제256조 단서의 규정은 타인이 그 권원에 의하여 부속시킨 물건이라 할지라도 그 부속된 물건이 분리하여 경제적 가치가 있는 경우에 한하여 부속시킨 타인의 권리에 영향이 없다는 취지이지 분리하여도 경제적 가치가 없는 경우에는 원래의 부동산소유자의 소유에 귀속되는 것이고 경제적 가치의 판단은 부속시킨 물건에 대한 일반 사회통념상의 경제적 효용의 독립성 유무를 그 기준으로 하여야 한다(대판 1975.4.8. 74다1743).

오답 해설

② (×) 재고상품, 제품, 원자재 등과 같은 집합물을 하나의 물건으로 보아 일정 기간 계속하여 채권담보의 목적으로 삼으려는 이른바 집합물에 대한 양도담보권설정계약에서는 담보목적인 집합물을 종류, 장소 또는 수량지정 등의 방법에 의하여 특정할 수 있으면 집합물 전체를 하나의 재산권 객체로 하는 담보권의 설정이 가능하므로, 그에 대한 양도담보권설정계약이 이루어지면 집합물을 구성하는 개개의 물건이 변동되거나 변형되더라도 한 개의 물건으로서의 동일성을 잃지 아니한 채 양도담보권의 효력은 항상 현재의 집합물 위에 미치고, 따라서 그러한 경우에 양도담보권자가 점유개정의 방법으로 양도담보권설정계약 당시 존재하는 집합물의 점유를 취득하면 그 후 양도담보권설정자가 집합물을 이루는 개개의 물건을 반입하였더라도 별도의 양도담보권설정계약을 맺거나 점유개정의 표시를 하지 않더라도 양도담보권의 효력이 나중에 반입된 물건에도 미친다. 다만 양도담보권설정자가 양도담보권설정계약에서 정한 종류·수량에 포함되는 물건을 계약에서 정한 장소에 반입하였더라도 그 물건이 제3자의 소유라면 담보목적인 집합물의 구성부분이 될 수 없고 따라서 그 물건에는 양도담보권의 효력이 미치지 않는다(대판 2016.4.28. 2012다19659).

③ (×) 적법한 경작권 없이 타인의 토지를 경작하였더라도 그 경작한 입도가 성숙하여 독립한 물건으로서의 존재를 갖추었으면 입도의 소유권은 경작자에게 귀속한다(대판 1979.8.28. 79다784).

④ (×) 종물은 주물의 처분에 수반된다는 민법 제100조 제2항은 임의규정이므로, 당사자는 주물을 처분할 때에 특약으로 종물을 제외할 수 있고 종물만을 별도로 처분할 수도 있다(대판 2012.1.26. 2009다76546).

⑤ (×) 입목(토지에 부착된 수목의 집단으로서 그 소유자가 입목에 관한 법률에 따라 소유권보존의 등기를 받은 것)의 소유자는 토지와 분리하여 입목을 양도하거나 저당권의 목적으로 할 수 있다(입목에 관한 법률 제3조 제2항).

06

답 ⑤

정답 해설

⑤ (×) 원인채권의 지급을 확보하기 위하여 어음이 수수된 당사자 사이에서 채권자가 어음채권을 피보전권리로 하여 채무자의 재산을 가압류함으로써 그 권리를 행사한 경우에는 그 원인채권의 소멸시효를 중단시키는 효력이 있고, 이러한 법리는 채권자가 어음채권을 청구채권으로 하여 채무자의 재산을 압류함으로써 그 권리를 행사한 경우에도 마찬가지이며 한편 집행력 있는 채무명의 정본을 가진 채권자는 이에 기하여 강제경매를 신청할 수 있으며 다른 채권자의 신청에 의하여 개시된 경매절차를 이용하여 배당요구를 신청하는 행위도 채무명의에 기하여 능동적으로 그 권리를 실현하려고 하는 점에서는 강제경매의 신청과 동일하다고 할 수 있으므로 부동산경매절차에서 집행력 있는 채무명의 정본을 가진 채권자가 하는 배당요구는 민법 제168조 제2호의 압류에 준하는 것으로서 배당요구에 관련된 채권에 관하여 소멸시효를 중단하는 효력이 생긴다고 할 것이고 따라서 원인채권의 지급을 확보하기 위하여 어음이 수수된 당사자 사이에 채권자가 어음채권에 관한 집행력 있는 채무명의 정본에 기하여 한 배당요구는 그 원인채권의 소멸시효를 중단시키는 효력이 있다(대판 2002.2.26. 2000다25484).

오답 해설

① (○) 시효에 관한 규정은 원칙적으로 편면적 강행규정에 해당하므로, 소멸시효를 법률행위에 의하여 배제, 연장 또는 가중할 수는 없으나, 단축 또는 경감할 수는 있다(민법 제184조 제2항).

② (O) 공유물분할청구권은 공유관계에서 수반되는 형성권이므로 공유관계가 존속하는 한 그 분할청구권만이 독립하여 시효소멸될 수 없다(대판 1981.3.24. 80다1888·1889).

③ (O) 소멸시효의 진행은 당해 청구권이 성립한 때로부터 발생하고 원칙적으로 권리의 존재나 발생을 알지 못하였다고 하더라도 소멸시효의 진행에 장애가 되지 않는다고 할 것이지만, 법인의 이사회결의가 부존재함에 따라 발생하는 제3자의 부당이득반환청구권처럼 법인이나 회사의 내부적인 법률관계가 개입되어 있어 청구권자가 권리의 발생 여부를 객관적으로 알기 어려운 상황에 있고 청구권자가 과실 없이 이를 알지못한 경우에도 청구권이 성립한 때부터 바로 소멸시효가 진행한다고 보는 것은 정의와 형평에 맞지 않을뿐만 아니라 소멸시효제도의 존재이유에도 부합한다고 볼 수 없으므로, 이러한 경우에는 이사회결의부존재 확인판결의 확정과 같이 객관적으로 청구권의 발생을 알 수 있게 된 때로부터 소멸시효가 진행된다고 보는 것이 타당하다(대판 2003.4.8. 2002다64957·64964).

④ (O) 부동산의 매수인이 그 부동산을 인도받은 이상 이를 사용·수익하다가 그 부동산에 대한 보다 적극적인 권리 행사의 일환으로 다른 사람에게 그 부동산을 처분하고 그 점유를 승계하여 준 경우에도 그 이전등기청구권의 행사 여부에 관하여 그가 그 부동산을 스스로 계속 사용·수익만 하고 있는 경우와 특별히 다를바 없으므로 위 두 어느 경우에나 이전등기청구권의 소멸시효는 진행되지 않는다고 보아야 한다(대판[전합] 1993.3.18. 98다32175).

07

답 ①

정답 해설

① (O) 매매계약이 약정된 매매대금의 과다로 말미암아 민법 제104조에서 정하는 '불공정한 법률행위'에 해당하여 무효인 경우에도 무효행위의 전환에 관한 민법 제138조가 적용될 수 있다. 따라서 당사자 쌍방이 위와같은 무효를 알았더라면 대금을 다른 액으로 정하여 매매계약에 합의하였을 것이라고 예외적으로 인정되는 경우에는, 그 대금액을 내용으로 하는 매매계약이 유효하게 성립한다(대판 2010.7.15. 2009다50308).

오답 해설

② (×) 불공정한 법률행위로서 무효인 경우에는 추인에 의하여 무효인 법률행위가 유효로 될 수 없다(대판 1994.6.24. 94다10900).

③ (×) 민법 제104조가 규정하는 현저히 공정을 잃은 법률행위라 함은 자기의 급부에 비하여 현저하게 균형을 잃은 반대급부를 하게 하여 부당한 재산적 이익을 얻는 행위를 의미하는 것이므로, 증여계약과 같이 아무런 대가 관계없이 당사자 일방이 상대방에게 일방적인 급부를 하는 법률행위는 그 공정성 여부를 논의할 수 있는 성질의 법률행위가 아니다(대판 2000.2.11. 99다56833).

④ (×) 경매에 있어서는 불공정한 법률행위 또는 채무자에게 불리한 약정에 관한 것으로서 효력이 없다는 민법 제104조, 제608조는 적용될 여지가 없다(대결 1980.3.21. 80마77).

⑤ (×) 법률행위가 현저하게 공정을 잃었다고 하여 곧 그것이 궁박, 경솔하게 이루어진 것으로 추정되지 아니하므로 본조의 불공정한 법률행위의 법리가 적용되려면 그 주장하는 측에서 궁박, 경솔 또는 무경험으로 인하였음을 증명하여야 한다(대판 1969.12.30. 69다1873).

08

답 ④

정답 해설

④ (O) 민법 제109조 제1항 단서는 의사표시의 착오가 표의자의 중대한 과실로 인한 때에는 그 의사표시를 취소하지 못한다고 규정하고 있는데 위 단서 규정은 표의자의 상대방의 이익을 보호하기 위한 것이므로, 상대방이 표의자의 착오를 알고 이를 이용한 경우에는 착오가 표의자의 중대한 과실로 인한 것이라고 하더라도 표의자는 의사표시를 취소할 수 있다(대판 2014.11.27. 2013다49794).

오답 해설

① (×) 의사표시는 법률행위의 내용의 중요부분에 착오가 있는 때에는 취소할 수 있다. 그러나 그 착오가 표의자의 중대한 과실로 인한 때에는 취소하지 못한다(민법 제109조 제1항).

② (×) 민법 제109조의 법리는 적용을 배제하는 취지의 별도 규정이 있거나 당사자의 합의로 적용을 배제하는 등의 특별한 사정이 없는 한 원칙적으로 모든 사법(私法)상 의사표시에 적용된다(대판 2014.11.27. 2013다49794 참고).

③ (×) 민법 제109조 제1항 단서에서 규정하는 착오한 표의사의 중대한 과실 유무에 관한 주장과 입증책임은 착오자가 아니라 의사표시를 취소하게 하지 않으려는 상대방에게 있다(대판 2005.5.12. 2005다6228).

⑤ (×) 불법행위로 인한 손해배상책임이 성립하기 위하여는 가해자의 고의 또는 과실 이외에 행위의 위법성이 요구되므로, 전문건설공제조합이 계약보증서를 발급하면서 조합원이 수급할 공사의 실제 도급금액을 확인하지 아니한 과실이 있다고 하더라도 민법 제109조에서 중과실이 없는 착오자의 착오를 이유로 한 의사표시의 취소를 허용하고 있는 이상, 전문건설공제조합이 과실로 인하여 착오에 빠져 계약보증서를 발급한 것이나 그 착오를 이유로 보증계약을 취소한 것이 위법하다고 할 수는 없다(대판 1997.8.22. 97다13023). 따라서 불법행위로 인한 손해배상을 청구할 수 없다.

09 답 ③

정답 해설

③ (×) 매도인의 대리인이 매매한 경우에 있어서 그 매매가 불공정한 법률행위인가를 판단함에는 매도인의 경솔, 무경험은 그 대리인을 기준으로 하여 판단하여야 하고 궁박상태에 있었는지의 여부는 매도인 본인의 입장에서 판단되어야 한다(대판 1972.4.25. 71다2255).

오답 해설

① (○) 어떠한 계약의 체결에 관한 대리권을 수여받은 대리인이 수권된 법률행위를 하게 되면 그것으로 대리권의 원인된 법률관계는 원칙적으로 목적을 달성하여 종료하는 것이고, 법률행위에 의하여 수여된 대리권은 그 원인된 법률관계의 종료에 의하여 소멸하는 것이므로(민법 제128조), 그 계약을 대리하여 체결하였던 대리인이 체결된 계약의 해제 등 일체의 처분권과 상대방의 의사를 수령할 권한까지 가지고 있다고 볼 수는 없다(대판 2008.6.12. 2008다11276).

② (○) 대리인은 행위능력자임을 요하지 아니한다(민법 제117조). 따라서 본인 甲은 미성년자인 대리인 乙의 제한능력을 이유로 X토지에 대한 매매계약을 취소할 수 없다.

④ (○) 대리인이 그 권한 내에서 본인을 위한 것임을 표시한 의사표시는 직접 본인에게 대하여 효력이 생기므로(민법 제114조 제1항), 대리인 乙이 계약상대방 丙으로부터 매매대금을 수령한 후 아직 본인 甲에게 전달하지 않았더라도 특별한 사정이 없는 한 계약상대방 丙의 대금지급의무는 변제로 소멸한다.

⑤ (○) 부동산의 소유자로부터 매매계약을 체결할 대리권을 수여받은 대리인은 특별한 다른 사정이 없는 한 그 매매계약에서 약정한 바에 따라 중도금이나 잔금을 수령할 수도 있다고 보아야 하고, 매매계약의 체결과 이행에 관하여 포괄적으로 대리권을 수여받은 대리인은 특별한 다른 사정이 없는 한 상대방에 대하여 약정된 매매대금 지급기일을 연기하여 줄 권한도 가진다고 보아야 할 것이다(대판 1992.4.14. 91다43107).

10 답 ①

정답 해설

① (×) 추인은 취소의 원인이 소멸된 후에 하여야만 효력이 있으나, 법정대리인의 경우에는 취소의 원인이 소멸된지 여부에 상관없이 추인할 수 있다(민법 제144조 참고).

오답 해설

② (○) 법정추인 사유인 민법 제145조 제5호의 '취소할 수 있는 행위로 취득한 권리의 전부나 일부의 양도'의 경우는 취소권자가 양도한 때에 한하며, 취소권자의 상대방이 제3자에게 양도한 경우는 이에 해당하지 않는다.

③ (○) 법률행위의 취소는 상대방에 대한 의사표시로 하여야 하나 그 취소의 의사표시는 특별히 재판상 행하여짐이 요구되는 경우 이외에는 특정한 방식이 요구되는 것이 아니고, 취소의 의사가 상대방에 의하여 인식될 수 있다면 어떠한 방법에 의하더라도 무방하다고 할 것이고, 법률행위의 취소를 당연한 전제로 한 소송상의 이행청구나 이를 전제로 한 이행거절 가운데는 취소의 의사표시가 포함되어 있다고 볼 수 있다(대판 1993.9.14. 93다13162).

④ (○) 민법 제145조 제2호

⑤ (○) 민법 제143조 제1항

11 답 ⑤

정답 해설

⑤ (×) 토지거래허가구역 내의 토지가 관할 관청의 허가 없이 전전매매되고 그 당사자들 사이에 최초의 매도인으로부터 최종 매수인 앞으로 직접 소유권이전등기를 경료하기로 하는 중간생략등기의 합의가 있는 경우, 이러한 중간생략등기의 합의란 부동산이 전전매도된 경우 각 매매계약이 유효하게 성립함을 전제로 그 이행의 편의상 최초의 매도인으로부터 최종의 매수인 앞으로 소유권이전등기를 경료하기로 한다는 당사자 사이의 합의에 불과할 뿐 그러한 합의가 있다고 하여 최초의 매도인과 최종의 매수인 사이에 매매계약이 체결되었다는 것을 의미하는 것은 아니고, 따라서 최종 매수인은 최초 매도인에 대하여 직접 그 토지에

과한 토지거래허가 신청절차의 협력의무 이행청구권을 가지고 있다고 할 수 없으며 설사 최종 매수인이 자신과 최초 매도인을 매매 당사자로 하는 토지거래허가를 받아 최종 매수인 앞으로 소유권이전등기를 경료하더라도 그러한 소유권이전등기는 적법한 토지거래허가 없이 경료된 등기로서 무효이다(대판 1996.6.28. 96다3982).

오답 해설

① (O) 허가를 받을 것을 전제로 한 규제지역 내의 거래계약은 허가를 받을 때까지는 법률상 미완성의 법률행위로서 소유권 등 권리의 이전 또는 설정에 관한 거래의 효력이 전혀 발생하지 않음은 확정적 무효의 경우와 다를 바 없지만 일단 허가를 받으면 그 계약은 소급하여 유효한 계약이 되고, 이와 달리 불허가 된 때에는 무효로 확정되므로 허가를 받기까지는 유동적 무효의 상태에 있다고 보는 것이 타당하고, 이러한 계약을 체결한 당사자 사이에 있어서는 그 계약이 효력있는 것으로 완성될 수 있도록 서로 협력할 의무가 있음이 당연하므로, 규제지역 내의 토지에 관하여 거래계약이 체결된 경우에 계약의 쌍방 당사자는 공동으로 관할 관청의 허가를 받는 신청절차에 협력하지 않는 상대방에 대하여 협력의무의 이행을 소송으로서 구할 이익이 있다(대판 1995.1.24. 93다25875).

② (O) 유동적 무효의 상태에 있는 거래계약의 당사자는 상대방이 그 거래계약의 효력이 완성되도록 협력할 의무를 이행하지 아니하였음을 들어 일방적으로 유동적 무효의 상태에 있는 거래계약 자체를 해제할 수 없다(대판[전합] 1999.6.17. 98다40459).

③ (O) 국토이용관리법상 규제구역 내에 속하는 토지거래에 관하여 관할 도지사로부터 거래허가를 받지 아니한 거래계약은 처음부터 허가를 배제하거나 잠탈하는 내용의 계약이 아닌 한 허가를 받기까지는 유동적 무효의 상태에 있고 거래당사자는 거래허가를 받기 위하여 서로 협력할 의무가 있으므로, 그 유동적 무효 상태의 계약에 기하여 임의로 지급한 계약금 등은 유동적 무효 상태가 확정적으로 무효가 되었을 때 비로소 부당이득으로 그 반환을 구할 수 있고, 유동적 무효 상태의 계약이 확정적으로 무효로 되는 경우로서는 관할 도지사에 의한 불허가 처분이 있을 때나 당사자 쌍방이 허가신청협력의무의 이행거절 의사를 명백히 표시한 경우 등이 있다(대판 1996.11.8. 96다35309).

④ (O) 토지거래가 계약 당사자의 표시와 불일치한 의사(비진의표시, 허위표시 또는 착오) 또는 사기, 강박과 같은 하자 있는 의사에 의하여 이루어진 경우에는, 이들 사유에 의하여 그 거래의 무효 또는 취소를 주장할 수 있는 당사자는 그러한 거래허가를 신청하기 전 단계에서 이러한 사유를 주장하여 거래허가신청 협력에 대한 거절의사를 일방적으로 명백히 함으로써 그 계약을 확정적으로 무효화시키고 자신의 거래허가절차에 협력할 의무를 면할 수 있다(대판 1997.11.14. 97다36118).

12

답 ②

정답 해설

② (O) 최고권은 계약체결 당시 무권대리임을 알았는지 몰랐는지 불문하고 행사할 수 있다(민법 제131조 참고).

오답 해설

① (×) 유권대리에 있어서는 본인이 대리인에게 수여한 대리권의 효력에 의하여 법률효과가 발생하는 반면 표현대리에 있어서는 대리권이 없음에도 불구하고 법률이 특히 거래상대방 보호와 거래안전유지를 위하여 본래 무효인 무권대리행위의 효과를 본인에게 미치게 한 것으로서 표현대리가 성립된다고 하여 무권대리의 성질이 유권대리로 전환되는 것은 아니므로, 양자의 구성요건 해당사실, 즉 주요사실은 다르다고 볼 수밖에 없으니 유권대리에 관한 주장 속에 무권대리에 속하는 표현대리의 주장이 포함되어 있다고 볼 수 없다(대판[전합] 1983.12.13. 83다카1489).

③ (×) 철회권은 선의의 상대방에게만 인정된다(민법 제134조 참고).

민법 제134조(상대방의 철회권)
대리권없는 자가 한 계약은 본인의 추인이 있을 때까지 상대방은 본인이나 그 대리인에 대하여 이를 철회할 수 있다. 그러나 계약당시에 상대방이 대리권 없음을 안 때에는 그러하지 아니하다.

④ (×) 표현대리행위가 성립하는 경우에 본인은 표현대리행위에 기하여 전적인 책임을 져야 하는 것이고 상대방에게 과실이 있다고 하더라도 과실상계의 법리를 유추적용하여 본인의 책임을 감경할 수 없는 것이다(대판 1994.12.22. 94다24985).

⑤ (×) 권한을 넘은 표현대리에 있어서 무권대리인에게 그 권한이 있다고 믿을 만한 정당한 이유가 있는가의 여부는 대리행위(매매계약) 당시를 기준으로 결정하여야 하고, 매매계약성립 이후의 사정은 고려할 것이 아니다(대판 1981.12.8. 81다322).

13

답 ⑤

정답 해설

⑤ (×) 민법 제250조, 제251조 소정의 도품, 유실물이란 원권리자로부터 점유를 수탁한 사람이 적극적으로 제3자에게 부정 처분한 경우와 같은 위탁물 횡령의 경우는 포함되지 아니하고 또한 점유보조자 내지 소지기관의 횡령처럼 형사법상 절도죄가 되는 경우도 형사법과 민사법의 경우를 동일시 해야 하는 것은 아닐 뿐만 아니라 진정한 권리자와 선의의 거래 상대방 간의 이익형량의 필요성에 있어서 위탁물 횡령의 경우와 다를 바 없으므로 이 역시 민법 제250조의 도품·유실물에 해당되지 않는다(대판 1991.3.22. 91다70).

오답 해설

① (○) 양도인은 무권리자이어야 하므로 대리인이 본인 소유가 아닌 물건을 처분하고 상대방이 본인 소유라고 오신한 경우에도 선의취득이 인정될 수 있다. 그러나 무권대리인이 타인의 물건을 처분하는 무권대리의 경우에는 거래행위 자체가 무효이므로 선의취득은 적용되지 않고 표현대리에 의해 보호될 수 있을 뿐이다.

② (○) 자동차관리법이 적용되는 자동차에 해당하더라도 구조와 장치가 제작 당시부터 자동차관리법령이 정한 자동차안전기준에 적합하지 아니하여 행정상 특례조치에 의하지 아니하고는 적법하게 등록할 수 없어서 등록하지 아니한 상태에 있고 통상적인 용도가 도로 외의 장소에서만 사용하는 것이라는 등의 특별한 사정이 있다면 그러한 자동차에 대하여 자동차관리법이 정한 공시방법인 '등록'에 의하여만 소유권 변동을 공시할 것을 기대하기는 어려우므로, 소유권을 취득함에는 민법상 공시방법인 '인도'에 의할 수도 있다. 그리고 이때는 민법 제249조의 선의취득 규정이 적용될 수 있다(대판 2016.12.15. 2016다205373).

③ (○) 채무자 이외의 자의 소유에 속하는 동산을 경매한 경매절차에서 그 동산을 경락받아 경락대금을 납부하고 이를 인도받은 경락인이 동산의 소유권을 선의취득한 경우 그 동산의 매득금은 채무자의 것이 아니어서 채권자가 이를 배당을 받았다고 하더라도 채권은 소멸하지 않고 계속 존속하므로, 배당을 받은 채권자는 이로 인하여 법률상 원인 없는 이득을 얻고 소유자는 경매에 의하여 소유권을 상실하는 손해를 입게 되었다고 할 것이니 그 동산의 소유자는 배당을 받은 채권자에 대하여 부당이득으로서 배당받은 금원의 반환을 청구할 수 있다(대판 1998.6.12. 98다6800 참고).

④ (○) 동산의 선의취득에 필요한 점유의 취득은 현실적 인도가 있어야 하고 점유개정에 의한 점유취득만으로서는 그 요건을 충족할 수 없다(대판 1978.1.17. 77다1872).

14

답 ②

정답 해설

② (○) 타인 소유물을 권원 없이 점유함으로써 얻은 사용이익을 반환하는 경우 민법은 선의 점유자를 보호하기 위하여 제201조 제1항을 두어 선의 점유자에게 과실수취권을 인정함에 대하여 이러한 보호의 필요성이 없는 악의 점유자에 관하여는 민법 제201조 제2항을 두어 과실수취권이 인정되지 않는다는 취지를 규정하는 것으로 해석되는바 따라서 악의 수익자가 반환하여야 할 범위는 민법 제748조 제2항에 따라 정하여지는 결과 그는 받은 이익에 이자를 붙여 반환하여야 하며, 위 이자의 이행지체로 인한 지연손해금도 지급하여야 한다(대판 2003.11.14. 2001다61869).

오답 해설

① (×) 수익자가 그 법률상 원인 없는 이득을 얻기 위하여 지출한 비용은 수익자가 반환하여야 할 이득의 범위에서 공제되어야 하고, 수익자가 자신의 노력 등으로 부당이득한 재산을 이용하여 남긴 이른바 운용이익도 그것이 사회통념상 수익자의 행위가 개입되지 아니하였더라도 부당이득된 재산으로부터 손실자가 당연히 취득하였으리라고 생각되는 범위 내의 것이 아닌 한 수익자가 반환하여야 할 이득의 범위에서 공제되어야 한다(대판 1995.5.12. 94다25551).

③ (×) 악의의 점유자는 수취한 과실(果實)을 반환하여야 하며 소비하였거나 과실(過失)로 인하여 훼손 또는 수취하지 못한 경우에는 그 과실(果實)의 대가를 보상하여야 한다(민법 제201조 제2항). 따라서 동조항의 반대해석상 악의의 점유자라도 과실(果實)을 과실(過失)없이 수취하지 못한 경우라면 그 과실(果實)의 대가를 보상할 필요가 없다.

④ (×) 민법 제203조 제1항 제2항에 의한 점유자의 필요비 또는 유익비 상환청구권은 점유자가 회복자로부터 점유물의 반환을 청구받거나 회복자에게 점유물을 반환한 때에 비로소 회복자에 대하여 행사할 수 있다(대판 1994.9.9. 94다4592).

⑤ (×) 점유물이 점유자의 책임 있는 사유로 인하여 멸실 또는 훼손한 때에는 악의의 점유자는 그 손해의 전부를 배상하여야 하며 선의의 점유자는 이익이 현존하는 한도에서 배상하여야 한다. 소유의 의사가 없는 점유자(타주점유자)는 선의인 경우에도 손해의 전부를 배상하여야 한다(민법 제202조).

15

답 ②

정답 해설

② (○) 등기는 물권의 효력 발생 요건이고 존속 요건은 아니어서 등기가 원인 없이 말소된 경우에는 그 물권의 효력에 아무런 영향이 없고, 그 회복등기가 마쳐지기 전이라도 말소된 등기의 등기명의인은 적법한 권리자로 추정되므로 원인 없이 말소된 등기의 효력을 다투는 쪽에서 그 무효 사유를 주장·입증하여야 한다(대판 1997.9.30. 95다39526).

오답 해설

① (×) 가등기는 그 성질상 본등기의 순위보전의 효력만이 있어 후일 본등기가 경료된 때에는 본등기의 순위가 가등기한 때로 소급하는 것뿐이지 본등기에 의한 물권변동의 효력이 가등기한 때로 소급하여 발생하는 것은 아니다(대판 1992.9.25. 92다21258).

③ (×) 합유지분 포기가 적법하다면 그 포기된 합유지분은 나머지 잔존 합유지분권자들에게 균분으로 귀속하게 되지만 그와 같은 물권변동은 합유지분권의 포기라고 하는 법률행위에 의한 것이므로 등기하여야 효력이 있고 지분을 포기한 합유지분권자로부터 잔존 합유지분권자들에게 합유지분권 이전등기가 이루어지지 아니하는 한 지분을 포기한 지분권자는 제3자에 대하여 여전히 합유지분권자로서의 지위를 가지고 있다(대판 1997.9.9. 96다16896).

④ (×) 부동산 등기는 현실의 권리관계에 부합하는 한 그 권리취득의 경위나 방법 등이 사실과 다르다고 하더라도 그 등기의 효력에는 아무런 영향이 없는 것이므로 증여에 의하여 부동산을 취득하였지만 등기원인을 매매로 기재하였다고 하더라도 그 등기의 효력에는 아무런 하자가 없다(대판 1980.7.22. 80다791 참고).

⑤ (×) 사망자 명의로 신청하여 이루어진 이전등기는 일단 원인무효의 등기라고 볼 것이어서 등기의 추정력을 인정할 여지가 없으므로, 등기의 유효를 주장하는 자가 현재의 실체관계와 부합함을 증명할 책임이 있다(대판 2018.11.29. 2018다200730).

16

답 ④

정답 해설

④ (×) 적법하게 성립한 임대차 계약에서 토지 임대인은 간접점유자에 해당한다(민법 제194조). 간접점유자에게는 점유권에 관한 규정이 적용되므로 토지소유자 甲은 토지의 불법점유자 丙에게 점유권에 기한 방해배제청구권을 행사할 수 있다(민법 제207조 제1항).

오답 해설

① (○) 민법 제214조 참고

② (○), ③ (○) 민법 제404조 제1항, 제205조 제1항

⑤ (○) 소유권에 기한 반환청구권(물권적 청구권)과 임대차 계약상의 반환청구권(채권적 청구권)은 그 발생 원인이 다르며 독립하여 존재하므로 각각 따로 행사할 수 있다. 단, 어느 하나의 권리를 행사하여 만족을 얻은 경우에는 다른 권리는 소멸한다.

17

답 ⑤

정답 해설

⑤ (×) 취득시효를 주장하는 자는 점유기간 중에 소유자의 변동이 없는 토지에 관하여는 취득시효의 기산점을 임의로 선택할 수 있고, 취득시효를 주장하는 날로부터 역산하여 20년 이상의 점유 사실이 인정되고 그것이 자주점유가 아닌 것으로 밝혀지지 않는 한 취득시효를 인정할 수 있는 것이고, 이는 취득시효완성 후 토지소유자에 변동이 있어도 당초의 점유자가 계속 점유하고 있고 소유자가 변동된 시점을 새로운 기산점으로 삼아도 다시 취득시효의 점유기간이 완성되는 경우에도 역시 타당하므로 시효취득을 주장하는 점유자로서는 소유권 변동시를 새로운 취득시효의 기산점으로 삼아 취득시효의 완성을 주장할 수 있다(대판[전합] 1994.3.22. 93다46360).

오답 해설

① (○) 부동산에 대한 점유취득시효기간이 완성된 경우에 그 부동산의 원소유자는 권리변동의 당사자이므로 점유자는 원소유자에 대하여 등기 없이도 그 부동산의 시효취득을 주장하여 대항할 수 있는 반면에 원소유자는 점유자에 대한 이전등기의무자로서 소유권에 기한 권능을 행사할 수 없다(대판 1977.3.22. 76다242, 대판 1993.5.25. 92다51280 등 참고).

② (○) 점유취득시효기간이 완성되기 전, 그 진행 중에 등기부상의 소유자가 변경된 경우에 있어서는, 이는 점유자의 종래의 사실상태의 계속을 파괴한 것으로 볼 수 없어 시효중단사유가 될 수 없고 따라서 점유취득 시효완성 당시의 등기부상의 소유자가 권리변동의 당사자가 되는 것이므로 점유자는 그 자에 대하여 등기 없이도 취득시효완성의 효과를 주장할 수 있다(대판 1989.4.11. 88다카5843 · 5850 등 참고).

③ (○) 부동산에 대한 점유취득시효가 완성되었다고 하더라도 이를 등기하지 아니하고 있는 사이에 그 부동산에 관하여 제3자에게 소유권이전등기가 마쳐지면 점유자는 그 제3자에게 대항할 수 없는 것이고, 이 경우 제3자의 이전등기 원인이 점유자의 취득시효 완성 전의 것이라 하더라도 마찬가지이다(대판 1998.7.10. 97다45402).

④ (○) 취득시효기간의 계산에 있어 점유기간 중에 당해 부동산의 소유권자의 변동이 있는 경우에는 취득시효를 주장하는 자가 임의로 기산점을 선택하거나 소급하여 20년 이상 점유한 사실만 내세워 시효완성을 주장할 수 없다(대판 1995.5.23. 94다39987).

18

답 ③

정답 해설

③ (○) 법정지상권은 민법 제187조에서 말하는 법률의 규정에 의한 물권의 취득으로 등기를 필요로 하지 않는다. 따라서 건물소유자 丙은 2020.10.1. 법정지상권을 취득할 당시의 토지소유자 乙 뿐아니라 2021.1.15. 그로부터 토지소유권을 전득한 제3자인 丁에게도 2021.1.16. 등기없이 지상권을 주장할 수 있다(대판[전합] 1965.9.23. 65다1222, 대판 1971.1.26. 70다2576 참고).

오답 해설

① (×) 저당물의 경매로 인하여 토지와 그 지상건물이 다른 소유자에 속한 경우에는 토지소유자는 건물소유자에 대하여 지상권을 설정한 것으로 간주된다(민법 제366조 본문). 따라서 2020.10.1. Y건물 경락인인 丙은 Y건물에 대한 소유권과 X토지에 대한 민법 제366조의 법정지상권을 취득하게 된다.

② (×) 관습법상 또는 민법 제366조의 법정지상권은 약정지상권과 달리 지료를 지급하여야 하므로 2020.10.1. 건물소유자 丙은 자신의 의사와 무관하게 X토지에 대한 법정지상권을 취득한더라도 지료를 지급하여야 한다.

④ (×) 법정지상권이 있는 건물소유자인 丙이 2021.2.10. 건물을 제3자인 戊에게 처분한 경우 법정지상권에 관한 등기를 경료하지 않은 戊로서는 건물의 소유권을 취득한 사실만으로는 법정지상권을 취득하였다고 할 수 없으므로 대지소유자인 丁에게 지상권을 주장할 수 없고 그 법정지상권은 여전히 당초의 법정지상권자인 丙에게 유보되어 있다고 보아야 한다.

⑤ (×) 법정지상권을 가진 건물소유자로부터 건물을 양수하면서 법정지상권까지 양도받기로 한 자는 채권자 대위의 법리에 따라 전건물소유자 및 대지소유자에 대하여 차례로 지상권의 설정등기 및 이전등기절차이행을 구할 수 있다 할 것이므로 이러한 법정지상권을 취득할 지위에 있는 자에 대하여 대지소유자가 소유권에 기하여 건물철거를 구함은 지상권의 부담을 용인하고 그 설정등기절차를 이행할 의무있는 자가 그 권리자를 상대로 한 청구라 할 것이어서 신의성실의 원칙상 허용될 수 없다(대판[전합] 1985.4.9. 84다카1131 · 1132). 따라서 2021.2.27. 戊에 대한 丁의 Y건물 철거청구는 신의성실의 원칙상 허용되지 않는다.

19

답 ③

정답 해설

③ (×) 채권양도의 대항요건의 흠결의 경우 채권을 주장할 수 없는 채무자 이외의 제3자는 양도된 채권 자체에 관하여 양수인의 지위와 양립할 수 없는 법률상 지위를 취득한 자에 한하므로, 선순위의 근저당권부채권을 양수한 채권자보다 후순위의 근저당권자는 채권양도의 대항요건을 갖추지 아니한 경우 대항할 수 없는 제3자에 포함되지 않는다(대판 2005.6.23. 2004다29279).

오답 해설

① (○) 집합건물의 소유 및 관리에 관한 법률 제20조 제1항, 제2항과 민법 제358조 본문의 각 규정에 비추어 볼 때, 집합건물의 대지의 분 · 합필 및 환지절차의 지연, 각 세대당 지분비율 결정의 지연 등으로 인하여 구분건물의 전유부분에 대한 소유권이전등기만 경료되고 대지지분에 대한 소유권이전등기가 경료되기 전에 전유부분만에 관하여 설정된 저당권의 효력은, 대지사용권의 분리처분이 가능하도록 규약으로 정하였다는 등의 특별한 사정이 없는 한, 그 전유부분의 소유자가 나중에 대지지분에 관한 등기를 마침으로써 전유부분과 대지권이 동일 소유자에게 귀속하게 되었다면 당연히 종물 내지 종된 권리인 그 대지사용권에까지 미친다(대판 2001.9.4. 2001다22604).

② (○) 저당권자는 저당권의 목적이 된 물건의 멸실, 훼손 또는 공용징수로 인하여 저당목적물의 소유자가 받을 저당목적물에 갈음하는 금전 기타 물건에 대하여 물상대위권을 행사할 수 있으나, 다만 그 지급 또는 인도 전에 이를 압류하여야 하며, 저당권자가 위 금전 또는 물건의 인도청구권을 압류하기 전에 저당물의 소유자가 그 인도청구권에 기하여 금전 등을 수령한 경우 저당권자는 더 이상 물상대위권을 행사할 수 없게 된다. 이 경우 저당권자는 저당권의 채권최고액 범위 내에서 저당목적물의 교환가치를 지배하고 있다가 저당권을 상실하는 손해를 입게 되는 반면에, 저당목적물의 소유자는 저당권의 채권최고액 범위 내에서 저당권자에게 저당목적물의 교환가치를 양보하여야 할 지위에 있다가 마치 그러한 저당권의 부담이 없었던 것과 같은 상태에서의 대가를 취득하게 되는 것이므로, 그 수령한 금액 가운데 저당권의 채권최고액을 한도로 하는 피담보채권액의 범위 내에서는 이득을 얻게 된다. 저당목적물 소유자가 얻은 위와 같은 이익은 저당권자의 손실로 인한 것으로서 인과관계가 있을 뿐 아니라, 공평의 관념에 위배되는 재산적 가치의 이동이 있는 경우 수익자로부터 그 이득을 되돌려받아 손실자와 재산상태의 조정을 꾀하는 부당이득제도의 목적에 비추어 보면 위와 같은 이익을 소유권자에게 종국적으로 귀속시키는 것은 저당권자에 대한 관계에서 공평의 관념에 위배되어 법률상 원인이 없다고 봄이 상당하므로, 저당목적물 소유자는 저당권자에게 이를 부당이득으로 반환할 의무가 있다(대판 2009.5.14. 2008다17656).

④ (○) 민법 제370조, 제342조 단서가 저당권자는 물상대위권을 행사하기 위하여 저당권설정자가 받을 금전 기타 물건의 지급 또는 인도 전에 압류하여야 한다고 규정한 것은 물상대위의 목적인 채권의 특정성을 유지하여 그 효력을 보전함과 동시에 제3자에게 불측의 손해를 입히지 않으려는 데 있는 것이므로, 저당목적물의 변형물인 금전 기타 물건에 대하여 이미 제3자가 압류하여 그 금전 또는 물건이 특정된 이상 저당권자가 스스로 이를 압류하지 않고서도 물상대위권을 행사하여 일반 채권자보다 우선변제를 받을 수 있으나 그 행사방법으로는 민사집행법 제273조 구 민사소송법(2002.1.26. 법률 제6626호로 전단 개정되기 전의 것) 제733조 에 의하여 담보권의 존재를 증명하는 서류를 집행법원에 제출하여 채권압류 및 전부명령을 신청하는 것이거나 민사집행법 제247조 제1항 구 민사소송법(2002.1.26. 법률 제6626호로 전단 개정되기 전의 것) 제580조 제1항 에 의하여 배당요구를 하는 것이므로, 이러한 물상대위권의 행사에 나아가지 아니한 채 단지 수용대상토지에 대하여 담보물권의 등기가 된 것만으로는 그 보상금으로부터 우선변제를 받을 수 없고, 저당권자가 물상대위권의 행사에 나아가지 아니하여 우선변제권을 상실한 이상 다른 채권자가 그 보상금 또는 이에 관한 변제공탁금으로부터 이득을 얻었다고 하더라도 저당권자는 이를 부당이득으로서 반환청구할 수 없다(대판 2002.10.11. 2002다33137).

⑤ (○) 저당부동산에 대하여 소유권, 지상권 또는 전세권을 취득한 제3자는 저당권자에게 그 부동산으로 담보된 채권을 변제하고 저당권의 소멸을 청구할 수 있다(민법 제364조).

20

답 ④

정답 해설

④ (×) 전세권에 대하여 저당권이 설정된 경우 그 저당권의 목적물은 물권인 전세권 자체이지 전세금반환채권은 그 목적물이 아니고, 전세권의 존속기간이 만료되면 전세권은 소멸하므로 더 이상 전세권 자체에 대하여 저당권을 실행할 수 없게 되고 이러한 경우에는 민법 제370조, 제342조 및 민사소송법 제733조에 의하여 저당권의 목적물인 전세권에 갈음하여 존속하는 것으로 볼 수 있는 전세금반환채권에 대하여 압류 및 추심명령 또는 전부명령을 받거나 제3자가 전세금반환채권에 대하여 실시한 강제집행절차에서 배당요구를 하는 등의 방법으로 자신의 권리를 행사하여 비로소 전세권설정자에 대해 전세금의 지급을 구할 수 있게 된다(대판 1999.9.17. 98다31301).

오답 해설

① (○) 민법 제304조 제1항

② (○) 민법 제305조 제1항 본문

③ (○) 전세권의 법정갱신(민법 제312조 제4항)은 법률의 규정에 의한 부동산에 관한 물권의 변동이므로 전세권갱신에 관한 등기를 필요로 하지 아니하고 전세권자는 그 등기 없이도 전세권설정자나 그 목적물을 취득한 제3자에 대하여 그 권리를 주장할 수 있다(대판 1989.7.11. 88다카21029).

⑤ (○) 전세권의 존속기간은 10년을 넘지 못하므로 당사자의 약정기간이 10년을 넘는 경우에는 10년으로 단축된다(민법 제312조 제1항), 전세권의 설정은 갱신한 날로부터 10년을 넘지 않는 한도 내에서 약정 갱신할 수 있다(민법 제312조 제3항).

21

답 ①

정답 해설

① (○) 민법 제323조 제1항

> **민법 제323조(과실수취권)**
> ① 유치권자는 유치물의 과실을 수취하여 다른 채권보다 먼저 그 채권의 변제에 충당할 수 있다. 그러나 과실이 금전이 아닌 때에는 경매하여야 한다.

오답 해설

② (×) 민법 제324조에 의하면, 유치권자는 선량한 관리자의 주의로 유치물을 점유하여야 하고, 소유자의 승낙없이 유치물을 보존에 필요한 범위를 넘어 사용하거나 대여 또는 담보제공을 할 수 없으며, 소유자는 유치권자가 위 의무를 위반한 때에는 유치권의 소멸을 청구할 수 있다고 할 것인바, 공사대금채권에 기하여 유치권을 행사하는 자가 스스로 유치물인 주택에 거주하며 사용하는 것은 특별한 사정이 없는 한 유치물인 주택의 보존에 도움이 되는 행위로서 유치물의 보존에 필요한 사용에 해당한다고 할 것이다. 그리고 유치권자가 유치물의 보존에 필요한 사용을 한 경우에도 특별한 사정이 없는 한 차임에 상당한 이득을 소유자에게 반환할 의무가 있다(대판 2009.9.24. 2009다40684).

③ (×) 유치권의 행사는 채권의 소멸시효의 진행에 영향을 미치지 아니하므로(민법 제326조), 건물공사대금의 채권자가 그 건물에 대하여 유치권을 행사하는 동안에도 그 공사대금채권의 소멸시효는 진행한다.

④ (×) 임대인과 임차인 사이에 건물명도 시 권리금을 반환하기로 하는 약정이 있었다 하더라도 그와 같은 권리금반환청구권은 건물에 관하여 생긴 채권이라 할 수 없으므로 그와 같은 채권을 가지고 건물에 대한 유치권을 행사할 수 없다(대판 1994.10.14. 93다62119).

⑤ (×) 경매개시결정등기가 되기 전에 이미 그 부동산에 관하여 민사유치권을 취득한 사람은 그 취득에 앞서 저당권설정등기나 가압류등기 또는 체납처분압류등기가 먼저 되어 있다 하더라도 경매절차의 매수인에게 자기의 유치권으로 대항할 수 있다(대판 2014.4.10. 2010다84932).

22

답 ①, ③

정답 해설

① (×) 재고상품, 제품, 원자재 등과 같은 집합물을 하나의 물건으로 보아 일정 기간 계속하여 채권담보의 목적으로 삼으려는 이른바 집합물에 대한 양도담보권설정계약에서는 담보목적인 집합물을 종류, 장소 또는 수량지정 등의 방법에 의하여 특정할 수 있으면 집합물 전체를 하나의 재산권 객체로 하는 담보권의 설정이 가능하므로, 그에 대한 양도담보권설정계약이 이루어지면 집합물을 구성하는 개개의 물건이 변동되거나 변형되더라도 한 개의 물건으로서의 동일성을 잃지 아니한 채 양도담보권의 효력은 항상 현재의 집합물 위에 미치고, 따라서 그러한 경우에 양도담보권자가 점유개정의 방법으로 양도담보권설정계약 당시 존재하는 집합물의 점유를 취득하면 그 후 양도담보권설정자가 집합물을 이루는 개개의 물건을 반입하였더라도 별도의 양도담보권설정계약을 맺거나 점유개정의 표시를 하지 않더라도 양도담보권의 효력이 나중에 반입된 물건에도 미친다. 다만 양도담보권설정자가 양도담보권설정계약에서 정한 종류・수량에 포함되는 물건을 계약에서 정한 장소에 반입하였더라도 그 물건이 제3자의 소유라면 담보목적인 집합물의 구성부분이 될 수 없고 따라서 그 물건에는 양도담보권의 효력이 미치지 않는다(대판 2016.4.28. 2012다19659).

※ 처음에는 ③번 지문이 정답으로 발표되었으나, 이의제기에 의해 ①번 지문도 복수정답 처리되었습니다.

③ (×) 채권담보를 위하여 소유권이전등기를 경료한 양도담보권자는 채무자가 변제기를 도과하여 피담보채무의 이행지체에 빠졌을 때에는 담보계약에 의하여 취득한 목적부동산의 처분권을 행사하기 위한 환가절차의 일환으로서 즉, 담보권의 실행으로서 채무자에 대하여 그 목적 부동산의 인도를 구할 수 있고 제3자가 채무자로부터 적법하게 목적 부동산의 점유를 이전받은 경우 역시 그 목적 부동산의 인도청구를 할 수 있다고 할 것이나, 직접 소유권에 기하여 그 인도를 구할 수는 없다(대판 2007.5.11. 2006다6836).

오답 해설

② (○) 일반적으로 부동산을 채권담보의 목적으로 양도한 경우 특별한 사정이 없는 한 목적부동산에 대한 사용수익권은 채무자인 양도담보설정자에게 있는 것이므로 설정자와 양도담보권자 사이에 양도담보권자가 목적물을 사용・수익하기로 하는 약정이 없는 이상 목적부동산을 임대할 권한은 양도담보설정자에게 있다(대판 2001.12.11. 2001다40213).

④ (○) 양도담보권의 목적인 주된 동산에 다른 동산이 부합되어 부합된 동산에 관한 권리자가 권리를 상실하는 손해를 입은 경우 주된 동산이 담보물로서 가치가 증가된 데 따른 실질적 이익은 주된 동산에 관한 양도담보권설정자에게 귀속되는 것이므로 이 경우 부합으로 인하여 권리를 상실하는 자는 양도담보권설정자를 상대로 민법 제261조에 따라 보상을 청구할 수 있을 뿐 양도담보권자를 상대로 보상을 청구할 수는 없다(대판 2016.4.28. 2012다19659).

⑤ (○) 금전채무를 담보하기 위하여 채무자가 그 소유의 동산을 채권자에게 양도하되 점유개정의 방법으로 인도하고 채무자가 이를 계속 점유하기로 한 경우에는, 특별한 사정이 없는 한 동산의 소유권은 신탁적으로 이전됨에 불과하여 채권자와 채무자 사이의 대내적 관계에서 채무자는 의연히 소유권을 보유하나 대외적인 관계에 있어서 채무자는 동산의 소유권을 이미 채권자에게 양도한 무권리자가 되는 것이어서 채무자가 다시 다른 채권자와 사이에 양도담보설정계약을 체결하고 점유개정의 방법으로 인도를 하더라도 현실의 인도가 아닌 점유개정으로는 선의취득이 인정되지 아니하므로 나중에 설정계약을 체결한 채권자는 양도담보권을 취득할 수 없다(대판 2004.12.24. 2004다45943).

23

답 ⑤

정답 해설

⑤ (×) 민법 제361조는 "저당권은 그 담보한 채권과 분리하여 타인에게 양도하거나 다른 채권의 담보로 하지 못한다."라고 정하고 있을 뿐 피담보채권을 저당권과 분리해서 양도하거나 다른 채권의 담보로 하지 못하다고 정하고 있지 않다. 채권담보라고 하는 저당권 제도의 목적에 비추어 특별한 사정이 없는 한 피담보채권의 처분에는 저당권의 처분도 당연히 포함된다고 볼 것이지만, 피담보채권의 처분이 있으면 언제나 저당권도 함께 처분된다고는 할 수 없다. 따라서 저당권으로 담보된 채권에 질권을 설정한 경우 원칙적으로는 저당권이 피담보채권과 함께 질권의 목적이 된다고 보는 것이 합리적이지만 질권자와 질권설정자가 피담보채권만을 질권의 목적으로 하고 저당권은 질권의 목적으로 하지 않는 것도 가능하고 이는 저당권의 부종성에 반하지 않는다. 이는 저당권과 분리해서 피담보채권만을 양도한 경우 양도인이 채권을 상실하여 양도인 앞으로 된 저당권이 소멸하게 되는 것과 구별된다(대판 2020.4.29. 2016다235411).

오답 해설

① (○) 담보물권의 불가분성(민법 제321조, 제343조) 원칙상 피담보채권액이 입질채권액보다 적은 경우에도 입질채권 전부에 대하여 질권의 효력이 미친다.

② (○) 민법 제347조에서 말하는 '채권증서'는 채권의 존재를 증명하기 위하여 채권자에게 제공된 문서로서 특정한 이름이나 형식을 따라야 하는 것은 아니지만 장차 변제 등으로 채권이 소멸하는 경우에는 민법 제175조에 따라 채무자가 채권자에게 그 반환을 청구할 수 있는 것이어야 한다. 이에 비추어 임대차계약서와 같이 계약 당사자 쌍방의 권리의무관계의 내용을 정한 서면은 그 계약에 의한 권리의 존속을 표상하기 위한 것이라고 할 수는 없으므로 위 채권증서에 해당하지 않는다(대판 2013.8.22. 2013다32574).

③ (○) 질권설정자가 제3채무자에게 질권설정의 사실을 통지하거나 제3채무자가 이를 승낙한 때에는 제3채무자가 질권자의 동의 없이 질권의 목적인 채무를 변제하더라도 이로써 질권자에게 대항할 수 없고, 질권자는 민법 제353조 제2항에 따라 여전히 제3채무자에 대하여 직접 채무의 변제를 청구할 수 있다. 제3채무자가 질권자의 동의 없이 질권설정자와 상계합의를 함으로써 질권의 목적인 채무를 소멸하게 한 경우에도 마찬가지로 질권자에게 대항할 수 없고, 질권자는 여전히 제3채무자에 대하여 직접 채무의 변제를 청구할 수 있다(대판 2018.12.27. 2016다265689).

④ (○) 민법 제348조

민법 제348조(저당채권에 대한 질권과 부기등기)
저당권으로 담보한 채권을 질권의 목적으로 한 때에는 그 저당권등기에 질권의 부기등기를 하여야 그 효력이 저당권에 미친다.

24

답 ⑤

정답 해설

ㄱ. (×) 환지의 경우, 관습상 법정지상권의 성립을 부정한다. 즉, 환지로 인하여 새로운 분할지적선이 그어진 결과 환지 전에는 동일인에게 속하였던 토지와 그 지상건물의 소유자가 달라졌다 하더라도 환지의 성질상 건물의 부지에 관하여 소유권을 상실한 건물 소유자가 환지된 토지(건물부지)에 대하여 건물을 위한 관습상의 법정지상권을 취득한다거나 그 환지된 토지의 소유자가 그 건물을 위한 관습상의 법정지상권의 부담을 안게 된다고는 할 수 없다(대판 2001.5.8. 2001다4101).

ㄴ. (×) 민법 제366조의 법정지상권은 저당권 설정 당시에 동일인의 소유에 속하는 토지와 건물이 저당권의 실행에 의한 경매로 인하여 각기 다른 사람의 소유에 속하게 된 경우에 건물의 소유를 위하여 인정되는 것이므로, 미등기건물을 그 대지와 함께 매수한 사람이 그 대지에 관하여만 소유권이전등기를 넘겨받고 건물에 대하여는 그 등기를 이전 받지 못하고 있다가, 대지에 대하여 저당권을 설정하고 그 저당권의 실행으로 대지가 경매되어 다른 사람의 소유로 된 경우에는, 그 저당권의 설정 당시에 이미 대지와 건물이 각각 다른 사람의 소유에 속하고 있었으므로 법정지상권이 성립될 여지가 없다(대판[전합] 2002.6.20. 2002다9660).

ㄷ. (×) 토지의 공유자 중의 1인이 공유토지 위에 건물을 소유하고 있다가 토지지분만을 전매함으로써 단순히 토지공유자의 1인에 대하여 관습상의 법정지상권이 성립된 것으로 볼 사유가 발생하였다고 하더라도 당해 토지 자체에 관하여 건물의 소유를 위한 관습상의 법정지상권이 성립된 것으로 보게 된다면 이는 마치 토지공유자의 1인으로 하여금 다른 공유자의 지분에 대하여서까지 지상권설정의 처분행위를 허용하는 셈이 되어 부당하다 할 것이므로 위와 같은 경우에 있어서는 당해 토지에 관하여 건물의 소유를 위한 관습상의 법정지상권이 성립될 수 없다(대판 1987.6.23. 86다카2188).

ㄹ. (×) 관습상의 법정지상권의 성립 요건인 해당 토지와 건물의 소유권의 동일인에의 귀속과 그 후의 각기 다른 사람에의 귀속은 법의 보호를 받을 수 있는 권리변동으로 인한 것이어야 하므로, 원래 동일인에게의 소유권 귀속이 원인무효로 이루어졌다가 그 뒤 그 원인무효임이 밝혀져 그 등기가 말소됨으로써 그 건물과 토지의 소유자가 달라지게 된 경우에는 관습상의 법정지상권을 허용할 수 없다(대판 1999.3.26. 98다64189).

25

답 ⑤

정답 해설

⑤ (×) 명백히 정지조건부 기한이익 상실의 특약이라고 볼 만한 특별한 사정이 없는 이상 형성권적기한 이익 상실의 특약으로 추정하는 것이 타당하다. 이른바 형성권적 기한이익 상실의 특약이 있는 경우에는 그 특약은 채권자의 이익을 위한 것으로서 기한이익의 상실 사유가 발생하였다고 하더라도 채권자가 나머지 전액을 일시에 청구할 것인가 또는 종래대로 할부변제를 청구할 것인가를 자유로이 선택할 수 있으므로 이와 같은 기한이익 상실의 특약이 있는 할부채무에 있어서는 1회의 불이행이 있더라도 각 할부금에 대해 그 각 변제기의 도래시마다 그 때부터 순차로 소멸시효가 진행하고 채권자가 특히 잔존 채무 전액의 변제를 구하는 취지의 의사를 표시한 경우에 한하여 전액에 대하여 그 때부터 소멸시효가 진행한다(대판 1997.8.29. 97다12990).

오답 해설

① (○) 쌍무계약의 당사자 일방이 먼저 한 번 현실의 제공을 하고, 상대방을 수령지체에 빠지게 하였다고 하더라도 그 이행의 제공이 계속되지 않는 경우는 과거에 이행의 제공이 있었다는 사실만으로 상대방이 가지는 동시이행의 항변권이 소멸하는 것은 아니므로 일시적으로 당사자 일방의 의무의 이행 제공이 있었으나 곧 그 이행의 제공이 중지되어 더 이상 그 제공이 계속되지 아니하는 기간 동안에는 상대방의 의무가 이행지체상태에 빠졌다고 할 수는 없다고 할 것이고, 따라서 그 이행의 제공이 중지된 이후에 상대방의 의무가 이행지체되었음을 전제로 하는 손해배상청구도 할 수 없는 것이다(대판 1995.3.14. 94다26646).

② (○) 채무이행시기가 확정기한으로 되어 있는 경우에는 기한이 도래한 때로부터 지체책임이 있으나, 불확정기한으로 되어 있는 경우에는 채무자가 기한이 도래함을 안 때로부터 지체책임이 발생한다고 할 것인바, 이 사건 중도금 지급기일을 '1층 골조공사 완료시'로 정한 것은 중도금 지급의무의 이행기를 장래 도래할 시기가 확정되지 아니한 때, 즉 불확정기한으로 이행기를 정한 경우에 해당한다고 할 것이므로, 중도금지급의무의 이행지체의 책임을 지우기 위해서는 1층 골조공사가 완료된 것만으로는 부족하고 채무자인 원고가 그 완료 사실을 알아야 한다고 할 것이다(대판 2005.10.7. 2005다38546).

③ (○) 채무에 이행기의 정함이 없는 경우에는 채무자가 이행의 청구를 받은 다음 날부터 이행지체의 책임을 지는 것이나, 한편 지명채권이 양도된 경우 채무자에 대한 대항요건이 갖추어질 때까지 채권양수인은 채무자에게 대항할 수 없으므로 이행기의 정함이 없는 채권을 양수한 채권양수인이 채무자를 상대로 그 이행을 구하는 소를 제기하고 소송계속 중 채무자에 대한 채권양도통지가 이루어진 경우에는 특별한 사정이 없는 한 채무자는 채권양도통지가 도달된 다음 날부터 이행지체의 책임을 진다(대판 2014.4.10. 2012다29557).

④ (○) 채권자의 협력을 필요로 하는 추심채무는 채권자가 먼저 필요한 협력 또는 그 제공을 하여 이행을 최고한 경우에만 지체책임을 지므로, 매수인 乙이 매도인 甲의 영업소에 변제기 이후에 오지 않은 이상 매도인 甲은 지연에 따른 손해배상책임을 지지 않는다.

26

답 ④

정답 해설

④ (×) 채권액이 외국통화로 지정된 금전채권인 외화채권을 채권자가 대용급부의 권리를 행사하여 우리나라 통화로 환산하여 청구하는 경우 법원이 채무자에게 그 이행을 명함에 있어서는 채무자가 현실로 이행할 때에 가장 가까운 사실심 변론종결 당시의 외국환시세를 우리나라 통화로 환산하는 기준시로 삼아야 한다(대판 2007.7.12. 2007다13640).

오답 해설

① (○) 수임인이 위임사무를 처리함에 있어 받은 물건으로 위임인에게 인도한 목적물은 그것이 대체물이더라도 당사자 간에 있어서는 특정된 물건과 같은 것으로 보아야 한다(대판 1962.12.16. 67다1525).

② (○) 채무의 성질 또는 당사자의 의사표시로 변제장소를 정하지 아니한 때에는 특정물의 인도는 채권성립 당시에 그 물건이 있던 장소에서 하여야 한다(민법 제467조 제1항).

③ (○) 제한종류채권에서 급부목적물의 특정은, 원칙적으로 종류채권의 급부목적물의 특정에 관한 민법 제375조 제2항이 적용되므로, 채무자가 이행에 필요한 행위를 완료하거나 채권자의 동의를 얻어 이행할 물건을 지정한 때에는 그 물건이 채권의 목적물이 되지만, 당사자 사이에 지정권의 부여 및 지정의 방법에 관한 합의가 없고, 채무자가 이행에 필요한 행위를 하지 아니하거나 지정권자로 된 채무자가 이행할 물건을 지정하지 아니하는 경우에는, 선택채권의 선택권 이전에 관한 민법 제381조를 준용하여, 채권의 기한이 도래한 후 채권자가 상당한 기간을 정하여 지정권이 있는 채무자에게 그 지정을 최고하여도 채무자가 이행할 물건을 지정하지 않으면 지정권이 채권자에게 이전한다(대판 2009.1.30. 2006다37465).

⑤ (○) 계약상의 이자로서 이자제한법 소정의 제한이율을 초과하는 부분은 무효이고 이러한 제한초과의 이자에 대하여 준소비대차계약 또는 경개계약을 체결하더라도 그 초과 부분에 대하여는 효력이 생기지 아니한다(대판 1998.10.13. 98다17046).

27

답 ③

정답 해설

③ (×) 계약의 이행불능 여부는 사회통념에 의하여 이를 판정하여야 할 것인바, 임대차계약상의 임대인의 의무는 목적물을 사용수익케 할 의무로서 목적물에 대한 소유권 있음을 성립요건으로 하고 있지 아니하여 임대인이 소유권을 상실하였다는 이유만으로 그 의무가 불능하게 된 것이라고 단정할 수 없다(대판 1994.5.10. 93다37977).

오답 해설

① (○) 국토이용관리법상 토지거래허가구역 내에 있는 토지에 관하여 소유권 등 권리를 이전 또는 설정하는 내용의 거래계약은 관할 시장·군수 또는 구청장의 허가를 받아야만 효력이 발생하고 허가를 받기 전에는 물권적 효력은 물론 채권적 효력도 발생하지 아니하여 무효라고 보아야 할 것이므로, 따라서 허가받을 것을 전제로 하는 거래계약은 허가를 받을 때까지는 법률상 미완성의 법률행위로서 소유권 등 권리의 이전 또는 설정에 관한 거래의 효력이 전혀 발생하지 않으나 일단 허가를 받으면 그 계약은 소급하여 유효한 계약이 되고, 이와 달리 불허가가 된 때에 무효로 확정되므로 허가를 받기까지는 유동적 무효의 상태에 있다고 볼 것인바, 허가를 받을 것을 전제로 한 거래계약은 허가받기 전의 상태에서는 거래계약의 채권적 효력도 전혀 발생하지 않으므로 권리의 이전 또는 설정에 관한 어떠한 내용의 이행청구도 할 수 없고, 그러한 거래계약의 당사자로서는 허가받기 전의 상태에서 상대방의 거래계약상 채무불이행을 이유로 거래계약을 해제하거나 그로 인한 손해배상을 청구할 수 없다(대판 1997.7.25. 97다4357·4364).

② (○) 쌍무계약에 있어 당사자 일방이 부담하는 채무의 일부만이 채무자의 책임 있는 사유로 이행할 수 없게된 때에는, 그 이행이 불가능한 부분을 제외한 나머지 부분만의 이행으로는 계약의 목적을 달성할 수 없다면 채무의 이행은 전부가 불능이라고 보아야 할 것이므로, 채권자로서는 채무자에 대하여 계약 전부를 해제하거나 또는 채무 전부의 이행에 갈음하는 전보배상을 청구할 수 있을 뿐이지 이행이 가능한 부분만의 급부를 청구할 수는 없다(대판 1995.7.25. 95다5929).

④ (○) 매매목적물에 관하여 매도인의 다른 채권자가 강제경매를 신청하여 그 절차가 진행 중에 있다는 사유만으로는 아직 매도인이 그 목적물의 소유권을 취득할 수 없는 때에 해당한다고 할 수 없으므로 매수인은 이를 이유로 계약을 해제하거나 위약금의 청구를 할 수 없다고 할 것이고 그와 같은 법리는 매매목적물에 관하여 강제경매가 진행 중인데 대한 책임이 누구에게 있느냐에 따라 달라지는 것이 아니다(대판 1987.9.8. 87다카655).

⑤ (O) 쌍무계약의 당사자 일방이 상대방의 급부가 이행불능이 된 사정의 결과로 상대방이 취득한 대상에 대하여 급부청구권을 행사할 수 있다고 하더라도 그 당사자 일방이 대상청구권을 행사하려면 상대방에 대하여 반대급부를 이행할 의무가 있는바, 이 경우 당사자 일방의 반대급부도 그 전부가 이행불능이 되거나 그 일부가 이행불능이 되고 나머지 잔부의 이행만으로는 상대방의 계약목적을 달성할 수 없는 등 상대방에게 아무런 이익이 되지 않는다고 인정되는 때에는 상대방이 당사자 일방의 대상청구를 거부하는 것이 신의칙에 반한다고 볼 만한 특별한 사정이 없는 한 당사자 일방은 상대방에 대하여 대상청구권을 행사할 수 없다(대판 1996.6.25. 95다6601).

28

답 ④

정답 해설

④ (O) 중첩적 채무인수는 채권자와 채무인수인과의 합의가 있는 이상 채무자의 의사에 반하여서도 이루어질 수 있다(대판 1988.11.22. 87다카1836).

오답 해설

① (×) [1] 채무인수의 효력이 생기기 위하여 채권자의 승낙을 요하는 것은 면책적 채무인수의 경우에 한하고, 채무인수가 면책적인가 중첩적인가 하는 것은 채무인수계약에 나타난 당사자 의사의 해석에 관한 문제이다. [2] 채권자의 승낙에 의하여 채무인수의 효력이 생기는 경우, 채권자가 승낙을 거절하면 그 이후에는 채권자가 다시 승낙하여도 채무인수로서의 효력이 생기지 않는다(대판 1998.11.24. 98다33765).

② (×) 채무자와 인수인 사이의 계약에 의한 채무인수에 대하여 채권자는 명시적인 방법뿐만 아니라 묵시적인 방법으로도 승낙을 할 수 있는 것인데, 채권자가 직접 채무인수인에 대하여 인수채무금의 지급을 청구하였다면 그 지급청구로써 묵시적으로 채무인수를 승낙한 것으로 보아야 한다(대판 1989.11.14. 88다카29962).

③ (×) 민법 제454조는 제3자가 채무자와 계약으로 채무를 인수하여 채무자의 채무를 면하게 하는 면책적 채무인수의 경우에 채권자 승낙이 있어야 채권자에 대하여 효력이 생긴다고 규정하고 있으므로 채권자의 승낙이 없는 경우에는 채무자와 인수인 사이에서 면책적 채무인수 약정을 하더라도 이행인수 등으로서 효력밖에 갖지 못하며 채무자는 채무를 면하지 못한다(대판 2012.5.24. 2009다88303).

⑤ (×) 채무인수계약은 구채무자의 채무의 동일성을 유지하면서 신채무자가 이를 부담하는 것이므로 특별한 의사표시가 없으면 채무인수자의 구채무자에 대한 항변사유로서는 채권자에게 대항할 수는 없으나(대판 1966.11.29. 66다1861), 채무인수인은 전채무자의 항변할 수 있는 사유(채권의 성립·존속·이행을 저지·배척하는 모든 항변)로 채권자에게 대항할 수는 있다(민법 제458조).

29

답 ①

정답 해설

① (×) 건물의 공유자가 공동으로 건물을 임대하고 보증금을 수령한 경우, 특별한 사정이 없는 한 그 임대는 각자 공유지분을 임대한 것이 아니고 임대목적물을 다수의 당사자로서 공동으로 임대한 것이고 그 보증금 반환채무는 성질상 불가분채무에 해당된다고 보아야 할 것이다(대판 1998.12.8. 98다43137).

오답 해설

② (O) 불가분채권관계에서 각 채권자는 모든 채권자를 위해 전부의 이행을 청구할 수 있고, 채무자는 모든 채권자를 위해 각 채권자에게 전부를 이행할 수 있다(민법 제409조) 따라서 채권자 甲이 채무자 丙에게 이행을 청구하여 丙이 이행지체에 빠진 경우 丙은 乙에게도 이행지체 책임을 진다.

③ (O) 토지공유자는 특별한 사정이 없는 한 그 지분에 대응하는 비율의 범위 내에서만 그 차임상당의 부당이득금반환의 청구권을 행사할 수 있으므로(대판 1979.1.30. 78다2088), 부동산 공유자 甲과 乙은 그 부동산을 무단으로 점유한 丙에게 지분비율에 따른 부당이득반환청구권을 갖는다.

④ (O) 중첩적 채무인수에서 인수인이 채무자의 부탁 없이 채권자와의 계약으로 채무를 인수하는 것은 매우드문 일이므로 채무자와 인수인은 원칙적으로 주관적 공동관계가 있는 연대채무관계에 있고, 인수인이 채무자의 부탁을 받지 아니하여 주관적 공동관계가 없는 경우에는 부진정연대관계에 있는 것으로 보아야한다(대판 2009.8.20. 2009다32409).

⑤ (O) 2인 이상의 불가분채무자 또는 연대채무자(이하 '불가분채무자 등'이라 한다)가 있는 금전채권의 경우에, 그 불가분채무자 등 중 1인을 제3채무자로 한 채권압류 및 추심명령이 이루어지면 그 채권압류 및 추심명령을 송달받은 불가분채무자 등에 대한 피압류채권에 관한 이행의 소는 추심채권자만이 제기할 수 있고 추심채무자는 그 피압류채권에 대한 이행소송을 제기할 당사자적격을 상실하지만,

그 채권압류 및 추심명령의 제3채무자가 아닌 나머지 불가분채무자 등에 대하여는 추심채무자가 여전히 채권자로서 추심권한을 가지므로 나머지 불가분채무자 등을 상대로 이행을 청구할 수 있고, 이러한 법리는 위 금전채권 중 일부에 대하여만 채권압류 및 추심명령이 이루어진 경우에도 마찬가지이다(대판 2013.10.31. 2011다98426).

30 답 ④

정답 해설

④ (×) 채권의 일부 양도가 이루어지면 특별한 사정이 없는 한 각 분할된 부분에 대하여 독립한 분할채권이 성립하므로 그 채권에 대하여 양도인에 대한 반대채권으로 상계하고자 하는 채무자로서는 양도인을 비롯한 각 분할채권자 중 어느 누구도 상계의 상대방으로 지정하여 상계할 수 있고, 그러한 채무자의 상계 의사표시를 수령한 분할채권자는 제3자에 대한 대항요건을 갖춘 양수인이라 하더라도 양도인 또는 다른 양수인에 귀속된 부분에 대하여 먼저 상계되어야 한다거나 각 분할채권액의 채권 총액에 대한 비율에 따라 상계되어야 한다는 이의를 할 수 없다(대판 2002.2.8. 2000다50596).

오답 해설

① (○) 종전의 채권자가 채권의 추심 기타 행사를 위임하여 채권을 양도하였으나 양도의 '원인'이 되는 그 위임이 해지 등으로 효력이 소멸한 경우에 이로써 채권은 양도인에게 복귀하게 되고, 나아가 양수인은 그 양도의무계약의 해지로 인하여 양도인에 대하여 부담하는 원상회복의무의 한 내용으로 채무자에게 이를 통지할 의무를 부담한다(대판 2011.3.24. 2010다1007111).

② (○) 주채권과 보증인에 대한 채권의 귀속주체를 달리하는 것은 주채무자의 항변권으로 채권자에게 대항할 수 있는 보증인의 권리가 침해되는 등 보증채무의 부종성에 반하고, 주채권을 가지지 않는 자에게 보증채권만을 인정할 실익도 없기 때문에 주채권과 분리하여 보증채권만을 양도하기로 하는 약정은 그 효력이 없다(대판 2002.9.10. 2002다21509).

③ (○) 당사자 사이에 양도금지의 특약이 있는 채권이라도 압류 및 전부명령에 의하여 이전할 수 있고, 양도 금지의 특약이 있는 사실에 관하여 압류채권자가 선의인가 악의인가는 전부명령의 효력에 영향을 미치지 못한다(대판 1976.10.29. 76다1623).

⑤ (○) 채권양도의 통지와 가압류 또는 압류명령이 제3채무자에게 동시에 송달된 경우에도 제3채무자는 송달의 선후가 불명한 경우에 준하여 채권자를 알 수 없다는 이유로 변제공탁을 함으로써 법률관계의 불안으로부터 벗어날 수 있다(대판[전합] 1994.4.26. 93다24223).

31 답 ③

정답 해설

ㄱ. (○) 제3자가 착오로 타인의 채무를 자기의 채무로 오인하여 금전 등을 지급하였다면, 이는 제3자의 변제가 아닌 부당이득반환청구권의 문제이다. 제3자가 타인의 채무를 변제하여 그 채무를 소멸시키기 위하여는 제3자가 타인의 채무를 변제한다는 의사를 가지고 있었음을 요건으로 하고 이러한 의사는 타인의 채무변제임을 나타내는 변제지정을 통하여 표시되어야 할 것이지만, 채권자가 변제를 수령하면서 제3자가 타인의 채무를 변제하는 것이라는 사실을 인식하였다면 타인의 채무변제라는 지정이 있었다고 볼 수 있다(대판 2010.2.11. 2009다71558).

ㄹ. (○) 민법 제518조의 반대 해석상 지시채권증서 소지인 갑에 대한 을의 변제는 갑이 권리자 아님을 알았거나 중대한 과실로 알지 못한 경우를 제외하고 유효하다.

오답 해설

ㄴ. (×) 부동산의 매수인은 그 권리실현에 장애가 되는 그 부동산에 대한 담보권 등의 권리를 소멸시키기 위하여 매도인의 채무를 대신 변제할 법률상 이해관계 있는 제3자라고 볼 수 있다(대판 1995.3.24. 94다44620). 사례에서 부동산의 매수인 丙은 매도인 甲의 의사에 반하여 甲의 채무(공사대금채무)를 유치권자 乙에게 변제할 수 있다.

ㄷ. (×) 예금주의 대리인이라고 주장하는 자가 예금주의 통장과 인감을 소지하고 예금반환청구를 한 경우, 은행이 예금청구서에 나타난 인영과 비밀번호를 신고된 것과 대조 확인하는 외에 주민등록증을 통하여 예금주와 청구인의 호주가 동일인이라는 점까지 확인하여 예금을 지급하였다면 이는 채권의 준점유자에 대한 변제로서 유효하다(대판 2004.4.23. 2004다5389).

32
답 ⑤

정답 해설

⑤ (×) 사해행위 당시 어느 부동산이 가압류되어 있다는 사정은 채권자 평등의 원칙상 채권자의 공동담보로서 그 부동산의 가치에 아무런 영향을 미치지 아니하므로 가압류가 된 여부나 그 청구채권액의 다과에 관계없이 그 부동산 전부에 대하여 사해행위가 성립하고 따라서 사해행위 후 수익자 또는 전득자가 그 가압류 청구채권을 변제하거나 채권액 상당을 해방공탁하여 가압류를 해제시키거나 또는 그 집행을 취소시켰다 하더라도, 법원이 사해행위를 취소하면서 원상회복으로 원물반환 대신 가액배상을 명하여야 하거나, 다른 사정으로 가액배상을 명하는 경우에도 그 변제액을 공제할 것은 아니다(대판 2003.2.11. 2002다37474).

오답 해설

① (○) 채권자취소권을 행사하려면 채무자에 대하여 채권을 행사할 수 있음이 전제되어야 할 것인데 채권자의 채무자에 대한 소유권이전등기청구소송이나 손해배상 청구소송이 패소확정되어 행사할 수 없게 되었다면 소유권이전등기청구권이나 손해배상청구권을 행사하기 위하여 채무자의 제3자에 대한 소유권이전등기의 말소를 구하는 사해행위 취소청구도 인용될 수 없다(대판 1993.2.12. 92다25151).

② (○) 주채무자 또는 제3자 소유의 부동산에 대하여 채권자 앞으로 근저당권이 설정되어 채권자에게 우선변제권이 확보되어 있다면 그 범위 내에서는 채무자의 재산처분행위는 채권자를 해하지 아니하므로 그 담보물로부터 우선변제받을 액을 공제한 나머지 채권액에 대하여만 채권자취소권이 인정된다(대판 2002.4.12. 2000다63912).

③ (○) 채무자가 아무 채무도 없이 다른 사람을 위해 자신의 부동산에 관하여 근저당권을 설정함으로써 물상보증인이 되는 행위는 그 부동산의 담보가치만큼 채무자의 총재산에 감소를 가져오는 것이므로, 그 근저당권이 채권자의 가압류와 동순위의 효력밖에 없다 하여도 그 자체로 다른 채권자를 해하는 행위가 된다(대판 2010.6.24. 2010다20617).

④ (○) 채무자가 양도한 목적물에 담보권이 설정되어 있는 경우라면 그 목적물 중에서 일반채권자들의 공동담보에 제공되는 책임재산은 피담보채권액을 공제한 나머지 부분만이라 할 것이고 그 피담보채권액이 목적물의 가격을 초과하고 있는 때에는 당해 목적물의 양도는 사해행위에 해당한다고 할 수 없는데 여기서 공동저당권이 설정되어 있는 수 개의 부동산 중 일부가 양도된 경우에 있어서의 그 피담보채권액은 특별한 사정이 없는 한 민법 제368조의 규정 취지에 비추어 공동저당권의 목적으로 된 각 부동산의 가액에 비례하여 공동저당권의 피담보채권액을 안분한 금액이라고 보아야 한다(대판 2003.11.13. 2003다39989). 공동저당권(피담보채권액 3천만 원)이 설정되어 있는 채무자 乙의 X부동산(시가 6천만 원)과 Y부동산(시가 4천만 원) 중 X부동산이 丙에게 양도된 경우 그 피담보채권액은 특별한 사정이 없는 한 민법 제368조 제1항의 규정 취지에 비추어 공동저당권의 목적이 된 각 부동산의 가액에 비례하여 X부동산이 1천 8백만 원, Y부동산이 1천 2백만 원을 각각 안분하게 된다. 따라서 X부동산의 시가(6천만 원)에서 안분된 피담보채권액(1천 800만 원)을 공제한 4천 2백만 원의 범위 내에서 사해행위가 성립한다.

33
답 ②

정답 해설

② (×) 제3자를 위한 유상·쌍무계약의 경우 요약자는 낙약자의 채무불이행을 이유로 제3자의 동의없이 계약을 해제할 수 있으므로(대판 1970.2.24. 69다1410·1411), 요약자 甲은 수익자 丙의 동의없이 낙약자 乙의채무불이행을 이유로 계약을 해제할 수 있다.

오답 해설

① (○) 제3자를 위한 계약에 있어서, 제3자가 민법 제539조 제2항에 따라 수익의 의사표시를 함으로써 제3자에게 권리가 확정적으로 귀속된 경우에는, 요약자와 낙약자의 합의에 의하여 제3자의 권리를 변경·소멸시킬 수 있음을 미리 유보하였거나, 제3자의 동의가 있는 경우가 아니면 계약의 당사자인 요약자와 낙약자는 제3자의 권리를 변경·소멸시키지 못하고, 만일 계약의 당사자가 제3자의 권리를 임의로 변경·소멸시키는 행위를 한 경우 이는 제3자에 대하여 효력이 없다(대판 2002.1.25. 2001다30285).

③ (○) 제3자를 위한 계약의 체결 원인이 된 요약자와 제3자(수익자) 사이의 법률관계(이른바 대가관계)의 효력은 제3자를 위한 계약 자체는 물론 그에 기한 요약자와 낙약자 사이의 법률관계(이른바 기본관계)의 성립이나 효력에 영향을 미치지 아니하므로 낙약자는 요약자와 수익자 사이의 법률관계에 기한 항변으로 수익자에게 대항하지 못하고, 요약자도 대가관계의 부존재나 효력의 상실을 이유로 자신이 기본관계에 기하여 낙약자에게 부담하는 채무의 이행을 거부할 수 없다(대판 2003.12.11. 2003다49771).

④ (○) 제3자를 위한 계약에 있어서 수익의 의사표시를 한 수익자는 낙약자에게 직접 그 이행을 청구할 수 있을 뿐만 아니라 요약자가 계약을 해제한 경우에는 낙약자에게 자기가 입은 손해의 배상을 청구할 수 있다(대판 1994.8.12. 92다41559).

⑤ (○) 제3자를 위한 계약관계에서 낙약자와 요약자 사이의 법률관계(이른바 기본관계)를 이루는 계약이 무효이거나 해제된 경우 그 계약관계의 청산은 계약의 당사자인 낙약자와 요약자 사이에 이루어져야 하므로, 특별한 사정이 없는 한 낙약자가 이미 제3자에게 급부한 것이 있더라도 낙약자는 계약해제 등에 기한 원상회복 또는 부당이득을 원인으로 제3자를 상대로 그 반환을 구할 수 없다(대판 2010.8.19. 2010다31860·31877).

34

답 ③

정답 해설

③ (×) 계약이 의사의 불합치로 성립하지 아니한 경우 그로 인하여 손해를 입은 당사자가 상대방에게 부당이득반환청구 또는 불법행위로 인한 손해배상청구를 할 수 있는지는 별론으로 하고 상대방이 계약이 성립되지 아니할 수 있다는 것을 알았거나 알 수 있었음을 이유로 민법 제535조를 유추적용하여 계약체결상의 과실로 인한 손해배상청구를 할 수는 없다(대판 2017.11.14. 2015다10929).

오답 해설

① (○) 계약을 체결하는 행위자가 타인의 이름으로 법률행위를 한 경우에 행위자 또는 명의인 가운데 누구를 계약의 당사자로 볼 것인가에 관하여는 우선 행위자와 상대방의 의사가 일치하는 경우에는 그 일치한 의사대로 행위자 또는 명의인을 계약의 당사자로 확정하여야 하고 행위자와 상대방의 의사가 일치하지 아니하는 경우에는 그 계약의 성질, 내용, 목적, 체결 경위 등 그 계약 체결 전후의 구체적인 제반 사정을 토대로 상대방이 합리적인 사람이라면 행위자와 명의자 중 누구를 계약의 당사자로 이해할 것인가에 의하여 당사자를 결정하여야 한다(대판 1998.5.12. 97다36989).

② (○) 임대차는 사용·수익의 대가로 차임을 지급할 것을 필수요소로 하지만, 보증금의 수수는 임대차계약의 성립요소가 아니다. 보증금계약은 임대차의 종된 계약일 뿐이다.

④ (○) 매매계약에 있어서 그 목적물과 대금은 반드시 계약 체결 당시에 구체적으로 특정될 필요는 없고 이를 사후에라도 구체적으로 특정할 수 있는 방법과 기준이 정해져 있으면 족하다(대판 1997.1.24. 96다26176).

⑤ (○) 민법 제532조

35

답 ④

정답 해설

④ (×) 채무자가 어음의 반환이 없음을 이유로 원인채무의 변제를 거절할 수 있는 것은 채무자로 하여금 무조건적인 원인채무의 이행으로 인한 이중지급의 위험을 면하게 하려는 데에 그 목적이 있는 것이지 기존의 원인채권에 터잡은 이행청구권과 상대방의 어음 반환청구권이 민법 제536조에 정하는 쌍무계약상의 채권채무관계나 그와 유사한 대가관계가 있어서 그러는 것은 아니므로 원인채무 이행의무와 어음 반환의무가 동시이행의 관계에 있다 하더라도 이는 어음의 반환과 상환으로 하지 아니하면 지급을 할 필요가 없으므로 이를 거절할 수 있다는 것을 의미하는 것에 지나지 아니하는 것이며 따라서 채무자가 어음의 반환이 없음을 이유로 원인채무의 변제를 거절할 수 있는 권능을 가진다고 하여 채권자가 어음의 반환을 제공하지 아니하면 채무자에게 적법한 이행의 최고를 할 수 없다고 할 수는 없고 채무자는 원인채무의 이행기를 도과하면 원칙적으로 이행지체의 책임을 진다(대판 1999.7.9. 98다47542).

오답 해설

① (○) 부동산 매매계약에 있어 매수인이 부가가치세를 부담하기로 약정한 경우, 부가가치세를 매매대금과 별도로 지급하기로 했다는 등의 특별한 사정이 없는 한 부가가치세를 포함한 매매대금 전부와 부동산의 소유권이전등기의무가 동시이행의 관계에 있다고 봄이 상당하다(대판 2006.2.24. 2005다58656·58663).

② (○) 공사도급계약상 도급인의 지체상금채권과 수급인의 공사대금채권은 특별한 사정이 없는 한 동시이행의 관계에 있다고 할 수 없다(대판 2015.8.27. 2013다81224·81231).

③ (○) 구분소유적 공유관계가 해소되는 경우 공유지분권자 상호 간의 지분이전등기의무는 그 이행상 견련관계에 있다고 봄이 공평의 관념 및 신의칙에 부합하고, 또한 각 공유지분권자는 특별한 사정이 없는 한 제한이나 부담이 없는 완전한 지분소유권이전등기의무를 지므로 그 구분소유권 공유관계를 표상하는 공유지분에 근저당권설정등기 또는 압류, 가압류등기가 경료되어 있는 경우에는 그 공유지분권자로서는 그러한 각 등기도 말소하여 완전한 지분소유권이전등기를 해 주어야 한다. 따라서 구분소유적 공유관계가 해소되는 경우 쌍방의 지분소유권이전등기의무와 아울러 그러한 근저당권설정등기 등의 말소의무 또한 동시이행의 관계에 있다(대판 2008.6.26. 2004다329921).

⑤ (○) 동시이행의 관계에 있는 쌍방의 채무 중 어느 한 채무가 이행불능이 됨으로 인하여 발생한 손해배상채무도 여전히 다른 채무와 동시이행의 관계에 있다(대판 2000.2.25. 97다30066).

36

답 ①

정답 해설

① (×) 계약해제 시 반환할 금전에 가산할 이자에 관하여 당사자 사이에 약정이 있는 경우에는 특별한 사정이 없는 한 이행지체로 인한 지연손해금도 그 약정이율에 의하기로 하였다고 보는 것이 당사자의 의사에 부합한다. 다만 그 약정이율이 법정이율보다 낮은 경우에는 약정이율에 의하지 아니하고 법정이율에 의한 지연손해금을 청구할 수 있다고 봄이 타당하므로(대판 2013.4.26. 2011다50509) 약정이율 4%는 법정이율에 못미치므로 이행지체로 인한 지연손해금률은 법정이율 5%가 적용된다.

오답 해설

② (○) 매도인이 매수인의 중도금 지급채무불이행을 이유로 매매계약을 적법하게 해제한 후라도 매수인으로서는 상대방이 한 계약해제의 효과로서 발생하는 손해배상책임을 지거나 매매계약에 따른 계약금의 반환을 받을 수 없는 불이익을 면하기 위하여 착오를 이유로 한 취소권을 행사하여 위 매매계약 전체를 무효로 돌리게 할 수 있다(대판 1991.8.27. 91다11308).

③ (○) 민법 제548조 제1항 단서에서 말하는 제3자란 일반적으로 그 해제된 계약으로부터 생긴 법률효과를 기초로 하여 해제 전에 새로운 이해관계를 가졌을 뿐 아니라 등기, 인도 등으로 완전한 권리를 취득한 자를 말하는 것인데, 해제된 매매계약에 의하여 채무자의 책임재산이 된 부동산을 가압류 집행한 가압류채권자도 원칙상 위 조항 단서에서 말하는 제3자에 포함된다(대판 2005.1.14. 2003다33004).

④ (○) 과실상계는 본래 채무불이행 또는 불법행위로 인한 손해배상책임에 대하여 인정되는 것이고, 매매계약이 해제되어 소급적으로 효력을 잃은 결과 매매당사자에게 당해 계약에 기한 급부가 없었던 것과 동일한 재산상태를 회복시키기 위한 원상회복의무의 이행으로서 이미 지급한 매매대금 기타의 급부의 반환을 구하는 경우에는 적용되지 아니한다(대판 2014.3.13. 2013다34143).

⑤ (○) 매매계약에 있어 매수인이 중도금을 약정한 일자에 지급하지 아니하면 그 계약을 무효로 한다고 하는 특약이 있는 경우 매수인이 약정한 대로 중도금을 지급하지 아니하면 그 불이행 자체로써 계약은 그 일자에 자동적으로 해제된 것이라고 보아야 한다(대판 1988.12.20. 88다카132).

37

답 ⑤

정답 해설

⑤ (×) 공동불법행위자의 다른 공동불법행위자에 대한 구상권은 피해자의 다른 공동불법행위자에 대한 손해배상채권과는 그 발생 원인 및 성질을 달리하는 별개의 권리이고, 연대채무에 있어서 소멸시효의 절대적 효력에 관한 민법 제421조의 규정은 공동불법행위자 상호 간의 부진정연대채무에 대하여는 그 적용이 없으므로, 공동불법행위자 중 1인의 손해배상채무가 시효로 소멸한 후에 다른 공동불법행위자 1인이 피해자에게 자기의 부담 부분을 넘는 손해를 배상하였을 경우에도, 그 공동불법행위자는 다른 공동불법행위자에게 구상권을 행사 할 수 있다(대판 1997.12.23. 97다42830). 따라서 사례에서 병은 공동불법행위자 乙에게 구상권을 행사할 수 있다.

오답 해설

① (○) 수인이 공동의 불법행위로 타인에게 손해를 가한 때에는 연대하여 그 손해를 배상할 책임이 있다(민법 제760조 제1항). 이때 연대의 의미에 대해 통설과 판례(대판 1999.2.26. 98다52469 등)는 부진정연대채무로 본다.

② (○) 2인 이상의 공동불법행위로 인하여 호의동승한 사람이 피해를 입은 경우, 공동불법행위자 상호 간의 내부관계에서는 일정한 부담 부분이 있으나 피해자에 대한 관계에서는 부진정연대책임을 지므로 동승자가 입은 손해에 대한 배상액을 산정할 때에는 먼저 호의동승으로 인한 감액비율을 참작하여 공동불법행위자들이 동승자에 대하여 배상하여야 할 수액을 정하여야 한다(대판 2014.3.27. 2012다87263).

③ (○) 차량의 운전자가 현저하게 난폭운전을 한다거나 그 밖의 사유로 인하여 사고발생의 위험성이 상당한 정도로 우려된다는 것을 동승자가 인식할 수 있었다는 등의 특별한 사정이 없는 한, 단순한 차량의 동승자에게는 운전자에게 안전운행을 촉구할 주의의무가 있다고 할 수 없고, 특히 여러 사람이 탈 수 있는 승합자동차의 뒷좌석에 탄 동승인에 대하여는 그러한 주의의무의 인정에 신중을 기하여야 한다(대판 1994.9.13. 94다15332).

④ (○) 공동불법행위자는 채권자에 대한 관계에서는 부진정연대채무를 지되, 공동불법행위자들 내부관계에서는 일정한 부담 부분이 있고, 공동불법행위자 중 1인이 자기의 부담 부분 이상을 변제하여 공동의 면책을 얻게 하였을 때에는 다른 공동불법행위자에게 그 부담 부분의 비율에 따라 구상권을 행사할 수 있으므로 공동불법행위자가 구상권을 갖기 위하여는 반드시 피해자의 손해 전부를 배상하여야 할 필요는 없으나, 자기의 부담 부분을 초과하여 배상을 하여야 한다(대판 2006.2.9. 2005다28426). 사안의 경우

호의동승자 甲의 책임제한이 30%이므로, 공동불법행위자들인 乙과 丙의 배상책임액은 700만 원이며, 내부 부담부분은 乙이 140만 원(700만 원 (×) 2/10), 丙이 560만 원(700만 원 (×) 8/10)을 부담하게 된다. 丙은 자신의 부담부분인 560만 원을 초과한 600만 원을 변제했으므로 초과분인 40만 원에 대해 乙에게 구상권을 행사할 수 있다.

38

답 ②

정답 해설

ㄱ. (○) 완성된 건물 기타 토지의 공작물의 경우에는 하자가 중대한 경우에도 계약을 해제할 수 없으며(민법 제668조 단서), 손해배상을 청구할 수 있을 뿐이다. 단, 집합건물의 소유 및 관리에 관한 법률 제9조 제1항이 적용되는 집합건물의 분양계약에 있어서는 민법 제668조 단서가 준용되지 않고 따라서 수분양자는 집합건물의 완공 후에도 분양목적물의 하자로 인하여 계약의 목적을 달성할 수 없는 때에는 분양계약을 해제할 수 있다(대판 2003.11.14. 2002다2485).

ㄹ. (○) 건축도급계약 시 도급인과 수급인 사이에 준공기한 내에 공사를 완성하지 아니한 때에는 매 지체일수마다 계약에서 정한 지체상금율을 계약금액에 곱하여 산출한 금액을 지체상금으로 지급하도록 약정한 경우 이는 수급인이 완공예정일을 지나서 공사를 완료하였을 경우에 그 지체일수에 따른 손해배상의 예정을 약정한 것이지 공사도중에 도급계약이 해제되어 수급인이 공사를 완료하지 아니한 경우에는 지체상금을 논할 여지가 없다(대판 1989.9.12. 88다카15901 · 15918[반소]).

오답 해설

ㄴ. (×). 도급계약에 있어서 완성된 목적물에 하자가 있을 경우에 도급인은 수급인에게 그 하자의 보수나 하자의 보수에 갈음한 손해배상을 청구할 수 있으나, 다만 하자가 중요하지 아니하면서 동시에 보수에 과다한 비용을 요할 때에는 하자의 보수나 하자의 보수에 갈음하는 손해배상을 청구할 수는 없고 하자로 인하여 입은 손해의 배상만을 청구할 수 있다고 할 것이고, 이러한 경우 하자로 인하여 입은 통상의 손해는 특별한 사정이 없는 한 도급인이 하자 없이 시공하였을 경우의 목적물의 교환가치와 하자가 있는 현재의 상태대로의 교환가치와의 차액이 된다 할 것이므로 교환가치의 차액을 산출하기가 현실적으로 불가능한 경우의 통상의 손해는 하자 없이 시공하였을 경우의 시공비용과 하자 있는 상태대로의 시공비용의 차액이라고 봄이 상당하다(대판 1998.3.13. 97다54376).

ㄷ. (×) 수급인이 완공기한 내에 공사를 완성하지 못한 채 공사를 중단하고 계약이 해제된 결과 완공이 지연된 경우에 있어서 지체상금은 약정 준공일 다음날부터 발생하되 그 종기는 수급인이 공사를 중단하거나 기타 해제사유가 있어 도급인이 공사도급계약을 해제할 수 있었을 때(실제로 해제한 때가 아니다)부터 도급인이 다른 업자에게 맡겨서 공사를 완성할 수 있었던 시점까지이고, 수급인이 책임질 수 없는 사유로 인하여 공사가 지연된 경우에는 그 기간만큼 공제되어야 한다(대판 2010.1.28. 2009다41137).

39

답 ②

정답 해설

② (○) 이른바 '내적조합'이라는 일종의 특수한 조합으로 보기 위하여는 당사자의 내부관계에서는 조합관계가 있어야 할 것이고, 내부적인 조합관계가 있다고 하려면 서로 출자하여 공동사업을 경영할 것을 약정하여야하며 영리사업을 목적으로 하면서 당사자 중의 일부만이 이익을 분배받고 다른 자는 전혀 이익분배를 받지 않는 경우에는 조합관계(동업관계)라고 할 수 없다(대판 2000.7.7. 98다44666).

오답 해설

① (×) 어느 조합원이 출자의무를 이행하지 않은 경우 동업계약과 같은 조합계약에 있어서는 조합의 해산청구를 하거나 조합으로부터 탈퇴를 하거나 또는 다른 조합원을 제명할 수 있을 뿐이지 일반계약에 있어서처럼 조합계약을 해제하고 상대방에게 그로 인한 원상회복의 의무를 부담지울 수는 없다(대판 1994.5.13. 94다7157).

③ (×) 수인이 부동산을 공동으로 매수한 경우 매수인들 사이의 법률관계는 공유관계로서 단순한 공동매수인에 불과할 수도 있고, 수인을 조합원으로 하는 동업체에서 매수한 것일 수도 있는데 부동산의 공동매수인들이 전매차익을 얻으려는 '공동의 목적 달성'을 위하여 상호 협력한 것에 불과하고 이를 넘어 '공동사업을 경영할 목적'이 있었다고 인정되지 않는 경우 이들 사이의 법률관계는 공유관계에 불과할 뿐 민법상 조합관계에 있다고 볼 수 없다(대판 2012.8.30. 2010다39918).

④ (×) 민법 제714조는 "조합원의 지분에 대한 압류는 그 조합원의 장래의 이익배당 및 지분의 반환을 받을 권리에 대하여 효력이 있다."고 규정하여 조합원의 지분에 대한 압류를 허용하고 있으나, 여기에서의 조합원의 지분이란 전체로서의 조합재산에 대한 조합원 지분을 의미하는 것이고, 이와 달리 조합재산을 구성하는 개개의 재산에 대한 합유지분에 대하여는 압류 기타 강제집행의 대상으로 삼을 수 없다(대결 2007.11.30. 2005마1130).

⑤ (×) 조합원이 조합을 탈퇴할 권리는 그 성질상 조합계약의 해지권으로서 그의 일반재산을 구성하는 재산권의 일종이라 할 것이고 채권자대위가 허용되지 않는 일신전속적 권리라고는 할 수 없다. 따라서 채무자의 재산인 조합원 지분을 압류한 채권자는 당해 채무자가 속한 조합에 존속기간이 정하여져 있다거나 기타 채무자 본인의 조합탈퇴가 허용되지 아니하는 것과 같은 특별한 사유가 있지 않은 한 채권자대위권에 의하여 채무자의 조합 탈퇴의 의사표시를 대위행사할 수 있다(대결 2007.11.30. 2005마1130).

40

답 ①

정답 해설

① (×) 부동산매매계약에 있어서 실제면적이 계약면적에 미달하는 경우에는 그 매매가 수량지적매매에 해당할 때에 한하여 민법 제574조, 제572조에 의한 대금감액청구권을 행사함은 별론으로 하고, 그 매매계약이 그 미달 부분만큼 일부 무효임을 들어 이와 별도로 일반 부당이득반환청구를 하거나 그 부분의 원시적 불능을 이유로 민법 제535조가 규정하는 계약체결상의 과실에 따른 책임의 이행을 구할 수 없다(대판 2002.4.9. 99다47396).

오답 해설

② (○) 타인의 권리를 매매한 자가 권리이전을 할 수 없게 된 때에는 매도인은 선의의 매수인에 대하여 불능당시의 시가를 표준으로 그 계약이 완전히 이행된 것과 동일한 경제적 이익을 배상할 의무가 있다(대판[전합] 1967.5.18. 66다2618).

③ (○) 착오로 인한 취소 제도와 매도인의 하자담보책임 제도는 취지가 서로 다르고, 요건과 효과도 구별된다. 따라서 매매계약 내용의 중요 부분에 착오가 있는 경우 매수인은 매도인의 하자담보책임이 성립하는지와 상관없이 착오를 이유로 매매계약을 취소할 수 있다(대판 2018.9.13. 2015다78703).

④ (○) 민법 제581조, 제580조에 기한 매도인의 하자담보책임은 법이 특별히 인정한 무과실책임으로서 여기에 민법 제396조의 과실상계 규정이 준용될 수는 없다 하더라도 담보책임이 민법의 지도이념인 공평의 원칙에 입각한 것인 이상 하자 발생 및 그 확대에 가공한 매수인의 잘못을 참작하여 손해배상의 범위를 정함이 상당하다(대판 1995.6.30. 94다23920).

⑤ (○) 매매의 목적이 된 부동산에 설정된 저당권 또는 전세권의 행사로 인하여 매수인이 그 소유권을 취득할 수 없거나 취득한 소유권을 잃은 때에는 매수인은 선의·악의와 관계없이 계약을 해제할 수 있다(민법 제576조 제1항).

2020년 제57회 정답 및 해설

문제편 079p

01	02	03	04	05	06	07	08	09	10	11	12	13	14	15	16	17	18	19	20
③	①	④	③	①	②	③	④	④	⑤	②	⑤	⑤	③	②	①	③	①	③	④
21	22	23	24	25	26	27	28	29	30	31	32	33	34	35	36	37	38	39	40
⑤	②	②	③	③	④	④	①	⑤	⑤	②	①	②	②	⑤	①	④	④	⑤	①

01

답 ③

정답 해설

③ (×) 신용카드 가맹점이 미성년자와 신용구매계약을 체결할 당시 향후 그 미성년자가 법정대리인의 동의가 없었음을 들어 스스로 위 계약을 취소하지는 않으리라고 신뢰하였다 하더라도 그 신뢰가 객관적으로 정당한 것이라고 할 수 있을지 의문일 뿐만 아니라 그 미성년자가 가맹점의 이러한 신뢰에 반하여 취소권을 행사하는 것이 정의관념에 비추어 용인될 수 없는 정도의 상태라고 보기도 어려우며, 미성년자의 법률행위에 법정대리인의 동의를 요하도록 하는 것은 강행규정인데 위 규정에 반하여 이루어진 신용구매계약을 미성년자 스스로 취소하는 것을 신의칙 위반을 이유로 배척한다면, 이는 오히려 위 규정에 의해 배제하려는 결과를 실현시키는 셈이 되어 미성년자 제도의 입법 취지를 몰각시킬 우려가 있으므로 법정대리인의 동의 없이 신용구매 계약을 체결한 미성년자가 사후에 법정대리인의 동의 없음을 사유로 들어 이를 취소하는 것이 신의칙에 위배된 것이라고 할 수 없다(대판 2007.11.16. 2005다71659).

오답 해설

① (○) 실권 또는 실효의 법리는 법의 일반원리인 신의성실의 원칙에 바탕을 둔 파생원칙인 것이므로 공법관계 가운데 관리관계는 물론이고 권력관계에도 적용되어야 함을 배제할 수는 없다(대판 1988.4.27. 87누915).

② (○) 대판 1998.5.22. 96다24101

④ (○) 일반적으로 권리의 행사는 신의에 좇아 성실히 하여야 하고 권리는 남용하지 못하는 것이므로, 해제권을 갖는 자가 상당한 기간이 경과하도록 이를 행사하지 아니하여 상대방으로서도 이제는 그 권리가 행사되지 아니할 것이라고 신뢰할 만한 정당한 사유를 갖기에 이르러 그 후 새삼스럽게 이를 행사하는 것이 법질서 전체를 지배하는 신의성실의 원칙에 위반하는 것으로 인정되는 결과가 될 때에는 이른바 실효의 원칙에 따라 그 해제권의 행사가 허용되지 않는다(대판 1994.11.25. 94다12234).

⑤ (○) 신의성실의 원칙에 반하는 것 또는 권리남용은 강행규정에 위배되는 것이므로 당사자의 주장이 없더라도 법원은 직권으로 판단할 수 있다(대판 1989.9.29. 88다카17181).

02

답 ①

정답 해설

① (○) 법인이 그 대표자의 불법행위로 인하여 손해배상의 무를 지는 것은 그 대표자의 직무에 관한 행위로 인하여 손해가 발생한 것임을 요한다 할 것이나 그 직무에 관한 것이라는 의미는 행위의 외형상 법인의 대표자의 직무행위라고 인정할 수 있는 것이라면 설사 그것이 대표자 개인의 사리를 도모하기 위한 것이었거나 혹은 법령의 규정에 위배된 것이었다 하더라도 위의 직무에 관한 행위에 해당한다고 보아야 한다(대판 2004.2.27. 2003다15280).

오답 해설

② (×) 민법 제35조 법인의 불법행위책임은 사용자책임(민법 제756조 제1항 단서)과 달리, 선임·감독상 주의의무를 다하였음을 증명하여도 면책될 수 없다.

③ (×) 법인의 대표자가 그 직무에 관하여 타인에게 손해를 가함으로써 법인에 손해배상책임이 인정되는 경우에, 대표자의 행위가 제3자에 대한 불법행위를 구성한다면 그 대표자도 제3자에 대하여 손해배상책임을 면하지 못하며(민법 제35조 제1항), 또한 사원도 위 대표자와 공동으로 불법행위를 저질렀거나 이에 가담하였다고 볼 만한 사정이 있으면 제3자에 대하여 위 대표자와 연대하여 손해배상책임을 진다. 그러나 사원총회, 대의원총회, 이사회의 의결은 원칙적으로 법인의 내부행위에 불과하므로 특별한 사정이 없는 한 그 사항의 의결에 찬성하였다는 이유만으로 제3자의 채권을 침해한다거나 대표자의 행위에 가공 또는 방조한 자로서 제3자에 대하여 불법행위책임을 부담한다고 할 수는 없다(대판 2009.1.30. 2006다37465).

④ (×) 민법 제35조 제1항은 "법인은 이사 기타 대표자가 그 직무에 관하여 타인에게 가한 손해를 배상할 책임이 있다" 라고 정한다. 여기서 '법인의 대표자'에는 그 명칭이나 직위 여하, 또는 대표자로 등기되었는지 여부를 불문하고 당해 법인을 실질적으로 운영하면서 법인을 사실상 대표하여 법인의 사무를 집행하는 사람을 포함한다고 해석함이 상당하다(대판 2011.4.28. 2008다15438).

⑤ (×) 비법인사단의 대표자가 직무에 관하여 타인에게 손해를 가한 경우 그 사단은 민법 제35조 제1항의 유추적용에 의하여 그 손해를 배상할 책임이 있고, 비법인사단의 대표자의 행위가 대표자 개인의 사리를 도모하기 위한 것이었거나 혹은 법령의 규정에 위배된 것이었다 하더라도 외관상, 객관적으로 직무에 관한 행위라고 인정할 수 있다면 민법 제35조 제1항의 직무에 관한 행위에 해당한다 할 것이나, 한편 그 대표자의 행위가 직무에 관한 행위에 해당하지 아니함을 피해자 자신이 알았거나 또는 중대한 과실로 인하여 알지 못한 경우에는 비법인사단에게 손해배상책임을 물을 수 없다(대판 2008.1.18. 2005다34711).

03 답 ④

정답 해설

ㄴ. (○) 민법 제13조 제1항

ㄹ. (○) 민법 제14조의2 제2항

오답 해설

ㄱ. (×) 가정법원은 질병, 장애, 노령, 그 밖의 사유로 인한 정신적 제약으로 사무를 처리할 능력이 부족한 사람에 대하여 본인, 배우자, 4촌 이내의 친족, 미성년후견인, 미성년후견감독인, 성년후견인, 성년후견감독인, 특정후견인, 특정후견감독인, 검사 또는 지방자치단체의 장의 청구에 의하여 한정후견 개시의 심판을 한다(민법 제12조 제1항).

ㄷ. (×) 피특정후견인은 행위능력자로서의 행위능력이 제한되지 아니하므로, 특정후견인에게는 원칙적으로 동의권과 취소권이 인정되지 아니한다.

04 답 ③

정답 해설

③ (×) 매매계약서에 계약사항에 대한 이의가 생겼을 때에는 매도인의 해석에 따른다는 조항은 법원의 법률행위해석권을 구속하는 조항이라고 볼 수 없다(대판 1974.9.24. 74다1057).

오답 해설

① (○) 법원이 진정성립이 인정되는 처분문서를 해석함에 있어서는 특별한 사정이 없는 한 그 처분문서에 기재되어 있는 문언에 따라 당사자의 의사표시가 있었던 것으로 해석하여야 하는 것이나, 그 처분문서의 기재내용과 다른 특별한 명시적, 묵시적 약정이 있는 사실이 인정될 경우에 그 기재내용의 일부를 달리 인정하거나 작성자의 법률행위를 해석함에 있어서 경험칙과 논리법칙에 어긋나지 아니하는 범위 내에서 자유로운 심증으로 판단할 수 있다(대판 2003.4.8. 2001다38593).

② (○) 민법 제106조

④ (○), ⑤ (○) 계약당사자 쌍방이 모두 동일한 물건을 계약목적물로 삼았으나 계약서에는 착오로 다른 물건을 목적물로 기재한 경우 계약서에 기재된 물건이 아니라 쌍방 당사자의 의사합치가 있는 물건에 관하여 계약이 성립한 것으로 보아야 한다. 이러한 법리는 계약서를 작성하면서 계약상 지위에 관하여 당사자들의 합치된 의사와 달리 착오로 잘못 기재하였는데 계약 당사자들이 오류를 인지하지 못한 채 계약상 지위가 잘못 기재된 계약서에 그대로 기명날인이나 서명을 한 경우에도 동일하게 적용될 수 있다(대판 2018.7.26. 2016다242334).

05

답 ①

정답 해설

ㄱ. (○) 수사기관에서 참고인으로 진술하면서 자신이 잘 알지 못하는 내용에 대하여 허위의 진술을 하는 경우에 그 허위 진술행위가 범죄행위를 구성하지 않는다고 하여도 이러한 행위 자체는 국가사회의 일반적인 도덕관념이나 국가사회의 공공질서이익에 반하는 행위라고 볼 것이니, 그 급부의 상당성 여부를 판단할 필요 없이 허위 진술의 대가로 작성된 각서에 기한 급부의 약정은 민법 제103조 소정의 반사회적질서행위로 무효이다(대판 2001.4.24. 2000다71999).

오답 해설

ㄴ. (×) 강제집행을 면할 목적으로 부동산에 허위의 근저당권설정등기를 경료하는 행위는 민법 제103조의 선량한 풍속 기타 사회질서에 위반한 사항을 내용으로 하는 법률행위로 볼 수 없다(대판 2004.5.28. 2003다70041).

ㄷ. (×) 전통사찰의 주지직을 거액의 금품을 대가로 양도·양수하기로 하는 약정이 있음을 알고도 이를 묵인 혹은 방조한 상태에서 한 종교법인의 주지임명행위는 민법 제103조 소정의 반사회질서의 법률행위에 해당하지 않는다(대판 2001.2.9. 99다38613).

ㄹ. (×) 부동산의 이중매매가 반사회적 법률행위로서 무효가 되기 위하여는 매도인의 배임행위와 매수인이 매도인의 배임행위에 적극 가담한 행위로 이루어진 매매로서 그 적극가담하는 행위는 매수인이 다른 사람에게 매매목적물이 매도된 것을 안다는 것만으로는 부족하고, 적어도 그 매도사실을 알고도 매도를 요청하여 매매계약에 이르는 정도가 되어야 한다(대판 1994.3.11. 93다55289).

06

답 ②

정답 해설

② (×) 민법 제109조 제1항에 의하면 법률행위 내용의 중요 부분에 착오가 있는 경우 착오에 중대한 과실이 없는 표의자는 법률행위를 취소할 수 있고, 민법 제580조 제1항, 제575조 제1항에 의하면 매매의 목적물에 하자가 있는 경우 하자가 있는 사실을 과실 없이 알지 못한 매수인은 매도인에 대하여 하자담보책임을 물어 계약을 해제하거나 손해배상을 청구할 수 있다. 착오로 인한 취소 제도와 매도인의 하자담보책임 제도는 취지가 서로 다르고, 요건과 효과도 구별된다. 따라서 매매계약 내용의 중요 부분에 착오가 있는 경우 매수인은 매도인의 하자담보책임이 성립하는지와 상관없이 착오를 이유로 매매계약을 취소할 수 있다(대판 2018.9.13. 2015다78703).

오답 해설

③ (○) 매도인이 매수인의 중도금 지급 채무불이행을 이유로 매매계약을 적법하게 해제한 후라도 매수인으로서는 상대방이 한 계약해제의 효과로서 발생하는 손해배상책임을 지거나 매매계약에 따른 계약금의 반환을 받을 수 없는 불이익을 면하기 위하여 착오를 이유로 한 취소권을 행사하여 위 매매계약 전체를 무효로 돌리게 할 수 있다(대판 1991.8.27. 91다11308).

④ (○) 기망행위로 인하여 법률행위의 중요부분에 관하여 착오를 일으킨 경우뿐만 아니라 법률행위의 내용으로 표시되지 아니한 의사결정의 동기에 관하여 착오를 일으킨 경우에도 표의자는 그 법률행위를 사기에 의한 의사표시로서 취소할 수 있다(대판 1985.4.9. 85도167 참고).

⑤ (○) 의사표시는 법률행위의 내용의 중요부분에 착오가 있는 때에는 취소할 수 있다. 그러나 그 착오가 표의자의 중대한 과실로 인한 때에는 취소하지 못한다(제109조 제1항 참고).

07

답 ③

정답 해설

③ (×) 무권대리행위의 추인에 특별한 방식이 요구되는 것이 아니므로 명시적인 방법만 아니라 묵시적인 방법으로도 할 수 있고, 그 추인은 무권대리인 무권대리행위의 직접의 상대방 및 그 무권대리행위로 인한 권리 또는 법률관계의 승계인에 대하여도 할 수 있다(대판 1981.4.14. 80다2314).

오답 해설

① (○) 민법 제131조

② (○) 철회권은 무권대리인과 계약한 선의의 상대방에게만 인정되는 권리이다(민법 제134조).

④ (○) 추인 또는 거절의 의사표시는 상대방에 대하여 하지 아니하면 그 상대방에 대항하지 못한다. 그러나 상대방이 그 사실을 안 때에는 그러하지 아니하다(민법 제132조). 따라서 본인 甲이 무권대리인 乙에게 추인의 의사를 표시한 경우, 추인 사실을 알게 된 丙은 乙에게 한 매수의 의사표시를 철회할 수 없다.

⑤ (○) 무권대리인의 상대방에 대한 책임은 상대방의 선의·무과실을 전제로 한다(민법 제135조 제2항). 이는 무권대리인의 무과실책임에 관한 원칙규정인 제1항에 대한 예외규정이므로 상대방이 대리권이 없음을 알았다는 사실 또는 알 수 있었는데도 알지 못하였다는 사실에 관한 주장·증명책임은 무권대리인에게 있다(대판 2018.6.28. 2018다210775).

08

답 ④

정답 해설

④ (×) 제126조의 표현대리는 문제된 법률행위와 수여받은 대리권 사이에 아무런 관계가 없는 경우에도 적용이 있다(대판 1963.11.21. 63다418).

오답 해설

① (○) 민법 제125조의 표현대리에 해당하기 위하여는 상대방은 선의·무과실이어야 하므로 상대방에게 과실이 있다면 제125조의 표현대리를 주장할 수 없다(대판 1997.3.25. 96다51271). 따라서 甲은 선의·무과실인 丙에게 민법 제125조의 표현대리책임을 진다.

② (○) 민법 제126조의 표현대리가 성립하기 위해서는, 무권대리인에게 법률행위에 관한 기본대리권이 있어야 한다. 민법 제125조나 제129조의 표현대리성립범위를 넘는 법률행위를 한 경우, 민법 제126조의 표현대리 성립이 인정될 수 있는지에 대하여 견해의 대립이 있으나, 판례(대판 2008.1.31. 2007다74713)는 민법 제129조의 표현대리 권한을 넘는 대리행위에 관하여 민법 제126조의 표현대리 성립이 가능하다고 보았는데, 이때 상대방이 그 대리권의 존재를 믿었고 또한 그렇게 믿은 데에 과실이 없었음을 의미하는 정당한 이유가 있어야 한다.

③ (○) 대리인이 사자 내지 임의로 선임한 복대리인을 통하여 권한 외의 법률행위를 한 경우, 상대방이 그 행위자를 대리권을 가진 대리인으로 믿었고 또한 그렇게 믿는 데에 정당한 이유가 있는 때에는, 복대리인선임권이 없는 대리인에 의하여 선임된 복대리인의 권한도 기본대리권이 될 수 있을 뿐만 아니라, 그 행위자가 사자라고 하더라도 대리행위의 주체가 되는 대리인이 별도로 있고 그들에게 본인으로부터 기본대리권이 수여된 이상, 민법 제126조를 적용함에 있어서 기본대리권의 흠결문제는 생기지 않는다(대판 1998.3.27. 97다48982).

⑤ (○) 민법 제126조에서 말하는 권한을 넘은 표현대리의 효과를 주장하려면 자칭 대리인이 본인을 위한다는 의사를 명시 또는 묵시적으로 표시하거나 대리의사를 가지고 권한 외의 행위를 하는 경우에 상대방이 자칭 대리인에게 대리권이 있다고 믿고 그와 같이 믿는 데 정당한 이유가 있을 것을 요건으로 하는 것인바, 여기서 정당한 이유의 존부는 자칭 대리인의 대리행위가 행하여질 때에 존재하는 모든 사정을 객관적으로 관찰하여 판단하여야 한다(대판 2009.11.12. 2009다46828).

09

답 ④

정답 해설

④ (○) 조건이 법률행위의 당시에 이미 성취할 수 없는 것인 경우에는 그 조건이 해제조건이면 조건 없는 법률행위로 하고 정지조건이면 그 법률행위는 무효로 한다(민법 제151조 제3항).

오답 해설

① (×) 조건부 법률행위는 조건이 성취된 때로부터 그 효력이 발생·소멸한다(민법 제147조 제1항·제2항). 단, 이는 임의규정에 불과하므로, 당사자가 조건성취의 효력을 그 성취 전에 소급하게 할 의사를 표시한 때에는, 그 조건성취의 효력은 예외적으로 소급효를 갖는다(민법 제147조 제3항).

② (×) 조건부 법률행위에 있어 조건의 내용 자체가 불법적인 것이어서 무효일 경우 또는 조건을 붙이는 것이 허용되지 아니하는 법률행위에 조건을 붙인 경우 그 조건만을 분리하여 무효로 할 수는 없고 그 법률행위 전부가 무효로 된다(대판 2005.11.8. 2005마541).

③ (×) 조건의 성취가 미정한 권리의무는 일반규정에 의하여 처분, 상속, 보존 또는 담보로 할 수 있다(민법 제149조).

⑤ (×) 행위자의 일방적 의사표시에 따라 효력이 발생하는 단독행위에는 원칙적으로 조건을 붙일 수 없으므로, 상계의 의사표시에는 조건을 붙이지 못한다(민법 제493조 제1항).

10

답 ⑤

정답 해설

④ (○), ⑤ (×) 민법 제168조 제1호 제170조 제1항에서 시효중단사유의 하나로 규정하고 있는 재판상의 청구란 통상적으로는 권리자가 원고로서 시효를 주장하는 자를 피고로 하여 소송물인 권리를 소의 형식으로 주장하는 경우를 가리키나, 이와 반대로 시효를 주장하는 자가 원고가 되어 소를 제기한 데 대하여 피고로서 응소하여 소송에서 적극적으로 권리를 주장하고 그것이 받아들여진 경우도 이에 포함되고, 위와 같은 응소행위로 인한 시효중단의 효력은 피고가 현실적으로 권리를 행사하여 응소한 때에 발생하지만 권리자인 피고가 응소하여 권리를 주장하였으나 소가 각하되거나 취하되는 등의 사유로 본안에서 권리주장에 관한 판단 없이 소송이 종료된 경우에는 민법 제170조 제2항을 유추적용하여 그때부터 6월 이내에 재판상의 청구 등 다른 시효중단조치를 취한 경우에 한하여 응소 시에 소급하여 시효중단의 효력이 있다고 보아야 한다(대판 2012.1.12. 2011다78606).

오답 해설

① (○) 민법 제169조

② (○) 민법 제440조

③ (○) 채권자의 신청에 의한 경매개시결정에 따라 연대채무자 1인의 소유 부동산이 압류된 경우, 이로써 위 채무자에 대한 채권의 소멸시효는 중단되지만, 압류에 의한 시효중단의 효력은 다른 연대채무자에게 미치지 아니하므로, 경매개시결정에 의한 시효중단의 효력을 다른 연대채무자에 대하여 주장할 수 없다(대판 2001.8.21. 2001다22840).

11

답 ②

정답 해설

② (×), ③ (○), ④ (○) 어떠한 계약의 체결에 관한 대리권을 수여받은 대리인이 수권된 법률행위를 하게되면 그것으로 대리권의 원인된 법률관계는 원칙적으로 목적을 달성하여 종료하는 것이고, 법률행위에 의하여 수여된 대리권은 그 원인된 법률관계의 종료에 의하여 소멸하는 것이므로(민법 제128조), 그 계약을 대리하여 체결하였던 대리인이 체결된 계약의 해제 등 일체의 처분권과 상대방의 의사를 수령할 권한까지 가지고 있다고 볼 수는 없다(대판 2008.6.12. 2008다11276).

오답 해설

① (○) 부동산의 소유자로부터 매매계약을 체결할 대리권을 수여받은 대리인은 특별한 다른 사정이 없는 한 그 매매계약에서 약정한 바에 따라 중도금이나 잔금을 수령할 수도 있다고 보아야 하고, 매매계약의 체결과 이행에 관하여 포괄적으로 대리권을 수여받은 대리인은 특별한 다른 사정이 없는 한 상대방에 대하여 약정된 매매대금지급기일을 연기하여 줄 권한도 가진다고 보아야 할 것이다(대판 1992.4.14. 91다43107).

⑤ (○) 계약상 채무의 불이행을 이유로 계약이 상대방당사자에 의하여 유효하게 해제되었다면, 해제로 인한 원상회복의무는 대리인이 아니라 계약의 당사자인 본인이 부담한다. 이는 본인이 대리인으로부터 그 수령한 급부를 현실적으로 인도받지 못하였다거나 해제의 원인이 된 계약상 채무의 불이행에 관하여 대리인에게 책임 있는 사유가 있다고 하여도 다른 특별한 사정이 없는 한 마찬가지라고 할 것이다(대판 2011.8.18. 2011다30871).

12

답 ⑤

정답 해설

⑤ (×) 부작위를 목적으로 하는 채권의 소멸시효는 위반행위를 한 때로부터 진행한다(민법 제166조 제2항).

오답 해설

① (○) 민법 제166조 제1항

② (○) 소멸시효는 권리를 행사할 수 있는 때부터 진행한다(민법 제166조). 확정기한부 채권은 확정기한이 도래한 때가 소멸시효의 기산점이다.

③ (○) 불확정기한부 채권은 불확정기한이 객관적으로 도래한 때가 소멸시효의 기산점이다.

④ (○) 매매로 인한 부동산소유권이전채무가 이행불능됨으로써 매수인이 매도인에 대하여 갖게 되는 손해배상채권은 그 부동산소유권의 이전채무가 이행불능된 때에 발생하는 것이고 그 계약체결일에 생기는 것은 아니므로 위 손해배상채권의 소멸시효는 계약체결일 아닌 소유권이전채무가 이행불능된 때부터 진행한다(대판 1990.11.9. 90다카22513).

13

답 ⑤

정답 해설

⑤ (×) 근저당권자가 소유권을 취득하면 그 근저당권은 혼동에 의하여 소멸하지만 그 뒤 그 소유권취득이 무효인 것이 밝혀지면 소멸하였던 근저당권은 당연히 부활한다(대판 1971.8.31. 71다1386).

오답 해설

① (○) 합유지분 포기가 적법하다면 그 포기된 합유지분은 나머지 잔존 합유지분권자들에게 균분으로 귀속하게 되지만 그와 같은 물권변동은 합유지분권의 포기라고 하는 법률행위에 의한 것이므로 등기하여야 효력이 있고 지분을 포기한 합유지분권자로부터 잔존 합유지분권자들에게 합유지분권 이전등기가 이루어지지 아니하는 한 지분을 포기한 지분권자는 제3자에 대하여 여전히 합유지분권자로서의 지위를 가지고 있다고 보아야 한다(대판 1997.9.9. 96다16896).

② (○) 한 물건에 대한 소유권과 제한물권이 한 사람에게 돌아갔을 때는 제한물권은 소멸하는 것이 원칙이나 그 물건이 제3자의 권리 목적으로 되어 있고 또한 제3자의 권리가 혼동된 제한물권보다 아래순위에 있을 때에는 혼동된 제한물권이 소멸하지 아니한다(대판 1999.4.13. 98도4022).

③ (○) 부동산에 대한 소유권과 임차권이 동일인에게 귀속하게 되는 경우 임차권은 혼동에 의하여 소멸하는 것이 원칙이지만, 그 임차권이 대항요건을 갖추고 있고 또한 그 대항요건을 갖춘 후에 저당권이 설정된 때에는 혼동으로 인한 물권소멸 원칙의 예외 규정인 민법 제191조 제1항 단서를 준용하여 임차권은 소멸하지 않는다(대판 2001.5.15. 2000다12693).

④ (○) 민법 제371조 제2항

14

답 ③

정답 해설

③ (×) 토지에 대한 취득시효 완성으로 인한 소유권이전등기청구권은 그 토지에 대한 점유가 계속되는 한 시효로 소멸하지 아니하고, 그 후 점유를 상실하였다고 하더라도 이를 시효이익의 포기로 볼 수 있는 경우가 아닌 한 이미 취득한 소유권이전등기청구권은 바로 소멸되는 것은 아니나, 취득시효가 완성된 점유자가 점유를 상실한 경우 취득시효 완성으로 인한 소유권이전등기청구권의 소멸시효는 이와 별개의 문제로서 그 점유자가 점유를 상실한 때로부터 10년간 등기청구권을 행사하지 아니하면 소멸시효가 완성한다(대판 1996.3.8. 95다34866).

오답 해설

① (○), ② (○) 부동산의 매매로 인한 소유권이전등기청구권은 물권의 이전을 목적으로 하는 매매의 효과로서 매도인이 부담하는 재산권이전의무의 한 내용을 이루는 것이고, 매도인이 물권행위의 성립요건을 갖추도록 의무를 부담하는 경우에 발생하는 채권적 청구권으로 그 이행과정에 신뢰관계가 따르므로, 소유권이전등기청구권을 매수인으로부터 양도받은 양수인은 매도인이 그 양도에 대하여 동의하지 않고 있다면 매도인에 대하여 채권양도를 원인으로 하여 소유권이전등기절차의 이행을 청구할 수 없고, 따라서 매매로 인한 소유권이전등기청구권은 특별한 사정이 없는 이상 그 권리의 성질상 양도가 제한되고 그 양도에 채무자의 승낙이나 동의를 요한다고 할 것이므로 통상의 채권양도와 달리 양도인의 채무자에 대한 통지만으로는 채무자에 대한 대항력이 생기지 않으며 반드시 채무자의 동의나 승낙을 받아야 대항력이 생긴다(대판 2005.3.10. 2004다67653).

④ (○) 취득시효완성으로 인한 소유권이전등기청구권은 채권자와 채무자 사이에 아무런 계약관계나 신뢰관계가 없고, 그에 따라 채권자가 채무자에게 반대급부로 부담하여야 하는 의무도 없다. 따라서 취득시효완성으로 인한 소유권이전등기청구권의 양도의 경우에는 매매로 인한 소유권이전등기청구권에 관한 양도제한의 법리가 적용되지 않는다(대판 2018.7.12. 2015다36167).

⑤ (○) 부동산의 매수인이 그 부동산을 인도받은 이상 이를 사용·수익하다가 그 부동산에 대한 보다 적극적인 권리 행사의 일환으로 다른 사람에게 그 부동산을 처분하고 그 점유를 승계하여 준 경우에도 그 이전등기청구권의 행사 여부에 관하여 그가 그 부동산을 스스로 계속 사용·수익만 하고 있는 경우와 특별히 다를 바 없으므로 위 두 어느 경우에나 이전등기청구권의 소멸시효는 진행되지 않는다고 보아야 한다(대판[전합] 1999.3.18. 98다32175).

15

답 ②

정답 해설

② (×) 소유권이전청구권 보전을 위한 가등기가 있다 하여 소유권이전등기를 청구할 어떤 법률관계가 있다고 추정되지 아니한다(대판 1979.5.22. 79다239).

오답 해설

① (○) 전 등기명의인이 미성년자이고 당해 부동산을 친권자에게 증여하는 행위가 이해상반행위라 하더라도 일단 친권자에게 이전등기가 경료된 이상, 특별한 사정이 없는 한, 그 이전등기에 관하여 필요한 절차를 적법하게 거친 것으로 추정된다(대판 2002.2.5. 2001다72029).

③ (○) 건물의 보존등기는 그 명의자가 신축한 것이 아니라면 그 등기의 권리추정력은 깨어진다 할 것이고, 그 명의자 스스로 적법하게 그 소유권을 양도받게 된 사실을 입증할 책임이 있다(대판 1995.11.10. 95다13685).

④ (○) 등기는 물권의 효력발생요건이고 존속요건은 아니어서 등기가 원인 없이 말소된 경우에는 그 물권의 효력에 아무런 영향이 없고, 그 회복등기가 마쳐지기 전이라도 말소된 등기의 등기명의인은 적법한 권리자로 추정된다(대판 2002.10.22. 2000다59678).

⑤ (○) 소유권보존등기의 추정력은 그 보존등기명의인 이외의 자가 당해 토지를 사정받은 것으로 밝혀지면 깨어진다(대판 1995.4.28. 94다23524).

16

답 ①

정답 해설

① (×) 민법 제197조에 의하여 점유자는 선의로 점유한 것으로 추정되고, 권원 없는 점유였음이 밝혀졌다고 하여 곧 그 동안의 점유에 대한 선의의 추정이 깨어졌다고 볼 것은 아니다(대판 2000.3.10. 99다63350).

오답 해설

② (○) 민법 제197조 제2항

③ (○) 선의의 점유자도 과실취득권이 있다 하여 불법행위로 인한 손해배상책임이 배제되는 것은 아니다(대판 1966.7.19. 66다994).

④ (○) 타인 소유물을 권원 없이 점유함으로써 얻은 사용이익을 반환하는 경우 민법은 선의 점유자를 보호하기 위하여 제201조 제1항을 두어 선의 점유자에게 과실수취권을 인정함에 대하여, 이러한 보호의 필요성이 없는 악의 점유자에 관하여는 민법 제201조 제2항을 두어 과실수취권이 인정되지 않는다는 취지를 규정하는 것으로 해석되는바, 따라서 악의 수익자가 반환하여야 할 범위는 민법 제748조 제2항에 따라 정하여지는 결과 그는 받은 이익에 이자를 붙여 반환하여야 하며, 위 이자의 이행지체로 인한 지연손해금도 지급하여야 한다(대판 2003.11.14. 2001다61869).

⑤ (○) 악의의 점유자는 수취한 과실을 반환하여야 하며 소비하였거나 과실로 인하여 훼손 또는 수취하지 못한 경우에는 그 과실의 대가를 보상하여야 한다(민법 제201조 제2항).

17

답 ③

정답 해설

③ (×) 분할로 인하여 공로에 통하지 못하는 토지가 있는 때에는 그 토지소유자는 공로에 출입하기 위하여 다른 분할자의 토지를 통행할 수 있다. 이 경우에는 보상의 의무가 없다(민법 제220조 제1항 참고).

오답 해설

① (○) 민법 제228조

② (○) 민법 제216조 제1항 본문

④ (○) 민법 제226조

⑤ (○) 민법 제230조 제1항

18

답 ①

정답 해설

① (×) 명의신탁자와 명의수탁자가 계약명의신탁약정을 맺고 명의수탁자가 당사자가 되어 매도인과 부동산에 관한 매매계약을 체결하는 경우 그 계약과 등기의 효력은 매매계약을 체결할 당시 매도인의 인식을 기준으로 판단해야 하고, 매도인이 계약 체결 이후에 명의신탁약정 사실을 알게 되었다고 하더라도 위 계약과 등기의 효력에는 영향이 없다. 매도인이 계약 체결 이후 명의신탁약정 사실을 알게 되었다는 우연한 사정으로 인해서 위와 같이 유효하게 성립한 매매계약이 소급적으로 무효로 된다고 볼 근거가 없다. 만일 매도인이 계약체결 이후 명의신탁약정 사실을 알게 되었다는 사정을 들어 매매계약의 효력을 다툴 수 있도록 한다면 매도인의 선택에 따라서 매매계약의 효력이 좌우되는 부당한 결과를 가져올 것이다(대판 2018.4.10. 2017다257715).

오답 해설

② (○) 수탁자 乙은 계약당사자의 지위에서 매도인 丙과 매매계약을 체결하였으므로, 위 명의신탁은 계약명의신탁에 해당한다.

③ (○), ④ (○) [1] 부동산 실권리자명의 등기에 관한 법률 제4조에 따르면 부동산에 관한 명의신탁약정과 그에 따른 부동산물권 변동은 무효이고, 다만 부동산에 관한 물권을 취득하기 위한 계약에서 명의수탁자가 어느 한쪽 당사자가 되고 상대방당사자는 명의신탁약정이 있다는 사실을 알지 못한 경우 명의수탁자는 부동산의 완전한 소유권을 취득하되 명의신탁자에 대하여 부당이득반환의무를 부담하게 될 뿐이다(대판 2019.6.13. 2017다246180). [2] 부동산경매절차에서 부동산을 매수하려는 사람이 다른 사람과의 명의신탁 약정 아래 그 사람의 명의로 매각허가결정을 받아 자신의 부담으로 매수대금을 완납한 경우, 경매목적 부동산의 소유권은 매수대금의 부담 여부와는 관계없이 그 명의인이 취득하게 되고, 매수대금을 부담한 명의신탁자와 명의를 빌려준 명의수탁자 사이의 명의신탁약정은 부동산 실권리자명의 등기에 관한 법률 제4조 제1항에 의하여 무효이므로, 명의신탁자는 명의수탁자에 대하여 그 부동산 자체의 반환을 구할 수는 없고 명의수탁자에게 제공한 매수대금에 상당하는 금액의 부당이득반환청구권을 가질 뿐이다(대판 2009.9.10. 2006다73102).

⑤ (○) 이른바 계약명의신탁약정을 맺고 명의수탁자가 당사자가 되어 명의신탁약정이 있다는 사실을 알고 있는 소유자와 부동산에 관한 매매계약을 체결한 후 매매계약에 따라 부동산의 소유권이전등기를 명의수탁자 명의로 마친 경우에는 부동산 실권리자명의 등기에 관한 법률(이하 '부동산실명법'이라 한다) 제4조 제2항 본문에 의하여 수탁자 명의의 소유권이전등기는 무효이고 부동산의 소유권은 매도인이 그대로 보유하게 된다(대판 2012.11.29. 2011도7361). 따라서 매도인 丙은 수탁자 乙에게 매매계약의 무효를 이유로 위 등기의 말소를 구할 수 있다.

19

답 ③

정답 해설

③ (○) 채무불이행에 의한 손해배상청구권은 원채권의 연장이라 보아야 할 것이므로 "물건과 원채권과 사이에 견련관계가 있는 경우에는 그 손해배상채권과 그 물건과의 사이에도 견련관계가 있다."할 것으로서 손해배상채권수급인의 공사잔금채권에 대한 지연손해금채권에 관하여 유치권항변을 내세울 수 있다(대판 1976.9.28. 76다582).

오답 해설

① (×) 건물의 신축공사를 한 수급인이 그 건물을 점유하고 있고 또 그 건물에 관하여 생긴 공사금채권이 있다면, 수급인은 그 채권을 변제받을 때까지 건물을 유치할 권리가 있다고 할 것이나(대판 1995.9.15. 95다16202·16219), 건물의 신축공사를 도급받은 수급인이 사회통념상 독립한 건물이라고 볼 수 없는 정착물을 토지에 설치한 상태에서 공사가 중단된 경우에 위 정착물은 토지의 부합물에 불과하여 이러한 정착물에 대하여 유치권을 행사할 수 없는 것이고, 또한 공사중단 시까지 발생한 공사금채권은 토지에 관하여 생긴 것이 아니므로 위 공사금채권에 기하여 토지에 대하여 유치권을 행사할 수도 없는 것이다(대판 2008.5.30. 2007마98).

② (×) 부동산경매절차에서의 매수인은 민사집행법 제91조 제5항에 따라 유치권자에게 그 유치권으로 담보하는 채권을 변제할 책임이 있는 것이 원칙이나, 채무자 소유의 건물 등 부동산에 경매개시결정의 기입등기가 경료되어 압류의 효력이 발생한 후에 채무자가 위 부동산에 관한 공사대금채권자에게 그 점유를 이전함으로써 그로 하여금 유치권을 취득하게 한 경우, 그와 같은 점유의 이전은 목적물의 교환가치를 감소시킬 우려가 있는 처분행위에 해당하여 민사집행법 제92조 제1항, 제83조 제4항에 따른 압류의 처분금지효에 저촉되므로 점유자로서는 위 유치권을 내세워 그 부동산에 관한 경매절차의 매수인에게 대항할 수 없다. 그러나 이러한 법리는 경매로 인한 압류의 효력이 발생하기 전에 유치권을 취득한 경우에는 적용되지 아니하고, 유치권취득시기가 근저당권 설정 후라거나 유치권 취득 전에 설정된 근저당권에 기하여 경매절차가 개시되었다고 하여 달리 볼 것은 아니다(대판 2009.1.15. 2008다70763). 따라서 甲은 경매절차의 매수인에게 유치권을 내세워 대항할 수 없다.

④ (×) 임대인과 임차인 사이에 건물명도 시 권리금을 반환하기로 하는 약정이 있었다 하더라도 그와 같은 권리금반환청구권은 건물에 관하여 생긴 채권이라 할 수 없으므로 그와 같은 채권을 가지고 건물에 대한 유치권을 행사할 수 없다(대판 1994.10.14. 93다62119).

⑤ (×) 부동산매도인이 매매대금을 다 지급받지 아니한 상태에서 매수인에게 소유권이전등기를 마쳐 주어 목적물의 소유권을 매수인에게 이전한 경우에는, 매도인의 목적물 인도의무에 관하여 동시이행의 항변권 외에 물권적 권리인 유치권까지 인정할 것은 아니다. 왜냐하면 법률행위로 인한 부동산물권 변동의 요건으로 등기를 요구함으로써 물권관계의 명확화 및 거래의 안전·원활을 꾀하는 우리 민법의 기본정신에 비추어 볼 때, 만일 이를 인정한다면 매도인은 등기에 의하여 매수인에게 소유권을 이전하였음에도 매수인 또는 그의 처분에 기하여 소유권을 취득한

제3자에 대하여 소유권에 속하는 대세적인 점유의 권능을 여전히 보유하게 되는 결과가 되어 부당하기 때문이다. 또한 매도인으로서는 자신이 원래 가지는 동시이행의 항변권을 행사하지 아니하고 자신의 소유권이전의무를 선이행함으로써 매수인에게 소유권을 넘겨준 것이므로 그에 필연적으로 부수하는 위험은 스스로 감수하여야 한다. 따라서 매도인이 부동산을 점유하고 있고 소유권을 이전받은 매수인에게서 매매대금 일부를 지급받지 못하고 있다고 하여 매매대금채권을 피담보채권으로 매수인이나 그에게서 부동산소유권을 취득한 제3자를 상대로 유치권을 주장할 수 없다(대결 2012.1.12. 2011마2380).

20

답 ④

정답 해설

① (○), ④ (×) 질권설정자는 질권자의 동의 없이 질권의 목적된 권리를 소멸하게 하거나 질권자의 이익을 해하는 변경을 할 수 없다(민법 제352조). 이는 질권자가 질권의 목적인 채권의 교환가치에 대하여 가지는 배타적 지배권능을 보호하기 위한 것이다. 따라서 질권설정자가 제3채무자에게 질권설정의 사실을 통지하거나 제3채무자가 이를 승낙한 때에는 제3채무자가 질권자의 동의 없이 질권의 목적인 채무를 변제하더라도 이로써 질권자에게 대항할 수 없고, 질권자는 제353조 제2항에 따라 여전히 제3채무자에 대하여 직접 채무의 변제를 청구할 수 있다. 제3채무자가 질권자의 동의 없이 질권설정자와 상계합의를 함으로써 질권의 목적인 채무를 소멸하게 한 경우에도 마찬가지로 질권자에게 대항할 수 없고, 질권자는 여전히 제3채무자에 대하여 직접 채무의 변제를 청구할 수 있다(대판 2018.12.27. 2016다265689).

오답 해설

② (○) 민법 제353조 제1항, 제2항

③ (○) 질권의 목적인 채권의 양도행위는 민법 제352조 소정의 질권자의 이익을 해하는 변경에 해당되지 않으므로 질권자의 동의를 요하지 아니한다(대판 2005.12.22. 2003다55059).

⑤ (○) 구 주택임대차보호법(2013.8.13. 법률 제12043호로 개정되기 전의 것, 이하 '구 주택임대차법'이라고 한다) 제3조 제3항은 같은 조 제1항이 정한 대항요건을 갖춘 임대차의 목적이 된 임대주택의 양수인은 임대인의 지위를 승계한 것으로 본다고 규정하고 있다. 이는 법률상의 당연승계규정으로 보아야 하므로, 임대주택이 양도된 경우에 양수인은 주택의 소유권과 결합하여 임대인의 임대차계약상 권리·의무 일체를 그대로 승계한다. 그 결과 양수인이 임대차보증금반환채무를 면책적으로 인수하고, 양도인은 임대차관계에서 탈퇴하여 임차인에 대한 임대차보증금반환채무를 면하게 된다. 이는 임차인이 임대차보증금반환채권에 질권을 설정하고 임대인이 그 질권설정을 승낙한 후에 임대주택이 양도된 경우에도 마찬가지라고 보아야 한다. 따라서 이 경우에도 임대인은 구 주택임대차법 제3조 제3항에 의해 임대차관계에서 탈퇴하고 임차인에 대한 임대차보증금반환채무를 면하게 된다(대판 2018.6.9. 2018다201610).

21

답 ⑤

정답 해설

⑤ (○) 공동저당에 제공된 채무자 소유의 부동산과 물상보증인 소유의 부동산 가운데 물상보증인 소유의 부동산이 먼저 경매되어 매각대금에서 선순위공동저당권자가 변제를 받은 때에는 물상보증인은 채무자에 대하여 구상권을 취득함과 동시에 변제자대위에 의하여 채무자 소유의 부동산에 대한 선순위공동저당권을 대위취득한다. 물상보증인 소유의 부동산에 대한 후순위저당권자는 물상보증인이 대위취득한 채무자 소유의 부동산에 대한 선순위공동저당권에 대하여 물상대위를 할 수 있다. 이 경우에 채무자는 물상보증인에 대한 반대채권이 있더라도 특별한 사정이 없는 한 물상보증인의 구상금 채권과 상계함으로써 물상보증인 소유의 부동산에 대한 후순위저당권자에게 대항할 수 없다. 채무자는 선순위공동저당권자가 물상보증인 소유의 부동산에 대해 먼저 경매를 신청한 경우에 비로소 상계할 것을 기대할 수 있는데 이처럼 우연한 사정에 의하여 좌우되는 상계에 대한 기대가 물상보증인 소유의 부동산에 대한 후순위저당권자가 가지는 법적 지위에 우선할 수 없다(대판 2017.4.26. 2014다221777).

오답 해설

① (×) 공동저당권이 설정되어 있는 수개의 부동산 중 일부는 채무자 소유이고 일부는 물상보증인의 소유인 경우 위 각 부동산의 경매대가를 동시에 배당하는 때에는 물상보증인이 민법 제481조, 제482조의 규정에 의한 변제자대위에 의하여 채무자 소유 부동산에 대하여 담보권을 행사할 수 있는 지위에 있는 점 등을 고려할 때 '동일한 채권의 담보로 수개의 부동산에 저당권을 설정한 경우에 그 부동산의 경매대가를 동시에 배당하는 때에는 각 부동산의 경매대가에 비례하여 그 채권의 분담을 정한다'고 규정하고 있는 민법 제368조 제1항은 적용되지 아니한다고 봄이 상당하다. 따라서 이러한 경우 경매법원으로서는

채무자 소유 부동산의 경매대가에서 공동저당권자에게 우선적으로 배당을 하고, 부족분이 있는 경우에 한하여 물상보증인 소유 부동산의 경매대가에서 추가로 배당을 하여야 한다(대판 2010.4.15. 2008다41475). 따라서 甲은 채무자 乙 소유의 X토지로부터 1억 5천만 원을 배당받는다.

② (×) 물상보증인의 변제자대위에 대한 기대권은 민법 제485조에 의하여 보호되어, 채권자가 고의나 과실로 담보를 상실하게 하거나 감소하게 한 때에는 특별한 사정이 없는 한 물상보증인은 그 상실 또는 감소로 인하여 상환을 받을 수 없는 한도에서 면책 주장을 할 수 있다. 채권자가 물적담보인 담보물권을 포기하거나 순위를 불리하게 변경하는 것은 담보의 상실 또는 감소행위에 해당한다. 따라서 채무자 소유 부동산과 물상보증인 소유 부동산에 공동근저당권을 설정한 채권자가 공동담보 중 채무자 소유 부동산에 대한 담보 일부를 포기하거나 순위를 불리하게 변경하여 담보를 상실하게 하거나 감소하게 한 경우, 물상보증인은 그로 인하여 상환받을 수 없는 한도에서 책임을 면한다. 그리고 이 경우 공동근저당권자는 나머지 공동담보 목적물인 물상보증인 소유 부동산에 관한 경매절차에서 물상보증인이 위와 같이 담보 상실 내지 감소로 인한 면책을 주장할 수 있는 한도에서는 물상보증인 소유 부동산의 후순위 근저당권자에 우선하여 배당받을 수 없다(대판 2018.7.11. 2017다292756).

③ (×) 공동저당의 목적인 채무자 소유의 부동산과 물상보증인 소유의 부동산 중 채무자 소유의 부동산에 대하여 먼저 경매가 이루어져 그 경매대금의 교부에 의하여 1번 공동저당권자가 변제를 받더라도 채무자 소유의 부동산에 대한 후순위 저당권자는 민법 제368조 제2항 후단에 의하여 1번 공동저당권자를 대위하여 물상보증인 소유의 부동산에 대하여 저당권을 행사할 수 없다(대판 2014.1.23. 2013다207996).

④ (×) 공동저당의 목적인 채무자 소유의 부동산과 물상보증인 소유의 부동산에 각각 채권자를 달리하는 후순위 저당권이 설정되어 있는 경우 물상보중인 소유의 부동산에 대하여 먼저 경매가 이루어지 그 경매대금의 교부에 의하여 1번 저당권자가 변제를 받은 때에는 물상보증인은 채무자에 대하여 구상권을 취득함과 동시에 민법 제481조, 제482조의 규정에 의한 변제자대위에 의하여 채무자 소유의 부동산에 대한 1번 저당권을 취득하고, 이러한 경우 물상보증인 소유의 부동산에 대한 후순위저당권자는 물상보증인에게 이전한 1번 저당권으로 우선하여 변제를 받을 수 있다(대판 2001.6.1. 2001다21854). Y토지가 먼저 경매되어 갑이 1억 원의 변제를 받은 다음에 X토지가 경매되면 우선 甲이 5천만 원을 배당받고, 丙은 1억 원의 범위에서 변제자대위에 의하여 저당권을 행사할 수 있고, 戊는 그 저당권에 물상대위하여 1억 원을 배당받을 수 있다.

22 답 ②

정답 해설

② (○) 근저당권자의 경매신청 등의 사유로 인하여 근저당권의 피담보채권이 확정되었을 경우, 확정 이후에 새로운 거래관계에서 발생한 원본채권은 그 근저당권에 의하여 담보되지 아니하지만, 확정 전에 발생한 원본채권에 관하여 확정 후에 발생하는 이자나 지연손해금채권은 채권최고액의 범위 내에서 근저당권에 의하여 여전히 담보되는 것이다(대판 2007.4.26. 2005다38300).

오답 해설

① (×) 담보권 실행을 위한 경매절차가 개시되었음을 선순위 근저당권자가 안 때 이후의 어떤 시점에 선순위근저당권의 피담보채무액이 증가하더라도 그와 같이 증가한 피담보채무액이 선순위근저당권의 채권최고액한도 안에 있다면 경매를 신청한 후순위근저당권자가 예측하지 못한 손해를 입게 된다고 볼 수 없는 반면, 선순위근저당권자는 자신이 경매신청을 하지 아니하였으면서도 경락으로 인하여 근저당권을 상실하게 되는 처지에 있으므로 거래의 안전을 해치지 아니하는 한도 안에서 선순위근저당권자가 파악한 담보가치를 최대한 활용할 수 있도록 함이 타당하다는 관점에서 보면, 후순위근저당권자가 경매를 신청한 경우 선순위근저당권의 피담보채권은 그 근저당권이 소멸하는 시기, 즉 경락인이 경락대금을 완납한 때에 확정된다고 보아야 한다(대판 1999.9.21. 99다26085).

③ (×) 존속기간이나 결산기의 정함이 없는 때에는 근저당권의 피담보채무의 확정방법에 관한 다른 약정이 있으면 그에 따르되 이러한 약정이 없는 경우라면 근저당권설정자가 근저당권자를 상대로 언제든지 해지의 의사표시를 함으로써 피담보채무를 확정시킬 수 있다(대판 2002.5.24. 2002다7176).

④ (×) 채무자의 채무액이 근저당채권최고액을 초과하는 경우에 채무자 겸 근저당권설정자가 그 채무의 일부인 채권최고액과 지연손해금 및 집행비용만을 변제하였다면 채권 전액의 변제가 있을 때까지 근저당권의 효력은 잔존채무에 미치는 것이므로 위 채무 일부의 변제로써 위 근저당권의 말소를 청구할 수 없다(대판 1981.11.10. 80다2712).

⑤ (×) 근저당권의 물상보증인은 민법 제357조에서 말하는 채권의 최고액만을 변제하면 근저당권설정등기의 말소청구를 할 수 있고 채권최고액을 초과하는 부분의 채권액까지 변제할 의무가 있는 것이 아니다(대판 1974.12.10. 74다998). 사례에서 丁은 채권최고액 3억 원만을 변제하면, 丙의 근저당권의 소멸을 청구할 수 있다.

23

답 ②

정답 해설

ㄴ. (O) 민법 제321조, 제343조, 제370조

민법 제321조(유치권의 불가분성)
유치권자는 채권 전부의 변제를 받을 때까지 유치물 전부에 대하여 그 권리를 행사할 수 있다.

민법 제343조(준용규정)
제249조 내지 제251조, 제321조 내지 제325조의 규정은 동산질권에 준용한다.

민법 제370조(준용규정)
제214조, 제321조, 제333조, 제340조, 제341조 및 제342조의 규정은 저당권에 준용한다.

ㄷ. (O) 민법 제334조, 제360조

민법 제334조(피담보채권의 범위)
질권은 원본, 이자, 위약금, 질권실행의 비용, 질물보존의 비용 및 채무불이행 또는 질물의 하자로 인한 손해배상의 채권을 담보한다. 그러나 다른 약정이 있는 때에는 그 약정에 의한다.

민법 제360조(피담보채권의 범위)
저당권은 원본, 이자, 위약금, 채무불이행으로 인한 손해배상 및 저당권의 실행비용을 담보한다. 그러나 지연배상에 대하여는 원본의 이행기일을 경과한 후의 1년분에 한하여 저당권을 행사할 수 있다.

오답 해설

ㄱ. (×) 저당권은 부동산의 인도가 요구되지 않지만(민법 제356조), 동산질권은 동산의 인도가 요구된다(민법 제330조).

ㄹ. (×) 질권과 저당권은 모두 물상대위성이 인정된다(민법 제342조, 제370조).

민법 제342조(물상대위)
질권은 질물의 멸실, 훼손 또는 공용징수로 인하여 질권설정자가 받을 금전 기타 물건에 대하여도 이를 행사할 수 있다. 이 경우에는 그 지급 또는 인도 전에 압류하여야 한다.

민법 제370조(준용규정)
제214조, 제321조, 제333조, 제340조, 제341조 및 제342조의 규정은 저당권에 준용한다.

24

답 ③

정답 해설

ㄷ. (O) 금전채무를 담보하기 위하여 채무자가 그 소유의 동산을 채권자에게 양도하되 점유개정에 의하여 채무자가 이를 계속 점유하기로 한 경우 특별한 사정이 없는 한 동산의 소유권은 신탁적으로 이전됨에 불과하여 채권자와 채무자 사이의 대내적 관계에서 채무자는 의연히 소유권을 보유하나 대외적인 관계에 있어서 채무자는 동산의 소유권을 이미 채권자에게 양도한 무권리자가 되는 것이어서 다시 다른 채권자와의 사이에 양도담보 설정계약을 체결하고 점유개정의 방법으로 인도를 하더라도 선의취득이 인정되지 않는 한 나중에 실정계약을 체결한 채권자는 양도담보권을 취득할 수 없는데, 현실의 인도가 아닌 점유개정으로는 선의취득이 인정되지 아니하므로 결국 뒤의 채권자는 양도담보권을 취득할 수 없다(대판 2004.10.28. 2003다30463). 따라서 乙만이 동산양도담보권자로서 1억 원을 변제받게 된다.

ㄹ. (O) 동산에 대하여 점유개정의 방법으로 이중양도담보를 설정한 경우 원래의 양도담보권자는 뒤의 양도담보권자에 대하여 배타적으로 자기의 담보권을 주장할 수 있으므로 뒤의 양도담보권자가 양도담보의 목적물을 처분함으로써 원래의 양도담보권자로 하여금 양도담보권을 실행할 수 없도록 하는 행위는 이중양도담보설정행위가 횡령죄나 배임죄를 구성하는지 여부나 뒤의 양도담보권자가 이중양도담보 설정행위에 적극적으로 가담하였는지 여부와 관계없이, 원래의 양도담보권자의 양도담보권을 침해하는 위법한 행위이다(대판 2000.6.23. 99다65066).

오답 해설

ㄱ. (×) 동산에 대하여 점유개정의 방법으로 양도담보를 일단 설정한 후에는 양도담보권자나 양도담보설정자가 그 동산에 대한 점유를 상실하였다고 하더라도 그 양도담보의 효력에는 아무런 영향이 없다(대판 2000.6.23. 99다65066).

ㄴ. (×) 계약상의 급부가 계약의 상대방뿐만 아니라 제3자의 이익으로 된 경우에 급부를 한 계약당사자가 계약 상대방에 대하여 계약상의 반대급부를 청구할 수 있는 이외에 그 제3자에 대하여 직접 부당이득반환청구를 할 수 있다고 보면, 자기 책임하에 체결된 계약에 따른 위험부담을 제3자에게 전가시키는 것이 되어 계약법의 기본원리에 반하는 결과를 초래할 뿐만 아니라 채권자인 계약당사자가 채무자인 계약 상대방의 일반채권자에 비하여 우대받는 결과가 되어 일반채권자의 이익을 해치게 되고 수익자인 제3자가 계약 상대방에 대하여 가지는 항변권 등을

침해하게 되어 부당하므로 위와 같은 경우 계약상의 급부를 한 계약당사자는 이익의 귀속 주체인 제3자에 대하여 직접 부당이득반환을 청구할 수는 없다(대판 2002.8.23. 99다66564).

25

답 ③

정답 해설

③ (×) 이자채권은 원본채권에 대하여 종속성을 갖고 있으나 이미 변제기에 도달한 이자채권은 원본채권과 분리하여 양도할 수 있고 원본채권과 별도로 변제할 수 있으며 시효로 인하여 소멸되기도 하는 등 어느 정도 독립성을 갖게 되는 것이므로, 원본채권이 양도된 경우 이미 변제기에 도달한 이자채권은 원본채권의 양도 당시 그 이자채권도 양도한다는 의사표시가 없는 한 당연히 양도되지는 않는다(대판 1989.3.28. 88다카12803).

오답 해설

① (○), ⑤ (○) 이자 또는 지연손해금은 주된 채권인 원본의 존재를 전제로 그에 대응하여 일정한 비율로 발생하는 종된 권리인데 하나의 금전채권의 원금 중 일부가 변제된 후 나머지 원금에 대하여 소멸시효가 완성된 경우, 가분채권인 금전채권의 성질상 변제로 소멸한 원금 부분과 소멸시효 완성으로 소멸한 원금 부분을 구분하는 것이 가능하고, 이 경우 원금에 종속된 권리인 이자 또는 지연손해금 역시 변제로 소멸한 원금 부분에서 발생한 것과 시효완성으로 소멸된 원금 부분에서 발생한 것으로 구분하는 것이 가능하므로, 소멸시효 완성의 효력은 소멸시효가 완성된 원금 부분으로부터 그 완성 전에 발생한 이자 또는 지연손해금에는 미치나, 변제로 소멸한 원금 부분으로부터 그 변제 전에 발생한 이자 또는 지연손해금에는 미치지 않는다(대판 2008.3.14. 2006다2940).

② (○) 이미 발생한 이자에 관하여 채무자가 이행을 지체한 경우에는 그 이자에 대한 지연손해금을 청구할 수 있다(대판 1996.9.20. 96다25302).

④ (○) 민법 제163조 제1호 소정의 '1년 이내'의 기간으로 정한 금전 또는 물건의 지급을 목적으로 하는 채권이란 1년 이내의 정기에 지급되는 채권을 의미하는 것이지 변제기가 1년 이내의 채권을 말하는 것이 아니므로, 이자채권이라고 하더라도 1년 이내의 정기에 지급하기로 한 것이 아닌 이상 위 규정 소정의 3년의 단기소멸시효에 걸리는 것이 아니다(대판 1996.9.20. 96다25302).

26

답 ④

정답 해설

④ (×) 채무자가 수령하게 되는 보상금이나 그 청구권에 대하여 채권자가 대상청구권을 가지는 경우에도 채권자는 채무자에 대하여 그가 지급받은 보상금의 반환을 청구하거나 채무자로부터 보상청구권을 양도받아 보상금을 지급받아야 할 것이나, 어떤 사유로 채권자가 직접 자신의 명의로 대상청구의 대상이 되는 보상금을 지급받았다고 하더라도 이로써 채무자에 대한 관계에서 바로 부당이득이 되는 것은 아니라고 보아야 할 것이다(대판 2002.2.8. 99다23901).

오답 해설

① (○) 쌍무계약의 당사자 일방이 상대방의 급부가 이행불능이 된 사정의 결과로 상대방이 취득한 대상에 대하여 급부청구권을 행사할 수 있다고 하더라도, 그 당사자 일방이 대상청구권을 행사하려면 상대방에 대하여 반대급부를 이행할 의무가 있는바, 이 경우 당사자 일방의 반대급부도 그 전부가 이행불능이 되거나 그 일부가 이행불능이 되고 나머지 잔부의 이행만으로는 상대방의 계약목적을 달성할 수 없는 등 상대방에게 아무런 이익이 되지 않는다고 인정되는 때에는, 상대방이 당사자 일방의 대상청구를 거부하는 것이 신의칙에 반한다고 볼 만한 특별한 사정이 없는 한, 당사자 일방은 상대방에 대하여 대상청구권을 행사할 수 없다(대판 1996.6.25. 95다6601).

② (○) 민법상 이행불능의 효과로서 채권자의 전보배상청구권과 계약해제권 외에 별도로 대상청구권을 규정하고 있지는 않으나 해석상 대상청구권을 부정할 이유는 없는 것이지만, 점유로 인한 부동산소유권취득기간 만료를 원인으로 한 등기청구권이 이행불능으로 되었다고 하여 대상청구권을 행사하기 위하여는, 그 이행불능 전에 등기명의자에 대하여 점유로 인한 부동산소유권취득기간이 만료되었음을 이유로 그 권리를 주장하였거나 그 취득기간 만료를 원인으로 한 등기청구권을 행사하였어야 하고, 그 이행불능 전에 그와 같은 권리의 주장이나 행사에 이르지 않았다면 대상청구권을 행사할 수 없다고 봄이 공평의 관념에 부합한다(대판 1996.12.10. 94다43825).

③ (○) 소유권이전등기의무의 목적부동산이 수용되어 그 소유권이전등기의무가 이행불능이 된 경우, 등기청구권자는 등기의무자에게 대상청구권의 행사로써 등기의무자가 지급받은 수용보상금의 반환을 구하거나 또는 등기의무자가 취득한 수용보상금청구권의 양도를 구할 수 있을 뿐 그 수용보상금청구권 자체가 등기청구권자에게 귀속되는 것은 아니다(대판 1996.10.29. 95다56910).

⑤ (○) 매매목적물의 수용 또는 국유화로 인하여 매도인의 소유권이전등기의무가 이행불능된 경우 매수인에게 인정되는 대상청구권에 대하여는 특별한 사정이 없는 한 매수인이 그 대상청구권을 행사할 수 있는 시점인 매도인의 소유권이전등기의무가 이행불능되었을 때부터 소멸시효가 진행하는 것이 원칙이다. 그리고 이러한 대상청구권의 소멸시효기산점에 관한 법리는 매매목적물의 이중매매로 인하여 매도인의 소유권 이전등기의무가 이행불능된 경우와 같이 그 대상청구권이 채무자의 귀책사유로 발생한 때에도 마찬가지로 적용된다(대판 2018.11.15. 2018다248244).

27

답 ④

정답 해설

ㄱ. (○) 민법 제387조 제1항

민법 제387조(이행기와 이행지체)
① 채무이행의 확정한 기한이 있는 경우에는 채무자는 기한이 도래한 때로부터 지체책임이 있다. 채무이행의 불확정한 기한이 있는 경우에는 채무자는 기한이 도래함을 안 때로부터 지체책임이 있다.
② 채무이행의 기한이 없는 경우에는 채무자는 이행청구를 받은 때로부터 지체책임이 있다.

ㄴ. (○) 제387조 제2항의 취지는 기한의 약정이 없는 채무의 채무자는 이행의 청구를 받은 날 안으로 이행을 하면 되고 그 청구를 받은 날을 초과할 때 비로소 지체의 책임을 진다는 뜻이다(대판 1972.8.22. 72다1066).

ㄹ. (○) 불법행위로 인한 손해배상채무의 지연손해금의 기산일은 불법행위 성립일임이 원칙이고 불법행위에 있어 위법행위 시점과 손해발생 시점 사이에 시간적 간격이 있는 경우에는 손해발생 시점이 기산일이 된다고 할 것이다(대판 2012.2.23. 2010다97426).

오답 해설

ㄷ. (×) 불법행위로 인한 손해배상채무에 대하여는 원칙적으로 별도의 이행 최고가 없더라도 공평의 관념에 비추어 그 채무성립과 동시에 지연손해금이 발생한다(대판 2011.1.13. 2009다103950).

28

답 ①

정답 해설

① (×) 쌍무계약에 있어서 계약당사자의 일방은 상대방이 채무를 이행하지 아니할 의사를 명백히 표시한 경우에는 최고나 자기채무의 이행제공 없이 그 계약을 적법하게 해제할 수 있으나, 그 이행거절의 의사표시가 적법하게 철회된 경우 상대방으로서는 자기채무의 이행을 제공하고 상당한 기간을 정하여 이행을 최고한 후가 아니면 채무불이행을 이유로 계약을 해제할 수 없다(대판 2003.2.26. 2000다40995).

오답 해설

② (○) 채무불이행에 의한 계약해제에서 미리 이행하지 아니할 의사를 표시한 경우로서 이른바 '이행거절'로 인한 계약해제의 경우에는 상대방의 최고 및 동시이행관계에 있는 자기 채무의 이행제공을 요하지 아니하여 이행지체 시의 계약해제와 비교할 때 계약해제의 요건이 완화되어 있는바, 명시적으로 이행거절의사를 표명하는 경우 외에 계약 당시나 계약 후의 여러 사정을 종합하여 묵시적 이행거절의사를 인정하기 위하여는 그 거절의사가 정황상 분명하게 인정되어야 한다(대판 2011.2.10. 2010다77385).

③ (○), ④ (○) 쌍무계약에서 당사자 일방이 미리 이행을 하지 아니할 의사를 표시하거나 상대방이 이행을 제공하더라도 자기의 채무를 이행하지 아니할 것이 객관적으로 명백한 경우에는 상대방은 이를 이유로 계약을 해제할 수 있다고 할 것인바, 당사자 일방이 자기의 채무를 아직 다 이행하지 아니하였으면서도 이미 다 이행하였다고 주장하면서 상대방 채무의 이행을 구하는 제소까지 하였다면 그것이 계산상의 착오 때문이라는 등 특별한 사정이 없는 한 미리 자기의 채무를 이행하지 아니할 의사를 표명한 것으로 볼 것이고, 따라서 상대방은 계약을 해제할 수 있다. 그리고 당사자 일방이 위와 같은 의사를 표명한 것으로 볼 것인지 여부는 계약해제 시를 기준으로 하여 판단하여야 한다(대판 2014.10.6. 2014다210531).

⑤ (○) 채무자가 채무를 이행하지 아니할 의사를 명백히 표시한 경우에 채권자는 신의성실의 원칙상 이행기 전이라도 이행의 최고 없이 채무자의 이행거절을 이유로 계약을 해제하거나 채무자를 상대로 손해배상을 청구할 수 있지만, 이러한 이행거절이라는 채무불이행이 인정되기 위해서는 채무를 이행하지 아니할 채무자의 명백한 의사표시가 위법한 것으로 평가되어야 한다(대판 2015.2.12. 2014다227225).

29 답 ⑤

정답 해설

⑤ (○) 임대인의 동의 없는 임차권의 양도는 당사자 사이에서는 유효하다 하더라도 다른 특약이 없는 한 임대인에게는 대항할 수 없는 것이고 임대인에 대항할 수 없는 임차권의 양수인으로서는 임대인의 권한을 대위 행사할 수 없다(대판 1985.2.8. 84다카188).

오답 해설

① (×) 국토이용관리법상의 토지거래규제구역 내의 토지에 관하여 관할관청의 허가 없이 체결된 매매계약이라고 하더라도, 거래당사자 사이에는 그 계약이 효력이 있는 것으로 완성될 수 있도록 서로 협력할 의무가 있어, 그 매매계약의 쌍방당사자는 공동으로 관할관청의 허가를 신청할 의무가 있고, 이러한 의무에 위배하여 허가신청에 협력하지 아니하는 당사자에 대하여 상대방은 협력의무의 이행을 청구할 수 있는 것이므로, 이와 같은 매수인이 매도인에 대하여 가지는 토지거래허가신청절차의 협력의무의 이행청구권도 채권자대위권의 행사에 의하여 보전될 수 있는 채권에 해당한다(대판 1995.9.5. 95다22917).

② (×) 피보전채권이 특정채권이라 하여 반드시 순차매도 또는 임대차에 있어 소유권이전등기청구권이나 명도청구권 등의 보전을 위한 경우에만 한하여 채권자대위권이 인정되는 것은 아니다(대판 2001.5.8. 99다38699).

③ (×) 민법 제404조에서 규정하고 있는 채권자대위권은 채권자가 채무자에 대한 자기의 채권을 보전하기 위하여 필요한 경우에 채무자의 제3자에 대한 권리를 대위행사할 수 있는 권리를 말하는 것으로서, 이때 보전되는 채권은 보전의 필요성이 인정되고 이행기가 도래한 것이면 족하고, 그 채권의 발생원인이 어떠하든 대위권을 행사함에는 아무런 방해가 되지 아니하며, 또한 채무자에 대한 채권이 제3채무자에게까지 대항할 수 있는 것임을 요하는 것도 아니다(대판 2003.4.11. 2003다1250).

④ (×) 채권자대위권을 행사하는 사건에 있어서, 제3채무자는 채무자가 채권자에게 주장할 수 있는 사유를 원용할 수 있는 것이 아니다(대판 1995.5.12. 93다59502). 따라서 제3채무자는 채무자가 채권자에 대하여 가지는 동시이행의 항변권을 행사하여 대항할 수 없다.

30 답 ⑤

정답 해설

⑤ (×) 채무자의 법률행위가 통정허위표시인 경우에도 채권자취소권의 대상이 되고, 한편 채권자취소권의 대상으로 된 채무자의 법률행위라도 통정허위표시의 요건을 갖춘 경우에는 무효라고 할 것이다(대판 1998.2.27. 97다50985).

오답 해설

① (○) 민법 제406조에서 정하는 채권자취소권의 대상인 '사해행위'란 채무자가 적극재산을 감소시키거나 소극재산을 증가시킴으로써 채무초과상태에 이르거나 이미 채무초과상태에 있는 것을 심화시킴으로써 채권자를 해하는 행위를 가리킨다(대판 2013.4.26. 2012다118334).

② (○) 채권자취소권은 채무자가 채권자에 대한 책임재산을 감소시키는 행위를 한 경우 이를 취소하고 원상회복을 하여 공동담보를 보전하는 권리이고, 채권양도의 경우 권리이전의 효과는 원칙적으로 당사자 사이의 양도계약 체결과 동시에 발생하며 채무자에 대한 통지 등은 채무자를 보호하기 위한 대항요건일 뿐이므로, 채권양도행위가 사해행위에 해당하지 않는 경우에 양도통지가 따로 채권자취소권 행사의 대상이 될 수는 없다(대판 2012.8.30. 2011다32785 · 32792).

③ (○) 채권자취소권은 채무자가 채권자를 해함을 알면서 일반채권자의 공동담보인 채무자의 책임재산을 감소하게 하는 법률행위를 한 경우에 그 감소행위의 효력을 부인하여 채무자의 재산을 원상회복함으로써 채권의 공동담보를 유지보전하게 하기 위하여 채권자에게 부여된 권리이므로, 채무자의 재산적 법률행위라 하더라도 채무자의 책임재산이 아닌 재산에 관한 법률행위인 경우에는 이를 채권자취소권의 대상이 된다고 할 수 없다(대판 2013.4.11. 2011다27158).

④ (○) 채권자취소권에서 취소의 대상이 되는 사해행위는 채권행위거나 물권행위임을 불문한다(대판 1975.4.8. 74다1700).

31

답 ②

정답 해설

② (×) 금액이 다른 채무가 서로 부진정연대 관계에 있을 때 다액채무자가 일부 변제를 하는 경우 변제로 인하여 먼저 소멸하는 부분은 당사자의 의사와 채무 전액의 지급을 확실히 확보하려는 부진정연대채무 제도의 취지에 비추어 볼 때 다액채무자가 단독으로 채무를 부담하는 부분으로 보아야 한다. 이러한 법리는 사용자의 손해배상액이 피해자의 과실을 참작하여 과실상계를 한 결과 타인에게 직접 손해를 가한 피용자 자신의 손해배상액과 달라졌는데 다액채무자인 피용자가 손해배상액의 일부를 변제한 경우에 적용되고, 공동불법 행위자들의 피해자에 대한 과실비율이 달라 손해배상액이 달라졌는데 다액 채무자인 공동불법행위 자가 손해배상액의 일부를 변제한 경우에도 적용된다(대판[전합] 2018.3.22. 2012다74236). 사례에서 丙이 甲에게 1억 원을 변제한 경우, 그 변제로 인하여 먼저 소멸하는 부분은 丙이 단독으로 부담하는 5천만 원이고, 나머지 5천만 원은 공동부분에서 소멸한다. 따라서 甲에 대한 乙의 손해배상채무액은 1억 원이 남게 된다.

오답 해설

① (○) 사용자의 손해배상책임은 피용자의 배상책임에 대한 대체적 책임이어서 사용자도 제3자와 부진정연대관계에 있다고 보아야 할 것이므로, 사용자가 피용자와 제3자의 책임비율에 의하여 정해진 피용자의 부담부분을 초과하여 피해자에게 손해를 배상한 경우에는 사용자는 제3자에 대하여도 구상권을 행사할 수 있다(대판 2006.2.9. 2005다28426).

③ (○), ④ (○) 부진정연대채무의 경우 채권의 만족을 주는 사유(변제, 대물변제, 공탁, 상계 등) 이외에는 모두 상대적 효력이 있다. 따라서 부진정연대채무에서는 채무자 1인에 대한 이행청구 또는 채무자 1인이 행한 채무의 승인 등 소멸시효의 중단사유나 시효이익의 포기가 다른 채무자에게 효력을 미치지 아니한다(대판 2011.4.14. 2010다91886).

⑤ (○) 부진정연대채무에 있어서 부진정연대채무자 1인이 한 상계가 다른 부진정연대채무자에 대한 관계에 있어서도 공동면책의 효력 내지 절대적 효력이 있는 것인지는 별론으로 하더라도, 부진정연대채무자 사이에는 고유의 의미에 있어서의 부담부분이 존재하지 아니하므로 위와 같은 고유의 의미의 부담부분의 존재를 전제로 하는 민법 제418조 제2항은 부진정연대채무에는 적용되지 아니하는 것으로 봄이 상당하고, 따라서 부진정연대채무에 있어서는 한 부진정연대채무자가 채권자에 대하여 상계할 채권을 가지고 있음에도 상계를 하지 않고 있다 하더라도 다른 부진정연대채무자가 그 채권을 가지고 상계를 할 수는 없는 것으로 보아야 한다(대판 1994.5.27. 93다21521).

32

답 ①

정답 해설

① (×) 부동산의 매수인이 매매목적물에 관한 채무를 인수하는 한편 그 채무액을 매매대금에서 공제하기로 약정한 경우, 그 인수는 특별한 사정이 없는 한 매도인을 면책시키는 채무인수가 아니라 이행인수로 보아야하고, 면책적 채무인수로 보기 위하여는 이에 대한 채권자의 승낙이 있어야 한다(대판 1995.8.11. 94다58599).

오답 해설

② (○) 부동산매매계약과 함께 이행인수계약이 이루어진 경우, 매수인이 인수한 채무는 매매대금지급채무에 갈음한 것으로서 매도인이 매수인의 인수채무불이행으로 말미암아 또는 임의로 인수채무를 대신 변제하였다면 그로 인한 손해배상채무 또는 구상채무는 인수채무의 변형으로서 매매대금지급채무에 갈음한 것의 변형이므로 매수인의 손해배상채무 또는 구상채무와 매도인의 소유권이전등기의무는 대가적 의미가 있어 이행상 견련관계에 있다고 인정되고, 따라서 양자는 동시이행의 관계에 있다고 해석함이 공평의 관념 및 신의칙에 합당하다(대판 2004.7.9. 2004다13083).

③ (○) 이행인수는 인수인이 채무자에 대하여 그 채무를 이행할 것을 약정하는 채무자와 인수인 간의 계약으로서, 인수인은 채무자와 사이에 채권자에게 채무를 이행할 의무를 부담하는 데 그치고 직접 채권자에 대하여 채무를 부담하는 것이 아니므로 채권자는 직접 인수인에게 채무를 이행할 것을 청구할 수 없으나, 채무자는 인수인이 그 채무를 이행하지 아니하는 경우 인수인에 대하여 채권자에게 이행할 것을 청구할 수 있고, 그에 관한 승소의 판결을 받은 때에는 금전채권의 집행에 관한 규정을 준용하여 강제집행을 할 수도 있다. 이러한 채무자의 인수인에 대한 청구권은 그 성질상 재산권의 일종으로서 일신전속적 권리라고 할 수는 없으므로, 채권자는 채권자대위권에 의하여 채무자의 인수인에 대한 청구권을 대위행사할 수 있다(대판 2009.6.11. 2008다75072).

④ (○) 계약당사자로서의 지위승계를 목적으로 하는 계약인수는 계약당사자 및 인수인의 3면합의에 의하여 계약당사자 중 일방이 당사자로서의 지위를 포괄적으로 제3자에게 이전하여 계약관계에서 탈퇴하고 제3자가 그 지위를 승계하는 것을 목적으로 하는 계약으로서 3면계약으로 이루어지는 것이 보통이나 관계당사자 중 2인이 합의하고 나머지 당사자가 이를 동의 내지 승낙하는 방법으로도 가능하고, 나머지 당사자의 동의 내지 승낙이 반드시 명시적 의사표시에 의하여야 하는 것은 아니며 묵시적 의사표시에 의하여서도 가능하다(대판 2012.6.28. 2010다54535 · 54542).

⑤ (○) 대판 1997.10.24. 97다28698

33

답 ②

정답 해설

ㄱ. (○) 민법 제529조의 반대해석상 청약을 한 자가 상당한 기간 내에 승낙의 통지를 받은 때에는 계약이 성립한다.

> **민법 제529조(승낙기간을 정하지 아니한 계약의 청약)**
> 승낙의 기간을 정하지 아니한 계약의 청약은 청약자가 상당한 기간 내에 승낙의 통지를 받지 못한 때에는 그 효력을 잃는다.

ㄷ. (○) 어느 일방이 교섭단계에서 계약이 확실하게 체결되리라는 정당한 기대 내지 신뢰를 부여하여 상대방이 그 신뢰에 따라 행동하였음에도 상당한 이유 없이 계약의 체결을 거부하여 손해를 입혔다면 이는 신의성실의 원칙에 비추어 볼 때 계약자유 원칙의 한계를 넘는 위법한 행위로서 불법행위를 구성한다고 할 것이다(대판 2001.6.15. 99다40418).

오답 해설

ㄴ. (×) 청약자의 의사표시나 관습에 의하여 승낙의 통지가 필요하지 아니한 경우에는 계약은 승낙의 의사표시로 인정되는 사실이 있는 때에 성립한다(민법 제532조).

ㄹ. (×) 목적이 불능한 계약을 체결할 때에 그 불능을 알았거나 알 수 있었을 자는 상대방이 그 계약의 유효를 믿었음으로 인하여 받은 손해를 배상하여야 한다. 다만, 상대방이 그 불능을 알았거나 알 수 있었을 경우에는 그러하지 아니하다(민법 제535조). 즉, 상대방에게 손해를 배상할 필요가 없다.

34

답 ②

정답 해설

② (○) 매수인이 선이행의무있는 중도금 등 매매대금을 이행하지 않았더라도 계약이 해제되지 않은 상태에서 잔대금 지급기일까지 중도금과 잔대금이 지급되지 아니하고, 잔대금과 동시이행 관계에 있는 매도인의 소유권이전등기 소요서류가 제공된 바 없이 그 기일이 도과되었으면 매수인의 중도금 및 잔대금의 지급과 매도인의 소유권이전등기 소요서류의 제공은 동시이행 관계에 있다 할 것이고 그때부터는 매수인이 위 중도금을 지급하지 아니한데 대한 이행지체의 책임을 지지 않는다(대판 1989.10.27. 88다카33442).

오답 해설

① (×) 채권양도에 의하여 채권은 그 동일성을 유지하면서 양수인에게 이전되고, 채무자는 양도통지를 받은 때까지 양도인에 대하여 생긴 사유로써 양수인에게 대항할 수 있다(민법 제451조 제2항, 대판 2015.4.9. 2014다80945). 따라서, 매수인은 제3자에 대하여 동시이행의 항변권을 행사할 수 있다.

③ (×), ④ (×) [1] 동시이행관계에 있는 채무를 부담하는 쌍방당사자 중 일방이 먼저 현실의 제공을 하고 상대방을 수령지체에 빠지게 하였다고 하더라도 그 이행의 제공이 계속되지 아니하였다면 과거에 이행제공이 있었다는 사실만으로 상대방이 가지는 동시이행의 항변권이 소멸하지 아니한다. [2] 항변권이 붙어 있는 채권을 자동채권으로 하여 다른 채무(수동채권)와의 상계를 허용한다면 상계자 일방의 의사표시에 의하여 상대방의 항변권 행사의 기회를 상실시키는 결과가 되므로 그러한 상계는 허용될 수 없다(대판 2014.4.30. 2010다11323). 반면, 항변권이 붙어 있는 채권을 수동채권으로 한 상계는 허용된다.

⑤ (×) 건물매수인이 아직 건물의 소유권을 취득하지 못한 채 매도인의 동의를 얻어 제3자에게 임대하였으나 매수인(임대인)의 채무불이행으로 매도인이 매매계약을 해제하고 임차인에게 건물의 명도를 구하는 경우 임차인은 매도인에 대한 관계에서 건물의 전차인의 지위와 흡사하다 할 것인바, 임대인의 동의 있는 전차인도 임차인의 채무불이행으로 임대차계약이 해지되면 특단의 사정이 없는 한 임대인에 대해서 전차인의 전대인에 대한 권리를 주장할 수가 없고, 또 임차인이 매매계약목적물에 대하여 직접 임차권을 취득했다고 보더라도, 대항력을 갖추지 아니한 상태에서는 그 매매계약이 해제되어 소급적으로 실효되면 그 권리를 보호받을 수가 없다는 점에 비추어 볼 때, 임차인의 건물명도의무와 매수인(임대인)의 보증금 반환의무를 동시이행관계에 두는 것은 오히려 공평의 원칙에 반한다 할 것이다(대판 1990.12.7. 90다카24939).

35

답 ⑤

정답 해설

⑤ (×) 민법 제555조에서 말하는 증여계약의 해제는 민법 제543조 이하에서 규정한 본래 의미의 해제와는 달리 형성권의 제척기간의 적용을 받지 않는 특수한 철회로서 10년이 경과한 후에 이루어졌다 하더라도 원칙적으로 적법하다(대판 2009.9.24. 2009다37831).

오답 해설

① (○) 민법 제560조
② (○) 부담부증여에 있어서는 쌍무계약에 관한 규정이 준용되어 부담의무 있는 상대방이 자신의 의무를 이행하지 아니할 때에는 비록 증여계약이 이행되어 있다 하더라도 그 계약을 해제할 수 있다(대판 1996.1.26. 95다43358).
③ (○) 증여자의 담보책임에 관한 민법 제559조는 강행규정이 아닌 임의규정이므로, 당사자 간에 증여의 목적에 대한 담보책임을 진다는 특약이 있다면, 그 특약은 유효하다.
④ (○) 민법 제556조 제2항

36

답 ①

정답 해설

① (○) 매매의 목적물의 인도와 동시에 대금을 지급할 경우에는 그 인도장소에서 이를 지급하여야 한다(민법 제586조).

오답 해설

② (×) 매매의 일방예약에서 예약자의 상대방이 매매예약 완결의 의사표시를 하여 매매의 효력을 생기게 하는 권리 즉, 매매예약 완결권은 일종의 형성권으로서 당사자 사이에 그 행사기간을 약정한 때에는 그 기간 내에 그러한 약정이 없는 때에는 그 예약이 성립한 때로부터 10년 내에 이를 행사하여야 하고, 그 기간을 지난 때에는 상대방이 예약 목적물인 부동산을 인도받은 경우라도 예약완결권은 제척기간의 경과로 인하여 소멸한다(대판 1997.7.25. 96다47494).
③ (×) 민법 제551조(해지, 해제와 손해배상)의 규정은 해약금에 의한 해제의 경우에 이를 적용하지 아니한다(민법 제565조 제2항). 따라서 사안의 경우, 매도인은 매수인에 대하여 손해배상청구를 할 수 없다.
④ (×) 특별한 사정이 없는 한 매매계약이 있은 후에도 인도하지 아니한 목적물로부터 생긴 과실은 매도인에게 속하나, 매매목적물의 인도 전이라도 매수인이 매매대금을 완납한 때에는 그 이후의 과실수취권은 매수인에게 귀속된다(대판 1993.11.9. 93다28928).
⑤ (×) 매매는 낙성계약이므로 재산권이전과 대금지급에 관한 합의만 있으면 유효하게 성립한다(통설). 판례는 「매매계약에 있어서 그 목적물과 대금은 반드시 계약체결 당시에 구체적으로 특정될 필요는 없고 이를 사후에라도 구체적으로 특정할 수 있는 방법과 기준이 정해져 있으면 족하다」(대판 1997.1.24. 96다26176)고 하고 있다.

37

답 ④

정답 해설

ㄴ. (○) 당사자 일방이 계약을 해제한 때에는 각 당사자는 그 상대방에 대하여 원상회복의 의무가 있다. 그러나 제3자의 권리를 해하지 못한다(민법 제548조 제1항). 제548조 제1항 단서에서 말하는 제3자란 일반적으로 그 해제된 계약으로부터 생긴 법률효과를 기초로 하여 해제 전에 새로운 이해관계를 가졌을 뿐 아니라 등기, 인도 등으로 완전한 권리를 취득한 자를 말한다(대판 2005.1.14. 2003다33004). 이 경우 제3자의 선의·악의는 불문하므로, 甲은 악의인 丙 명의 등기의 말소를 청구할 수 없다.
ㄷ. (○) 계약당사자의 일방이 계약을 해제하였을 때에는 계약은 소급하여 소멸하고 각 당사자는 원상회복의의무를 지게 되나, 이 경우 계약해제로 인한 원상회복등기 등이 이루어지기 전에는 계약의 해제를 주장하는 자와 양립되지 아니하는 법률관계를 가지게 되었고 계약해제사실을 몰랐던 제3자에 대하여는 계약해제를 주장할 수 없다(대판 2000.4.21. 2000다584). 따라서 사안의 경우, 甲은 丙 명의 등기의 말소를 청구할 수 없다.

오답 해설

ㄱ. (×) 금전채무는 원칙적으로 이행지체가 문제될 뿐, 이행불능은 문제되지 아니한다. 사안은 잔금이행기인 2020.3.29. 잔금을 지급하지 아니한 경우이므로, 이는 이행지체에 해당한다. 따라서 이행지체를 이유로 해제권을 행사하기 위하여는, 甲이 상당한 기간을 정하여 乙에게 그 이행을 최고하고, 乙이 그 기간 내에 이행하지 아니하여야 한다(민법 제544조 본문).

38
답 ④

정답 해설

④ (O) 위임계약은 각 당사자가 언제든지 해지할 수 있다(민법 제689조 제1항).

오답 해설

① (×) 위임계약은 불요식 계약이므로, 위임장의 작성·교부는 위임계약의 성립요건이 아닌 단순한 증거방법에 지나지 아니한다.
② (×) 수임인은 유상·무상을 불문하고, 위임의 본지에 따라 선량한 관리자의 주의로써 위임사무를 처리하여야 한다(민법 제681조).
③ (×) 변호사에게 계쟁사건의 처리를 위임함에 있어서 보수지급 및 수액에 관하여 명시적인 약정을 아니하였다 하여도, 무보수로 한다는 등 특별한 사정이 없는 한 응분의 보수를 지급할 묵시의 약정이 있는 것으로 봄이 상당하다(대판 1993.2.12. 92다42941).
⑤ (×) 경찰관이 응급의 구호를 요하는 자를 보건의료기관에게 긴급구호요청을 하고, 보건의료기관이 이에 따라 치료행위를 하였다고 하더라도 국가와 보건의료기관 사이에 국가가 그 치료행위를 보건의료기관에 위탁하고 보건의료기관이 이를 승낙하는 내용의 치료위임계약이 체결된 것으로는 볼 수 없다(대판 1994.2.22. 93다4472).

39
답 ⑤

정답 해설

⑤ (O) 민법 제261조에서 첨부로 법률규정에 의한 소유권취득(제256조 내지 제260조)이 인정된 경우에 "손해를 받은 자는 부당이득에 관한 규정에 의하여 보상을 청구할 수 있다"라고 규정하고 있는바, 이러한 보상청구가 인정되기 위해서는 민법 제261조 자체의 요건뿐만 아니라, 부당이득법리에 따른 판단에 의하여 부당이득의 요건이 모두 충족되었다고 인정되어야 한다. 매도인에게 소유권이 유보된 자재가 제3자와 매수인 사이에 이루어진 도급계약의 이행으로 제3자 소유 건물의 건축에 사용되어 부합된 경우 보상청구를 거부할 법률상 원인이 있다고 할 수 없지만, 제3자가 도급계약에 의하여 제공된 자재의 소유권이 유보된 사실에 관하여 과실 없이 알지 못한 경우라면 선의취득의 경우와 마찬가지로 제3자가 그 자재의 귀속으로 인한 이익을 보유할 수 있는 법률상 원인이 있다고 봄이 상당하므로, 매도인으로서는 그에 관한 보상청구를 할 수 없다. 이러한 법리는 매도인에게 소유권이 유보된 자재가 본인에게 효력이 없는 계약에 기초하여 매도인으로부터 무권대리인에게 이전되고, 무권대리인과 본인 사이에 이루어진 도급계약의 이행으로 본인소유 건물의 건축에 사용되어 부합된 경우에도 마찬가지로 적용된다(대판 2018.3.15. 2017다282391). 사안에서 甲이 승강기소유권이 丙에게 유보된 사실에 관하여 선의·무과실인 경우에는, 甲에게 법률상 원인이 있다고 인정되므로, 丙은 甲을 상대로 승강기제작·판매·설치대금 상당의 부당이득 반환을 청구할 수 없다.

오답 해설

① (×) [1] 당사자의 일방이 상대방의 주문에 따라 자기 소유의 재료를 사용하여 만든 물건을 공급하기로 하고 상대방이 대가를 지급하기로 약정하는 이른바 제작물공급계약은 그 제작의 측면에서는 도급의 성질이 있고 공급의 측면에서는 매매의 성질이 있어 대체로 매매와 도급의 성질을 함께 가지고 있으므로, 그 적용 법률을 계약에 의하여 제작 공급하여야 할 물건이 대체물인 경우에는 매매에 관한 규정이 적용되지만 물건이 특정의 주문자의 수요를 만족시키기 위한 부대체물인 경우에는 당해 물건의 공급과 함께 그 제작이 계약의 주목적이 되어 도급의 성질을 띠게 된다. [2] 갑 회사가 을 회사와 승강기 제작 및 설치 공사계약을 체결한 사안에서 갑 회사가 위 계약에 따라 제작 설치하기로 한 승강기가 을 회사가 신축하는 건물에 맞추어 일정한 사양으로 특정되어 있으므로, 그 계약은 대체가 어렵거나 불가능한 제작물의 공급을 목적으로 하는 계약으로서 도급으로 본 사례(대판 2010.11.25. 2010다56685)
② (×) 丙의 공사대금채권(승강기제작·판매·설치대금청구권)은 소멸시효대상으로(민법 제162조 제1항), 3년의 단기소멸시효가 적용된다(민법 제163조 제3호). 공사도급계약에서 소멸시효의 기산점이 되는 보수청구권의 지급시기는 특약이나 관습이 없으면 공사를 마친 때로 보아야 한다(대판 2017.4.7. 2016다35451). 丙의 공사대금채권의 소멸시효기산점은 승강기를 설치한 2018.12.9.이므로, 소멸시효완성일은 2021.12.9.이다. 따라서 2020.5.30.은 2018.12.9.로부터 3년이 경과하지 않았으므로 乙은 시효완성을 주장할 수 없다.
③ (×) 미등기 무허가건물의 양수인이라도 소유권이전등기를 마치지 않는 한 건물의 소유권을 취득할 수 없고, 소유권에 준하는 관습상의 물권이 있다고도 할 수 없다(대판 2016.7.29. 2016다214483).
④ (×) 타인의 토지 위에 건립된 건물로 인하여 그 토지의 소유권이 침해되는 경우 그 건물을 철거할 의무가 있는 사람은 그 건물의 소유권자나 그 건물이 미등기건물일 때에는 이를 매수하여 법률상·사실상 처분할 수 있는 지위에 있는 사람이다(대판 1987.11.24. 87다카257).

40

답 ①

정답 해설

① (×) 공작물점유자가 손해의 방지에 필요한 주의를 해태하지 아니한 때에는 점유자는 면책되고, 소유자만이 손해를 배상할 책임이 있다(민법 제758조 제1항 단서).

오답 해설

② (○) 도급인은 수급인이 그 일에 관하여 제3자에게 가한 손해를 배상할 책임이 없다. 그러나 도급 또는 지시에 관하여 도급인에게 중대한 과실이 있는 때에는 그러하지 아니하다(민법 제757조).

③ (○) 미성년자가 책임능력이 있어 그 스스로 불법행위책임을 지는 경우에도 그 손해가 당해 미성년자의 감독의무자의 의무위반과 상당인과관계가 있으면 감독의무자는 일반불법행위자로서 손해배상책임이 있고 이 경우에 그러한 감독의무위반사실 및 손해발생과의 상당인과관계의 존재는 이를 주장하는 자가 입증하여야 한다(대판 1994.2.8. 93다13605).

④ (○) 민법 제752조에 규정된 친족 이외의 친족도 그 정신적 고통에 관한 입증을 함으로써 위자료를 청구할 수 있는바, 타인의 불법행위로 생명을 잃은 피해자의 직계비속의 배우자는 경험칙상 그 직계비속에 비견할 정신적 고통을 받는다 할 것이므로 그에 대한 위자료를 청구할 수 있다(대판 1978.1.17. 77다1942).

⑤ (○) 제764조의 '명예회복에 적당한 처분'에 사죄광고를 포함하는 것은 위헌이다(헌재결 1991.4.1. 89헌마160).

2019년 제56회 정답 및 해설

문제편 098p

01	02	03	04	05	06	07	08	09	10	11	12	13	14	15	16	17	18	19	20
⑤	②	②	①	②	①	③	④	①	③	③	③	⑤	④	⑤	④	①	②	①	⑤
21	22	23	24	25	26	27	28	29	30	31	32	33	34	35	36	37	38	39	40
③	①	③	①	⑤	④	④	③	①	②	③	⑤	④	④	⑤	③	④	②	②	⑤

01 답 ⑤

정답 해설

ㄱ. (O) 사정변경을 이유로 한 계약해제는 계약성립 당시 당사자가 예견할 수 없었던 현저한 사정의 변경이 발생하였고 그러한 사정의 변경이 해제권을 취득하는 당사자에게 책임 없는 사유로 생긴 것으로서, 계약내용대로의 구속력을 인정한다면 신의칙에 현저히 반하는 결과가 생기는 경우에 계약준수원칙의 예외로서 인정된다(대판[전합] 2013.9.26. 2012다13637).

ㄴ. (O) 사용자는 근로계약에 수반되는 신의칙상의 부수적 의무로서 피용자가 노무를 제공하는 과정에서 생명, 신체, 건강을 해치는 일이 없도록 인적·물적 환경을 정비하는 등 필요한 조치를 강구하여야 할 보호의무를 부담하고, 이러한 보호의무를 위반함으로써 피용자가 손해를 입은 경우 이를 배상할 책임이 있다(대판 2000.5.16. 99다47129).

ㄷ. (O) 채권자가 채권을 확보하기 위하여 제3자의 부동산을 채무자에게 명의신탁하도록 한 다음 동 부동산에 대하여 강제집행을 하는 따위의 행위는 신의칙에 비추어 허용할 수 없다(대판 1981.7.7. 80다2064).

ㄹ. (O) 아파트분양자는 아파트단지 인근에 쓰레기매립장이 건설예정인 사실을 분양계약자에게 고지할 신의칙상 의무를 부담한다(대판 2006.10.12. 2004다48515).

02 답 ②

정답 해설

② (×) 미성년자의 법률행위에 법정대리인의 동의를 요하도록 하는 것은 강행규정인데, 위 규정에 반하여 이루어진 신용구매계약을 미성년자 스스로 취소하는 것을 신의칙 위반을 이유로 배척한다면, 이는 오히려 위 규정에 의해 배제하려는 결과를 실현시키는 셈이 되어 미성년자제도의 입법취지를 몰각시킬 우려가 있으므로, 법정대리인의 동의 없이 신용구매계약을 체결한 미성년자가 사후에 법정대리인의 동의 없음을 사유로 들어 이를 취소하는 것이 신의칙에 위배된 것이라고 할 수 없다(대판 2007.11.16. 2005다71659·71666·71673). 따라서 원칙적으로 미성년자 甲은 법정대리인의 동의 없이 체결한 매매계약을 취소할 수 있다.

오답 해설

① (O) 미성년자가 법률행위를 함에 있어서는 법정대리인의 동의를 얻어야 한다. 따라서 甲의 법정대리인은 특별한 사정이 없는 한 매매계약을 취소할 수 있다(민법 제5조 제2항, 제140조).

> **민법 제5조(미성년자의 능력)**
> ① 미성년자가 법률행위를 함에는 법정대리인의 동의를 얻어야 한다. 그러나 권리만을 얻거나 의무만을 면하는 행위는 그러하지 아니하다.
> ② 전항의 규정에 위반한 행위는 취소할 수 있다.

민법 제140조(법률행위의 취소권자)
취소할 수 있는 법률행위는 제한능력자, 착오로 인하거나 사기·강박에 의하여 의사표시를 한 자, 그의 대리인 또는 승계인만이 취소할 수 있다.

③ (○) 최고권(민법 제15조)은 악의자도 행사할 수 있다.
④ (○) 미성년자가 속임수로써 법정대리인의 동의서를 위조하여 선의의 乙과 계약을 체결한 경우, 제한능력자인 미성년자 자신이나 그 법정대리인 등은 제한능력을 이유로 법률행위를 취소할 수 없다(민법 제17조 제2항).

민법 제17조(제한능력자의 속임수)
① 제한능력자가 속임수로써 자기를 능력자로 믿게 한 경우에는 그 행위를 취소할 수 없다.
② 미성년자나 피한정후견인이 속임수로써 법정대리인의 동의가 있는 것으로 믿게 한 경우에도 제1항과 같다.

⑤ (○) 철회권은 상대방이 계약 당시 제한능력자임을 알았을 경우에는 행사할 수 없다(민법 제16조 제1항 단서).

민법 제16조(제한능력자의 상대방의 철회권과 거절권)
① 제한능력자가 맺은 계약은 추인이 있을 때까지 상대방이 그 의사표시를 철회할 수 있다. 다만, 상대방이 계약 당시에 제한능력자임을 알았을 경우에는 그러하지 아니하다.

03

답 ②

정답 해설

② (×) 사원 자격의 득실에 관한 규정은 재단법인이 아닌 사단법인 정관의 필요적 기재사항에 해당한다(민법 제43조, 제40조 제6호).

민법 제40조(사단법인의 정관)
사단법인의 설립자는 다음 각 호의 사항을 기재한 정관을 작성하여 기명날인하여야 한다.
1. 목적
2. 명칭
3. 사무소의 소재지
4. 자산에 관한 규정
5. 이사의 임면에 관한 규정
6. 사원 자격의 득실에 관한 규정
7. 존립시기나 해산사유를 정하는 때에는 그 시기 또는 사유

민법 제43조(재단법인의 정관)
재단법인의 설립자는 일정한 재산을 출연하고 제40조 제1호 내지 제5호의 사항을 기재한 정관을 작성하여 기명날인하여야 한다.

오답 해설

① (○) 재단법인은 일정한 목적에 바쳐진 재산, 즉 재단이 그 실체를 이루고 있는 법인으로, 설립자의 의사에 따라 타율적으로 구속된다는 점이 강하고, 민법상 재단법인에는 비영리재단법인만 있다.
③ (○) 민법 제81조
④ (○) 민법 제60조의 제3자는 선의·악의를 불문한다.
⑤ (○) 청산종결등기가 경료된 경우에도 청산사무가 종료되었다 할 수 없는 경우에는 청산법인으로 존속한다(대판 1980.4.8. 79다2036).

04

답 ①

정답 해설

① (×) 법정과실은 물건사용대가로 받는 금전 기타 물건을 의미하므로(민법 제101조 제2항 참고), 물건매매대금과 같은 소유권 이전의 대가나 임금과 같은 노동의 대가는 법정과실이 아니다.

민법 제101조(천연과실, 법정과실)
② 물건의 사용대가로 받는 금전 기타의 물건은 법정과실로 한다.

오답 해설

② (○) 민법 제101조 제1항
③ (○) 민법 제102조 제1항
④ (○) 미분리의 과실은 원칙적으로 수목의 일부에 지나지 아니하므로 독립한 물건의 객체가 되지 못하나, 명인방법이라는 공시방법을 갖춘 경우에는 독립한 물건으로서 거래의 목적이 될 수 있다.
⑤ (○) 법정과실은 수취할 권리의 존속기간일수의 비율로 취득하는데(민법 제102조 제2항), 이 규정은 임의규정이므로 당사자가 이와 다른 약정을 하는 것도 가능하다.

05

답 ②

정답 해설

② (○) 민법 제108조 제2항의 제3자는 선의이면 족하고 무과실은 요건이 아니다(대판 2004.5.28. 2003다70041).

오답 해설

① (×) 민법 제109조 제1항 단서는 의사표시의 착오가 표의자의 중대한 과실로 인한 때에는 그 의사표시를 취소하지 못한다고 규정하고 있는데, 위 단서규정은 표의자의 상대방의 이익을 보호하기 위한 것이므로, 상대방이 표의자의 착오를 알고 이를 이용한 경우에는 착오가 표의자의 중대한 과실로 인한 것이라고 하더라도 표의자는 의사표시를 취소할 수 있다(대판 2014.11.27. 2013다49794).

③ (×) 무효인 법률행위는 당사자가 무효임을 알고 추인할 경우 새로운 법률행위를 한 것으로 간주할 뿐이고 소급효가 없는 것이므로 무효인 가등기를 유효한 등기로 전용키로 한 약정은 그때부터 유효하고 이로써 위 가등기가 소급하여 유효한 등기로 전환될 수 없다(대판 1992.5.12. 91다26546).

④ (×) 민법 제146조는 취소권은 추인할 수 있는 날로부터 3년 내에 행사하여야 한다고 규정하고 있는바, 이때의 3년이라는 기간은 일반소멸시효기간이 아니라 제척기간으로서 제척기간이 도과하였는지 여부는 당사자의 주장에 관계없이 법원이 당연히 조사하여 고려하여야 할 사항이다(대판 1996.9.20. 96다25371).

⑤ (×) 거래계약이 확정적으로 무효가 된 경우에는 거래계약이 확정적으로 무효로 됨에 있어서 귀책사유가 있는 자라고 하더라도 그 계약의 무효를 주장할 수 있다(대판 1997.7.25. 97다4357 · 4364).

06

답 ①

정답 해설

① (×) 공무원이 사직의 의사표시를 하여 의원면직처분을 하는 경우 그 사직의 의사표시는 그 법률관계의 특수성에 비추어 외부적 · 객관적으로 표시된 바를 존중하여야 할 것이므로, 비록 사직원제출자의 내심의 의사가 사직할 뜻이 아니었다고 하더라도 진의 아닌 의사표시에 관한 민법 제107조는 그 성질상 사직의 의사표시와 같은 사인의 공법행위에는 준용되지 아니하므로 그 의사가 외부에 표시된 이상 그 의사는 표시된 대로 효력을 발한다(대판 1997.12.12. 97누13962).

오답 해설

② (○) 어떠한 의사표시가 비진의의사표시로서 무효라고 주장하는 경우에 그 입증책임은 그 주장자에게 있다(대판 1992.5.22. 92다2295). 따라서 乙의 악의나 과실 유무에 대하여는 甲이 증명하여야 한다.

③ (○) 채권자는 채무자가 채권자를 해할 목적으로 수익자와 통정한 허위의 의사표시로써 그 재산권을 목적으로 한 법률행위를 하였다면, 사행행위 취소를 청구할 수 있다(대판 1975.2.25. 74다2114 등).

④ (○) 甲이 乙의 임차보증금반환채권을 담보하기 위하여 통정허위표시로 乙에게 전세권설정등기를 마친 후 丙이 이러한 사정을 알면서도 乙에 대한 채권을 담보하기 위하여 위 전세권에 대하여 전세권근저당권설정등기를 마쳤는데, 그 후 丁이 丙의 전세권근저당권부 채권을 가압류하고 압류명령을 받은 경우, 丁이 통정허위표시에 관하여 선의라면 비록 丙이 악의라 하더라도 허위표시자는 그에 대하여 전세권이 통정허위표시에 의한 것이라는 이유로 대항할 수 없다(대판 2013.2.15. 2012다49292).

⑤ (○) 의사표시의 상대방이 의사표시를 받은 때에 제한능력자인 경우에는 의사표시자는 그 의사표시로써 대항할 수 없다(민법 제112조 본문).

07

답 ③

정답 해설

③ (○) 취소권은 추인할 수 있는 날로부터 3년 내에 법률행위를 한 날로부터 10년 내에 행사하여야 한다(민법 제146조).

오답 해설

① (×) 동기의 착오가 상대방의 부정한 방법에 의하여 유발되거나 상대방으로부터 제공된 경우와 같이 상대방의 보호필요성이 부정되는 때에는 동기가 표시되지 않았더라도 취소할 수 있다(대판 1970.2.24. 69누83, 대판 1990.7.10. 90다카7460).

② (×) 착오가 법률행위내용의 중요부분에 있다고 하기 위하여는 표의자에 의하여 추구된 목적을 고려하여 합리적으로 판단하여 볼 때 표시와 의사의 불일치가 객관적으로 현저하여야 하고, 만일 그 착오로 인하여 표의자가 무슨 경제적인 불이익을 입은 것이 아니라고 한다면 이를 법률행위내용의 중요부분의 착오라고 할 수 없다(대판 1999.2.23. 98다47924).

④ (×) 법률행위가 사기에 의한 것으로서 취소되는 경우에 그 법률행위가 동시에 불법행위를 구성하는 때에는 취소의 효과로 생기는 부당이득반환청구권과 불법행위로 인한

손해배상청구권은 경합하여 병존하는 것이므로, 채권자는 어느 것이라도 선택하여 행사할 수 있지만 중첩적으로 행사할 수는 없다(대판 1993.4.27. 92다56087).

⑤ (×) 제3자의 사기행위로 인하여 피해자가 주택건설사와 사이에 주택에 관한 분양계약을 체결하였다고 하더라도 제3자의 사기행위 자체가 불법행위를 구성하는 이상, 제3자로서는 그 불법행위로 인하여 피해자가 입은 손해를 배상할 책임을 부담하는 것이므로, 피해자가 제3자를 상대로 손해배상청구를 하기 위하여 반드시 그 분양계약을 취소할 필요는 없다(대판 1998.3.10. 97다55829).

08

답 ④

정답 해설

④ (○) 제척기간은 불변기간이 아니어서 그 기간을 지난 후에는 당사자가 책임질 수 없는 사유로 그 기간을 준수하지 못하였더라도 추후에 보완될 수 없다(대결 2003.8.11. 2003스32).

오답 해설

① (×) 제척기간은 기간의 경과로 장래를 향하여 소멸하므로, 소급효가 인정되지 아니한다.

② (×) 제척기간은 권리관계를 조속히 확정시키기 위한 제도이므로, 중단이 인정되지 아니한다.

③ (×) 점유보호청구권의 제척기간은, 반드시 그 기간 내에 소를 제기하여야 하는 이른바 출소기간으로 해석함이 상당하다(대판 2002.4.26. 2001다8097·8103).

⑤ (×) 채권양도의 통지는 양도인이 채권이 양도되었다는 사실을 채무자에게 알리는 것에 그치는 행위이므로, 그것만으로 제척기간 준수에 필요한 권리의 재판 외 행사에 해당한다고 할 수 없다(대판[전합] 2012.3.22. 2010다28840).

09

답 ①

정답 해설

① (×) 무권대리인의 상대방은 선의·악의를 불문하고, 본인에게 무권대리행위의 추인 여부의 확답을 최고할 수 있다(민법 제131조 전문).

민법 제131조(상대방의 최고권)
대리권없는 자가 타인의 대리인으로 계약을 한 경우에 상대방은 상당한 기간을 정하여 본인에게 그 추인여부의 확답을 최고할 수 있다. 본인이 그 기간내에 확답을 발하지 아니한 때에는 추인을 거절한 것으로 본다.

오답 해설

② (○) 상대방이 무권대리인과의 매매계약을 적법하게 철회하였다면 불확정한 법률행위는 확정적으로 무효가 되고, 본인도 추인할 수 없게 되며, 상대방 역시 무권대리인에게 민법 제135조의 책임을 물을 수 없게 된다.

③ (○) 본인 甲이 상대방 丙에게 추인의 의사표시를 하지 아니하면, 추인사실을 알지 못하는 상대방 丙에게 대항할 수 없다(민법 제132조). 따라서 상대방 丙은 무권대리인과 체결한 계약을 철회할 수 있다.

민법 제132조(추인, 거절의 상대방)
추인 또는 거절의 의사표시는 상대방에 대하여 하지 아니하면 그 상대방에 대항하지 못한다. 그러나 상대방이 그 사실을 안 때에는 그러하지 아니하다.

④ (○) 민법 제134조에서 정한 상대방의 철회권은, 무권대리행위가 본인의 추인에 따라 효력이 좌우되어 상대방이 불안정한 지위에 놓이게 됨을 고려하여 대리권이 없었음을 알지 못한 상대방을 보호하기 위하여 상대방에게 부여된 권리로서, 상대방이 유효한 철회를 하면 무권대리행위는 확정적으로 무효가 되어 그 후에는 본인이 무권대리행위를 추인할 수 없다. 한편 상대방이 대리인에게 대리권이 없음을 알았다는 점에 대한 주장·입증책임은 철회의 효과를 다투는 본인에게 있다(대판 2017.6.29. 2017다213838).

⑤ (○) 乙은 甲의 무권대리인으로서 민법 제135조 제1항의 규정에 의하여 매수인인 丙에게 부동산에 대한 소유권이전등기를 이행할 의무가 있으므로 그러한 지위에 있는 乙이 甲으로부터 부동산을 상속받아 그 소유자가 되어 소유권이전등기이행의무를 이행하는 것이 가능하게 된 시점에서 자신이 소유자라고 하여 자신으로부터 부동산을 전전매수한 丁에게 원래 자신의 매매행위가 무권대리행위여서 무효였다는 이유로 丁 앞으로 경료된 소유권이전등기가 무효의 등기라고 주장하여 그 등기의 말소를 청구하거나 부동산의 점유로 인한 부당이득금의 반환을 구하는 것은 금반언의 원칙이나 신의성실의 원칙에 반하여 허용될 수 없다(대판 1994.9.27. 94다20617).

10

답 ③

정답 해설

③ (×) 재판상의 청구는 소송의 취하의 경우에는 시효중단의 효력이 없다(민법 제170조 제1항).

오답 해설

① (○) 채권은 10년간 행사하지 아니하면 소멸시효가 완성한다(민법 제162조 제1항).

② (○) 형사소송은 피고인에 대한 국가형벌권의 행사를 그 목적으로 하는 것이므로, 피해자가 형사소송에서 소송촉진 등에 관한 특례법에서 정한 배상명령을 신청한 경우를 제외하고는 단지 피해자가 가해자를 상대로 고소하거나 그 고소에 기하여 형사재판이 개시되어도 이를 가지고 소멸시효의 중단사유인 재판상의 청구로 볼 수는 없다(대판 1999.3.12. 98다18124).

④ (○) 사망한 사람을 피신청인으로 한 가압류신청은 부적법하고 그 신청에 따른 가압류결정이 내려졌다고 하여도 그 결정은 당연무효로서 그 효력이 상속인에게 미치지 않으며, 이러한 당연무효의 가압류는 민법 제168조 제1호에 정한 소멸시효의 중단사유에 해당하지 않는다(대판 2006.8.24. 2004다26287·26294).

민법 제168조(소멸시효의 중단사유)
소멸시효는 다음 각 호의 사유로 인하여 중단된다.
1. 청구
2. 압류 또는 가압류, 가처분
3. 승인

⑤ (○) 민법 제174조가 시효중단사유로 규정하고 있는 최고를 여러 번 거듭하다가 재판상 청구 등을 한 경우에 시효중단의 효력은 항상 최초의 최고 시에 발생하는 것이 아니라 재판상 청구 등을 한 시점을 기준으로 하여 이로부터 소급하여 6월 이내에 한 최고 시에 발생하고, 민법 제170조의 해석상 재판상의 청구는 그 소송이 취하된 경우에는 그로부터 6월 내에 다시 재판상의 청구를 하지 않는 한 시효중단의 효력이 없고 다만 재판 외의 최고의 효력만을 갖게 된다. 이러한 법리는 그 소가 각하된 경우에도 마찬가지로 적용된다(대판 2019.3.14. 2018두56435).

11

답 ③

정답 해설

③ (×) 어떠한 계약의 체결에 관한 대리권을 수여받은 대리인이 수권된 법률행위를 하게 되면 그것으로 대리권의 원인된 법률관계는 원칙적으로 목적을 달성하여 종료하는 것이고, 법률행위에 의하여 수여된 대리권은 그 원인된 법률관계의 종료에 의하여 소멸하는 것이므로(민법 제128조), 그 계약을 대리하여 체결하였던 대리인이 체결된 계약의 해제 등 일체의 처분권과 상대방의 의사를 수령할 권한까지 가지고 있다고 볼 수는 없다(대판 2008.6.12. 2008다11276).

오답 해설

① (○) 대리인은 행위능력자임을 요하지 아니한다(민법 제117조).

② (○) 판례는 「표현대리행위로 인정된다는 점의 주장 및 입증책임은 그것을 유효하다고 주장하는 자에게 있는 것이다」라고 판시하고 있다(대판 1968.6.18. 68다694). 따라서 정당한 이유에 대한 증명책임은 표현대리의 유효를 주장하는 상대방에게 있다.

④ (○) 본인으로부터 아파트에 관한 임대 등 일체의 관리권한을 위임받아 본인으로 가장하여 아파트를 임대한 바 있는 대리인이 다시 자신을 본인으로 가장하여 임차인에게 아파트를 매도하는 법률행위를 한 경우에는 권한을 넘은 표현대리의 법리를 유추적용하여 본인에 대하여 그 행위의 효력이 미친다고 볼 수 있다(대판 1993.2.23. 92다52436).

⑤ (○) 대리권을 수여하는 수권행위는 불요식의 행위로서 명시적인 의사표시에 의함이 없이 묵시적인 의사표시에 의하여 할 수도 있으며, 어떤 사람이 대리인의 외양을 가지고 행위하는 것을 본인이 알면서도 이의를 하지 아니하고 방임하는 등 사실상의 용태에 의하여 대리권의 수여가 추단되는 경우도 있다(대판 2016.5.26. 2016다203315).

12

답 ③

정답 해설

③ (×) 기성조건이란 법률행위 당시 이미 성취되어 있는 조건을 말하는데, 기성조건이 해제조건이면 그 법률행위는 무효가 된다(민법 제151조 제2항).

오답 해설

① (○) 종기 있는 법률행위는 기한이 도래한 때로부터 그 효력을 잃는다(민법 제152조 제2항).
② (○) 기한의 이익은 이를 포기할 수 있다. 그러나 상대방의 이익을 해하지 못한다(민법 제153조 제2항).
④ (○) 조건 있는 법률행위의 당사자는 조건의 성부가 미정한 동안에 조건의 성취로 인하여 생길 상대방의 이익을 해하지 못한다(민법 제148조).
⑤ (○) 조건의 성취로 인하여 불이익을 받을 당사자가 신의성실에 반하여 조건의 성취를 방해한 때에는 상대방은 그 조건이 성취한 것으로 주장할 수 있다(민법 제150조 제1항).

13

답 ⑤

정답 해설

⑤ (×) 미등기무허가건물의 양수인이라 할지라도 그 소유권이전등기를 경료받지 않는 한 그 건물에 대한 소유권을 취득할 수 없고, 그러한 상태의 건물양수인에게 소유권에 준하는 관습상의 물권이 있다고 볼 수도 없으므로, 건물을 신축하여 그 소유권을 원시취득한 자로부터 그 건물을 매수하였으나 아직 소유권이전등기를 갖추지 못한 자는 그 건물의 불법점거자에 대하여 직접 자신의 소유권 등에 기하여 명도를 청구할 수는 없다(대판 2007.6.15. 2007다11347).

오답 해설

①(○), ④(○) 토지의 매수인이 아직 소유권이전등기를 경료받지 아니하였다 하여도 매매계약의 이행으로 그 토지를 인도받은 때에는 매매계약의 효력으로서 이를 점유·사용할 권리가 생기게 된 것으로 보아야 하고, 또 매수인으로부터 위 토지를 다시 매수한 자는 위와 같은 토지의 점유사용권을 취득한 것으로 봄이 상당하므로 매도인은 매수인으로부터 다시 위 토지를 매수한 자에 대하여 토지 소유권에 기한 물권적 청구권을 행사하거나 그 점유·사용을 법률상 원인이 없는 이익이라고 하여 부당이득반환청구를 할 수는 없다(대판 2001.12.11. 2001다45355).
② (○) 부동산의 매수인이 그 부동산을 인도받은 이상 이를 사용·수익하다가 그 부동산에 대한 보다 적극적인 권리행사의 일환으로 다른 사람에게 그 부동산을 처분하고 그 점유를 승계하여 준 경우에도 그 이전등기청구권의 행사 여부에 관하여 그가 그 부동산을 스스로 계속 사용·수익만 하고 있는 경우와 특별히 다를 바 없으므로 위 두 어느 경우에나 이전등기청구권의 소멸시효는 진행되지 않는다고 보아야 한다(대판[전합] 1999.3.18. 98다32175).
③ (○) 미등기매수인 乙로부터 목적부동산의 점유를 양수받은 丙은, 중간생략등기의 합의가 없는 한 최초양도인 甲에 대하여 직접 소유권이전등기를 청구할 수 없고, 乙의 甲에 대한 소유권이전등기청구권을 대위행사할 수 있을 뿐이다.

14

답 ④

정답 해설

③ (○), ④ (×) 어떠한 물건에 대한 소유권과 다른 물권이 동일한 사람에게 귀속한 경우 그 제한물권은 혼동에 의하여 소멸하는 것이 원칙이지만, 본인 또는 제3자의 이익을 위하여 그 제한물권을 존속시킬 필요가 있다고 인정되는 경우에는 민법 제191조 제1항 단서의 해석에 의하여 혼동으로 소멸하지 않는다(대판 1998.7.10. 98다18643).

오답 해설

① (○) 점유권은 사실상의 지배를, 소유권은 법률상의 지배를 내용으로 하므로, 양자는 양립할 수 있다. 따라서 점유권에 관하여는 혼동의 법리가 적용되지 아니하고(민법 제191조 제3항), 또한 소멸시효도 적용되지 아니한다.
② (○) 소유권은 소멸시효의 대상이 되지 아니하나(민법 제162조 제2항), 타인의 시효취득으로 인하여 그 소유권이 상대적으로 소멸될 수는 있다.

민법 제162조(채권, 재산권의 소멸시효)
② 채권 및 소유권 이외의 재산권은 20년간 행사하지 아니하면 소멸시효가 완성한다.

⑤ (○) 민법 제267조는 "공유자가 그 지분을 포기하거나 상속인 없이 사망한 때에는 그 지분은 다른 공유자에게 각 지분의 비율로 귀속한다"라고 규정하고 있다. 여기서 공유지분의 포기는 법률행위로서 상대방 있는 단독행위에 해당하므로, 부동산공유자의 공유지분 포기의 의사표시가 다른 공유자에게 도달하더라도 이로써 곧바로 공유지분 포기에 따른 물권변동의 효력이 발생하는 것은 아니고, 다른 공유자는 자신에게 귀속될 공유지분에 관하여 소유권이전등기청구권을 취득하며, 이후 민법 제186조에 의하여 등기를 하여야 공유지분 포기에 따른 물권변동의 효력이 발생한다. 그리고 부동산공유자의 공유지분 포기에 따른 등기는 해당지분에 관하여 다른 공유자 앞으로 소유권이전등기를 하는 형태가 되어야 한다(대판 2016.10.27. 2015다52978).

15

답 ⑤

정답 해설

⑤ (×) 소유권이전등기의 말소 등을 구하는 소를 제기하였다가 소를 취하한 후, 그로부터 6월 내에 다시 위 취하된 소와 동일한 내용의 소를 제기하였다면 취득시효의 진행은 최초의 재판상 청구일에 중단된다(대판 1992.9.14. 91다46830).

오답 해설

① (○) 점유로 인한 부동산소유권 취득에 있어 그 취득시효의 중단사유는 종래의 점유사실상태의 계속을 파괴하는 것으로 인정될 수 있는 사유라야 할 것이므로 취득시효기간 완성 전에 부동산등기부상의 소유명의가 변경된 사유는 점유자의 종래의 사실상태의 계속을 파괴한 것이라고 볼 수 없어 시효중단사유가 될 수 없다(대판 1976.3.9. 75다2220・2221).

② (○) 소유권의 시효취득에 준용되는 시효중단사유인 민법 제168조, 제170조에 규정된 재판상의 청구라 함은 시효취득의 대상인 목적물의 인도 내지는 소유권 존부확인이나 소유권에 관한 등기청구소송은 말할 것도 없고, 소유권 침해의 경우에 그 소유권을 기초로 하여 하는 방해배제 및 손해배상 혹은 부당이득반환청구소송도 이에 포함된다(대판 1997.3.14. 96다55211).

③ (○) 취득시효를 주장하는 자가 원고가 되어 소를 제기한 데 대하여 권리자가 피고로서 응소하고 그 소송에서 적극적으로 권리를 주장하여 그것이 받아들여진 경우에는 민법 제247조 제2항에 의하여 취득시효기간에 준용되는 민법 제168조 제1호, 제170조 제1항에서 시효중단사유의 하나로 규정하고 있는 재판상 청구에 포함된다(대판 2003.6.13. 2003다17927・17934).

④ (○) 시효중단의 효력은 당사자 및 그 승계인 간에만 미치는 바, 여기서 당사자라 함은 중단행위에 관여한 당사자를 가리키고 시효의 대상인 권리 또는 청구권의 당사자는 아니며, 승계인이라 함은 '시효중단에 관여한 당사자로부터 중단의 효과를 받는 권리를 그 중단효과 발생 이후에 승계한 자'를 뜻하고, 포괄승계인은 물론 특정승계인도 이에 포함된다(대판 1997.4.25. 96다46484). 따라서 그 중단효과가 발생한 후의 특정승계인 또는 포괄승계인은 중단 당시의 당사자의 점유기간을 승계하여 시효취득을 주장할 수 없다는 내용은 옳다.

16

답 ④

정답 해설

④ (○) 민법 제287조가 토지소유자에게 지상권소멸청구권을 부여하고 있는 이유는 지상권자가 2년 이상의 지료를 연체하는 때에는 토지소유자로 하여금 지상권의 소멸을 청구할 수 있도록 함으로써 토지소유자의 이익을 보호하려는 취지에서 나온 것이라고 할 것이므로, 지상권자가 그 권리의 목적이 된 토지의 특정한 소유자에 대하여 2년분 이상의 지료를 지불하지 아니한 경우에 그 특정의 소유자는 선택에 따라 지상권의 소멸을 청구할 수 있으나, 지상권자의 지료 지급 연체가 토지소유권의 양도 전후에 걸쳐 이루어진 경우 토지양수인에 대한 연체기간이 2년이 되지 않는다면 양수인은 지상권소멸청구를 할 수 없다(대판 2001.3.13. 99다17142).

| 관련 | 법정지상권의 경우 당사자 사이에 지료에 관한 협의가 있었다거나 법원에 의하여 지료가 결정되었다는 아무런 입증이 없다면, 법정지상권자가 지료를 지급하지 않았다고 하더라도 지료지급을 지체한 것으로는 볼 수 없으므로, 법정지상권자가 2년 이상의 지료를 지급하지 아니하였음을 이유로 하는 토지소유자의 지상권소멸청구는 이유가 없고, 지료액 또는 그 지급시기 등 지료에 관한 약정은 이를 등기하여야만 제3자에게 대항할 수 있는 것이고, 법원에 의한 지료의 결정은 당사자의 지료결정청구에 의하여 형식적 형성소송인 지료결정판결로 이루어져야 제3자에게도 그 효력이 미친다(대판 2001.3.13. 99다17142).

오답 해설

① (×) 지상권은 '타인소유의 토지 위'에 '건물 기타 공작물이나 수목을 소유하기 위하여' 그 토지를 사용하는 권리로, 1필 토지의 일부라도 무방하다. 다만, 등기하여야 한다(부동산등기법 제69조 제6호).

② (×) 지상권설정자가 계약의 갱신을 원하지 아니하는 때에는 지상권자는 상당한 가액으로 공작물이나 수목의 매수를 청구할 수 있다(민법 제283조 제2항). 따라서 갱신청구권과 지상물매수청구권은 선택적으로 행사할 수 있는 관계에 있지 아니하다.

③ (×) 지상권자는 지상권을 유보한 채 지상물소유권만을 양도할 수도 있고 지상물소유권을 유보한 채 지상권만을 양도할 수도 있는 것이어서 지상권자와 그 지상물의 소유권자가 반드시 일치하여야 하는 것은 아니며, 또한 지상권 설정 시에 그 지상권이 미치는 토지의 범위와 그 설정 당시 매매되는 지상물의 범위를 다르게 하는 것도 가능하다(대판 2006.6.15. 2006다6126・6133).

⑤ (×) 금융기관이 대출금채권의 담보를 위하여 토지에 저당권과 함께 지료 없는 지상권을 설정하면서 채무자 등의 사용·수익권을 배제하지 않은 경우, 위 지상권은 근저당목적물의 담보가치를 확보하는 데 목적이 있으므로, 그 위에 도로개설·벽축조 등의 행위를 한 무단점유자에 대하여 지상권 자체의 침해를 이유로 한 임료 상당 손해배상을 구할 수 없다(대판 2008.1.17. 2006다586).

17

답 ①

정답 해설

ㄱ. (○) 점유자가 점유의 침탈을 당한 때에는 그 물건의 반환 및 손해의 배상을 청구할 수 있다(민법 제204조 제1항). 사안의 경우, 丙이 점유권에 기한 반환청구권을 행사하기 위하여는 甲의 탈환행위가 점유침탈에 해당하여야 한다. 동산은 현장에서 또는 추적하여 가해자로부터 탈환할 수 있는데, 甲이 丙으로부터 자전거를 탈환한 시점이 절취당한 날로부터 며칠 후이므로, 甲의 자력탈환권은 그 적법성이 인정되지 아니한다. 따라서 丙은 甲에게 자전거의 반환을 청구할 수 있다.

오답 해설

ㄴ. (×) 동산소유권의 선의취득이 인정되기 위하여는 양수인이 선의·무과실이어야 한다(민법 제249조). 따라서 선의이나 과실이 있는 丙은 선의취득을 주장할 수 없다.

민법 제249조(선의취득)
평온, 공연하게 동산을 양수한 자가 선의이며 과실없이 그 동산을 점유한 경우에는 양도인이 정당한 소유자가 아닌 때에도 즉시 그 동산의 소유권을 취득한다.

ㄷ. (×) 점유권에 기인한 소는 본권에 관한 이유로 재판하지 못한다(민법 제208조 제2항). 따라서 위 소에서 甲은 그 소유권을 근거로 항변할 수 없다.

ㄹ. (×) 丙은 침탈자인 乙의 선의의 특별승계인이므로, 甲은 丙에게 점유물반환청구권을 행사할 수 없다(민법 제204조 제2항).

민법 제204조(점유의 회수)
① 점유자가 점유의 침탈을 당한 때에는 그 물건의 반환 및 손해의 배상을 청구할 수 있다.
② 전항의 청구권은 침탈자의 특별승계인에 대하여는 행사하지 못한다. 그러나 승계인이 악의인 때에는 그러하지 아니하다.

18

답 ②

정답 해설

② (×) 질권의 설정은 질권자에게 목적물을 인도함으로써 그 효력이 생기고(민법 제330조), 질권자는 설정자로 하여금 질물의 점유를 하게 하지 못하므로(민법 제332조), 점유개정에 의한 질권설정은 불가하다.

오답 해설

① (○) 명문의 규정은 없으나, 천연과실·법정과실을 불문하고 질권의 효력이 미치며, 과실을 취득하여 자기채권의 우선변제에 충당할 수도 있다.

③ (○) 현행 민법 제324조는 구(舊) 민법과 달리, '유치권의 행사는 채권의 소멸시효의 진행에 영향을 미치지 아니한다'는 민법 제326조를 준용하고 있지 아니하므로, 질권자의 질물점유 시 피담보채권의 소멸시효 진행 여부와 관련하여 견해의 대립이 있으나, 통설은 유치권과 동일하게 피담보채권의 소멸시효 진행에 영향을 미치지 아니한다고 본다.

④ (○) 건물 기타 공작물의 임대인이 임대차에 관한 채권에 의하여 그 건물 기타 공작물에 부속한 임차인 소유의 동산을 압류한 때에는 질권과 동일한 효력이 있다(민법 제650조).

⑤ (○) 질권설정은 처분행위이므로, 질권설정자는 처분권한이 있어야 한다. 다만, 질권설정자에게 처분권한이 없더라도, 채권자가 평온·공연하게 선의이며 과실 없이 질권설정을 받은 경우에는, 채권자는 그 동산질권을 선의취득한다(민법 제343조, 제249조).

민법 제249조(선의취득)
평온, 공연하게 동산을 양수한 자가 선의이며 과실없이 그 동산을 점유한 경우에는 양도인이 정당한 소유자가 아닌 때에도 즉시 그 동산의 소유권을 취득한다.

민법 제343조(준용규정)
제249조 내지 제251조, 제321조 내지 제325조의 규정은 동산질권에 준용한다.

19 답 ①

정답 해설

① (○) 유치권의 성립요건이자 존속요건인 유치권자의 점유는 직접점유이든 간접점유이든 관계가 없으나, 다만 유치권은 목적물을 유치함으로써 채무자의 변제를 간접적으로 강제하는 것을 본체적 효력으로 하는 권리인 점 등에 비추어, 그 직접점유자가 채무자인 경우에는 유치권의 요건으로서의 점유에 해당하지 않는다(대판 2008.4.11. 2007다27236).

오답 해설

② (×) 유치권에 의한 경매도 강제경매나 담보권 실행을 위한 경매와 마찬가지로 목적부동산 위의 부담을 소멸시키는 것을 법정매각조건으로 하여 실시되고 우선채권자뿐만 아니라 일반채권자의 배당요구도 허용되며, 유치권자는 일반채권자와 동일한 순위로 배당을 받을 수 있다고 보아야 한다(대결 2011.6.15. 2010마1059). 따라서 유치권자는 채권변제를 위하여 유치물을 경매할 수는 있으나(민법 제322조 제1항), 우선변제권이 인정되지 아니하므로 일반채권자와 동 순위로 배당받는다.

> **민법 제322조(경매, 간이변제충당)**
> ① 유치권자는 채권의 변제를 받기 위하여 유치물을 경매할 수 있다.

③ (×) 유치권은 타물권인 점에 비추어 볼 때 수급인의 재료와 노력으로 건축되었고 독립한 건물에 해당되는 기성부분은 수급인의 소유라 할 것이므로 수급인은 공사대금을 지급받을 때까지 이에 대하여 유치권을 가질 수 없다(대판 1993.3.26. 91다14116).

④ (×) 유치권이 성립된 부동산의 매수인은 피담보채권의 소멸시효가 완성되면 시효로 인하여 채무가 소멸되는 결과 직접적인 이익을 받는 자에 해당하므로 소멸시효의 완성을 원용할 수 있는 지위에 있다고 할 것이나, 매수인은 유치권자에게 채무자의 채무와는 별개의 독립된 채무를 부담하는 것이 아니라 단지 채무자의 채무를 변제할 책임을 부담하는 점 등에 비추어 보면, 유치권의 피담보채권의 소멸시효기간이 확정판결 등에 의하여 10년으로 연장된 경우 매수인은 그 채권의 소멸시효기간이 연장된 효과를 부정하고 종전의 단기소멸시효기간을 원용할 수는 없다(대판 2009.9.24. 2009다39530).

⑤ (×) 민법 제324조에 의하면, 유치권자는 선량한 관리자의 주의로 유치물을 점유하여야 하고, 소유자의 승낙없이 유치물을 보존에 필요한 범위를 넘어 사용하거나 대여 또는 담보제공을 할 수 없으며, 소유자는 유치권자가 위 의무를 위반한 때에는 유치권의 소멸을 청구할 수 있다고 할 것인바, 공사대금채권에 기하여 유치권을 행사하는 자가 스스로 유치물인 주택에 거주하며 사용하는 것은 특별한 사정이 없는 한 유치물인 주택의 보존에 도움이 되는 행위로서 유치물의 보존에 필요한 사용에 해당한다고 할 것이다. 그리고 유치권자가 유치물의 보존에 필요한 사용을 한 경우에도 특별한 사정이 없는 한 차임에 상당한 이득을 소유자에게 반환할 의무가 있다(대판 2009.9.24. 2009다40684).

20 답 ⑤

정답 해설

⑤ (○) 전세권이 성립한 후 전세목적물의 소유권이 이전된 경우 민법이 전세권관계로부터 생기는 상환청구, 소멸청구, 갱신청구, 전세금증감청구, 원상회복, 매수청구 등의 법률관계의 당사자로 규정하고 있는 전세권설정자 또는 소유자는 모두 목적물의 소유권을 취득한 신 소유자로 새길 수밖에 없다고 할 것이므로, 전세권은 전세권자와 목적물의 소유권을 취득한 신 소유자 사이에서 계속 동일한 내용으로 존속하게 된다고 보아야 할 것이고, 따라서 목적물의 신 소유자는 구 소유자와 전세권자 사이에 성립한 전세권의 내용에 따른 권리의무의 직접적인 당사자가 되어 전세권이 소멸하는 때에 전세권자에 대하여 전세권설정자의 지위에서 전세금반환의무를 부담하게 되고, 구 소유자는 전세권설정자의 지위를 상실하여 전세금반환의무를 면하게 된다(대판 2006.5.11. 2006다6072, 대판 2000.6.9. 99다15122).

오답 해설

① (×) 전세권은 전세금을 지급하고 타인의 부동산을 그 용도에 따라 사용·수익하는 권리로서 전세금의 지급이 없으면 전세권은 성립하지 아니하는 등으로 전세금은 전세권과 분리될 수 없는 요소일 뿐 아니라, 전세권에 있어서는 그 설정행위에서 금지하지 아니하는 한 전세권자는 전세권 자체를 처분하여 전세금으로 지출한 자본을 회수할 수 있도록 되어 있으므로 전세권이 존속하는 동안은 전세권을 존속시키기로 하면서 전세금반환채권만을 전세권과 분리하여 확정적으로 양도하는 것은 허용되지 않는 것이며, 다만 전세권 존속 중에는 장래에 그 전세권이 소멸하는 경우에 전세금반환채권이 발생하는 것을 조건으로 그 장래의 조건부채권을 양도할 수 있을 뿐이라 할 것이다(대판 2002.8.23. 2001다69122).

② (×), ③ (×) 건물의 일부에 대하여 전세권이 설정되어 있는 경우 전세권의 목적물이 아닌 나머지 건물부분에 대하여는 우선변제권은 별론으로 하고 경매신청권은 없으므로, 위와 같은 경우 전세권자는 전세권의 목적이 된 부분을 초과하여 건물 전부의 경매를 청구할 수 없다고 할 것이고, 그 전세권의 목적이 된 부분이 구조상 또는 이용상 독립성이 없어 독립한 소유권의 객체로 분할할 수 없고 따라서 그 부분만의 경매신청이 불가능하다고 하여 달리 볼 것은 아니다(대결 2001.7.2. 2001마212, 대결 1992.3.10. 91마256·257).

④ (×) 전세권에 대하여 설정된 저당권은 민사소송법 제724조 소정의 부동산경매절차에 의하여 실행하는 것이나, 전세권의 존속기간이 만료되면 전세권의 용익물권적 권능이 소멸하기 때문에 더 이상 전세권 자체에 대하여 저당권을 실행할 수 없게 되고, 이러한 경우는 민법 제370조, 제342조 및 민사소송법 제733조에 의하여 저당권의 목적물인 전세권에 갈음하여 존속하는 것으로 볼 수 있는 전세금반환채권에 대하여 추심명령 또는 전부명령을 받거나(이 경우 저당권의 존재를 증명하는 등기부등본을 집행법원에 제출하면 되고 별도의 채무명의가 필요한 것이 아니다), 제3자가 전세금반환채권에 대하여 실시한 강제집행절차에서 배당요구를 하는 등의 방법으로 자신의 권리를 행사할 수 있을 뿐이다(대결 1995.9.18. 95마684).

21

답 ③

정답 해설

① (×), ③ (○) 후순위저당권의 실행으로 목적부동산이 경락된 경우에는 민사소송법 제728조, 제608조 제2항의 규정에 의하여 선순위저당권까지도 당연히 소멸하는 것이므로, 이 경우 비록 후순위저당권자에게는 대항할 수 있는 임차권이라 하더라도 소멸된 선순위저당권보다 뒤에 등기되었거나 대항력을 갖춘 임차권은 함께 소멸하는 것이고, 따라서 그 경락인은 주택임대차보호법 제3조에서 말하는 임차주택의 양수인 중에 포함된다고 할 수 없을 것이므로 경락인에 대하여 그 임차권의 효력을 주장할 수 없다(대판 1999.4.23. 98다32939). 사안의 경우, 丙은 최선순위저당권자 甲보다 뒤에 대항력을 갖춘 임차권자로, 후순위저당권자 戊가 신청한 임의경매로 인하여 X주택이 A에게 매각되면, 甲의 저당권과 함께 丙의 임차권은 소멸한다. 따라서 경락인 A는 주택임대차법 제3조에서 말하는 임차주택의 양수인이라고 볼 수 없으므로, 임대인 乙의 지위를 승계하지 아니하고, 결국 丙은 A에게 주택을 인도하여야 한다.

오답 해설

② (×) [1] 부동산에 대하여 가압류등기가 먼저 되고 나서 근저당권설정등기가 마쳐진 경우에 그 근저당권등기는 가압류에 의한 처분금지의 효력 때문에 그 집행보전의 목적을 달성하는 데 필요한 범위 안에서 가압류채권자에 대한 관계에서만 상대적으로 무효이다. [2] 가압류채권자와 근저당권자 및 근저당권설정등기 후 강제경매신청을 한 압류채권자 사이의 배당관계에 있어서, 근저당권자는 선순위가압류채권자에 대하여는 우선변제권을 주장할 수 없으므로 1차로 채권액에 따른 안분비례에 의하여 평등배당을 받은 다음, 후순위경매신청압류채권자에 대하여는 우선변제권이 인정되므로 경매신청압류채권자가 받을 배당액으로부터 자기의 채권액을 만족시킬 때까지 이를 흡수하여 배당받을 수 있다(대결 1994.11.29. 94마417).

④ (×) 주택임대차법 제3조 제1항·제2항 또는 제3항의 대항요건과 임대차계약증서(제3조 제2항 및 제3항의 경우에는 법인과 임대인 사이의 임대차계약증서를 말한다)상의 확정일자를 갖춘 임차인은 민사집행법에 따른 경매 또는 국세징수법에 따른 공매를 할 때에 임차주택(대지를 포함한다)의 환가대금에서 후순위권리자나 그 밖의 채권자보다 우선하여 보증금을 변제받을 권리가 있다(주택임대차법 제3조의2 제2항). 따라서 丙은 소액임차인의 지위에서 인정되는 소액보증금(주택임대차법 제8조 참조)은 별론으로 하고, 선순위저당권자인 甲에 우선하여 보증금 전액에 대하여 우선변제받을 수는 없다.

⑤ (×) [1] 민사소송법 제605조 제1항에서 규정하는 배당요구가 필요한 배당요구채권자는, (압류의 효력발생 전에 등기한 가압류채권자, 경락으로 인하여 소멸하는 저당권자 및 전세권자로서 압류의 효력발생 전에 등기한 자 등) 당연히 배당을 받을 수 있는 채권자의 경우와는 달리, 경락기일까지 배당요구를 한 경우에 한하여 비로소 배당을 받을 수 있고, 적법한 배당요구를 하지 아니한 경우에는 비록 실체법상 우선변제청구권이 있다 하더라도 경락대금으로부터 배당을 받을 수는 없을 것이므로, 이러한 배당요구채권자가 적법한 배당요구를 하지 아니하여 그를 배당에서 제외하는 것으로 배당표가 작성·확정되고 그 확정된 배당표에 따라 배당이 실시되었다면 그가 적법한 배당요구를 한 경우에 배당받을 수 있었던 금액 상당의 금원이 후순위채권자에게 배당되었다고 하여 이를 법률상 원인이 없는 것이라고 할 수 없다. [2] 주택임대차보호법에 의하여 우선변제청구권이 인정되는 임대차보증금반환채권은 현행법상 배당요구가 필요한 배당요구채권에 해당한다(대판 1998.10.13. 98다12379). 따라서 적법한 배당요구를 하지 아니한 丙은, 丁과 戊에 대하여 부당이득반환청구를 할 수 없다.

22

답 ①

정답 해설

① (○) 채권자가 담보계약에 따른 담보권을 실행하여 그 담보목적부동산의 소유권을 취득하기 위하여는 그 채권의 변제기 후에 청산금의 평가액을 채무자등에게 통지하고, 그 통지가 채무자등에게 도달한 날부터 2개월(이하 "청산기간"이라 한다)이 지나야 한다. 이 경우 청산금이 없다고 인정되는 경우에는 그 뜻을 통지하여야 한다(가등기담보 등에 관한 법률 제3조 제1항).

오답 해설

② (×), ④ (×) 가등기담보 등에 관한 법률 제3조, 제4조에 의하면 가등기담보권자가 담보계약에 따른 담보권을 실행하여 담보목적부동산의 소유권을 취득하기 위해서는 채권의 변제기 후에 청산금의 평가액을 채무자 등에게 통지하여야 한다. 여기서 말하는 청산금의 평가액은 통지 당시의 담보목적부동산의 가액에서 그 당시의 피담보채권액(원본, 이자, 위약금, 지연배상금, 실행비용)을 뺀 금액을 의미하므로, 가등기담보권자가 담보권 실행을 통하여 우선변제받게 되는 이자나 지연배상금 등 피담보채권의 범위는 통지 당시를 기준으로 확정된다. 채권자는 주관적으로 평가한 청산금의 평가액을 통지하면 족하고, 채권자가 주관적으로 평가한 청산금의 액수가 정당하게 평가된 청산금의 액수에 미치지 못하더라도 담보권 실행의 통지로서의 효력에는 아무런 영향이 없다(대판 2016.6.23. 2015다13171).

③ (×) 채무자등은 청산금채권을 변제받을 때까지 그 채무액(반환할 때까지의 이자와 손해금을 포함한다)을 채권자에게 지급하고 그 채권담보의 목적으로 마친 소유권이전등기의 말소를 청구할 수 있다(가등기담보 등에 관한 법률 제11조 본문). 따라서 비록 甲이 담보권 실행을 통지하고 2개월의 청산기간이 지났으나, 청산금의 지급이 없었다면, 乙은 대여금을 변제하고 가등기 말소를 청구할 수 있다.

⑤ (×) 채권자는 통지 당시의 담보목적부동산의 가액에서 그 채권액을 뺀 금액을 채무자등에게 지급하여야 한다. 이 경우 담보목적부동산에 선순위담보권 등의 권리가 있을 때에는 그 채권액을 계산할 때에 선순위담보 등에 의하여 담보된 채권액을 포함한다(가등기담보 등에 관한 법률 제4조 제1항). 반면, 후순위권리자는 그 순위에 따라 채무자등이 지급받을 청산금에 대하여 통지된 평가액의 범위에서 청산금이 지급될 때까지 그 권리를 행사할 수 있고, 채권자는 후순위권리자의 요구가 있는 경우에는 청산금을 지급하여야 한다(가등기담보 등에 관한 법률 제5조 제1항). 즉, 후순위담보권자의 피담보채권액은 청산금에서 미리 공제하지 아니하므로, 甲이 담보권 실행을 위하여 통지하여야 할 청산금의 평가액은, 통지 당시의 목적부동산가액에서 그 당시의 목적부동산에 존재하는 모든 피담보채권액을 공제한 차액이 아니다.

23

답 ③

정답 해설

공동저당의 목적인 채무자 소유의 부동산과 물상보증인 소유의 부동산에 각각 채권자를 달리하는 후순위저당권이 설정되어 있는 경우, 물상보증인 소유의 부동산에 대하여 먼저 경매가 이루어져 그 경매대금의 교부에 의하여 1번 저당권자가 변제를 받은 때에는 물상보증인은 채무자에 대하여 구상권을 취득함과 동시에 민법 제481조, 제482조의 규정에 의한 변제자 대위에 의하여 채무자 소유의 부동산에 대한 1번 저당권을 취득하고, 이러한 경우 물상보증인 소유의 부동산에 대한 후순위저당권자는 물상보증인에게 이전한 1번 저당권으로 우선하여 변제를 받을 수 있으며, 이러한 법리는 수인의 물상보증인이 제공한 부동산 중 일부에 대하여 경매가 실행된 경우에도 마찬가지로 적용되어야 하므로(이 경우 물상보증인들 사이의 변제자 대위의 관계는 민법 제482조 제2항 제4호, 제3호에 의하여 규율될 것이다), 자기 소유의 부동산이 먼저 경매되어 1번 저당권자에게 대위변제를 한 물상보증인은 다른 물상보증인의 부동산에 대한 1번 저당권을 대위취득하고, 그 물상보증인 소유 부동산의 후순위저당권자는 1번 저당권에 대하여 물상대위를 할 수 있으므로 물상보증인이 대위취득한 선순위저당권설정등기에 대하여는 말소등기가 경료될 것이 아니라 물상보증인 앞으로 대위에 의한 저당권 이전의 부기등기가 경료되어야 하고, 아직 경매되지 아니한 공동저당물의 소유자로서는 1번 저당권자에 대한 피담보채무가 소멸하였다는 사정만으로 말소등기를 청구할 수 없다(대판 2001.6.1. 2001다21854). 따라서 먼저 경매로 매각된 X부동산의 소유자 겸 물상보증인 丙은, 채권자 甲에게 배당된 1억 원 중, 자신의 책임분담금 6천만 원을 초과하는 4천만 원의 한도에서(민법 제482조 제2항 제4호·제3호) 변제자 대위에 의하여 Y부동산에 대한 저당권을 취득하고, X부동산의 후순위저당권자 A는 변제자 대위에 의하여 丙에게 이전된 저당권에 대하여 물상대위를 행사할 수 있으므로, 결국 A는 Y부동산의 매각대금 8천만 원에서 4천만 원을 배당받을 수 있다.

24

답 ①

정답 해설

① (×) 질권의 목적인 채권의 양도행위는 민법 제352조 소정의 질권자의 이익을 해하는 변경에 해당되지 않으므로 질권자의 동의를 요하지 아니한다(대판 2005.12.22. 2003다55059).

오답 해설

② (○) 채권의 목적물이 금전인 때에는 질권자는 자기채권의 한도에서 직접 청구할 수 있다(민법 제353조 제2항).

③ (○) 질권의 목적이 된 채권이 금전채권인 때에는 질권자는 자기채권의 한도에서 질권의 목적이 된 채권을 직접 청구할 수 있고, 채권질권의 효력은 질권의 목적이 된 채권의 지연손해금 등과 같은 부대채권에도 미치므로 채권질권자는 질권의 목적이 된 채권과 그에 대한 지연손해금채권을 피담보채권의 범위에 속하는 자기채권액에 대한 부분에 한하여 직접 추심하여 자기채권의 변제에 충당할 수 있다(대판 2005.2.25. 2003다40668).

④ (○) 저당권으로 담보한 채권을 질권의 목적으로 한 때에는 그 저당권등기에 질권의 부기등기를 하여야 그 효력이 저당권에 미친다(민법 제348조).

⑤ (○) 제3채무자가 질권설정사실을 승낙한 후 질권설정계약이 합의해지된 경우 질권설정자가 해지를 이유로 제3채무자에게 원래의 채권으로 대항하려면 질권자가 제3채무자에게 해지사실을 통지하여야 하고, 만일 질권자가 제3채무자에게 질권설정계약의 해지사실을 통지하였다면, 설사 아직 해지가 되지 아니하였다고 하더라도 선의인 제3채무자는 질권설정자에게 대항할 수 있는 사유로 질권자에게 대항할 수 있다고 봄이 타당하다. 그리고 위와 같은 해지통지가 있었다면 해지사실은 추정되고, 그렇다면 해지통지를 믿은 제3채무자의 선의 또한 추정된다고 볼 것이어서 제3채무자가 악의라는 점은 선의를 다투는 질권자가 증명할 책임이 있다. 그리고 위와 같은 해지사실의 통지는 질권자가 질권설정계약이 해제되었다는 사실을 제3채무자에게 알리는 이른바 관념의 통지로서, 통지는 제3채무자에게 도달됨으로써 효력이 발생하고, 통지에 특별한 방식이 필요하지는 않다(대판 2014.4.10. 2013다76192).

25

답 ⑤

정답 해설

⑤ (×) 제3취득자는 보증인에 대하여 채권자를 대위하지 못한다(민법 제482조 제2항 제2호). 따라서 채무자 甲 소유 X토지의 제3취득자 A는 보증인 丙에 대하여 채권자 乙을 대위할 수 없다.

오답 해설

① (○) 물상보증인은 타인의 채무변제를 위하여 자기의 재산 위에 물적 담보를 제공한 자이므로, 채무자에 대한 관계에서 보증인과 유사한 지위에 있다. 따라서 물상보증인 丁이 대여금채무를 변제하거나 질권·저당권의 실행으로 인하여 그 소유권을 잃은 때에는, 보증채무에 관한 규정에 의하여 채무자 甲에 대한 구상권이 있다 할 것이다(민법 제341조 참고).

> **민법 제341조(물상보증인의 구상권)**
> 타인의 채무를 담보하기 위한 질권설정자가 그 채무를 변제하거나 질권의 실행으로 인하여 질물의 소유권을 잃은 때에는 보증채무에 관한 규정에 의하여 채무자에 대한 구상권이 있다.

② (○) 자기의 재산을 타인의 채무의 담보로 제공한 자(물상보증인)와 보증인 간에는 그 인원수에 비례하여 채권자를 대위한다. 그러나 자기의 재산을 타인의 채무의 담보로 제공한 자(물상보증인)가 수인인 때에는 보증인의 부담부분을 제외하고 그 잔액에 대하여 각 재산의 가액에 비례하여 대위한다(민법 제482조 제2항 제5호 전문). 따라서 물상보증인 丁이 채무자 甲의 대여금채무를 모두 변제한 경우, 丁은 인원수에 비례하여 채권자 乙을 대위하므로, 보증인 丙을 상대로 2억 원의 지급을 청구할 수 있다.

③ (○) 민법 제469조 제2항은 이해관계 없는 제3자는 채무자의 의사에 반하여 변제하지 못한다고 규정하고, 민법 제481조는 변제할 정당한 이익이 있는 자는 변제로 당연히 채권자를 대위한다고 규정하고 있는바, 위 조항에서 말하는 '이해관계' 내지 '변제할 정당한 이익'이 있는 자는 변제를 하지 않으면 채권자로부터 집행을 받게 되거나 또는 채무자에 대한 자기의 권리를 잃게 되는 지위에 있기 때문에 변제함으로써 당연히 대위의 보호를 받아야 할 법률상 이익을 가지는 자를 말하고, 단지 사실상의 이해관계를 가진 자는 제외된다(대결 2009.5.28. 2008마109). 따라서 물상보증인 戊는 변제할 정당한 이익이 있는 자에 해당하므로, 채권자 乙의 승낙이 없어도 당연히 乙을 대위한다.

④ (○) 보증인은 미리 전세권이나 저당권의 등기에 그 대위를 부기하지 아니하면 전세물이나 저당물에 권리를 취득한 제3자에 대하여 채권자를 대위하지 못한다(민법 제482조 제2항 제1호). 다만, 사안은 보증인 丙이 채무자 甲의 대여금채무를 모두 변제하고, 물상보증인 丁에 대하여 채권자 乙을 대위하려는 경우이므로, 민법 제482조 제2항 제1호가 아닌 제5호 전문이 적용된다 할 것이다. 따라서 丙은 보증인의 부담부분을 제외하고, 그 잔액에 대하여 물상보증인 丁에게 Y토지의 가액에 비례하여 채권자 乙을 대위할 수 있다.

26

답 ④

정답 해설

④ (×) 연대보증인에게는 최고·검색의 항변권이 인정되지 아니한다(민법 제437조 단서).

오답 해설

① (○) 보증인은 그 보증채무에 관한 위약금 기타 손해배상액을 예정할 수 있다(민법 제429조 제2항).

② (○) 채무자가 보증인을 세울 의무가 있는 경우, 그 보증인은 행위능력 및 변제자력이 있어야 하나(민법 제431조 제1항), 채권자가 보증인을 지명한 경우에는, 행위능력 및 변제자력을 요하지 아니한다(민법 제431조 제3항).

③ (○) 주채무자의 의사에 반하여 보증인이 된 자가 변제 기타 자기의 출재로 주채무를 소멸하게 한 때에는 주채무자는 현존이익의 한도에서 배상하여야 한다(민법 제444조 제2항).

⑤ (○) 주채무자의 부탁으로 보증인이 된 자가 과실 없이 변제 기타의 출재로 주채무를 소멸하게 한 때에는 주채무자에 대하여 구상권이 있고(민법 제441조 제1항), 그 구상권은 면책된 날 이후의 법정이자 및 피할 수 없는 비용 기타 손해배상을 포함한다(민법 제441조 제2항, 제425조 제2항).

27

답 ④

정답 해설

④ (×) 민법 제393조 제2항 소정의 특별사정으로 인한 손해배상에 있어서 채무자가 그 사정을 알았거나 알 수 있었는지의 여부를 가리는 시기는 계약체결 당시가 아니라 채무의 이행기까지를 기준으로 판단하여야 한다(대판 1985.9.10. 84다카1532).

오답 해설

① (○) 채무불이행으로 인한 손해배상을 규정하고 있는 민법 제394조는 다른 의사표시가 없는 한 손해는 금전으로 배상하여야 한다고 규정하고 있는바, 위 법조 소정의 금전이라 함은 우리나라의 통화를 가리키는 것이어서 채무불이행으로 인한 손해배상을 구하는 채권은 당사자가 외국통화로 지급하기로 약정하였다는 등의 특별한 사정이 없는 한 채권액이 외국통화로 지정된 외화채권이라고 할 수 없다(대판 2005.7.28. 2003다12083).

② (○) 과실상계는 본래 채무불이행 또는 불법행위로 인한 손해배상책임에 대하여 인정되는 것이고, 매매계약이 해제되어 소급적으로 효력을 잃은 결과 매매당사자에게 당해 계약에 기한 급부가 없었던 것과 동일한 재산상태를 회복시키기 위한 원상회복의무의 이행으로서 이미 지급한 매매대금 기타의 급부의 반환을 구하는 경우에는 적용되지 아니한다(대판 2014.3.13. 2013다34143).

③ (○) 지체상금이 손해배상의 예정으로 인정되어 이를 감액함에 있어서는 채무자가 계약을 위반한 경위 등 제반 사정이 참작되므로 손해배상액의 감경에 앞서 채권자의 과실 등을 들어 따로 감경할 필요는 없다(대판 2002.1.25. 99다57126).

⑤ (○) 매도인이 매수인으로부터 매매대금을 약정된 기일에 지급받지 못한 결과 제3자로부터 부동산을 매수하고 그 잔대금을 지급하지 못하여 그 계약금을 몰수당함으로써 손해를 입었다고 하더라도 이는 특별한 사정으로 인한 손해이므로 매수인이 이를 알았거나 알 수 있었던 경우에만 그 손해를 배상할 책임이 있다(대판 1991.10.11. 91다25369).

28

답 ③

정답 해설

③ (×) 당사자의 양도금지의 의사표시로써 채권은 양도성을 상실하며 양도금지의 특약에 위반해서 채권을 제3자에게 양도한 경우에 악의 또는 중과실의 채권양수인에 대하여는 채권이전의 효과가 생기지 아니하나, 악의 또는 중과실로 채권양수를 받은 후 채무자가 그 양도에 대하여 승낙을 한 때에는 채무자의 사후승낙에 의하여 무효인 채권양도행위가 추인되어 유효하게 되며 이 경우 다른 약정이 없는 한 소급효가 인정되지 않고 양도의 효과는 승낙 시부터 발생한다. 이른바 집합채권의 양도가 양도금지특약을 위반하여 무효인 경우 채무자는 일부 개별채권을 특정하여 추인하는 것이 가능하다(대판 2009.10.29. 2009다47685).

오답 해설

① (○) 지명채권의 양도를 승낙함에 있어서는 이의를 보류하고 할 수 있음은 물론이고 양도금지의 특약이 있는 채권양도를 승낙함에 있어 조건을 붙여서 할 수도 있으며 승낙의 성격이 관념의 통지라고 하여 조건을 붙일 수 없는 것은 아니다(대판 1989.7.11. 88다카20866).

② (○) 채무자가 채권양도에 대하여 이의를 보류하지 아니하는 승낙을 하였더라도 양도인에게 대항할 수 있는 사유로서 양수인에게 대항하지 못할 뿐이고(민법 제451조), 채권의 내용이나 양수인의 권리확보에 위험을 초래할 만한 사정을 조사, 확인할 책임은 원칙적으로 양수인 자신에게 있으므로, 채무자는 양수인이 대상채권의 내용이나 원인이 되는 법률관계에 대하여 잘 알고 있음을 전제로 채권양도를 승낙할지를 결정하면 되고 양수인이 채권의 내용 등을 실제와 다르게 인식하고 있는지까지 확인하여 위험을 경고할 의무는 없다. 따라서 채무자가 양도되는 채권의 성립이나 소멸에 영향을 미치는 사정에 관하여 양수인에게 알려야 할 신의칙상 주의의무가 있다고 볼 만한 특별한 사정이 없는 한 채무자가 그러한 사정을 알리지 아니하였다고 하여 불법행위가 성립한다고 볼 수 없다(대판 2015.12.24. 2014다49241).

④ (○) 채무자가 이의를 보류하지 아니하고 승낙을 한 때에는 양도인에게 대항할 수 있는 사유로써 양수인에 게 대항하지 못한다(민법 제451조 제1항 본문). 이는 양수인의 신뢰보호를 위한 규정이므로, 양수인이 악의인 경우에는 적용되지 아니한다. 다만, 무과실까지 요구되는지와 관련하여 견해의 대립이 있으나, 판례는 선의·무중과실일 것을 요하고 있다(대판 2002.3.29. 2000다13887). 따라서 채무자 乙은 채권자 甲에 대한 항변사유로써 중과실이 인정되는 양수인 丙에게 대항할 수 있다.

⑤ (○) 보증채무는 주채무에 대한 부종성 또는 수반성이 있어서 주채무자에 대한 채권이 이전되면 당사자 사이에 별도의 특약이 없는 한 보증인에 대한 채권도 함께 이전하고, 이 경우 채권양도의 대항요건도 주채권의 이전에 관하여 구비하면 족하고, 별도로 보증채권에 관하여 대항요건을 갖출 필요는 없다(대판 2002.9.10. 2002다21509).

29

답 ①

정답 해설

① (×), ② (○) [1] 민법 제404조에서 규정하고 있는 채권자대위권은 채권자가 채무자에 대한 자기의 채권을 보전하기 위하여 필요한 경우에 채무자의 제3자에 대한 권리를 대위행사할 수 있는 권리를 말하는 것으로서, 이때 보전되는 채권은 보전의 필요성이 인정되고 이행기가 도래한 것이면 족하고, 그 채권의 발생원인이 어떠하든 대위권을 행사함에는 아무런 방해가 되지 아니하며, 또한 채무자에 대한 채권이 제3채무자에게까지 대항할 수 있는 것임을 요하는 것도 아니다. [2] 채권자대위권을 재판상 행사하는 경우에 있어서도 채권자인 원고는 그 채권의 존재사실 및 보전의 필요성, 기한의 도래 등을 입증하면 족한 것이지, 채권의 발생원인사실 또는 그 채권이 제3채무자인 피고에게 대항할 수 있는 채권이라는 사실까지 입증할 필요는 없으며, 따라서 채권자가 채무자를 상대로 하여 그 보전되는 청구권에 기한 이행청구의 소를 제기하여 승소판결이 확정되면 제3채무자는 그 청구권의 존재를 다툴 수 없다(대판 2003.4.11. 2003다1250).

오답 해설

③ (○) 매수인과 매도인 사이의 토지거래규제구역 내에 있는 토지에 대한 매매계약이 관할관청의 허가 없이 체결된 것이라고 하더라도, 매수인은 매도인에 대한 토지거래허가신청절차의 협력의무의 이행청구권을 보전하기 위하여 매도인을 대위하여 제3자 명의의 소유권이전등기의 말소등기절차 이행을 구할 수 있는 것이다(대판 1994.12.27. 94다4806).

④ (○) 채권자가 채권자대위권을 행사하여 제3자에 대하여 하는 청구에 있어서, 제3채무자는 채무자가 채권자에 대하여 가지는 항변으로 대항할 수 없고, 채권의 소멸시효가 완성된 경우 이를 원용할 수 있는 자는 원칙적으로는 시효이익을 직접 받는 자뿐이고, 채권자대위소송의 제3채무자는 이를 행사할 수 없다(대판 2004.2.12. 2001다10151).

⑤ (○) 채권자가 채권자대위소송을 제기한 경우, 제3채무자는 채무자가 채권자에 대하여 가지는 항변권이나 형성권 등과 같이 권리자에 의한 행사를 필요로 하는 사유를 들어 채권자의 채무자에 대한 권리가 인정되는지 여부를 다툴 수 없지만, 채권자의 채무자에 대한 권리의 발생원인이 된 법률행위가 무효라거나 위 권리가 변제 등으로 소멸하였다는 등의 사실을 주장하여 채권자의 채무자에 대한 권리가 인정되는지 여부를 다투는 것은 가능하고, 이 경우 법원은 제3채무자의 주장을 고려하여 채권자의 채무자에 대한 권리가 인정되는지 여부에 관하여 직권으로 심리·판단하여야 한다(대판 2015.9.10. 2013다55300).

| 참고 | 채권자대위소송에서 원칙적으로 채무자가 채권자의 피보전채권에 대해 가지는 항변으로 '제3채무자'가 대항할 수는 없다. 그러나 판례는 제3채무자의 피보전채권의 변제나 무효의 항변은 인정하고 있다. 구체적으로 이에 대하여 판례는 제3채무자의 피보전채권의 소멸시효 항변, 제3채무자의 피보전채권의 동시이행의 항변은 인정하지 않으나 제3채무자의 피보전채권의 변제나 무효의 항변(채권자의 채무자에 대한 권리가 인정되는지 여부에 대한 항변)은 인정하고 있다.

30

답 ②

정답 해설

ㄴ. (○) 채권자취소권 행사는 채무이행을 구하는 것이 아니라 총채권자를 위하여 채무자의 자력감소를 방지하고, 일탈된 채무자의 책임재산을 회수하여 채권의 실효성을 확보하는 데 목적이 있으므로, 피보전채권이 사해행위 이전에 성립되어 있는 이상 액수나 범위가 구체적으로 확정되지 않은 경우라고 하더라도 채권자취소권의 피보전채권이 된다(대판 2018.6.28. 2016다1045).

ㄷ. (○) 채권자가 민법 제406조 제1항에 따라 사해행위의 취소와 원상회복을 청구하는 경우 사해행위취소청구가 민법 제406조 제2항에 정하여진 기간 안에 제기되었다면 원상회복의 청구는 그 기간이 지난 뒤에도 할 수 있다(대판 2001.9.4. 2001다14108).

오답 해설

ㄱ. (×), ㄹ (×) [1] 사해행위의 취소는 채권자와 수익자의 관계에서 상대적으로 채무자와 수익자 사이의 법률행위를 무효로 하는 데에 그치고 채무자와 수익자 사이의 법률관계에는 영향을 미치지 아니하므로, 채무자와 수익자 사이의 부동산매매계약이 사해행위로 취소되고 그에 따른 원상회복으로 수익자 명의의 소유권이전등기가 말소되어 채무자의 등기명의가 회복되더라도, 그 부동산은 취소채권자나 민법 제407조에 따라 사해행위 취소와 원상회복의 효력을 받는 채권자와 수익자 사이에서 채무자의 책임재산으로 취급될 뿐, 채무자가 직접 부동산을 취득하여 권리자가 되는 것은 아니다. [2] 채무자가 사해행위 취소로 등기명의를 회복한 부동산을 제3자에게 처분하더라도 이는 무권리자의 처분에 불과하여 효력이 없으므로, 채무자로부터 제3자에게 마쳐진 소유권이전등기나 이에 기초하여 순차로 마쳐진 소유권이전등기 등은 모두 원인무효의 등기로서 말소되어야 한다. 이 경우 취소채권자나 민법 제407조에 따라 사해행위 취소와 원상회복의 효력을 받는 채권자는 채무자의 책임재산으로 취급되는 부동산에 대한 강제집행을 위하여 원인무효등기의 명의인을 상대로 등기의 말소를 청구할 수 있다(대판 2017.3.9. 2015다217980).

31 답 ③

정답 해설

③ (×) 부동산소유권이전등기의무자가 그 부동산상에 가등기를 경료한 경우 가등기는 본등기의 순위보전의 효력을 가지는 것에 불과하고 또한 그 소유권이전등기의무자의 처분권한이 상실되지도 아니하므로 그 가등기만으로는 소유권이전등기의무가 이행불능이 된다고 할 수 없다(대판 1991.7.26. 91다8104).

오답 해설

① (O) 민법이 타인의 권리의 매매를 인정하고 있는 것처럼 타인의 권리의 증여도 가능하며, 이 경우 채무자는 권리를 취득하여 채권자에게 이전하여야 하고, 이 같은 사정은 계약 당시부터 예정되어 있으므로, 매매나 증여의 대상인 권리가 타인에게 귀속되어 있다는 이유만으로 채무자의 계약에 따른 이행이 불능이라고 할 수는 없다(대판 2016.5.12. 2016다200729).

② (O) 매수인은 매매목적물에 대하여 가압류집행이 되었다고 하여 매매에 따른 소유권이전등기가 불가능한 것도 아니므로, 이러한 경우 매수인으로서는 신의칙 등에 의해 대금지급채무의 이행을 거절할 수 있음은 별론으로 하고, 매매목적물이 가압류되었다는 사유만으로 매도인의 계약위반을 이유로 매매계약을 해제할 수는 없다(대판 1999.6.11. 99다11045).

④ (O) 매도인의 매매계약상의 의무가 이행불능이 되어 이를 이유로 매매계약을 해제함에 있어서는 상대방인 원고의 잔대금지급의무가 매도인의 위 의무와 동시이행관계에 있다고 하더라도 그 이행의 제공을 필요로 하는 것이 아니다(대판 2003.1.24. 2000다22850).

⑤ (O) 임대인은 임차인으로 하여금 그 목적물을 완전하게 사용·수익하게 할 의무가 있고, 또한 임차인은 이러한 임대인의 의무가 이행불능으로 되지 아니하는 한 그 사용·수익의 대가로 차임을 지급할 의무가 있으며, 그 임대차관계가 종료되면 임차인은 임차목적물을 임대인에게 반환하여야 할 계약상의 의무가 있다. 다만 이러한 경우 임차인이 진실한 소유자로부터 목적물의 반환청구나 임료 내지 그 해당액의 지급요구를 받는 등의 이유로 임대인이 임차인으로 하여금 사용·수익하게 할 수가 없게 되면 임대인의 채무는 이행불능으로 되고 임차인은 이행불능으로 인한 임대차의 종료를 이유로 그때 이후의 임대인의 차임지급청구를 거절할 수 있다(대판 2009.9.24. 2008다38325).

32 답 ⑤

정답 해설

⑤ (×) 부동산의 매수인이 매매목적물에 관한 임대차보증금 반환채무 등을 인수하는 한편, 그 채무액을 매매대금에서 공제하기로 약정한 경우, 그 인수는 특별한 사정이 없는 이상 매도인을 면책시키는 면책적 채무인수가 아니라 이행인수로 보아야 하고, 면책적 채무인수로 보기 위하여는 이에 대한 채권자, 즉 임차인의 승낙이 있어야 한다(대판 2001.4.27. 2000다69026).

오답 해설

① (O) 중첩적 채무인수는 채권자와 채무인수인과의 합의가 있는 이상 채무자의 의사에 반하여서도 이루어질 수 있다(대판 1988.11.22. 87다카1836).

② (O) 면책적 채무인수가 있은 경우, 인수채무의 소멸시효기간은 채무인수와 동시에 이루어진 소멸시효 중단사유, 즉 채무승인에 따라 채무인수일로부터 새로이 진행된다(대판 1999.7.9. 99다12376).

| 참고 | 면책적 채무인수라 함은 채무의 동일성을 유지하면서 이를 종래의 채무자로부터 제3자인 인수인에게 이전하는 것을 목적으로 하는 계약으로서, 채무인수로 인하여 인수인은 종래의 채무자와 지위를 교체하여 새로이 당사자로서 채무관계에 들어서서 종래의 채무자와 동일한 채무를 부담하고 동시에 종래의 채무자는 채무관계에서 탈퇴하여 면책되는 것일 뿐이므로, 인수채무가 원래 5년의 상사시효의 적용을 받던 채무라면 그 후 면책적 채무인수에 따라 그 채무자의 지위가 인수인으로 교체되었다고 하더라도 그 소멸시효의 기간은 여전히 5년의 상사시효의 적용을 받는다 할 것이고, 이는 채무인수행위가 상행위나 보조적 상행위에 해당하지 아니한다고 하여 달리 볼 것이 아니다(대판 1999.7.9. 99다12376).

③ (O) 채권자의 승낙에 의하여 채무인수의 효력이 생기는 경우, 채권자가 승낙을 거절하면 그 이후에는 채권자가 다시 승낙하여도 채무인수로서의 효력이 생기지 않는다(대판 1998.11.24. 98다33765).

④ (O) 채무자와 인수인 사이의 계약에 의한 채무인수에 대하여 채권자는 명시적인 방법뿐만 아니라 묵시적인 방법으로도 승낙을 할 수 있는 것인데, 채권자가 직접 채무인수인에 대하여 인수채무금의 지급을 청구하였다면 그 지급청구로써 묵시적으로 채무인수를 승낙한 것으로 보아야 한다(대판 1989.11.14. 88다카29962).

33

답 ④

정답 해설

④ (×) 매매당사자 간에 계약금을 수수하고 계약해제권을 유보한 경우에 매도인이 계약금의 배액을 상환하고 계약을 해제하려면 계약해제의 의사표시 외에 계약금 배액의 이행의 제공이 있으면 족하고, 상대방이 이를 수령하지 아니한다 하여 이를 공탁할 필요는 없다(대판 1981.10.27. 80다2784).

오답 해설

① (○) 계약금 일부만 지급된 경우 수령자가 매매계약을 해제할 수 있다고 하더라도 해약금의 기준이 되는 금원은 실제 교부받은 계약금이 아니라 약정계약금이라고 봄이 타당하므로, 매도인이 계약금의 일부로서 지급받은 금원의 배액을 상환하는 것으로는 매매계약을 해제할 수 없다(대판 2015.4.23. 2014다 231378).

② (○) 이행기의 약정이 있는 경우라 하더라도 당사자가 채무의 이행기 전에는 착수하지 아니하기로 하는 특약을 하는 등 특별한 사정이 없는 한 이행기 전에 이행에 착수할 수 있다(대판 1993.1.19. 92다31323). 따라서 계약당사자 일방이 채무의 이행기 전에 이미 채무의 이행에 착수한 이상, 계약당사자는 해제권을 행사할 수 없다.

민법 제565조(해약금)

① 매매의 당사자 일방이 계약당시에 금전 기타 물건을 계약금, 보증금등의 명목으로 상대방에게 교부한 때에는 당사자 간에 다른 약정이 없는 한 당사자의 일방이 이행에 착수할 때까지 교부자는 이를 포기하고 수령자는 그 배액을 상환하여 매매계약을 해제할 수 있다.

③ (○) 민법 제565조의 해약권은 당사자 간에 다른 약정이 없는 경우에 한하여 인정되는 것이고, 만일 당사자가 위 조항의 해약권을 배제하기로 하는 약정을 하였다면 더 이상 그 해제권을 행사할 수 없다(대판 2009.4.23. 2008다50615).

⑤ (○) 국토의 계획 및 이용에 관한 법률에 정한 토지거래계약에 관한 허가구역으로 지정된 구역 안의 토지에 관하여 매매계약이 체결된 후 계약금만 수수한 상태에서 당사자가 토지거래허가신청을 하고 이에 따라 관할관청으로부터 그 허가를 받았다 하더라도, 그러한 사정만으로는 아직 이행의 착수가 있다고 볼 수 없어 매도인으로서는 민법 제565조에 의하여 계약금의 배액을 상환하여 매매계약을 해제할 수 있다(대판 2009.4.23. 2008다62427).

34

답 ④

정답 해설

④ (○) 승낙의 통지가 전항의 기간 후에 도달한 경우에 보통 그 기간 내에 도달할 수 있는 발송인 때에는 청약자는 지체 없이 상대방에게 그 연착의 통지를 하여야 한다. 그러나 그 도달 전에 지연의 통지를 발송한 때에는 그러하지 아니하다(민법 제528조 제2항). 또한 청약자가 연착의 통지를 하지 아니한 때에는 승낙의 통지는 연착되지 아니한 것으로 본다(민법 제528조 제3항). 따라서 甲이 연착의 통지를 한 이상, 매매계약은 성립하지 아니한다.

오답 해설

① (×), ③ (×) 격지자 간의 계약은 승낙의 통지를 발송한 때에 성립한다(민법 제531조). 즉, 승낙의 통지가 승낙기간 내에 청약자에게 도달하면, 승낙통지를 발송한 때에 계약이 성립한다. 여기서 도달이라 함은 사회관념상 채무자가 통지의 내용을 알 수 있는 객관적 상태에 놓여졌다고 인정되는 상태를 지칭한다고 해석되므로, 채무자가 이를 현실적으로 수령하였다거나 그 통지의 내용을 알았을 것까지는 필요로 하지 않는다(대판 1997.11.25. 97다31281). 사안의 경우, 乙의 승낙통지가 승낙기간(2018.9.25.) 내인 2018.9.19. 도달하였으므로, 甲이 편지를 읽은 시점과는 상관없이 매매계약은 乙이 편지를 발송한 2018.9.17. 성립한다.

② (×) 승낙의 기간을 정한 계약의 청약은 청약자가 그 기간 내에 승낙의 통지를 받지 못한 때에는 그 효력을 잃는다(민법 제528조 제1항). 따라서 乙의 승낙통지가 승낙기간(2018.9.25.) 내에 도달하지 못하였다면, 청약은 그 효력을 상실하고, 매매계약 또한 성립하지 아니한다.

⑤ (×) 계약의 청약은 이를 철회하지 못한다(민법 제527조). 따라서 청약이 상대방에게 도달하여 그 효력을 발생한 경우에는, 상대방의 승낙이 있었다는 등의 특별한 사정이 없는 한, 甲은 乙에 대하여 매각의 의사표시를 철회할 수 없다.

35

답 ⑤

정답 해설

⑤ (○) 부동산매매계약에 있어 매수인이 부가가치세를 부담하기로 약정한 경우, 부가가치세를 매매대금과 별도로 지급하기로 했다는 등의 특별한 사정이 없는 한 부가가치세를 포함한 매매대금 전부와 부동산의 소유권이전등기의무가 동시이행의 관계에 있다고 봄이 상당하다(대판 2006.2.24. 2005다58656 · 58663).

오답 해설

① (×) 근저당권 실행을 위한 경매가 무효로 되어 채권자(= 근저당권자)가 채무자를 대위하여 낙찰자에 대한 소유권이전등기말소청구권을 행사하는 경우, 낙찰자가 부담하는 소유권이전등기말소의무는 채무자에 대한 것인 반면, 낙찰자의 배당금반환청구권은 실제 배당금을 수령한 채권자(= 근저당권자)에 대한 채권인바, 채권자(= 근저당권자)가 낙찰자에 대하여 부담하는 배당금반환채무와 낙찰자가 채무자에 대하여 부담하는 소유권이전등기말소의무는 서로 이행의 상대방을 달리하는 것으로서, 채권자(= 근저당권자)의 배당금반환채무가 동시이행의 항변권이 부착된 채 채무자로부터 승계된 채무도 아니므로, 위 두 채무는 동시에 이행되어야 할 관계에 있지 아니하다(대판 2006.9.22. 2006다24049).

② (×) 동시이행의 관계에 있는 쌍방의 채무 중 어느 한 채무가 이행불능이 됨으로 인하여 발생한 손해배상채무도 여전히 다른 채무와 동시이행의 관계에 있다(대판 2000.2.25. 97다30066).

③ (×) 가압류등기 등이 있는 부동산의 매매계약에 있어서는 매도인의 소유권이전등기의무와 아울러 가압류등기의 말소의무도 매수인의 대금지급의무와 동시이행관계에 있다(대판 2000.11.28. 2000다8533).

④ (×) 당사자 쌍방의 채무가 동시이행관계에 있는 경우 일방채무의 이행기가 도래하더라도 상대방채무의 이행제공이 있을 때까지는 채무를 이행하지 않아도 이행지체의 책임을 지지 않는다(대판 2019.10.31. 2019 다247651).

36

답 ③

정답 해설

③ (×) 계약의 합의해제는 묵시적으로 이루어질 수도 있으나, 계약이 묵시적으로 합의해제되었다고 하려면 계약의 성립 후에 당사자 쌍방의 계약실현의사의 결여 또는 포기로 인하여 당사자 쌍방의 계약을 실현하지 아니할 의사가 일치되어야만 하고, 계약이 일부이행된 경우에는 그 원상회복에 관하여도 의사가 일치되어야 할 것이다(대판 2011.4.28. 2010다98412 · 98429).

오답 해설

① (○) 계약이 합의해제된 경우에는 그 해제 시에 당사자 일방이 상대방에게 손해배상을 하기로 특약하거나 손해배상청구를 유보하는 의사표시를 하는 등 다른 사정이 없는 한 채무불이행으로 인한 손해배상을 청구 할 수 없다(대판 1989.4.25. 86다카1147 · 1148).

② (○) 매매계약당사자 중 매도인이 매수인에게 매매계약의 합의해제를 청약하였다고 할지라도, 매수인이 그 청약에 대하여 조건을 붙이거나 변경을 가하여 승낙한 때에는 민법 제534조의 규정에 비추어 그 청약의 거절과 동시에 새로 청약한 것으로 보게 되는 것이고, 그로 인하여 종전의 매도인의 청약은 실효된다(대판 2009.2.12. 2008다71926).

④ (○) 매매계약을 합의해제한 후 그 합의해제를 무효화시키고, 해제된 매매계약을 부활시키는 약정은 계약자유의 원칙상 적어도 당사자 사이에서는 가능하다(대판 2006.4.13. 2003다45700).

⑤ (○) 합의해제 또는 해제계약이라 함은 해제권의 유무에 불구하고 계약당사자 쌍방이 합의에 의하여 기존의 계약의 효력을 소멸시켜 당초부터 계약이 체결되지 않았던 것과 같은 상태로 복귀시킬 것을 내용으로 하는 새로운 계약으로서, 그 효력은 그 합의의 내용에 의하여 결정되고 여기에는 해제에 관한 민법 제548조 제2항의 규정은 적용되지 아니하므로, 당사자 사이에 약정이 없는 이상 합의해제로 인하여 반환할 금전에 그 받은 날로부터의 이자를 가하여야 할 의무가 있는 것은 아니다(대판 1996.7.30. 95다16011).

37 답 ④

정답 해설

④ (O) 토지임차인이 임대인의 동의를 얻어 적법하게 전대차한 경우에만, 전차인은 임대인에 대하여 지상물매수청구권을 행사할 수 있다(민법 제644조 제2항). 사안의 경우, 토지임차인 乙은 임대인 甲의 동의 없이 무단전대하였으므로, 전차인 丙은 甲에게 건물매수를 청구할 수 없다.

오답 해설

① (×) 임차인은 임대인의 동의 없이 그 권리를 양도하거나 임차물을 전대하지 못한다(민법 제629조 제1항). 따라서 임대인 甲은 소유권에 기한 물권적 청구권으로써 전차인 丙에게 X토지의 반환을 청구할 수 있다(민법 제213조). 이 경우 丙은 전대인 乙로부터 취득한 임차권으로써 甲에게 대항할 수 없다.

② (×), ⑤ (×) 임차인이 임대인의 동의를 받지 않고 제3자에게 임차권을 양도하거나 전대하는 등의 방법으로 임차물을 사용·수익하게 하더라도, 임대인이 이를 이유로 임대차계약을 해지하거나 그 밖의 다른 사유로 임대차계약이 적법하게 종료되지 않는 한 임대인은 임차인에 대하여 여전히 차임청구권을 가지므로, 임대차계약이 존속하는 한도 내에서는 제3자에게 불법점유를 이유로 한 차임 상당 손해배상청구나 부당이득반환청구를 할 수 없다(대판 2008.2.28. 2006다10323). 따라서 임대인 甲은 임대차계약을 해지하거나 임대차계약이 적법하게 종료되지 아니하는 한, 임차인 乙에 대한 임대차계약상의 차임청구권을 상실하지 아니하므로, 임대차계약이 존속하는 한, 甲은 X토지의 불법점유를 이유로 전차인 丙에게 차임 상당의 부당이득반환을 청구할 수 없다.

③ (×) 무단전대의 효과로써 임대인은 임대차계약을 해지할 수 있으나(민법 제629조 제2항), 임대인 甲의 해지의 의사표시가 없는 한, 그 임대차계약은 여전히 유효하다.

38 답 ②

정답 해설

ㄴ. (O) 관리인의 보고의무(민법 제738조, 제683조)

> **민법 제683조(수임인의 보고의무)**
> 수임인은 위임인의 청구가 있는 때에는 위임사무의 처리상황을 보고하고 위임이 종료한 때에는 지체없이 그 전말을 보고하여야 한다.
>
> **민법 제738조(준용규정)**
> 제683조 내지 제685조의 규정은 사무관리에 준용한다.

ㄷ. (O) 사무관리가 성립하기 위하여는 우선 그 사무가 타인의 사무이고 타인을 위하여 사무를 처리하는 의사, 즉 관리의 사실상의 이익을 타인에게 귀속시키려는 의사가 있어야 하며, 나아가 그 사무의 처리가 본인에게 불리하거나 본인의 의사에 반한다는 것이 명백하지 아니할 것을 요한다. 여기에서 '타인을 위하여 사무를 처리하는 의사'는 관리자 자신의 이익을 위한 의사와 병존할 수 있고, 반드시 외부적으로 표시될 필요가 없으며, 사무를 관리할 당시에 확정되어 있을 필요가 없다(대판 2013.8.22. 2013다30882).

오답 해설

ㄱ. (×) 관리자가 사무관리를 함에 있어서 과실 없이 손해를 받은 때에는 본인의 현존이익의 한도에서 그 손해의 보상을 청구할 수 있다(민법 제740조).

ㄹ. (×) 의무 없이 타인의 사무를 처리한 자는 그 타인에 대하여 민법상 사무관리규정에 따라 비용상환 등을 청구할 수 있으나, 제3자와의 약정에 따라 타인의 사무를 처리한 경우에는 의무 없이 타인의 사무를 처리한 것이 아니므로 이는 원칙적으로 그 타인과의 관계에서는 사무관리가 된다고 볼 수 없다(대판 2013.9.26. 2012다43539).

39

답 ②

정답 해설

② (○) 민법 제716조 제2항

오답 해설

① (×) 각 조합원은 언제든지 조합의 업무 및 재산상태를 검사할 수 있다(민법 제710조).

③ (×), ⑤ (×) 민법 제718조

민법 제718조(제명)
① 조합원의 제명은 정당한 사유 있는 때에 한하여 다른 조합원의 일치로써 이를 결정한다.
② 전항의 제명결정은 제명된 조합원에게 통지하지 아니하면 그 조합원에게 대항하지 못한다.

④ (×) 조합의 채무자는 그 채무와 조합원에 대한 채권으로 상계하지 못한다(민법 제715조).

40

답 ⑤

정답 해설

⑤ (×) 공동불법행위자의 다른 공동불법행위자에 대한 구상권은 피해자의 다른 공동불법행위자에 대한 손해배상채권과는 그 발생원인 및 성질을 달리하는 별개의 권리이고, 연대채무에 있어서 소멸시효의 절대적효력에 관한 민법 제421조의 규정은 공동불법행위자 상호 간의 부진정연대채무에 대하여는 그 적용이 없으므로, 공동불법행위자 중 1인의 손해배상채무가 시효로 소멸한 후에 다른 공동불법행위자 1인이 피해자에게 자기의 부담부분을 넘는 손해를 배상하였을 경우에도, 그 공동불법행위자는 다른 공동불법행위자에게 구상권을 행사할 수 있다(대판 1997.12.23. 97다42830).

오답 해설

① (○) 수인이 공동의 불법행위로 타인에게 손해를 가한 때에는 연대하여 그 손해를 배상할 책임이 있다(민법 제760조 제1항).

② (○) 공동불법행위의 성립에는 공동불법행위자 상호 간 의사의 공통이나 공동의 인식이 필요하지 아니하고 객관적으로 각 행위에 관련공동성이 있으면 되며, 관련공동성 있는 행위에 의하여 손해가 발생하였다면 손해배상책임을 면할 수 없다(대판 2012.8.17. 2010다28390).

③ (○) 공동불법행위자 중 1인의 변제는 변제금액의 한도 내에서 다른 공동불법행위자를 위하여 공동면책의 효력이 있다(대판 1982.4.27. 80다2555).

④ (○) 민법 제760조 제2항은 여러 사람의 행위가 경합하여 손해가 생긴 경우 중 같은 조 제1항에서 말하는 공동의 불법행위로 보기에 부족할 때, 입증책임을 덜어 줌으로써 피해자를 보호하려는 입법정책상의 고려에 따라 각각의 행위와 손해발생 사이의 인과관계를 법률상 추정한 것이므로, 이러한 경우 개별행위자가 자기의 행위와 손해발생 사이에 인과관계가 존재하지 아니함을 증명하면 면책되고, 손해의 일부가 자신의 행위에서 비롯된 것이 아님을 증명하면 배상책임이 그 범위로 감축된다(대판 2008.4.10. 2007다76306).

민법 제760조(공동불법행위자의 책임)
① 수인이 공동의 불법행위로 타인에게 손해를 가한 때에는 연대하여 그 손해를 배상할 책임이 있다.
② 공동 아닌 수인의 행위중 어느 자의 행위가 그 손해를 가한 것인지를 알 수 없는 때에도 전항과 같다.

2018년 제55회 정답 및 해설

문제편 116p

01	02	03	04	05	06	07	08	09	10	11	12	13	14	15	16	17	18	19	20
⑤	②	①	②	⑤	⑤	①	③	③	④	③	②	⑤	①	④	④	②	⑤	③	①
21	22	23	24	25	26	27	28	29	30	31	32	33	34	35	36	37	38	39	40
③	⑤	②	④	①	③	⑤	①	③	④	②	④	⑤	②	④	⑤	③	②	①	⑤

01

답 ⑤

정답 해설

⑤ (O) 판결에 의하여 확정된 채권은 단기의 소멸시효에 해당한 것이라도 그 소멸시효는 10년으로 한다(민법 제165조 제1항).

오답 해설

① (×) 부작위채권의 소멸시효는 위반행위를 한 때로부터 진행한다(민법 제166조 제2항).

② (×) 시효완성 후의 시효이익 포기의 효과는 상대적이기 때문에 시효이익을 포기한 사람과의 관계에서만 효력을 발생하고 다른 사람에 대한 관계에서는 인정되지 않는다. 주채무가 시효로 소멸한 때에는 보증인도 그 시효소멸을 원용할 수 있으며, 주채무자가 시효의 이익을 포기하더라도 보증인에게는 그 효력이 없다(대판 1991.1.29. 89다카1114). 따라서 주채무자의 시효이익 포기에도 불구하고 보증인은 그 시효소멸을 원용할 수 있다.

③ (×) 시효중단의 효력은 당사자 및 그 승계인 간에만 미치는 바, 여기서 당사자라 함은 중단행위에 관여한 당사자를 가리키고 시효의 대상인 권리 또는 청구권의 당사자는 아니며, 승계인이라 함은 '시효중단에 관여한 당사자로부터 중단의 효과를 받는 권리를 그 중단효과 발생 이후에 승계한 자'를 뜻하고, 포괄승계인은 물론 특정승계인도 이에 포함된다(대판 1997.4.25. 96다46484).

④ (×) 기한을 정하지 아니한 채권은 채권성립과 동시에 이행 가능하므로, 원칙적으로 채권성립 당시가 소멸시효의 기산점이 된다.

| 참고 | 기한을 정하지 않은 채권의 지체책임은 채권자의 이행청구시부터 진다.

02

답 ②

정답 해설

② (O) 민법 제142조

오답 해설

① (×) 당사자가 그 무효임을 알고 추인한 때에는 새로운 법률행위로 본다(민법 제139조 단서).

③ (×) 취소권은 추인할 수 있는 날로부터 3년 내에 법률행위를 한 날로부터 10년 내에 행사하여야 한다(민법 제146조). 따라서 추인할 수 있는 날로부터 5년이 지났다면 취소권은 소멸한다.

④ (×) 불공정한 법률행위로서 무효인 경우에는 추인에 의하여 무효인 법률행위가 유효로 될 수 없다(대판 1994.6.24. 94다10900). 민법 제104조 불공정한 법률행위(지문에서의 폭리행위)는 당사자의 추인이 있어도 유효가 되지 않으며, 법정추인에 관한 규정도 적용될 수 없다.

⑤ (×) 제한능력자는 선의·악의를 불문하고, 그 행위로 인하여 받은 이익이 현존하는 한도에서 상환할 책임이 있다(민법 제141조 단서). 민법 제141조 단서는 민법 제748조의 특칙에 해당한다.

03

답 ①

정답 해설

① (○) 온천에 관한 권리는 관습상의 물권이나 준물권이라 할 수 없고 온천수는 공용수 또는 생활상 필요한 용수에 해당되지 않는다(대판 1972.8.29. 72다1243).

오답 해설

② (×) 관습법이란 사회의 거듭된 관행으로 생성한 사회생활규범이 사회의 법적 확신과 인식에 의하여 법적 규범으로 승인·강행되기에 이른 것을 말하고, 사실인 관습은 사회의 관행에 의하여 발생한 사회생활규범인 점에서 관습법과 같으나 사회의 법적 확신이나 인식에 의하여 법적 규범으로서 승인된 정도에 이르지 않은 것을 말한다(대판 1983.6.14. 80다3231).

③ (×) 법령과 같은 효력을 갖는 관습법은 당사자의 주장입증을 기다림이 없이 법원이 직권으로 이를 확정하여야 하고 사실인 관습은 그 존재를 당사자가 주장입증하여야 한다(대판 1983.6.14. 80다3231).

④ (×) 종중은 공동선조의 분묘수호와 제사 및 종원 상호간의 친목 등을 목적으로 하여 구성되는 자연발생적인 종족집단으로 그 공동선조와 성과 본을 같이하는 후손은 그 의사와 관계없이 성년이 되면 당연히 그 구성원(종원)이 된다(대판[전합] 2005.7.21. 2002다13850).

⑤ (×) 사회의 거듭된 관행으로 생성된 사회생활규범이 관습법으로 승인되었다고 하더라도 사회구성원들이 그러한 관행의 법적 구속력에 대하여 확신을 갖지 않게 되었다거나, 사회를 지배하는 기본적 이념이나 사회질서의 변화로 인하여 그러한 관습법을 적용하여야 할 시점에 있어서의 전체 법질서에 부합하지 않게 되었다면 그러한 관습법은 법적 규범으로서의 효력이 부정될 수밖에 없다(대판[전합] 2005.7.21. 2002다13850).

04

답 ②

정답 해설

② (○) 미성년자의 법정대리인은 그가 행한 영업의 허락을 취소 또는 제한할 수 있으나(민법 제8조 제2항 본문) 여기에서 영업허락의 취소는 장래에 향하여 허락이 없었던 것으로 하는 철회의 의미이다. 따라서 이미 행하여진 영업행위는 그대로 유효하며 미성년임을 이유로 취소할 수 없다.

> **민법 제8조(영업의 허락)**
> ② 법정대리인은 전항의 허락을 취소 또는 제한할 수 있다. 그러나 선의의 제3자에게 대항하지 못한다.

| 참고 | 또한 민법 제8조 단서에 의해 영업허락의 취소나 제한 사실을 모르고 거래한 선의의 제3자에게 대항하지 못한다.

오답 해설

① (×) 대리인은 행위능력자임을 요하지 아니하므로(민법 제117조), 미성년자도 임의대리인이 될 수 있다.

③ (×) 취소권은 추인할 수 있는 날로부터 3년 내에 법률행위를 한 날로부터 10년 내에 행사하여야 한다(민법 제146조). 따라서 법정대리인의 취소권이 기간의 경과로 소멸되지 아니하는 한, 미성년자는 추인할 수 있는 날인 성년이 된 날로부터 3년 이내에 취소권을 행사할 수 있다.

④ (×) 철회권은 상대방이 계약 당시 제한능력자임을 알았을 경우에는 행사할 수 없다(민법 제16조 제1항 단서).

> **민법 제16조(제한능력자의 상대방의 철회권과 거절권)**
> ① 제한능력자가 맺은 계약은 추인이 있을 때까지 상대방이 그 의사표시를 철회할 수 있다. 다만, 상대방이 계약 당시에 제한능력자임을 알았을 경우에는 그러하지 아니하다.

⑤ (×) 미성년자의 법률행위에 법정대리인의 동의를 요하도록 하는 것은 강행규정이므로, 특약에 의하여 미성년을 이유로 한 취소권을 배제하는 것은 효력이 없다.

05

답 ⑤

정답 해설

⑤ (×) 선량한 풍속 기타 사회질서는 부단히 변천하는 가치관념으로서 어느 법률행위가 이에 위반되어 민법 제103조에 의하여 무효인지는 법률행위가 이루어진 때를 기준으로 판단하여야 한다(대판[전합] 2015.7.23. 2015다200111).

| 관련 | 매매계약체결 당시에 정당한 대가를 지급하고 목적물을 매수하는 계약을 체결하였다면, 비록 그 후 목적물이 범죄행위로 취득된 것을 알게 되었다고 하더라도, 계약의 이행을 구하는 것 자체가 선량한 풍속 기타 사회질서에 위반하는 것으로 볼 만한 특별한 사정이 없는 한, 그러한 사유만으로 당초의 매매계약에 기하여 목적물에 대한 소유권이전등기를 구하는 것이 민법 제103조의 공서양속에 반하는 행위라고 단정할 수 없다(대판 2001.11.9. 2001다44987).

오답 해설

① (O) 도박자금에 제공할 목적으로 금전의 대차를 한 때에는 그 대차계약은 민법 제103조의 반사회질서의 법률행위로 무효이다(대판 1973.5.22. 72다2249).

비교 도박채무의 변제를 위하여 채무자로부터 부동산의 처분을 위임받은 채권자가 그 부동산을 제3자에게 매도한 경우, 도박채무 부담행위 및 그 변제약정이 민법 제103조의 선량한 풍속 기타 사회질서에 위반되어 무효라 하더라도, 그 무효는 변제약정의 이행행위에 해당하는 위 부동산을 제3자에게 처분한 대금으로 도박채무의 변제에 충당한 부분에 한정되고, 위 변제약정의 이행행위에 직접 해당하지 아니하는 부동산 처분에 관한 대리권을 도박 채권자에게수여한 행위 부분까지 무효라고 볼 수는 없으므로, 위와 같은 사정을 알지 못하는 거래 상대방인 제3자가 도박 채무자부터 그 대리인인 도박 채권자를 통하여 위 부동산을 매수한 행위까지 무효가 된다고 할 수는 없다(대판 1995.7.14. 94다40147).

② (O) 선량한 풍속 기타 사회질서에 위반한 사항을 내용으로 하는 법률행위의 무효는 이를 주장할 이익이 있는 자는 누구든지 무효를 주장할 수 있다(대판 2016.3.24. 2015다11281).

③ (O) 법률행위의 성립과정에 강박이라는 불법적 방법이 사용된 데에 불과한 때에는 강박에 의한 의사표시의 하자나 의사의 흠결을 이유로 효력을 논의할 수는 있을지언정 반사회질서의 법률행위로서 무효라고 할 수는 없다(대판 2002.12.27. 2000다47361).

④ (O) 소위 첩계약(妾契約)은 본처(本妻)의 동의 유무를 불문하고 선량한 풍속에 반하는 사항을 내용으로 하는 법률행위로서 무효일 뿐만 아니라 위법한 행위이므로, 부첩관계에 있는 부(夫) 및 첩은 특별한 사정이 없는 한 그로 인하여 본처가 입은 정신상의 고통에 대하여 배상할 의무가 있고, 이러한 손해배상책임이 성립하기 위하여 반드시 부첩관계로 인하여 혼인관계가 파탄에 이를 필요까지는 없고, 한편 본처가 장래의 부첩관계에 대하여 동의하는 것은 그 자체가 선량한 풍속에 반하는 것으로서 무효라고 할 것이나, 기왕의 부첩관계에 대하여 용서한 때에는 그것이 손해배상청구권의 포기라고 해석되는 한 그대로의 법적 효력이 인정될 수 있다(대판 1998.4.10. 96므1434).

참고 피고가 원고와의 부첩관계를 해소하기로 하는 마당에 그동안 원고가 피고를 위하여 바친 노력과 비용등의 희생을 배상 내지 위자하고 또 원고의 장래 생활대책을 마련해 준다는 뜻에서 금원을 지급하기로 약정한 것이라면 부첩관계를 해소하는 마당에 위와 같은 의미의 금전지급약정은 공서양속에 반하지 않는다고 보는 것이 상당하다(대판 1980.6.24. 80다458). 부첩관계는 가족법의 원칙인 '일부일처제에 반하는 계약'으로 민법 제103조에 위배되어 무효인 것이 원칙이나, 위와 같은 경우에는 예외적으로 유효하다고 본 판례이다.

06

답 ⑤

정답 해설

ㄱ. (O) 대리인이 상대방에게 사기·강박을 행한 경우, 그 대리인은 민법 제110조 제2항의 제3자가 아니므로, 본인이 그 사실을 알았는지 여부를 불문하고 상대방은 그 의사표시를 취소할 수 있다(민법 제110조 제1항). 제3자의 사기가 아니므로, 丙은 甲이 그 사실을 알았는지 여부를 불문하고 의사표시를 취소할 수 있다.

민법 제110조(사기, 강박에 의한 의사표시)
① 사기나 강박에 의한 의사표시는 취소할 수 있다.
② 상대방있는 의사표시에 관하여 제3자가 사기나 강박을 행한 경우에는 상대방이 그 사실을 알았거나 알 수 있었을 경우에 한하여 그 의사표시를 취소할 수 있다.

ㄴ. (O) 상대방이 대리인에게 사기·강박을 행한 경우, 취소권이 있는 본인은 그 의사표시를 취소할 수 있다(민법 제116조 제1항).

ㄷ. (O) 상대방이 대리인에게 사기·강박을 행한 경우, 계약의 체결·취소 등 포괄적 대리권을 수여받은 대리인은 그 의사표시를 취소할 수 있다(민법 제116조 제1항, 제140조).

민법 제116조(대리행위의 하자)
① 의사표시의 효력이 의사의 흠결, 사기, 강박 또는 어느 사정을 알았거나 과실로 알지 못한 것으로 인하여 영향을 받을 경우에 그 사실의 유무는 대리인을 표준하여 결정한다.

민법 제140조(법률행위의 취소권자)
취소할 수 있는 법률행위는 제한능력자, 착오로 인하거나 사기·강박에 의하여 의사표시를 한 자, 그의 대리인 또는 승계인만이 취소할 수 있다.

07

답 ①

정답 해설

① (○) 민법 제276조 제1항은 "총유물의 관리 및 처분은 사원총회의 결의에 의한다", 같은 조 제2항은 "각 사원은 정관 기타의 규약에 좇아 총유물을 사용·수익할 수 있다"라고 규정하고 있을 뿐 공유나 합유의 경우처럼 보존행위는 그 구성원 각자가 할 수 있다는 민법 제265조 단서 또는 제272조 단서와 같은 규정을 두고 있지 아니한바, 이는 법인 아닌 사단의 소유형태인 총유가 공유나 합유에 비하여 단체성이 강하고 구성원 개인들의 총유재산에 대한 지분권이 인정되지 아니하는 데에서 나온 당연한 귀결이라고 할 것이므로 총유재산에 관한 소송은 법인 아닌 사단이 그 명의로 사원총회의 결의를 거쳐 하거나 또는 그 구성원 전원이 당사자가 되어 필수적 공동소송의 형태로 할 수 있을 뿐 그 사단의 구성원은 설령 그가 사단의 대표자라거나 사원총회의 결의를 거쳤다 하더라도 그 소송의 당사자가 될 수 없고, 이러한 법리는 총유재산의 보존행위로서 소를 제기하는 경우에도 마찬가지라 할 것이다(대판[전합] 2005.9.15. 2004다44971).

| 참고 | 총유재산에 관한 소송은 비법인사단이 그 명의로 사원총회의 결의를 거쳐 하거나 또는 그 구성원 전원이 당사자가 되어 필수적 공동소송의 형태로 할 수 있을 뿐이며, 비법인사단이 사원총회의 결의 없이 제기한 소송은 소제기에 관한 특별수권을 결하여 부적법하다(대판 2007.7.26. 2006다64573).

오답 해설

② (×) 비법인사단의 재산은 사원의 총유로 하고(민법 제275조 제1항), 소유권 이외의 재산권은 사원의 준총유로 한다(민법 제278조).

> **민법 제275조(물건의 총유)**
> ① 법인이 아닌 사단의 사원이 집합체로서 물건을 소유할 때에는 총유로 한다.

③ (×) 법인 아닌 사단에 대하여는 사단법인에 관한 민법규정 가운데서 법인격을 전제로 하는 것을 제외하고는 이를 유추적용하여야 할 것인바, 사단법인에 있어서는 사원이 없게 된다고 하더라도 이는 해산사유가 될 뿐 막바로 권리능력이 소멸하는 것이 아니므로 법인 아닌 사단에 있어서도 구성원이 없게 되었다 하여 막바로 그 사단이 소멸하여 소송상의 당사자능력을 상실하였다고 할 수는 없고 청산사무가 완료되어야 비로소 그 당사자능력이 소멸하는 것이다(대판 1992.10.9. 92다23087).

④ (×) 비법인사단에 대하여는 사단법인에 관한 민법규정 가운데 법인격을 전제로 하는 것을 제외하고는 이를 유추적용하여야 하는데, 민법 제62조에 비추어 보면 비법인사단의 대표자는 정관 또는 총회의 결의로 금지하지 아니한 사항에 한하여 타인으로 하여금 특정한 행위를 대리하게 할 수 있을 뿐 비법인사단의 제반 업무처리를 포괄적으로 위임할 수는 없으므로 비법인사단 대표자가 행한 타인에 대한 업무의 포괄적 위임과 그에 따른 포괄적 수임인의 대행행위는 민법 제62조를 위반한 것이어서 비법인사단에 대하여 그 효력이 미치지 않는다(대판 2011.4.28. 2008다15438). 사단법인에 관한 민법규정 제62조를 비법인사단에 유추적용 한다는 입장이다.

> **민법 제62조(이사의 대리인 선임)**
> 이사는 정관 또는 총회의 결의로 금지하지 아니한 사항에 한하여 타인으로 하여금 특정한 행위를 대리하게 할 수 있다.

⑤ (×) 사단법인의 사원의 지위는 양도 또는 상속할 수 없다고 규정한 민법 제56조의 규정은 강행규정이라고 할 수 없으므로, 비법인사단에서도 사원의 지위는 규약이나 관행에 의하여 양도 또는 상속될 수 있다(대판 1997.9.26. 95다6205).

08

답 ③

정답 해설

ㄱ. (○) 사정변경을 이유로 보증계약을 해지할 수 있는 것은 포괄근보증이나 한정근보증과 같이 채무액이 불확정적이고 계속적인 거래로 인한 채무에 대하여 보증한 경우에 한하고, 회사의 이사로 재직하면서 보증 당시 그 채무가 특정되어 있는 확정채무에 대하여 보증을 한 후 이사직을 사임하였다 하더라도 사정변경을 이유로 보증계약을 해지할 수는 없다(대판 1994.12.27. 94다46008).

ㄷ. (○) 주식회사의 대표이사가 대표권의 범위 내에서 한 행위는 설사 대표이사가 회사의 영리목적과 관계없이 자기 또는 제3자의 이익을 도모할 목적으로 권한을 남용한 것이라도 일응 회사의 행위로서 유효하다. 그러나 행위의 상대방이 그와 같은 정을 알았던 경우에는 그로 인하여 취득한 권리를 회사에 대하여 주장하는 것이 신의칙에 반하므로 회사는 상대방의 악의를 입증하여 행위의 효과를 부인할 수 있다(대판 2016.8.24. 2016다222453).

ㄹ. (×), ㅁ (○) 부동산거래에 있어 거래상대방이 일정한 사정에 관한 고지를 받았더라면 그 거래를 하지 않았을 것임이 경험칙상 명백한 경우에는 신의성실의 원칙상 사전에 상대방에게 그와 같은 사정을 고지할 의무가 있으며,

그와 같은 고지의무의 대상이 되는 것은 직접적인 법령의 규정뿐 아니라 널리 계약상, 관습상 또는 조리상의 일반원칙에 의하여도 인정될 수 있고, 일단 고지의무의 대상이 되는 사실이라고 판단되는 경우 이미 알고 있는 자에 대하여는 고지할 의무가 별도로 인정될 여지가 없지만, 상대방에게 스스로 확인할 의무가 인정되거나 거래관행상 상대방이 당연히 알고 있을 것으로 예상되는 예외적인 경우가 아닌 한, 실제 그 대상이 되는 사실을 알지 못하였던 상대방에 대하여는 비록 알 수 있었음에도 알지 못한 과실이 있다 하더라도 그 점을 들어 추후 책임을 일부 제한할 여지가 있음은 별론으로 하고 고지할 의무 자체를 면하게 된다고 할 수는 없다(대판 2007.6.1. 2005다5812・5829・5836).

오답 해설

ㄴ. (×) 공무원의 불법행위로 손해를 입은 피해자의 국가배상청구권의 소멸시효기간이 지났으나 국가가 소멸시효 완성을 주장하는 것이 신의성실의 원칙에 반하는 권리남용으로 허용될 수 없어 배상책임을 이행한 경우에는, 소멸시효완성주장이 권리남용에 해당하게 된 원인행위와 관련하여 공무원이 원인이 되는 행위를 적극적으로 주도하였다는 등의 특별한 사정이 없는 한, 국가가 공무원에게 구상권을 행사하는 것은 신의칙상 허용되지 않는다(대판 2016.6.10. 2015다217843). 소멸시효남용을 이유로 국가배상책임이 긍정되는 경우, 국가가 가해 공무원에게 구상을 할 수 있는지의 여부이다. 판례는 원칙적으로 신의칙상 허용이 되지 않는다고 보나(원칙적 소극), 공무원이 원인이 되는 행위를 적극적으로 주도하였다는 등의 특별한 사정이 있다면, 국가가 해당 공무원에게 구상권을 행사할 수 있다고 판시하고 있다.

| 참고 | 국가에게 국민을 보호할 의무가 있다는 사유만으로 국가가 소멸시효의 완성을 주장하는 것 자체가 신의성실의 원칙에 반하여 권리남용에 해당한다고 할 수는 없으므로, 국가의 소멸시효 완성 주장이 신의칙에 반하고 권리남용에 해당한다고 하려면 일반 채무자의 소멸시효 완성 주장에서와 같은 특별한 사정이 인정되어야 할 것이고, 또한 그와 같은 일반적 원칙을 적용하여 법이 두고 있는 구체적인 제도의 운용을 배제하는 것은 법해석에 있어 또 하나의 대원칙인 법적 안정성을 해할 위험이 있으므로 그 적용에는 신중을 기하여야 한다(대판 2005.5.13. 2004다71881). 국가의 소멸시효 완성 주장이 신의칙에 반하고 권리남용에 해당한다고 하려면, 채무자의 소멸시효 완성 주장이 권리남용으로 허용될 수 없는 경우와 같이 특별한 사정이 필요하다는 판시이다. 판례는 국가의 소멸시효 주장은 원칙적으로 권리남용에 해당하지 않는다고 본다.

09

답 ③

정답 해설

③ (○) 법인과 이사의 법률관계는 신뢰를 기초로 한 위임유사의 관계이고, 위임계약은 원래 해지의 자유가 인정되어 쌍방 누구나 정당한 이유 없이도 언제든지 해지할 수 있으며, 다만 불리한 시기에 부득이한 사유 없이 해지한 경우에 한하여 상대방에게 그로 인한 손해배상책임을 질 뿐이다(대결 2014.1.17. 2013마1801).

오답 해설

① (×) 이사의 대표권 제한에 관한 규정이 있더라도, 이를 등기하지 아니하면 선의・악의를 불문하고 제3자에게 대항하지 못한다(민법 제60조).

민법 제60조(이사의 대표권에 대한 제한의 대항요건)
이사의 대표권에 대한 제한은 등기하지 아니하면 제3자에게 대항하지 못한다.

② (×) 법인과 이사의 법률관계는 신뢰를 기초로 한 위임유사의 관계로 볼 수 있는데, 민법 제689조 제1항에서는 위임계약은 각 당사자가 언제든지 해지할 수 있다고 규정하고 있으므로, 법인은 원칙적으로 이사의 임기만료 전에도 이사를 해임할 수 있지만, 이러한 민법의 규정은 임의규정에 불과하여 법인이 정관에 이사의 해임사유 및 절차 등을 따로 정한 경우 그 규정은 법인과 이사와의 관계를 명확히 함은 물론 이사의 신분을 보장하는 의미도 아울러 가지고 있어 이를 단순히 주의적 규정으로 볼 수는 없다. 따라서 법인의 정관에 이사의 해임사유에 관한 규정이 있는 경우 법인으로서는 이사의 중대한 의무위반 또는 정상적인 사무집행 불능 등의 특별한 사정이 없는 이상, 정관에서 정하지 아니한 사유로 이사를 해임할 수 없다(대판 2013.11.28. 2011다41741). 따라서 이와 같은 판례의 취지를 고려하면, 이사의 중대한 의무위반이 있는 경우에는 정관에서 정하지 아니한 사유로써 이사를 해임할 수 있다.

| 참고 | 이사의 해임 및 퇴임도 정관에 의할 것이나, 법인과 이사의 법률관계는 신뢰를 기초한 위임 유사 관계로 볼 수 있으므로 정관에 다른 규정이 없거나 규정이 있더라도 불충분한 경우에는 위임의 규정을 유추적용할 수 있다.

④ (×) 임기만료된 이사의 업무수행권은 이사에 결원이 있음으로써 법인이 정상적인 활동을 할 수 없는 사태를 방지하자는 데 취지가 있으므로, 이사 중 일부의 임기가 만료되었더라도 아직 임기가 만료되지 아니한 다른 이사들로 정상적인 활동을 할 수 있는 경우에는 임기만료된 이사로 하여금 이사로서 직무를 행사하게 할 필요가 없고, 이러한

경우에는 임기만료로서 당연히 퇴임하며, 법인의 정상적인 활동이 가능한지는 이사의 임기만료 시를 기준으로 판단하여야 하지 그 이후의 사정까지 고려할 수는 없다(대결 2014.1.17. 2013마1801).

⑤ (×) 민법 제35조에서 말하는 '이사 기타 대표자'는 법인의 대표기관을 의미하는 것이고 대표권이 없는 이사는 법인의 기관이기는 하지만 대표기관은 아니기 때문에 그들의 행위로 인하여 법인의 불법행위가 성립하지 않는다(대판 2005.12.23. 2003다30159).

10

답 ④

정답 해설

①(○), ②(○), ④(×) 의사능력이란 자신의 행위의 의미나 결과를 정상적인 인식력과 예기력을 바탕으로 합리적으로 판단할 수 있는 정신적 능력 내지는 지능을 말하는바, 특히 어떤 법률행위가 그 일상적인 의미만을 이해하여서는 알기 어려운 특별한 법률적인 의미나 효과가 부여되어 있는 경우 의사능력이 인정되기 위하여는 그 행위의 일상적인 의미뿐만 아니라 법률적인 의미나 효과에 대하여도 이해할 수 있을 것을 요한다고 보아야 하고, 의사능력의 유무는 구체적인 법률행위와 관련하여 개별적으로 판단되어야 할 것이다(대판 2009.1.15. 2008다58367).

오답 해설

③ (○) 의사무능력자의 법률행위는 무효이다. 또한 미성년자가 법정대리인의 동의 없이 법률행위를 한 경우, 법정대리인은 미성년을 이유로, 즉 제한능력을 이유로 법률행위를 취소할 수도 있다(민법 제5조 제2항, 제140조).

민법 제5조(미성년자의 능력)
① 미성년자가 법률행위를 함에는 법정대리인의 동의를 얻어야 한다. 그러나 권리만을 얻거나 의무만을 면하는 행위는 그러하지 아니하다.
② 전항의 규정에 위반한 행위는 취소할 수 있다.

민법 제140조(법률행위의 취소권자)
취소할 수 있는 법률행위는 제한능력자, 착오로 인하거나 사기·강박에 의하여 의사표시를 한 자, 그의 대리인 또는 승계인만이 취소할 수 있다.

⑤ (○) 의사무능력자의 행위에 대하여는 누구나 언제든지 무효를 주장할 수 있고 따라서 무효의 주장은 의사무능력자뿐만 아니라 상대방도 할 수 있다(통설). 이 경우 그 행위의 무효를 주장하는 자가 의사능력이 없었음을 증명하여야 한다.

11

답 ③

정답 해설

③ (○) 표현대리의 법리는 거래의 안전을 위하여 어떠한 외관적 사실을 야기한 데 원인을 준 자는 그 외관적 사실을 믿음에 정당한 사유가 있다고 인정되는 자에 대하여는 책임이 있다는 일반적인 권리외관이론에 그 기초를 두고 있는 것인 점에 비추어 볼 때, 대리인이 대리권 소멸 후 직접 상대방과 사이에 대리행위를 하는 경우는 물론 대리인이 대리권 소멸 후 복대리인을 선임하여 복대리인으로 하여금 상대방과 사이에 대리행위를 하도록 한 경우에도, 상대방이 대리권소멸사실을 알지 못하여 복대리인에게 적법한 대리권이 있는 것으로 믿었고 그와 같이 믿은 데 과실이 없다면 민법 제129조에 의한 표현대리가 성립할 수 있다(대판 1998.5.29. 97다55317).

오답 해설

① (×) 복대리인은 본인의 대리인이다(민법 제123조 제1항).

민법 제123조(복대리인의 권한)
① 복대리인은 그 권한내에서 본인을 대리한다.

② (×) 대리권이 법률행위에 의하여 부여된 경우(임의대리의 경우)에는 대리인은 본인의 승낙이 있거나 부득이한 사유 있는 때가 아니면 복대리인을 선임하지 못한다(민법 제120조).

민법 제120조(임의대리인의 복임권)
대리권이 법률행위에 의하여 부여된 경우에는 대리인은 본인의 승낙이 있거나 부득이한 사유있는 때가 아니면 복대리인을 선임하지 못한다.

④ (×) 법정대리인이 부득이한 사유로 복대리인을 선임한 때에는 그 선임감독에 관한 책임만이 있을 뿐이다(민법 제122조 단서).

| 참고 | 법정대리인은 본인의 신임을 받아서 대리인이 된 것이 아니라, 법률의 규정에 의해 대리인이 된 자이고 임의로 사임할 수 없으므로, '언제든지' 복임권을 갖는다(민법 제122조 본문). 이렇게 법정대리인에게 복임권을 주는 대신 책임은 가중된다. 즉, 복대리인의 행위에 의해 본인이 손해를 입은 경우에는, 복대리인의 선임·감독에 관하여 과실이 없더라도 전적인 책임을 진다(민법 제122조 본문). 다만, 부득이한 사유로 복대리인을 선임한 경우에는 그 선임·감독상의 과실에 대해서만 책임을 진다(민법 제122조 단서). 지문은 임의대리인이 본인의 지명에 의하여 복대리인을 선임한 경우, 그 책임(민법 제121조 제2항)에 관한 내용이다.

민법 제121조(임의대리인의 복대리인선임의 책임)
① 전조의 규정에 의하여 대리인이 복대리인을 선임한 때에는 본인에게 대하여 그 선임감독에 관한 책임이 있다.
② 대리인이 본인의 지명에 의하여 복대리인을 선임한 경우에는 그 부적임 또는 불성실함을 알고 본인에게 대한 통지나 그 해임을 태만한 때가 아니면 책임이 없다.

민법 제122조(법정대리인의 복임권과 그 책임)
법정대리인은 그 책임으로 복대리인을 선임할 수 있다. 그러나 부득이한 사유로 인한 때에는 전조 제1항에 정한 책임만이 있다.

⑤ (×) 복대리인의 복대리권은 그 범위나 존립에 있어서 대리인의 대리권에 의존하므로, 대리인의 사망으로 대리권이 소멸한 경우에는 복대리인의 복대리권도 소멸한다.

12

답 ②

정답 해설

② (×) 종물은 주물의 소유자가 그 물건의 상용에 공하기 위하여(주물의 경제적 효용을 돕기 위하여) 자기소유인 다른 물건을 이에 부속하게 한 것으로써, 종물은 주물의 일부이거나 구성부분이 아니고 주물로부터 독립된 별개의 물건이다. 판례에 의하면 주유소의 주유기, 횟집 점포 건물의 수족관, 백화점 건물 지하에 설치되어 있는 전화교환설비 등이 독립한 물건으로 주물의 상용에 공하는 종물이다.

민법 제100조(주물, 종물)
① 물건의 소유자가 그 물건의 상용에 공하기 위하여 자기소유인 다른 물건을 이에 부속하게 한 때에는 그 부속물은 종물이다.

오답 해설

① (O) 특정물·불특정물의 구별은 대체물·부대체물의 구별과는 달리, 당사자의 의사에 따라 주관적으로 구별되는 개념이다. 특정물과 불특정물은 당사자의 주관적 의사에 의하여 결정되며, 대체물과 부대체물은 물건의 개성이라는 객관적 성질에 의해 구별된다.
③ (O) 부동산(토지 및 그 정착물) 이외의 물건은 모두 동산이므로(민법 제99조 제2항), 전기 기타 관리할 수 있는 자연력도 동산에 해당한다.
④ (O) 민법 제201조 제1항에 의하면 선의의 점유자는 점유물의 과실을 취득한다고 규정하고 있는바, 건물을 사용함으로써 얻는 이득은 그 건물의 과실에 준하는 것이므로, 선의의 점유자는 비록 법률상 원인 없이 타인의 건물을 점유·사용하고 이로 말미암아 그에게 손해를 입혔다고 하더라도 그 점유·사용으로 인한 이득을 반환할 의무는 없다(대판 1996.1.26. 95다44290).
⑤ (O) 물권변동에 있어서 형식주의를 채택하고 있는 현행 민법하에서는 소유권을 이전한다는 의사 외에 부동산에 있어서는 등기를, 동산에 있어서는 인도를 필요로 함과 마찬가지로 이 사건 쪽파와 같은 수확되지 아니한 농작물에 있어서는 명인방법을 실시함으로써 그 소유권을 취득한다(대판 1996.2.23. 95도2754).

13

답 ⑤

정답 해설

⑤ (×) 매수인은 매각대금을 다 낸 때에 매각목적물에 대한 권리를 취득한다(민사집행법 제135조, 제268조).

오답 해설

① (O) 상속이 개시되면 그때부터 상속인은 피상속인의 재산에 관한 포괄적 권리의무를 승계하므로(민법 제1005조 본문), 부동산의 소유권은 등기 없이도 상속인에게 이전되나(민법 제187조 본문), 등기를 하지 아니하면 그 부동산을 처분하지 못한다(민법 제187조 단서).

민법 제187조(등기를 요하지 아니하는 부동산물권취득)
상속, 공용징수, 판결, 경매 기타 법률의 규정에 의한 부동산에 관한 물권의 취득은 등기를 요하지 아니한다. 그러나 등기를 하지 아니하면 이를 처분하지 못한다.

② (O) 공용징수를 위한 수용절차에서 협의수용은 협의에서 정한 시기에, 재결수용은 재결에서 정한 수용의 개시일에 물권의 변동이 있게 된다(공익사업을 위한 토지 등의 취득 및 보상에 관한 법률 제29조, 제30조, 제45조 제1항 참고, 민법 제187조 본문).
③ (O) 건축허가서는 허가된 건물에 관한 실체적 권리의 득실변경의 공시방법이 아니며 추정력도 없으므로, 건축허가서에 건축주로 기재된 자가 건물의 소유권을 취득하는 것은 아니므로, 자기비용과 노력으로 건물을 신축한 자는 그 건축허가가 타인의 명의로 된 여부에 관계없이 그 소유권을 원시취득한다(대판 2002.4.26. 2000다16350).

④ (○) 공유물 분할의 소송절차 또는 조정절차에서 공유자 사이에 공유토지에 관한 현물분할의 협의가 성립하여 그 합의사항을 조서에 기재함으로써 조정이 성립하였다고 하더라도, 그와 같은 사정만으로 재판에 의한 공유물 분할의 경우와 마찬가지로 그 즉시 공유관계가 소멸하고 각 공유자에게 그 협의에 따른 새로운 법률관계가 창설되는 것은 아니고, 공유자들이 협의한 바에 따라 토지의 분필절차를 마친 후 각 단독소유로 하기로 한 부분에 관하여 다른 공유자의 공유지분을 이전받아 등기를 마침으로써 비로소 그 부분에 대한 대세적 권리로서의 소유권을 취득하게 된다고 보아야 한다(대판[전합] 2013.11.21. 2011두1917).

14

답 ①

정답 해설

① (×), ② (○) [1] 사회통념상 건물은 그 부지를 떠나서는 존재할 수 없는 것이므로 건물의 부지가 된 토지는 그 건물의 소유자가 점유하는 것으로 볼 것이고, 이 경우 건물의 소유자가 현실적으로 건물이나 그 부지를 점거하고 있지 아니하고 있더라도 그 건물의 소유를 위하여 그 부지를 점유한다고 보아야 한다. [2] 미등기건물을 양수하여 건물에 관한 사실상의 처분권을 보유하게 됨으로써 그 양수인이 건물부지 역시 아울러 점유하고 있다고 볼 수 있는 등의 다른 특별한 사정이 없는 한 건물의 소유명의자가 아닌 자로서는 실제로 그 건물을 점유하고 있다고 하더라도 그 건물의 부지를 점유하는 자로는 볼 수 없다(대판 2003.11.13. 2002다57935).

오답 해설

③ (○) 경비원 乙은 점유보조자로서 점유자가 아니다. 따라서 점유권에 관한 여러 효력은 점유자에 대한 관계에서는 물론, 제3자에 대한 관계에서도 인정되지 아니한다.

④ (○) 甲은 점유매개관계(임대차)로 인하여 간접점유자로서 점유권이 있다(민법 제194조).

민법 제194조(간접점유)
지상권, 전세권, 질권, 사용대차, 임대차, 임치 기타의 관계로 타인으로 하여금 물건을 점유하게 한 자는 간접으로 점유권이 있다.

⑤ (○) 소유권보존등기는 소유권이 진실하게 보존되어 있다는 사실에만 추정력이 있고, 소유권 보존 이외의 권리변동이 진실하다는 점에 관하여는 추정력이 없다(대판 1996.6.28. 96다16247).

15

답 ④

정답 해설

ㄴ. (○) 이미 자기 앞으로 소유권을 표상하는 등기가 되어 있었거나 법률에 의하여 소유권을 취득한 자가 진정한 등기명의를 회복하기 위한 방법으로는 현재의 등기명의인을 상대로 그 등기의 말소를 구하는 외에 "진정한 등기명의의 회복"을 원인으로 한 소유권이전등기절차의 이행을 직접 구하는 것도 허용되어야 한다(대판[전합] 1990.11.27. 89다카12398).

ㄱ. (×), ㄷ (○) 건물의 소유자가 그 건물의 소유를 통하여 타인소유의 토지를 점유하고 있다고 하더라도 그 토지소유자로서는 그 건물의 철거와 그 대지부분의 인도를 청구할 수 있을 뿐, 자기 소유의 건물을 점유하고 있는 자에 대하여 그 건물에서 퇴거할 것을 청구할 수는 없다(대판 1999.7.9. 98다57457 · 57464). 토지 소유자라고 하더라도 무단신축한 건물의 소유자에 대하여 건물의 철거와 대지의 인도를 청구할 수 있는 것이지, 자기소유 건물에서의 퇴거를 청구할 수는 없다는 판례이다. 따라서 甲은 건물소유자 丙을 상대로 주택의 철거를 청구할 수 있을 뿐, 주택으로부터의 퇴거를 청구할 수는 없다.

ㄹ. (○) 건물이 그 존립을 위한 토지사용권을 갖추지 못하여 토지의 소유자가 건물의 소유자에 대하여 당해 건물의 철거 및 그 대지의 인도를 청구할 수 있는 경우에라도 건물소유자가 아닌 사람이 건물을 점유하고 있다면 토지소유자는 그 건물점유를 제거하지 아니하는 한 위의 건물 철거 등을 실행할 수 없다. 따라서 그때 토지소유권은 위와 같은 점유에 의하여 그 원만한 실현을 방해당하고 있다고 할 것이므로, 토지소유자는 자신의 소유권에 기한 방해배제로서 건물점유자에 대하여 건물로부터의 퇴출을 청구할 수 있다. 그리고 이는 건물점유자가 건물소유자로부터의 임차인으로서 그 건물임차권이 이른바 대항력을 가진다고 해서 달라지지 아니한다. 건물임차권의 대항력은 기본적으로 건물에 관한 것이고 토지를 목적으로 하는 것이 아니므로 이로써 토지소유권을 제약할 수 없고, 토지에 있는 건물에 대하여 대항력 있는 임차권이 존재한다고 하여도 이를 토지소유자에 대하여 대항할 수 있는 토지사용권이라고 할 수는 없다. 바꾸어 말하면, 건물에 관한 임차권이 대항력을 갖춘 후에 그 대지의 소유권을 취득한 사람은 민법 제622조 제1항이나 주택임대차보호법 제3조 제1항 등에서 그 임차권의 대항을 받는 것으로 정하여진 '제3자'에 해당한다고 할 수 없다(대판 2010.8.9. 2010다43801).

16

답 ④

정답 해설

④ (×) 민법 제366조의 법정지상권은 저당권 설정 당시부터 저당권의 목적되는 토지 위에 건물이 존재할 경우에 한하여 인정되며, 토지에 관하여 저당권이 설정될 당시 그 지상에 토지소유자에 의한 건물의 건축이 개시되기 이전이었다면, 건물이 없는 토지에 관하여 저당권이 설정될 당시 근저당권자가 토지소유자에 의한 건물의 건축에 동의하였다고 하더라도 그러한 사정은 주관적 사항이고 공시할 수도 없는 것이어서 토지를 낙찰받는 제3자로서는 알 수 없는 것이므로 그와 같은 사정을 들어 법정지상권의 성립을 인정한다면 토지소유권을 취득하려는 제3자의 법적 안정성을 해하는 등 법률관계가 매우 불명확하게 되므로 법정지상권이 성립되지 않는다(대판 2003.9.5. 2003다26051).

오답 해설

① (○) 민법 제366조의 법정지상권은 저당권 설정 당시 동일인의 소유에 속하던 토지와 건물이 경매로 인하여 양자의 소유자가 다르게 된 때에 건물의 소유자를 위하여 발생하는 것으로서, 토지에 관하여 저당권이 설정될 당시 토지소유자에 의하여 그 지상에 건물을 건축 중이었던 경우 그것이 사회관념상 독립된 건물로 볼 수 있는 정도에 이르지 않았다 하더라도 건물의 규모, 종류가 외형상 예상할 수 있는 정도까지 건축이 진전되어 있었고, 그 후 경매절차에서 매수인이 매각대금을 다 낸 때까지 최소한의 기둥과 지붕 그리고 주벽이 이루어지는 등 독립된 부동산으로서 건물의 요건을 갖추어야 법정지상권의 성립이 인정된다(대판 2004.2.13. 2003다29043).

민법 제366조(법정지상권)
저당물의 경매로 인하여 토지와 그 지상건물이 다른 소유자에 속한 경우에는 토지소유자는 건물소유자에 대하여 지상권을 설정한 것으로 본다. 그러나 지료는 당사자의 청구에 의하여 법원이 이를 정한다.

② (○) 민법 제366조 소정의 법정지상권이 성립하려면 저당권의 설정 당시 저당권의 목적이 되는 토지 위에 건물이 존재하여야 하고, 저당권 설정 당시 건물이 존재한 이상 그 이후 건물을 개축, 증축하는 경우는 물론이고 건물이 멸실되거나 철거된 후 재축, 신축하는 경우에도 법정지상권이 성립하며, 이 경우의 법정지상권의 내용인 존속기간, 범위 등은 구 건물을 기준으로 하여 그 이용에 일반적으로 필요한 범위 내로 제한된다(대판 1991.4.26. 90다19985).

③ (○) 동일인의 소유에 속하는 토지 및 그 지상건물에 관하여 공동저당권이 설정된 후 그 지상건물이 철거되고 새로 건물이 신축된 경우에는 그 신축건물의 소유자가 토지의 소유자와 동일하고 토지의 저당권자에게 신축건물에 관하여 토지의 저당권과 동일한 순위의 공동저당권을 설정해 주는 등 특별한 사정이 없는 한 저당물의 경매로 인하여 토지와 그 신축건물이 다른 소유자에 속하게 되더라도 그 신축건물을 위한 법정지상권은 성립하지 않는다(대판[전합] 2003.12.18. 98다43601).

⑤ (○) 토지공유자의 한 사람이 다른 공유자의 지분 과반수의 동의를 얻어 건물을 건축한 후 토지와 건물의 소유자가 달라진 경우 토지에 관하여 관습법상의 법정지상권이 성립되는 것으로 보게 되면 이는 토지공유자의 1인으로 하여금 자신의 지분을 제외한 다른 공유자의 지분에 대하여서까지 지상권 설정의 처분행위를 허용하는 셈이 되어 부당하다. 그리고 이러한 법리는 민법 제366조의 법정지상권의 경우에도 마찬가지로 적용되고, 나아가 토지와 건물 모두가 각각 공유에 속한 경우에 토지에 관한 공유자 일부의 지분만을 목적으로 하는 근저당권이 설정되었다가 경매로 인하여 그 지분을 제3자가 취득하게 된 경우에도 마찬가지로 적용된다(대판 2014.9.4. 2011다73038·73045). 즉, 법정지상권은 성립하지 아니한다.

17

답 ②

정답 해설

② (○) 취득시효기간의 계산에 있어 그 점유개시의 기산일은 임의로 선택할 수 없으나 그 실소유자(등기명의인)에 변경이 없는 경우에는 취득시효완성을 주장할 수 있는 시점에서 보아 소요기간이 경과된 사실만 확정되면 족하다(대판 1994.2.8. 93다41303).

오답 해설

① (×) 부동산에 관한 점유취득시효기간이 경과하였다고 하더라도 그 점유자가 자신의 명의로 등기하지 아니하고 있는 사이에 먼저 제3자 명의로 소유권이전등기가 경료되어 버리면, 특별한 사정이 없는 한, 그 제3자에 대하여는 시효취득을 주장할 수 없으나, 그 제3자가 취득시효기간 만료 당시의 등기명의인으로부터 신탁 또는 명의신탁 받은 경우라면 종전 등기명의인으로서는 언제든지 이를 해지하고 소유권이전등기를 청구할 수 있고, 점유시효취득자로서는 종전 등기명의인을 대위하여 이러한 권리를 행사할 수 있으므로, 그러한 제3자가 소유자로서의 권리를 행사하는 경우 점유자로서는 취득시효 완성을 이유로 이를 저지할 수 있다(대판 1995.9.5. 95다24586).

| 비교 | 명의신탁된 부동산에 대하여 점유취득시효가 완성된 후, 시효취득자가 등기를 경료하기 전에, 명의신탁이 해지되어 등기명의가 명의수탁자로부터 명의신탁자에게로 이전된 경우에는, 명의신탁자에게 취득시효를 주장할 수 없다고 본다(대판 1995.12.8. 95다38493).

③ (×) 토지에 대한 점유로 인한 취득시효 완성 당시 미등기로 남아 있던 토지에 관하여 소유권을 가지고 있던 자가 취득시효 완성 후에 그 명의로 소유권보존등기를 마쳤다 하더라도 소유자에 변경이 있다고 볼 수 없으며, 그러한 등기명의자로부터 상속을 원인으로 소유권이전등기를 마친 자가 있다 하여도 취득시효 완성을 주장할 수 있는 시점에서 역산하여 취득시효기간이 경과되면 그에게 취득시효 완성을 주장할 수 있다(대판 1998.4.14. 97다44089).

④ (×) 원래 잡종재산이던 것이 행정재산으로 된 경우 잡종재산일 당시에 취득시효가 완성되었다고 하더라도 행정재산으로 된 이상 이를 원인으로 하는 소유권이전등기를 청구할 수 없다(대판 1997.11.14. 96다10782).

| 관련 | 국유재산법 제7조 제2항은 "행정재산은 민법 제245조에도 불구하고 시효취득의 대상이 되지 아니한다"라고 규정하고 있으므로, 국유재산에 대한 취득시효가 완성되기 위해서는 그 국유재산이 취득시효기간 동안 계속하여 행정재산이 아닌 시효취득의 대상이 될 수 있는 일반재산이어야 한다(대판 2010.11.25. 2010다58957). 국유재산 중 잡종재산(일반재산)은 취득시효의 성립을 인정하나 행정재산은 취득시효의 대상에서 제외된다.

⑤ (×) 점유자가 취득시효기간 경과 후 상대방에게 토지의 매수제의를 한 일이 있다고 하더라도 일반적으로 점유자는 취득시효 완성 후에도 소유권자와의 분쟁을 간편히 해결하기 위하여 매수를 시도하는 사례가 허다함에 비추어 매수제의사실을 가지고 점유자가 시효의 이익을 포기한다는 의사표시로 보거나 악의의 점유로 간주할 수 없다(대판 1989.4.11. 88다카5843 · 88다카5850).

18

답 ⑤

정답 해설

⑤ (○) 중간생략등기의 합의가 있었다 하더라도 이러한 합의는 중간등기를 생략하여도 당사자 사이에 이의가 없겠고 또 그 등기의 효력에 영향을 미치지 않겠다는 의미가 있을 뿐이지 그러한 합의가 있었다 하여 중간매수인의 소유권이전등기청구권이 소멸된다거나 첫 매도인의 그 매수인에 대한 소유권이전등기의무가 소멸되는 것은 아니라 할 것이다(대판 1991.12.13. 91다18316). 중간생략등기의 합의는 각 매매가 유효하게 성립함을 전제로 하므로, 그 합의가 있었다 하여 중간매수인의 소유권이전등기청구권이 소멸된다거나 첫 매도인의 그 매수인에 대한 소유권이전등기의무가 소멸되는 것은 아니라는 판례이다.

오답 해설

① (×) 채권자는 자기의 채무자에 대한 부동산의 소유권이전등기청구권 등 특정채권을 보전하기 위하여 채무자가 방치하고 있는 그 부동산에 관한 특정권리를 대위하여 행사할 수 있고 그 경우에는 채무자의 무자력을 요건으로 하지 아니하는 것이다(대판 1992.10.27. 91다483).

② (×) 부동산이 전전양도된 경우에 중간생략등기의 합의가 없는 한 그 최종 양수인은 최초 양도인에 대하여 직접 자기명의로의 소유권이전등기를 청구할 수는 없다 할 것이고, 부동산의 양도계약이 순차 이루어져 최종 양수인이 중간생략등기의 합의를 이유로 최초 양도인에게 직접 그 소유권이전등기청구권을 행사하기 위하여는 관계당사자 전원의 의사합치, 즉 중간생략등기에 대한 최초 양도인과 중간자의 동의가 있는 외에 최초 양도인과 최종 양수인 사이에도 그 중간등기생략의 합의가 있었음이 요구된다(대판 1991.4.23. 91다5761). 판례는 중간생략등기 합의(관계당사자 전원의 의사합치)에 기초하여야지만이 최종 양수인이 최초 양도인에게 자신에게 직접 소유권이전등기를 경료해 줄 것을 청구할 수 있다고 판시하고 있다.

| 관련 | 부동산의 매매로 인한 소유권이전등기청구권은 물권의 이전을 목적으로 하는 매매의 효과로서 매도인이 부담하는 재산권이전의무의 한 내용을 이루는 것이고, 매도인이 물권행위의 성립요건을 갖추도록 의무를 부담하는 경우에 발생하는 채권적 청구권으로 그 이행과정에 신뢰관계가 따르므로, 소유권이전등기청구권을 매수인으로부터 양도받은 양수인은 매도인이 그 양도에 대하여 동의하지 않고 있다면 매도인에 대하여 채권양도를 원인으로 하여 소유권이전등기절차의 이행을 청구할 수 없고, 따라서 매매로 인한 소유권이전등기청구권은 특별한 사정이 없는 이상 그 권리의 성질상 양도가 제한되고 그 양도에 채무자의 승낙이나 동의를 요한다고 할 것이므로

통상의 채권양도와 달리 양도인의 채무자에 대한 통지만으로는 채무자에 대한 대항력이 생기지 않으며 반드시 채무자의 동의나 승낙을 받아야 대항력이 생긴다(대판 2001.10.9. 2000다51216). 판례는 중간생략등기의 합의에 기해서 소유권이전등기청구를 하려면 3자간의 합의를 요한다는 것과의 균형상, 부동산의 매매로 인한 소유권이전등기청구권은 채권양도임에도 불구하고 채무자에 대한 통지만으로는 대항력이 생기지 않으며 채무자의 동의나 승낙을 받아야 대항력이 생긴다고 판시하고 있다. 따라서 소유권이전등기청구권을 매수인으로부터 양도받은 양수인은 매도인이 그 양도에 대하여 '동의하지 않고' 있다면 매도인에 대하여 채권양도를 원인으로 한 소유권이전등기절차의 이행을 청구할 수 없게 된다.

③ (×) 중간생략등기의 합의는 각 매매계약이 유효하게 성립함을 전제로 그 이행의 편의상 최초 양도인으로부터 최종 양수인 앞으로 소유권이전등기를 경료하기로 한다는 당사자 사이의 합의이므로, 어느 한 계약이 무효, 취소, 해제되면 중간생략등기합의도 그 효력을 상실하여 중간생략등기청구권이 인정되지 않는다. 따라서 최초매도인과 중간매수인이 합의해제를 한 경우, 최초매도인은 합의해제한 사실에 근거하여 최종매수인에게 대항할 수 있다.

④ (×) 최종양수인이 중간생략등기의 합의를 이유로 최초양도인에게 직접 중간생략등기를 청구하기 위하여는 관계당사자 전원의 의사합치가 필요하지만, 당사자 사이에 적법한 원인행위가 성립되어 일단 중간생략등기가 이루어진 이상 중간생략등기에 관한 합의가 없었다는 이유만으로는 중간생략등기가 무효라고 할 수는 없다(대판 2005.9.29. 2003다40651). 이미 경료된 중간생략등기의 유효성에 관한 문제이다. 판례는 이미 중간생략등기가 이루어진 경우, 3자간에 중간생략등기에 관한 합의가 없었더라도 그 관계 당사자들 간에 '매매계약이 적법하게 성립되어 이행된 이상' 그 중간생략등기는 유효하다고 본다. 즉 적법한 등기원인에 의하여 성립되어 실체관계에 부합하는 경우에는 유효하다고 보는 것이다. 이는 '중간생략등기의 합의'를 각 매매계약이 유효하게 성립함을 전제로 그 이행의 편의상 최초 양도인으로부터 최종 양수인 앞으로 소유권이전등기를 경료하기로 하는 당사자 사이의 합의에 불과하다고 보는 것과 일맥상통하다.

19

답 ③

정답 해설

③ (○) 등기관은 가등기에 의한 본등기를 하였을 때에는 대법원규칙으로 정하는 바에 따라 가등기 이후에 된 등기로서 가등기에 의하여 보전되는 권리를 침해하는 등기를 직권으로 말소하여야 한다(부동산등기법 제92조 제1항). 따라서 가등기권리자는 가등기의무자인 전 소유자(乙)를 상대로 등기청구권을 행사할 것이고(제3자 丙을 상대로 등기청구권을 행사할 것이 아니며) 가등기권리자가 소유권이전의 본등기를 한 경우에 등기공무원은 가등기 이후에 한 제3자(丙)의 본등기를 직권말소한다.

오답 해설

① (×), ⑤ (×) 가등기는 후일 본등기를 한 경우에 그 본등기의 효력을 소급시켜 가등기를 한 때에 본등기를 한 것과 같은 순위를 확보케 하는 데에 그 목적이 있을 따름이고 가등기에 의하여 어떤 특별한 권리를 취득케 하는 것이라고는 볼 수 없다(대판 1972.6.2. 72마399). 따라서 가등기권자 乙은 가등기설정자 甲의 처분행위를 저지할 수 없을 뿐만 아니라, 가등기 이후의 제3취득자 丙에 대하여 그 가등기만으로 소유권을 주장할 수도 없고, 나아가 丙 명의의 소유권이전등기가 원인무효라 할지라도 직접 말소청구를 할 수도 없다(대판 2001.3.23. 2000다51285 참고). 가등기는 본등기 전에는 그 자체로 아무런 실체법상 효력이 없으며, 가등기의 추정력도 인정되지 않는다.

| 관련 | 소유권이전청구권 보전을 위한 가등기가 있다 하여, 소유권이전등기를 청구할 어떤 법률관계가 있다고 추정되지 아니한다(대판 1979.5.22. 79다239).

| 관련 | 가등기는 부동산등기법 제6조 제2항의 규정에 의하여 그 본등기 시에 본등기의 순위를 가등기의 순위에 의하도록 하는 순위보전적 효력만이 있을 뿐이고, 가등기만으로는 아무런 실체법상 효력을 갖지 아니하고 그 본등기를 명하는 판결이 확정된 경우라도 본등기를 경료하기까지는 마찬가지이므로, 중복된 소유권보존등기가 무효이더라도 가등기권리자는 그 말소를 청구할 권리가 없다(대판 2001.3.23. 2000다51285)

② (×) 乙의 甲에 대한 본등기청구권은 그 본질이 채권적 청구권이므로, 특별한 사정이 없는 한 10년의 소멸시효가 적용되고, 가등기가 존속하고 있다 하여 본등기청구권의 소멸시효 진행이 저지되는 것도 아니다(대판 1991.3.12. 90다카27570 참고).

④ (×) 가등기는 그 성질상 본등기의 순위보전의 효력만이 있어 후일 본등기가 경료된 때에는 본등기의 순위가 가등기한 때로 소급하는 것뿐이지 본등기에 의한 물권변동의 효력이 가등기한 때로 소급하여 발생하는 것은 아니다(대판 1992.9.25. 92다21258). 물권변동의 효력은 '본등기 시' 발생한다.

20
답 ①

정답 해설

① (○) 丙의 선의취득이 인정된다면, 丁은 승계취득법리에 따라 선의·악의를 불문하고 당연히 소유권을 취득하므로, 丁의 선의취득 여부는 문제되지 아니한다.

오답 해설

② (×) 양도인이 소유자로부터 보관을 위탁받은 동산을 제3자에게 보관시킨 경우에 양도인이 그 제3자에 대한 반환청구권을 양수인에게 양도하고 지명채권 양도의 대항요건을 갖추었을 때에는 동산의 선의취득에 필요한 점유의 취득요건을 충족한다(대판 1999.1.26. 97다48906). 판례는 동산의 선의취득에 필요한 점유의 취득으로 목적물반환청구권의 양도를 인정한다.

③ (×) 선량한 풍속 기타 사회질서에 반하는 법률행위는 절대적 무효이므로, 별도의 선의취득과 같은 권리취득원인이 없는 한, 제3자는 선의라 할지라도 보호받지 못한다.

④ (×) 민법 제250조, 제251조 소정의 도품, 유실물이란 원권리자로부터 점유를 수탁한 사람이 적극적으로 제3자에게 부정처분한 경우와 같은 위탁물 횡령의 경우는 포함되지 아니하고 또한 점유보조자 내지 소지기관의 횡령처럼 형사법상 절도죄가 되는 경우도 형사법과 민사법의 경우를 동일시해야 하는 것은 아닐 뿐만 아니라 진정한 권리자와 선의의 거래상대방 간의 이익형량의 필요성에 있어서 위탁물 횡령의 경우와 다를 바 없으므로 이 역시 민법 제250조의 도품·유실물에 해당되지 않는다(대판 1991.3.22. 91다70). 판례는 형법과 달리 민법의 독자적 기준에 의하여 판단, 점유보조자의 점유는 '본인의 의사에 기초한 점유'라는 점에서 도품, 유실물과 다르므로 민법 제250조(도품, 유실물에 대한 특례)가 적용되지 않고 민법 제249조만 적용된다고 본다.

⑤ (×) 동산의 선의취득에 필요한 점유의 취득은 현실적 인도가 있어야 하고 점유개정에 의한 점유취득만으로서는 그 요건을 충족할 수 없다(대판 1978.1.17. 77다1872). 판례는 동산의 선의취득에 필요한 점유의 취득으로 점유개정을 부정한다. 위 사례의 경우, 乙이 종전대로 점유하고 있으므로 외부에서 매도하였다는 사실을 전혀 알 수 없기 때문에 선의취득이 부정된다. 그 후 丙이 현실인도를 받으면 선의취득이 인정된다.

21
답 ③

정답 해설

③ (×) 지역권은 요역지소유권에 부종하여 이전하므로(민법 제292조 제1항 본문), 요역지소유권의 이전등기가 경료된 경우에는 지역권의 이전등기 없이도 지역권 이전의 효력이 생긴다. 법률의 규정에 의한 부동산물권 취득이기 때문이다(민법 제187조).

민법 제292조(부종성)

① 지역권은 요역지소유권에 부종하여 이전하며 또는 요역지에 대한 소유권이외의 권리의 목적이 된다. 그러나 다른 약정이 있는 때에는 그 약정에 의한다.

오답 해설

① (○) 지역권은 유상·무상 모두 설정 가능하다.

② (○) 위요지통행권이나 통행지역권은 모두 인접한 토지의 상호 이용의 조절에 기한 권리로서 토지의 소유자 또는 지상권자 전세권자 등 토지사용권을 가진 자에게 인정되는 권리라 할 것이므로 위와 같은 권리자가 아닌 토지의 불법점유자는 토지소유권의 상린관계로서 위요지통행권의 주장이나 통행지역권의 시효취득주장을 할 수 없다(대판 1976.10.29. 76다1694).

④ (○) 지역권은 일정한 목적을 위하여 승역지를 자기토지(요역지)의 편익에 이용하는 권리로, 편익의 이용에 방해되는 경우에는 물권적 청구권으로서 방해제거청구권이나 방해예방청구권을 행사할 수 있으나, 승역지를 점유할 권리는 없어 반환청구권은 인정되지 아니한다.

| 참고 | 물권적청구권 중에서 점유할 권리가 없어 반환청구권이 인정 안 되는 것이 지역권과 저당권이다.

⑤ (○) 요역지가 수인의 공유인 경우에 그 1인에 의한 지역권소멸시효의 중단 또는 정지는 다른 공유자를 위하여 효력이 있다(민법 제296조).

민법 제162조(채권, 재산권의 소멸시효)

② 채권 및 소유권 이외의 재산권은 20년간 행사하지 아니하면 소멸시효가 완성한다.

민법 제296조(소멸시효의 중단, 정지와 불가분성)

요역지가 수인의 공유인 경우에 그 1인에 의한 지역권소멸시효의 중단 또는 정지는 다른 공유자를 위하여 효력이 있다.

22 답 ⑤

정답 해설

⑤ (×) 공유자 중 1인이 다른 공유자의 동의 없이 그 공유토지의 특정부분을 매도하여 타인명의로 소유권이전등기가 마쳐졌다면, 그 매도부분토지에 관한 소유권이전등기는 처분공유자의 공유지분범위 내에서는 실체관계에 부합하는 유효한 등기라고 보아야 한다(대판 1994.12.2. 93다1596). 공유자 1인이 공유물 전부를 처분하거나 변경하는 행위는 무효이나, 이 경우에도 '자기의 지분 범위'에서는 처분권이 있으므로 그 한도에서는 실체적 권리관계에 부합하여 유효하다는 것이다.

오답 해설

① (○) 건물의 공유지분권자는 동 건물 전부에 대하여 보존행위로서 방해배제청구를 할 수 있다(대판 1968.9.17. 68다1142·68다1143). 제3자가 공유물의 전부 또는 일부를 불법으로 점유하는 경우, 공유지분의 다소를 불문하고 각 공유자는 '지분권에 기한 물권적 청구권'으로써 제3자에 대하여 '단독'으로 '전부'의 방해배제를 청구할 수 있다. 판례는 민법 제265조 단서의 보존행위를 그 근거로 한다.

② (○) 토지공유자는 특별한 사정이 없는 한 그 지분에 대응하는 비율의 범위 내에서만 그 차임 상당의 부당이득금 반환의 청구권을 행사할 수 있다(대판 1979.1.30. 78다2088).

③ (○) 공물분할청구의 소는 분할을 청구하는 공유자가 원고가 되어 다른 공유자 전부를 공동피고로 하여야 하는 고유필수적 공동소송이다(대판 2014.1.29. 2013다78556).

④ (○) 민법 제267조는 "공유자가 그 지분을 포기하거나 상속인 없이 사망한 때에는 그 지분은 다른 공유자에게 각 지분의 비율로 귀속한다"라고 규정하고 있다. 여기서 공유지분의 포기는 법률행위로서 상대방 있는 단독행위에 해당하므로, 부동산공유자의 공유지분 포기의 의사표시가 다른 공유자에게 도달하더라도 이로써 곧바로 공유지분 포기에 따른 물권변동의 효력이 발생하는 것은 아니고, 다른 공유자는 자신에게 귀속될 공유지분에 관하여 소유권이전등기청구권을 취득하며, 이후 민법 제186조에 의하여 등기를 하여야 공유지분 포기에 따른 물권변동의 효력이 발생한다(대판 2016.10.27. 2015다52978).

23 답 ②

정답 해설

② (○) 유치권은 그 목적물에 관하여 생긴 채권이 변제기에 있는 경우에 성립하는 것이므로 아직 변제기에 이르지 아니한 채권에 기하여 유치권을 행사할 수는 없다(대판 2007.9.21. 2005다41740).

민법 제320조(유치권의 내용)
① 타인의 물건 또는 유가증권을 점유한 자는 그 물건이나 유가증권에 관하여 생긴 채권이 변제기에 있는 경우에는 변제를 받을 때까지 그 물건 또는 유가증권을 유치할 권리가 있다.

오답 해설

① (×) 부동산에 관한 민사집행절차에서는 경매개시결정과 함께 압류를 명하므로 압류가 행하여짐과 동시에 매각절차인 경매절차가 개시되는 반면, 국세징수법에 의한 체납처분절차에서는 그와 달리 체납처분에 의한 압류(이하 '체납처분압류'라고 한다)와 동시에 매각절차인 공매절차가 개시되는 것이 아닐 뿐만 아니라, 체납처분압류가 반드시 공매절차로 이어지는 것도 아니다. 또한 체납처분절차와 민사집행절차는 서로 별개의 절차로서 공매절차와 경매절차가 별도로 진행되는 것이므로, 부동산에 관하여 체납처분압류가 되어 있다고 하여 경매절차에서 이를 그 부동산에 관하여 경매개시결정에 따른 압류가 행하여진 경우와 마찬가지로 볼 수는 없다. 따라서 체납처분압류가 되어 있는 부동산이라고 하더라도 그러한 사정만으로 경매절차가 개시되어 경매개시결정등기가 되기 전에 부동산에 관하여 민사유치권을 취득한 유치권자가 경매절차의 매수인에게 유치권을 행사할 수 없다고 볼 것은 아니다(대판[전합] 2014.3.20. 2009다60336).

③ (×) 부동산매도인이 매매대금을 다 지급받지 아니한 상태에서 매수인에게 소유권이전등기를 마쳐 주어 목적물의 소유권을 매수인에게 이전한 경우에는, 매도인의 목적물 인도의무에 관하여 동시이행의 항변권 외에 물권적 권리인 유치권까지 인정할 것은 아니다. 왜냐하면 법률행위로 인한 부동산물권 변동의 요건으로 등기를 요구함으로써 물권관계의 명확화 및 거래의 안전·원활을 꾀하는 우리 민법의 기본정신에 비추어 볼 때, 만일 이를 인정한다면 매도인은 등기에 의하여 매수인에게 소유권을 이전하였음에도 매수인 또는 그의 처분에 기하여 소유권을 취득한 제3자에 대하여 소유권에 속하는 대세적인 점유의 권능을 여전히 보유하게 되는 결과가 되어 부당하기 때문이다.

또한 매도인으로서는 자신이 원래 가지는 동시이행의 항변권을 행사하지 아니하고 자신의 소유권이전의무를 선이행함으로써 매수인에게 소유권을 넘겨준 것이므로 그에 필연적으로 부수하는 위험은 스스로 감수하여야 한다. 따라서 매도인이 부동산을 점유하고 있고 소유권을 이전받은 매수인에게서 매매대금 일부를 지급받지 못하고 있다고 하여 매매대금채권을 피담보채권으로 매수인이나 그에게서 부동산소유권을 취득한 제3자를 상대로 유치권을 주장할 수 없다(대결 2012.1.12. 2011마2380).

④ (×) 부동산경매절차에서의 매수인은 민사집행법 제91조 제5항에 따라 유치권자에게 그 유치권으로 담보하는 채권을 변제할 책임이 있는 것이 원칙이나, 채무자 소유의 건물 등 부동산에 경매개시결정의 기입등기가 경료되어 압류의 효력이 발생한 후에 채무자가 위 부동산에 관한 공사대금채권자에게 그 점유를 이전함으로써 그로 하여금 유치권을 취득하게 한 경우, 그와 같은 점유의 이전은 목적물의 교환가치를 감소시킬 우려가 있는 처분행위에 해당하여 민사집행법 제92조 제1항, 제83조 제4항에 따른 압류의 처분금지효에 저촉되므로 점유자로서는 위 유치권을 내세워 그 부동산에 관한 경매절차의 매수인에게 대항할 수 없다. 그러나 이러한 법리는 경매로 인한 압류의 효력이 발생하기 전에 유치권을 취득한 경우에는 적용되지 아니하고, 유치권 취득시기가 근저당권 설정 후라거나 유치권 취득 전에 설정된 근저당권에 기하여 경매절차가 개시되었다고 하여 달리 볼 것은 아니다(대판 2009.1.15. 2008다70763). 법원은 경매신청이 적법하다고 인정할 때에 경매개시결정을 하며, 경매개시결정과 동시에 그 저당부동산의 압류를 명하여야 한다(민사집행법 제83조 제1항). 이렇게 압류의 효력이 발생한 후에 유치권을 취득하게 된 경우에는, 유치권을 가지고 경매절차의 매수인에게 대항할 수 없다.

⑤ (×) 건물의 신축공사를 한 수급인이 그 건물을 점유하고 있고 또 그 건물에 관하여 생긴 공사금채권이 있다면, 수급인은 그 채권을 변제받을 때까지 건물을 유치할 권리가 있다고 할 것이나(대판 1995.9.15. 95다16202・95다16219), 건물의 신축공사를 도급받은 수급인이 사회통념상 독립한 건물이라고 볼 수 없는 정착물을 토지에 설치한 상태에서 공사가 중단된 경우에 위 정착물은 토지의 부합물에 불과하여 이러한 정착물에 대하여 유치권을 행사할 수 없는 것이고, 또한 공사중단 시까지 발생한 공사금채권은 토지에 관하여 생긴 것이 아니므로 위 공사금채권에 기하여 토지에 대하여 유치권을 행사할 수도 없는 것이다(대결 2008.5.30. 2007마98).

24   답 ④

정답 해설

ㄱ. (○) 부첩관계를 조건으로 하는 증여는 법률행위에 반사회적 조건이 결부된 것으로 무효이다(대판 1984.12.11. 84다카1402).

ㄴ. (×), ㄷ. (○), ㄹ. (○) 민법 제746조는 단지 부당이득제도만을 제한하는 것이 아니라 동법 제103조와 함께 사법의 기본이념으로서, 결국 사회적 타당성이 없는 행위를 한 사람은 스스로 불법한 행위를 주장하여 복구를 그 형식 여하에 불구하고 소구할 수 없다는 이상을 표현한 것이므로, 급여를 한 사람은 그 원인행위가 법률상 무효라 하여 상대방에게 부당이득반환청구를 할 수 없음은 물론 급여한 물건의 소유권은 여전히 자기에게 있다고 하여 소유권에 기한 반환청구도 할 수 없고 따라서 급여한 물건의 소유권은 급여를 받은 상대방에게 귀속된다(대판[전합] 1979.11.13. 79다483). 판례는 민법 제746조가 규정하는 불법원인이라 함은 원인 되는 행위가 '선량한 풍속 기타 사회질서에 위반하는 경우'를 말하는 것으로서 민법 제746조를 동법 제103조와 함께 사법의 기본이념을 표현한 조문으로 보고 있다. 결국 사회적 타당성이 없는 행위를 한 제746조의 불법원인급여자는 그의 급여로 수익자가 얻은 이익의 반환을 청구하지 못하며 이는 그 형식여하에 불구하고 소구할 수 없으므로, 급여한 물건의 소유권은 급여를 받은 상대방에게 귀속되며 따라서 이를 '전득한 제3자'에게도 반환청구를 할 수 없다고 본다는 판례이다.

| 관련 | 부당이득의 반환청구가 금지되는 사유로 민법 제746조가 규정하는 불법원인이라 함은 그 원인되는 행위가 선량한 풍속 기타 사회질서에 위반하는 경우를 말하는 것으로서, 법률의 금지에 위반하는 경우라 할지라도 그것이 선량한 풍속 기타 사회질서에 위반하지 않는 경우에는 이에 해당하지 않는다(대판 2003.11.27. 2003다41722).

| 참고 | 도박자금을 제공함으로 인하여 발생한 채권의 담보로 부동산에 관하여 근저당권설정등기가 경료되었을 뿐이라면 위와 같은 근저당권설정등기로 근저당권자가 받을 이익은 소유권이전과 같은 종국적인 것이 되지 못하고 따라서 민법 제746조에서 말하는 이익에는 해당하지 아니한다고 할 것이므로, 그 부동산의 소유자는 민법 제746조의 적용을 받음이 없이 그 말소를 청구할 수 있다(대판 1994.12.22. 93다55234 판결). 도박채무의 담보로 부동산에 '근저당권을 설정'한 경우 수익자가 그 이익을 얻으려면 경매신청을 하는 것과 같이 국가의 협력을 요구해야 하므로 제746조의 불법원인급여가 아니고, 따라서 제746조의 적용을 받음이 없이 그 말소를 청구할 수 있다는 판례이다.

25 답 ①

정답 해설

① (○) 채권자지체 중에는 채무자는 고의 또는 중대한 과실(중과실)이 없으면 불이행으로 인한 모든 책임이 없다(민법 제401조). 따라서 채권자지체 중에 채무자에게 경과실이 있는 때에는 그에게 목적물의 멸실로 인한 책임을 물을 수 없으므로, 이 경우에도 채무자는 채권자에게 반대급부를 청구할 수 있다(민법 제538조 제1항).

오답 해설

② (×) 채권자지체발생사실에 대한 주장·증명책임은 채무자에게 있다.

③ (×) 채권자지체로 인하여 그 목적물의 보관 또는 변제의 비용이 증가된 때에는 그 증가액은 채권자의 부담으로 한다(민법 제403조).

④ (×) 채권자지체 중에는 이자 있는 채권이라도 채무자는 이자를 지급할 의무가 없다(민법 제402조).

⑤ (×) 민법 제538조 제1항 제2문 소정의 '채권자의 수령지체 중에 당사자 쌍방의 책임 없는 사유로 이행할 수 없게 된 때'에 해당하기 위해서는 현실제공이나 구두제공이 필요하다(다만, 그 제공의 정도는 그 시기와 구체적인 상황에 따라 신의성실의 원칙에 어긋나지 않게 합리적으로 정하여야 한다)(대판 2004.3.12. 2001다79013).

26 답 ③

정답 해설

③ (○) 채권자취소권을 특정물에 대한 소유권이전등기청구권을 보전하기 위하여 행사하는 것은 허용되지 않으므로, 부동산의 제1양수인은 자신의 소유권이전등기청구권 보전을 위하여 양도인과 제3자 사이에서 이루어진 이중양도행위에 대하여 채권자취소권을 행사할 수 없다(대판 1999.4.27. 98다56690).

오답 해설

① (×) 채무자의 법률행위가 통정허위표시인 경우에도 채권자취소권의 대상이 되고, 한편 채권자취소권의 대상으로 된 채무자의 법률행위라도 통정허위표시의 요건을 갖춘 경우에는 무효라고 할 것이다(대판 1998.2.27. 97다50985).

② (×) 가등기에 기하여 본등기가 경료된 경우 가등기의 원인인 법률행위와 본등기의 원인인 법률행위가 명백히 다른 것이 아닌 한 사해행위요건의 구비 여부는 가등기의 원인된 법률행위 당시를 기준으로 판단하여야 한다(대판 2014.3.27. 2013다1518).

④ (×) 저당권이 설정되어 있는 재산이 사해행위로 양도된 경우에 그 사해행위는 그 재산의 가액, 즉 시가에서 저당권의 피담보채권액을 공제한 잔액의 범위 내에서 성립하고, 피담보채권액이 그 재산의 가액을 초과하는 때에는 당해 재산의 양도는 사해행위에 해당한다고 할 수 없다(대판 2006.4.13. 2005다70090).

⑤ (×) 사해행위의 취소는 채권자와 수익자의 관계에서 상대적으로 채무자와 수익자 사이의 법률행위를 무효로 하는 데에 그치고 채무자와 수익자 사이의 법률관계에는 영향을 미치지 아니하므로, 채무자와 수익자 사이의 부동산매매계약이 사해행위로 취소되고 그에 따른 원상회복으로 수익자 명의의 소유권이전등기가 말소되어 채무자의 등기명의가 회복되더라도, 그 부동산은 취소채권자나 민법 제407조에 따라 사해행위 취소와 원상회복의 효력을 받는 채권자와 수익자 사이에서 채무자의 책임재산으로 취급될 뿐, 채무자가 직접 부동산을 취득하여 권리자가 되는 것은 아니다(대판 2017.3.9. 2015다217980). 따라서 채무자가 사해행위의 취소로 인하여 등기명의가 회복된 부동산을 제3자에게 처분하더라도, 이는 무권리자의 처분행위에 불과하여 효력이 없다.

27 답 ⑤

정답 해설

③ (×), ⑤ (○) 선택권 없는 당사자인 甲의 과실로 X노트북을 丙에게 매도·인도함으로써 이행불능이 되었으므로, 채권의 목적물은 잔존한 Y노트북으로 특정되지 아니하고, 乙은 여전히 X노트북을 선택할 수 있다(민법 제385조 제2항). 乙이 X노트북을 선택하면 乙의 X노트북 선택은 소급효가 인정되지만(민법 제386조 본문), 이미 甲이 丙에게 X노트북을 매도하고 인도하여 丙이 유효하게 소유권을 취득하였으므로, 乙은 소유권을 취득하지 못하고 甲에게 그 이행불능을 이유로 한 전보배상청구권(민법 제390조)이나 해제권(민법 제546조)을 행사할 수 있다.

민법 제385조(불능으로 인한 선택채권의 특정)
① 채권의 목적으로 선택할 수개의 행위 중에 처음부터 불능한 것이나 또는 후에 이행불능하게 된 것이 있으면 채권의 목적은 잔존한 것에 존재한다.
② 선택권없는 당사자의 과실로 인하여 이행불능이 된 때에는 전항의 규정을 적용하지 아니한다.

민법 제386조(선택의 소급효)
선택의 효력은 그 채권이 발생한 때에 소급한다. 그러나 제3자의 권리를 해하지 못한다.

오답 해설

① (×) 사안은 선택채권에 해당하고, 乙에게 선택권이 있다. 선택권은 상대방에 대한 의사표시로 하고(민법 제382조 제1항), 선택의 의사표시가 상대방에게 도달한 이후에는, 그 효력이 발생하여 상대방의 동의가 없으면 철회하지 못한다(민법 제382조 제2항). 따라서 Y노트북에 대한 乙의 선택의 의사표시가 甲에게 도달한 이상, 乙은 甲의 동의 없이 이를 철회할 수 없다.

민법 제382조(당사자의 선택권의 행사)
① 채권자나 채무자가 선택하는 경우에는 그 선택은 상대방에 대한 의사표시로 한다.
② 전항의 의사표시는 상대방의 동의가 없으면 철회하지 못한다.

② (×) 선택권은 선택권자의 일방적 의사표시로써 채권의 내용을 변경할 수 있으므로, 형성권에 해당한다. 따라서 원칙적으로 선택권 행사 시에는 조건이나 기한을 붙일 수 없다.

④ (×) 선택의 효력은 그 채권이 발생한 때에 소급한다. 그러나 제3자의 권리를 해하지 못한다(민법 제386조). 이러한 선택의 소급효는 채권적 효력을 가질 뿐이므로, 乙이 X노트북을 선택하여 권리가 성립시로 소급한다 할지라도, 물권을 취득한 丙에게 그 반환을 청구할 수는 없다.

| 참고 | 민법 제386조 단서 규정은 사실상 무의미한 규정이다. 제3자가 물권을 취득한 경우에는 물권은 채권에 우선하므로 제386조 단서 규정이 적용될 여지가 없고, 제3자가 채권을 취득한 경우에는 선택채권자의 권리가 성립시로 소급한다고 할지라도 두 채권은 평등하므로 제3자의 권리를 해칠 수는 없기 때문이다.

28

답 ①

정답 해설

① (×) 어느 연대채무자가 채권자에 대하여 채권이 있는 경우에 그 채무자가 상계한 때에는 채권은 모든 연대채무자의 이익을 위하여 소멸한다(민법 제418조 제1항). 따라서 丙은 4천만 원의 채무를 면한다.

오답 해설

② (○) 어느 연대채무자와 채권자 간에 채무의 경개가 있는 때에는 채권은 모든 연대채무자의 이익을 위하여 소멸한다(민법 제417조). 따라서 乙이 6천만 원의 지급에 갈음하여 丁과 경개계약을 체결한 경우에는, 甲과 丙의 丁에 대한 연대채무는 소멸하고, 이 경우 乙은 甲과 丙에게 각 2천만 원씩을 구상할 수 있다(민법 제425조 제1항).

민법 제417조(경개의 절대적 효력)
어느 연대채무자와 채권자간에 채무의 경개가 있는 때에는 채권은 모든 연대채무자의 이익을 위하여 소멸한다.

민법 제425조(출재채무자의 구상권)
① 어느 연대채무자가 변제 기타 자기의 출재로 공동면책이 된 때에는 다른 연대채무자의 부담부분에 대하여 구상권을 행사할 수 있다.

③ (○) 연대채무자 중에 상환할 자력이 없는 자가 있는 때에는 그 채무자의 부담부분은 구상권자 및 다른 자력이 있는 채무자가 그 부담부분에 비례하여 분담한다. 그러나 구상권자에게 과실이 있는 때에는 다른 연대채무자에 대하여 분담을 청구하지 못한다(민법 제427조 제1항). 따라서 무자력자 乙의 부담부분인 2천만 원은, 구상권자 甲 및 다른 자력이 있는 채무자 丙이 그 부담부분에 비례하여 분담하게 되므로, 甲은 丙에게 3천만 원을 구상할 수 있다.

④ (○) 어느 연대채무자에 대한 채무면제는 그 채무자의 부담부분에 한하여 다른 연대채무자의 이익을 위하여 효력이 있다(민법 제419조). 따라서 丁이 丙의 채무를 면제한 경우에는, 丙의 부담부분인 2천만 원에 한하여 甲과 乙에게 효력이 미친다. 즉, 甲과 乙은 丁에 대하여 4천만 원에 대하여 연대채무를 부담한다.

⑤ (○) 어느 연대채무자가 다른 연대채무자에게 통지하지 아니하고 변제 기타 자기의 출재로 공동면책이 된 경우에 다른 연대채무자가 채권자에게 대항할 수 있는 사유가 있었을 때에는 그 부담부분에 한하여 이 사유로 면책행위를 한 연대채무자에게 대항할 수 있고 그 대항사유가 상계인 때에는 상계로 소멸할 채권은 그 연대채무자에게 이전된다(민법 제426조 제1항). 따라서 乙이 甲의 변제 전에 丁에 대하여 4천만 원의 상계적상인 반대채권을 갖고 있었던 경우에는, 부담부분인 2천만 원에 한하여 甲에 대한 상계항변권이 있음을 주장함으로써 그 구상을 거부할 수 있고, 이 경우 부담부분인 2천만 원은 甲에게 이전된다.

29

답 ③

정답 해설

③ (○) 민법 제446조의 규정은 같은 법 제445조 제1항의 규정을 전제로 하는 것이어서 같은 법 제445조 제1항의 사전통지를 하지 아니한 수탁보증인까지 보호하는 취지의 규정은 아니므로, 수탁보증에 있어서 주채무자가 면책행위를 하고도 그 사실을 보증인에게 통지하지 아니하고 있던 중에 보증인도 사전통지를 하지 아니한 채 이중의 면책행위를 한 경우에는 보증인은 주채무자에 대하여 민법 제446조에 의하여 자기의 면책행위의 유효를 주장할 수 없다고 봄이 상당하고 따라서 이 경우에는 이중변제의 기본원칙으로 돌아가 먼저 이루어진 주채무자의 면책행위가 유효하고 나중에 이루어진 보증인의 면책행위는 무효로 보아야 하므로 보증인은 민법 제446조에 기하여 주채무자에게 구상권을 행사할 수 없다(대판 1997.10.10. 95다46265).

오답 해설

① (×) 수탁보증인은 특별한 사정이 없는 한 그 주채무의 변제기 연장이 언제 이루어졌던지 간에 본래의 변제기가 도래한 후에는 민법 제442조 제1항 제4호에 의하여 주채무자에 대하여 사전구상권을 행사할 수 있고, 이 경우에는 민법 제442조 제2항에 따라 보증계약 후에 채권자가 주채무자에게 허여(許與)한 기한으로 보증인에게 대항하지 못할 뿐만 아니라, 수탁보증인이 본래의 변제기가 도래한 후 과실 없이 변제 기타의 출재로 주채무를 소멸하게 한 후 이를 주채무자에게 통지하였다면, 민법 제445조 제1항에 의하여 주채무자는 위 통지를 받은 후 채권자와 사이에 이루어진 변제기 연장에 관한 합의로서 사후구상권을 행사하는 수탁보증인에게 대항할 수는 없다(대판 2007.4.26. 2006다22715).

② (×) 보증채무는 주채무와 동일한 내용의 급부를 목적으로 함이 원칙이지만 주채무와는 별개 독립의 채무이고, 한편 보증채무자가 주채무를 소멸시키는 행위는 주채무의 존재를 전제로 하므로, 보증인의 출연행위 당시에는 주채무가 유효하게 존속하고 있었다 하더라도 그 후 주계약이 해제되어 소급적으로 소멸하는 경우에는 보증인은 변제를 수령한 채권자를 상대로 이미 이행한 급부를 부당이득으로 반환청구할 수 있다(대판 2004.12.24. 2004다20265).

④ (×) 주채무자에 대한 시효의 중단은 보증인에 대하여 그 효력이 있다(민법 제440조). 따라서 채권자 丙이 주채무자 乙의 재산을 압류하면, 주채무의 시효뿐만 아니라 보증채무의 시효 또한 중단된다.

⑤ (×) 수탁보증인은 변제 기타 자기의 출재로 면책된 날 이후의 법정이자 및 피할 수 없는 비용 기타 손해배상을 포함하여 구상할 수 있다(민법 제441조 제2항, 제425조 제2항).

민법 제425조(출재채무자의 구상권)

② 전항의 구상권은 면책된 날 이후의 법정이자 및 피할 수 없는 비용 기타 손해배상을 포함한다.

민법 제441조(수탁보증인의 구상권)

① 주채무자의 부탁으로 보증인이 된 자가 과실없이 변제 기타의 출재로 주채무를 소멸하게 한 때에는 주채무자에 대하여 구상권이 있다.

② 제425조 제2항의 규정은 전항의 경우에 준용한다.

30

답 ④

정답 해설

④ (×) 민법 제452조 제2항에 채권양도의 통지는 양수인의 동의가 없으면 철회하지 못한다고 규정되어 있으므로 채권양도인과 양수인과의 채권양도계약이 해제되었고 채권양도인이 채무자에게 양도철회통지를 하였다고 하더라도 채무자는 이것을 채권양수인에게 대항할 수는 없다(대판 1978.6.13. 78다468). 사안의 경우, 양도인 甲은 양수인 丙의 동의를 받지 아니하고 양도철회통지를 하였으므로, 채무자 乙은 이로써 丙의 채무이행청구에 대하여 대항할 수 없다.

오답 해설

① (○) 지명채권의 양도를 승락함에 있어서는 이의를 보류하고 할 수 있음은 물론이고 양도금지의 특약이 있는 채권양도를 승락함에 있어 조건을 붙여서 할 수도 있으며 승락의 성격이 관념의 통지라고 하여 조건을 붙일 수 없는 것은 아니다(대판 1989.7.11. 88다카20866).

② (○) 채권양도통지권한을 위임받은 양수인이 양도인을 대리하여 채권양도통지를 함에 있어서는 민법 제114조 제1항의 규정에 따라 양도인 본인과 대리인을 표시하여야 하는 것이므로, 양수인이 서면으로 채권양도통지를 함에 있어 대리관계의 현명을 하지 아니한 채 양수인 명의로 된 채권양도통지서를 채무자에게 발송하여 도달되었다 하더라도 이는 효력이 없다고 할 것이다(대판 2004.2.13. 2003다43490).

| 참고 | 채권양도의 통지는 '양도인'이 '채무자'에 대하여 해야 한다. 양도인만이 유효한 통지를 할 수 있고, '양수인'은 '직접' 통지하지 못하며 양도인을 '대위'하여도 통지하지 못한다. 다만 양수인이 양도인의 '사자' 또는 '대리인'으로서 하는 통지는 유효하다. 그러나 양수인이 양도인의 대리인으로 채권양도의 통지를 하는 경우에도, 대리관계의 현명을 하지 않는다면 특별한 사정이 없는 한, 이는 효력이 없다(채권양도의 통지가 양도인 또는 양수인 중 누구에 의하여서든 행하여지기만 하면 대항요건으로서 유효하게 되는 것은 채권양도의 통지를 양도인이 하도록 한 법의 취지를 무의미하게 할 우려가 있기 때문이다).

민법 제114조(대리행위의 효력)
① 대리인이 그 권한내에서 본인을 위한 것임을 표시한 의사표시는 직접 본인에게 대하여 효력이 생긴다.

민법 제450조(지명채권양도의 대항요건)
① 지명채권의 양도는 양도인이 채무자에게 통지하거나 채무자가 승낙하지 아니하면 채무자 기타 제3자에게 대항하지 못한다.

③ (○) 양도인이 양도통지만을 한 때에는 채무자는 그 통지를 받은 때까지 양도인에 대하여 생긴 사유로써 양수인에게 대항할 수 있다(민법 제451조 제2항). 지문에서 양도인 甲이 채무자 乙에게 채권양도사실을 통지한 후에 乙이 甲으로부터 자동채권을 취득하였다면, 특별한 사정이 없는 한 乙은 그 대여금반환채권에 의한 상계로써 양수인 丙에게 대항할 수 없다.

⑤ (○) 양도인이 채무자에게 채권양도를 통지한 때에는 아직 양도되지 아니하였거나 그 양도가 무효인 경우에도 선의인 채무자는 양수인에게 대항할 수 있는 사유로 양도인에게 대항할 수 있다(민법 제452조 제1항). 따라서 비록 양도행위가 적법하게 취소되어 무효가 되었더라도, 채무자 乙이 이 사실을 모르고 양수인 丙에게 변제하였다면, 乙은 이를 가지고 양도인 甲에게 대항할 수 있다.

31

답 ②

정답 해설

② (○) 채권자의 승낙에 의하여 채무인수의 효력이 생기는 경우, 채권자가 승낙을 거절하면 그 이후에는 채권자가 다시 승낙하여도 채무인수로서의 효력이 생기지 않는다(대판 1998.11.24. 98다33765).

오답 해설

① (×) 채무인수계약은 구 채무자의 채무의 동일성을 유지하면서 신 채무자가 이를 부담하는 것이므로 특별한 의사표시가 없으면 채무인수자의 구 채무자에 대한 항변사유로서는 채권자에게 대항할 수는 없다고 해석된다(대판 1966.11.29. 66다1861).

③ (×) 부동산의 매수인이 매매목적물에 관한 채무를 인수하는 한편 그 채무액을 매매대금에서 공제하기로 약정한 경우, 그 인수는 특별한 사정이 없는 한 매도인을 면책시키는 채무인수가 아니라 이행인수로 보아야 하고, 면책적 채무인수로 보기 위하여는 이에 대한 채권자의 승낙이 있어야 한다(대판 1995.8.11. 94다58599).

④ (×) 근저당권에 관하여 채무인수를 원인으로 채무자를 교체하는 변경등기(부기등기)가 마쳐진 경우 특별한 사정이 없는 한 그 근저당권은 당초 구 채무자가 부담하고 있다가 신 채무자가 인수하게 된 채무만을 담보하는 것이지, 그 후 신 채무자(채무인수인)가 다른 원인으로 부담하게 된 새로운 채무까지 담보하는 것으로 볼 수는 없다(대판 2000.12.26. 2000다56204).

⑤ (×) 채무자와 인수인의 합의에 의한 중첩적 채무인수는 일종의 제3자를 위한 계약이라고 할 것이므로, 채권자는 인수인에 대하여 채무이행을 청구하거나 기타 채권자로서의 권리를 행사하는 방법으로 수익의 의사표시를 함으로써 인수인에 대하여 직접 청구할 권리를 갖게 된다. 이러한 점에서 채무자에 대한 채권을 상실시키는 효과가 있는 면책적 채무인수의 경우 채권자의 승낙을 계약의 효력발생요건으로 보아야 하는 것과는 달리, 채무자와 인수인의 합의에 의한 중첩적 채무인수의 경우 채권자의 수익의 의사표시는 그 계약의 성립요건이나 효력발생요건이 아니라 채권자가 인수인에 대하여 채권을 취득하기 위한 요건이다(대판 2013.9.13. 2011다56033).

32

답 ④

정답 해설

④ (×) 지급을 금지하는 명령을 받은 제3채무자는 그 후에 취득한 채권에 의한 상계로 그 명령을 신청한 채권자에게 대항하지 못한다(민법 제498조). 따라서 丁이 대여금채권을 압류한 이후에 체결된 매매계약으로 금전채권을 취득한 甲은, 그 금전채권에 의한 상계로써 丁에게 대항할 수 없다.

오답 해설

① (○) 상계의 의사표시가 있으면, 각 채무가 상계할 수 있는 때에 대등액에 관하여 소멸한 것으로 본다(민법 제493조 제2항).

② (○) 보증인은 주채무자의 채권에 의한 상계로 채권자에게 대항할 수 있다(민법 제434조).

③ (○) 상계의 대상이 되는 채권은 상대방과 사이에서 직접 발생한 채권에 한하는 것이 아니라, 제3자로부터 양수 등을 원인으로 하여 취득한 채권도 포함한다(대판 2003.4.11. 2002다59481). 따라서 상계금지특약사실에 대하여 선의인 A는, 甲의 乙에 대한 2천만 원의 양수채권을 가지고 乙에 대한 자신의 보증금반환채무와 상계할 수 있다(민법 제492조 제2항 단서).

⑤ (○) 채무가 고의의 불법행위로 인한 것인 때에는 그 채무자는 상계로 채권자에게 대항하지 못한다(민법 제496조). 즉, 불법행위채권을 수동채권으로 하는 상계는 금지되나, 불법행위로 인한 손해배상채권을 자동채권으로 하는 상계는 허용된다.

33

답 ⑤

정답 해설

⑤ (○) 타인 간의 계약에 있어 그 계약상의 여러 가지 의무를 부담하는 당사자의 일방을 위하여 그 계약을 보증한 보증인은 상대방에 대하여 특단의 사정이 없는 한 피보증인의 채무불이행으로 인하여 그 계약이 해제되었음으로 인한 피보증인의 원상회복의 의무에 대하여도 책임을 진다(대판 1972.5.9. 71다1474). 따라서 丁은 특별한 사정이 없는 한, 甲의 乙에 대한 원상회복의무에 대하여 책임을 부담한다.

오답 해설

① (×) 부동산을 이중매도하고 매도인이 그중 1인에게 먼저 소유권명의를 이전하여 준 경우에는 특별한 사정이 없는 한 다른 1인에 대한 소유권이전등기의무는 이행불능상태에 있다(대판 1965.7.27. 65다947). 따라서 이행지체와 달리 이행불능은 해제권 행사를 위한 최고가 요구되지 아니한다.

② (×) 乙의 원상회복청구권은 매매대금에 대한 반환청구권으로서 그 본질은 채권적 청구권이므로, 소멸시효의 대상이다(민법 제162조). 나아가 계약의 해제로 인한 원상회복청구권의 소멸시효는 해제 시, 즉 원상회복청구권이 발생한 때부터 진행한다(대판 2009.12.24. 2009다63267).

③ (×) 매도인의 매매계약상의 소유권이전등기의무가 이행불능이 되어 이를 이유로 매매계약을 해제함에 있어서는 상대방의 잔대금지급의무가 매도인의 소유권이전등기의무와 동시이행관계에 있다고 하더라도 그 이행의 제공을 필요로 하는 것이 아니다(대판 2003.1.24. 2000다22850).

④ (×) 소유권이전등기의무의 목적부동산이 수용되어 그 소유권이전등기의무가 이행불능이 된 경우, 등기청구권자는 등기의무자에게 대상청구권의 행사로써 등기의무자가 지급받은 수용보상금의 반환을 구하거나 또는 등기의무자가 취득한 수용보상금청구권의 양도를 구할 수 있을 뿐 그 수용보상금청구권 자체가 등기청구권자에게 귀속되는 것은 아니다(대판 1996.10.29. 95다56910). 따라서 乙은 甲에게 丙에 대한 매매대금채권의 양도를 청구할 수 있을 뿐, 丙을 상대로 甲에게 지급할 매매대금을 자신에게 대상(代償)으로 지급하라고 청구할 수는 없다.

34

답 ②

정답 해설

② (×) 부동산임대차에서 임차인이 임대인에게 지급하는 임대차보증금은 임대차관계가 종료되어 목적물을 반환하는 때까지 임대차관계에서 발생하는 임차인의 모든 채무를 담보하는 것으로서, 임대인이 임차인을 상대로 차임연체로 인한 임대차계약의 해지를 원인으로 임대차목적물인 부동산의 인도 및 연체차임의 지급을 구하는 소송비용은 임차인이 부담할 원상복구비용 및 차임지급의무 불이행으로 인한 것이어서 임대차관계에서 발생하는 임차인의 채무에 해당하므로 이를 반환할 임대차보증금에서 당연히 공제할 수 있고, 임대인의 임대차보증금반환의무는 임대차관계가 종료되는 경우에 임대차보증금 중에서 목적물을 반환받을 때까지 생긴 임차인의 모든 채무를 공제한

나머지 금액에 관하여서만 비로소 이행기에 도달하는 것이므로, 임차인이 다른 사람에게 임대차보증금반환채권을 양도하고, 임대인에게 양도통지를 하였어도 임차인이 임대차목적물을 인도하기 전까지는 임대인이 위 소송비용을 임대차보증금에서 당연히 공제할 수 있다(대판 2012.9.27. 2012다49490).

오답 해설

① (○) 판례는 「건물의 임대차에 있어서 임차인의 임대인에게 지급한 임차보증금반환청구권이나 임대인이 건물시설을 아니하기 때문에 임차인에게 건물을 임차목적대로 사용 못 한 것을 이유로 하는 손해배상청구권은 모두 민법 제320조 소정의 소위 그 건물에 관하여 생긴 채권이라 할 수 없다」(대판 1976.5.11. 75다1305)고 하여 유치권의 성립을 부정하고 있다.

③ (○) 임대차보증금이 임대인에게 교부되어 있더라도 임대인은 임대차관계가 계속되고 있는 동안에는 임대차보증금에서 연체차임을 충당할 것인지를 자유로이 선택할 수 있으므로, 임대차계약 종료 전에는 연체차임이 공제 등 별도의 의사표시 없이 임대차보증금에서 당연히 공제되는 것은 아니다. 그리고 임대인이 차임채권을 양도하는 등의 사정으로 인하여 차임채권을 가지고 있지 아니한 경우에는 특별한 사정이 없는 한 임대차계약 종료 전에 임대차보증금에서 공제한다는 의사표시를 할 수 있는 권한이 있다고 할 수도 없다(대판 2013.2.28. 2011다49608・49615).

④ (○) 임차보증금을 피전부채권으로 하여 전부명령이 있을 경우에도 제3채무자인 임대인은 임차인에게 대항할 수 있는 사유로서 전부채권자에게 대항할 수 있는 것이어서 건물임대차보증금의 반환채권에 대한 전부명령의 효력이 그 송달에 의하여 발생한다고 하여도 위 보증금반환채권은 임대인의 채권이 발생하는 것을 해제조건으로 하는 것이므로 임대인의 채권을 공제한 잔액에 관하여서만 전부명령이 유효하다(대판 1988.1.19. 87다카1315).

⑤ (○) 부동산임대차에 있어서 수수된 보증금은 차임채무, 목적물의 멸실・훼손 등으로 인한 손해배상채무 등 임대차에 따른 임차인의 모든 채무를 담보하는 것으로서 그 피담보채무 상당액은 임대차관계의 종료 후 목적물이 반환될 때에 특별한 사정이 없는 한 별도의 의사표시 없이 보증금에서 당연히 공제되는 것이므로, 임대보증금이 수수된 임대차계약에서 차임채권에 관하여 압류 및 추심명령이 있었다 하더라도, 당해 임대차계약이 종료되어 목적물이 반환될 때에는 그때까지 추심되지 아니한 채 잔존하는 차임채권 상당액도 임대보증금에서 당연히 공제된다(대판 2004.12.23. 2004다56554・56561 등).

35

답 ④

정답 해설

④ (×) 선의의 수익자는 그 받은 이익이 현존한 한도에서 부당이득반환책임이 있으나, 악의의 수익자는 그 받은 이익에 이자를 붙여 반환하고 손해가 있으면 이를 배상하여야 한다(민법 제748조).

오답 해설

① (○) 법률상 원인 없이 이득하였음을 이유로 한 부당이득반환에 있어서 이득이라 함은 실질적인 이익을 가리키는 것이므로 법률상 원인 없이 건물을 점유하고 있다고 하여도 이를 사용・수익하지 못하였다면 실질적인 이익을 얻었다고 할 수 없다(대판 1986.3.25. 85다422・85다카1796).

② (○) 타인 소유의 토지 위에 권한 없이 건물을 소유하고 있는 자는 그 자체로써 특별한 사정이 없는 한 법률상 원인 없이 타인의 재산으로 인하여 토지의 차임에 상당하는 이익을 얻고 이로 인하여 타인에게 동액 상당의 손해를 주고 있다고 보아야 한다(대판 1998.5.8. 98다2389).

③ (○) 임차인이 임대차계약이 종료한 후 임차건물을 계속 점유하였더라도 본래의 계약목적에 따라 사용・수익하지 아니하여 이익을 얻지 않았다면 그로 인한 부당이득반환의무가 성립하지 아니하고, 이는 임차인의 사정으로 인하여 임차건물을 사용・수익하지 못한 경우에도 그러하다(대판 2006.10.12. 2004재다818).

⑤ (○) 타인 소유의 토지 위에 권한 없이 건물을 소유하는 자는 그 자체로써 건물부지가 된 토지를 점유하고 있는 것이므로 특별한 사정이 없는 한 법률상 원인 없이 타인의 재산으로 인하여 토지의 차임에 상당하는 이익을 얻고 이로 인하여 타인에게 동액 상당의 손해를 주고 있다고 할 것이고, 이는 건물소유자가 미등기건물의 원시취득자로서 그 건물에 관하여 사실상의 처분권을 보유하게 된 양수인이 따로 존재하는 경우에도 다르지 아니하다(대판 2011.7.14. 2009다76522・76539). 따라서 사안의 경우, 乙이 비록 그 건물을 丙에게 매도하였더라도, 특별한 사정이 없는 한 甲에게 건물부지부분에 관한 차임에 상당하는 부당이득반환의무를 부담한다.

36 답 ⑤

정답 해설

⑤ (×) 부진정연대채무에 있어서 부진정연대채무자 1인이 한 상계가 다른 부진정연대채무자에 대한 관계에 있어서도 공동면책의 효력 내지 절대적 효력이 있는 것인지는 별론으로 하더라도, 부진정연대채무자 사이에는 고유의 의미에 있어서의 부담부분이 존재하지 아니하므로 위와 같은 고유의 의미의 부담부분의 존재를 전제로 하는 민법 제418조 제2항은 부진정연대채무에는 적용되지 아니하는 것으로 봄이 상당하고, 따라서 부진정연대채무에 있어서는 한 부진정연대채무자가 채권자에 대하여 상계할 채권을 가지고 있음에도 상계를 하지 않고 있다 하더라도 다른 부진정연대채무자가 그 채권을 가지고 상계를 할 수는 없는 것으로 보아야 한다(대판 1994.5.27. 93다21521).

오답 해설

① (○) 공동불법행위자의 다른 공동불법행위자에 대한 구상권은 피해자의 다른 공동불법행위자에 대한 손해배상채권과는 그 발생원인 및 성질을 달리하는 별개의 권리이고, 연대채무에 있어서 소멸시효의 절대적 효력에 관한 민법 제421조의 규정은 공동불법행위자 상호 간의 부진정연대채무에 대하여는 그 적용이 없으므로, 공동불법행위자 중 1인의 손해배상채무가 시효로 소멸한 후에 다른 공동불법행위자 1인이 피해자에게 자기의 부담부분을 넘는 손해를 배상하였을 경우에도, 그 공동불법행위자는 다른 공동불법행위자에게 구상권을 행사할 수 있다(대판 1997.12.23. 97다42830).

② (○) 도급인이 수급인에 대하여 특정한 행위를 지휘하거나 특정한 사업을 도급시키는 경우와 같은 이른바 노무도급의 경우에 있어서는 도급인이라고 하더라도 민법 제756조가 규정하고 있는 사용자책임의 요건으로서의 사용관계가 인정된다(대판 1998.6.26. 97다58170).

③ (○) 지입차량의 차주 또는 그가 고용한 운전자의 과실로 타인에게 손해를 가한 경우에는 지입회사는 명의대여자로서 제3자에 대하여 지입차량이 자기의 사업에 속하는 것을 표시하였을 뿐 아니라, 객관적으로 지입차주를 지휘·감독하는 사용자의 지위에 있다 할 것이므로 이러한 불법행위에 대하여는 그 사용자책임을 부담한다(대판 2000.10.13. 2000다20069).

④ (○) 피용자와 제3자가 공동불법행위로 피해자에게 손해를 가하여 그 손해배상채무를 부담하는 경우에 피용자와 제3자는 공동불법행위자로서 서로 부진정연대관계에 있고, 한편 사용자의 손해배상책임은 피용자의 배상책임에 대한 대체적 책임이어서 사용자도 제3자와 부진정연대관계에 있다고 보아야 할 것이므로, 사용자가 피용자와 제3자의 책임비율에 의하여 정해진 피용자의 부담부분을 초과하여 피해자에게 손해를 배상한 경우에는 사용자는 제3자에 대하여도 구상권을 행사할 수 있다(대판 2006.2.9. 2005다28426).

37 답 ③

정답 해설

ㄱ. (○) 매매계약을 맺은 후에야 등기부상 매매목적물이 매도인의 소유가 아닌 것이 발견되었다면 매수인은 경우에 따라서는 민법 제588조에 의하여 중도금의 지급을 거절할 수 있고 그렇지 않다고 하더라도 계약에 있어서의 형평의 원칙이나 신의성실의 원칙에 비추어 선행의무에 해당하는 중도금지급의무라 하더라도 그 지급을 거절할 수 있다(대판 1974.6.11. 73다1632).

ㄴ. (○) 임대차계약의 종료에 의하여 발생된 임차인의 목적물 반환의무와 임대인의 연체차임을 공제한 나머지 보증금의 반환의무는 동시이행의 관계에 있다(대판 1998.5.29. 98다6497).

ㅁ. (○) 가압류등기 등이 있는 부동산의 매매계약에 있어서는 매도인의 소유권이전등기의무와 아울러 가압류등기의 말소의무도 매수인의 대금지급의무와 동시이행관계에 있다(대판 2000.11.28. 2000다8533).

ㅂ. (○) 부동산의 매매계약이 체결된 경우에는 매도인의 소유권이전등기의무, 인도의무와 매수인의 잔대금 지급의무는 동시이행의 관계에 있는 것이 원칙이고, 이 경우 매도인은 특별한 사정이 없는 한 제한이나 부담이 없는 소유권이전등기의무를 지는 것이므로 매매목적부동산에 지상권이 설정되어 있고 가압류등기가 되어 있는 경우에는 비록 매매가액에 비하여 소액인 금원의 변제로써 언제든지 말소할 수 있는 것이라 할지라도 매도인은 이와 같은 등기를 말소하여 완전한 소유권이전등기를 해 주어야 한다(대판 1991.9.10. 91다6368).

오답 해설

ㄷ. (×) 임대차계약 해제에 따른 임차인의 임대차계약의 이행으로 이루어진 목적물 인도의 원상회복의무와 임대인이 임차인에게 건물을 사용수익하게 할 의무를 불이행한 데 대하여 손해배상을 하기로 한 각서에 기하여 발생된 약정지연손해배상의무는 하나의 임대차계약에서 이루어진 계약이행의 원상회복관계에 있지 않고 그 발생원인을 달리하고 있어 특별한 사정이 없는 한 양자 사이에 이행상의 견련관계는 없으므로 임차인의 동시이행의 항변은 배척되어야 한다(대판 1990.12.26. 90다카25383).

ㄹ. (×) 채무자가 채무 전부를 변제한 때에는 채권자에게 채권증서의 반환을 청구할 수 있으며, 제3자가 변제를 하는 경우에는 제3자도 채권증서의 반환을 구할 수 있으나(민법 제475조 참조), 이러한 채권증서반환청구권은 채권 전부를 변제한 경우에 인정되는 것이고, 영수증교부의무와는 달리 변제와 동시이행관계에 있지 않다(대판 2005.8.19. 2003다22042).

민법 제475조(채권증서반환청구권)
채권증서가 있는 경우에 변제자가 채무전부를 변제한 때에는 채권증서의 반환을 청구할 수 있다. 채권이 변제 이외의 사유로 전부 소멸한 때에도 같다.

38

답 ②

정답 해설

② (×) 채무자가 물건 또는 권리의 흠결을 알고 고지하지 아니하거나 채권자가 이를 알고 경매를 청구한 때에는 경락인은 그 흠결을 안 채무자나 채권자에 대하여 손해배상을 청구할 수 있다(민법 제578조 제3항). 따라서 경락인 乙은 그 물건에 흠결이 있음을 이유로 채권자 丙에게 손해배상을 청구할 수 있다.

오답 해설

① (○) 변제기에 도달하지 아니한 채권의 매도인이 채무자의 자력을 담보한 때에는 변제기의 자력을 담보한 것으로 추정한다(민법 제579조 제2항).

③ (○) 매매의 목적이 된 부동산에 설정된 저당권 또는 전세권의 행사로 인하여 매수인이 그 소유권을 취득할 수 없거나 취득한 소유권을 잃은 때에는 매수인은 계약을 해제할 수 있다(민법 제576조 제1항). 이 경우 매수인의 선의·악의는 불문하므로, 매수인 乙이 악의이더라도 甲과의 계약을 해제할 수 있다.

④ (○) 매도인이 계약 당시에 매매의 목적이 된 권리가 자기에게 속하지 아니함을 알지 못한 경우에 그 권리를 취득하여 매수인에게 이전할 수 없는 때에는 매도인은 손해를 배상하고 계약을 해제할 수 있다(민법 제571조 제1항). 따라서 매도인 甲은 손해를 배상하고 매수인 乙과의 계약을 해제할 수 있다.

⑤ (○) 가압류목적이 된 부동산을 매수한 사람이 그 후 가압류에 기한 강제집행으로 부동산소유권을 상실하게 되었다면 이는 매매의 목적부동산에 설정된 저당권 또는 전세권의 행사로 인하여 매수인이 취득한 소유권을 상실한 경우와 유사하므로, 이와 같은 경우 매도인의 담보책임에 관한 민법 제576조의 규정이 준용된다고 보아 매수인은 같은 조 제1항에 따라 매매계약을 해제할 수 있고, 같은 조 제3항에 따라 손해배상을 청구할 수 있다고 보아야 한다(대판 2011.5.13. 2011다1941). 따라서 매수인 乙이 악의이더라도, 매도인 甲에게 민법 제576조에 따른 매도인의 담보책임에 근거하여 손해배상을 청구할 수 있다.

39

답 ①

정답 해설

① (×) 환매대금에 관하여 특별한 약정이 있으면 그 약정에 의한다(민법 제590조 제2항). 따라서 당사자가 특약으로 환매대금을 다르게 정할 수 있다.

오답 해설

② (○) 환매기간을 정한 때에는 다시 이를 연장하지 못하나(민법 제591조 제2항), 환매기간을 정하지 아니한 때에는 그 기간은 부동산은 5년, 동산은 3년으로 한다(민법 제591조 제3항).

③ (○) 환매특약은 주된 매매계약의 종된 계약이므로, 주된 매매계약이 실효되면 종된 계약인 환매특약 또한 실효된다. 반면, 종된 계약인 환매특약이 실효되더라도, 주된 매매계약의 효력에는 영향을 주지 않는다.

④ (○) 환매의 경우에 목적물의 과실과 대금의 이자는 특별한 약정이 없으면 이를 상계한 것으로 본다(민법 제590조 제3항).

⑤ (○) 매매의 목적물이 부동산인 경우에 매매등기와 동시에 환매권의 보류를 등기한 때에는 제3자에 대하여 그 효력이 있다(민법 제592조). 따라서 사안의 경우, 매도인이 환매기간 내에 적법하게 환매권을 행사하면 제3자의 저당권은 소멸한다.

40

답 ⑤

정답 해설

⑤ (×) 소제기로써 계약해제권을 행사한 후 그 뒤 그 소송을 취하하였다 하여도 해제권은 형성권이므로 그 행사의 효력에는 아무런 영향을 미치지 아니한다(대판 1982.5.11. 80다916). 따라서 매수인이 매도인의 채무불이행을 이유로 계약금 반환을 구하는 소를 제기함으로써 계약해제권을 행사하고 그 소장이 송달된 후, 그 소를 취하하고 본래의 매매계약의 이행을 구하는 소를 제기하더라도, 매도인은 매매계약상의 의무를 이행할 필요가 없다.

오답 해설

① (○) 해제권자의 고의나 과실로 인하여 계약의 목적물이 현저히 훼손되거나 이를 반환할 수 없게 된 때 또는 가공이나 개조로 인하여 다른 종류의 물건으로 변경된 때에는 해제권은 소멸한다(민법 제553조).

② (○) 매도인이 매수인들과 사이에서 민법 제547조 제1항의 적용을 배제하기로 하였다는 특별한 사정이 없는 한 매매계약을 해제함에 있어 매수인들 모두에 대하여 그 해제의 의사표시를 하여야 그 효력이 발생한다(대판 1994.11.18. 93다46209). 즉, 해제권의 불가분성에 관한 규정인 민법 제547조는 당사자의 특약으로 그 적용을 배제할 수 있는 임의규정이다.

③ (○) 해제권의 행사의 기간을 정하지 아니한 때에는 상대방은 상당한 기간을 정하여 해제권 행사 여부의 확답을 해제권자에게 최고할 수 있다(민법 제552조 제1항).

④ (○) 계약서에 명문으로 위약 시의 법정해제권의 포기 또는 배제를 규정하지 않은 이상 계약당사자 중 어느 일방에 대한 약정해제권의 유보 또는 위약벌에 관한 특약의 유무 등은 채무불이행으로 인한 법정해제권의 성립에 아무런 영향을 미칠 수 없다(대결 1990.3.27. 89다카14110).

2017년 제54회 정답 및 해설

문제편 134p

01	02	03	04	05	06	07	08	09	10	11	12	13	14	15	16	17	18	19	20
②	③	④	①	②	③	⑤	③	③	①	④	①	⑤	②	④	②	⑤	③	⑤	①
21	22	23	24	25	26	27	28	29	30	31	32	33	34	35	36	37	38	39	40
②	④	④	③	①	③	①	④	④	⑤	②	③	⑤	④	③	⑤	①	②	②	④

01

답 ②

정답 해설

② (×) 미등기무허가건물의 양수인이라도 그 소유권이전등기를 경료하지 않는 한 그 건물의 소유권을 취득할 수 없고, 소유권에 준하는 관습상의 물권이 있다고도 할 수 없으며, 현행법상 사실상의 소유권이라고 하는 포괄적인 권리 또는 법률상의 지위를 인정하기도 어렵다(대판 2006.10.27. 2006다49000).

오답 해설

① (O) 관습법은 바로 법원으로서 법령과 같은 효력을 갖는 관습으로서 법령에 저촉되지 않는 한 법칙으로서의 효력이 있는 것이며, 이에 반하여 사실인 관습은 법령으로서의 효력이 없는 단순한 관행으로서 법률행위의 당사자의 의사를 보충함에 그치는 것이다(대판 1983.6.14. 80다3231).

③ (O) 종중의 명칭사용이 비록 명칭사용에 관한 관습에 어긋난다고 하여도 그 점만 가지고 바로 그 종중의 실체를 부인할 수는 없다(대판 2002.6.28. 2001다5296).

④ (O) 사실인 관습은 사적 자치가 인정되는 분야 즉 그 분야의 제정법이 주로 임의규정일 경우에는 법률행위의 해석기준으로서 또는 의사를 보충하는 기능으로서 이를 재판의 자료로 할 수 있을 것이나 이 이외의 즉 그 분야의 제정법이 주로 강행규정일 경우에는 그 강행규정 자체에 결함이 있거나 강행규정 스스로가 관습에 따르도록 위임한 경우등 이외에는 법적 효력을 부여할 수 없다(대판 1983.6.14. 80다3231).

⑤ (O) 가족의례준칙 제13조의 규정과 배치되는 사실인 관습의 효력을 인정하려면 그와 같은 관습을 인정할 수 있는 당사자의 주장과 입증이 있어야 할 뿐만 아니라 이 관습이 사적 자치가 인정되는 임의규정에 관한 것인지 여부를 심리판단하여야 한다(대판 1983.6.14. 80다3231).

02

답 ③

정답 해설

ㄱ. (×) 민법 제27조의 실종선고를 청구할 수 있는 이해관계인이라 함은 부재자의 법률상 사망으로 인하여 직접적으로 신분상 또는 경제상의 권리를 취득하거나 의무를 면하게 되는 사람만을 뜻한다. 따라서 부재자의 제2순위 상속인에 불과한 자는 부재자에 대한 실종선고의 여부에 따라 상속지분에 차이가 생긴다고 하더라도 이는 부재자의 사망간주시기에 따른 간접적인 영향에 불과하고 부재자의 실종선고 자체를 원인으로 한 직접적인 결과는 아니므로 부재자에 대한 실종선고를 청구할 이해관계인이 될 수 없다(대결 1986.10.10. 86스20). 따라서 제2순위 상속인에 불과한 甲의 어머니 丙은 실종선고를 청구할 수 있는 이해관계인에 해당하지 아니한다.

ㄴ. (×) 실종선고의 효력이 발생하기 전에는 실종기간이 만료된 실종자라 하여도 소송상 당사자능력을 상실하는 것은 아니므로 실종선고 확정 전에는 실종기간이 만료된 실종자를 상대로 하여 제기된 소도 적법하고 실종자를 당사자로 하여 선고된 판결도 유효하며 그 판결이 확정되면 기판력도 발생한다고 할 것이고, 이처럼 판결이 유효

하게 확정되어 기판력이 발생한 경우에는 그 판결이 해제조건부로 선고되었다는 등의 특별한 사정이 없는 한 그 효력이 유지되어 당사자로서는 그 판결이 재심이나 추완항소 등에 의하여 취소되지 않는 한 그 기판력에 반하는 주장을 할 수 없는 것이 원칙이라 할 것이며, 비록 실종자를 당사자로 한 판결이 확정된 후에 실종선고가 확정되어 그 사망간주의 시점이 소제기 전으로 소급하는 경우에도 위 판결 자체가 소급하여 당사자능력이 없는 사망한 사람을 상대로 한 판결로서 무효가 된다고는 볼 수 없다(대판 1992.7.14. 92다2455).

| 관련 | 부재자의 재산관리인이 부재자의 대리인으로서 소를 제기하여 그 소송계속 중에 부재자에 대한 실종선고가 확정되어 그 소 제기 이전에 부재자가 사망한 것으로 간주되는 경우에도, 실종선고의 효력이 발생하기 전에는 실종기간이 만료된 실종자라 하여도 소송상 당사자능력을 상실하는 것은 아니므로, 실종선고가 확정된 때에 소송절차가 중단되어 부재자의 상속인 등이 이를 수계할 수 있을 뿐이고, 위 소 제기 자체가 소급하여 당사자능력이 없는 사망한 자가 제기한 것으로 되는 것은 아니다(대판 2008.6.26. 2007다11057). 따라서 부재자의 실종선고가 확정되면 소송절차가 중단되어 부재자의 상속인이 이를 수계할 수 있게 되는 것이지, 부재자의 소 제기 자체가 실종선고의 확정으로 당사자능력이 없는(사망한 자의) 소제기가 되는 것이 아니라는 판례이다.

오답 해설

ㄷ. (○) 실종선고를 받은 자는 실종기간이 만료한 때에 사망한 것으로 간주되는 것이므로, 실종선고로 인하여 실종기간 만료 시를 기준으로 하여 상속이 개시된 이상 설사 이후 실종선고가 취소되어야 할 사유가 생겼다고 하더라도 실제로 실종선고가 취소되지 아니하는 한, 임의로 실종기간이 만료하여 사망한 때로 간주되는 시점과는 달리 사망 시점을 정하여 이미 개시된 상속을 부정하고 이와 다른 상속관계를 인정할 수는 없다(대판 1994.9.27. 94다21542).

03 답 ④

정답 해설

ㄷ. (○) 비법인사단의 경우 대표자의 행위가 직무에 관한 행위에 해당하지 아니함을 피해자 자신이 알았거나 또는 중대한 과실로 인하여 알지 못한 경우에는 비법인사단에게 손해배상책임을 물을 수 없다(대판 2003.7.25. 2002다27088).

| 관련 | 여기서 중대한 과실이라 함은 거래의 상대방이 조금만 주의를 기울였더라면 대표자의 행위가 그 직무권한 내에서 적법하게 행하여진 것이 아니라는 사정을 알 수 있었음에도 만연히 이를 직무권한 내의 행위라고 믿음으로써 일반인에게 요구되는 주의의무에 현저히 위반하는 것으로 거의 고의에 가까운 정도의 주의를 결여하고, 공평의 관점에서 상대방을 구태여 보호할 필요가 없다고 봄이 상당하다고 인정되는 상태를 말한다(대판 2003.7.25. 2002다27088). 따라서 피해자가 경과실로 알지 못한 경우에는 법인은 손해배상책임이 있으며, 경과실이 있는 경우 법인은 과실상계를 주장할 수 있다고 본다.

ㄹ. (○) 주택조합과 같은 비법인사단의 대표자가 직무에 관하여 타인에게 손해를 가한 경우 그 사단은 민법 제35조 제1항의 유추적용에 의하여 그 손해를 배상할 책임이 있으며, 비법인사단의 대표자의 행위가 대표자 개인의 사리를 도모하기 위한 것이었거나 혹은 법령의 규정에 위배된 것이었다 하더라도 외관상, 객관적으로 직무에 관한 행위라고 인정할 수 있는 것이라면 민법 제35조 제1항의 직무에 관한 행위에 해당한다(대판 2003.7.25. 2002다27088). 법인의 불법행위능력을 규정한 민법 제35조 제1항을 비법인사단에 유추적용하며, 민법 제35조의 '직무에 관하여'의 의미는 행위의 외형상 법인의 대표자의 직무행위라고 인정할 수 있는 것이라면 설사 그것이 대표자 개인의 사리를 도모하기 위한 것이었거나 혹은 법령의 규정에 위배된 것이었다 하더라도 위의 직무에 관한 행위에 해당한다고 본다는 판례이다.

민법 제35조(법인의 불법행위능력)

① 법인은 이사 기타 대표자가 그 직무에 관하여 타인에게 가한 손해를 배상할 책임이 있다. 이사 기타 대표자는 이로 인하여 자기의 손해배상책임을 면하지 못한다.

오답 해설

ㄱ. (×) 사단법인에 관한 민법 제62조는 비법인사단에 유추적용되므로, 비법인사단 대표자의 포괄적 업무위임은 비법인사단에 대하여 효력이 미치지 않는다. 비법인사단에 대하여는 사단법인에 관한 민법규정 가운데서 법인격을 전제로 하는 것을 제외하고는 이를 유추적용하여야 할 것인바, 민법 제62조의 규정에 비추어 보면 비법인사단의 대표자는 정관 또는 총회의 결의로 금지하지 아니한 사항에 한하여 타인으로 하여금 특정한 행위를 대리하게 할 수 있을 뿐 비법인사단의 제반 업무처리를 포괄적으로 위임할 수는 없다 할 것이므로, 비법인사단 대표자가 행한 타인에 대한 업무의 포괄적 위임과 그에 따른 포괄적 수임인의 대행행위는 민법 제62조의 규정에 위반된 것이어서 비법인사단에 대하여는 그 효력이 미치지 아니한다(대판 1996.9.6. 94다18522).

민법 제62조(이사의 대리인 선임)
이사는 정관 또는 총회의 결의로 금지하지 아니한 사항에 한하여 타인으로 하여금 특정한 행위를 대리하게 할 수 있다.

ㄴ. (×) 민법 제764조에서 말하는 명예라 함은 사람의 품성, 덕행, 명예, 신용 등 세상으로부터 받는 객관적인 평가를 말하는 것이고 특히 법인의 경우에는 그 사회적 명예, 신용을 가리키는 데 다름없는 것으로 명예를 훼손한다는 것은 그 사회적 평가를 침해하는 것을 말하고 이와 같은 법인의 명예가 훼손된 경우에 그 법인은 상대방에 대하여 불법행위로 인한 손해배상과 함께 명예회복에 적당한 처분을 청구할 수 있고, 종중과 같이 소송상 당사자능력이 있는 비법인사단 역시 마찬가지이다(대판 1997.10.24. 96다17851).

04

답 ①

정답 해설

① (○) 어떤 토지가 지적공부에 1필지의 토지로 등록되면 토지의 소재, 지번, 지목, 지적 및 경계는 다른 특별한 사정이 없는 한 이 등록으로써 특정되고 소유권의 범위는 현실의 경계와 관계없이 공부의 경계에 의하여 확정되는 것이 원칙이지만, 지적도를 작성하면서 기점을 잘못 선택하는 등 기술적인 착오로 말미암아 지적도의 경계선이 진실한 경계선과 다르게 작성되었다는 등과 같은 특별한 사정이 있는 경우에는 토지의 경계는 실제의 경계에 의하여야 한다(대판 2016.5.24. 2012다87898).

오답 해설

② (×) 입목을 매매함에 있어서 소유권을 이전한다는 매매당사자 간의 계약이 있었고 이어서 동 입목의 소유자가 매수인이라는 취지의 소위 명인방법을 실시하였다면 부동산에 있어서 등기를, 동산에 있어서 인도를 한 경우와 같이 동 입목의 소유권이 완전히 매수인에게로 이전되었다 할 것이다(대판 1974.6.11. 74다542). 수목은 원칙적으로 토지에 부합하나, 입목법에 의해 등기된 수목의 집단과 관습법상 명인방법을 갖춘 수목 또는 수목의 집단은 토지와는 독립한 부동산으로 취급된다.

③ (×) 어느 건물이 주된 건물의 종물이기 위하여는 주물의 상용에 이바지되어야 하는 관계가 있어야 하는바, 여기에서 주물의 상용에 이바지한다 함은 주물 그 자체의 경제적 효용을 다하게 하는 것을 말하는 것이며, 주물의 소유자나 이용자의 상용에 공여되고 있더라도 주물 그 자체의 효용과는 직접 관계없는 물건은 종물이 아니다(대판 1994.6.10. 94다11606).

④ (×) 토지에 대한 소유권이 없는 자가 권원 없이 경작한 입도라 하더라도 성숙하였다면 그에 대한 소유권은 경작자에게 귀속된다(대판 1963.2.21. 62다913). 성숙한 농작물은 명인방법을 갖추지 아니하였더라도 경작자에게 그 소유권이 귀속하게 된다.

⑤ (×) 토지의 개수는 지적법에 의한 지적공부상의 토지의 필수를 표준으로 하여 결정되는 것으로서 1필지의 토지를 수필의 토지로 분할하여 등기하려면 지적법이 정하는 바에 따라 먼저 지적공부 소관청에 의하여 지적측량을 하고 그에 따라 필지마다 지번, 지목, 경계 또는 좌표와 면적이 정하여진 후 지적공부에 등록되는 등 분할의 절차를 밟아야 되고, 가사 등기부에만 분필의 등기가 이루어졌다고 하여도 이로써 분필의 효과가 발생할 수는 없다(대판 1995.6.16. 94다4615).

05

답 ②

정답 해설

ㄱ. (×) 대판 2004.5.28. 2003다70041

ㄷ. (×) 반사회적 행위에 의하여 조성된 재산인 이른바 비자금을 소극적으로 은닉하기 위하여 임치한 것은 사회질서에 반하는 법률행위로 볼 수 없다(대판 2001.4.10. 2000다49343).

ㄹ. (×) 해외파견된 근로자가 귀국일로부터 일정 기간 소속회사에 근무하여야 한다는 사규나 약정은 민법 제103조 또는 제104조에 위반된다고 할 수 없고, 일정 기간 근무하지 않으면 해외파견 소요 경비를 배상한다는 사규나 약정은 근로계약기간이 아니라 경비반환채무의 면제기간을 정한 것이므로 근로기준법 제21조에 위배하는 것도 아니다(대판 1982.6.22. 82다카90).

오답 해설

ㄴ. (○) 위약벌의 약정은 채무의 이행을 확보하기 위해서 정해지는 것으로서 손해배상의 예정과는 그 내용이 다르므로 손해배상의 예정에 관한 민법 제398조 제2항을 유추적용하여 그 액을 감액할 수는 없으며, 다만 그 의무의 강제에 의하여 얻어지는 채권자의 이익에 비하여 약정된 벌이 과도하게 무거울 때에는 그 일부 또는 전부가 공서양속에 반하여 무효로 되는 것에 불과하다(대판 2002.4.23. 2000다56976). 위약벌은 채무자가 계약을 이행하지 않을 때 징벌로써 몰수하기로 하는 금액으로서, 위약벌을 정한 경우 채무불이행으로 인한 손해배상청구가 별도로 가능하다. 위약벌의 약정은 손해배상의 예정과는 그 내용이 다르므로, 손해배상의 예정에 관한 민법 제398조 제2항을 유추

적용하여 그 액을 감액할 수는 없고 다만, 과도하게 무거울 때에는 그 일부 또는 전부가 공서양속에 반하여 무효로 된다는 판례이다.

| 참고 | 위약금은 그 약정목적에 따라 위약벌과 손해배상액의 예정으로 분류되는데 당사자 사이의 특별한 약정이 없는 한 손해배상액의 예정으로 추정된다(민법 제398조 제4항). 따라서 위약벌임을 주장하는 자에게 위약벌로서의 약정이었다는 사실에 대한 입증책임이 있다(대판 2001.9.28. 2001다14689).

ㅁ. (○) 당사자의 일방이 상대방에게 공무원의 직무에 관한 사항에 관하여 특별한 청탁을 하게 하고 그에 대한 보수로 돈을 지급할 것을 내용으로 한 약정은 사회질서에 반하는 무효의 계약이고, 따라서 민법 제746조에 의하여 그 대가의 반환을 청구할 수 없으며, 나아가 그 돈을 반환하여 주기로 한 약정도 결국 불법원인급여물의 반환을 구하는 범주에 속하는 것으로서 무효이고, 그 반환약정에 기하여 약속어음을 발행하였다 하더라도 채권자는 그 이행을 청구할 수 없다(대판 1995.7.14. 94다51994).

06

답 ③

정답 해설

③ (×) 사기에 의한 의사표시란 타인의 기망행위로 말미암아 착오에 빠지게 된 결과 어떠한 의사표시를 하게 되는 경우이므로 거기에는 의사와 표시의 불일치가 있을 수 없고, 단지 의사의 형성과정 즉 의사표시의 동기에 착오가 있는 것에 불과하며, 이 점에서 고유한 의미의 착오에 의한 의사표시와 구분되는데, 신원보증서류에 서명날인한다는 착각에 빠진 상태로 연대보증의 서면에 서명날인한 경우, 결국 위와 같은 행위는 강학상 기명날인의 착오(또는 서명의 착오), 즉 어떤 사람이 자신의 의사와 다른 법률효과를 발생시키는 내용의 서면에, 그것을 읽지 않거나 올바르게 이해하지 못한 채 기명날인을 하는 이른바 표시상의 착오에 해당하므로, 비록 위와 같은 착오가 제3자의 기망행위에 의하여 일어난 것이라 하더라도 그에 관하여는 사기에 의한 의사표시에 관한 법리, 특히 상대방이 그러한 제3자의 기망행위사실을 알았거나 알 수 있었을 경우가 아닌 한 의사표시자가 취소권을 행사할 수 없다는 민법 제110조 제2항의 규정을 적용할 것이 아니라, 착오에 의한 의사표시에 관한 법리만을 적용하여 취소권 행사의 가부를 가려야 한다(대판 2005.5.27. 2004다43824). 착오에 의한 의사표시는 '진의와 표시의 불일치'가 있으나 사기에 의한 의사표시는 의사표시의 동기에 착오에 불과하여 진의와 표시의 불일치가 없다는 점에서 둘은 구분된다는 판례이다. 위의 사례는 표시행위의 의미를 잘못 이해하고 표시행위를 한 '표시상의 착오'이므로 착오에 의한 의사표시에 관한 법리만 적용된다는 판시이다.

오답 해설

① (○) 민법상의 법률행위에 관한 규정은 민사소송법상의 소송행위에는 특별한 규정 기타 특별한 사정이 없는 한 적용이 없는 것이므로 소송행위가 강박에 의하여 이루어진 것임을 이유로 취소할 수는 없다(대판 1997.10.10. 96다35484).

② (○) 민법 제569조가 타인의 권리의 매매를 유효로 규정한 것은 선의의 매수인의 신뢰이익을 보호하기 위한 것이므로, 매수인이 매도인의 기망에 의하여 타인의 물건을 매도인의 것으로 알고 매수한다는 의사표시를 한 것은 만일 타인의 물건인줄 알았더라면 매수하지 아니하였을 사정이 있는 경우에는 매수인은 민법 제110조에 의하여 매수의 의사표시를 취소할 수 있다고 해석해야 할 것이다(대판 1973.10.23. 73다268).

④ (○) 은행의 출장소장이 어음할인을 부탁받자 그 어음이 부도날 경우를 대비하여 담보조로 받아두는 것이라고 속이고 금전소비대차 및 연대보증약정을 체결한 후 그 대출금을 자신이 인출하여 사용한 경우, 위 출장소장의 행위는 은행 또는 은행과 동일시할 수 있는 자의 사기일 뿐 제3자의 사기로 볼 수 없으므로, 은행이 그 사기사실을 알았거나 알 수 있었을 경우에 한하여 위 약정을 취소할 수 있는 것은 아니다(대판 1999.2.23. 98다60828 · 60835). 제3자의 사기가 될 경우 표의자는 상대방의 악의 또는 과실을 증명하여야 의사표시를 취소할 수 있게 되지만, 이 경우 제3자의 사기가 아니므로 표의자는 이러한 제약없이 그 의사표시를 취소할 수 있게 된다.

| 관련 | 의사표시의 상대방이 아닌 자로서 기망행위를 하였으나 민법 제110조 제2항에서 정한 제3자에 해당되지 아니한다고 볼 수 있는 자란 그 의사표시에 관한 상대방의 대리인 등 상대방과 동일시할 수 있는 자만을 의미하고, 단순히 상대방의 피용자이거나 상대방이 사용자책임을 져야 할 관계에 있는 피용자에 지나지 않는 자는 상대방과 동일시할 수는 없어 이 규정에서 말하는 제3자에 해당한다(대판 1998.1.23. 96다41496).

⑤ (○) 법률행위가 사기에 의한 것으로서 취소되는 경우에 그 법률행위가 동시에 불법행위를 구성하는 때에는 취소의 효과로 생기는 부당이득반환청구권과 불법행위로 인한 손해배상청구권은 경합하여 병존하는 것이므로, 채권자는 어느 것이라도 선택하여 행사할 수 있지만 중첩적으로 행사할 수는 없다(대판 1993.4.27. 92다56087). 법률행위가 사기에 의한 것으로서 취소되는 경우에 취소의 효과로 생기는 부당이득반환청구권과 불법행위로 인한

손해배상청구권은 경합하여 병존하므로 채권자는 어느 것이라도 선택하여 행사할 수 있지만, 다만 부당이득으로 반환을 받는다면 그 범위 내에서는 손해가 회복되었으므로 손해배상청구권을 중첩적으로 행사할 수는 없다는 판례이다. 위 판례는 사기에 의한 법률행위가 동시에 불법행위를 구성하는 경우이지만 지문의 강박에 의한 법률행위에도 동일하게 적용될 수 있을 것이다.

07

답 ⑤

정답 해설

⑤ (×) 진의 아닌 의사표시가 대리인에 의하여 이루어지고 그 대리인의 진의가 본인의 이익이나 의사에 반하여 자기 또는 제3자의 이익을 위한 배임적인 것임을 그 상대방이 알았거나 알 수 있었을 경우에는, 민법 제107조 제1항 단서의 유추해석상 그 대리인의 행위는 본인의 대리행위로 성립할 수 없으므로 본인은 대리인의 행위에 대하여 아무런 책임이 없다(대판 1996.4.26. 94다29850). 그러나 대리권 남용의 경우에도, 대리권 행사의 효과가 본인에게 귀속되지 아니할 뿐 대리권이 소멸하는 것은 아니므로, 무권대리가 되는 것은 아니다.

오답 해설

① (○), ② (○) 부동산의 소유자로부터 매매계약을 체결할 대리권을 수여받은 대리인은 특별한 다른 사정이 없는 한 그 매매계약에서 약정한 바에 따라 중도금이나 잔금을 수령할 수도 있다고 보아야 하고, 매매계약의 체결과 이행에 관하여 포괄적으로 대리권을 수여받은 대리인은 특별한 다른 사정이 없는 한 상대방에 대하여 약정된 매매대금지급기일을 연기하여 줄 권한도 가진다고 보아야 할 것이다(대판 1992.4.14. 91다43107).

③ (○) 대리권 존부에 대한 증명책임은 원칙적으로 대리권의 존재를 주장하는 측에게 있다(대판 2008.9.25. 2008다42195).

④ (○) 민법 제115조, 민법 제114조 제1항

> **민법 제114조(대리행위의 효력)**
> ① 대리인이 그 권한내에서 본인을 위한 것임을 표시한 의사표시는 직접 본인에게 대하여 효력이 생긴다.
>
> **민법 제115조(본인을 위한 것임을 표시하지 아니한 행위)**
> 대리인이 본인을 위한 것임을 표시하지 아니한 때에는 그 의사표시는 자기를 위한 것으로 본다. 그러나 상대방이 대리인으로서 한 것임을 알았거나 알 수 있었을 때에는 전조 제1항의 규정을 준용한다.

08

답 ③

정답 해설

③ (×) 乙은 甲의 무권대리인으로서 민법 제135조 제1항의 규정에 의하여 매수인인 丙에게 부동산에 대한 소유권이전등기를 이행할 의무가 있으므로 그러한 지위에 있는 乙이 甲으로부터 부동산을 상속받아 그 소유자가 되어 소유권이전등기이행의무를 이행하는 것이 가능하게 된 시점에서 자신이 소유자라고 하여 자신으로부터 부동산을 전전매수한 丁에게 원래 자신의 매매행위가 무권대리행위여서 무효였다는 이유로 丁 앞으로 경료된 소유권이전등기가 무효의 등기라고 주장하여 그 등기의 말소를 청구하거나 부동산의 점유로 인한 부당이득금의 반환을 구하는 것은 금반언의 원칙이나 신의성실의 원칙에 반하여 허용될 수 없다(대판 1994.9.27. 94다20617).

오답 해설

① (○), ② (○) 무권대리행위의 추인에 특별한 방식이 요구되는 것이 아니므로 명시적인 방법만 아니라 묵시적인 방법으로도 할 수 있고, 그 추인은 무권대리인, 무권대리행위의 직접의 상대방 및 그 무권대리행위로 인한 권리 또는 법률관계의 승계인에 대하여도 할 수 있다(대판 1981.4.14. 80다2314).

④ (○) 철회의 의사표시는 상대방이 본인의 추인이 있을 때까지 본인이나 무권대리인에게 하여야 하고, 철회권은 선의의 상대방에게만 인정된다(민법 제134조).

> **민법 제134조(상대방의 철회권)**
> 대리권없는 자가 한 계약은 본인의 추인이 있을 때까지 상대방은 본인이나 그 대리인에 대하여 이를 철회할 수 있다. 그러나 계약당시에 상대방이 대리권 없음을 안 때에는 그러하지 아니하다.

⑤ (○) 대리권 없는 자가 타인의 대리인으로 계약을 한 경우에 상대방은 상당한 기간을 정하여 본인에게 그 추인 여부의 확답을 최고할 수 있다. 본인이 그 기간 내에 확답을 발하지 아니한 때에는 추인을 거절한 것으로 본다(민법 제131조).

09

답 ③

정답 해설

① (○), ② (○), ③ (×), ④ (○) 민법 제104조에 규정된 불공정한 법률행위[폭리행위(註)]는 객관적으로 급부와 반대급부 사이에 현저한 불균형이 존재하고, 주관적으로 그와 같이 균형을 잃은 거래가 피해당사자의 궁박, 경솔 또는 무경험을 이용하여 이루어진 경우에 성립하는 것으로서, 약자적 지위에 있는 자의 궁박, 경솔 또는 무경험을 이용한 폭리행위를 규제하려는 데에 그 목적이 있고, 불공정한 법률행위가 성립하기 위한 요건인 궁박, 경솔, 무경험은 모두 구비되어야 하는 요건이 아니라 그중 일부만 갖추어져도 충분한데, 여기에서 '궁박'이라 함은 '급박한 곤궁'을 의미하는 것으로서 경제적 원인에 기인할 수도 있고 정신적 또는 심리적 원인에 기인할 수도 있으며, '무경험'이라 함은 일반적인 생활체험의 부족을 의미하는 것으로서 어느 특정영역에 있어서의 경험부족이 아니라 거래 일반에 대한 경험부족을 뜻하고, 당사자가 궁박 또는 무경험의 상태에 있었는지 여부는 그의 나이와 직업, 교육 및 사회경험의 정도, 재산상태 및 그가 처한 상황의 절박성의 정도 등 제반 사정을 종합하여 구체적으로 판단하여야 하며, 한편 피해당사자가 궁박, 경솔 또는 무경험의 상태에 있었다고 하더라도 그 상대방당사자에게 그와 같은 피해당사자 측의 사정을 알면서 이를 이용하려는 의사, 즉 폭리행위의 악의가 없었다거나 또는 객관적으로 급부와 반대급부 사이에 현저한 불균형이 존재하지 아니한다면 불공정법률행위는 성립하지 않는다(대판 2002.10.22. 2002다38927).

> **민법 제104조(불공정한 법률행위)**
> 당사자의 궁박, 경솔 또는 무경험으로 인하여 현저하게 공정을 잃은 법률행위는 무효로 한다.

오답 해설

⑤ (○) 불공정한 법률행위에 해당하여 무효인 경우에는 원칙적으로 추인에 의하여 무효인 법률행위가 유효로 될 수 없으나(대판 1994.6.24. 94다10900), 무효행위의 전환에 관한 민법 제138조는 적용될 수 있다(대판 2010.7.15. 2009다50308 참고).

> **민법 제138조(무효행위의 전환)**
> 무효인 법률행위가 다른 법률행위의 요건을 구비하고 당사자가 그 무효를 알았더라면 다른 법률행위를 하는 것을 의욕하였으리라고 인정될 때에는 다른 법률행위로서 효력을 가진다.

| 관련 | 매매계약이 약정된 매매대금의 과다로 말미암아 민법 제104조에서 정하는 '불공정한 법률행위'에 해당하여 무효인 경우에도 무효행위의 전환에 관한 민법 제138조가 적용될 수 있다. 따라서 당사자 쌍방이 위와 같은 무효를 알았더라면 대금을 다른 액으로 정하여 매매계약에 합의하였을 것이라고 예외적으로 인정되는 경우에는, 그 대금액을 내용으로 하는 매매계약이 유효하게 성립한다. 이때 당사자의 의사는 매매계약이 무효임을 계약 당시에 알았다면 의욕하였을 가정적(假定的) 효과의사로서, 당사자 본인이 계약 체결시와 같은 구체적 사정 아래 있다고 상정하는 경우에 거래관행을 고려하여 신의성실의 원칙에 비추어 결단하였을 바를 의미한다. 이와 같이 여기서는 어디까지나 당해 사건의 제반 사정 아래서 각각의 당사자가 결단하였을 바가 탐구되어야 하는 것이므로, 계약 당시의 시가와 같은 객관적 지표는 그러한 가정적 의사의 인정에 있어서 하나의 참고자료로 삼을 수는 있을지언정 그것이 일응의 기준이 된다고도 쉽사리 말할 수 없다. 이와 같이 가정적 의사에 기한 계약의 성립 여부 및 그 내용을 발굴·구성하여 제시하게 되는 법원으로서는 그 '가정적 의사'를 함부로 추단하여 당사자가 의욕하지 아니하는 법률효과를 그에게 또는 그들에게 계약의 이름으로 불합리하게 강요하는 것이 되지 아니하도록 신중을 기하여야 한다(대판 2010.7.15. 2009다50308). 따라서 판례는 매매계약이 약정된 매매대금의 과다로 말미암아 제104조 위반으로 무효인 경우에도, 당사자 쌍방이 무효를 알았더라면 대금을 다른 액으로 정하여 매매계약에 합의하였을 것이라는 '가정적 의사'가 예외적으로 인정되는 경우에는, 그 대금액을 내용으로 하는 매매계약이 유효하게 성립한다고 본다.

10

답 ①

정답 해설

① (×) 정지조건부 법률행위에 있어서 조건이 성취되었다는 사실은 이에 의하여 권리를 취득하고자 하는 측에서 그 입증책임이 있다 할 것이므로, 정지조건부 채권양도에 있어서 정지조건이 성취되었다는 사실은 채권양도의 효력을 주장하는 자에게 그 입증책임이 있다(대판 1983.4.12. 81다카692).

오답 해설

② (○) 어떠한 법률행위가 조건의 성취 시 법률행위의 효력이 발생하는 소위 정지조건부 법률행위에 해당한다는 사실은 그 법률행위로 인한 법률효과의 발생을 저지하는 사유로서 그 법률효과의 발생을 다투려는 자에게 주장입증책임이 있다(대판 1993.9.28. 93다20832).

③ (○) 민법 제151조 제3항.

④ (○) 조건부 법률행위는 조건이 성취된 때로부터 그 효력이 발생·소멸한다(민법 제147조 제1항·제2항). 단, 이는 임의규정에 불과하므로, 당사자가 조건성취의 효력을 그 성취 전에 소급하게 할 의사를 표시한 때에는, 그 조건성취의 효력은 예외적으로 소급효를 갖는다(민법 제147조 제3항).

⑤ (○) 조건부 법률행위에 있어 조건의 내용 자체가 불법적인 것이어서 무효일 경우 또는 조건을 붙이는 것이 허용되지 아니하는 법률행위에 조건을 붙인 경우 그 조건만을 분리하여 무효로 할 수는 없고 그 법률행위 전부가 무효로 된다(대결 2005.11.8. 2005마541).

11

답 ④

정답 해설

④ (×) 재판상 청구는 소송의 각하, 기각, 취하의 경우에는 시효중단의 효력이 없고 다만 각하 또는 취하되었다가 6월 내에 다시 재판상 청구를 하면 시효는 중단되나 기각판결이 확정된 경우에는 청구권의 부존재가 확정됨으로써 중단의 효력이 생길 수 없으므로 청구기각판결의 확정 후 재심을 청구하였다 하더라도 시효의 진행이 중단된다고 할 수 없다(대판 1992.4.24. 92다6983).

비교 민법 제247조 제2항에 의하여 취득시효에 준용되는 같은 법 제168조 제1호, 제170조 제1항에서 시효중단사유의 하나로 규정하고 있는 재판상의 청구라 함은, 통상적으로는 권리자가 원고로서 시효를 주장하는 자를 피고로 하여 소송물인 권리를 소의 형식으로 주장하는 경우를 가리키지만, 시효의 이익을 받는 자가 원고가 되어 소를 제기한 데 대하여 피고로서 응소하여 그 소송에서 적극적으로 권리를 주장하고 그것이 받아들여진 경우도 마찬가지로 이에 포함되는 것으로 해석함이 타당하고, 나아가 응소행위를 한 피고에 대하여 패소판결이 확정되었더라도 그 판결에 재심사유가 있음을 이유로 재심청구를 하여 권리를 주장하고 그것이 받아들여진 경우도 취득시효의 중단사유가 되는 재판상의 청구에 준하는 것으로 보아야 한다(대판 1997.11.11. 96다28196).

오답 해설

① (○) 민법 제164조 제1호

민법 제164조(1년의 단기소멸시효)
다음 각 호의 채권은 1년간 행사하지 아니하면 소멸시효가 완성한다.
1. 여관, 음식점, 대석, 오락장의 숙박료, 음식료, 대석료, 입장료, 소비물의 대가 및 체당금의 채권
2. 의복, 침구, 장구 기타 동산의 사용료의 채권
3. 노역인, 연예인의 임금 및 그에 공급한 물건의 대금채권
4. 학생 및 수업자의 교육, 의식 및 유숙에 관한 교주, 숙주, 교사의 채권

② (○) 시효중단사유로서의 재판상의 청구에는 그 권리 자체의 이행청구를 하는 경우뿐만 아니라 그 권리가 발생한 기본적 권리관계에 관한 이행청구나 확인청구를 하는 경우에도 그 기본적 권리관계의 이행청구나 확인청구가 그로부터 발생한 권리의 실현수단이 될 수 있어 권리 위에 잠자는 것이 아님을 표명한 것으로 볼 수 있는 때에는 그 기본적 권리관계에 관한 이행청구나 확인청구도 시효중단사유로서의 재판상 청구에 포함된다(대판 1995.6.30. 94다13435).

③ (○) 민법 제170조 제1항·제2항

민법 제170조(재판상의 청구와 시효중단)
① 재판상의 청구는 소송의 각하, 기각 또는 취하의 경우에는 시효중단의 효력이 없다.
② 전항의 경우에 6월 내에 재판상의 청구, 파산절차 참가, 압류 또는 가압류, 가처분을 한 때에는 시효는 최초의 재판상 청구로 인하여 중단된 것으로 본다.

⑤ (○) 민법 제416조

민법 제416조(이행청구의 절대적 효력)
어느 연대채무자에 대한 이행청구는 다른 연대채무자에게도 효력이 있다.

12

답 ①

정답 해설

① (○) 재산을 관리하는 아버지, 어머니 또는 후견인에 대한 제한능력자의 권리는 그가 능력자가 되거나 후임 법정대리인이 취임한 때부터 6개월 내에는 소멸시효가 완성되지 아니한다(민법 제180조 제1항).

오답 해설

② (×) 채권자가 채무자를 상대로 법원에 신청한 화해가 불성립되어 채권자가 그로부터 1월 내에 소를 제기한 경우, 그 채권의 소멸시효 중단의 효력은 화해를 신청한 때에 발생한다(민법 제173조 참고).

③ (×) 소멸시효의 기간만료 전 6개월 내에 제한능력자에게 법정대리인이 없는 경우에는 그가 능력자가 되거나 법정대리인이 취임한 때부터 6개월 내에는 시효가 완성되지 아니한다(민법 제179조).

④ (×) 상속재산에 속한 권리나 상속재산에 대한 권리는 상속인의 확정, 관리인의 선임 또는 파산선고가 있는 때로부터 6월 내에는 소멸시효가 완성하지 아니한다(민법 제181조).

⑤ (×) 시효중단의 효력 있는 승인에는 상대방의 권리에 관한 처분의 능력이나 권한 있음을 요하지 아니한다(민법 제177조).

13

답 ⑤

정답 해설

⑤ (×) 민법 제245조 제1항의 취득시효기간의 완성만으로는 소유권 취득의 효력이 바로 생기는 것이 아니라, 다만 이를 원인으로 하여 소유권 취득을 위한 등기청구권이 발생할 뿐이고, 미등기부동산의 경우라고 하여 취득시효기간의 완성만으로 등기 없이도 점유자가 소유권을 취득한다고 볼 수 없다(대판 2006.9.28. 2006다22074·22081). 이때 점유자는 소유자를 대위하여 보존등기를 한 다음에, 점유자 명의로 이전등기를 해야 한다.

오답 해설

① (○) 자연인은 물론 법인도 시효취득을 할 수 있고(대판 1977.3.22. 76다2705·2706 참고), 권리능력 없는 사단 및 재단도 취득시효의 주체가 될 수 있다(대판 1970.2.10. 69다2013 참고).

② (○) 취득시효 완성으로 인한 소유권 취득의 효력은 점유를 개시한 때에 소급한다(민법 제247조 제1항). 이는 '시효취득자의 점유'가 '원소유자'에 대하여 소급하여 적법한 점유가 된다는 의미로, 따라서 원소유자는 시효취득자에 대하여 그 동안의 점유에 대해 불법점유임을 이유로 대지의 인도·건물철거를 청구할 수 없고, 점유를 이유로 부당이득반환청구나 손해배상청구를 할 수도 없으며, 원소유자가 소유권의 확인을 받을 이익도 없다고 본다.

| 관련 | 을이 갑소유의 대지 일부를 소유의 의사로 평온, 공연하게 20년간 점유하였다면 을은 갑에게 소유권이전등기절차의 이행을 청구할 수 있고 갑은 이에 응할 의무가 있으므로 을이 위 대지에 관하여 소유권이전등기를 경료하지 못한 상태에 있다고 해서 갑이 을에 대하여 그 대지에 대한 불법점유임을 이유로 그 지상건물의 철거와 대지의 인도를 청구할 수는 없다(대판 1988.5.10. 87다카1979).

③ (○) 취득시효가 완성된 점유자는 점유권에 기하여 등기부상의 명의인을 상대로 점유방해의 배제를 청구할 수 있다(대판 2005.3.25. 2004다23899·23905). 시효취득자가 점유취득시효의 완성을 원인으로 하여 소유권이전등기를 청구하면서 그와 동시에 시효완성 후 토지소유자가 설치한 담장의 철거를 청구한 경우, 담장철거청구의 권원은 점유권에 기한 방해배제청구권이라는 판례이다.

④ (○) 점유로 인한 부동산소유권의 시효취득에 있어 취득시효의 중단사유는 종래의 점유상태의 계속을 파괴하는 것으로 인정될 수 있는 사유라야 할 것인바, 취득시효기간의 완성 전에 등기부상의 소유명의가 변경되었다 하더라도 이로써 종래의 점유상태의 계속이 파괴되었다고 할 수 없으므로 이는 취득시효의 중단사유가 될 수 없다(대판 1993.5.25. 92다52764·52771[반소]).

14

답 ②

정답 해설

ㄱ. (○) 총유물에 관한 사원의 권리의무는 사원의 지위를 취득상실함으로써 취득상실된다(민법 제277조).

ㄴ. (○) 민법 제275조 제2항, 제276조 제1항

민법 제275조(물건의 총유)

① 법인이 아닌 사단의 사원이 집합체로서 물건을 소유할 때에는 총유로 한다.

② 총유에 관하여는 사단의 정관 기타 계약에 의하는 외에 다음 2조의 규정에 의한다.

민법 제276조(총유물의 관리, 처분과 사용, 수익)

① 총유물의 관리 및 처분은 사원총회의 결의에 의한다.

ㄹ. (○) 비법인사단이 총유재산에 관한 소송을 제기할 때에는 정관에 다른 정함이 있다는 등의 특별한 사정이 없는 한 사원총회결의를 거쳐야 하는 것이므로, 비법인사단이 이러한 사원총회결의 없이 그 명의로 제기한 소송은 소송요건이 흠결된 것으로서 부적법하다(대판 2011.7.28. 2010다97044).

오답 해설

ㄷ. (×) 총유물의 보존에 있어서는 공유물의 보존에 관한 민법 제265조의 규정이 적용될 수 없고, 특별한 사정이 없는 한 민법 제276조 제1항의 규정에 따라 사원총회의 결의를 거쳐야 하므로(대판 1994.10.25. 94다28437), 법인 아닌 사단인 교회가 그 총유재산에 대한 보존행위로서 소송을 하는 경우에도 특별한 사정이 없는 한 교인총회의 결의를 거쳐야 한다. 이와 관련하여 "총회의 결의는 민법 또는 정관에 다른 규정이 없으면 사원 과반수의 출석과 출석사원의 의결권의 과반수로써 한다"는 민법 제75조 제1항의 규정은 법인 아닌 사단에 대하여도 유추적용될 수 있다(대판 2007.12.27. 2007다17062). 따라서 총유재산에 대한 보존행위로서 소송을 하는 경우에도 특별한 사정이 없는 한 사원총회의 결의를 거쳐야 하며, 정족수는 종원 과반수의 출석과 출석종원 과반수 이상의 결의를 거쳐야 한다(민법 제75조 제1항 유추적용).

민법 제75조(총회의 결의방법)

① 총회의 결의는 본법 또는 정관에 다른 규정이 없으면 사원 과반수의 출석과 출석사원의 결의권의 과반수로써 한다.

15

답 ④

정답 해설

④ (×) 지상권을 가지는 건물소유자가 그 건물에 전세권을 설정하였으나 그가 2년 이상의 지료를 지급하지 아니하였음을 이유로 지상권설정자, 즉 토지소유자의 청구로 지상권이 소멸하는 것(민법 제287조 참조)은 전세권설정자가 전세권자의 동의 없이는 할 수 없는 민법 제304조 제2항상의 "지상권 또는 임차권을 소멸하게 하는 행위"에 해당하지 아니한다. 민법 제304조 제2항이 제한하려는 것은 포기, 기간단축약정 등 지상권 등을 소멸하게 하거나 제한하여 건물전세권자의 지위에 불이익을 미치는 전세권설정자의 임의적인 행위이고, 그것이 법률의 규정에 의하여 지상권소멸청구권의 발생요건으로 정하여졌을 뿐인 지상권자의 지료 부지급 그 자체를 막으려고 한다거나 또는 지상권설정자가 취득하는 위의 지상권소멸청구권이 그의 일방적 의사표시로 행사됨으로 인하여 지상권이 소멸되는 효과를 제한하려고 하는 것이라고 할 수 없다. 따라서 전세권설정자가 건물의 존립을 위한 토지사용권을 가지지 못하여 그가 토지소유자의 건물철거 등 청구에 대항할 수 없는 경우에 민법 제304조 등을 들어 전세권자 또는 대항력 있는 임차권자가 토지소유자의 권리행사에 대항할 수 없음은 물론이다. 또한 건물에 대하여 전세권 또는 대항력 있는 임차권을 설정하여 준 지상권자가 그 지료를 지급하지 아니함을 이유로 토지소유자가 한 지상권소멸청구가 그에 대한 전세권자 또는 임차인의 동의가 없이 행하여졌다고 해도 민법 제304조 제2항에 의하여 그 효과가 제한된다고 할 수 없다(대판 2010.8.19. 2010다43801). 따라서 토지소유자는 건물전세권자의 동의 없이도 그 지상권의 소멸을 청구할 수 있다.

오답 해설

① (○) 전세금은 그 성격에 비추어 민법 제315조에 정한 전세권설정자의 전세권자에 대한 손해배상채권 외 다른 채권까지 담보한다고 볼 수 없으므로, 전세권설정자가 전세권자에 대하여 위 손해배상채권 외 다른 채권을 가지고 있더라도 다른 특별한 사정이 없는 한 이를 가지고 전세금반환채권에 대하여 물상대위권을 행사한 전세권저당권자에게 상계 등으로 대항할 수 없다(대판 2008.3.13. 2006다29372・29389).

② (○) 경매법 제3조에 의하여, 경매의 목적인 부동산 위에 존재하는 권리로서 경매인의 권리보다 후에 등기된 권리는 경락대금의 완납으로 인하여 소멸되고, 한편 저당권의 경우는 경매인의 권리보다 먼저 등기한 것도 소멸하는 것이므로, 후순위저당권의 실행으로 목적부동산이 경락되어 그 선순위저당권이 함께 소멸한 경우라면 비록 후순위저당권자에게는 대항할 수 있는 임차권이더라도 소멸된 선순위저당권보다 뒤에 등기되었거나 대항력을 갖춘 임차권은 함께 소멸한다(민사집행법 제91조 제2항)고 해석함이 상당하고, 따라서 이와 같은 경우의 경락인은 주택임대차보호법 제3조에서 말하는 임차주택의 양수인 중에 포함되지 않는다 할 것이므로, 경락인에 대하여 그 임차권의 효력을 주장할 수 없다(대판 1987.2.24. 86다카1936). 따라서 3순위 저당권자 丙의 경매신청에 의하여 X건물이 丁에게 매각된 경우, 1순위 저당권자라 할지라도 甲의 저당권은 소멸하고, 이로써 甲보다 뒤에 등기된 2순위 전세권자 乙의 전세권도 함께 소멸하나, 전세권자는 전세금에 대한 법률상 우선변제권이 인정되므로(민법 제303조 제1항), 乙은 여전히 2순위로 우선변제받을 수 있다.

③ (○) 타인의 토지에 있는 건물에 전세권을 설정한 때에는 전세권의 효력은 그 건물의 소유를 목적으로 한 지상권 또는 임차권에 미친다(민법 제304조 제1항).

⑤ (○) 전세권설정등기를 마친 민법상의 전세권은 그 성질상 용익물권적 성격과 담보물권적 성격을 겸비한 것으로서, 전세권의 존속기간이 만료되면 전세권의 용익물권적 권능은 전세권설정등기의 말소 없이도 당연히 소멸하고 단지 전세금반환채권을 담보하는 담보물권적 권능의 범위 내에서 전세금의 반환 시까지 그 전세권설정등기의 효력이 존속하고 있다 할 것이다(대판 2005.3.25. 2003다35659).

16

답 ②

정답 해설

ㄱ. (O) 선의의 점유자라도 본권에 관한 소에 패소한 때에는 그 소가 제기된 때로부터 악의의 점유자로 본다(민법 제197조 제2항).

ㄷ. (O) 점유의 승계가 있는 경우 전 점유자의 점유가 타주점유라 하여도 점유자의 승계인이 자기의 점유만을 주장하는 경우에는 현 점유자의 점유는 자주점유로 추정된다(대판 2002.2.26. 99다72743).

오답 해설

ㄴ. (×) 민법 제198조 소정의 점유계속 추정은 동일인이 전후 양 시점에 점유한 것이 증명된 때에만 적용되는 것이 아니고 전후 양 시점의 점유자가 다른 경우에도 점유의 승계가 입증되는 한 점유계속은 추정된다(대판 1996.9.20. 96다24279·24286).

> **민법 제198조(점유계속의 추정)**
> 전후양시에 점유한 사실이 있는 때에는 그 점유는 계속한 것으로 추정한다.

ㄹ. (×) 점유자는 소유의 의사로 선의, 평온 및 공연하게 점유한 것으로 추정한다(민법 제197조 제1항). 따라서 무과실의 점유는 추정되지 아니한다.

17

답 ⑤

정답 해설

⑤ (×) 공유물 분할의 소송절차 또는 조정절차에서 공유자 사이에 공유토지에 관한 현물분할의 협의가 성립하여 그 합의사항을 조서에 기재함으로써 조정이 성립하였다고 하더라도, 그와 같은 사정만으로 재판에 의한 공유물 분할의 경우와 마찬가지로 그 즉시 공유관계가 소멸하고 각 공유자에게 그 협의에 따른 새로운 법률관계가 창설되는 것은 아니고, 공유자들이 협의한 바에 따라 토지의 분필절차를 마친 후 각 단독소유로 하기로 한 부분에 관하여 다른 공유자의 공유지분을 이전받아 등기를 마침으로써 비로소 그 부분에 대한 대세적 권리로서의 소유권을 취득하게 된다고 보아야 한다(대판[전합] 2013.11.21. 2011두1917).

오답 해설

① (O) 민법 제187조의 판결은 형성판결을 의미하므로, 매매를 원인으로 한 소유권이전등기절차이행판결이 확정된 경우에는, 매수인 명의로 등기가 된 때에 비로소 소유권이전의 효력이 생긴다(민법 제186조).

> **민법 제186조(부동산물권변동의 효력)**
> 부동산에 관한 법률행위로 인한 물권의 득실변경은 등기하여야 그 효력이 생긴다.

② (O) 전세권이 법정갱신된 경우 이는 법률의 규정에 의한 물권의 변동이므로 전세권 갱신에 관한 등기를 필요로 하지 아니하고, 전세권자는 등기 없이도 전세권설정자나 그 목적물을 취득한 제3자에 대하여 갱신된 권리를 주장할 수 있다(대판 2010.3.25. 2009다35743).

> **민법 제187조(등기를 요하지 아니하는 부동산물권취득)**
> 상속, 공용징수, 판결, 경매 기타 법률의 규정에 의한 부동산에 관한 물권의 취득은 등기를 요하지 아니한다. 그러나 등기를 하지 아니하면 이를 처분하지 못한다.

③ (O) 신축건물의 보존등기를 건물완성 전에 하였다 하더라도 그 후 건물이 곧 완성된 이상 그 등기는 무효라고 볼 수 없다(대판 1970.4.14. 70다260).

④ (O) 무허가건물의 신축은 법률행위에 의하지 아니한 물권의 취득이므로 신축자가 등기 없이 소유권을 원시취득한다고 할 것이지만, 이를 양도하는 경우에는 등기 없이 물권행위 및 인도에 의하여 소유권을 이전할 수 없다(대판 1997.11.28. 95다43594).

18

답 ③

정답 해설

③ (×) 소유권이전등기의 원인으로 주장된 계약서가 진정하지 않은 것으로 증명된 이상 그 등기의 적법추정은 복멸되는 것이고 계속 다른 적법한 등기원인이 있을 것으로 추정할 수는 없다(대판 1998.9.22. 98다29568).

오답 해설

① (O) 부동산에 관하여 소유권이전등기가 마쳐져 있는 경우에는 그 등기명의자는 제3자에 대하여뿐 아니라 그 전 소유자에 대하여서도 적법한 등기원인에 의하여 소유권을 취득한 것으로 추정되는 것이므로 이를 다투는 측에서 그 무효사유를 주장·입증하여야 한다(대판 1994.9.13. 94다10160).

② (O) 허무인으로부터 등기를 이어받은 소유권이전등기는 원인무효라 할 것이어서 그 등기명의자에 대한 소유권 추정은 깨트려진다(대판 1985.11.12. 84다카2494).

④ (O) 등기는 물권의 효력발생요건이고 존속요건은 아니어서 등기가 원인 없이 말소된 경우에는 그 물권의 효력에 아무런 영향이 없고, 그 회복등기가 마쳐지기 전이라도 말소된 등기의 등기명의인은 적법한 권리자로 추정된다(대판 2002.10.22. 2000다59678).

⑤ (O) 신축된 건물의 소유권은 이를 건축한 사람이 원시취득하는 것이므로, 건물소유권보존등기의 명의자가 이를 신축한 것이 아니라면 그 등기의 권리추정력은 깨어지고, 등기명의자가 스스로 적법하게 그 소유권을 취득한 사실을 입증하여야 한다(대판 1996.7.30. 95다30734).

19

답 ⑤

정답 해설

⑤ (×) 저당권의 효력은 저당부동산에 대한 압류가 있은 후에 저당권설정자가 그 부동산으로부터 수취한 과실 또는 수취할 수 있는 과실에 미친다(민법 제359조 전문).

민법 제359조(과실에 대한 효력)
저당권의 효력은 저당부동산에 대한 압류가 있은 후에 저당권설정자가 그 부동산으로부터 수취한 과실 또는 수취할 수 있는 과실에 미친다. 그러나 저당권자가 그 부동산에 대한 소유권, 지상권 또는 전세권을 취득한 제3자에 대하여는 압류한 사실을 통지한 후가 아니면 이로써 대항하지 못한다.

오답 해설

① (O) 피담보채권을 저당권과 함께 양수한 자는 저당권 이전의 부기등기를 마치고 저당권 실행의 요건을 갖추고 있는 한 채권양도의 대항요건을 갖추고 있지 아니하더라도 경매신청을 할 수 있으며, 채무자는 경매절차의 이해관계인으로서 채권양도의 대항요건을 갖추지 못하였다는 사유를 들어 경매개시결정에 대한 이의나 즉시항고절차에서 다툴 수 있고, 이 경우는 신청채권자가 대항요건을 갖추었다는 사실을 증명하여야 할 것이나, 이러한 절차를 통하여 채권 및 근저당권의 양수인의 신청에 의하여 개시된 경매절차가 실효되지 아니한 이상 그 경매절차는 적법한 것이고, 또한 그 경매신청인은 양수채권의 변제를 받을 수도 있다(대판 2005.6.23. 2004다29279). 판례는 저당권의 피담보채권과 함께 저당권을 양수하였으나(저당권의 이전등기를 마친 경우) 채권양도의 대항요건을 갖추지 못한 양수인의 경매신청을 인정하고 있으며, 이렇게 개시된 경매절차가 실효되지 아니한 이상 그 경매절차는 적법한 것이고, 또한 양수인은 양수채권의 변제를 받을 수도 있다고 보고 있다.

② (O) 저당지상의 건물에 대한 일괄경매청구권은 저당권설정자가 건물을 축조한 경우뿐만 아니라 저당권설정자로부터 저당토지에 대한 용익권을 설정받은 자가 그 토지에 건물을 축조한 경우라도 그 후 저당권설정자가 그 건물의 소유권을 취득한 경우에는 저당권자는 토지와 함께 그 건물에 대하여 경매를 청구할 수 있다(대판 2003.4.11. 2003다3850).

③ (O) 담보권의 수반성이란 피담보채권의 처분이 있으면 언제나 담보권도 함께 처분된다는 것이 아니라 채권담보라고 하는 담보권제도의 존재목적에 비추어 볼 때 특별한 사정이 없는 한 피담보채권의 처분에는 담보권의 처분도 당연히 포함된다고 보는 것이 합리적이라는 것일 뿐이므로, 피담보채권의 처분이 있음에도 불구하고, 담보권의 처분이 따르지 않는 특별한 사정이 있는 경우에는 채권양수인은 담보권이 없는 무담보의 채권을 양수한 것이 되고 채권의 처분에 따르지 않은 담보권은 소멸한다(대판 2004.4.28. 2003다61542). 피담보채권의 처분이 있음에도 담보권의 처분이 따르지 않게 할 수 있으며, 이러한 경우에는 담보권은 소멸하고 무담보채권을 양수받은 것이 된다는 판례이다.

④ (O) 저당부동산에 대하여 소유권, 지상권 또는 전세권을 취득한 제3자는 저당권자에게 그 부동산으로 담보된 채권을 변제하고 저당권의 소멸을 청구할 수 있다(민법 제364조). 이때 제3자는 저당목적물에 대한 이해관계 있는 제3자이므로, 채무자의 의사에 반하여 변제할 수 있다(민법 제469조 제2항 반대해석).

민법 제364조(제삼취득자의 변제)
저당부동산에 대하여 소유권, 지상권 또는 전세권을 취득한 제3자는 저당권자에게 그 부동산으로 담보된 채권을 변제하고 저당권의 소멸을 청구할 수 있다.

민법 제469조(제3자의 변제)
② 이해관계없는 제3자는 채무자의 의사에 반하여 변제하지 못한다.

20 답 ①

정답 해설

① (×) 근저당권자가 피담보채무의 불이행을 이유로 경매신청을 한 경우에는 경매신청 시에 근저당채무액이 확정되고, 그 이후부터 근저당권은 부종성을 가지게 되어 보통의 저당권과 같은 취급을 받게 되는바, 위와 같이 경매신청을 하여 경매개시결정이 있은 후에 경매신청이 취하되었다고 하더라도 채무확정의 효과가 번복되는 것은 아니다(대판 2002.11.26. 2001다73022).

| 관련 | 근저당권자가 피담보채무의 불이행을 이유로 경매신청을 한 경우에는 경매신청시에 근저당권이 확정되고 근저당권이 확정되면 그 후에 발생한 원금채권은 그 근저당권에 의하여 담보되지 않는다 할 것이나, 근저당권자가 경매신청을 실제로 한 것이 아니고 다만 경매신청을 하려는 태도를 보인 데 그친 것이라면 이로써 근저당권이 확정되었다고 볼 수 없다(대판 1993.3.12. 92다48567). 근저당권에 있어서 피담보채권의 확정시기에 대한 판례이다. 근저당권자가 스스로 경매를 신청한 때에는, 채무자와 더 이상의 거래관계를 유지하지 아니하겠다는 취지의 의사를 표시한 것이므로 '경매신청시'에 피담보채권이 확정된다.

| 참고 | 근저당권의 피담보채권은 '경매신청시'에 확정된다고 할 것이나 경매신청이 각하되거나 경매개시결정 전에 경매신청을 취하하면 피담보채권은 확정되지 않으며, 경매개시결정이 있은 후에는 종국적 환가에 이르기 전에 경매신청이 취하되더라도 피담보채권 확정의 효력에는 영향이 없다.

오답 해설

② (○) 근저당권자가 그 피담보채무의 불이행을 이유로 경매신청을 한 때에는 그 경매신청 시에 근저당권은 확정되는 것이고 근저당권이 확정되면 그 이후에 발생하는 원금채권은 그 근저당권에 의하여 담보되지 않는다(대판 1989.11.28. 89다카15601).

③ (○) 경매부동산을 매수한 제3취득자는 그 부동산으로 담보하는 채권최고액과 경매비용을 변제공탁하면 그 저당권의 소멸을 청구할 수 있다(대결 1971.5.15. 71마251). 따라서 근저당권의 실행에 따른 경매비용은 채권최고액에 포함되지 아니한다.

| 참고 | 근저당권에 있어서 최고액은 '계속적 거래관계에서 생긴 채권' 중 담보할 한도액을 말하는 것이고, 근저당권 실행비용은 '거래관계에서 생긴 채권'이 아니므로 채권최고액에 포함되지 않는다.

④ (○) 근저당권자의 경매신청 등의 사유로 인하여 근저당권의 피담보채권이 확정되었을 경우, 확정 이후에 새로운 거래관계에서 발생한 원본채권은 그 근저당권에 의하여 담보되지 아니하지만, 확정 전에 발생한 원본채권에 관하여 확정 후에 발생하는 이자나 지연손해금채권은 채권최고액의 범위 내에서 근저당권에 의하여 여전히 담보되는 것이다(대판 2007.4.26. 2005다38300).

⑤ (○) 선순위 근저당권이 설정되어 있는 부동산에 대하여 근저당권을 취득하는 거래를 하려는 사람들은 선순위 근저당권의 채권최고액 만큼의 담보가치는 이미 선순위 근저당권자에 의하여 파악되어 있는 것으로 인정하고 거래를 하는 것이 보통이므로, 담보권 실행을 위한 경매절차가 개시되었음을 선순위 근저당권자가 안 때 이후의 어떤 시점에 선순위 근저당권의 피담보채무액이 증가하더라도 그와 같이 증가한 피담보채무액이 선순위 근저당권의 채권최고액 한도 안에 있다면 경매를 신청한 후순위 근저당권자가 예측하지 못한 손해를 입게 된다고 볼 수 없는 반면, 선순위 근저당권자는 자신이 경매신청을 하지 아니하였으면서도 경락으로 인하여 근저당권을 상실하게 되는 처지에 있으므로 거래의 안전을 해치지 아니하는 한도 안에서 선순위 근저당권자가 파악한 담보가치를 최대한 활용할 수 있도록 함이 타당하다는 관점에서 보면, 후순위 근저당권자가 경매를 신청한 경우 선순위 근저당권의 피담보채권은 그 근저당권이 소멸하는 시기, 즉 경락인이 경락대금을 완납한 때에 확정된다고 보아야 한다(대판 1999.9.21. 99다26085). 판례는 선순위 근저당권자의 이익은 보호되어야 하므로, 근저당권이 소멸되는 최후의 시점, 즉 경락대금 완납시에 선순위 근저당권자의 피담보채권은 확정된다고 본다.

21 답 ②

정답 해설

② (○) 민법 제298조의 내용으로, 이는 부동산등기법 제70조 제4호의 지역권의 등기사항에 해당한다. 따라서 등기를 한 경우에만 승역지소유자의 특별승계인에게 대항할 수 있다.

민법 제298조(승역지소유자의 의무와 승계)
계약에 의하여 승역지소유자가 자기의 비용으로 지역권의 행사를 위하여 공작물의 설치 또는 수선의 의무를 부담한 때에는 승역지소유자의 특별승계인도 그 의무를 부담한다.

오답 해설

① (×) 지역권은 승역지소유권이 아닌 요역지소유권에 부종하여 이전한다(민법 제292조 제1항 본문). 지역권은 요역지의 편익을 위하여 토지에 종속하는 권리이므로, 요역지의 소유권이 이전되면 같이 이전되고 또 그 토지에 대해 설정된 다른 권리는 그 지역권에도 효력이 미치게 된다.

민법 제292조(부종성)
① 지역권은 요역지소유권에 부종하여 이전하며 또는 요역지에 대한 소유권이외의 권리의 목적이 된다. 그러나 다른 약정이 있는 때에는 그 약정에 의한다.

③ (×) 지역권은 계속되고 표현된 것에 한하여 민법 제245조의 규정을 준용하도록 되어 있으므로, 통행지역권은 요역지의 소유자가 승역지 위에 도로를 설치하여 승역지를 사용하는 객관적 상태가 민법 제245조에 규정된 기간 계속된 경우에 한하여 그 시효취득을 인정할 수 있다(대판 2010.1.28. 2009다74939 · 74946). 통행지역권의 시효취득을 주장하는 자가 타인 소유의 토지를 통행로로 이용했을 뿐 이를 스스로 자신 소유의 대지를 위한 통행로로 개설한 사실이 인정되지 않으므로, 그 토지에 관하여 통행지역권을 시효취득하였다고 볼 수 없다고 한 사례이다.

민법 제294조(지역권취득기간)
지역권은 계속되고 표현된 것에 한하여 제245조의 규정을 준용한다.

④ (×) 공유자의 1인이 지역권을 취득한 때에는 다른 공유자도 이를 취득한다(민법 제295조 제1항). 지역권의 성립과 존속을 쉽게 만들어 놓음으로써 지역권을 보호하려는 민법의 취지가 담겨있다고 볼 수 있다.

⑤ (×) 요역지는 1필의 토지이어야 하나, 승역지는 반드시 1필의 토지일 것을 요하지 아니한다. 따라서 승역지의 일부 위에도 지역권을 설정할 수 있다(민법 제293조 제2항 단서, 부동산등기법 제70조 제5호).

22

답 ④

정답 해설

④ (×) 일반적으로 부동산을 채권담보의 목적으로 양도한 경우 특별한 사정이 없는 한 목적부동산에 대한 사용수익권은 채무자인 양도담보설정자에게 있으므로, 양도담보권자는 사용수익할 수 있는 정당한 권한이 있는 채무자나 채무자로부터 그 사용수익할 수 있는 권한을 승계한 자에 대하여는 사용수익을 하지 못한 것을 이유로 임료 상당의 손해배상이나 부당이득반환청구를 할 수 없다(대판 2008.2.28. 2007다37394 · 37400).

오답 해설

① (○) 채권자와 채무자 또는 물상보증인이 가등기담보권설정계약을 체결함에 있어 가등기 이후에 발생될 채무도 가등기부동산의 피담보채무범위에 포함시키기로 한 약정은 가등기담보 등에 관한 법률 제4조 제1항 내지 제3항의 어느 규정에도 반하는 것이라고 볼 수 없고 가등기담보권의 존재가 가등기에 의하여 공시되므로 후순위권리자로 하여금 예측할 수 없는 위험에 빠지게 하는 것도 아니다(대판 1993.4.13. 92다12070). 따라서 위 약정은 유효하다.

② (○) 가등기담보 등에 관한 법률은 차용물의 반환에 관하여 다른 재산권을 이전할 것을 예약한 경우에 적용되므로 금전소비대차나 준소비대차에 기한 차용금반환채무 이외의 채무를 담보하기 위하여 경료된 가등기나 양도담보에는 위 법이 적용되지 아니하나, 금전소비대차나 준소비대차에 기한 차용금반환채무와 그 외의 원인으로 발생한 채무를 동시에 담보할 목적으로 경료된 가등기나 소유권이전등기라도 그 후 후자의 채무가 변제 기타의 사유로 소멸하고 금전소비대차나 준소비대차에 기한 차용금반환채무의 전부 또는 일부만이 남게 된 경우에는 그 가등기담보나 양도담보에 가등기담보 등에 관한 법률이 적용된다(대판 2004.4.27. 2003다29968).

③ (○) 동산양도담보권자는 양도담보목적물이 소실되어 양도담보설정자가 보험회사에 대하여 화재보험계약에 따른 보험금청구권을 취득한 경우 담보물가치의 변형물인 화재보험금청구권에 대하여 양도담보권에 기한 물상대위권을 행사할 수 있는데, 동산양도담보권자가 물상대위권 행사로 양도담보설정자의 화재보험금청구권에 대하여 압류 및 추심명령을 얻어 추심권을 행사하는 경우 특별한 사정이 없는 한 제3채무자인 보험회사는 양도담보 설정 후 취득한 양도담보설정자에 대한 별개의 채권을 가지고 상계로써 양도담보권자에게 대항할 수 없다. 그리고 이는 보험금청구권과 본질이 동일한 공제금청구권에 대하여 물상대위권을 행사하는 경우에도 마찬가지이다(대판 2014.9.25. 2012다58609).

⑤ (○) 채무담보의 목적으로 경료된 채권자 명의의 소유권이전등기나 그 청구권 보전의 가등기의 말소를 구하려면 먼저 채무를 변제하여야 하고 피담보채무의 변제와 교환적으로 말소를 구할 수는 없다(대판 1984.9.11. 84다카781).

23

답 ④

정답 해설

ㄱ. (○) 동산질권의 설정을 위하여는 동산질권설정계약과 목적동산의 인도가 있어야 하는데, 그 인도방법으로서 현실인도, 간이인도 및 목적물반환청구권의 양도는 인정되나(민법 제196조 제2항), 점유개정에 의한 동산질권의 설정은 허용되지 아니한다.

ㄷ. (○) 乙은 물상보증인에 해당한다. 따라서 질권실행으로 인하여 그 소유권을 잃은 경우에는, 보증채무에 관한 규정에 의하여 채무자를 상대로 구상권을 갖게 되고(민법 제341조), 구상권을 확보하기 위한 수단으로서 법정대위를 주장할 수 있다(민법 제481조).

ㄹ. (○) 물상대위권을 행사하기 위하여는 보상금의 지급 전에 압류하여야 한다(민법 제342조).

> **민법 제342조(물상대위)**
> 질권은 질물의 멸실, 훼손 또는 공용징수로 인하여 질권설정자가 받을 금전 기타 물건에 대하여도 이를 행사할 수 있다. 이 경우에는 그 지급 또는 인도전에 압류하여야 한다.

오답 해설

ㄴ. (×) 동산질권을 선의취득하기 위하여는 질권자가 평온, 공연하게 선의이며 과실 없이 질권의 목적동산을 취득하여야 하고, 그 취득자의 선의, 무과실은 동산질권자가 입증하여야 한다(대판 1981.12.22. 80다2910). 따라서 甲이 X동산의 선의취득에 필요한 요건을 갖추었다면, 甲은 그 질권을 취득할 수 있다.

24

답 ③

정답 해설

③ (×) 유치권에 의한 경매절차가 개시된 유체동산에 대하여 유치권자의 승낙 없이 민사집행법 제215조에 따라 다른 채권자가 강제집행을 위하여 압류를 한 다음 민사집행법 제274조 제2항에 따라 유치권에 의한 경매절차를 정지하고 채권자를 위한 강제경매절차를 진행하였다면, 그 강제경매절차에서 목적물이 매각되었더라도 유치권자의 지위에는 영향을 미칠 수 없고 유치권자는 그 목적물을 계속하여 유치할 권리가 있다(대결 2012.9.13. 2011그213).

오답 해설

① (○) 유치권의 성립요건이자 존속요건인 유치권자의 점유는 직접점유이든 간접점유이든 관계가 없으나, 다만 유치권은 목적물을 유치함으로써 채무자의 변제를 간접적으로 강제하는 것을 본체적 효력으로 하는 권리인 점 등에 비추어, 그 직접점유자가 채무자인 경우에는 유치권의 요건으로서의 점유에 해당하지 않는다(대판 2008.4.11. 2007다27236).

② (○) [1] 민법 제320조 제1항은 "타인의 물건 또는 유가증권을 점유한 자는 그 물건이나 유가증권에 관하여 생긴 채권이 변제기에 있는 경우에는 변제를 받을 때까지 그 물건 또는 유가증권을 유치할 권리가 있다"고 규정하고 있으므로, 유치권의 피담보채권은 '그 물건에 관하여 생긴 채권'이어야 한다. [2] 甲이 건물 신축공사 수급인인 乙 주식회사와 체결한 약정에 따라 공사현장에 시멘트와 모래 등의 건축자재를 공급한 경우, 甲의 건축자재대금채권은 매매계약에 따른 매매대금채권에 불과할 뿐 건물 자체에 관하여 생긴 채권이라고 할 수는 없음에도 건물에 관한 유치권의 피담보채권이 된다고 본 원심판결에 유치권의 성립요건인 채권과 물건 간의 견련관계에 관한 법리오해의 위법이 있다(대판 2012.1.26. 2011다96028). 따라서 자재공급업자는 자재대금을 피담보채권으로 하여 건물에 대한 유치권을 행사할 수 없다.

④ (○) 소유자는 그 소유에 속한 물건을 점유한 자에 대하여 반환을 청구할 수 있다. 그러나 점유자가 그 물건을 점유할 권리가 있는 때에는 반환을 거부할 수 있다(민법 제213조). 여기서 반환을 거부할 수 있는 점유할 권리에는 유치권도 포함되고, 유치권자로부터 유치물을 유치하기 위한 방법으로 유치물의 점유 내지 보관을 위탁받은 자는 특별한 사정이 없는 한 점유할 권리가 있음을 들어 소유자의 소유물반환청구를 거부할 수 있다(대판 2014.12.24. 2011다62618).

⑤ (○) 건물의 신축공사를 한 수급인이 그 건물을 점유하고 있고 또 그 건물에 관하여 생긴 공사금채권이 있다면, 수급인은 그 채권을 변제받을 때까지 건물을 유치할 권리가 있다고 할 것이나(대판 1995.9.15. 95다16202·95다16219), 건물의 신축공사를 도급받은 수급인이 사회통념상 독립한 건물이라고 볼 수 없는 정착물을 토지에 설치한 상태에서 공사가 중단된 경우에 위 정착물은 토지의 부합물에 불과하여 이러한 정착물에 대하여 유치권을 행사할 수 없는 것이고, 또한 공사중단 시까지 발생한 공사금채권은 토지에 관하여 생긴 것이 아니므로 위 공사금채권에 기하여 토지에 대하여 유치권을 행사할 수도 없는 것이다(대결 2008.5.30. 2007마98).

25

답 ①

정답 해설

① (×) 타인의 권리를 매매의 목적으로 한 경우에 있어서 그 권리를 취득하여 매수인에게 이전하여야 할 매도인의 의무가 매도인의 귀책사유로 인하여 이행불능이 되었다면 매수인이 매도인의 담보책임에 관한 민법 제570조 단서의 규정에 의해 손해배상을 청구할 수 없다 하더라도 채무불이행 일반의 규정(민법 제546조, 제390조)에 좇아서 계약을 해제하고 손해배상을 청구할 수 있다(대판 1993.11.23. 93다37328).

오답 해설

② (○) 이행보증계약에 기한 보증인의 보증금지급의무에 관하여 지급금지가처분결정이 있었다고 하더라도 그것으로써 보증인에게 그 지급을 거절할 수 있는 사유, 즉 지급거절의 권능이 발생한다고 할 수 없고, 보증금지급의무가 실제로 발생하여 그 이행기가 도래하면 보증인은 보증채권자에게 이를 이행하여야 하며, 이를 이행하지 아니하는 경우에는 지체책임 발생의 다른 요건이 갖추어지는 한 그 이행의 지체로 인한 손해배상 등 법적 책임을 져야 한다. 다만, 그는 보증금을 채권자의 수령불능을 이유로 변제공탁함으로써 자신의 보증금지급채무로부터 벗어날 수 있고, 그에 따라 위에서 본 바와 같은 지체책임도 면하게 된다(대판 2010.2.25. 2009다22778).

③ (○) 민법이 타인의 권리의 매매를 인정하고 있는 것처럼 타인의 권리의 증여도 가능하며, 이 경우 채무자는 권리를 취득하여 채권자에게 이전하여야 하고, 이 같은 사정은 계약 당시부터 예정되어 있으므로, 매매나 증여의 대상인 권리가 타인에게 귀속되어 있다는 이유만으로 채무자의 계약에 따른 이행이 불능이라고 할 수는 없다(대판 2016.5.12. 2016다200729).

④ (○) 부당이득반환의무는 이행기한의 정함이 없는 채무이므로 그 채무자는 이행청구를 받은 때에 비로소 지체책임을 진다(대판 2017.3.30. 2016다253297).

⑤ (○) 채무불이행으로 인한 손해배상청구에 있어서 확정된 채무의 내용에 좇은 이행을 하지 아니하였다면 그 자체가 바로 위법한 것으로 평가되는 것이고, 다만 채무불이행에 채무자의 고의나 과실이 없는 때에는 채무자는 손해배상책임을 부담하지 않는다(민법 제390조 참조). 한편 채무자가 자신에게 채무가 없다고 믿었고 그렇게 믿은 데 정당한 사유가 있는 경우에는 채무불이행에 고의나 과실이 없는 때에 해당한다고 할 수 있다. 그러나 채무자가 채무의 발생원인 내지 존재에 관한 법률적인 판단을 통하여 자신의 채무가 없다고 믿고 채무의 이행을 거부한 채 소송을 통하여 이를 다투었다고 하더라도, 채무자의 그러한 법률적 판단이 잘못된 것이라면 특별한 사정이 없는 한 채무불이행에 관하여 채무자에게 고의나 과실이 없다고는 할 수 없다.(대판 2013.12.26. 2011다85352).

26

답 ③

정답 해설

③ (×) 숙박업자가 숙박계약상의 고객보호의무를 다하지 못하여 투숙객이 사망한 경우, 숙박계약의 당사자가 아닌 그 투숙객의 근친자가 그 사고로 인하여 정신적 고통을 받았다 하더라도 숙박업자의 그 망인에 대한 숙박계약상의 채무불이행을 이유로 위자료를 청구할 수는 없다(대판 2000.11.24. 2000다38718・38725).

오답 해설

① (○) 계약 당시 당사자 사이에 손해배상액을 예정하는 내용의 약정이 있는 경우에는 그것은 계약상의 채무불이행으로 인한 손해액에 관한 것이고 이를 그 계약과 관련된 불법행위상의 손해까지 예정한 것이라고는 볼 수 없다(대판 1999.1.15. 98다48033).

② (○) 채권자가 그 채권의 목적인 물건 또는 권리의 가액전부를 손해배상으로 받은 때에는 채무자는 그 물건 또는 권리에 관하여 당연히 채권자를 대위한다(민법 제399조).

④ (○) 사용자가 피용자의 과실에 의한 불법행위로 인한 사용자책임을 부담하는 경우와 마찬가지로 피용자의 고의에 의한 불법행위로 인하여 사용자책임을 부담하는 경우에도 피해자에게 그 손해의 발생과 확대에 기여한 과실이 있다면 사용자책임의 범위를 정함에 있어서 이러한 피해자의 과실을 고려하여 그 책임을 제한할 수 있다(대판 2002.12.26. 2000다56952).

⑤ (○) 과실상계는 본래 채무불이행 또는 불법행위로 인한 손해배상책임에 대하여 인정되는 것이고, 매매계약이 해제되어 소급적으로 효력을 잃은 결과 매매당사자에게 당해 계약에 기한 급부가 없었던 것과 동일한 재산상태를 회복시키기 위한 원상회복의무의 이행으로서 이미 지급한 매매대금 기타의 급부의 반환을 구하는 경우에는 적용되지 아니한다(대판 2014.3.13. 2013다34143).

27

답 ①

정답 해설

① (O) 채권자가 자기의 금전채권을 보전하기 위하여 채무자의 금전채권을 대위행사하는 경우 제3채무자로 하여금 채무자에게 지급의무를 이행하도록 청구할 수도 있지만, 직접 대위채권자 자신에게 이행하도록 청구할 수도 있다. 그런데 채권자대위소송에서 제3채무자로 하여금 직접 대위채권자에게 금전의 지급을 명하는 판결이 확정되더라도, 대위의 목적인 권리, 즉 채무자의 제3채무자에 대한 피대위채권이 판결의 집행채권으로서 존재하고 대위채권자는 채무자를 대위하여 피대위채권에 대한 변제를 수령하게 될 뿐 자신의 채권에 대한 변제로서 수령하게 되는 것이 아니므로, 피대위채권이 변제 등으로 소멸하기 전이라면 채무자의 다른 채권자는 이를 압류·가압류할 수 있다(대판 2016.8.29. 2015다236547). 채권자대위소송에서 제3채무자로 하여금 직접 대위채권자에게 금전의 지급을 명한 경우, 판례는 대위채권자는 자신의 채권에 대한 변제로서 수령하게 되는 것이 아니므로 피대위채권이 변제 등으로 소멸하기 전이라면 채무자의 다른 채권자는 이를 압류·가압류할 수 있다고 판시하였다.

| 관련 | 자기의 금전채권을 보전하기 위하여 채무자의 금전채권을 대위행사하는 대위채권자는 제3채무자로 하여금 직접 대위채권자 자신에게 지급의무를 이행하도록 청구할 수 있고 제3채무자로부터 변제를 수령할 수도 있으나, 이로 인하여 채무자의 제3채무자에 대한 피대위채권이 대위채권자에게 이전되거나 귀속되는 것이 아니므로, 대위채권자의 제3채무자에 대한 추심권능 내지 변제수령권능은 자체로서 독립적으로 처분하여 환가할 수 있는 것이 아니어서 압류할 수 없는 성질의 것이고, 따라서 추심권능 내지 변제수령권능에 대한 압류명령 등은 무효이다. 그리고 채권자대위소송에서 제3채무자로 하여금 직접 대위채권자에게 금전의 지급을 명하는 판결이 확정되었더라도 판결에 기초하여 금전을 지급받는 것 역시 대위채권자의 제3채무자에 대한 추심권능 내지 변제수령권능에 속하므로, 채권자대위소송에서 확정된 판결에 따라 대위채권자가 제3채무자로부터 지급받을 채권에 대한 압류명령 등도 무효이다(대판 2016.8.29. 2015다236547). 또한 판례는 이러한 경우, 대위채권자의 제3채무자에 대한 추심권능 내지 변제수령권능은 독립적으로 처분할 수 있는 것이 아니어서 압류할 수 없는 성질의 것이고 따라서 채권자대위소송에서 확정된 판결에 따라 대위채권자가 제3채무자로부터 지급받을 채권에 대한 압류명령 등도 무효라고 보았다.

오답 해설

② (×) 채권자가 채권자대위소송을 제기한 경우, 제3채무자는 채무자가 채권자에 대하여 가지는 항변권이나 형성권 등과 같이 권리자에 의한 행사를 필요로 하는 사유를 들어 채권자의 채무자에 대한 권리가 인정되는지 여부를 다툴 수 없지만, 채권자의 채무자에 대한 권리의 발생원인이 된 법률행위가 무효라거나 위 권리가 변제 등으로 소멸하였다는 등의 사실을 주장하여 채권자의 채무자에 대한 권리가 인정되는지 여부를 다투는 것은 가능하고, 이 경우 법원은 제3채무자의 주장을 고려하여 채권자의 채무자에 대한 권리가 인정되는지 여부에 관하여 직권으로 심리·판단하여야 한다(대판 2015.9.10. 2013다55300).

| 참고 | 채권자대위소송에서 원칙적으로 채무자가 채권자의 피보전채권에 대해 가지는 항변으로 '제3채무자'가 대항할 수는 없다. 그러나 판례는 제3채무자의 피보전채권의 변제나 무효의 항변은 인정하고 있다. 구체적으로 이에 대하여 판례는 제3채무자의 피보전채권의 소멸시효 항변, 제3채무자의 피보전채권의 동시이행의 항변은 인정하지 않으나 제3채무자의 피보전채권의 변제나 무효의 항변(채권자의 채무자에 대한 권리가 인정되는지 여부에 대한 항변)은 인정하고 있다.

| 비교 | 채권자가 채권자대위권을 행사하여 제3자에 대하여 하는 청구에 있어서, 제3채무자는 채무자가 채권자에 대하여 가지는 항변으로 대항할 수 없고, 채권의 소멸시효가 완성된 경우 이를 원용할 수 있는 자는 원칙적으로는 시효이익을 직접 받는 자뿐이고, 채권자대위소송의 제3채무자는 이를 행사할 수 없다(대판 2004.2.12. 2001다10151).

③ (×) [1] 국토의 계획 및 이용에 관한 법률상의 허가구역에 있는 토지의 거래계약이 토지거래허가를 전제로 체결된 경우에는 유동적 무효의 상태에 있고 거래계약의 채권적 효력도 전혀 발생하지 않으므로 권리의 이전 또는 설정에 관한 어떠한 내용의 이행청구도 할 수 없지만, 계약을 체결한 당사자 사이에서는 계약이 효력 있는 것으로 완성될 수 있도록 서로 협력할 의무가 있으므로, 계약의 쌍방 당사자는 공동으로 관할 관청의 허가를 신청할 의무가 있다. 그 결과 경우에 따라서는 매수인이 토지거래허가 신청절차의 협력의무 이행청구권을 보전하기 위하여 매도인의 권리를 대위하여 행사하는 것도 허용된다고 할 수 있지만, 보전의 필요성이 인정되어야 한다. [2] 여기에서 보전의 필요성은, 채권자가 보전하려는 권리와 대위하여 행사하려는 채무자의 권리가 밀접하게 관련되어 있고, 채권자가 채무자의 권리를 대위하여 행사하지 않으면 자기 채권의 완전한 만족을 얻을 수 없게 될 위험이 있어 채무자의 권리를 대위하여 행사하는 것이 자기 채권의 현실적 이행을 유효·적절하게 확보하기 위하여 필요한 것을 말하며,

채권자대위권의 행사가 채무자의 자유로운 재산관리행위에 대한 부당한 간섭이 된다는 등의 특별한 사정이 있는 경우에는 보전의 필요성을 인정할 수 없다(대판 2013.5.23. 2010다50014). 토지거래허가구역에서 제1매매를 하고 나서, 매수인이 장기간에 이르도록 정지조건을 성취하지 못하여 매도인이 제1매매계약을 체결하고서도 장기간 계약금 외에 대금을 전혀 받지 못하는 현실적 불이익이 계속되자 제3자에게 제2매매를 하고 소유권이전등기를 경료해 준 사안에서 판례는 매수인이 협력의무 이행청구권을 보전하기 위하여 매도인을 대위하여 제3자의 소유권이전등기의 말소등기청구를 할 수 없다고 보았다(채권보전의 필요성을 부정한 판례).

| 비교 | 국토이용관리법상의 토지거래규제구역 내의 토지에 관하여 관할관청의 허가 없이 체결된 매매계약이라고 하더라도, 거래 당사자 사이에는 그 계약이 효력 있는 것으로 완성될 수 있도록 서로 협력할 의무가 있어, 그 매매계약의 쌍방 당사자는 공동으로 관할관청의 허가를 신청할 의무가 있고, 이러한 의무에 위배하여 허가신청에 협력하지 않는 당사자에 대하여 상대방은 협력의무의 이행을 청구할 수 있는 것이므로, 매수인과 매도인 사이의 토지거래규제구역 내에 있는 토지에 대한 매매계약이 관할관청의 허가 없이 체결된 것이라고 하더라도, 매수인은 매도인에 대한 토지거래허가신청절차의 협력의무의 이행청구권을 보전하기 위하여 매도인을 대위하여 제3자 명의의 소유권이전등기의 말소등기절차이행을 구할 수 있는 것이다(대판 1994.12.27. 94다4806).

④ (×) 이행인수는 인수인이 채무자에 대하여 그 채무를 이행할 것을 약정하는 채무자와 인수인 간의 계약으로서, 인수인은 채무자와 사이에 채권자에게 채무를 이행할 의무를 부담하는 데 그치고 직접 채권자에 대하여 채무를 부담하는 것이 아니므로 채권자는 직접 인수인에게 채무를 이행할 것을 청구할 수 없으나, 채무자는 인수인이 그 채무를 이행하지 아니하는 경우 인수인에 대하여 채권자에게 이행할 것을 청구할 수 있고, 그에 관한 승소의 판결을 받은 때에는 금전채권의 집행에 관한 규정을 준용하여 강제집행을 할 수도 있다. 이러한 채무자의 인수인에 대한 청구권은 그 성질상 재산권의 일종으로서 일신전속적 권리라고 할 수는 없으므로, 채권자는 채권자대위권에 의하여 채무자의 인수인에 대한 청구권을 대위행사할 수 있다(대판 2009.6.11. 2008다75072). 사례에서 피대위채권은 채무자의 인수인에 대한 (채권자에게 이행할 것을 요구할 수 있는)이행청구권이다. 채권자는 인수인에 대한 직접 청구권이 없고 채무자의 인수인에 대한 청구권을 대위행사할 수 있는 것이다.

⑤ (×) 지하도상가의 운영을 목적으로 한 도로점용허가를 받은 자로서 그 상가의 소유자 겸 관리주체인 시에 대하여 그 상가 내 각 점포의 사용을 청구할 수 있는 권리를 가지는 자는, 시(市)에 대한 위 각 점포사용청구권을 보전하기 위하여 그 점포들의 소유자인 시(市)가 불법점유자들에 대하여 가지는 명도청구권을 대위행사할 수 있고, 이러한 경우 불법점유자들에 대하여 직접 자기에게 그 점포들을 명도할 것을 청구할 수도 있다(대판 1995.5.12. 93다59502).

28

답 ④

정답 해설

④ (×) 채무자의 수익자에 대한 채권양도가 사해행위로 취소되는 경우, 수익자가 제3채무자에게서 아직 채권을 추심하지 아니한 때에는, 채권자는 사해행위 취소에 따른 원상회복으로서 수익자가 제3채무자에게 채권양도가 취소되었다는 취지의 통지를 하도록 청구할 수 있다. 그런데 사해행위의 취소는 채권자와 수익자의 관계에서 상대적으로 채무자와 수익자 사이의 법률행위를 무효로 하는 데에 그치고, 채무자와 수익자 사이의 법률관계에는 영향을 미치지 아니한다. 따라서 채무자의 수익자에 대한 채권양도가 사해행위로 취소되고, 그에 따른 원상회복으로서 제3채무자에게 채권양도가 취소되었다는 취지의 통지가 이루어지더라도, 채권자와 수익자의 관계에서 채권이 채무자의 책임재산으로 취급될 뿐, 채무자가 직접 채권을 취득하여 권리자로 되는 것은 아니므로, 채권자는 채무자를 대위하여 제3채무자에게 채권에 관한 지급을 청구할 수 없다(대판 2015.11.17. 2012다2743).

오답 해설

① (○) 사해행위 취소의 효력은 채무자와 수익자의 법률관계에 영향을 미치지 아니하고, 사해행위 취소로 인한 원상회복판결의 효력도 소송의 당사자인 채권자와 수익자 또는 전득자에게만 미칠 뿐 채무자나 다른 채권자에게 미치지 아니하므로, 어느 채권자가 수익자를 상대로 사해행위 취소 및 원상회복으로 소유권이전등기의 말소를 명하는 판결을 받았으나 말소등기를 마치지 아니한 상태라면 소송의 당사자가 아닌 다른 채권자는 위 판결에 기하여 채무자를 대위하여 말소등기를 신청할 수 없다. 그럼에도 불구하고 다른 채권자의 등기신청으로 말소등기가 마쳐졌다면 등기에는 절차상의 흠이 존재한다. 그러나 채권자가 사해행위 취소의 소를 제기하여 승소한 경우 취소의 효력은 민법 제407조에 따라 모든 채권자의 이익을 위하여 미치므로 수익자는 채무자의 다른 채권자에 대하여도 사해행위의

취소로 인한 소유권이전등기의 말소등기의무를 부담하는 점, 등기절차상의 흠을 이유로 말소된 소유권이전등기가 회복되더라도 다른 채권자가 사해행위취소판결에 따라 사해행위가 취소되었다는 사정을 들어 수익자를 상대로 다시 소유권이전등기의 말소를 청구하면 수익자는 말소등기를 해 줄 수밖에 없어서 결국 말소된 소유권이전등기가 회복되기 전의 상태로 돌아가는데 이와 같은 불필요한 절차를 거치게 할 필요가 없는 점 등에 비추어 보면, 사해행위 취소 및 원상회복으로 소유권이전등기의 말소를 명한 판결의 소송당사자가 아닌 다른 채권자가 위 판결에 기하여 채무자를 대위하여 마친 말소등기는 등기절차상의 흠에도 불구하고 실체관계에 부합하는 등기로서 유효하다(대판 2015.11.17. 2013다84995).

② (O) 사해행위라고 볼 수 있는 행위가 행하여지기 전에 발생한 채권은 원칙적으로 채권자취소권에 의하여 보호될 수 있는 채권이 될 수 있고, 채권자의 채권이 사해행위 이전에 성립한 이상 사해행위 이후에 양도되었다고 하더라도 양수인은 채권자취소권을 행사할 수 있으며, 채권양수일에 채권자취소권의 피보전채권이 새로이 발생되었다고 할 수 없다(대판 2012.2.9. 2011다77146).

③ (O) 주채무자 또는 제3자 소유의 부동산에 대하여 채권자 앞으로 근저당권이 설정되어 있고, 그 부동산의 가액 및 채권최고액이 당해 채무액을 초과하여 채무 전액에 대하여 채권자에게 우선변제권이 확보되어 있다면, 연대보증인이 비록 유일한 재산을 처분하는 법률행위를 하더라도 채권자에 대하여 사해행위가 성립되지 않는다고 보아야 한다(대판 2000.12.8. 2000다21017).

⑤ (O) 민법 제404조 소정의 채권자대위권은 채권자가 자신의 채권을 보전하기 위하여 채무자의 권리를 자신의 이름으로 행사할 수 있는 권리라 할 것이므로, 채권자가 채무자의 채권자취소권을 대위행사하는 경우, 제소기간은 대위의 목적으로 되는 권리의 채권자인 채무자를 기준으로 하여 그 준수 여부를 가려야 할 것이고, 따라서 채권자취소권을 대위행사하는 채권자가 취소원인을 안 지 1년이 지났다 하더라도 채무자가 취소원인을 안 날로부터 1년, 법률행위가 있은 날로부터 5년 내라면 채권자 취소의 소를 제기할 수 있다(대판 2001.12.27. 2000다73049).

29

답 ④

정답 해설

④ (O) 민법 제169조는 '시효의 중단은 당사자 및 그 승계인 간에만 효력이 있다'고 규정하고 있고, 한편 민법 제440조는 '주채무자에 대한 시효의 중단은 보증인에 대하여 그 효력이 있다'라고 규정하고 있는바, 민법 제440조는 민법 제169조의 예외규정으로서 이는 채권자 보호 내지 채권담보의 확보를 위하여 주채무자에 대한 시효중단의 사유가 발생하였을 때는 그 보증인에 대한 별도의 중단조치가 이루어지지 아니하여도 동시에 시효중단의 효력이 생기도록 한 것이고, 그 시효중단사유가 압류, 가압류 및 가처분이라고 하더라도 이를 보증인에게 통지하여야 비로소 시효중단의 효력이 발생하는 것은 아니다(대판 2005.10.27. 2005다35554 · 35561).

오답 해설

① (×) 주채무가 시효로 소멸한 때에는 보증인도 그 시효소멸을 원용할 수 있으며, 주채무자가 시효의 이익을 포기하더라도 보증인에게는 그 효력이 없다(대판 1991.1.29. 89다카1114). 따라서 연대보증인 丙은 주채무자 甲이 시효이익을 포기하더라도, 여전히 소멸시효를 원용하여 (주채무의 소멸을 이유로) 연대보증채무의 소멸을 주장할 수 있다(부종성).

② (×) 보증인은 주채무자의 채권에 의한 상계로 채권자에게 대항할 수 있다(민법 제434조). 따라서 연대보증인 丙은 주채무자 甲의 채권 전액(8백만 원)으로 상계를 할 수 있다.

③ (×) 보증채무는 주채무에 대한 부종성 또는 수반성이 있어서 주채무자에 대한 채권이 이전되면 당사자 사이에 별도의 특약이 없는 한 보증인에 대한 채권도 함께 이전하고, 이 경우 채권양도의 대항요건도 주채권의 이전에 관하여 구비하면 족하고, 별도로 보증채권에 관하여 대항요건을 갖출 필요는 없다(대판 2002.9.10. 2002다21509).

⑤ (×) 민법 제165조가 판결에 의하여 확정된 채권, 판결과 동일한 효력이 있는 것에 의하여 확정된 채권은 단기의 소멸시효에 해당한 것이라도 그 소멸시효는 10년으로 한다고 규정하는 것은 당해 판결 등의 당사자 사이에 한하여 발생하는 효력에 관한 것이고 채권자와 주채무자 사이의 판결 등에 의해 채권이 확정되어 그 소멸시효가 10년으로 되었다 할지라도 위 당사자 이외의 채권자와 연대보증인 사이에 있어서는 위 확정판결 등은 그 시효기간에 대하여는 아무런 영향도 없고 채권자의 연대보증인의 연대보증채권의 소멸시효기간은 여전히 종전의 소멸시효기간에 따른다(대판 1986.11.25. 86다카1569).

30 답 ⑤

정답 해설

ㄱ. (O) 민법 제450조에 의한 채권양도통지는 양도인이 직접하지 아니하고 사자를 통하여 하거나 대리인으로 하여금 하게 하여도 무방하고, 채권의 양수인도 양도인으로부터 채권양도통지권한을 위임받아 대리인으로서 그 통지를 할 수 있다(대판 2004.2.14. 2003다43490).

ㄴ. (O) 민법 제450조 제2항 소정의 지명채권양도의 제3자에 대한 대항요건은 양도된 채권이 존속하는 동안에 그 채권에 관하여 양수인의 지위와 양립할 수 없는 법률상의 지위를 취득한 제3자가 있는 경우에 적용되는 것이므로, 양도된 채권이 이미 변제 등으로 소멸한 경우에는 그 후에 그 채권에 관한 채권압류 및 추심명령이 송달되더라도 그 채권압류 및 추심명령은 존재하지 아니하는 채권에 대한 것으로서 무효이고, 위와 같은 대항요건의 문제는 발생될 여지가 없다(대판 2003.10.24. 2003다37426). 민법 제450조 제2항에 의해 확정일자 있는 증서에 의한 자가 우선한다는 것은 아직 '채권이 존재'하는 경우에 한한다. 따라서 채권이 '변제' 등의 사유로 소멸한 뒤에는 확정일자 있는 증서에 의한 대항요건을 갖추더라도 우선할 수 없다.

ㄷ. (O) 이중의 채권양도가 있는 경우에 확정일자 있는 증서에 의한 통지를 한 채권양수인만이 채권양수에 의한 적법한 채권자가 된다 할 것이고 채무자는 위의 채권자에게만 채무변제의 의무가 있으며 그 결과 확정일자 있는 증서에 의하지 아니한 채무자의 승낙 있는 채권양도에 있어서의 채권양수인에 대하여는 채무변제의 의무가 없게 되는 것이다(대판 1972.1.31. 71다2697). 따라서 확정일자 있는 증서로 채권양도를 통지한 양수인 B가 적법한 채권자가 되므로, 채무자 乙은 A에 대하여 한 변제로 B에게 대항할 수 없다.

민법 제450조(지명채권양도의 대항요건)
② 전항의 통지나 승낙은 확정일자있는 증서에 의하지 아니하면 채무자 이외의 제3자에게 대항하지 못한다.

ㄹ. (O) 채권이 이중으로 양도된 경우의 양수인 상호 간의 우열은 통지 또는 승낙에 붙여진 확정일자의 선후에 의하여 결정할 것이 아니라, 채권양도에 대한 채무자의 인식, 즉 확정일자 있는 양도통지가 채무자에게 도달한 일시 또는 확정일자 있는 승낙의 일시의 선후에 의하여 결정하여야 할 것이고, 이러한 법리는 채권양수인과 동일 채권에 대하여 가압류명령을 집행한 자 사이의 우열을 결정하는 경우에 있어서도 마찬가지이므로, 확정일자 있는 채권양도통지와 가압류결정 정본의 제3채무자(채권양도의 경우는 채무자)에 대한 도달의 선후에 의하여 그 우열을 결정하여야 한다(대판[전합] 1994.4.26. 93다24223). 따라서 확정일자의 선후와 상관없이 양수인 B로 한 확정일자 있는 증서가 먼저 채무자 乙에게 도달하였으므로, 乙은 B에게 변제할 책임이 있다.

| 참고 | '전부명령'이나 그 전제가 되는 '가압류'나 '압류명령'에 기재된 일자 등도 확정일자 있는 증서의 일자에 해당한다.

31 답 ②

정답 해설

② (O) 채권자와 보증인 사이에 보증인이 주채무를 중첩적으로 인수하기로 약정하였다 하더라도 특별한 사정이 없는 한 보증인은 주채무자에 대한 관계에서는 종전의 보증인의 지위를 그대로 유지한다고 봄이 상당하므로, 채무인수로 인하여 보증인과 주채무자 사이의 주채무에 관련된 구상관계가 달라지는 것은 아니다(대판 2003.11.14. 2003다37730).

오답 해설

① (×) 민법 제481조에 의하여 법정대위를 할 수 있는 '변제할 정당한 이익이 있는 자'라고 함은 변제함으로써 당연히 대위의 보호를 받아야 할 법률상의 이익을 가지는 자를 의미한다. 그런데 이행인수인이 채무자와의 이행인수약정에 따라 채권자에게 채무를 이행하기로 약정하였음에도 불구하고 이를 이행하지 아니하는 경우에는 채무자에 대하여 채무불이행의 책임을 지게 되어 특별한 법적 불이익을 입게 될 지위에 있다고 할 것이므로, 이행인수인은 그 변제를 할 정당한 이익이 있다고 할 것이다(대결 2012.7.16. 2009마461).

③ (×) 부동산매수인이 매매목적물에 설정된 근저당권의 피담보채무에 관하여 그 이행을 인수한 경우, 채권자에 대한 관계에서는 매도인이 여전히 채무를 부담한다고 하더라도, 매도인과 매수인 사이에서는 매수인에게 위 피담보채무를 변제할 책임이 있으므로, 매수인이 그 변제를 게을리하여 근저당권이 실행됨으로써 매도인이 매매목적물에 관한 소유권을 상실하였다면, 특별한 사정이 없는 한, 이는 매수인에게 책임 있는 사유로 인하여 소유권이전등기의무가 이행불능으로 된 경우에 해당하고, 거기에 매도인의 과실이 있다고 할 수는 없다(대판 2008.8.21. 2007다8464·8471).

④ (×) 구 표시·광고의 공정화에 관한 법률(2011.9.15. 법률 제11050호로 개정되기 전의 것, 이하 '표시광고법'이라 한다)상 허위·과장광고로 인한 손해배상청구권은 불법행위에 기한 손해배상청구권의 성격을 가지는데, 계약상 지위의 양도에 의하여 계약당사자로서의 지위가 제3자에게 이전되는 경우 계약상 지위를 전제로 한 권리관계만이 이전될 뿐 불법행위에 기한 손해배상청구권은 별도의 채권양도절차 없이 제3자에게 당연히 이전되는 것이 아니다(대판 2015.7.23. 2012다15336·15343 등).

⑤ (×) 채무자와 인수인의 합의에 의한 중첩적 채무인수는 일종의 제3자를 위한 계약이라고 할 것이므로, 채권자는 인수인에 대하여 채무이행을 청구하거나 기타 채권자로서의 권리를 행사하는 방법으로 수익의 의사표시를 함으로써 인수인에 대하여 직접 청구할 권리를 갖게 된다. 이러한 점에서 채무자에 대한 채권을 상실시키는 효과가 있는 면책적 채무인수의 경우 채권자의 승낙을 계약의 효력발생요건으로 보아야 하는 것과는 달리, 채무자와 인수인의 합의에 의한 중첩적 채무인수의 경우 채권자의 수익의 의사표시는 그 계약의 성립요건이나 효력발생요건이 아니라 채권자가 인수인에 대하여 채권을 취득하기 위한 요건이다(대판 2013.9.13. 2011다56033).

32

답 ③

정답 해설

① (○), ② (○), ③ (×), ④ (○) 가압류명령을 받은 제3채무자가 가압류채무자에 대한 반대채권을 가지고 있는 경우에 상계로써 가압류채권자에게 대항하기 위하여는 가압류의 효력발생 당시에 양 채권이 상계적상에 있거나, 반대채권이 압류 당시 변제기에 이르지 않는 경우에는 피압류채권인 수동채권의 변제기와 동시에 또는 보다 먼저 변제기에 도달하는 경우이어야 된다(대판 1982.6.22. 82다카200). 따라서 가압류의 효력발생 당시 乙의 채권이 변제기에 도달하지 아니한 경우, 甲의 채권의 변제기 후에 乙의 채권이 변제기에 도달하였다면, 乙은 상계로써 丙에게 대항할 수 없다.

오답 해설

⑤ (○) 상계는 상대방에 대한 의사표시로 한다(민법 제493조 전문). 따라서 乙이 甲에 대하여 상계의 의사표시를 하지 아니한 경우에는, 그 효력이 인정되지 아니하여 乙은 상계로써 丙에게 대항할 수 없다.

33

답 ⑤

정답 해설

⑤ (○) 건물을 매수하여 점유하고 있는 사람은 소유자로서의 등기명의가 없다 하더라도 그 권리의 범위 내에서는 그 점유 중인 건물에 대하여 법률상 또는 사실상의 처분권을 가지고 있다. 위와 같은 지상물매수청구청구권제도의 목적, 미등기매수인의 법적 지위 등에 비추어 볼 때, 종전 임차인으로부터 미등기무허가건물을 매수하여 점유하고 있는 임차인은 특별한 사정이 없는 한 비록 소유자로서의 등기명의가 없어 소유권을 취득하지 못하였다 하더라도 임대인에 대하여 지상물매수청구권을 행사할 수 있는 지위에 있다(대판 2013.11.28. 2013다48364·48371). 따라서 Y건물이 미등기상태에 있더라도, 그 매수청구의 대상이 될 수 있다.

오답 해설

① (×) 토지임차인의 차임연체 등 채무불이행을 이유로 임대차계약이 해지되는 경우 토지임차인으로서는 토지임대인에 대하여 지상건물의 매수를 청구할 수 없다(대판 1997.4.8. 96다54249·54256). 따라서 乙은 甲에게 Y건물의 매수를 청구할 수 없다.

② (×) 민법 제643조의 규정에 의한 토지임차인의 매수청구권 행사로 지상건물에 대하여 시가에 의한 매매유사의 법률관계가 성립된 경우에 토지임차인의 건물명도 및 그 소유권이전등기의무와 토지임대인의 건물대금지급의무는 서로 대가관계에 있는 채무이므로 토지임차인은 토지임대인의 건물명도청구에 대하여 대금지급과의 동시이행을 주장할 수 있다(대판 1991.4.9. 91다3260). 따라서 甲의 대금지급의무는 乙의 Y건물 명도 및 소유권이전의무와 동시이행의 관계에 있다.

③ (×) 건물의 소유를 목적으로 하는 토지임차인의 건물매수청구권 행사의 상대방은 원칙적으로 임차권 소멸 당시의 토지소유자인 임대인이고, 임대인이 임차권 소멸 당시에 이미 토지소유권을 상실한 경우에는 그에게 지상건물의 매수청구권을 행사할 수는 없으며, 이는 임대인이 임대차계약의 종료 전에 토지를 임의로 처분하였다 하여 달라지는 것은 아니다(대판 1994.7.29. 93다59717·59724). 또한 피고들(토지임차인)이 이 사건 토지의 전 소유자인 소외 회사와 건물의 소유를 목적으로 하는 임대차계약을 체결하여 원고가 이 사건 토지를 취득할 당시 그 임대차계약이 유효하게 존재하고 있었다면, 민법 제622조 제1항에 의하여 원고는 위 임대차계약의 임대인의 지위를 승계하고, 따라서 그 임대차계약이 종료한 때에 위 피고들은 위 각 건물에 관하여 민법 제643조, 제283조에 의하여 매수청구권을 행사할 수 있다(대판 1996.6.14. 96다14517).

따라서 토지임차인 乙은 Y건물의 매수를 청구할 당시 이미 토지소유권을 상실한 甲에게 건물매수청구권을 행사할 수 없으나, 임대인의 지위를 승계한 丙에게는 임대차계약이 종료한 때에 건물매수청구권을 행사할 수 있다.

④ (×) 건물의 소유를 목적으로 한 토지임대차계약의 기간이 만료함에 따라 지상건물소유자가 임대인에 대하여 행사하는 민법 제643조 소정의 매수청구권은 매수청구의 대상이 되는 건물에 근저당권이 설정되어 있는 경우에도 인정된다. 이 경우에 그 건물의 매수가격은 건물 자체의 가격 외에 건물의 위치, 주변토지의 여러 사정 등을 종합적으로 고려하여 매수청구권 행사 당시 건물이 현존하는 대로의 상태에서 평가된 시가 상당액을 의미하고, 여기에서 근저당권의 채권최고액이나 피담보채무액을 공제한 금액을 매수가격으로 정할 것은 아니다. 다만, 매수청구권을 행사한 지상건물소유자가 위와 같은 근저당권을 말소하지 않는 경우 토지소유자는 민법 제588조에 의하여 위 근저당권의 말소등기가 될 때까지 그 채권최고액에 상당한 대금의 지급을 거절할 수 있다(대판 2008.5.29. 2007다4356). 따라서 甲은 근저당권이 말소되지 아니하였음을 이유로 채권최고액에 상당한 대금의 지급을 거절할 수 있다.

34

답 ④

정답 해설

④ (×) 상대방 있는 의사표시에 관하여 제3자가 사기나 강박을 한 경우에는 상대방이 그 사실을 알았거나 알 수 있었을 경우에 한하여 그 의사표시를 취소할 수 있으나, 상대방의 대리인 등 상대방과 동일시할 수 있는 자의 사기나 강박은 제3자의 사기·강박에 해당하지 아니한다(대판 1999.2.23. 98다60828·60835). 따라서 매수인 乙은 매도인 甲이 자신의 대리인 丙의 사기·강박을 알았거나 알 수 있었는지를 불문하고, 민법 제110조 제1항에 근거하여 위 매매계약을 취소할 수 있다.

오답 해설

① (○) X주택의 소유권이전의무가 요약자 甲의 과실로 이행불능이 된 경우, 낙약자 乙은 수익자 丙의 동의가 없더라도, 민법 제539조(제3자를 위한 계약)에 기한 항변으로써 매매계약을 해제할 수 있다(민법 제542조).

② (○) 제3자를 위한 계약의 체결원인이 된 요약자와 제3자(수익자) 사이의 법률관계(이른바 대가관계)의 효력은 제3자를 위한 계약 자체는 물론 그에 기한 요약자와 낙약자 사이의 법률관계(이른바 기본관계)의 성립이나 효력에 영향을 미치지 아니하므로 낙약자는 요약자와 수익자 사이의 법률관계에 기한 항변으로 수익자에게 대항하지 못하고, 요약자도 대가관계의 부존재나 효력의 상실을 이유로 자신이 기본관계에 기하여 낙약자에게 부담하는 채무의 이행을 거부할 수 없다(대판 2003.12.11. 2003다49771). 따라서 甲과 丙 간의 금전소비대차계약이 취소되더라도, 甲과 乙 간의 매매계약은 유효하다.

③ (○) 의사표시에 관한 민법의 규정(민법 제107조 내지 제110조)상 제3자란, 계약당사자와 그의 포괄승계인 이외의 자로서 당해 의사표시에 의한 법률행위에 기하여 새롭게 이해관계를 맺은 자를 의미하는데, 수익자는 제3자를 위한 계약을 통하여 직접 채권을 취득한 자이므로, 의사표시에 관한 민법의 규정상 제3자에 해당하지 아니한다.

⑤ (○) 제3자를 위한 계약관계에서 낙약자와 요약자 사이의 법률관계(이른바 기본관계)를 이루는 계약이 무효이거나 해제된 경우 그 계약관계의 청산은 계약의 당사자인 낙약자와 요약자 사이에 이루어져야 하므로, 특별한 사정이 없는 한 낙약자가 이미 제3자에게 급부한 것이 있더라도 낙약자는 계약해제 등에 기한 원상회복 또는 부당이득을 원인으로 제3자를 상대로 그 반환을 구할 수 없다(대판 2010.8.19. 2010다31860·31877).

35

답 ③

정답 해설

② (×), ③ (○) 민법 제548조 제1항 단서에서 말하는 제3자란 일반적으로 그 해제된 계약으로부터 생긴 법률효과를 기초로 하여 해제 전에 새로운 이해관계를 가졌을 뿐 아니라 등기, 인도 등으로 완전한 권리를 취득한 자를 말하므로 계약상의 채권을 양수한 자나 그 채권 자체를 압류 또는 전부한 채권자는 여기서 말하는 제3자에 해당하지 아니한다(대판 2000.4.11. 99다51685). 따라서 甲의 채권자 丙이 2015.2.15. 甲의 잔대금채권을 가압류한 경우라면, 丙은 민법 제548조 제1항 단서에 의하여 보호받을 수 있는 제3자에 해당하지 아니한다. 반면, 매수인과 매매예약을 체결한 후 그에 기한 소유권이전청구권 보전을 위한 가등기를 마친 사람은 위 조항 단서에서 말하는 제3자에 포함된다(대판 2014.12.11. 2013다14569). 따라서 2015.3.1. 丁이 乙과 X주택에 대하여 매매예약을 하고 그에 기하여 소유권이전등기청구권 보전을 위한 가등기를 마쳤다면, 위 매매계약의 해제에도 불구하고 丁은 매매예약에 기한 본등기를 할 수 있다.

오답 해설

① (×) 계약금 일부만 지급된 경우 수령자가 매매계약을 해제할 수 있다고 하더라도 해약금의 기준이 되는 금원은 「실제 교부받은 계약금」이 아니라 「약정계약금」이라고 봄이 타당하므로, 매도인이 계약금의 일부로서 지급받은 금원의 배액을 상환하는 것으로는 매매계약을 해제할 수 없다(대판 2015.4.23. 2014다231378). 따라서 계약 당시 乙이 계약금 1천만 원 중 5백만 원만을 지급하였더라도, 甲이 해약금계약에 따라 그 계약을 해제하려는 경우에는, 약정계약금 1천만 원을 기준으로 한 배액인 2천만 원을 상환하여야 한다.

④ (×) 계약당사자의 일방이 계약을 해제하였을 때에는 계약은 소급하여 소멸하여 해약당사자는 각 원상회복의 의무를 지게 되나 이 경우 계약해제로 인한 원상회복등기 등이 이루어지기 이전에 계약의 해제를 주장하는 자와 양립되지 아니하는 법률관계를 가지게 되었고 계약해제사실을 몰랐던 제3자에 대하여는 계약해제를 주장할 수 없다(대판 1985.4.9. 84다카130·131). 따라서 乙 명의의 등기말소 전인 2015.4.20. 乙로부터 X주택의 일부를 임차하여 주택임대차보호법상 대항력을 갖춘 임차인이더라도, 위 매매계약이 해제된 사실을 알고 있었다면, 민법 제548조 제1항 단서에서 말하는 제3자에 해당하지 아니하므로, X주택에 대한 甲의 명도청구에 대항할 수 없다.

⑤ (×) 계약해제로 인하여 계약당사자가 원상회복의무를 부담함에 있어서 당사자 일방이 목적물을 이용한 경우에는 그 사용에 의한 이익을 상대방에게 반환하여야 하는 것이므로, 양도인은 양수인이 양도목적물을 인도받은 후 사용하였다 하더라도 양도계약의 해제로 인하여 양수인에게 그 사용에 의한 이익의 반환을 구함은 별론으로 하고, 양도목적물 등이 양수인에 의하여 사용됨으로 인하여 감가 내지 소모가 되는 요인이 발생하였다 하여도 그것을 훼손으로 볼 수 없는 한 그 감가비 상당은 원상회복의무로서 반환할 성질의 것은 아니다(대판 2000.2.25. 97다30066).

36

답 ⑤

정답 해설

⑤ (○) 동업을 목적으로 한 조합이 조합체로서 또는 조합재산으로서 부동산의 소유권을 취득하였다면, 민법 제271조 제1항의 규정에 의하여 당연히 그 조합체의 합유물이 되고(이는 민법 제187조에 규정된 '법률의 규정에 의한 물권의 취득'과는 아무 관계가 없다. 따라서 조합체가 부동산을 법률행위에 의하여 취득한 경우에는 물론 소유권이전등기를 요한다), 다만, 그 조합체가 합유등기를 하지 아니하고 그 대신 조합원들 명의로 각 지분에 관하여 공유등기를 하였다면, 이는 그 조합체가 조합원들에게 각 지분에 관하여 명의신탁한 것으로 보아야 한다(대판 2002.6.14. 2000다30622).

오답 해설

① (×) 금전을 출자의 목적으로 한 조합원이 출자시기를 지체한 때에는 연체이자를 지급하는 외에 손해를 배상하여야 한다(민법 제705조).

② (×) 민법상 조합의 채권은 조합원 전원에게 합유적으로 귀속하는 것이어서 특별한 사정이 없는 한 조합원 중 1인에 대한 채권으로써 그 조합원 개인을 집행채무자로 하여 조합의 채권에 대하여 강제집행을 할 수 없고, 조합업무를 집행할 권한을 수여받은 업무집행조합원은 조합재산에 관하여 조합원으로부터 임의적 소송신탁을 받아 자기이름으로 소송을 수행할 수 있다(대판 2001.2.23. 2000다68924).

③ (×) 탈퇴한 조합원의 지분은 그 출자의 종류 여하에 불구하고 금전으로 반환할 수 있다(민법 제719조 제2항).

④ (×) 조합원은 다른 조합원 전원의 동의가 있으면 그 지분을 처분할 수 있으나 조합의 목적과 단체성에 비추어 조합원으로서의 자격과 분리하여 그 지분권만을 처분할 수는 없으므로, 조합원이 지분을 양도하면 그로써 조합원의 지위를 상실하게 되며, 이와 같은 조합원 지위의 변동은 조합지분의 양도양수에 관한 약정으로써 바로 효력이 생긴다(대판 2009.3.12. 2006다28454). 따라서 甲은 동업자로서의 지위를 유지한 채 전체 지분을 제3자에게 처분할 수 없다.

37

답 ①

정답 해설

① (×) 타인의 사무가 국가의 사무인 경우, 원칙적으로 사인이 법령상 근거 없이 국가의 사무를 수행할 수 없다는 점을 고려하면, 사인이 처리한 국가의 사무가 사인이 국가를 대신하여 처리할 수 있는 성질의 것으로서, 사무처리의 긴급성 등 국가의 사무에 대한 사인의 개입이 정당화되는 경우에 한하여 사무관리가 성립하고, 사인은 그 범위 내에서 국가에 대하여 국가의 사무를 처리하면서 지출된 필요비 내지 유익비의 상환을 청구할 수 있다(대판 2014.12.11. 2012다15602).

오답 해설

② (○) 관리인의 금전소비의 책임(민법 제738조, 제685조)

민법 제685조(수임인의 금전소비의 책임)
수임인이 위임인에게 인도할 금전 또는 위임인의 이익을 위하여 사용할 금전을 자기를 위하여 소비한 때에는 소비한 날 이후의 이자를 지급하여야 하며 그 외의 손해가 있으면 배상하여야 한다.

민법 제738조(준용규정)
제683조 내지 제685조의 규정은 사무관리에 준용한다.

③ (○) 관리자가 타인의 생명, 신체, 명예 또는 재산에 대한 급박한 위해를 면하게 하기 위하여 그 사무를 관리한 때에는 고의나 중대한 과실이 없으면 이로 인한 손해를 배상할 책임이 없다(민법 제735조).

④ (○) 관리자가 사무관리를 함에 있어서 과실 없이 손해를 받은 때에는 본인의 현존이익의 한도에서 그 손해의 보상을 청구할 수 있다(민법 제740조).

⑤ (○) 사무관리가 성립하기 위하여는 우선 그 사무가 타인의 사무이고 타인을 위하여 사무를 처리하는 의사, 즉 관리의 사실상의 이익을 타인에게 귀속시키려는 의사가 있어야 하며, 나아가 그 사무의 처리가 본인에게 불리하거나 본인의 의사에 반한다는 것이 명백하지 아니할 것을 요한다. 여기에서 '타인을 위하여 사무를 처리하는 의사'는 관리자 자신의 이익을 위한 의사와 병존할 수 있고, 반드시 외부적으로 표시될 필요가 없으며, 사무를 관리할 당시에 확정되어 있을 필요가 없다(대판 2013.8.22. 2013다30882).

38

답 ②

정답 해설

② (×) 부진정연대채무자 중 1인이 자신의 채권자에 대한 반대채권으로 상계를 한 경우에도 채권은 변제, 대물변제, 또는 공탁이 행하여진 경우와 동일하게 현실적으로 만족을 얻어 그 목적을 달성하는 것이므로, 그 상계로 인한 채무소멸의 효력은 소멸한 채무 전액에 관하여 다른 부진정연대채무자에 대하여도 미친다고 보아야 한다. 이는 부진정연대채무자 중 1인이 채권자와 상계계약을 체결한 경우에도 마찬가지이다. 나아가 이러한 법리는 채권자가 상계 내지 상계계약이 이루어질 당시 다른 부진정연대채무자의 존재를 알았는지 여부에 의하여 좌우되지 아니한다(대판[전합] 2010.9.16. 2008다97218). 따라서 공동불법행위자 甲이 피해자 丙에 대한 대여금채권을 자동채권으로 하여 2천만 원을 상계한 경우에는, 다른 공동불법행위자 乙은 丙에 대하여 1천 5백만 원의 손해배상채무를 부담하게 된다.

오답 해설

① (○) 공동불법행위책임은 가해자 각 개인의 행위에 대하여 개별적으로 그로 인한 손해를 구하는 것이 아니라 그 가해자들이 공동으로 가한 불법행위에 대하여 그 책임을 추궁하는 것이므로, 공동불법행위로 인한 손해배상책임의 범위는 피해자에 대한 관계에서 가해자들 전원의 행위를 전체적으로 함께 평가하여 정하여야 하고, 그 손해배상액에 대하여는 가해자 각자가 그 금액의 전부에 대한 책임을 부담하는 것이며, 가해자 1인이 다른 가해자에 비하여 불법행위에 가공한 정도가 경미하다고 하더라도 피해자에 대한 관계에서 그 가해자의 책임범위를 위와 같이 정하여진 손해배상액의 일부로 제한하여 인정할 수는 없다(대판 2005.11.10. 2003다66066). 따라서 비록 공동불법행위자 甲과 乙 사이의 과실비율이 7 : 3이라고 하더라도, 이를 피해자 丙에게 주장하여 그 책임범위를 제한할 수는 없다 할 것이므로, 甲과 乙은 丙과의 관계에서 각자가 피해자의 과실을 상계하여 계산된 3천 5백만 원의 손해배상채무를 부담하게 된다.

③ (○), ④ (○) [1] 공동불법행위자 중 1인이 다른 공동불법행위자에 대하여 구상권을 행사하기 위하여는 자기의 부담부분 이상을 변제하여 공동의 면책을 얻었음을 주장・입증하여야 하며, 위와 같은 법리는 피해자의 다른 공동불법행위자에 대한 손해배상청구권이 시효소멸한 후에 구상권을 행사하는 경우라고 하여 달리 볼 것이 아니다. [2] 공동불법행위자 간 구상권의 발생 시점은 구상권자가 현실로 피해자에게 손해배상금을 지급한 때이다(대판 1997.12.12. 96다50896). 따라서 공동불법행위자 甲이 피해자 丙에게 손해

배상채무를 전액 배상한 경우에는, 다른 공동불법행위자 乙에게 구상권을 행사할 수 있고, 그 구상권의 발생 시점은 甲이 현실로 丙에게 손해배상금을 지급한 때이다. 또한 공동불법행위자의 다른 공동불법행위자에 대한 구상권의 소멸시효는 그 구상권이 발생한 시점, 즉 구상권자가 공동면책행위를 한 때로부터 기산하여야 할 것이고, 그 기간도 일반채권과 같이 10년으로 보아야 한다(대판 1996.3.26. 96다3791 참고). 이와 달리, 甲이 丙에게 자기의 부담부분(2천 4백 5십만 원) 이상을 변제하지 아니하고 1천만 원을 배상한 경우에는, 甲은 乙에 대하여 구상권을 행사할 수 없다.

⑤ (○) 어느 공동불법행위자를 위하여 보증인이 된 사람이 피보증인을 위하여 손해배상채무를 변제한 경우, 그 보증인은 피보증인이 아닌 다른 공동불법행위자에 대하여 그 부담부분에 한하여 구상권을 행사할 수 있고, 이러한 법리는 어느 공동불법행위자를 위하여 그가 위 손해배상채무를 변제한 보증인에 대하여 부담하는 구상채무를 보증한 구상보증인이 피보증인을 위하여 그 구상채무를 변제한 경우에도 마찬가지여서 그 구상보증인은 피보증인이 아닌 다른 공동불법행위자에 대하여 그 부담부분에 한하여 구상권을 행사할 수 있다(대판 2008.7.24. 2007다37530). 따라서 공동불법행위자 甲의 보증인 丁이 피해자 丙에 대하여 손해배상채무를 변제한 경우에는, 丁은 다른 공동불법행위자 乙에게 乙의 부담부분에 한하여 구상권을 행사할 수 있다.

39 답 ②

정답 해설

임차인의 비용상환청구권에 관한 규정(민법 제626조)은 강행규정이 아니므로, 약정에 의하여 이를 포기할 수 있다(대판 1998.5.29. 98다6497 참고). 반면, 토지임차인의 지상물매수청구권(민법 제643조), 임차인의 차임감액청구권(민법 제628조), 임대차기간의 약정이 없는 임차인의 해지통고(민법 제635조), 임차인의 차임연체로 인한 임대인의 해지권(민법 제640조)은 편면적 강행규정에 해당하므로(민법 제652조), 임차인에게 불리한 약정을 하여도 그 효력이 인정되지 아니한다(민법 제652조).

40 답 ④

정답 해설

④ (○) 상법 제638조의3 제1항 및 약관의 규제에 관한 법률 제3조의 규정에 의하여 보험자는 보험계약을 체결할 때 보험계약자에게 보험계약의 중요한 내용에 대하여 구체적이고 상세한 명시・설명의무를 지고 있다. 이 경우 설명의무의 상대방은 반드시 보험계약자 본인에 국한되는 것이 아니라, 보험자가 보험계약자의 대리인과 보험계약을 체결할 경우에는 그 대리인에게 보험약관을 설명함으로써 족하다(대판 2001.7.27. 2001다23973).

오답 해설

① (×) 약관의 규제에 관한 법률의 규제대상인 약관이라 함은 그 명칭이나 형태 또는 범위를 불문하고 계약당사자가 다수의 상대방과 계약을 체결하기 위하여 일정한 형식에 의하여 미리 마련한 계약의 내용이 되는 것으로서 구체적인 계약에서의 개별적 합의 등은 그 형태에 관계없이 약관에 해당한다고 할 수 없다(대판 2002.10.11. 2002다39807).

② (×) 민법 제137조와 달리, 약관법은 약관조항의 일부가 무효로 되면, 계약은 나머지 부분만으로 유효하게 존속한다(약관의 규제에 관한 법률 제16조 본문). 즉, 전부무효가 아닌 일부무효가 원칙이다.

③ (×) 약관에 정하여진 사항이라고 하더라도 거래상 일반적이고 공통된 것이어서 고객이 별도의 설명 없이도 충분히 예상할 수 있었던 사항이거나 이미 법령에 의하여 정하여진 것을 되풀이하거나 부연하는 정도에 불과한 사항이라면, 그러한 사항에 대하여서까지 사업자에게 설명의무가 있다고 할 수는 없다(대판 2019.5.30. 2016다276177).

⑤ (×) 동일한 약관집 내의 대다수의 조항들이 교섭되고 변경된 사정이 있다면, 변경되지 아니한 나머지 소수의 조항들에 대해서도 교섭이 이루어진 것으로 추정할 수 있다(대판 2000.12.22. 99다4634).

2016년 제53회 정답 및 해설

문제편 151p

01	02	03	04	05	06	07	08	09	10	11	12	13	14	15	16	17	18	19	20
②	⑤	⑤	③	①	⑤	④	①	④	①	④	①	⑤	③	⑤	⑤	②	③	③	⑤
21	22	23	24	25	26	27	28	29	30	31	32	33	34	35	36	37	38	39	40
③	④	②	①	②	④	⑤	④	④	③	④	②	③	④	①	②	⑤	①	②	②

01

답 ②

정답 해설

ㄱ. (○) 이른바 사정변경으로 인한 계약해제는, 계약성립 당시 당사자가 예견할 수 없었던 현저한 사정의 변경이 발생하였고 그러한 사정의 변경이 해제권을 취득하는 당사자에게 책임 없는 사유로 생긴 것으로서, 계약내용대로의 구속력을 인정한다면 신의칙에 현저히 반하는 결과가 생기는 경우에 계약준수원칙의 예외로서 인정되는 것이고, 여기에서 말하는 사정이라 함은 계약의 기초가 되었던 객관적인 사정으로서, 일방당사자의 주관적 또는 개인적인 사정을 의미하는 것은 아니다. 또한, 계약의 성립에 기초가 되지 아니한 사정이 그 후 변경되어 일방당사자가 계약 당시 의도한 계약목적을 달성할 수 없게 됨으로써 손해를 입게 되었다 하더라도 특별한 사정이 없는 한 그 계약내용의 효력을 그대로 유지하는 것이 신의칙에 반한다고 볼 수도 없다(대판 2007.3.29. 2004다31302).

ㄷ. (○) 신의성실의 원칙에 반하는 것 또는 권리남용은 강행규정에 위배되는 것이므로 당사자의 주장이 없더라도 법원은 직권으로 판단할 수 있다(대판 1995.12.12. 94다42129).

오답 해설

ㄴ. (×) 회사의 이사가 채무액과 변제기가 특정되어 있는 회사채무에 대하여 보증계약을 체결한 경우에는 계속적 보증이나 포괄근보증의 경우와는 달리 이사직 사임이라는 사정변경을 이유로 보증인인 이사가 일방적으로 보증계약을 해지할 수 없다(대판 1999.12.28. 99다25938).

ㄹ. (×) 강행법규에 위반한 자가 스스로 그 약정의 무효를 주장하는 것이 신의칙에 위반되는 권리의 행사라는 이유로 그 주장을 배척한다면, 이는 오히려 강행법규에 의하여 배제하려는 결과를 실현시키는 셈이 되어 입법취지를 완전히 몰각하게 되므로 달리 특별한 사정이 없는 한 위와 같은 주장은 신의칙에 반하는 것이라고 할 수 없고, 한편 신의성실의 원칙에 위배된다는 이유로 그 권리의 행사를 부정하기 위해서는 상대방에게 신의를 공여하였다거나 객관적으로 보아 상대방이 신의를 가짐이 정당한 상태에 있어야 하며, 이러한 상대방의 신의에 반하여 권리를 행사하는 것이 정의관념에 비추어 용인될 수 없는 정도의 상태에 이르러야 한다(대판 2004.6.11. 2003다1601).

02

답 ⑤

정답 해설

⑤ (×) 한정후견인의 동의를 필요로 하는 행위에 대하여 한정후견인이 피한정후견인의 이익이 침해될 염려가 있음에도 그 동의를 하지 아니하는 때에는 가정법원은 피한정후견인의 청구에 의하여 한정후견인의 동의를 갈음하는 허가를 할 수 있다(민법 제13조 제3항).

오답 해설

① (○) 대판 2007.11.16. 2005다71659 · 71666 · 71673
② (○) 대판 2007.11.16. 2005다71659 · 71666 · 71673
③ (○) 민법 제10조 제4항

④ (O) 미성년후견인이나 한정후견인과 달리 성년후견인에게는 동의권이 인정되지 아니한다(민법 제10조 제1항, 제17조 제2항). 따라서 성년후견 개시의 심판을 받은 자가 성년후견인의 동의 없이 취소할 수 없는 범위에 속하는 법률행위를 한 경우에도, 그 행위는 유효하다.

민법 제10조(피성년후견인의 행위와 취소)
① 피성년후견인의 법률행위는 취소할 수 있다.
② 제1항에도 불구하고 가정법원은 취소할 수 없는 피성년후견인의 법률행위의 범위를 정할 수 있다.
③ 가정법원은 본인, 배우자, 4촌 이내의 친족, 성년후견인, 성년후견감독인, 검사 또는 지방자치단체의 장의 청구에 의하여 제2항의 범위를 변경할 수 있다.
④ 제1항에도 불구하고 일용품의 구입 등 일상생활에 필요하고 그 대가가 과도하지 아니한 법률행위는 성년후견인이 취소할 수 없다.

03

답 ⑤

정답 해설

⑤ (O) 법인이 그 대표자의 불법행위로 인하여 손해배상의무를 지는 것은 그 대표자의 직무에 관한 행위로 인하여 손해가 발생한 것임을 요한다 할 것이나, 그 직무에 관한 것이라는 의미는 행위의 외형상 법인의 대표자의 직무행위라고 인정할 수 있는 것이라면 설사 그것이 대표자 개인의 사리를 도모하기 위한 것이었거나 혹은 법령의 규정에 위배된 것이었다 하더라도 위의 직무에 관한 행위에 해당한다는 의미이다(대판 2004.2.27. 2003다15280). 판례는 민법 제35조의 '그 직무에 관하여'의 의미에 대하여 외형이론을 취하고 있다.

오답 해설

① (×) 민법 제35조에서 말하는 '이사 기타 대표자'는 법인의 대표기관을 의미하는 것이고 대표권이 없는 이사는 법인의 기관이기는 하지만 대표기관은 아니기 때문에 그들의 행위로 인하여 법인의 불법행위가 성립하지 않는다(대판 2005.12.23. 2003다30159).

② (×) 민법 제35조 제1항은 "법인은 이사 기타 대표자가 그 직무에 관하여 타인에게 가한 손해를 배상할 책임이 있다"라고 정한다. 여기서 '법인의 대표자'에는 그 명칭이나 직위 여하, 또는 대표자로 등기되었는지 여부를 불문하고 당해 법인을 실질적으로 운영하면서 법인을 사실상 대표하여 법인의 사무를 집행하는 사람을 포함한다고 해석함이 상당하다(대판 2011.4.28. 2008다15438). 판례는 대표자로 등기되어 있지 않더라도, 법인을 실질적으로 운영하면서 사실상 대표하는 자(사실상 대표자)의 직무행위에 대하여도 민법 제35조의 법인의 불법행위책임을 인정할 수 있다고 판시하고 있다.

③ (×) 법인의 대표기관이 아닌 기관(사원총회 · 감사)이나 이사가 선임한 임의대리인, 지배인의 행위에 관하여는, 법인의 불법행위책임(민법 제35조)이 아닌 사용자책임(민법 제756조)만이 문제된다.

| 참고 | 법인의 대표기관으로는 이사(민법 제59조), 임시이사(민법 제63조), 특별대리인(민법 제64조), 청산인(민법 제82조, 제83조), 직무대행자(민법 제52조의2, 제60조의2) 등이 있다.

| 참고 | 학교법인의 대표자였던 자에 의한 차금행위가 불법행위가 된다면 이는 민법상 사용자의 배상책임이 아니고 민법 제35조에 의한 법인자체의 불법행위가 되어 배상책임이 있다(대판1978.3.14. 78다132). 제35조 제1항은 '대표기관의 행위'에 대한 법인 자체의 책임이고, 제756조는 '피용자의 행위'에 대한 책임이라는 점에서 책임구조를 달리하므로, 대표기관의 행위에 대해서는 제35조만 적용되며 사용자책임은 성립하지 않는다고 본다는 판시이다.

④ (×) 법인의 권리능력은 법인의 설립근거가 된 법률과 정관상의 목적에 의하여 제한되나 그 목적 범위 내의 행위라 함은 법률이나 정관에 명시된 목적 자체에 국한되는 것이 아니라 그 목적을 수행하는 데 있어 직접, 간접으로 필요한 행위는 모두 포함되는 것이다(대판 1991.11.22. 91다8821). 판례는 민법 제34조를 법인의 권리능력 제한규정으로 본다. 따라서 대표기관이 법인의 정관 목적범위 외의 행위를 한 경우 그 행위는 '절대적 무효'이고 추인이 성립되지 않으며 법인은 계약상 이행책임을 지지 않는다.

민법 제34조(법인의 권리능력)
법인은 법률의 규정에 좇아 정관으로 정한 목적의 범위내에서 권리와 의무의 주체가 된다.

| 관련 | 회사의 권리능력은 회사의 설립근거가 된 법률과 회사의 정관상의 목적에 의하여 제한되나 그 목적범위내의 행위라 함은 정관에 명시된 목적 자체에 국한되는 것이 아니라 그 목적을 수행하는 데 있어 직접, 간접으로 필요한 행위는 모두 포함되고 목적수행에 필요한지의 여부는 행위의 객관적 성질에 따라 판단할 것이고 행위자의 주관적, 구체적 의사에 따라 판단할 것은 아니다(대판 1988.1.19. 86다카1384). 법인의 '목적범위내'의 의미에 대한 판시이다.

04 답 ③

정답 해설

③ (×) 어느 건물이 주된 건물의 종물이기 위하여는 주물의 상용에 이바지되어야 하는 관계가 있어야 하는바, 여기에서 주물의 상용에 이바지한다 함은 주물 그 자체의 경제적 효용을 다하게 하는 것을 말하는 것이며, 주물의 소유자나 이용자의 상용에 공여되고 있더라도 주물 그 자체의 효용과는 직접 관계없는 물건은 종물이 아니다(대판 1994.6.10. 94다11606).

오답 해설

① (○) 판례는 낡은 가재도구 등의 보관장소로 사용되고 있는 방과 연탄창고 및 공동변소가 본채에서 떨어져 축조되어 있기는 하나 본채의 종물 이라고 보았다(대판 1991.5.14. 91다2779).
② (○) 대판 2006.10.26. 2006다29020.
④ (○) 종물은 주물의 처분에 수반된다는 민법 제100조 제2항은 임의규정이므로, 당사자는 주물을 처분할 때에 특약으로 종물을 제외할 수 있고 종물만을 별도로 처분할 수도 있다(대판 2012.1.26. 2009다76546).
⑤ (○) 민법 제358조

민법 제358조(저당권의 효력의 범위)
저당권의 효력은 저당부동산에 부합된 물건과 종물에 미친다. 그러나 법률에 특별한 규정 또는 설정행위에 다른 약정이 있으면 그러하지 아니하다.

| 관련 | [1] 민법 제358조 본문은 "저당권의 효력은 저당부동산에 부합된 물건과 종물에 미친다."고 규정하고 있는바, 이 규정은 저당부동산에 종된 권리에도 유추적용되어 건물에 대한 저당권의 효력은 그 건물의 소유를 목적으로 하는 지상권에도 미친다고 보아야 할 것이다. [2]건물에 대한 저당권이 실행되어 경락인이 그 건물의 소유권을 취득하였다면 경락 후 건물을 철거한다는 등의 매각조건 하에서 경매되었다는 등 특별한 사정이 없는 한 그 건물 소유를 위한 지상권도 민법 제187조의 규정에 따라 등기 없이 당연히 경락인이 취득하고, 따라서 경락인은 종전의 지상권자를 상대로 지상권이전등기절차의 이행을 구할 수 있다고 보아야 할 것이며, 그 이행을 구하는 소가 소의 이익이 없다고도 볼 수 없다(대판 1992.7.14. 92다527).

05 답 ①

정답 해설

① (×) 어떠한 법률행위가 불공정한 법률행위에 해당하는지는 법률행위 시를 기준으로 판단하여야 한다. 따라서 계약 체결 당시를 기준으로 전체적인 계약내용에 따른 권리의 무관계를 종합적으로 고려한 결과 불공정한 것이 아니라면, 사후에 외부적 환경의 급격한 변화에 따라 계약당사자 일방에게 큰 손실이 발생하고 상대방에게는 그에 상응하는 큰 이익이 발생할 수 있는 구조라고 하여 그 계약이 당연히 불공정한 계약에 해당한다고 말할 수 없다(대판[전합] 2013.9.26. 2011다53683·53690). 법률행위시가 아닌 그 이후에 급부와 반대급부 사이에 현저한 불균형이 존재하게 되었다고 하여 그 계약이 불공정한 계약에 해당한다고 볼 수는 없다는 판시이다.

오답 해설

② (○) 피해당사자가 궁박, 경솔 또는 무경험의 상태에 있었다고 하더라도 그 상대방당사자에게 그와 같은 피해당사자 측의 사정을 알면서 이를 이용하려는 의사, 즉 폭리행위의 악의가 없었다거나 또는 객관적으로 급부와 반대급부 사이에 현저한 불균형이 존재하지 아니한다면 불공정 법률행위는 성립하지 않는다(대판 2002.10.22. 2002다38927).
③ (○) 대리인에 의하여 법률행위가 이루어진 경우 그 법률행위가 민법 제104조의 불공정한 법률행위에 해당하는지 여부를 판단함에 있어서 경솔과 무경험은 대리인을 기준으로 하여 판단하고, 궁박은 본인의 입장에서 판단하여야 한다(대판 2002.10.22. 2002다38927).
④ (○) 매매계약이 약정된 매매대금의 과다로 말미암아 민법 제104조에서 정하는 '불공정한 법률행위'에 해당하여 무효인 경우에도 무효행위의 전환에 관한 민법 제138조가 적용될 수 있다(대판 2010.7.15. 2009다50308).

민법 제138조(무효행위의 전환)
무효인 법률행위가 다른 법률행위의 요건을 구비하고 당사자가 그 무효를 알았더라면 다른 법률행위를 하는 것을 의욕하였으리라고 인정될 때에는 다른 법률행위로서 효력을 가진다.

⑤ (○) 민법 제104조가 규정하는 현저히 공정을 잃은 법률행위라 함은 자기의 급부에 비하여 현저하게 균형을 잃은 반대급부를 하게 하여 부당한 재산적 이익을 얻는 행위를 의미하는 것이므로, 증여계약과 같이 아무런 대가 관계없이 당사자 일방이 상대방에게 일방적인 급부를 하는 법률행위는 그 공정성 여부를 논의할 수 있는 성질의 법률행위가 아니다(대판 2000.2.11. 99다56833).

06 답 ⑤

정답 해설

⑤ (×) 사기에 의한 법률행위의 의사표시를 취소하면 취소의 소급효로 인하여 그 행위의 시초부터 무효인 것으로 되는 것이요 취소한 때에 비로소 무효로 되는 것이 아니므로 취소를 주장하는 자와 양립되지 아니하는 법률관계를 가졌던 것이 취소 이전에 있었던가 이후에 있었던가는 가릴 필요 없이 사기에 의한 의사표시 및 그 취소사실을 몰랐던 모든 제3자에 대하여는 그 의사표시의 취소를 대항하지 못한다고 보아야 할 것이고 이는 거래안전의 보호를 목적으로 하는 민법 제110조 제3항의 취지에도 합당한 해석이 된다(대판 1975.12.23. 75다533). 민법 제110조 제3항의 제3자의 범위에 관하여 판례는 취소 전에 그 취소원인이 있음을 모르고 이해관계를 맺은 자뿐만 아니라, 취소 의사표시 후 말소등기 전에 취소되었음을 모르고 이해관계를 맺은 자까지 포함된다고 판시하고 있다.

오답 해설

① (○) 사기에 의한 의사표시란 타인의 기망행위로 말미암아 착오에 빠지게 된 결과 어떠한 의사표시를 하게 되는 경우이므로 거기에는 의사와 표시의 불일치가 있을 수 없고, 단지 의사의 형성과정 즉 의사표시의 동기에 착오가 있는 것에 불과하다(대판 2005.5.27. 2004다43824).

② (○) 상대방의 대리인 등 상대방과 동일시할 수 있는 자는 제3자에 해당하지 아니하므로, 민법 제110조 제1항의 사기일 뿐이다. 제3자의 사기가 될 경우 표의자는 상대방의 악의 또는 과실을 증명하여야 의사표시를 취소할 수 있게 되지만, 제3자의 사기가 아니라면 표의자는 이러한 제약 없이 의사표시를 취소할 수 있게 된다.

> **민법 제110조(사기, 강박에 의한 의사표시)**
> ① 사기나 강박에 의한 의사표시는 취소할 수 있다.
> ② 상대방있는 의사표시에 관하여 제3자가 사기나 강박을 행한 경우에는 상대방이 그 사실을 알았거나 알 수 있었을 경우에 한하여 그 의사표시를 취소할 수 있다.
> ③ 전2항의 의사표시의 취소는 선의의 제3자에게 대항하지 못한다.

③ (○) 상품의 선전·광고에 있어 다소의 과장이나 허위가 수반되었다고 하더라도 일반상거래의 관행과 신의칙에 비추어 시인될 수 있는 정도의 것이라면 이를 가리켜 기망하였다고 할 수는 없고, 거래에 있어 중요한 사항에 관한 구체적 사실을 신의성실의 의무에 비추어 비난받을 정도의 방법으로 허위로 고지한 경우에는 기망행위에 해당한다(대판 2008.11.27. 2008다56118).

④ (○) 법률행위가 사기에 의한 것으로서 취소되는 경우에 그 법률행위가 동시에 불법행위를 구성하는 때에는 취소의 효과로 생기는 부당이득반환청구권과 불법행위로 인한 손해배상청구권은 경합하여 병존하는 것이므로, 채권자는 어느 것이라도 선택하여 행사할 수 있지만 중첩적으로 행사할 수는 없다(대판 1993.4.27. 92다56087).

07 답 ④

정답 해설

④ (×) 내용증명우편이나 등기우편과는 달리, 보통우편의 방법으로 발송되었다는 사실만으로는 그 우편물이 상당기간 내에 도달하였다고 추정할 수 없고 송달의 효력을 주장하는 측에서 증거에 의하여 도달사실을 입증하여야 한다(대판 2002.7.26. 2000다25002).

| 관련 | 내용증명 우편물이 발송되고 반송되지 아니하면 특단의 사정이 없는 한, 그 무렵에 송달되었다고 볼 것이다(대판 1980.1.15. 79다1498).

| 관련 | 우편물이 등기취급의 방법으로 발송된 경우 반송되는 등 특별한 사정이 없는 한 그 무렵 수취인에게 배달되었다고 보아야 한다(대판 1992.12.11. 92누13127).

오답 해설

① (○) 채권양도의 통지와 같은 준법률행위의 도달은 의사표시와 마찬가지로 사회관념상 채무자가 통지의 내용을 알 수 있는 객관적 상태에 놓여졌을 때를 지칭하고, 그 통지를 채무자가 현실적으로 수령하였거나 그 통지의 내용을 알았을 것까지는 필요하지 않다(대판 1983.8.23. 82다카439).

② (○) 상대방이 정당한 사유 없이 통지의 수령을 거절한 경우에는 상대방이 그 통지의 내용을 알 수 있는 객관적 상태에 놓여 있는 때에 의사표시의 효력이 생기는 것으로 보아야 한다(대판 2008.6.12. 2008다19973).

③ (○) 채권양도의 통지는 채무자에게 도달됨으로써 효력이 발생하는 것이고, 여기서 도달이라 함은 사회통념상 상대방이 통지의 내용을 알 수 있는 객관적 상태에 놓여졌다고 인정되는 상태를 가리킨다. 이와 같이 도달은 보다 탄력적인 개념으로서 송달장소나 수송달자 등의 면에서 위에서 본 송달에서와 같은 엄격함은 요구되지 아니하며, 이에 송달장소 등에 관한 민사소송법의 규정을 유추적용할 것이 아니다. 따라서 채권양도의 통지는 민사소송법상의 송달에 관한 규정에서 송달장소로 정하는 채무자의 주소·거소·영업소 또는 사무소 등에 해당하지 아니하는 장소에서라도 채무자가 사회통념상 그 통지의 내용을 알 수 있는 객관적 상태에 놓여졌다고 인정됨으로써 족하다(대판 2011.1.13. 2010다77477).

⑤ (O) 상대방이 있는 의사표시의 도달은 이미 성립한 그 의사표시의 객관적 효력발생요건이므로, 통지를 발송한 후에 표의자가 사망하거나 제한능력자가 되더라도 그 의사표시의 효력에는 아무런 영향을 미치지 아니한다(민법 제111조 제2항). 사망한 표의자가 한 의사표시의 효력은 상속인에게 승계되므로, 상속인은 그 의사표시가 도달하기 전에 이를 철회할 수 있다.

08

답 ①

정답 해설

① (×) 비법인사단인 교회의 대표자는 총유물인 교회재산의 처분에 관하여 교인총회의 결의를 거치지 아니하고는 이를 대표하여 행할 권한이 없다. 그리고 교회의 대표자가 권한 없이 행한 교회재산의 처분행위에 대하여는 민법 제126조의 표현대리에 관한 규정이 준용되지 아니한다(대판 2009.2.12. 2006다23312).

오답 해설

② (O) 민법 제126조에서 말하는 권한을 넘은 표현대리는 현재에 대리권을 가진 자가 그 권한을 넘은 경우에 성립하는 것이지, 현재에 아무런 대리권도 가지지 아니한 자가 본인을 위하여 한 어떤 대리행위가 과거에 이미 가졌던 대리권을 넘은 경우에까지 성립하는 것은 아니라고 할 것이고, 한편 과거에 가졌던 대리권이 소멸되어 민법 제129조에 의하여 표현대리로 인정되는 경우에 그 표현대리의 권한을 넘는 대리행위가 있을 때에는 민법 제126조에 의한 표현대리가 성립할 수 있다(대판 1970.2.10. 69다2149).

③ (O) 민법 제125조의 표현대리에 해당하기 위해서는 상대방은 선의·무과실이어야 하고 상대방에게 과실이 있다면 대리권수여표시에 의한 표현대리를 주장할 수 없다고 할 것이다(대판 1997.3.25. 96다51271).

④ (O) 민법 제126조 표현대리의 효과를 주장하려면 상대방이 자칭 대리인에게 대리권이 있다고 믿고 그와 같이 믿는데 정당한 이유가 있을 것을 요건으로 하는 것인바, 여기의 정당한 이유의 존부는 자칭 대리인의 대리행위가 행하여 질 때에 존재하는 제반 사정을 객관적으로 관찰하여 판단하여야 한다(대판 1987.7.7. 86다카2475).

⑤ (O) 민법 제125조가 규정하는 대리권 수여의 표시에 의한 표현대리는 본인과 대리행위를 한 자 사이의 기본적인 법률관계의 성질이나 그 효력의 유무와는 관계없이 어떤 자가 본인을 대리하여 제3자와 법률행위를 함에 있어 본인이 그 자에게 대리권을 수여하였다는 표시를 제3자에게 한 경우에 성립한다(대판 2007.8.23. 2007다23425).

09

답 ④

정답 해설

④ (×) 무효인 법률행위는 그 법률행위가 성립한 당초부터 당연히 효력이 발생하지 않는 것이므로, 무효인 법률행위에 따른 법률효과를 침해하는 것처럼 보이는 위법행위나 채무불이행이 있다고 하여도 법률효과의 침해에 따른 손해는 없는 것이므로 그 손해배상을 청구할 수는 없다(대판 2003.3.28. 2002다72125).

오답 해설

① (O) 취소의 의사표시란 반드시 명시적이어야 하는 것은 아니고, 취소자가 그 착오를 이유로 자신의 법률행위의 효력을 처음부터 배제하려고 한다는 의사가 드러나면 충분하다(대판 2005.5.27. 2004다43824).

② (O) 매매계약 체결 당시 일정한 기간 안에 토지거래허가를 받기로 약정하였다고 하더라도, 그 약정된 기간 내에 토지거래허가를 받지 못할 경우 계약해제 등의 절차 없이 곧바로 매매계약을 무효로 하기로 약정한 취지라는 등의 특별한 사정이 없는 한, 이를 쌍무계약에서 이행기를 정한 것과 달리 볼 것이 아니므로 위 약정기간이 경과하였다는 사정만으로 곧바로 매매계약이 확정적으로 무효가 된다고 할 수 없다(대판 2009.4.23. 2008다50615).

③ (O) 법률행위의 취소를 당연한 전제로 한 소송상의 이행청구나 이를 전제로 한 이행거절 가운데는 취소의 의사표시가 포함되어 있다고 볼 수 있다(대판 1993.9.14. 93다13162).

⑤ (O) 직권해임, 직권휴직 및 징계해임은 모두 근로자에게 불리한 신분적 조치를 규정한 것으로서 각 사유 및 절차를 달리하므로 어느 한 처분이 정당한 사유나 절차의 흠결로 인하여 무효인 경우 다른 처분으로서 정당한 사유 및 절차적 요건을 갖추었다 하더라도 다른 처분으로서의 효력을 발휘할 수 없다(대판 1993.5.25. 91다41750).

10 답 ①

정답 해설

① (×) 복대리인은 본인의 대리인이지(민법 제123조 제1항) 대리인의 보조자나 대리인의 대리인이 아니다.

> **민법 제123조(복대리인의 권한)**
> ① 복대리인은 그 권한내에서 본인을 대리한다.

오답 해설

② (○) 임의대리인은 원칙적으로 복임권을 갖지 못하나, 예외적으로 본인의 승낙이 있거나 부득이한 사유가 있는 때에는 복대리인을 선임할 수 있다(민법 제120조).

> **민법 제120조(임의대리인의 복임권)**
> 대리권이 법률행위에 의하여 부여된 경우에는 대리인은 본인의 승낙이 있거나 부득이한 사유있는 때가 아니면 복대리인을 선임하지 못한다.

③ (○) 법정대리인은 그 책임으로 복대리인을 선임할 수 있다(민법 제122조 본문). 법정대리인은 본인의 신임을 받아서 대리인이 된 것이 아니라, 법률의 규정에 의해 대리인이 된 자이고 임의로 사임할 수 없으므로, 언제든지 복임권을 갖는다.

> **민법 제122조(법정대리인의 복임권과 그 책임)**
> 법정대리인은 그 책임으로 복대리인을 선임할 수 있다. 그러나 부득이한 사유로 인한 때에는 전조 제1항에 정한 책임만이 있다.

④ (○) 대리인은 행위능력자임을 요하지 아니하므로(민법 제117조), 복대리인도 행위능력자임을 요하지 아니한다.

⑤ (○) 갑이 채권자를 특정하지 아니한 채 부동산을 담보로 제공하여 금원을 차용해 줄 것을 을에게 위임하였고, 을은 이를 다시 병에게 위임하였으며, 병은 정에게 위 부동산을 담보로 제공하고 금원을 차용하여 을에게 교부하였다면, 을에게 위 사무를 위임한 갑의 의사에는 '복대리인 선임에 관한 승낙'이 포함되어 있다고 봄이 타당하다(대판 1993.8.27. 93다21156).

11 답 ④

정답 해설

④ (×) 조건을 붙일 수 없는 법률행위에 조건을 붙인 경우에는, 일부무효의 법리에 따라 그 법률행위 전체가 무효가 된다.

오답 해설

① (○) 어떠한 법률행위에 불확정기한이 부관으로 붙여진 경우에는 특별한 사정이 없는 한 그 법률행위에 따른 채무는 이미 발생하여 있고 불확정기한은 그 변제기나 이행기를 유예한 것에 불과하다(대판 2014.10.15. 2012두22706).

② (○) 기성조건이란 법률행위 당시 이미 성취되어 있는 조건을 말하는데, 기성조건이 정지조건이면 조건 없는 법률행위가 된다(민법 제151조 제2항).

③ (○) 조건은 법률행위의 효력의 발생 또는 소멸을 장래의 불확실한 사실의 성부에 의존케 하는 법률행위의 부관으로서 당해 법률행위를 구성하는 의사표시의 일체적인 내용을 이루는 것이므로, 의사표시의 일반원칙에 따라 조건을 붙이고자 하는 의사 즉 조건의사와 그 표시가 필요하며, 조건의사가 있더라도 그것이 외부에 표시되지 않으면 법률행위의 동기에 불과할 뿐이고 그것만으로는 법률행위의 부관으로서의 조건이 되는 것은 아니다(대판 2003.5.13. 2003다10797).

⑤ (○) 법률행위에 붙은 부관이 조건인지 기한인지가 명확하지 않은 경우 법률행위의 해석을 통해서 이를 결정해야 한다. 부관에 표시된 사실이 발생하지 않으면 채무를 이행하지 않아도 된다고 보는 것이 합리적인 경우에는 조건으로 보아야 한다. 그러나 부관에 표시된 사실이 발생한 때에는 물론이고 반대로 발생하지 않는 것이 확정된 때에도 채무를 이행하여야 한다고 보는 것이 합리적인 경우에는 표시된 사실의 발생 여부가 확정되는 것을 불확정기한으로 정한 것으로 보아야 한다(대판 2018.6.28. 2018다201702).

12

답 ①

정답 해설

① (×) 제척기간은 그 기간의 경과 자체만으로 곧바로 권리 소멸의 효과가 발생한다.

오답 해설

② (○) 민법상 수급인의 하자담보책임에 관한 기간은 제척기간으로서 재판상 또는 재판 외의 권리행사기간이며 재판상 청구를 위한 출소기간이 아니라고 할 것이다(대판 2000.6.9. 2000다15371).

③ (○) 민법 제146조는 취소권은 추인할 수 있는 날로부터 3년 내에 행사하여야 한다고 규정하고 있는바, 이때의 3년이라는 기간은 일반소멸시효기간이 아니라 제척기간으로서 제척기간이 도과하였는지 여부는 당사자의 주장에 관계없이 법원이 당연히 조사하여 고려하여야 할 사항이다(대판 1996.9.20. 96다25371).

④ (○) 매매예약의 완결권은 일종의 형성권으로서 당사자 사이에 그 행사기간을 약정한 때에는 그 기간 내에, 그러한 약정이 없는 때에는 그 예약이 성립한 때로부터 10년 내에 이를 행사하여야 하고, 그 기간을 지난 때에는 예약 완결권은 제척기간의 경과로 인하여 소멸한다(대판 1995.11.10. 94다22682 · 22699[반소]). 또한, 제척기간은 권리관계를 조속히 확정시키기 위한 제도이므로, 중단이 인정되지 아니한다.

⑤ (○) 점유보호청구권의 제척기간은, 반드시 그 기간 내에 소를 제기하여야 하는 이른바 출소기간으로 해석함이 상당하다(대판 2002.4.26. 2001다8097 · 8103).

13

답 ⑤

정답 해설

⑤ (×) 전 등기명의인이 미성년자이고 당해 부동산을 친권자에게 증여하는 행위가 이해상반행위라 하더라도 일단 친권자에게 이전등기가 경료된 이상, 특별한 사정이 없는 한, 그 이전등기에 관하여 필요한 절차를 적법하게 거친 것으로 추정된다(대판 2002.2.5. 2001다72029).

오답 해설

① (○) 신축된 건물의 소유권은 이를 건축한 사람이 원시취득하는 것이므로, 건물소유권보존등기의 명의자가 이를 신축한 것이 아니라면 그 등기의 권리추정력은 깨어지고, 등기명의자가 스스로 적법하게 그 소유권을 취득한 사실을 입증하여야 한다(대판 1996.7.30. 95다30734).

② (○) 부동산에 관하여 소유권이전등기가 마쳐져 있는 경우에는 그 등기명의자는 제3자에 대하여뿐 아니라 그 전 소유자에 대하여서도 적법한 등기원인에 의하여 소유권을 취득한 것으로 추정되는 것이므로 이를 다투는 측에서 그 무효사유를 주장 · 입증하여야 한다(대판 1994.9.13. 94다10160).

③ (○) 부동산등기법 제130조의 규정과 등기예규 제1026호에 의하면 소유권보존등기명의인을 상대로 한 소유권보존등기말소청구소송을 제기하여 승소판결을 받은 원고가 그 판결에 기하여 기존의 소유권보존등기를 말소한 후 자신의 명의로 마친 소유권보존등기는 일단 적법한 절차에 따라 마쳐진 소유권보존등기라고 추정하여야 하고, 위 판결이 공시송달절차에 의하여 선고되었다고 하여 달리 볼 것이 아니다(대판 2006.9.8. 2006다17485).

④ (○) 소유권이전등기가 전 등기명의인의 직접적인 처분행위에 의한 것이 아니라 제3자가 그 처분행위에 개입된 경우 현 등기명의인이 그 제3자가 전 등기명의인의 대리인이라고 주장하더라도 현 소유명의인의 등기가 적법히 이루어진 것으로 추정되므로, 그 등기가 원인무효임을 이유로 그 말소를 청구하는 전 소유명의인으로서는 반대사실, 즉 그 제3자에게 전 소유명의인을 대리할 권한이 없었다든가 또는 제3자가 전 소유명의인의 등기서류를 위조하는 등 등기절차가 적법하게 진행되지 아니한 것으로 의심할 만한 사정이 있다는 등의 무효사실에 대한 증명책임을 진다(대판 2009.9.24. 2009다37831).

14 답 ③

정답 해설

ㄱ. (O), ㄴ (O), ㄷ (O), ㄹ (×) [1] 소유자가 자신의 소유권에 기하여 실체관계에 부합하지 아니하는 등기의 명의인을 상대로 그 등기말소나 진정명의 회복 등을 청구하는 경우에, 그 권리는 물권적 청구권으로서의 방해배제청구권(민법 제214조)의 성질을 가진다. 그러므로 소유자가 그 후에 소유권을 상실함으로써 이제 등기말소 등을 청구할 수 없게 되었다면, 이를 위와 같은 청구권의 실현이 객관적으로 불능이 되었다고 파악하여 등기말소 등 의무자에 대하여 그 권리의 이행불능을 이유로 민법 제390조상의 손해배상청구권을 가진다고 말할 수 없다. 위 법규정에서 정하는 채무불이행을 이유로 하는 손해배상청구권은 계약 또는 법률에 기하여 이미 성립하여 있는 채권관계에서 본래의 채권이 동일성을 유지하면서 그 내용이 확장되거나 변경된 것으로서 발생한다. 그러나 위와 같은 등기말소청구권 등의 물권적 청구권은 그 권리자인 소유자가 소유권을 상실하면 이제 그 발생의 기반이 아예 없게 되어 더 이상 그 존재 자체가 인정되지 아니하는 것이다. 이러한 법리는 선행소송에서 소유권보존등기의 말소등기청구가 확정되었다고 하더라도 그 청구권의 법적 성질이 채권적 청구권으로 바뀌지 아니하므로 마찬가지이다. [2] 국가 명의로 소유권보존등기가 경료된 토지의 일부 지분에 관하여 甲 등 명의의 소유권이전등기가 경료되었는데, 乙이 등기말소를 구하는 소를 제기하여 국가는 乙에게 원인무효인 등기의 말소등기절차를 이행할 의무가 있고 甲 등 명의의 소유권이전등기는 등기부취득시효 완성을 이유로 유효하다는 취지의 판결이 확정되자, 乙이 국가를 상대로 손해배상을 구한 경우, 甲 등의 등기부 취득시효 완성으로 토지에 관한 소유권을 상실한 乙이 불법행위를 이유로 소유권 상실로 인한 손해배상을 청구할 수 있음은 별론으로 하고, 애초 국가의 등기말소의무 이행불능으로 인한 채무불이행책임을 논할 여지는 없다(대판[전합] 2012.5.17. 2010다28604). 따라서 丙은 甲에 대하여 이행불능에 근거하여 X토지의 시가 상당액에 대한 전보배상을 청구할 수 없다.

15 답 ⑤

정답 해설

④ (O), ⑤ (×) 부동산실명법 시행(1995.7.1.) 후 이루어진 계약명의신탁의 경우, 신탁자 甲은 당해 부동산의 소유권을 취득할 수 없으므로, 그가 입은 손해는 당해 부동산 자체가 아닌 수탁자 丙에게 제공한 매수대금에 상당하는 금액이다. 따라서 신탁자 甲은 수탁자 丙에게 매수자금 5억 원의 반환을 청구할 수 있다.

오답 해설

① (O), ② (O) 사안은 계약명의신탁에서 매도인이 명의신탁약정사실에 대하여 선의인 경우에 해당하므로, 신탁자 甲과 수탁자 丙 간의 명의신탁약정은 무효이나(부동산실명법 제4조 제1항), 매매계약의 유효로 인하여 소유권은 수탁자 丙이 취득하게 된다(부동산실명법 제4조 제2항 단서).

③ (O) 계약명의신탁에서 매도인이 명의신탁약정사실에 대하여 선의인 경우에는 매도인과 수탁자 간의 물권변동은 유효하므로(부동산실명법 제4조 제2항 단서), 수탁자 丙이 유효하게 X토지의 소유권을 취득하게 된다. 나아가 X토지의 소유자인 丙과 매매계약을 체결한 후 소유권이전등기를 마친 丁은, 비록 악의라 할지라도 특별한 사정이 없는 한 유효하게 X토지의 소유권을 취득하게 된다(부동산실명법 제4조 제3항).

16 답 ⑤

정답 해설

ㄱ. (×) 공유물의 소수지분권자가 다른 공유자와 협의 없이 공유물의 전부 또는 일부를 독점적으로 점유·사용하고 있는 경우 다른 소수지분권자는 공유물의 보존행위로서 그 인도를 청구할 수는 없고, 다만 자신의 지분권에 기초하여 공유물에 대한 방해상태를 제거하거나 공동점유를 방해하는 행위의 금지 등을 청구할 수 있다고 보아야 한다(대판[전합] 2020.5.21. 2018다287522). 따라서 丙은 乙에게 Y건물의 철거를 청구할 수 있으나, X토지의 인도를 청구할 수는 없다.

| 참고 | 위의 판례는 특별히 공유물 소수 지분권자의 배타점 점유의 경우, 다른 소수지분권자가 공유물의 보존행위로서 공유물 인도청구를 할 수 있는지에 관한 문제이다. 대법원은 소수지분권자는 과반수지분권자와는 달리 자신만이 단독으로 공유물을 점유하도록 인도해 달라고 청구할 권원이 없다고 보아, 소수 지분권자의 공유물 인도청구를 부정하였다. 다만, 자신의 지분권에 기초하여 공유물에 대한 방해 상태를 제거하거나 공동 점유·사용을 방해하는 행위의 금지 등을 청구할 수 있다고 보았다.

※ 2016년 출제 당시의 판례에 의하면 옳은 지문이었으나(대판 1994.3.22. 93다9392·93다9408), 현재는 2020년 전원합의체 판례변경에 의해(대판 2020.5.21. 2018다287522) 틀린 지문이 되었습니다.

| 비교 | 공유물에 대한 과반수지분권자는 공유물의 관리방법으로 이를 점유하고 있는 다른 공유자 또는 제3자에 대하여 그 공유물 전부의 인도를 청구할 수 있다(대판 1968.11.26. 68다1675).

| 비교 | 제3자가 공유물의 전부 또는 일부를 불법으로 점유하는 경우에는, 과반수 지분권자·소수 지분권자를 불문하고 각 공유자는 '지분권에 기한 물권적 청구권'으로써 제3자에 대하여 '단독'으로 '전부'의 반환을 청구할 수 있다. 판례는 민법 제265조 단서의 보존행위를 그 근거로 한다.

ㄴ. (×) 공유자가 공유물을 타인에게 임대하는 행위 및 그 임대차계약을 해지하는 행위는 공유물의 관리행위에 해당하므로 민법 제265조 본문에 의하여 공유자의 지분의 과반수로써 결정하여야 한다(대판 2010.9.9. 2010다37905). 따라서 丁은 토지임대에 동의하지 아니한 과반수지분권자인 甲에게 임대차의 효력을 주장할 수 없다.

민법 제265조(공유물의 관리, 보존)
공유물의 관리에 관한 사항은 공유자의 지분의 과반수로써 결정한다. 그러나 보존행위는 각자가 할 수 있다.

| 관련 | 부동산에 관하여 과반수 공유지분을 가진 자는 공유자 사이에 공유물의 관리방법에 관하여 협의가 미리 없었다 하더라도 공유물의 관리에 관한 사항을 단독으로 결정할 수 있으므로 공유토지에 관하여 과반수지분권을 가진 자가 그 공유토지의 특정된 한 부분을 배타적으로 사용수익할 것을 정하는 것은 공유물의 관리방법으로서 적법하다(대판 1991.9.24. 88다카33855).

| 참고 | 여기에서 관리란, 처분이나 변경에 이르지 않는 것으로써 공유물의 임대 또는 임대차계약의 해지, 공유토지의 정지공사, 공유물을 사용·수익할 구체적인 방법을 정하는 것 등이 포함된다. 그러나 공유토지에서 건물을 신축하는 것은 공유물 관리의 범위를 넘는 처분행위이므로 공유자 전원의 동의를 요한다(대판 2001.11.27. 2000다33638·33645 참고).

ㄷ. (×) 공유토지의 과반수지분권자는 다른 공유자와 협의 없이 단독으로 관리행위를 할 수가 있으며 그로 인한 관리비용은 공유자의 지분비율에 따라 부담할 의무가 있으나, 위와 같은 관리비용의 부담의무는 공유자의 내부관계에 있어서 부담을 정하는 것일 뿐, 제3자와의 관계는 당해 법률관계에 따라 결정된다고 할 것이고, 따라서 과반수지분권자가 관리행위가 되는 정지공사를 시행함에 있어 시공회사에 대하여 공사비용은 자신이 정산하기로 약정하였다면 그 공사비를 직접 부담해야 할 사람은 과반수지분권자만이라 할 것이고, 다만 그가 그 공사비를 지출하였다면 다른 공유자에게 그의 지분비율에 따른 공사비만을 상환청구할 수 있을 뿐이다(대판 1991.4.12. 90다20220). 따라서 乙과 丙은 丁에게 각 지분에 상응하는 공사비지급의무를 부담하지 아니한다. 甲에게 내부적 부담만을 질 뿐이다.

민법 제266조(공유물의 부담)
① 공유자는 그 지분의 비율로 공유물의 관리비용 기타 의무를 부담한다.

ㄹ. (×) 1필지의 토지의 위치와 면적을 특정하여 2인 이상이 구분소유하기로 하는 약정을 하고 구분소유자의 공유로 등기하는 이른바 구분소유적 공유관계에 있어서, 1필지의 토지 중 특정부분에 대한 구분소유적 공유관계를 표상하는 공유지분을 목적으로 하는 근저당권이 설정된 후 구분소유하고 있는 특정부분별로 독립한 필지로 분할되고 나아가 구분소유자 상호 간에 지분이전등기를 하는 등으로 구분소유적 공유관계가 해소되더라도 그 근저당권은 종전의 구분소유적 공유지분의 비율대로 분할된 토지들 전부의 위에 그대로 존속하는 것이고, 근저당권설정자의 단독소유로 분할된 토지에 당연히 집중되는 것은 아니다(대판 2014.6.26. 2012다25944). 구분소유적 공유관계가 해소되더라도 근저당권은 종전의 구분소유적 공유지분의 비율대로 분할된 토지들 전부의 위에 그대로 존속한다는 것이다.

17

답 ②

정답 해설

ㄴ. (○) 계약상의 급부가 계약의 상대방뿐만 아니라 제3자의 이익으로 된 경우에 급부를 한 계약당사자가 계약상대방에 대하여 계약상의 반대급부를 청구할 수 있는 이외에 그 제3자에 대하여 직접 부당이득반환청구를 할 수 있다고 보면, 자기책임하에 체결된 계약에 따른 위험부담을 제3자에게 전가시키는 것이 되어 계약법의 기본원리에 반하는 결과를 초래할 뿐만 아니라, 채권자인 계약당사자가 채무자인 계약 상대방의 일반채권자에 비하여 우대받는 결과가 되어 일반 채권자의 이익을 해치게 되고, 수익자인 제3자가 계약상대방에 대하여 가지는 항변권 등을 침해하게 되어 부당하므로, 위와 같은 경우 계약상의 급부를 한 계약당사자는 이익의 귀속주체인 제3자에 대하여 직접 부당이득 반환을 청구할 수는 없다(대판 2002.8.23. 99다66564·66571).

오답 해설

ㄱ. (×) 乙은 X건물을 임차하여 점유 중인 자에 해당하므로, 점유권에 기한 방해배제청구권을 행사할 수 있다.

ㄷ. (×) 유효한 도급계약에 기하여 수급인이 도급인으로부터 제3자 소유 물건의 점유를 이전받아 이를 수리한 결과 그 물건의 가치가 증가한 경우, 도급인이 그 물건을 간접점유하면서 궁극적으로 자신의 계산으로 비용지출과정을 관리한 것이므로, 도급인만이 소유자에 대한 관계에 있어서 민법 제203조에 의한 비용상환청구권을 행사할 수 있는 비용지출자라고 할 것이고, 수급인은 그러한 비용지출자에 해당하지 않는다(대판 2002.8.23. 99다66564·66571).

ㄹ. (×) 민법 제203조 제2항에 의한 점유자의 회복자에 대한 유익비상환청구권은 점유자가 계약관계 등 적법하게 점유할 권리를 가지지 않아 소유자의 소유물반환청구에 응하여야 할 의무가 있는 경우에 성립되는 것으로서, 이 경우 점유자는 그 비용을 지출할 당시의 소유자가 누구이었는지 관계없이 점유회복 당시의 소유자 즉 회복자에 대하여 비용상환청구권을 행사할 수 있는 것이나, 점유자가 유익비를 지출할 당시 계약관계 등 적법한 점유의 권원을 가진 경우에 그 지출비용의 상환에 관하여는 그 계약관계를 규율하는 법조항이나 법리 등이 적용되는 것이어서, 점유자는 그 계약관계 등의 상대방에 대하여 해당 법조항이나 법리에 따른 비용상환청구권을 행사할 수 있을 뿐 계약관계 등의 상대방이 아닌 점유회복 당시의 소유자에 대하여 민법 제203조 제2항에 따른 지출비용의 상환을 구할 수는 없다(대판 2003.7.25. 2001다64752). 즉, 임차인 乙은 임대차계약을 규율하는 민법 제626조에 근거하여 임대인 甲에게 비용상환을 청구할 수 있을 뿐, 민법 제203조에 근거하여 戊에게 그 비용상환을 청구할 수는 없다. 다만, 임차인 乙은 임대인 甲에 대한 비용상환청구권을 피담보채권으로 한 유치권을 戊에게 주장할 수 있다.

18

답 ③

정답 해설

③ (○) A토지에 근저당권이 설정될 당시 A토지와 B건물의 소유자는 乙이었고, 근저당권의 실행으로 A토지의 소유자와 B건물의 소유자가 달라졌으므로, 乙은 B건물을 위한 법정지상권을 취득한다(민법 제366조 참고).

> **민법 제366조(법정지상권)**
> 저당물의 경매로 인하여 토지와 그 지상건물이 다른 소유자에 속한 경우에는 토지소유자는 건물소유자에 대하여 지상권을 설정한 것으로 본다. 그러나 지료는 당사자의 청구에 의하여 법원이 이를 정한다.

오답 해설

① (×) 원소유자로부터 대지와 지상건물을 모두 매수하고 대지에 관하여만 소유권이전등기를 경료함으로써 건물의 소유명의가 매도인에게 남아 있게 된 경우라면 형식적으로는 대지와 건물의 소유명의자를 달리하게 된 것이라 하더라도 이는 대지와 건물 중 어느 하나만이 매도된 것이 아니어서 관습에 의한 법정지상권은 인정될 수 없고 이 경우 대지와 건물의 점유사용문제는 매매계약당사자 사이의 계약에 따라 해결할 것이다(대판 1983.7.26. 83다카419·420). 따라서 甲은 C건물을 위한 관습법상 법정지상권을 취득할 수 없다.

② (×) 건물은 건물로서의 요건을 갖추고 있는 이상 무허가건물이거나 미등기건물이거나를 가리지 않고, 부지에 관하여 관습상의 법정지상권을 취득한다(대판 1988.4.12. 87다카2404 참고). 따라서 C건물이 무허가건물이라는 이유만으로 관습법상 법정지상권의 성립이 부정되지 아니한다.

④ (×) 민법 제366조 소정의 법정지상권이 성립하려면 저당권의 설정 당시 저당권의 목적이 되는 토지 위에 건물이 존재하여야 하고, 저당권 설정 당시 건물이 존재한 이상 그 이후 건물을 개축, 증축하는 경우는 물론이고 건물이 멸실되거나 철거된 후 재축, 신축하는 경우에도 법정지상권이 성립하며, 이 경우의 법정지상권의 내용인 존속기간, 범위 등은 구 건물을 기준으로 하여 그 이용에 일반적으로 필요한 범위 내로 제한된다(대판 1991.4.26. 90다19985). 따라서 乙은 D건물을 위한 법정지상권을 취득할 수 있다.

| 참고 | 위의 판례는 저당권 설정 당시의 건물을 그 후 개축・증축한 경우는 물론이고 그 건물이 멸실되거나 철거된 후 재건축・신축한 경우에도 법정지상권이 성립한다고 본다. 즉, 기존 건물과 신축 건물 사이의 '동일성을 따지지 않고' 신축건물을 위한 법정지상권이 성립한다고 보는 것이다. 왜냐하면 대지에 관한 저당권자는 기존 건물에 대한 법정지상권의 성립을 예상하고 대지의 담보가치를 파악하였을 것인데, 만일 그 후에 건물이 철거되고 신축되었다는 이유로 법정지상권이 성립하지 않는다고 해석하면 저당권자에게 뜻밖의 이익(공제한 구건물의 법정지상권의 가치)을 주게 되어 부당하기 때문이다. 그리고 이때 법정지상권의 내용은 구건물을 기준으로 하고 있다. 저당권자는 구건물을 기준으로 담보가치를 평가하였기 때문에, 신건물을 기준으로 법정지상권의 내용(존속기간, 범위 등)을 정하게 되면 저당권자로서는 예기치 못한 불이익을 입을 염려가 있기 때문이다.

| 관련 | 토지에 관하여 저당권이 설정될 당시 그 지상에 건물이 위 토지 소유자에 의하여 건축중이었고, 그것이 사회관념상 독립된 건물로 볼 수 있는 정도에 이르지 않았다 하더라도 건물의 규모, 종류가 외형상 예상할 수 있는 정도까지 건축이 진전되어 있는 경우에는, 저당권자는 완성될 건물을 예상할 수 있으므로 법정지상권을 인정하여도 불측의 손해를 입는 것이 아니며 사회경제적으로도 건물을 유지할 필요가 인정되기 때문에 법정지상권의 성립을 인정함이 상당하다고 해석된다(대판 1992.6.12. 92다7221). 판례는 토지에 저당권이 설정될 당시 독립된 건물로 볼 수 있는 정도에 이르지 않았다 하더라도 제366조 법정지상권을 인정하고 있다. 또한 제366조 법정지상권을 인정하는 이유로서 사회경제적으로도 건물을 유지할 필요성, 저당권자의 담보가치에 대한 기대(나대지의 교환가치에서 건물의 법정지상권의 가치를 공제해야 함을 저당권자가 평가・예측할 수 있음) 등이 고려되고 있음을 알 수 있다.

⑤ (×) 乙의 B건물을 위한 법정지상권을 취득하기 위하여 丁은 소유권이전등기뿐만 아니라, 지상권이전등기까지 마쳐야 한다(대판[전합] 1985.4.9. 84다카1131・1132). 이와 달리 건물에 대한 저당권이 실행되어 경락인이 그 건물의 소유권을 취득하였다면 경락 후 건물을 철거한다는 등의 매각조건하에서 경매되었다는 등 특별한 사정이 없는 한 ㄱ 건물소유를 위한 지상권도 민법 제187조의 규정에 따라 등기없이 당연히 경락인이 취득하게 된다(대판 1992.7.14. 92다527).

19 　답 ③

정답 해설

ㄷ. (○) 전세권에 대하여 설정된 저당권은 민사소송법 제724조 소정의 부동산경매절차에 의하여 실행하는 것이나, 전세권의 존속기간이 만료되면 전세권의 용익물권적 권능이 소멸하기 때문에 더 이상 전세권 자체에 대하여 저당권을 실행할 수 없게 되고, 이러한 경우는 민법 제370조, 제342조 및 민사소송법 제733조에 의하여 저당권의 목적물인 전세권에 갈음하여 존속하는 것으로 볼 수 있는 전세금반환채권에 대하여 압류 및 추심명령 또는 전부명령을 받거나(이 경우 저당권의 존재를 증명하는 등기부등본을 집행법원에 제출하면 되고 별도의 채무명의가 필요한 것이 아니다), 제3자가 전세금반환채권에 대하여 실시한 강제집행절차에서 배당요구를 하는 등의 방법으로 자신의 권리를 행사할 수 있을 뿐이다(대결 1995.9.18. 95마684, 대판 1999.9.17. 98다31301).

오답 해설

ㄱ. (×) 전세권설정계약의 당사자 사이에 그 계약이 합의해지된 경우 전세권설정등기는 전세금반환채권을 담보하는 효력은 있다고 할 것이나, 그 후 당사자 간의 약정에 의하여 전세권의 처분이 따르지 않는 전세금반환채권만의 분리양도가 이루어진 경우에는 양수인은 유효하게 전세금반환채권을 양수하였다고 할 것이고, 그로 인하여 전세금반환채권을 담보하는 물권으로서의 전세권마저 소멸된 이상 그 전세권에 관하여 가압류부기등기가 경료되었다고 하더라도 아무런 효력이 없다(대판 1999.2.5. 97다33997). 따라서 乙은 전세권과 분리하여 전세금반환채권을 양도할 수 있다.

ㄴ. (×) 목적물의 신 소유자는 구 소유자와 전세권자 사이에 성립한 전세권의 내용에 따른 권리의무의 직접적인 당사자가 되어 전세권이 소멸하는 때에 전세권자에 대하여 전세권설정자의 지위에서 전세금반환의무를 부담하게 되고, 구 소유자는 전세권설정자의 지위를 상실하여 전세금반환의무를 면하게 된다(대판 2000.6.9. 99다15122). 사안의 경우, 丙이 X주택의 소유권을 양수함으로써 전세권설정자의 지위 또한 승계하였으므로, 乙의 전세권이 그 계약기간의 만료로 소멸하면, 乙은 구 소유자 甲이 아닌 신 소유자 丙에게 전세금 반환을 청구하여야 한다.

20 답 ⑤

정답 해설

⑤ (○) 소유자는 그 소유에 속한 물건을 점유한 자에 대하여 반환을 청구할 수 있다. 그러나 점유자가 그 물건을 점유할 권리가 있는 때에는 반환을 거부할 수 있다(민법 제213조). 여기서 반환을 거부할 수 있는 점유할 권리에는 유치권도 포함되고, 유치권자로부터 유치물을 유치하기 위한 방법으로 유치물의 점유 내지 보관을 위탁받은 자는 특별한 사정이 없는 한 점유할 권리가 있음을 들어 소유자의 소유물반환청구를 거부할 수 있다(대판 2014.12.24. 2011다62618).

오답 해설

① (×) 유치권자가 유치물을 점유하기 전에 발생된 채권(건축비채권)이라도 그 후 그 물건(건물)의 점유를 취득했다면 유치권은 성립한다(대판 1965.3.30. 64다1977).

② (×) 불법행위로써 점유를 취득한 경우에는 유치권이 인정되지 아니한다(대판 1966.6.7. 66다600・601 참고).

③ (×) 부동산 경매절차에서의 매수인은 민사집행법 제91조 제5항에 따라 유치권자에게 그 유치권으로 담보하는 채권을 변제할 책임이 있는 것이 원칙이나, 채무자 소유의 건물 등 부동산에 경매개시결정의 기입등기가 경료되어 압류의 효력이 발생한 후에 채무자가 위 부동산에 관한 공사대금채권자에게 그 점유를 이전함으로써 그로 하여금 유치권을 취득하게 한 경우, 그와 같은 점유의 이전은 목적물의 교환가치를 감소시킬 우려가 있는 처분행위에 해당하여 민사집행법 제92조 제1항, 제83조 제4항에 따른 압류의 처분금지효에 저촉되므로 점유자로서는 위 유치권을 내세워 그 부동산에 관한 경매절차의 매수인에게 대항할 수 없다. 그러나 이러한 법리는 경매로 인한 압류의 효력이 발생하기 전에 유치권을 취득한 경우에는 적용되지 아니하고, 유치권 취득시기가 근저당권 설정 후라거나 유치권 취득 전에 설정된 근저당권에 기하여 경매절차가 개시되었다고 하여 달리 볼 것은 아니다(대판 2009.1.15. 2008다70763). 따라서 甲은 경매로 인한 압류의 효력이 발생하기 전에 유치권을 취득하였으므로, 그 유치권을 주장할 수 있다.

| 참고 | 법원은 경매신청이 적법하다고 인정할 때에 경매개시결정을 하며, 경매개시결정과 동시에 그 저당부동산의 압류를 명하여야 한다(민사집행법 제83조 제1항). 이렇게 압류의 효력이 발생한 후에 유치권을 취득하게 된 경우에는, 유치권을 가지고 경매절차의 매수인에게 대항할 수 없다.

④ (×) 민사소송법 제728조에 의하여 담보권의 실행을 위한 경매절차에 준용되는 같은 법 제608조 제3항은 경락인은 유치권자에게 그 유치권으로 담보하는 채권을 변제할 책임이 있다고 규정하고 있는바, 여기에서 '변제할 책임이 있다'는 의미는 부동산상의 부담을 승계한다는 취지로서 인적 채무까지 인수한다는 취지는 아니므로, 유치권자는 경락인에 대하여 그 피담보채권의 변제가 있을 때까지 유치목적물인 부동산의 인도를 거절할 수 있을 뿐이고 그 피담보채권의 변제를 청구할 수는 없다(대판 1996.8.23. 95다8713). 유치권자가 경락인에 대하여 피담보채권의 변제를 청구할 수는 없다는 판례이다.

21 답 ③

정답 해설

③ (○) 민법 제352조가 질권설정자는 질권자의 동의 없이 질권의 목적된 권리를 소멸하게 하거나 질권자의 이익을 해하는 변경을 할 수 없다고 규정한 것은 질권자가 질권의 목적인 채권의 교환가치에 대하여 가지는 배타적 지배권능을 보호하기 위한 것이므로, 질권설정자와 제3채무자가 질권의 목적된 권리를 소멸하게 하는 행위를 하였다고 하더라도 이는 질권자에 대한 관계에 있어 무효일 뿐이어서 특별한 사정이 없는 한 질권자 아닌 제3자가 그 무효의 주장을 할 수는 없다(대판 1997.11.11. 97다35375).

오답 해설

① (×) 질권의 목적인 채권의 양도행위는 민법 제352조 소정의 질권자의 이익을 해하는 변경에 해당되지 않으므로 질권자의 동의를 요하지 아니한다(대판 2005.12.22. 2003다55059).

② (×) 제3채무자가 질권설정사실을 승낙한 후 질권설정계약이 합의해지된 경우 질권설정자가 해지를 이유로 제3채무자에게 원래의 채권으로 대항하려면 질권자가 제3채무자에게 해지사실을 통지하여야 하고, 만일 질권자가 제3채무자에게 질권설정계약의 해지사실을 통지하였다면, 설사 아직 해지가 되지 아니하였다고 하더라도 선의인 제3채무자는 질권설정자에게 대항할 수 있는 사유로 질권자에게 대항할 수 있다고 봄이 타당하다. 그리고 위와 같은 해지통지가 있었다면 해지사실은 추정되고, 그렇다면 해지통지를 믿은 제3채무자의 선의 또한 추정된다고 볼 것이어서 제3채무자가 악의라는 점은 선의를 다투는 질권자가 증명할 책임이 있다. 그리고 위와 같은 해지사실의 통지는 질권자가 질권설정계약이 해제되었다는 사실을 제3채무자에게 알리는 이른바 관념의 통지로서, 통지는 제3채무자에게

도달됨으로써 효력이 발생하고, 통지에 특별한 방식이 필요하지는 않다(대판 2014.4.10. 2013다76192). 따라서 사안의 경우, 甲이 해지를 이유로 丙에게 원래의 채권으로 대항하려면, 질권자 乙이 丙에게 해지사실을 통지하여야 한다.

④ (×) 민법 제451조 제1항이 이의를 보류하지 않은 승낙에 대하여 항변사유를 제한한 취지는 이의를 보류하지 않은 승낙이 이루어진 경우 양수인은 양수한 채권에 아무런 항변권도 부착되지 아니한 것으로 신뢰하는 것이 보통이므로 채무자의 '승낙'이라는 사실에 공신력을 주어 양수인의 신뢰를 보호하고 채권양도나 질권설정과 같은 거래의 안전을 꾀하기 위한 규정이라 할 것이므로, 채권의 양도나 질권의 설정에 대하여 이의를 보류하지 아니하고 승낙을 하였더라도 양수인 또는 질권자가 악의 또는 중과실의 경우에 해당하는 한 채무자의 승낙 당시까지 양도인 또는 질권설정자에 대하여 생긴 사유로써도 양수인 또는 질권자에게 대항할 수 있다(대판 2002.3.29. 2000다13887). 따라서 사안의 경우, 乙에게 중과실이 있다면, 丙은 변제로 乙에게 대항할 수 있다.

⑤ (×) 금전채권의 질권자가 민법 제353조 제1항, 제2항에 의하여 자기채권의 범위 내에서 직접청구권을 행사하는 경우 질권자는 질권설정자의 대리인과 같은 지위에서 입질채권을 추심하여 자기채권의 변제에 충당하고 그 한도에서 질권설정자에 의한 변제가 있었던 것으로 보므로, 위 범위 내에서는 제3채무자의 질권자에 대한 금전지급으로써 제3채무자의 질권설정자에 대한 급부가 이루어질 뿐만 아니라 질권설정자의 질권자에 대한 급부도 이루어진다. 이러한 경우 입질채권의 발생원인인 계약관계에 무효 등의 흠이 있어 입질채권이 부존재한다고 하더라도 제3채무자는 특별한 사정이 없는 한 상대방 계약당사자인 질권설정자에 대하여 부당이득 반환을 구할 수 있을 뿐이고 질권자를 상대로 직접 부당이득 반환을 구할 수 없다. 이와 달리 제3채무자가 질권자를 상대로 직접 부당이득반환청구를 할 수 있다고 보면 자기책임하에 체결된 계약에 따른 위험을 제3자인 질권자에게 전가하는 것이 되어 계약법의 원리에 반하는 결과를 초래할 뿐만 아니라 질권자가 질권설정자에 대하여 가지는 항변권 등을 침해하게 되어 부당하기 때문이다(대판 2015.5.29. 2012다92258).

22

답 ④

정답 해설

④ (×) 부동산에 관하여 근저당권설정등기가 경료되었다가 그 등기가 위조된 등기서류에 의하여 아무런 원인 없이 말소되었다는 사정만으로는 곧바로 근저당권이 소멸하는 것은 아니라고 할 것이지만, 부동산이 경매절차에서 경락되면 그 부동산에 존재하였던 근저당권은 당연히 소멸하는 것이므로, 근저당권설정등기가 원인 없이 말소된 이후에 그 근저당목적물인 부동산에 관하여 다른 근저당권자 등 권리자의 경매신청에 따라 경매절차가 진행되어 경락허가결정이 확정되고 경락인이 경락대금을 완납하였다면, 원인 없이 말소된 근저당권은 이에 의하여 소멸한다(대판 1998.10.2. 98다27197). 근저당권설정등기가 불법 말소된 후 목적 부동산이 경매절차에서 경락된 경우, 그 근저당권은 소멸한다는 것이 판례의 태도이다.

| 관련 | 근저당권설정등기가 위법하게 말소되어 아직 회복등기를 경료하지 못한 연유로 그 부동산에 대한 경매절차에서 피담보채권액에 해당하는 금액을 전혀 배당받지 못한 근저당권자로서는 위 경매절차에서 실제로 배당받은 자에 대하여 부당이득반환 청구로서 그 배당금의 한도 내에서 그 근저당권설정등기가 말소되지 아니하였더라면 배당받았을 금액의 지급을 구할 수 있을 뿐이고, 이미 소멸한 근저당권에 관한 말소등기의 회복등기를 위하여 현소유자를 상대로 그 승낙의 의사표시를 구할 수는 없다(대판 1998.10.2. 98다27197). 위의 경우, 그 근저당권자의 구제방법으로 판례는 부당이득반환청구를 긍정하며, 회복등기를 위한 승낙의 의사표시를 구하는 것은 부정한다.

오답 해설

① (○) 물상보증인이 근저당권의 채무자의 계약상의 지위를 인수한 것이 아니라 다만 그 채무만을 면책적으로 인수하고 이를 원인으로 하여 근저당권 변경의 부기등기가 경료된 경우, 특별한 사정이 없는 한 그 변경등기는 당초 채무자가 근저당권자에 대하여 부담하고 있던 것으로서 물상보증인이 인수한 채무만을 그 대상으로 하는 것이지, 그 후 채무를 인수한 물상보증인이 다른 원인으로 근저당권자에 대하여 부담하게 된 새로운 채무까지 담보하는 것으로 볼 수는 없다(대판 1999.9.3. 98다40657).

② (○) 근저당권자가 피담보채무의 불이행을 이유로 경매신청을 한 경우에는 경매신청 시에 근저당채무액이 확정되고, 그 이후부터 근저당권은 부종성을 가지게 되어 보통의 저당권과 같은 취급을 받게 되는바, 위와 같이 경매신청을 하여 경매개시결정이 있은 후에 경매신청이 취하되었다고 하더라도 채무확정의 효과가 번복되는 것은 아니다(대판 2002.11.26. 2001다73022).

| 참고 | 근저당권의 피담보채권은 '경매신청시'에 확정된다고 할 것이나 경매신청이 각하되거나 경매개시결정 전에 경매신청을 취하하면 피담보채권은 확정되지 않으며, 경매개시결정이 있은 후에는 종국적 환가에 이르기 전에 경매신청이 취하되더라도 피담보채권 확정의 효력에는 영향이 없다.

| 관련 | 근저당권자가 피담보채무의 불이행을 이유로 경매신청을 한 경우에는 경매신청시에 근저당권이 확정되고 근저당권이 확정되면 그 후에 발생한 원금채권은 그 근저당권에 의하여 담보되지 않는다 할 것이나, 근저당권자가 경매신청을 실제로 한 것이 아니고 다만 경매신청을 하려는 태도를 보인 데 그친 것이라면 이로써 근저당권이 확정되었다고 볼 수 없다(대판 1993.3.12. 92다48567). 근저당권에 있어서 피담보채권의 확정시기에 대한 판례이다. 근저당권자가 스스로 경매를 신청한 때에는, 채무자와 더 이상의 거래관계를 유지하지 아니하겠다는 취지의 의사를 표시한 것이므로 '경매신청시'에 피담보채권이 확정된다.

③ (O) 근저당권이라 함은 그 담보할 채권의 최고액만을 정하고 채무의 확정을 장래에 유보하여 설정하는 저당권을 말하고, 이 경우 그 피담보채무가 확정될 때까지의 채무의 소멸 또는 이전은 근저당권에 영향을 미치지 아니하므로, 근저당부동산에 대하여 소유권을 취득한 제3자는 피담보채무가 확정된 이후에 그 확정된 피담보채무를 채권최고액의 범위 내에서 변제하고 근저당권의 소멸을 청구할 수 있다고 할 것이며, 피담보채무는 근저당권설정계약에서 근저당권의 존속기간을 정하거나 근저당권으로 담보되는 기본적인 거래계약에서 결산기를 정한 경우에는 원칙적으로 존속기간이나 결산기가 도래한 때에 확정되지만, 이 경우에도 근저당권에 의하여 담보되는 채권이 전부 소멸하고 채무자가 채권자로부터 새로이 금원을 차용하는 등 거래를 계속할 의사가 없는 경우에는, 그 존속기간 또는 결산기가 경과하기 전이라 하더라도 근저당권설정자는 계약을 해지하고 근저당권설정등기의 말소를 구할 수 있고, 한편 존속기간이나 결산기의 정함이 없는 때에는 근저당권의 피담보채무의 확정방법에 관한 다른 약정이 있으면 그에 따르되 이러한 약정이 없는 경우라면 근저당권설정자가 근저당권자를 상대로 언제든지 해지의 의사표시를 함으로써 피담보채무를 확정시킬 수 있다(대판 2002.5.24. 2002다7176).

| 참고 | 근저당권을 실행하여 피담보채권의 우선변제를 받기 위해서는 유동하는 채권이 '확정'되어야 한다. 근저당권의 설정계약 내지 기본계약에 존속기간이나 결산기가 정해져 있으면 원칙적으로 특별한 사정이 없는 한, 그 '존속기간의 만료나 결산기의 도래'로 피담보채권은 확정된다. 판례는 그 예외적인 사유로써 존속기간이나 결산기의 정함이 있는 경우에도, 근저당권에 의하여 담보되는 채권이 전부 소멸하고 채무자가 채권자로부터 거래를 계속할 의사가 없는 경우에는 그 존속기간 또는 결산기가 경과하기 전이라 하더라도 근저당권설정자는 계약을 해지하고 근저당권설정등기의 말소를 구할 수 있다고 판시하고 있다. 그리고 존속기간이나 결산기의 정함이 없는 경우에는, 근저당권의 피담보채무의 확정방법에 관한 다른 약정이 없다면 근저당권설정자가 근저당권자를 상대로 '언제든지' 해지의 의사표시를 함으로써 피담보채무를 확정시킬 수 있다.

⑤ (O) 근저당권이 설정된 경우에는 채무의 이자는 최고액 중에 산입한 것으로 본다(민법 제357조 제2항). 그리고 채무의 이자는 최고액 중에 산입된 것으로 간주되므로, 이자의 등기를 별도로 할 수 없다.

23

답 ②

정답 해설

ㄱ. (O) 공동저당의 목적인 채무자 소유의 부동산과 물상보증인 소유의 부동산 중 채무자 소유의 부동산에 대하여 먼저 경매가 이루어져 그 경매대금의 교부에 의하여 1번 공동저당권자가 변제를 받더라도, 채무자 소유의 부동산에 대한 후순위저당권자는 민법 제368조 제2항 후단에 의하여 1번 공동저당권자를 대위하여 물상보증인 소유의 부동산에 대하여 저당권을 행사할 수 없다(대결 1995.6.13. 95마500). 따라서 채무자 甲 소유 X토지의 후순위저당권자 丁은 물상보증인 乙 소유 Y건물의 경매대가에서 배당받지 못한다.

ㄴ. (O) 공동저당의 목적인 채무자 소유의 부동산과 물상보증인 소유의 부동산에 각각 채권자를 달리하는 후순위저당권이 설정되어 있는 경우, 물상보증인 소유의 부동산에 대하여 먼저 경매가 이루어져 그 경매대금의 교부에 의하여 1번 저당권자가 변제를 받은 때에는 물상보증인은 채무자에 대하여 구상권을 취득함과 동시에, 민법 제481조, 제482조의 규정에 의한 변제자 대위에 의하여 채무자 소유의 부동산에 대한 1번 저당권을 취득하고, 이러한 경우 물상보증인 소유의 부동산에 대한 후순위저당권자는 물상보증인에게 이전한 1번 저당권으로부터 우선하여 변제를 받을 수 있으며, 물상보증인이 수인인 경우에도 마찬가지라 할 것이다(대판 1994.5.10. 93다25417). 따라서 물상보증인 乙은 채무자 甲 소유 X토지의 경매대가 4억 원에서 먼저 1번 공동저당권자 丙의 부족분 1억 원을 배당하고 남은 3억 원을 배당받게 된다.

오답 해설

ㄷ. (×) 공동저당권이 설정되어 있는 수개의 부동산 중 일부는 채무자 소유이고 일부는 물상보증인의 소유인 경우 위 각 부동산의 경매대가를 동시에 배당하는 때에는, 물상보증인이 민법 제481조, 제482조의 규정에 의한 변제자 대위에 의하여 채무자 소유 부동산에 대하여 담보권을 행사할 수 있는 지위에 있는 점 등을 고려할 때, "동일한 채권의 담보로 수개의 부동산에 저당권을 설정한 경우에 그 부동산의 경매대가를 동시에 배당하는 때에는 각 부동산의 경매대가에 비례하여 그 채권의 분담을 정한다"고 규정하고 있는 민법 제368조 제1항은 적용되지 아니한다고 봄이 상당하다. 따라서 이러한 경우 경매법원으로서는 채무자 소유 부동산의 경매대가에서 공동저당권자에게 우선적으로 배당을 하고, 부족분이 있는 경우에 한하여 물상보증인 소유 부동산의 경매대가에서 추가로 배당을 하여야 한다(대판 2010.4.15. 2008다41475). 따라서 1순위 공동저당권자 丙은 채무자 甲 소유 X토지의 경매대가에서 4억 원을 우선배당받고, 나머지 1억 원은 물상보증인 乙 소유 Y건물의 경매대가에서 배당받게 되며, 남은 Y건물의 경매대가 3억 원은 물상보증인 乙에게 배당되므로, 결국 X토지의 후순위저당권자 丁은 X토지와 Y건물의 경매대가 모두에서 배당받지 못한다.

24

답 ①

정답 해설

ㄴ. (×) ㄹ. (○) [1] 동산에 대하여 점유개정의 방법으로 양도담보를 일단 설정한 후에는 양도담보권자나 양도담보설정자가 그 동산에 대한 점유를 상실하였다고 하더라도 그 양도담보의 효력에는 아무런 영향이 없다 할 것이고, 양도담보권 실행을 위한 환가절차에 있어서는 환가로 인한 매득금에서 환가비용을 공제한 잔액 전부를 양도담보권자의 채권변제에 우선충당하여야 하고 양도담보설정자의 다른 채권자들은 양도담보권자에 대한 관계에 있어서 안분배당을 요구할 수 없다(대판 2000.6.23. 99다65066). [2] 동산에 대하여 점유개정의 방법으로 이중양도담보를 설정한 경우 원래의 양도담보권자는 뒤의 양도담보권자에 대하여 배타적으로 자기의 담보권을 주장할 수 있으므로, 뒤의 양도담보권자가 양도담보의 목적물을 처분함으로써 원래의 양도담보권자로 하여금 양도담보권을 실행할 수 없도록 하는 행위는, 이중양도담보설정행위가 횡령죄나 배임죄를 구성하는지 여부나 뒤의 양도담보권자가 이중양도담보설정행위에 적극적으로 가담하였는지 여부와 관계없이, 원래의 양도담보권자의 양도담보권을 침해하는 위법한 행위이다(대판 2000.6.23. 99다65066).

오답 해설

ㄱ. (×), ㄷ (×) 금전채무를 담보하기 위하여 채무자가 그 소유의 동산을 채권자에게 양도하되 점유개정에 의하여 채무자가 이를 계속 점유하기로 한 경우 특별한 사정이 없는 한 동산의 소유권은 신탁적으로 이전됨에 불과하여 채권자와 채무자 사이의 대내적 관계에서 채무자는 의연히 소유권을 보유하나 대외적인 관계에 있어서 채무자는 동산의 소유권을 이미 채권자에게 양도한 무권리자가 되는 것이어서 다시 다른 채권자와의 사이에 양도담보 설정계약을 체결하고 점유개정의 방법으로 인도를 하더라도 선의취득이 인정되지 않는 한 나중에 설정계약을 체결한 채권자는 양도담보권을 취득할 수 없는데, 현실의 인도가 아닌 점유개정으로는 선의취득이 인정되지 아니하므로, 결국 뒤의 채권자는 양도담보권을 취득할 수 없다(대판 2004.10.28. 2003다30463).

25

답 ②

정답 해설

② (×) 특정물의 인도가 채권의 목적인 때에는 채무자는 그 물건을 인도하기까지 선량한 관리자의 주의로 보존하여야 한다(민법 제374조).

오답 해설

① (○) 채무의 성질 또는 당사자의 의사표시로 변제장소를 정하지 아니한 때에는 특정물의 인도는 채권성립 당시에 그 물건이 있던 장소에서 하여야 한다(민법 제467조 제1항).
③ (○) 제한종류채권에서 급부목적물의 특정은, 원칙적으로 종류채권의 급부목적물의 특정에 관한 민법 제375조 제2항이 적용되므로, 채무자가 이행에 필요한 행위를 완료하거나 채권자의 동의를 얻어 이행할 물건을 지정한 때에는 그 물건이 채권의 목적물이 되지만, 당사자 사이에 지정권의 부여 및 지정의 방법에 관한 합의가 없고, 채무자가 이행에 필요한 행위를 하지 아니하거나 지정권자로 된 채무자가 이행할 물건을 지정하지 아니하는 경우에는, 선택채권의 선택권 이전에 관한 민법 제381조를 준용하여, 채권의 기한이 도래한 후 채권자가 상당한 기간을 정하여 지정권이 있는 채무자에게 그 지정을 최고하여도 채무자가 이행할 물건을 지정하지 않으면 지정권이 채권자에게 이전한다(대판 2009.1.30. 2006다37465).
④ (○) 이미 발생한 이자에 관하여 채무자가 이행을 지체한 경우에는 그 이자에 대한 지연손해금을 청구할 수 있다(대판 1996.9.20. 96다25302).

⑤ (O) 보유주식 일정량을 담보로 제공하기로 한 담보제공 약정은 특정한 "주권"에 대한 담보약정이 아니라 기명의 "주식"에 관한 담보약정이고 다만 그 담보약정의 이행으로서 약정한 기명주식을 표창하는 주권을 인도할 의무가 있는 것인데, 주식은 동가성이 있고 상법 등의 규정에 따른 소각, 변환, 병합 등 변화가능성이 있으며 담보약정에 이르게 된 경위 등에 비추어 볼 때, 담보약정 후 주권의 이행제공 전에 갖고 있던 주식에 대한 처분이나 새로운 주식의 취득이 있더라도 약정된 수의 기명주식을 표창하는 주권만 인도하면 되고 인도할 주권의 특정은 쌍방 어느 쪽에서도 할 수 있는 것으로서 담보약정에 기한 채권은 일종의 제한종류채권이다(대판 1994.8.26. 93다20191).

26

답 ④

정답 해설

④ (×) 손해발생으로 인하여 피해자에게 이득이 생기고, 한편 그 손해발생에 피해자의 과실이 경합되어 과실상계를 하여야 할 경우에는 먼저 산정된 손해액에다 과실상계를 한 후에 위 이득을 공제하여야 한다(대판 1981.6.9. 80다3277).

오답 해설

① (O) 채무자의 부동산에 관한 소유권이전등기의무가 이행불능으로 된 경우, 그 손해배상액은 원칙적으로 이행불능 당시의 목적물의 시가에 의하여야 하고, 그 후 목적물의 시가가 등귀하였다고 하더라도 그로 인한 손해는 특별한 사정에 인한 것이어서 채무자가 이행불능 당시 그와 같은 특별한 사정을 알았거나 알 수 있었을 경우에 한하여 그 등귀한 가격에 의한 손해배상을 청구할 수 있다(대판 1995.10.13. 95다22337).

② (O) 불법행위의 직접적 대상에 대한 손해가 아닌 간접적 손해는 특별한 사정으로 인한 손해로서 가해자가 그 사정을 알았거나 알 수 있었을 것이라고 인정되는 경우에만 배상책임이 있다(대판 1996.1.26. 94다5472).

③ (O) 법원은 위자료액을 산정함에 있어서 피해자 측과 가해자 측의 제반 사정을 참작하여 그 금액을 정하여야 하므로 피해자가 가해자로부터 당해 사고로 입은 재산상 손해에 대하여 배상을 받을 수 있는지의 여부 및 그 배상액의 다과 등과 같은 사유도 위자료액 산정의 참작사유가 되는 것은 물론이며, 특히 재산상 손해의 발생이 인정되는데도 입증곤란 등의 이유로 그 손해액의 확정이 불가능하여 그 배상을 받을 수 없는 경우에 이러한 사정을 위자료의 증액사유로 참작할 수 있다(대판 2007.6.1. 2005다5843).

⑤ (O) 손해배상액 산정에서 손익상계가 허용되기 위해서는 손해배상책임의 원인이 되는 행위로 인하여 피해자가 새로운 이득을 얻었을 뿐만 아니라 그 이득은 배상의무자가 배상하여야 할 손해의 범위에 대응하는 것이어야 한다(대판 2011.4.28. 2009다98652). 아파트 신축으로 인한 일조방해행위에 대한 손해배상청구소송에서 아파트의 건축으로 인하여 원고의 토지의 지가가 상승하였다고 하더라도 그것은 이 사건 손해배상책임의 원인이 되는 피고의 일조방해와는 아무런 관계가 없는 이익으로서 손익상계에 의하여 공제하여야 할 이익으로 볼 수 없다고 본 판례이다.

27

답 ⑤

정답 해설

⑤ (O) 채무자가 채무를 이행하지 아니할 의사를 명백히 표시한 경우에 채권자는 신의성실의 원칙상 이행기 전이라도 이행의 최고 없이 채무자의 이행거절을 이유로 계약을 해제하거나 채무자를 상대로 손해배상을 청구할 수 있지만, 이러한 이행거절이라는 채무불이행이 인정되기 위해서는 채무를 이행하지 아니할 채무자의 명백한 의사표시가 위법한 것으로 평가되어야 한다(대판 2015.2.12. 2014다227225).

오답 해설

① (×) 임차인의 임차물 반환채무가 이행불능이 된 경우 임차인이 그 이행불능으로 인한 손해배상책임을 면하려면 그 이행불능이 임차인의 귀책사유로 말미암은 것이 아님을 입증할 책임이 있으며, 임차건물이 화재로 소훼된 경우에 있어서 그 화재의 발생원인이 불명인 때에도 임차인이 그 책임을 면하려면 그 임차건물의 보존에 관하여 선량한 관리자의 주의의무를 다하였음을 입증하여야 한다(대판 2001.1.19. 2000다57351).

② (×) 임대인인 피고 甲은 이행보조자인 피고 乙이 임차물인 점포의 출입을 봉쇄하고 내부시설공사를 중단시켜 임차인인 원고로 하여금 그 사용·수익을 하지 못하게 한 행위에 대하여 임대인으로서의 채무불이행으로 인한 손해를 배상할 의무가 있고, 또한 피고 乙이 원고가 임차인이라는 사정을 알면서도 위와 같은 방법으로 원고로 하여금 점포를 사용·수익하지 못하게 한 것은 원고의 임차권을 침해하는 불법행위를 이룬다고 할 것이므로 피고 乙은 원고에게 불법행위로 인한 손해배상의무가 있다고 할 경우, 피고 甲의 채무불이행책임과 피고 乙의 불법행위책임은 동일한 사실관계에 기한 것으로 부진정연대채무관계에 있다(대판 1994.11.11. 94다22446).

③ (×) 채권의 가압류는 제3채무자에 대하여 채무자에게 지급하는 것을 금지하는 데 그칠 뿐 채무 그 자체를 면하게 하는 것이 아니고, 가압류가 있다 하여도 그 채권의 이행기가 도래한 때에는 제3채무자는 그 지체책임을 면할 수 없다고 할 것이므로, 당사자 사이에 채권의 지체에 관한 약정이 있는 경우에는 그 약정에 따른 지체책임을 부담한다고 할 것이다(대판 2004.7.9. 2004다16181).

④ (×) 계약이 합의해제된 경우에는 그 해제 시에 당사자 일방이 상대방에게 손해배상을 하기로 특약하거나 손해배상청구를 유보하는 의사표시를 하는 등 다른 사정이 없는 한 채무불이행으로 인한 손해배상을 청구할 수 없다(대판 1989.4.25. 86다카1147 · 86다카1148).

28

답 ④

정답 해설

④ (×) 어느 연대채무자에 대하여 소멸시효가 완성한 때에는 그 부담부분에 한하여 다른 연대채무자도 의무를 면한다(민법 제421조). 따라서 乙과 丙은 甲의 부담부분인 1천만 원의 범위 내에서 채무를 면하게 된다.

오답 해설

① (○) 연대보증인들 사이의 내부관계에서는 연대보증인 각자가 자신의 분담금액을 한도로 일부 보증을 한 것과 같이 볼 수 있어서 그 분담금액 범위 내의 출재에 관한 구상관계는 주채무자만을 상대로 해결할 것을 예정하고 있는 반면, 연대채무자들 사이에서는 연대채무자 각자가 행한 모든 출재에 관하여 다른 연대채무자의 공동부담을 기대하는 것이 보통이다. 그리하여 민법은 연대보증인 중의 한 사람이 공동면책을 이유로 다른 연대보증인에게 구상권을 행사하려면 '자기의 부담부분을 넘은' 변제를 하였을 것을 그 요건으로 규정하였으나(제448조 제2항), 연대채무자 중의 한 사람이 공동면책을 이유로 다른 연대채무자에게 구상권을 행사하는 데 있어서는 그러한 제한 없이 '부담부분'에 대하여 구상권을 행사할 수 있는 것으로 규정하고 있다(제425조 제1항). 따라서 연대채무자 사이의 구상권행사에 있어서 '부담부분'이란 연대채무자가 그 내부관계에서 출재를 분담하기로 한 비율을 말한다고 봄이 타당하다(대판 2013.11.14. 2013다46023). 판례는 출재를 한 연대채무자가 구상하기 위하여 자신의 부담부분 이상을 출재할 필요는 없다고 보며, 따라서 연대채무자 사이의 구상권행사에 관한 민법 제425조 제1항의 부담부분이란 연대채무자가 내부관계에서 출재를 분담하기로 한 비율을 말한다고 본다. 따라서 甲이 丁에게 900만 원을 변제하였다면, 乙과 丙에게 부담부분 1/3에 따라 각 300만 원씩 구상할 수 있다.

> **민법 제425조(출재채무자의 구상권)**
> ① 어느 연대채무자가 변제 기타 자기의 출재로 공동면책이 된 때에는 다른 연대채무자의 부담부분에 대하여 구상권을 행사할 수 있다.

| 참고 | 그러나 불가분채무, 부진정연대채무, 공동보증인 간의 구상권은 '자기의 부담부분'을 초과하는 출재를 해야 구상권이 인정된다.

② (○) 어느 연대채무자가 채권자에 대하여 채권이 있는 경우에 그 채무자가 상계한 때에는 채권은 모든 연대채무자의 이익을 위하여 소멸한다(민법 제418조 제1항). 따라서 乙이 직접 상계하였다면, 2천만 원의 범위 내에서 甲과 丙의 채무도 소멸한다.

③ (○) 반면, 상계할 채권이 있는 연대채무자가 상계하지 아니한 때에는 그 채무자의 부담부분에 한하여 다른 연대채무자가 상계할 수 있다(민법 제418조 제2항). 따라서 甲은 乙의 丁에 대한 금전채권 중 乙의 부담부분인 1천만 원의 범위 내에서 상계할 수 있다.

⑤ (○) 어느 연대채무자에 대한 채무면제는 그 채무자의 부담부분에 한하여 다른 연대채무자의 이익을 위하여 효력이 있다(민법 제419조). 따라서 甲과 乙은 丙의 부담부분인 1천만 원의 범위 내에서 채무를 면하게 되나, 여전히 丁에 대하여 2천만 원의 연대채무를 부담하게 된다.

29

답 ④

정답 해설

④ (×) 채무자가 어음의 반환이 없음을 이유로 원인채무의 변제를 거절할 수 있는 것은 채무자로 하여금 무조건적인 원인채무의 이행으로 인한 이중지급의 위험을 면하게 하려는 데에 그 목적이 있는 것이지, 기존의 원인채권에 터잡은 이행청구권과 상대방의 어음반환청구권이 민법 제536조에 정하는 쌍무계약상의 채권채무관계나 그와 유사한 대가관계가 있어서 그러는 것은 아니므로, 원인채무이행의무와 어음반환의무가 동시이행의 관계에 있다 하더라도 이는 어음의 반환과 상환으로 하지 아니하면 지급을 할 필요가 없으므로 이를 거절할 수 있다는 것을 의미하는 것에 지나지 아니하는 것이며, 따라서 채무자가 어음의 반환이 없음을 이유로 원인채무의 변제를 거절할 수 있는 권능을 가진다고 하여 채권자가 어음의 반환을 제공하지 아니하면 채무자에게 적법한 이행의 최고를 할 수 없다고 할 수는 없고, 채무자는 원인채무의 이행기를 도과하면 원칙적으로 이행지체의 책임을 진다(대판 1999.7.9. 98다47542 · 47559).

오답 해설

① (O) 확정기한부 채무는 기한이 도래한 때로부터 지체책임이 있다(민법 제387조 제1항 전문). 판례에 의하면, 「기한이 도래한 때」란 기한이 도래한 다음 날을 의미한다(대판 1988.11.8. 88다3253).

② (O) 증서에 변제기한이 있는 경우에도 그 기한이 도래한 후에 소지인이 증서를 제시하여 이행을 청구한 때로부터 채무자는 지체책임이 있다(민법 제517조). 지시채권(指示債權)이란 어음 수표 등 유가증권과 같이 권리가 바로 그 증서(어음, 수표, 화물상환증 등)에 화체(化體)되어 있는 채권을 말한다.

③ (O) 사안의 경우, 채권자가 방문하면 상품을 인도하기로 하였으므로, 추심채무에 해당한다. 채권자의 협력을 필요로 하는 추심채무는, 채권자가 먼저 필요한 협력이나 제공을 하여 이행을 최고한 경우에만 지체책임을 진다. 따라서 채무자는 확정기한이 도래한 것만으로는 지체책임을 지지 아니한다.

⑤ (O) 금전채무의 지연손해금채무는 금전채무의 이행지체로 인한 손해배상채무로서 이행기의 정함이 없는 채무에 해당하므로, 채무자는 확정된 지연손해금채무에 대하여 채권자로부터 이행청구를 받은 때부터 지체책임을 부담하게 된다(대판 2010.12.9. 2009다59237).

30

답 ③

정답 해설

③ (O) 민법 제548조 제1항 단서에서 규정하고 있는 제3자란 일반적으로 계약이 해제되는 경우 그 해제된 계약으로부터 생긴 법률효과를 기초로 하여 해제 전에 새로운 이해관계를 가졌을 뿐 아니라 등기·인도 등으로 완전한 권리를 취득한 자를 말하고, 계약상의 채권을 양수한 자는 여기서 말하는 제3자에 해당하지 않는다고 할 것인바, 계약이 해제된 경우 계약해제 이전에 해제로 인하여 소멸되는 채권을 양수한 자는 계약해제의 효과에 반하여 자신의 권리를 주장할 수 없음은 물론이고, 나아가 특단의 사정이 없는 한 채무자로부터 이행받은 급부를 원상회복하여야 할 의무가 있다(대판 2003.1.24. 2000다22850). 따라서 채무자는 해제로써 (해제로 인하여 소멸되는 채권을 양수한 자에 불과한)채권양수인에게 대항할 수 있다.

| 관련 | 아파트 분양신청권이 전전매매된 후 최초의 매매당사자가 계약을 합의해제한 경우, 그 분양신청권을 전전매수한 자는 설사 그가 백지 매도증서, 위임장 등 제반 서류를 소지하고 있다 하더라도 완전한 권리를 취득한 것이라고 할 수 없고, 또한 매매계약을 합의해제한 다음 이를 회수하지 아니하였다고 하여 그에 대하여 매매계약의 해제를 주장할 수 없는 것은 아니라고 한 사례(대판 1996.4.12. 95다49882).

오답 해설

① (×) 채권양도통지는 원칙적으로 양도인이 채무자에게 하여야 한다. 다만, 판례는 「민법 제450조에 의한 채권양도통지는 양도인이 직접하지 아니하고 사자를 통하여 하거나 대리인으로 하여금 하게 하여도 무방하고, 채권의 양수인도 양도인으로부터 채권양도통지권한을 위임받아 대리인으로서 그 통지를 할 수 있다」(대판 2004.2.13. 2003다43490)고 하고 있다. 따라서 채권양도통지권한을 위임받은 사실이 없는 이상, 양수인 丙이 자신의 명의로 한 채권양도통지는 그 효력이 없다.

② (×) 채권은 당사자가 반대의 의사를 표시한 경우에는 양도하지 못한다. 그러나 그 의사표시로써 선의의 제3자에게 대항하지 못한다(민법 제449조 제2항). 「선의의 제3자」의 의미와 관련하여 판례는 「양도금지 특약의 존재를 알지 못하고 채권을 양수한 경우에 있어서 그 알지 못함에 중대한 과실이 있는 때에는 악의의 양수인과 같이 양도에 의한 채권을 취득할 수 없다」(대판 1996.6.28. 96다18281)고 하여 선의·무중과실일 것을 요하고 있다(따라서 경과실이 있는 선의의 제3자에게는 대항하지 못한다).

민법 제449조(채권의 양도성)

② 채권은 당사자가 반대의 의사를 표시한 경우에는 양도하지 못한다. 그러나 그 의사표시로써 선의의 제3자에게 대항하지 못한다.

④ (×) 채권이 이중으로 양도된 경우의 양수인 상호 간의 우열은 통지 또는 승낙에 붙여진 확정일자의 선후에 의하여 결정할 것이 아니라, 채권양도에 대한 채무자의 인식, 즉 확정일자 있는 양도통지가 채무자에게 도달한 일시 또는 확정일자 있는 승낙의 일시의 선후에 의하여 결정하여야 할 것이고, 이러한 법리는 채권양수인과 동일 채권에 대하여 가압류명령을 집행한 자 사이의 우열을 결정하는 경우에 있어서도 마찬가지이므로, 확정일자 있는 채권양도통지와 가압류결정 정본의 제3채무자(채권양도의 경우는 채무자)에 대한 도달의 선후에 의하여 그 우열을 결정하여야 한다(대판[전합] 1994.4.26. 93다24223). 따라서 丙과 丁 간의 우열은 확정일자 있는 양도통지가 채무자에게 도달한 시기의 선후에 의한다.

⑤ (×) 비록 대항요건을 갖추지 못하여 채무자에게 대항하지 못한다고 하더라도 채권의 양수인이 채무자를 상대로 재판상의 청구를 하였다면 이는 소멸시효중단사유인 재판상의 청구에 해당한다고 보아야 한다(대판 2005.11.10. 2005다41818). 채권양도에 의하여 채권은 그 동일성을 잃지 않고 양도인으로부터 양수인에게 이전되며 이러한 법리는 채권양도의 대항요건을 갖추지 못하였다고 하더라도 마찬가지이고, 이러한 양수인의 재판상의 청구를 '권리위에 잠자는 자'라고 볼 수 없기 때문이다.

31

답 ④

정답 해설

④ (×) 부동산의 매수인이 매매목적물에 관한 채무를 인수하는 한편 그 채무액을 매매대금에서 공제하기로 약정한 경우, 그 인수는 특별한 사정이 없는 한 매도인을 면책시키는 채무인수가 아니라 이행인수로 보아야 하고, 면책적 채무인수로 보기 위하여는 이에 대한 채권자의 승낙이 있어야 한다(대판 1995.8.11. 94다58599).

오답 해설

① (○) 채무인수가 면책적인가 중첩적인가 하는 것은 채무인수계약에 나타난 당사자의사의 해석에 관한 문제이고, 채무인수에 있어서 면책적 인수인지, 중첩적 인수인지가 분명하지 아니한 때에는 이를 중첩적으로 인수한 것으로 볼 것이다(대판 2002.9.24. 2002다36228).

② (○) 계약인수가 적법하게 이루어지면 양도인은 계약관계에서 탈퇴하게 되고 계약인수 후에는 특별한 사정이 없는 한 잔류당사자와 양도인 사이에는 계약관계가 존재하지 않게 되며 그에 따른 채권채무관계도 소멸한다(대판 1987.9.8. 85다카733·734). 따라서 계약당사자 중 일방이 상대방 및 제3자와 사이에 3면계약을 체결하거나 상대방의 승낙을 얻어 계약상 당사자로서의 지위를 포괄적으로 제3자에게 이전하는 경우 이를 양수한 제3자는 양도인의 계약상의 지위를 승계함으로써 종래의 계약에서 이미 발생된 채권·채무도 모두 이전받게 된다(대판[전합] 2011.6.23. 2007다63089·63096).

③ (○), ⑤ (○) 중첩적 채무인수에서 인수인이 채무자의 부탁 없이 채권자와의 계약으로 채무를 인수하는 것은 매우 드문 일이므로 채무자와 인수인은 원칙적으로 주관적 공동관계가 있는 연대채무관계에 있고, 인수인이 채무자의 부탁을 받지 아니하여 주관적 공동관계가 없는 경우에는 부진정연대관계에 있는 것으로 보아야 한다(대판 2009.8.20. 2009다32409). 다만, 상계는 연대채무관계·부진정연대채무관계를 불문하고 절대효가 인정된다.

32

답 ②

정답 해설

① (○), ② (×) [1] 채무자가 채권자에게 채무변제와 관련하여 다른 채권을 양도하는 것은 특단의 사정이 없는 한 채무변제를 위한 담보 또는 변제의 방법으로 양도되는 것으로 추정할 것이지 채무변제에 갈음한 것으로 볼 것은 아니어서, 그 경우 채권양도만 있으면 바로 원래의 채권이 소멸한다고 볼 수는 없고 채권자가 양도받은 채권을 변제받은 때에 비로소 그 범위 내에서 채무자가 면책된다. [2] 채무자가 채권자에게 채무변제에 '갈음하여' 다른 채권을 양도하기로 한 경우에는 특별한 사정이 없는 한 채권양도의 요건을 갖추어 대체급부가 이루어짐으로써 원래의 채무는 소멸하는 것이고 그 양수한 채권의 변제까지 이루어져야만 원래의 채무가 소멸한다고 할 것은 아니다. 이 경우 대체급부로서 채권을 양도한 양도인은 양도 당시 양도대상인 채권의 존재에 대해서는 담보책임을 지지만 당사자 사이에 별도의 약정이 있다는 등 특별한 사정이 없는 한 그 채무자의 변제자력까지 담보하는 것은 아니다(대판 2013.5.9. 2012다40998).

오답 해설

③ (○) 채무자가 채권자에 대하여 소비대차 등으로 인한 채무를 부담하고 이를 담보하기 위하여 대물변제의 예약을 한 후에 다시 같은 채권자로부터 추가로 채무를 지게 되는 경우에는 특별한 사정이 없는 한 추가되는 채무 역시 기왕에 한 대물변제 예약의 대상이 되는 채무범위에 포함된다고 봄이 상당하다(대판 2010.4.29. 2009다16896).

④ (○) 대물변제가 채무소멸의 효력을 발생하려면 채무자가 본래의 이행에 갈음하여 행하는 다른 급부가 현실적인 것이어야 한다(대판 2012.10.11. 2011다82995).

⑤ (○) 대물변제예약완결권은 일종의 형성권으로 당사자 사이에 그 행사기간을 약정한 때에는 그 기간 내에, 그러한 약정이 없는 때에는 그 권리가 발생한 때로부터 10년 내에 이를 행사하여야 하고, 이 기간을 도과한 때에는 예약완결권은 제척기간의 경과로 인하여 소멸한다(대판 1997.6.27. 97다12488).

33 　답 ③

정답 해설

③ (×) 공사도급계약의 도급인이 자신 소유의 토지에 근저당권을 설정하여 수급인으로 하여금 공사에 필요한 자금을 대출받도록 한 경우, 수급인의 근저당권말소의무는 도급인의 공사대금채무에 대하여 공사도급계약상 고유한 대가관계가 있는 의무는 아니지만, 담보제공의 경위와 목적, 대출금의 사용용도 및 그에 따른 공사대금의 실질적 선급과 같은 자금지원효과와 이로 인하여 도급인이 처하게 될 이중지급의 위험 등 구체적인 계약관계에 비추어 볼 때, 이행상의 견련관계가 인정되므로 양자는 서로 동시이행의 관계에 있고, 나아가 수급인이 근저당권말소의무를 이행하지 아니한 결과 도급인이 위 대출금 및 연체이자를 대위변제함으로써 수급인이 지게 된 구상금채무도 근저당권말소의무의 변형물로서 그 대등액의 범위 내에서 도급인의 공사대금채무와 동시이행의 관계에 있다(대판 2010.3.25. 2007다35152).

오답 해설

① (○) 당사자 쌍방이 각각 별개의 약정으로 상대방에 대하여 채무를 지게 된 경우에는 자기의 채무이행과 상대방의 어떤 채무이행과를 견련시켜 동시이행을 하기로 특약한 사실이 없다면 상대방이 자기에게 이행할 채무가 있다 하더라도 동시이행의 항변권이 생긴다고 볼 수 없다(대판 1989.2.14. 88다카10753).

② (○) 동시이행의 관계에 있는 쌍방의 채무 중 어느 한 채무가 이행불능이 됨으로 인하여 발생한 손해배상채무도 여전히 다른 채무와 동시이행의 관계에 있다(대판 2014.4.30. 2010다11323).

④ (○) 매수인이 선이행하여야 할 중도금 지급을 하지 아니한 채 잔대금지급일을 경과한 경우에는 매수인의 중도금 및 이에 대한 지급일 다음 날부터 잔대금지급일까지의 지연손해금과 잔대금의 지급채무는 매도인의 소유권이전등기의무와 특별한 사정이 없는 한 동시이행관계에 있다(대판 1991.3.27. 90다19930).

⑤ (○) 쌍무계약의 당사자 일방이 먼저 한 번 현실의 제공을 하고 상대방을 수령지체에 빠지게 하였다 하더라도 그 이행의 제공이 계속되지 않는 경우는 과거에 이행의 제공이 있었다는 사실만으로 상대방이 가지는 동시이행의 항변권이 소멸하는 것은 아니므로, 일시적으로 당사자 일방의 의무의 이행제공이 있었으나 곧 그 이행의 제공이 중지되어 더 이상 그 제공이 계속되지 아니하는 기간 동안에는 상대방의 의무가 이행지체상태에 빠졌다고 할 수는 없다고 할 것이고, 따라서 그 이행의 제공이 중지된 이후에 상대방의 의무가 이행지체되었음을 전제로 하는 손해배상청구도 할 수 없다(대판 1999.7.9. 98다13754・13761).

34 　답 ④

정답 해설

④ (○) 채권자취소권도 채권자가 채무자를 대위하여 행사하는 것이 가능하다(대판 2001.12.27. 2000다73049).

| 참고 | 민법 제404조 소정의 채권자대위권은 채권자가 자신의 채권을 보전하기 위하여 채무자의 권리를 자신의 이름으로 행사할 수 있는 권리라 할 것이므로, 채권자가 채무자의 채권자취소권을 대위행사하는 경우, 제소기간은 대위의 목적으로 되는 권리의 채권자인 채무자를 기준으로 하여 그 준수 여부를 가려야 할 것이고, 따라서 채권자취소권을 대위행사하는 채권자가 취소원인을 안 지 1년이 지났다 하더라도 채무자가 취소원인을 안 날로부터 1년, 법률행위가 있은 날로부터 5년 내라면 채권자취소의 소를 제기할 수 있다(대판 2001.12.27. 2000다73049).

오답 해설

① (×) 채권자대위권은 채무자가 제3채무자에 대한 권리를 행사하지 아니하는 경우에 한하여 채권자가 자기의 채권을 보전하기 위하여 행사할 수 있는 것이어서, 채권자가 대위권을 행사할 당시에 이미 채무자가 그 권리를 재판상 행사하였을 때에는 채권자는 채무자를 대위하여 채무자의 권리를 행사할 수 없다(대판 2009.3.12. 2008다65839). 채권자는 채무자가 스스로 '그 권리를 행사하지 않는 경우'에만 채권자대위권을 행사할 수 있다. 따라서 채무자가 권리를 행사하지 않는 한 '그 행사를 반대하는 경우'에도 채권자대위권의 행사는 가능하고, 이미 채무자가 그 권리를 재판상 행사하였을 때에는 설사 패소의 확정판결을 받았더라도 채권자대위권을 행사할 수 없게 된다.

② (×) 채권자가 채권자대위권을 행사하여 제3자에 대하여 하는 청구에 있어서, 제3채무자는 채무자가 채권자에 대하여 가지는 항변으로 대항할 수 없고, 채권의 소멸시효가 완성된 경우 이를 원용할 수 있는 자는 원칙적으로는 시효이익을 직접 받는 자뿐이고, 채권자대위소송의 제3채무자는 이를 행사할 수 없다(대판 2004.2.12. 2001다10151). 따라서 丙은 甲의 乙에 대한 채권이 시효로 소멸하였음을 주장할 수 없다.

| 비교 | 채권자가 채권자대위소송을 제기한 경우, 제3채무자는 채무자가 채권자에 대하여 가지는 항변권이나 형성권 등과 같이 권리자에 의한 행사를 필요로 하는 사유를 들어 채권자의 채무자에 대한 권리가 인정되는지 여부를 다툴 수 없지만, 채권자의 채무자에 대한 권리의 발생원인이 된 법률행위가 무효라거나 위 권리가 변제 등으로 소멸하였다는 등의 사실을 주장하여 채권자의 채무자에 대한 권리가 인정되는지 여부를 다투는 것은 가능하고, 이 경우 법원은 제3채무자의 주장을 고려하여 채권자의 채무자에 대한 권리가 인정되는지 여부에 관하여 직권으로 심리・판단하여야 한다(대판 2015.9.10. 2013다55300).

③ (×) 채권자가 채무자를 상대로 그 보전되는 청구권에 기한 이행청구의 소를 제기하여 승소판결이 확정되고 채권자가 그 확정판결에 기한 청구권을 피보전채권으로 하여 제3채무자를 상대로 채권자대위소송을 제기한 경우, 제3채무자는 채권자와 채무자 사이에 확정된 그 청구권의 존재를 다툴 수 없다(대판 2010.11.11. 2010다43597).

⑤ (×) 채권자대위권을 행사하는 경우 채권자와 채무자는 일종의 법정위임의 관계에 있으므로 채권자는 민법 제688조를 준용하여 채무자에게 그 비용의 상환을 청구할 수 있고, 그 비용상환청구권은 강제집행을 직접 목적으로 하여 지출된 집행비용이라고는 볼 수 없으므로 지급명령신청에 의하여 지급을 구할 수 있다(대결 1996.8.21. 96그8). 판례는 채권자대위권을 '채권자가 채무자의 재산권 내지 거래관계에 간섭'할 수 있는 '법정재산관리권'이라고 본다.

35

답 ①

정답 해설

① (O) 민법 제565조의 해약권은 당사자 간에 다른 약정이 없는 경우에 한하여 인정되는 것이고, 만일 당사자가 위 조항의 해약권을 배제하기로 하는 약정을 하였다면 더 이상 그 해제권을 행사할 수 없다(대판 2009.4.23. 2008다50615).

민법 제565조(해약금)

① 매매의 당사자 일방이 계약당시에 금전 기타 물건을 계약금, 보증금등의 명목으로 상대방에게 교부한 때에는 당사자 간에 다른 약정이 없는 한 당사자의 일방이 이행에 착수할 때까지 교부자는 이를 포기하고 수령자는 그 배액을 상환하여 매매계약을 해제할 수 있다.

② 제551조의 규정은 전항의 경우에 이를 적용하지 아니한다.

오답 해설

② (×) 매매당사자 간에 계약금을 수수하고 계약해제권을 유보한 경우에 매도인이 계약금의 배액을 상환하고 계약을 해제하려면 계약해제의 의사표시 외에 계약금 배액의 이행의 제공이 있으면 족하고, 상대방이 이를 수령하지 아니한다 하여 이를 공탁할 필요는 없다(대판 1981.10.27. 80다2784).

③ (×) 민법 제551조(해지, 해제와 손해배상)의 규정은 해약금에 의한 해제의 경우에 이를 적용하지 아니한다(민법 제565조 제2항). 따라서 사안의 경우, 계약당사자는 상대방에 대하여 손해배상을 청구할 수 없다.

④ (×) 매수인은 민법 제565조 제1항에 따라 본인 또는 매도인이 이행에 착수할 때까지는 계약금을 포기하고 계약을 해제할 수 있는바, 여기에서 이행에 착수한다는 것은 객관적으로 외부에서 인식할 수 있는 정도로 채무의 이행행위의 일부를 하거나 또는 이행을 하기 위하여 필요한 전제행위를 하는 경우를 말하는 것으로서 단순히 이행의 준비를 하는 것만으로는 부족하고, 그렇다고 반드시 계약내용에 들어맞는 이행제공의 정도에까지 이르러야 하는 것은 아니지만, 매도인이 매수인에 대하여 매매계약의 이행을 최고하고 매매잔대금의 지급을 구하는 소송을 제기한 것만으로는 이행에 착수하였다고 볼 수 없다(대판 2008.10.23. 2007다72274 · 72281).

⑤ (×) 국토의 계획 및 이용에 관한 법률에 정한 토지거래계약에 관한 허가구역으로 지정된 구역 안의 토지에 관하여 매매계약이 체결된 후 계약금만 수수한 상태에서 당사자가 토지거래허가신청을 하고 이에 따라 관할관청으로부터 그 허가를 받았다 하더라도, 그러한 사정만으로는 아직 이행의 착수가 있다고 볼 수 없어 매도인으로서는 민법 제565조에 의하여 계약금의 배액을 상환하여 매매계약을 해제할 수 있다(대판 2009.4.23. 2008다62427).

36

답 ②

정답 해설

② (×) 민법 제405조 제2항은 '채무자가 채권자대위권 행사의 통지를 받은 후에는 그 권리를 처분하여도 이로써 채권자에게 대항하지 못한다'고 규정하고 있다. 위 조항의 취지는 채권자가 채무자에게 대위권행사사실을 통지하거나 채무자가 채권자의 대위권행사사실을 안 후에 채무자에게 대위의 목적인 권리의 양도나 포기 등 처분행위를 허용할 경우 채권자에 의한 대위권 행사를 방해하는 것이 되므로 이를 금지하는 데에 있다. 채무자가 자신의 채무불이행을 이유로 매매계약이 해제되도록 한 것을 두고 민법 제405조 제2항에서 말하는 '처분'에 해당한다고 할 수 없다. 따라서 채무자가 채권자대위권 행사의 통지를 받은 후에 채무를 불이행함으로써 통지 전에 체결된 약정에 따라 매매계약이 자동적으로 해제되거나, 채권자대위권 행사의 통지를 받은 후에 채무자의 채무불이행을 이유로 제3채무자가 매매계약을 해제한 경우 제3채무자는 계약해제로써 대위권을 행사하는 채권자에게 대항할 수 있다. 다만 형식적으로는 채무자의 채무불이행을 이유로 한 계약해제인 것처럼 보이지만 실질적으로는 채무자와 제3채무자 사이의 합의에 따라 계약을 해제한 것으로 볼 수 있거나, 채무자와 제3채무자가 단지 대위채권자에게 대항할 수

있도록 채무자의 채무불이행을 이유로 하는 계약해제인 것처럼 외관을 갖춘 것이라는 등의 특별한 사정이 있는 경우에는 채무자가 피대위채권을 처분한 것으로 보아 제3채무자는 계약해제로써 대위권을 행사하는 채권자에게 대항할 수 없다(대판[전합] 2012.5.17. 2011다87235).

오답 해설

① (○) 매도인이 매수인의 중도금지급채무 불이행을 이유로 매매계약을 적법하게 해제한 후라도 매수인으로서는 상대방이 한 계약해제의 효과로서 발생하는 손해배상책임을 지거나 매매계약에 따른 계약금의 반환을 받을 수 없는 불이익을 면하기 위하여 착오를 이유로 한 취소권을 행사하여 매매계약 전체를 무효로 돌리게 할 수 있다(대판 1996.12.6. 95다24982 · 24999).

③ (○) 매도인의 매매계약상의 소유권이전등기의무가 이행불능이 되어 이를 이유로 매매계약을 해제함에 있어서는 상대방의 잔대금지급의무가 매도인의 소유권이전등기의무와 동시이행관계에 있다고 하더라도 그 이행의 제공을 필요로 하는 것이 아니다(대판 2003.1.24. 2000다22850).

④ (○) 제3자를 위한 계약의 당사자가 아닌 수익자는 계약의 해제권이나 해제를 원인으로 한 원상회복청구권이 있다고 볼 수 없다(대판 1994.8.12. 92다41559).

⑤ (○) 수증자가 증여자에 대하여 증여자 또는 그 배우자나 직계혈족에 대한 범죄행위가 있는 때에는 증여자는 그 증여를 해제할 수 있으나(민법 제556조 제1항 제1호), 그 해제는 이미 이행한 부분에 대하여는 영향을 미치지 아니한다(민법 제558조).

37

답 ⑤

정답 해설

⑤ (×) 건축주의 사정으로 건축공사가 중단되었던 미완성의 건물을 인도받아 나머지 공사를 마치고 완공한 경우, 그 건물이 공사가 중단된 시점에서 이미 사회통념상 독립한 건물이라고 볼 수 있는 형태와 구조를 갖추고 있었다면 원래의 건축주가 그 건물의 소유권을 원시취득하고, 최소한의 기둥과 지붕 그리고 주벽이 이루어지면 독립한 부동산으로서의 건물의 요건을 갖춘 것이라고 보아야 한다(대판 2002.4.26. 2000다16350). 따라서 건물이 공사중단 시점에서 사회통념상 독립한 건물이라고 볼 수 있는 형태와 구조를 갖추고 있었다면, 완공자가 아닌 원래의 건축주가 그 건물의 소유권을 원시취득한다.

오답 해설

① (○) 일반적으로 자기의 노력과 재료를 들여 건물을 건축한 사람은 그 건물의 소유권을 원시취득하는 것이고, 다만 도급계약에 있어서 수급인이 자기의 노력과 재료를 들여 건물을 완성하더라도 도급인과 수급인 사이에 도급인 명의로 건축허가를 받아 소유권보존등기를 하기로 하는 등 완성된 건물의 소유권을 도급인에게 귀속시키기로 합의한 것으로 보여질 경우에는 그 건물의 소유권은 도급인에게 원시적으로 귀속된다(대판 1992.8.18. 91다25505). 따라서 특약이나 기타 특별한 사정이 없으면, 완성된 건물의 소유권은 수급인에게 속한다.

② (○) 건물을 신축하기로 하는 도급계약은 그 건물의 준공이라는 일의 완성을 목적으로 하는 계약으로서 그 지체상금에 관한 약정은 수급인이 그와 같은 일의 완성을 지체한 데 대한 손해배상액의 예정이므로, 수급인이 약정된 기간 내에 그 일을 완성하여 도급인에게 인도하지 않으면 특별한 사정이 있는 경우를 제외하고는 지체상금을 지급할 의무가 있고, 약정에 따라 산정한 지체상금액이 부당하게 과다하다고 인정되는 경우에 법원은 민법 제398조 제2항에 의하여 이를 적당히 감액할 수 있으며, 손해배상액의 예정이 부당하게 과다한지의 여부는 계약당사자의 지위, 계약의 목적과 내용, 손해배상액을 예정한 동기, 실제의 손해와 그 예정액의 대비, 그 당시의 거래관행 및 경제상태 등 제반 사정을 참작하여 일반사회인이 납득할 수 있는 범위를 넘는지의 여부에 따라 결정하여야 한다(대판 1996.5.14. 95다24975).

③ (○) 당사자의 일방이 상대방의 주문에 따라 자기 소유의 재료를 사용하여 만든 물건을 공급하기로 하고 상대방이 대가를 지급하기로 약정하는 이른바 제작물공급계약은 그 제작의 측면에서는 도급의 성질이 있고 공급의 측면에서는 매매의 성질이 있어 대체로 매매와 도급의 성질을 함께 가지고 있으므로, 그 적용법률은 계약에 의하여 제작 공급하여야 할 물건이 대체물인 경우에는 매매에 관한 규정이 적용되지만, 물건이 특정의 주문자의 수요를 만족시키기 위한 부대체물인 경우에는 당해 물건의 공급과 함께 그 제작이 계약의 주목적이 되어 도급의 성질을 띠게 된다(대판 2010.11.25. 2010다56685).

④ (○) 도급계약에 있어서 완성된 목적물에 하자가 있는 때에는 도급인은 수급인에 대하여 하자의 보수를 청구할 수 있고 그 하자의 보수에 갈음하여 또는 보수와 함께 손해배상을 청구할 수 있는바, 이들 청구권은 수급인의 공사대금 채권과 동시이행관계에 있으므로 수급인의 하수급인에 대한 하도급공사대금채무를 인수한 도급인은 수급인이 하수급인과 사이의 하도급계약상 동시이행의 관계에 있는 수급인의 하수급인에 대한 하자보수청구권 내지 하자에 갈음한 손해배상채권 등에 기한 동시이행의 항변으로써 하수급인에게 대항할 수 있다(대판 2007.10.11. 2007다31914).

38

답 ①

정답 해설

① (×) 조합원 중에 변제할 자력 없는 자가 있는 때에는 그 변제할 수 없는 부분은 다른 조합원이 균분하여 변제할 책임이 있다(민법 제713조).

오답 해설

② (O) 조합관계가 종료된 경우 당사자 사이에 별도의 약정이 없는 이상, 청산절차를 밟는 것이 통례로서 조합원들에게 분배할 잔여재산과 그 가액은 청산절차가 종료된 때에 확정되는 것이므로, 원칙적으로 청산절차가 종료되지 아니한 상태에서 잔여재산의 분배를 청구할 수는 없는 것이지만, 조합의 잔무로서 처리할 일이 없고, 다만 잔여재산의 분배만이 남아 있을 때에는 따로 청산절차를 밟을 필요가 없이 각 조합원은 자신의 잔여재산분배비율의 범위 내에서 그 분배비율을 초과하여 잔여재산을 보유하고 있는 조합원에 대하여 바로 잔여재산의 분배를 청구할 수 있다(대판 1998.12.8. 97다31472).

③ (O) 조합계약으로 업무집행자를 정하지 아니한 경우에는 조합원의 3분의 2 이상의 찬성으로써 이를 선임한다(민법 제706조 제1항). 반면, 업무집행자인 조합원은 정당한 사유 없이 사임하지 못하며 다른 조합원의 일치가 아니면 해임하지 못한다(민법 제708조).

④ (O) 법인격 없는 조합이 어음행위를 하였을 경우에는 그 조합원이 위 어음행위로 인한 권리의 취득 또는 의무의 부담을 하는 것이고, 조합 자체가 위 어음행위로 인한 권리취득이나 의무부담을 하는 것은 아니다. 조합의 어음행위는 전 조합원의 어음상의 서명에 의한 것은 물론 대표조합원이 그 대표 자격을 밝히고 조합원 전원을 대리하여 서명하였을 경우에도 유효하다고 하여야 할 것이다. 그리고 조합의 대표조합원이 그 대표 자격을 밝히고 어음상의 서명을 하는 경우에는 그 조합의 대표 자격을 밝히기만 하면 유효한 것이며 반드시 어음행위의 본인이 되는 전 조합원을 구체적으로 표시할 필요는 없다 할 것이다(대판 1970.8.31. 70다1360).

⑤ (O) 동업관계에 있는 자들이 공동으로 처리하여야 할 업무를 동업자 중 1인에게 그 업무집행을 위임하여 그로 하여금 처리하도록 한 경우, 다른 동업자는 그 업무집행자의 동업자인 동시에 사용자의 지위에 있다 할 것이므로, 업무집행과정에서 발생한 사고에 대하여 사용자로서의 손해배상책임이 있다(대판 1998.4.28. 97다55164).

39

답 ②

정답 해설

② (O) 의무 없이 타인의 사무를 처리한 자는 그 타인에 대하여 민법상 사무관리규정에 따라 비용상환 등을 청구할 수 있으나, 제3자와의 약정에 따라 타인의 사무를 처리한 경우에는 의무 없이 타인의 사무를 처리한 것이 아니므로 이는 원칙적으로 그 타인과의 관계에서는 사무관리가 된다고 볼 수 없다(대판 2013.9.26. 2012다43539). 따라서 甲이 乙과의 계약에 따라 丙의 사무를 처리한 경우, 원칙적으로 甲과 丙 사이에서는 사무관리가 성립하지 아니한다.

오답 해설

① (×) 사무관리가 성립하기 위하여는 우선 그 사무가 타인의 사무이고 타인을 위하여 사무를 처리하는 의사, 즉 관리의 사실상의 이익을 타인에게 귀속시키려는 의사가 있어야 하며, 나아가 그 사무의 처리가 본인에게 불리하거나 본인의 의사에 반한다는 것이 명백하지 아니할 것을 요한다. 여기에서 '타인을 위하여 사무를 처리하는 의사'는 관리자 자신의 이익을 위한 의사와 병존할 수 있고, 반드시 외부적으로 표시될 필요가 없으며, 사무를 관리할 당시에 확정되어 있을 필요가 없다(대판 2013.8.22. 2013다30882).

③ (×) 관리자가 본인의 의사에 반하여 관리한 때에는 본인의 현존이익의 한도에서 전2항의 규정(비용상환・채무대변제・담보제공의무)을 준용한다(민법 제739조 제3항).

④ (×) 의무 없이 타인을 위하여 사무를 관리한 자는 타인에 대하여 민법상 사무관리규정에 따라 비용상환 등을 청구할 수 있는 외에 사무관리에 의하여 결과적으로 사실상 이익을 얻은 다른 제3자에 대하여 직접 부당이득 반환을 청구할 수는 없다(대판 2013.6.27. 2011다17106).

⑤ (×) 사무관리는 의사표시를 요소로 하는 법률행위가 아니므로 본인이 사무관리의 목적이었던 사무를 본인이 직접 관리하려면 사무관리자에게 그 관리를 종료하여 줄 것을 내용으로 하는 의사표시를 하여야 하는 것이 아니고 본인 자신이 직접 관리하겠다는 의사가 외부적으로 명백히 표현된 경우에는 사무관리는 그 이상 성립할 수 없다(대판 1975.4.8. 75다254).

40

답 ②

정답 해설

② (×) 부당이득의 원인이 고의의 불법행위에 기인함으로써 불법행위로 인한 손해배상채권과 부당이득반환채권이 모두 성립하여 양 채권이 경합하는 경우 피해자가 부당이득반환채권만을 청구하고 불법행위로 인한 손해배상채권을 청구하지 아니한 때에도, 그 청구의 실질적 이유, 즉 부당이득의 원인이 고의의 불법행위였다는 점은 불법행위로 인한 손해배상채권을 청구하는 경우와 다를 바 없다 할 것이어서, 고의의 불법행위에 의한 손해배상채권은 현실적으로 만족을 받아야 한다는 상계금지의 취지는 이러한 경우에도 타당하므로, 민법 제496조를 유추적용함이 상당하다(대판 2002.1.25. 2001다52506). 따라서 고의의 불법행위를 원인으로 한 부당이득반환채권을 수동채권으로 하는 상계는 금지된다.

민법 제496조(불법행위채권을 수동채권으로 하는 상계의 금지)
채무가 고의의 불법행위로 인한 것인 때에는 그 채무자는 상계로 채권자에게 대항하지 못한다.

오답 해설

① (○) 어업권의 임대차를 내용으로 하는 임대차계약이 구 수산업법 제33조에 위반되어 무효라고 하더라도 그것이 부당이득의 반환이 배제되는 '불법의 원인'에 해당하는 것으로 볼 수는 없으므로, 어업권을 임대한 어업권자로서는 그 임대차계약에 기해 임차인에게 한 급부로 인하여 임차인이 얻은 이익, 즉 임차인이 양식어장(어업권)을 점유·사용함으로써 얻은 이익을 부당이득으로 반환을 구할 수 있다(대판 2010.12.9. 2010다57626·57633).

③ (○) 과반수지분의 공유자는 공유자와 사이에 미리 공유물의 관리방법에 관하여 협의가 없었다 하더라도 공유물의 관리에 관한 사항을 단독으로 결정할 수 있으므로 과반수지분의 공유자는 그 공유물의 관리방법으로서 그 공유토지의 특정된 한 부분을 배타적으로 사용·수익할 수 있으나, 그로 말미암아 지분은 있으되 그 특정부분의 사용·수익을 전혀 하지 못하여 손해를 입고 있는 소수지분권자에 대하여 그 지분에 상응하는 임료 상당의 부당이득을 하고 있다 할 것이므로 이를 반환할 의무가 있다 할 것이나, 그 과반수지분의 공유자로부터 다시 그 특정부분의 사용·수익을 허락받은 제3자의 점유는 다수지분권자의 공유물관리권에 터 잡은 적법한 점유이므로 그 제3자는 소수지분권자에 대하여도 그 점유로 인하여 법률상 원인없이 이득을 얻고 있다고는 볼 수 없다(대판 2002.5.14. 2002다9738).

④ (○) 확정판결은 재심의 소 등으로 취소되지 아니하는 한 그 소송당사자를 기속하는 것이므로, 비록 그 뒤 관련 소송에서 그 확정판결에 반하는 내용의 판결이 선고되어 확정되었다 하더라도 그러한 사정만으로 위 확정판결에 기한 강제집행으로 교부받은 금원이 바로 법률상 원인없이 지급된 것이라고 단정할 수 없다(대판 1991.2.26. 90다6576).

⑤ (○) 부동산에 대한 취득시효가 완성되면 점유자는 소유명의자에 대하여 취득시효 완성을 원인으로 한 소유권이전등기절차의 이행을 청구할 수 있고 소유명의자는 이에 응할 의무가 있으므로 점유자가 그 명의로 소유권이전등기를 경료하지 아니하여 아직 소유권을 취득하지 못하였다고 하더라도 소유명의자는 점유자에 대하여 점유로 인한 부당이득반환청구를 할 수 없다(대판 1993.5.25. 92다51280).

| 참고 | 민법 제247조 제1항은 '시효취득자의 점유'가 '원소유자'에 대하여 소급하여 적법한 점유가 된다는 의미로, 따라서 원소유자는 시효취득자에 대하여 그 동안의 점유에 대해 불법점유임을 이유로 대지의 인도·건물철거를 청구할 수 없고, 점유를 이유로 부당이득반환청구나 손해배상청구를 할 수도 없으며, 원소유자가 소유권의 확인을 받을 이익도 없다고 본다.

민법 제247조(소유권취득의 소급효, 중단사유)
① 전2조[점유로 인한 부동산·동산 소유권의 취득(註)]의 규정에 의한 소유권취득의 효력은 점유를 개시한 때에 소급한다.

2015년 제52회 정답 및 해설

문제편 170p

01	02	03	04	05	06	07	08	09	10	11	12	13	14	15	16	17	18	19	20
①	⑤	①	①	④	②	②	③	③	④	⑤	③	⑤	④	①	③	②	④	②	⑤
21	22	23	24	25	26	27	28	29	30	31	32	33	34	35	36	37	38	39	40
⑤	④	③	④	④	③	③	⑤	⑤	③	⑤	①	②	①	②	②	②	①	④	①

01

답 ①

정답 해설

① (×) 대리인이 본인을 위한 것임을 표시하지 아니한 때에는 그 의사표시는 자기를 위한 것으로 본다(민법 제115조 본문). 따라서 대리인은 자기를 위한 행위의사가 없음을 이유로 그 계약을 착오에 근거하여 취소할 수는 없다.

오답 해설

② (O) 대리권의 범위가 명확하지 아니한 경우, 대리인은 보존행위와 대리의 목적인 물건이나 권리의 성질을 변하지 아니하는 범위에서 그 이용 또는 개량하는 행위만을 할 수 있다(민법 제118조). 따라서 본인의 예금을 주식으로 바꾸거나 예금을 찾아 개인에게 빌려주는 등의 행위는 허용되지 아니한다.

③ (O) 자기계약은 원칙적으로 금지되나, 본인의 이익을 침해할 여지가 없는 경우, 즉 이미 확정되어 있는 법률관계의 결제에 불과한 단순한 기존 채무를 이행하는 경우에는, 자기계약이 허용된다. 단, 기한이 미도래한 금전채권이나 다툼이 있는 채무의 이행 등에는 허용되지 아니한다.

④ (O) 대리권이 법률행위에 의하여 부여된 경우에는 대리인은 본인의 승낙이 있거나 부득이한 사유 있는 때가 아니면 복대리인을 선임하지 못한다(민법 제120조). 따라서 본인의 승낙이 없더라도 부득이한 사유가 있는 경우에는, 대리인은 복대리인을 선임할 수 있다.

⑤ (O) 민법 제127조 제2호

민법 제127조(대리권의 소멸사유)
대리권은 다음 각 호의 어느 하나에 해당하는 사유가 있으면 소멸된다.
1. 본인의 사망
2. 대리인의 사망, 성년후견의 개시 또는 파산

02

답 ⑤

정답 해설

⑤ (×) 상대방은 무권대리인과 체결한 계약을 본인의 추인이 있을 때까지 철회할 수 있으나, 계약 당시에 상대방이 대리권 없음을 안 때에는 철회하지 못한다(민법 제134조).

오답 해설

① (O) 무권대리행위는 그 효력이 불확정상태에 있다가 본인의 추인 유무에 따라 본인에 대한 효력발생 여부가 결정되는 것인바, 그 추인은 무권대리행위가 있음을 알고 그 행위의 효과를 자기에게 귀속시키도록 하는 단독행위로서 그 의사표시의 방법에 관하여 일정한 방식이 요구되는 것이 아니므로 명시적이든 묵시적이든 묻지 아니한다(대판 1990.4.27. 89다카2100). 甲이 丙에게 매매대금의 지급을 청구하는 것은 명시적인 추인에 해당한다.

② (O) 추인 또는 거절의 의사표시는 상대방에 대하여 하지 아니하면 그 상대방에 대항하지 못한다. 그러나 상대방이 그 사실을 안 때에는 그러하지 아니하다(민법 제132조).

③ (O) 법률행위에 의한 부동산물권 변동에는 물권행위와 등기가 필요하다(민법 제186조). 따라서 甲이 乙의 무권대리행위를 추인하여 그 법률행위가 유효로 되더라도, 丙이 소유권이전등기를 경료하기 전에는 X건물의 소유권을 취득할 수 없다. 반면, 丁은 甲으로부터 X건물을 매수하고 소유권이전등기를 마친 자이므로, 그 소유권을 유효하게 취득한다.

④ (O) 민법 제131조

03

답 ①

정답 해설

① (×) 미성년자의 법률행위에 법정대리인의 동의를 요하도록 하는 것은 강행규정인데, 위 규정에 반하여 이루어진 신용구매계약을 미성년자 스스로 취소하는 것을 신의칙 위반을 이유로 배척한다면, 이는 오히려 위 규정에 의해 배제하려는 결과를 실현시키는 셈이 되어 미성년자제도의 입법취지를 몰각시킬 우려가 있으므로, 법정대리인의 동의 없이 신용구매계약을 체결한 미성년자가 사후에 법정대리인의 동의 없음을 사유로 들어 이를 취소하는 것이 신의칙에 위배된 것이라고 할 수 없다(대판 2007.11.16. 2005다71659 · 71666 · 71673).

오답 해설

② (O) 민법 제8조 제1항

③ (O) 민법 제7조의 취소는 미성년자가 법률행위를 하기 전에만 허용되는 것이므로, 본래적 의미의 취소와 달리 소급효가 없는 철회에 불과하다.

④ (O) 법정대리인의 동의를 얻지 아니한 행위는 미성년자 본인이나 법정대리인이 이를 취소할 수 있다. 이때 법정대리인의 동의 여부에 대한 입증책임은 그 동의가 있었음을 이유로 법률행위의 유효를 주장하는 자(상대방)에게 있다(대판 1970.2.24. 69다1568).

⑤ (O) 법정대리인은 미성년자의 특정 영업에 관한 허락을 취소 또는 제한할 수 있으나 선의의 제3자에게 대항하지 못한다(민법 제8조 제2항).

> **민법 제8조(영업의 허락)**
> ① 미성년자가 법정대리인으로부터 허락을 얻은 특정한 영업에 관하여는 성년자와 동일한 행위능력이 있다.
> ② 법정대리인은 전항의 허락을 취소 또는 제한할 수 있다. 그러나 선의의 제3자에게 대항하지 못한다.

04

답 ①

정답 해설

① (O) 점유보호청구권의 제척기간은, 반드시 그 기간 내에 소를 제기하여야 하는 이른바 출소기간으로 해석함이 상당하다(대판 2002.4.26. 2001다8097 · 8103).

오답 해설

② (×) 민법 제146조에 규정된 취소권의 존속기간은 제척기간이라고 보아야 할 것이지만, 그 제척기간 내에 소를 제기하는 방법으로 권리를 재판상 행사하여야만 되는 것은 아니고, 재판 외에서 의사표시를 하는 방법으로도 권리를 행사할 수 있다고 보아야 한다(대판 1993.7.27. 92다52795 등).

③ (×) 제척기간은 권리관계를 조속히 확정시키기 위한 제도이므로, 중단이 인정되지 아니한다.

④ (×) 제척기간은 기간의 경과로 장래를 향하여 소멸하므로, 소급효가 인정되지 아니한다.

⑤ (×) 매도인에 대한 하자담보에 기한 손해배상청구권에 대하여는 민법 제582조의 제척기간이 적용되고, 이는 법률관계의 조속한 안정을 도모하고자 하는 데에 취지가 있다. 그런데 하자담보에 기한 매수인의 손해배상청구권은 권리의 내용·성질 및 취지에 비추어 민법 제162조 제1항의 채권소멸시효의 규정이 적용되고, 민법 제582조의 제척기간규정으로 인하여 소멸시효규정의 적용이 배제된다고 볼 수 없으며, 이때 다른 특별한 사정이 없는 한 무엇보다도 매수인이 매매목적물을 인도받은 때부터 소멸시효가 진행한다고 해석함이 타당하다(대판 2011.10.13. 2011다10266).

05

답 ④

정답 해설

④ (×) 기한의 이익은 이를 포기할 수 있다. 그러나 상대방의 이익을 해하지 못한다(민법 제153조 제2항). 다만, 포기는 소급효가 없으므로 장래를 향해서만 효력이 있다.

오답 해설

① (O) 기성조건이란 법률행위 당시 이미 성취되어 있는 조건을 말하는데, 기성조건이 정지조건이면 조건 없는 법률행위가 된다(민법 제151조 제2항).

② (○) 정지조건부 법률행위에 있어서 조건이 성취되었다는 사실은 이에 의하여 권리를 취득하고자 하는 측에서 그 입증책임이 있다 할 것이므로, 정지조건부 채권양도에 있어서 정지조건이 성취되었다는 사실은 채권양도의 효력을 주장하는 자에게 그 입증책임이 있다(대판 1983.4.12. 81다카692).

③ (○) 민법 제150조 제2항

⑤ (○) 민법 제388조 제2호

민법 제388조(기한의 이익의 상실)
채무자는 다음 각 호의 경우에는 기한의 이익을 주장하지 못한다.
1. 채무자가 담보를 손상, 감소 또는 멸실하게 한 때
2. 채무자가 담보제공의 의무를 이행하지 아니한 때

06

답 ②

정답 해설

② (○) 가정법원은 취소할 수 없는 피성년후견인의 법률행위의 범위를 정할 수 있고, 본인 등 일정한 자들의 청구에 의하여 그 범위를 변경할 수 있다(민법 제10조 제2항·제3항).

민법 제10조(피성년후견인의 행위와 취소)
① 피성년후견인의 법률행위는 취소할 수 있다.
② 제1항에도 불구하고 가정법원은 취소할 수 없는 피성년후견인의 법률행위의 범위를 정할 수 있다.
③ 가정법원은 본인, 배우자, 4촌 이내의 친족, 성년후견인, 성년후견감독인, 검사 또는 지방자치단체의 장의 청구에 의하여 제2항의 범위를 변경할 수 있다.
④ 제1항에도 불구하고 일용품의 구입 등 일상생활에 필요하고 그 대가가 과도하지 아니한 법률행위는 성년후견인이 취소할 수 없다.

오답 해설

① (×) 피성년후견인이란 ㉠ 질병, 장애, 노령, 그 밖의 사유로 인한 정신적 제약으로 사무를 처리할 능력이 지속적으로 결여된 사람에 대하여 ㉡ 본인 등 일정한 자들의 청구에 의하여 ㉢ 가정법원이 성년후견 개시의 심판을 한 자를 말한다(민법 제9조 제1항).

③ (×) 미성년후견인이나 한정후견인과 달리 성년후견인에게는 동의권이 인정되지 아니한다(민법 제10조 제1항, 제17조 제2항). 따라서 성년후견인의 동의를 얻어 피성년후견인이 직접 상대방과 법률행위를 한 경우에도, 성년후견인은 제한능력을 이유로 여전히 이를 취소할 수 있다.

④ (×) 한정후견 개시의 경우, 가정법원은 성년후견 개시의 심판을 할 때 본인의 의사를 고려하여야 한다는 민법 제9조 제2항을 준용한다(민법 제12조 제2항).

⑤ (×) 가정법원이 피한정후견인에 대하여 성년후견 개시의 심판을 할 때에는 종전의 한정후견의 종료심판을 한다(민법 제14조의3 제1항).

07

답 ②

정답 해설

② (×) 실종선고는 6개월 이상의 공시최고절차를 거쳐야 하나(가사소송규칙 제53조, 제54조 제2항), 실종선고의 취소는 공시최고절차를 요하지 아니한다.

오답 해설

① (○) 실종선고로 권리능력이 종국적으로 소멸하는 것은 아니고, 실종자의 '종래의 주소'를 중심으로 하는 '사법적 법률관계'에 국한하여 사망한 것으로 간주된다. 따라서 실종자가 돌아온 후의 법률관계, 실종자의 다른 곳에서의 법률관계에 관하여는 사망의 효과가 미치지 않으며, 공법상 법률관계(선거권·피선거권의 유무나 범죄의 성립 등)에 관하여서도 영향을 미치지 않는다.

③ (○) 여객선 침몰은 특별실종에 해당하고, 실종기간은 1년이다(민법 제27조 제2항). 실종선고를 받은 자는 실종기간이 만료한 때에 사망한 것으로 간주되므로, 2013년 4월 17일부터 기산하여 2014년 4월 16일 24시에 사망간주된다.

④ (○) 민법 제27조의 문언이나 규정의 체계 및 취지 등에 비추어, 그 제2항에서 정하는 "사망의 원인이 될 위난"이라고 함은 화재·홍수·지진·화산폭발 등과 같이 일반적·객관적으로 사람의 생명에 명백한 위험을 야기하여 사망의 결과를 발생시킬 가능성이 현저히 높은 외부적 사태 또는 상황을 가리킨다. 甲이 잠수장비를 착용한 채 바다에 입수하였다가 부상하지 아니한 채 행방불명되었다 하더라도, 이는 "사망의 원인이 될 위난"이라고 할 수 없다는 원심판단은 정당하다(대결 2011.1.31. 2010스165).

⑤ (○) 실종선고의 취소가 있을 때에 실종의 선고를 직접원인으로 하여 재산을 취득한 자가 선의인 경우에는 그 받은 이익이 현존하는 한도에서 반환할 의무가 있고 악의인 경우에는 그 받은 이익에 이자를 붙여서 반환하고 손해가 있으면 이를 배상하여야 한다(민법 제29조 제2항).

08 답 ③

정답 해설

③ (×) 1필의 토지 일부는 분필을 하지 아니하여도 용익물권을 설정할 수 있다(부동산등기법 제69조 제6호 참고).

오답 해설

① (○) 사람의 유체・유골은 매장・관리・제사・공양의 대상이 될 수 있는 유체물로서, 분묘에 안치되어 있는 선조의 유체・유골은 민법 제1008조의3 소정의 제사용 재산인 분묘와 함께 그 제사주재자에게 승계되고, 피상속인 자신의 유체・유골 역시 위 제사용 재산에 준하여 그 제사주재자에게 승계된다(대판[전합] 2008.11.20. 2007다27670).

② (○) 사법상 거래의 객체가 될 수 있는 물건을 융통물이라 하고, 그렇지 못한 물건을 불융통물이라고 한다. 불융통물로는 공용물(관공서의 건물, 국공립학교의 건물 등), 공공용물(도로, 공원, 하천, 항만 등), 금제물(아편, 음란한 문서나 도화, 위조나 변조한 통화 등)이 있다.

④ (○) 입목에 관한 법률에 의하여 소유권보존등기가 경료된 수목의 집단은 입목으로서 그 토지로부터 독립된 부동산이 되고(입목에 관한 법률 제3조 제1항), 입목의 소유자는 토지와 분리하여 입목을 양도하거나 저당권의 목적으로 할 수 있다(입목에 관한 법률 제3조 제2항).

⑤ (○) 어느 건물이 주된 건물의 종물이기 위하여는 주된 건물의 경제적 효용을 보조하기 위하여 계속적으로 이바지되어야 하는 관계가 있어야 한다(대판 1988.2.23. 87다카600).

09 답 ③

정답 해설

③ (×) 부동산의 양도가 있은 경우에 그에 대하여 부과될 양도소득세 등의 세액에 관한 착오가 미필적인 장래의 불확실한 사실에 관한 것이라도 민법 제109조 소정의 착오에서 제외되는 것은 아니다(대판 1994.6.10. 93다24810).

오답 해설

① (○) 사자가 아닌 대리인이 표시를 잘못한 경우에는 그 대리인의 표시만이 효과를 일으키므로, 대리인의 표시내용과 본인의 의사가 다르다고 할지라도 이는 원칙적으로 본인의 착오가 아니다(민법 제116조 제1항 참고).

> **민법 제116조(대리행위의 하자)**
> ① 의사표시의 효력이 의사의 흠결, 사기, 강박 또는 어느 사정을 알았거나 과실로 알지 못한 것으로 인하여 영향을 받을 경우에 그 사실의 유무는 대리인을 표준하여 결정한다.

② (○) 취소된 법률행위는 처음부터 무효인 것으로 본다(민법 제141조 본문).

④ (○) 시가 산업기지개발사업을 실시하기 위해 토지를 취득함에 있어 일부가 그 사업대상토지에 편입된 토지는 무조건 잔여지를 포함한 전체 토지를 협의매수하기로 하여 지주들에게는 잔여지가 발생한 사실 등을 알리지 아니한 채 전체 토지에 대한 손실보상협의요청서를 발송하고 매수협의를 진행함에 따라 지주들이 그 소유 토지 전부가 사업대상에 편입된 것 등으로 잘못 판단하고 시의 협의매수에 응한 것에 대하여 그 의사표시의 동기에 착오가 있었음을 이유로 취소할 수 있다(대판 1991.3.27. 90다카27440).

⑤ (○) 부동산 매매에 있어서 시가에 관한 착오는 부동산을 매매하려는 의사를 결정함에 있어 동기의 착오에 불과할 뿐 법률행위의 중요부분에 관한 착오라고 할 수 없다(대판 1992.10.23. 92다29337).

10

답 ④

정답 해설

④ (O) 법률행위의 취소는 상대방에 대한 의사표시로 하여야 하나 그 취소의 의사표시는 특별히 재판상 행하여짐이 요구되는 경우 이외에는 특정한 방식이 요구되는 것이 아니고, 취소의 의사가 상대방에 의하여 인식될 수 있다면 어떠한 방법에 의하더라도 무방하다고 할 것이고, 법률행위의 취소를 당연한 전제로 한 소송상의 이행청구나 이를 전제로 한 이행거절 가운데는 취소의 의사표시가 포함되어 있다고 볼 수 있다(대판 1993.9.14. 93다13162).

오답 해설

① (×) 허가를 받기 전의 거래계약이 처음부터 허가를 배제하거나 잠탈하는 내용의 계약일 경우에는 확정적 무효로서 유효화될 여지가 없다(대판[전합] 1991.12.24. 90다12243).

② (×) 유동적 무효의 상태에 있는 거래계약의 당사자는 상대방이 그 거래계약의 효력이 완성되도록 협력할 의무를 이행하지 아니하였음을 들어 일방적으로 유동적 무효의 상태에 있는 거래계약 자체를 해제할 수 없다(대판[전합] 1999.6.17. 98다40459).

③ (×) 무효행위의 추인이라 함은 법률행위로서의 효과가 확정적으로 발생하지 않는 무효행위를 뒤에 유효케 하는 의사표시를 말하는 것으로 무효인 행위를 사후에 유효로 하는 것이 아니라 새로운 의사표시에 의하여 새로운 행위가 있는 것으로 그때부터 유효케 되는 것이므로 원칙적으로 소급효가 인정되지 않는 것이다(대판 1983.9.27. 83므22).

⑤ (×) 법정대리인의 동의 없이 매매계약을 체결한 미성년자는, 원칙적으로 제한능력자인 상태에서는 단독으로 그 계약을 추인할 수 없다(민법 제144조 제1항).

11

답 ⑤

정답 해설

⑤ (×) 천재 기타 사변으로 인하여 소멸시효를 중단할 수 없을 때에는 그 사유가 종료한 때로부터 1월 내에는 시효가 완성하지 아니한다(민법 제182조).

오답 해설

① (O) 주된 권리의 소멸시효가 완성한 때에는 종속된 권리에 그 효력이 미친다(민법 제183조).

② (O) 파산절차 참가는 채권자가 이를 취소하거나 그 청구가 각하된 때에는 시효중단의 효력이 없다(민법 제171조).

③ (O) 민법 제163조 제4호

민법 제163조(3년의 단기소멸시효)

다음 각 호의 채권은 3년간 행사하지 아니하면 소멸시효가 완성한다.

1. 이자, 부양료, 급료, 사용료 기타 1년 이내의 기간으로 정한 금전 또는 물건의 지급을 목적으로 한 채권
2. 의사, 조산사, 간호사 및 약사의 치료, 근로 및 조제에 관한 채권
3. 도급받은 자, 기사 기타 공사의 설계 또는 감독에 종사하는 자의 공사에 관한 채권
4. 변호사, 변리사, 공증인, 공인회계사 및 법무사에 대한 직무상 보관한 서류의 반환을 청구하는 채권
5. 변호사, 변리사, 공증인, 공인회계사 및 법무사의 직무에 관한 채권
6. 생산자 및 상인이 판매한 생산물 및 상품의 대가
7. 수공업자 및 제조자의 업무에 관한 채권

④ (O) 부부 중 한쪽이 다른 쪽에 대하여 가지는 권리는 혼인관계가 종료된 때부터 6개월 내에는 소멸시효가 완성되지 아니한다(민법 제180조 제2항).

12 답 ③

정답 해설

③ (O) 이사의 성명과 주소는 설립등기사항(민법 제49조 제2항 제8호)이고, 그 변경이 있는 때에는 3주간 내에 변경등기를 하여야 한다(민법 제52조). 설립등기 이외의 본절의 등기사항은 제3자에 대한 대항요건(민법 제54조 제1항)이므로, 그 변경등기가 경료되기 전이라도, 신임이사가 한 직무행위는 법인을 대표하는 행위로서 그 법인에 대하여 유효하다.

민법 제49조(법인의 등기사항)
① 법인설립의 허가가 있는 때에는 3주간 내에 주된 사무소 소재지에서 설립등기를 하여야 한다.
② 전항의 등기사항은 다음과 같다.
1. 목적
2. 명칭
3. 사무소
4. 설립허가의 연월일
5. 존립시기나 해산이유를 정한 때에는 그 시기 또는 사유
6. 자산의 총액
7. 출자의 방법을 정한 때에는 그 방법
8. 이사의 성명, 주소
9. 이사의 대표권을 제한한 때에는 그 제한

민법 제54조(설립등기 이외의 등기의 효력과 등기사항의 공고)
① 설립등기 이외의 본절의 등기사항은 그 등기 후가 아니면 제3자에게 대항하지 못한다.
② 등기한 사항은 법원이 지체 없이 공고하여야 한다.

오답 해설

① (×) 사단법인이든 재단법인이든 감독기관으로서 감사를 둘 수 있으나 이는 필요기관이 아니라 임의기관이다(민법 제66조). 그 수에는 제한이 없으며 선임방법 등은 정관 또는 총회의 결의로 정해진다.

민법 제66조(감사)
법인은 정관 또는 총회의 결의로 감사를 둘 수 있다.

② (×) 이사는 법인의 사무에 관하여 각자 법인을 대표한다(민법 제59조 제1항 본문). 즉 각자대표가 원칙이며 이는 각각 독립적인 결재권한이 있는 방식이라는 의미이다. 참고로 공동대표는 대표이사 전원의 결재가 필요한 방식이다.

민법 제59조(이사의 대표권)
① 이사는 법인의 사무에 관하여 각자 법인을 대표한다. 그러나 정관에 규정한 취지에 위반할 수 없고 특히 사단법인은 총회의 의결에 의하여야 한다.
② 법인의 대표에 관하여는 대리에 관한 규정을 준용한다.

④ (×) 법인과 이사의 이익이 상반되는 경우에 법원은 특별대리인을 선임하여야 한다(민법 제64조). 이 경우 이사는 대표권이 없고 특별대리인이 법인의 대표자로서 행위를 하게 되며, 법원이 이해관계인이나 검사의 청구에 의하여 특별대리인을 선임하여야 한다.

민법 제64조(특별대리인의 선임)
법인과 이사의 이익이 상반하는 사항에 관하여는 이사는 대표권이 없다. 이 경우에는 전조의 규정에 의하여 특별대리인을 선임하여야 한다.

| 참고 | 이사가 없거나 결원이 있는 경우에 이로 인하여 손해가 생길 염려 있는 때에는 법원은 이해관계인이나 검사의 청구에 의하여 임시이사를 선임하여야 한다(민법 제63조).

⑤ (×) 정관으로 달리 정함이 없는 경우, 총사원 5분의 1 이상으로부터 회의의 목적사항을 제시하여 청구한 때에는 이사는 임시총회를 소집하여야 한다(민법 제70조 제2항).

민법 제70조(임시총회)
① 사단법인의 이사는 필요하다고 인정한 때에는 임시총회를 소집할 수 있다.
② 총사원의 5분의 1 이상으로부터 회의의 목적사항을 제시하여 청구한 때에는 이사는 임시총회를 소집하여야 한다. 이 정수는 정관으로 증감할 수 있다.
③ 전항의 청구있는 후 2주간내에 이사가 총회소집의 절차를 밟지 아니한 때에는 청구한 사원은 법원의 허가를 얻어 이를 소집할 수 있다.

13

답 ⑤

정답 해설

⑤ (×) 민법 제187조의 판결은 형성판결(판결 자체에 의하여 부동산물권취득의 형성적 효력이 발생하는 경우)을 의미하므로, 매매를 원인으로 한 소유권이전등기절차이행판결이 확정된 경우에는, 매수인 명의로 등기가 된 때에 비로소 소유권 이전의 효력이 생긴다(민법 제186조).

오답 해설

① (○) 건축허가서는 허가된 건물에 관한 실체적 권리의 득실변경의 공시방법이 아니며 추정력도 없으므로, 건축허가서에 건축주로 기재된 자가 건물의 소유권을 취득하는 것은 아니므로, 자기비용과 노력으로 건물을 신축한 자는 그 건축허가가 타인의 명의로 된 여부에 관계없이 그 소유권을 원시취득한다(대판 2002.4.26. 2000다16350).

② (○) 상속이 개시되면 그때부터(피상속인의 사망 시) 상속인은 피상속인의 재산에 관한 포괄적 권리의무를 승계하므로(민법 제1005조 본문), 부동산의 소유권은 등기 없이도 상속인에게 이전된다(민법 제187조 본문).

③ (○) 매수인은 매각대금을 다 낸 때에 매각목적물에 대한 권리를 취득한다(민사집행법 제135조, 제268조).

④ (○) 채무자 자신의 토지에 대한 저당권은 혼동으로 소멸한다(민법 제191조 제1항 본문).

14

답 ④

정답 해설

④ (×) 가등기는 그 성질상 본등기의 순위보전의 효력만이 있어 후일 본등기가 경료된 때에는 본등기의 순위가 가등기한 때로 소급하는 것뿐이지 본등기에 의한 물권변동의 효력이 가등기한 때로 소급하여 발생하는 것은 아니다(대판 1992.9.25. 92다21258). 물권변동의 효력은 '본등기 시' 발생한다.

오답 해설

① (○), ② (○), ③ (○) [1] 가등기 후에 제3자에게 소유권이전의 본등기가 된 경우에 가등기권리자는 본등기를 경료하지 아니하고는 가등기 이후의 본등기의 말소를 청구할 수 없다. [2] 가등기권자는 가등기의무자인 전 소유자를 상대로 본등기청구권을 행사할 것이고 제3자를 상대로 할 것이 아니다(대결 1962.12.24. 4294민재항675).

⑤ (○) 등기관은 가등기에 의한 본등기를 하였을 때에는 대법원규칙으로 정하는 바에 따라 가등기 이후에 된 등기로서 가등기에 의하여 보전되는 권리를 침해하는 등기를 직권으로 말소하여야 한다(부동산등기법 제92조 제1항).

15

답 ①

정답 해설

① (×) 선의의 점유자일지라도, 과실을 취득한 경우에는 통상의 필요비는 청구하지 못한다(민법 제203조 제1항 단서).

오답 해설

② (○) 민법 제201조 제1항에 의하여 과실취득권이 있는 선의의 점유자란 과실취득권을 포함하는 권원(소유권, 지상권, 임차권 등)이 있다고 오신한 점유자를 말하고, 그와 같은 오신을 함에는 오신할 만한 근거가 있어야 한다(대판 1981.8.20. 80다2587).

③ (○) 타인 소유물을 권원 없이 점유함으로써 얻은 사용이익을 반환하는 경우 민법은 선의 점유자를 보호하기 위하여 제201조 제1항을 두어 선의 점유자에게 과실수취권을 인정함에 대하여, 이러한 보호의 필요성이 없는 악의 점유자에 관하여는 민법 제201조 제2항을 두어 과실수취권이 인정되지 않는다는 취지를 규정하는 것으로 해석되는바, 따라서 악의 수익자가 반환하여야 할 범위는 민법 제748조 제2항에 따라 정하여지는 결과 그는 받은 이익에 이자를 붙여 반환하여야 하며, 위 이자의 이행지체로 인한 지연손해금도 지급하여야 한다(대판 2003.11.14. 2001다61869).

④ (○) 악의의 점유자는 수취한 과실을 반환하여야 하며 소비하였거나 과실로 인하여 훼손 또는 수취하지 못한 경우에는 그 과실의 대가를 보상하여야 한다(민법 제201조 제2항).

⑤ (○) 민법 제203조 제2항에 의한 점유자의 회복자에 대한 유익비상환청구권은 점유자가 계약관계 등 적법하게 점유할 권리를 가지지 않아 소유자의 소유물반환청구에 응하여야 할 의무가 있는 경우에 성립되는 것으로서, 이 경우 점유자는 그 비용을 지출할 당시의 소유자가 누구이었는지 관계없이 점유회복 당시의 소유자 즉 회복자에 대하여 비용상환청구권을 행사할 수 있는 것이나, 점유자가 유익비를 지출할 당시 계약관계 등 적법한 점유의 권원을 가진 경우에 그 지출비용의 상환에 관하여는 그 계약관계를 규율하는 법조항이나 법리 등이 적용되는 것이어서, 점유자는 그 계약관계 등의 상대방에 대하여 해당 법조항이나 법리에 따른 비용상환청구권을 행사할 수 있을 뿐 계약관계 등의 상대방이 아닌 점유회복 당시의 소유자에 대하여 민법 제203조 제2항에 따른 지출비용의 상환을 구할 수는 없다(대판 2003.7.25. 2001다64752).

16 답 ③

정답 해설

③ (×) 공유물 분할은 협의분할을 원칙으로 하고 협의가 성립되지 아니한 때에는 재판상 분할을 청구할 수 있으므로 공유자 사이에 이미 분할에 관한 협의가 성립된 경우에는 일부 공유자가 분할에 따른 이전등기에 협조하지 않거나 분할에 관하여 다툼이 있더라도 그 분할된 부분에 대한 소유권이전등기를 청구하든가 소유권확인을 구함은 별문제이나 또다시 소로써 그 분할을 청구하거나 이미 제기한 공유물 분할의 소를 유지함은 허용되지 않는다(대판 1995.1.12. 94다30348 · 94다30355).

오답 해설

① (○) 공유자는 다른 공유자가 분할로 인하여 취득한 물건에 대하여 그 지분의 비율로 매도인과 동일한 담보책임이 있다(민법 제270조).

② (○) 공유자가 그 지분을 포기하거나 상속인 없이 사망한 때에는 그 지분은 다른 공유자에게 각 지분의 비율로 귀속한다(민법 제267조).

④ (○) [1] 공유물의 소수지분권자인 피고가 다른 공유자와 협의하지 않고 공유물의 전부 또는 일부를 독점적으로 점유하는 경우 다른 소수지분권자인 원고가 피고를 상대로 공유물의 인도를 청구할 수는 없다. [2] 공유물의 소수지분권자가 다른 공유자와 협의 없이 공유물의 전부 또는 일부를 독점적으로 점유·사용하고 있는 경우 다른 소수지분권자는 공유물의 보존행위로서 그 인도를 청구할 수는 없고, 다만 자신의 지분권에 기초하여 공유물에 대한 방해상태를 제거하거나 공동점유를 방해하는 행위의 금지 등을 청구할 수 있다(대판[전합] 2020.5.21. 2018다287522).

※ 출제 이후 변경된 전원합의체 판례(대판 2020.5.21. 2018다287522)에 따라 지문을 변경하였습니다.

⑤ (○) 민법 제268조 제1항 단서·제2항

> **민법 제268조(공유물의 분할청구)**
> ① 공유자는 공유물의 분할을 청구할 수 있다. 그러나 5년 내의 기간으로 분할하지 아니할 것을 약정할 수 있다.
> ② 전항의 계약을 갱신한 때에는 그 기간은 갱신한 날로부터 5년을 넘지 못한다.
> ③ 전2항의 규정은 제215조, 제239조의 공유물에는 적용하지 아니한다.

17 답 ②

정답 해설

① (○), ② (×) 취득시효 완성으로 인한 소유권 취득의 효력은 점유를 개시한 때에 소급하므로(민법 제247조 제1항), 甲은 乙에 대하여 X토지의 불법점유를 이유로 그 지상건물의 철거나 대지의 인도를 청구할 수 없다(대판 1988.5.10. 87다카1979). 설사 乙이 아직 소유권이전등기를 경료하지 아니한 상태였다고 하더라도, 甲은 乙을 상대로 차임 상당의 부당이득 반환을 청구할 수 없다(대판 1993.5.25. 92다51280).

| 참고 | 민법 제247조 제1항은 '시효취득자의 점유'가 '원소유자'에 대하여 소급하여 적법한 점유가 된다는 의미로, 따라서 원소유자는 시효취득자에 대하여 그 동안의 점유에 대해 불법점유임을 이유로 대지의 인도·건물철거를 청구할 수 없고, 점유를 이유로 부당이득반환청구나 손해배상청구를 할 수도 없으며, 원소유자가 소유권의 확인을 받을 이익도 없다고 본다.

오답 해설

③ (○), ④ (○) 부동산의 취득시효에 있어 시효기간의 경과를 계산하기 위한 기산점은 그 부동산에 대한 소유명의자가 동일하고 그 변동이 없는 경우가 아니라면 원칙적으로 시효취득의 기초가 되는 점유가 개시된 시점이 기산점이 되고, 당사자가 기산점을 임의로 선택할 수 없으며, 그 기산점을 기초로 취득시효가 일단 완성된 후에 제3취득자가 소유권이전등기를 마친 경우에는 그 자에 대하여 취득시효로 대항할 수 없다(대판 1992.2.12. 98다40688).

⑤ (○) 시효기간 진행 중 제3취득자로의 이전등기는 점유상태를 파괴한 것으로 보지 아니하므로, 취득시효기간은 중단되지 아니한다. 따라서 부동산의 점유로 인한 시효취득자는 취득시효 완성 당시의 진정한 소유자에 대하여 소유권이전등기청구권을 가진다.

18 답 ④

정답 해설

④ (×) 민법 제283조 제2항의 지상물매수청구권은, 지상권자의 갱신청구권에 대하여 지상권설정자가 계약의 갱신을 원하지 아니하는 때에 지상권자에게 인정되는 권리이므로, 지상권자의 지료연체를 이유로 토지소유자가 그 지상권소멸청구를 하여 이에 터 잡아 지상권이 소멸된 경우에는 매수청구권이 인정되지 않는다(대판 1993.6.29. 93다10781).

오답 해설

① (○) [1] 근저당권 등 담보권 설정의 당사자들이 그 목적이 된 토지 위에 차후 용익권이 설정되거나 건물 또는 공작물이 축조·설치되는 등으로써 그 목적물의 담보가치가 저감하는 것을 막는 것을 주요한 목적으로 하여 담보권과 아울러 지상권을 설정한 경우에 담보권이 소멸하면 등기된 지상권의 목적이나 존속기간과 관계없이 지상권도 그 목적을 잃어 함께 소멸한다고 할 것이다. [2] 한편 토지에 관하여 담보권이 설정될 당시 담보권자를 위하여 동시에 지상권이 설정되었다고 하더라도, 담보권 설정 당시 이미 토지소유자가 그 토지상에 건물을 소유하고 있고 그 건물을 철거하기로 하는 등 특별한 사유가 없으며 담보권의 실행으로 그 지상권도 소멸하였다면 건물을 위한 법정지상권이 발생하지 않는다고 할 수 없다(대판 2014.7.24. 2012다97871·97888). 저당권의 담보가치를 획득하기 위하여 지상권을 취득하는 담보지상권의 경우 담보지상권은 저당권의 담보가치를 확보하는데 그 목적이 있기 때문에, 저당권이 양도되면 함께 양도되고 저당권이 피담보채권의 변제 등으로 소멸하면 담보지상권도 함께 소멸한다(담보지상권의 부종성).

| 관련 | 토지에 관하여 저당권을 취득함과 아울러 그 저당권의 담보가치를 확보하기 위하여 지상권을 취득하는 경우, 특별한 사정이 없는 한 당해 지상권은 저당권이 실행될 때까지 제3자가 용익권을 취득하거나 목적 토지의 담보가치를 하락시키는 침해행위를 하는 것을 배제함으로써 저당 부동산의 담보가치를 확보하는 데에 그 목적이 있다고 할 것이므로, 그와 같은 경우 제3자가 비록 토지소유자로부터 신축중인 지상 건물에 관한 건축주 명의를 변경받았다 하더라도, 그 지상권자에게 대항할 수 있는 권원이 없는 한 지상권자로서는 제3자에 대하여 목적 토지 위에 건물을 축조하는 것을 중지하도록 요구할 수 있다(대결 2004.3.29. 2003마1753).

② (○) 토지의 점유·사용에 관하여 당사자 사이에 약정이 있는 것으로 볼 수 있는 경우에는 관습상의 법정지상권을 인정할 까닭이 없다(대판 2008.2.15. 2005다41771·41778). 대지와 건물의 소유자가 건물만을 양도하고 동 양수인과 대지에 대하여 임대차계약을 체결하였다면 특별한 사정이 없는 한 동 양수인은 본건 대지에 관한 관습상의 법정지상권을 포기하였다고 볼 것이다(대판 1968.1.31. 67다2007).

③ (○) 민법 제283조 제1항의 갱신청구권은, 지상권이 존속기간의 만료로 소멸한 경우에 한하여 건물 기타 공작물이나 수목이 현존하는 때에 지상권자에게 인정되는 권리이다(통설).

민법 제283조(지상권자의 갱신청구권, 매수청구권)

① 지상권이 소멸한 경우에 건물 기타 공작물이나 수목이 현존한 때에는 지상권자는 계약의 갱신을 청구할 수 있다.

② 지상권설정자가 계약의 갱신을 원하지 아니하는 때에는 지상권자는 상당한 가액으로 전항의 공작물이나 수목의 매수를 청구할 수 있다.

⑤ (○) 법정지상권의 경우 당사자 사이에 지료에 관한 협의가 있었다거나 법원에 의하여 지료가 결정되었다는 아무런 입증이 없다면, 법정지상권자가 지료를 지급하지 않았다고 하더라도 지료지급을 지체한 것으로는 볼 수 없으므로, 법정지상권자가 2년 이상의 지료를 지급하지 아니하였음을 이유로 하는 토지소유자의 지상권소멸청구는 이유가 없고, 지료액 또는 그 지급시기 등 지료에 관한 약정은 이를 등기하여야만 제3자에게 대항할 수 있는 것이고, 법원에 의한 지료의 결정은 당사자의 지료결정청구에 의하여 형식적 형성소송인 지료결정판결로 이루어져야 제3자에게도 그 효력이 미친다(대판 2001.3.13. 99다17142).

민법 제287조(지상권소멸청구권)

지상권자가 2년 이상의 지료를 지급하지 아니한 때에는 지상권설정자는 지상권의 소멸을 청구할 수 있다.

| 관련 | 관습상의 법정지상권에 대하여는 다른 특별한 사정이 없는 한 민법의 지상권에 관한 규정을 준용하여야 할 것이므로 지상권자가 2년분 이상의 지료를 지급하지 아니하였다면 관습상의 법정지상권도 민법 제287조에 따른 지상권소멸청구의 의사표시에 의하여 소멸한다(대결 1993.6.29. 93다10781). 지료연체로 인한 지상권설정자의 지상권소멸청구는 그 의사표시로 지상권이 소멸하게 된다.

| 관련 | 지상권자의 지료 지급 연체가 토지소유권의 양도 전후에 걸쳐 이루어진 경우 토지양수인에 대한 연체기간이 2년이 되지 않는다면 양수인은 지상권소멸청구를 할 수 없다(대판 2001.3.13. 99다17142). 지상권소멸청구권은 토지소유자가 지급받을 지료를 2년분 이상 지급받지 못한 경우에 토지 소유자를 보호하기 위한 권리이기 때문이다.

19

답 ②

정답 해설

ㄷ. (○) 전세권의 목적물을 전전세 또는 임대한 경우에는 전세권자는 전전세 또는 임대하지 아니하였으면 면할 수 있는 불가항력으로 인한 손해에 대하여 그 책임을 부담한다(민법 제308조).

ㄹ. (○) 전세기간 만료 이후 전세권양도계약 및 전세권 이전의 부기등기가 이루어진 것만으로는 전세금반환채권의 양도에 관하여 확정일자 있는 통지나 승낙이 있었다고 볼 수 없어 이로써 제3자인 전세금반환채권의 압류・전부채권자에게 대항할 수 없다(대판 2005.3.25. 2003다35659).

오답 해설

ㄱ. (×) 전세권자와 인접 토지소유자 간에는 상린관계규정(민법 제216조 내지 제244조)이 준용된다(민법 제319조).

ㄴ. (×) 전세금의 지급은 전세권 성립의 요소가 되는 것이지만 그렇다고 하여 전세금의 지급이 반드시 현실적으로 수수되어야만 하는 것은 아니고 기존의 채권으로 전세금의 지급에 갈음할 수도 있다(대판 1995.2.10. 94다18508).

ㅁ. (×) 대지와 건물이 동일한 소유자에 속한 경우에 건물에 전세권을 설정한 때에는 그 대지소유권의 특별승계인은 전세권설정자에 대하여 지상권을 설정한 것으로 본다(민법 제305조 제1항 본문).

20

답 ⑤

정답 해설

③ (○), ⑤ (×) 甲과 乙 사이에 수리비는 乙이 부담하기로 사전에 약정하였더라도, 이는 상대적 효력만이 있을 뿐이다. 반면, 유치권은 타인의 물건을 유치하여 점유할 수 있는 물권으로, 노트북수리계약에 기하여 乙에게 수리대금의 지급을 청구할 수 있는 유치권자 丙은, 원칙적으로 채권을 변제받을 때까지 누구에 대하여도 그 목적물의 인도를 거절할 수 있다(민법 제213조 단서).

오답 해설

① (○) 수급인 丙의 수리대금채권은 공사에 관한 채권에 해당하므로, 3년의 단기소멸시효가 적용된다(민법 제163조 제3호).

② (○) 유치권은 법정담보물권이기는 하나 채권자의 이익보호를 위한 채권담보의 수단에 불과하므로 이를 포기하는 특약은 유효하고, 유치권을 사전에 포기한 경우 다른 법정요건이 모두 충족되더라도 유치권이 발생하지 않는 것과 마찬가지로 유치권을 사후에 포기한 경우 곧바로 유치권은 소멸한다고 보아야 하며, 채권자가 유치권의 소멸 후에 그 목적물을 계속하여 점유한다고 하여 여기에 적법한 유치의 의사나 효력이 있다고 인정할 수 없고 다른 법률상 권원이 없는 한 무단점유에 지나지 않는다(대결 2011.5.13. 2010마1544).

④ (○) 점유는 유치권의 성립요건인 동시에 존속요건이므로(대판 1996.8.23. 95다8713, 대판 2009.9.24. 2009다39530 등), 유치권은 점유의 상실로 인하여 소멸한다(민법 제328조).

21

답 ⑤

정답 해설

⑤ (×) 민법 제338조 제2항

> **민법 제338조(경매, 간이변제충당)**
> ① 질권자는 채권의 변제를 받기 위하여 질물을 경매할 수 있다.
> ② 정당한 이유 있는 때에는 질권자는 감정자의 평가에 의하여 질물로 직접 변제에 충당할 것을 법원에 청구할 수 있다. 이 경우에는 질권자는 미리 채무자 및 질권설정자에게 통지하여야 한다.

오답 해설

① (○) 질권은 원본, 이자, 위약금, 질권실행의 비용, 질물보존의 비용 및 채무불이행 또는 질물의 하자로 인한 손해배상의 채권을 담보한다. 그러나 다른 약정이 있는 때에는 그 약정에 의한다(민법 제334조).

② (○) 질권자는 그 권리의 범위 내에서 자기의 책임으로 질물을 전질할 수 있다. 이 경우에는 전질을 하지 아니하였으면 면할 수 있는 불가항력으로 인한 손해에 대하여도 책임을 부담한다(민법 제336조).

③ (○) 민법 제337조 제1항

민법 제337조(전질의 대항요건)
① 전조의 경우에 질권자가 채무자에게 전질의 사실을 통지하거나 채무자가 이를 승낙함이 아니면 전질로써 채무자, 보증인, 질권설정자 및 그 승계인에게 대항하지 못한다.
② 채무자가 전항의 통지를 받거나 승낙을 한 때에는 전질권자의 동의 없이 질권자에게 채무를 변제하여도 이로써 전질권자에게 대항하지 못한다.

④ (○) 채무자의 이행지체는 질권자가 질물에 대하여 우선변제권을 행사하기 위한 요건에 해당한다.

22

답 ④

정답 해설

④ (×) 저당권의 효력은 저당부동산에 대한 압류, 즉 저당권의 실행착수가 있은 후에 저당권설정자가 그 부동산으로부터 수취한 과실 또는 수취할 수 있는 과실에 미친다(민법 제359조 전문).

민법 제359조(과실에 대한 효력)
저당권의 효력은 저당부동산에 대한 압류가 있은 후에 저당권설정자가 그 부동산으로부터 수취한 과실 또는 수취할 수 있는 과실에 미친다. 그러나 저당권자가 그 부동산에 대한 소유권, 지상권 또는 전세권을 취득한 제3자에 대하여는 압류한 사실을 통지한 후가 아니면 이로써 대항하지 못한다.

| 참고 | 부동산에서 나오는 과실은 원칙적으로는 저당권설정자가 가져가는 것이다. 왜냐하면 저당권은 점유를 하지 않는 담보권으로서 교환가치를 지배하는 것일 뿐, 부동산의 사용가치를 지배하는 것은 아니기 때문이다. 그러나 민법 제359조 전문은 압류 후에는 과실에도 저당권의 효력이 미치도록 하고 있으며, 후문에서는 이러한 압류사실을 알 수 없는 제3자(부동산에 대한 소유권, 지상권 또는 전세권)를 보호하고자 저당권자가 압류한 사실을 통지한 후가 아니면, 이로써 이들에게 대항하지 못하도록 하고 있다.

오답 해설

① (○) 저당권의 효력은 저당부동산에 부합된 물건과 종물에 미친다. 그러나 법률에 특별한 규정 또는 설정행위에 다른 약정이 있으면 그러하지 아니하다(민법 제358조). 이 경우 다른 약정은 부동산등기법 제75조에 따라 등기하여야만 제3자에게 대항할 수 있다.

② (○) 건물의 증축부분이 기존 건물에 부합하여 기존 건물과 분리하여서는 별개의 독립물로서의 효용을 갖지 못하는 이상 기존 건물에 대한 근저당권은 민법 제358조에 의하여 부합된 증축부분에도 효력이 미치는 것이므로 기존 건물에 대한 경매절차에서 경매목적물로 평가되지 아니하였다고 할지라도 경락인은 부합된 증축부분의 소유권을 취득한다(대판 2002.10.25. 2000다63110).

민법 제358조(저당권의 효력의 범위)
저당권의 효력은 저당부동산에 부합된 물건과 종물에 미친다. 그러나 법률에 특별한 규정 또는 설정행위에 다른 약정이 있으면 그러하지 아니하다.

③ (○) 토지와 건물은 별개의 물건이고, 건물은 토지의 부합물이나 종물도 아니므로(저당권의 효력이 미치는 저당부동산에 부합된 물건이나 종물도 아니므로), 토지에 설정된 저당권의 효력은 별개의 물건인 건물에 미치지 아니한다.

⑤ (○) 민법 제358조 본문은 "저당권의 효력은 저당부동산에 부합된 물건과 종물에 미친다"고 규정하고 있는바, 이 규정은 저당부동산에 종된 권리에도 유추적용되어 건물에 대한 저당권의 효력은 그 건물의 소유를 목적으로 하는 지상권에도 미친다고 보아야 할 것이다(대판 1992.7.14. 92다527).

23

답 ③

정답 해설

③ (×) 저당권은 피담보채권과 분리하여 양도하지 못하는 것이어서 저당권부 채권의 양도는 언제나 저당권의 양도와 채권양도가 결합되어 행해지므로 저당권부 채권의 양도는 민법 제186조의 부동산물권 변동에 관한 규정과 민법 제449조 내지 제452조의 채권양도에 관한 규정에 의해 규율되므로 저당권의 양도에 있어서도 물권변동의 일반원칙에 따라 저당권을 이전할 것을 목적으로 하는 물권적 합의와 등기가 있어야 저당권이 이전된다고 할 것이나, 이때의 물권적 합의는 저당권의 양도·양수받는 당사자 사이에 있으면 족하고 그 외에 그 채무자나 물상보증인 사이에까지 있어야 하는 것은 아니라 할 것이고, 단지 채무자에게 채권양도의 통지나 이에 대한 채무자의 승낙이 있으면 채권양도를 가지고 채무자에게 대항할 수 있게 되는 것이다(대판 2005.6.10. 2002다15412·15429).

오답 해설

① (○) 저당권은 그 담보한 채권과 분리하여 타인에게 양도하거나 다른 채권의 담보로 하지 못한다(민법 제361조).

② (○) 피담보채권을 저당권과 함께 양수한 자는 저당권 이전의 부기등기를 마치고 저당권 실행의 요건을 갖추고 있는 한 채권양도의 대항요건을 갖추고 있지 아니하더라도 경매신청을 할 수 있으며, 채무자는 경매절차의 이해관계인으로서 채권양도의 대항요건을 갖추지 못하였다는 사유를 들어 경매개시결정에 대한 이의나 즉시항고절차에서 다툴 수 있고, 이 경우는 신청채권자가 대항요건을 갖추었다는 사실을 증명하여야 할 것이나, 이러한 절차를 통하여 채권 및 근저당권의 양수인의 신청에 의하여 개시된 경매절차가 실효되지 아니한 이상 그 경매절차는 적법한 것이고, 또한 그 경매신청인은 양수채권의 변제를 받을 수도 있다(대판 2005.6.23. 2004다29279). 판례는 저당권의 피담보채권과 함께 저당권을 양수하였으나(저당권의 이전등기를 마친 경우) 채권양도의 대항요건을 갖추지 못한 양수인의 경매신청을 인정하고 있으며, 이렇게 개시된 경매절차가 실효되지 아니한 이상 그 경매절차는 적법한 것이고, 또한 경매신청인이 양수채권의 변제를 받을 수도 있다고 보고 있다.

④ (○) 피담보채권과 근저당권을 함께 양도하는 경우에 채권양도는 당사자 사이의 의사표시만으로 양도의 효력이 발생하지만 근저당권 이전은 이전등기를 하여야 하므로 채권양도와 근저당권이전등기 사이에 어느 정도 시차가 불가피한 이상 피담보채권이 먼저 양도되어 일시적으로 피담보채권과 근저당권의 귀속이 달라진다고 하여 근저당권이 무효로 된다고 볼 수는 없으나, 위 근저당권은 그 피담보채권의 양수인에게 이전되어야 할 것에 불과하고, 근저당권의 명의인은 피담보채권을 양도하여 결국 피담보채권을 상실한 셈이므로 집행채무자로부터 변제를 받기 위하여 배당표에 자신에게 배당하는 것으로 배당표의 경정을 구할 수 있는 지위에 있다고 볼 수 없다(대판 2003.10.10. 2001다77888).

⑤ (○) 저당권으로 담보한 채권을 질권의 목적으로 한 때에는 그 저당권등기에 질권의 부기등기를 하여야 그 효력이 저당권에 미친다(민법 제348조).

24

답 ④

정답 해설

④ (×) 채권자가 청산기간이 지나기 전에 청산금을 지급한 경우에는, 이로써 후순위권리자에게 대항하지 못한다(가등기담보 등에 관한 법률 제7조 제2항).

오답 해설

① (○), ② (○) 채권자가 담보계약에 따른 담보권을 실행하여 그 담보목적부동산의 소유권을 취득하기 위하여는 그 채권의 변제기 후에 청산금의 평가액을 채무자등에게 통지하고, 그 통지가 채무자등에게 도달한 날부터 2개월(이하 "청산기간"이라 한다)이 지나야 한다. 이 경우 청산금이 없다고 인정되는 경우에는 그 뜻을 통지하여야 한다(가등기담보 등에 관한 법률 제3조 제1항).

③ (○) 채권자는 담보목적부동산에 관하여 이미 소유권이전등기를 마친 경우에는 청산기간이 지난 후 청산금을 채무자등에게 지급한 때에 담보목적부동산의 소유권을 취득하며, 담보가등기를 마친 경우에는 청산기간이 지나야 그 가등기에 따른 본등기를 청구할 수 있다(가등기담보 등에 관한 법률 제4조 제2항).

⑤ (○) 담보가등기를 마친 부동산에 대하여 강제경매 등이 행하여진 경우에는 담보가등기권리는 그 부동산의 매각에 의하여 소멸한다(가등기담보 등에 관한 법률 제15조).

25

답 ④

정답 해설

④ (○) 주채무자의 의사에 반하여 보증인이 된 자가 변제 기타 자기의 출재로 주채무를 소멸하게 한 때에는 주채무자는 현존이익의 한도에서 배상하여야 한다(민법 제444조 제2항).

오답 해설

① (×) 주채무가 시효로 소멸한 때에는 보증인도 그 시효소멸을 원용할 수 있으며, 주채무자가 시효의 이익을 포기하더라도 보증인에게는 그 효력이 없다(대판 1991.1.29. 89다카1114). 따라서 보증인 丙은 주채무자 甲이 시효이익을 포기하더라도, 여전히 소멸시효를 원용하여 (주채무의 소멸을 이유로) 보증채무의 소멸을 주장할 수 있다(부종성).

② (×) 보증채무는 주채무와는 별개의 독립된 채무이므로, 채권자 乙과 보증인 丙은 그 보증채무에 관한 위약금 기타 손해배상액을 예정할 수 있다(민법 제429조 제2항).

민법 제429조(보증채무의 범위)
① 보증채무는 주채무의 이자, 위약금, 손해배상 기타 주채무에 종속한 채무를 포함한다.
② 보증인은 그 보증채무에 관한 위약금 기타 손해배상액을 예정할 수 있다.

③ (×) 주채무자는 오직 수탁보증인에게만 사후통지의무가 있으나(민법 제446조), 보증인은 수탁·비수탁을 불문하고 주채무자에게 사전·사후통지의무가 있다(민법 제445조). 따라서 주채무자 甲이 보증인 丙에게 사전통지를 하지 아니하였더라도, 甲은 자기의 면책행위의 유효를 丙에게 주장할 수 있다.

⑤ (×) 보증채무는 주채무와는 별개의 채무이기 때문에 보증채무 자체의 이행지체로 인한 지연손해금은 보증한도액과는 별도로 부담하고 이 경우 보증채무의 연체이율에 관하여 특별한 약정이 없는 경우라면 그 거래행위의 성질에 따라 상법 또는 민법에서 정한 법정이율에 따라야 하며, 주채무에 관하여 약정된 연체이율이 당연히 여기에 적용되는 것은 아니지만, 특별한 약정이 있다면 이에 따라야 한다(대판 2000.4.11. 99다12123).

26

답 ③

정답 해설

③ (○) 당사자 일방이 계약을 해제한 때에는 각 당사자는 상대방에 대하여 원상회복의무가 있고, 이 경우 반환할 금전에는 받은 날로부터 이자를 가산하여 지급하여야 한다(민법 제548조 참고). 여기서 가산되는 이자는 원상회복의 범위에 속하는 것으로서 일종의 부당이득 반환의 성질을 가지는 것이고 반환의무의 이행지체로 인한 지연손해금이 아니다. 따라서 당사자 사이에 그 이자에 관하여 특별한 약정이 있으면 그 약정이율이 우선적용되고 약정이율이 없으면 민사 또는 상사 법정이율이 적용된다. 반면 원상회복의무가 이행지체에 빠진 이후의 기간에 대해서는 부당이득반환의무로서의 이자가 아니라 반환채무에 대한 지연손해금이 발생하게 되므로 거기에는 지연손해금률이 적용되어야 한다. 그 지연손해금률에 관하여도 당사자 사이에 별도의 약정이 있으면 그에 따라야 할 것이고, 설사 그것이 법정이율보다 낮다 하더라도 마찬가지이다(대판 2013.4.26. 2011다50509).

오답 해설

① (×) 채권액이 외국통화로 정해진 금전채권인 외화채권을 채무자가 우리나라 통화로 변제하는 경우에 그 환산시기는 이행기가 아니라 현실로 이행하는 때, 즉 현실이행 시의 외국환시세에 의하여 환산한 우리나라 통화로 변제하여야 하고, 이와 같은 법리는 외화채권자가 경매절차를 통하여 변제를 받는 경우에도 동일하게 적용되어야 할 것이므로, 집행법원이 경매절차에서 외화채권자에 대하여 배당을 할 때에는 특별한 사정이 없는 한 배당기일 당시의 외국환시세를 우리나라 통화로 환산하는 기준으로 삼아야 한다(대판 2011.4.14. 2010다103642).

② (×) 토지소유자가 1필 또는 수필의 토지 중 일정 면적의 소유권을 상대방에게 양도하기로 하는 계약을 체결한 경우, 상대방이 토지소유자에 대하여 구체적으로 어떠한 내용의 권리를 가지는지는 원칙적으로 당해 계약의 해석문제로 귀착되는 것이지만, 위치와 형상이 중요시되는 토지의 특성 등을 감안하여 볼 때 특별한 사정이 없는 한 위치가 특정된 일정 면적의 토지소유권을 양도받을 수 있는 권리를 가지는 것으로 보아야 하고, 따라서 위와 같은 계약에서 양도받을 토지위치가 확정되지 아니하였다면 상대방이 토지소유자에게 가지는 채권은 민법 제380조에서 정한 선택채권에 해당하는 것으로 보아야 한다(대판 2011.6.30. 2010다16090).

④ (×) 선택권 없는 당사자의 과실로 인하여 이행불능이 된 때에는 선택권의 행사에 아무런 영향을 미치지 않는다(민법 제385조 제2항). 따라서 선택권자는 불능이 된 급부를 선택할 수 있다.

민법 제385조(불능으로 인한 선택채권의 특정)
① 채권의 목적으로 선택할 수개의 행위 중에 처음부터 불능한 것이나 또는 후에 이행불능하게 된 것이 있으면 채권의 목적은 잔존한 것에 존재한다.
② 선택권없는 당사자의 과실로 인하여 이행불능이 된 때에는 전항의 규정을 적용하지 아니한다.

⑤ (×) 구 이자제한법(2011.7.25. 법률 제10925호로 개정되기 전의 것, 이하 같다) 제2조 제1항, 제3항, 제4항 및 구 이자제한법 제2조 제1항의 최고이자율에 관한 규정(2014.6.11. 대통령령 제25376호로 개정되기 전의 것)에 의하면, 금전대차에 관한 계약상의 최고이자율은 연 30%이고, 계약상의 이자로서 최고이자율을 초과하는 부분은 무효이며, 채무자가 최고이자율을 초과하는 이자를 임의로 지급한 경우에는 초과지급된 이자 상당 금액은 원본에 충당되고, 이러한 초과지급된 이자 상당 금액에 대하여 준소비대차계약 또는 경개계약을 체결하더라도 그 금액부분에 대하여는 효력이 발생하지 아니한다(대판 2015.1.15. 2014다223506).

27

답 ③

정답 해설

③ (×) 소유권이전등기의무의 목적부동산이 수용되어 그 소유권이전등기의무가 이행불능이 된 경우, 등기청구권자는 등기의무자에게 대상청구권의 행사로써 등기의무자가 지급받은 수용보상금의 반환을 구하거나 또는 등기의무자가 취득한 수용보상금청구권의 양도를 구할 수 있을 뿐 그 수용보상금청구권 자체가 등기청구권자에게 귀속되는 것은 아니다(대판 1996.10.29. 95다56910).

오답 해설

① (○) 동시이행의 관계에 있는 쌍방의 채무 중 어느 한 채무가 이행불능이 됨으로 인하여 발생한 손해배상채무도 여전히 다른 채무와 동시이행의 관계에 있다(대판 2000.2.25. 97다30066).

② (○) 매매목적물에 관하여 매도인의 다른 채권자가 강제경매를 신청하여 그 절차가 진행 중에 있다는 사유만으로는 아직 매도인이 그 목적물의 소유권을 취득할 수 없는 때에 해당한다고 할 수 없으므로 매수인은 이를 이유로 계약을 해제하거나 위약금의 청구를 할 수 없다고 할 것이고 그와 같은 법리는 매매목적물에 관하여 강제경매가 진행 중인 데 대한 책임이 누구에게 있느냐에 따라 달라지는 것이 아니다(대판 1987.9.8. 87다카655).

④ (○) 甲과 乙 사이의 토지교환계약 후 甲 소유의 교환목적토지에 관하여 丙 명의로 소유권이전등기가 경료되었다고 하더라도 甲과 丙 사이에 명의신탁관계가 성립된 것으로서 甲이 丙으로부터 그 소유권을 회복하여 乙에게 소유권이전등기절차를 이행할 수 있는 특별한 사정이 있다면 그 교환목적토지의 소유권이전등기절차이행은 아직 이행불능이 확정되었다고 볼 수 없다(대판 1989.9.12. 88다카33176).

⑤ (○) 부동산소유권이전등기의무자가 그 부동산에 관하여 제3자 앞으로 비록 채무담보를 위하여 소유권이전등기를 경료하였다고 할지라도 그 의무자가 채무를 변제할 자력이 없는 경우에는 특단의 사정이 없는 한 그 소유권이전등기의무는 이행불능이 된다(대판 1991.7.26. 91다8104).

28

답 ⑤

정답 해설

⑤ (○) 법원이 손해배상의 예정액이 부당히 과다하다고 하여 감액을 한 경우에는 손해배상액의 예정에 관한 약정 중 감액부분에 해당하는 부분은 처음부터 무효라고 할 것이다(대판 2004.12.10. 2002다73852).

오답 해설

① (×), ④ (×) 채무불이행으로 인한 손해배상액이 예정되어 있는 경우 채권자는 채무불이행사실만 증명하면 손해의 발생 및 그 액수를 증명하지 아니하고 예정배상액을 청구할 수 있으나, 반면 채무자는 채권자와 채무불이행에 있어 채무자의 귀책사유를 묻지 아니한다는 약정을 하지 아니한 이상 자신의 귀책사유가 없음을 주장·증명함으로써 위 예정배상액의 지급책임을 면할 수 있다(대판 2010.2.25. 2009다83797).

② (×) 손해배상의 예정액이 부당하게 과다한지의 여부 내지 그에 대한 적당한 감액의 범위를 판단하는 데 있어서는, 법원이 구체적으로 그 판단을 하는 때, 즉 사실심의 변론종결 당시를 기준으로 하여 그 사이에 발생한 위와 같은 모든 사정을 종합적으로 고려하여야 할 것이다(대판 2009.11.26. 2009다58692).

③ (×) 약관의 규제에 관한 법률에 의하여 약관조항이 무효인 경우 그것이 유효함을 전제로 민법 제398조 제2항을 적용하여 적당한 한도로 손해배상예정액을 감액하거나, 과중한 손해배상의무를 부담시키는 부분을 감액한 나머지 부분만으로 그 효력을 유지시킬 수는 없다(대판 2009.8.20. 2009다20475·20482).

29 답 ⑤

정답 해설

ㄱ. (○) 이행인수는 인수인이 채무자에 대하여 그 채무를 이행할 것을 약정하는 채무자와 인수인 간의 계약으로서, 인수인은 채무자와 사이에 채권자에게 채무를 이행할 의무를 부담하는 데 그치고 직접 채권자에 대하여 채무를 부담하는 것이 아니므로 채권자는 직접 인수인에게 채무를 이행할 것을 청구할 수 없으나, 채무자는 인수인이 그 채무를 이행하지 아니하는 경우 인수인에 대하여 채권자에게 이행할 것을 청구할 수 있고, 그에 관한 승소의 판결을 받은 때에는 금전채권의 집행에 관한 규정을 준용하여 강제집행을 할 수도 있다. 이러한 채무자의 인수인에 대한 청구권은 그 성질상 재산권의 일종으로서 일신전속적 권리라고 할 수는 없으므로, 채권자는 채권자대위권에 의하여 채무자의 인수인에 대한 청구권을 대위행사할 수 있다(대판 2009.6.11. 2008다75072). 사례에서 피보전채권은 채권자의 채무자에 대한 권리이며, 피대위채권은 채무자의 인수인에 대한 (채권자에게 이행할 것을 요구할 수 있는)이행청구권이다. 채권자는 인수인에 대한 권리가 없고 채무자의 인수인에 대한 권리를 대위행사할 수 있는 것이다.

ㄴ. (○) 채권자가 대위행사할 수 있는 채무자의 권리에는 물권적인 청구권도 포함된다(대판 1966.9.27. 66다1334). 따라서 소유권에 기한 소유물반환청구권도 대위행사할 수 있다.

| 관련 | 시(市)에 대한 위 각 점포사용청구권을 보전하기 위하여 그 점포들의 소유자인 시(市)가 불법점유자들에 대하여 가지는 명도청구권을 대위행사할 수 있고, 이러한 경우 불법점유자들에 대하여 직접 자기에게 그 점포들을 명도할 것을 청구할 수도 있다(대판 1995.5.12. 93다59502).

ㄷ. (○) 중간생략등기의 합의가 없다면 부동산의 전전매수인은 매도인을 대위하여 그 전매도인인 등기명의자에게 매도인 앞으로의 소유권이전등기를 구할 수는 있을지언정 직접 자기 앞으로의 소유권이전등기를 구할 수는 없다 할 것이다(대판 1969.10.28. 69다1351).

ㄹ. (○) 채권자가 자기채권을 보전하기 위하여 채무자의 권리를 행사하려면 채무자의 무자력을 요건으로 하는 것이 통상이지만 임대차보증금반환채권을 양수한 채권자가 그 이행을 청구하기 위하여 임차인의 가옥명도가 선이행되어야 할 필요가 있어서 그 명도를 구하는 경우에는 그 채권의 보전과 채무자인 임대인의 자력 유무는 관계가 없는 일이므로 무자력을 요건으로 한다고 할 수 없다(대판 1989.4.25. 88다카4253 · 4260).

30 답 ③

정답 해설

③ (○) 이자채권은 원본채권에 대하여 종속성을 갖고 있으나 이미 변제기에 도달한 이자채권은 원본채권과 분리하여 양도할 수 있고 원본채권과 별도로 변제할 수 있으며 시효로 인하여 소멸되기도 하는 등 어느 정도 독립성을 갖게 되는 것이므로, 원본채권이 양도된 경우 이미 변제기에 도달한 이자채권은 원본채권의 양도 당시 그 이자채권도 양도한다는 의사표시가 없는 한 당연히 양도되지는 않는다(대판 1989.3.28. 88다카12803).

오답 해설

① (×) 보증채무는 주채무에 대한 부종성 또는 수반성이 있어서 주채무자에 대한 채권이 이전되면 당사자 사이에 별도의 특약이 없는 한 보증인에 대한 채권도 함께 이전하고, 이 경우 채권양도의 대항요건도 주채권의 이전에 관하여 구비하면 족하고, 별도로 보증채권에 관하여 대항요건을 갖출 필요는 없다(대판 2002.9.10. 2002다21509). 따라서 양도인 乙이 연대보증인 丙에게 채권양도사실을 별도로 통지하지 아니하였더라도, 채무자 甲에 대한 대항요건을 갖추었다면, 양수인 丁은 丙에게 대항할 수 있다.

② (×) 채무자가 이의를 보류하지 아니하고 승낙을 한 때에는 양도인에게 대항할 수 있는 사유로써 양수인에게 대항하지 못한다(민법 제451조 제1항 본문). 다만, 판례는 양수인이 선의 · 무중과실일 것을 요하고 있다(대판 2002.3.29. 2000다13887). 따라서 양수인 丁이 악의 · 중과실이 아닌 한, 이의를 보류하지 아니하고 승낙을 한 채무자 甲은 丁의 이행청구를 거절할 수 없다.

④ (×) 원칙적으로 보증인에게 생긴 사유는 상대효만 있을 뿐이므로, 채권자의 보증인에 대한 면제 등은 주채무자에게 영향을 미치지 아니한다. 다만, 변제 · 대물변제 · 공탁 · 상계 등 채권의 만족을 주는 사유는 절대효가 인정된다.

⑤ (×) 채권은 당사자가 반대의 의사를 표시한 경우에는 양도하지 못한다. 그러나 그 의사표시로써 선의의 제3자에게 대항하지 못한다(민법 제449조 제2항). 「선의의 제3자」의 의미와 관련하여 판례는 「양도금지 특약의 존재를 알지 못하고 채권을 양수한 경우에 있어서 그 알지 못함에 중대한 과실이 있는 때에는 악의의 양수인과 같이 양도에 의한 채권을 취득할 수 없다」(대판 1996.6.28. 96다18281)고 하여 선의 · 무중과실일 것을 요하고 있다. 따라서 양수인 丁이 중과실로 양도금지특약의 존재를 알지 못한 경우에는, 양도에 의하여 채권을 취득할 수 없다.

31

답 ⑤

정답 해설

⑤ (×) 물상보증인이 담보부동산을 제3취득자에게 매도하고 제3취득자가 담보부동산에 설정된 근저당권의 피담보채무의 이행을 인수한 경우, 그 이행인수는 매매당사자 사이의 내부적인 계약에 불과하여 이로써 물상보증인의 책임이 소멸하지 않는 것이고, 따라서 담보부동산에 대한 담보권이 실행된 경우에도 제3취득자가 아닌 원래의 물상보증인이 채무자에 대한 구상권을 취득한다(대판 1997.5.30. 97다1556).

오답 해설

① (○) 제3자가 채무자와의 계약으로 채무를 인수한 경우에는 채권자의 승낙에 의하여 그 효력이 생긴다(민법 제454조 제1항). 따라서 면책적 채무인수계약의 효력발생요건인 채권자의 승낙이 없으면, 채무자는 채무를 면하지 못한다.
② (○) 중첩적 채무인수는 채권자와 채무인수인과의 합의가 있는 이상 채무자의 의사에 반하여서도 이루어질 수 있다(대판 1988.11.22. 87다카1836).
③ (○) 면책적 채무인수가 있은 경우, 인수채무의 소멸시효기간은 채무인수와 동시에 이루어진 소멸시효중단사유, 즉 채무승인에 따라 채무인수일로부터 새로이 진행된다(대판 1999.7.9. 99다12376).
④ (○) 부동산의 매수인이 매매목적물에 관한 채무를 인수하는 한편 그 채무액을 매매대금에서 공제하기로 약정한 경우, 그 인수는 특별한 사정이 없는 한 매도인을 면책시키는 채무인수가 아니라 이행인수로 보아야 하고, 면책적 채무인수로 보기 위하여는 이에 대한 채권자의 승낙이 있어야 한다(대판 1995.8.11. 94다58599).

32

답 ①

정답 해설

① (×) 공탁자는 질권 또는 저당권이 공탁으로 인하여 소멸한 때에는 공탁물을 회수할 수 없다(민법 제489조 제2항).

오답 해설

② (○) 채권자가 변제를 받지 아니하거나 받을 수 없는 때에는 변제자는 채권자를 위하여 변제의 목적물을 공탁하여 그 채무를 면할 수 있다. 변제자가 과실 없이 채권자를 알 수 없는 경우에도 같다(민법 제487조).
③ (○) 공탁소에 관하여 법률에 특별한 규정이 없으면 법원은 변제자의 청구에 의하여 공탁소를 지정하고 공탁물보관자를 선임하여야 한다(민법 제488조 제2항).
④ (○) 변제의 목적물이 공탁에 적당하지 아니하거나 멸실 또는 훼손될 염려가 있거나 공탁에 과다한 비용을 요하는 경우에는 변제자는 법원의 허가를 얻어 그 물건을 경매하거나 시가로 방매하여 대금을 공탁할 수 있다(민법 제490조).
⑤ (○) 채무자가 채권자의 상대의무 이행과 동시에 변제할 경우에는 채권자는 그 의무이행을 하지 아니하면 공탁물을 수령하지 못한다(민법 제491조).

33

답 ②

정답 해설

② (○) 전부타인권리매매에서 매수인은 선의·악의를 불문하고 계약을 해제할 수 있으므로, 사안의 丙은 그 계약을 해제할 수 있다(민법 제570조 본문).

오답 해설

① (×) 타인의 권리를 매도한 매도인이 그 권리를 취득하여 매수인에게 이전할 수 없는 때에는 매수인은 선의·악의를 불문하고 계약을 해제할 수 있는데(민법 제570조), 일부타인권리매매(민법 제572조, 제573조)와 달리, 전부타인권리매매는 계약해제권과 손해배상청구권의 행사기간에 관한 제한이 없어 견해가 대립하나, 민법 제570조는 제척기간의 적용을 받지 아니한다는 입장이 통설이다. 해당 지문은 전부타인권리매매에도 민법 제573조의 제척기간을 적용하여야 한다는 긍정설(소수설)의 입장에서 구성된 것으로 보이는데, 이에 따르면 매수인 丙이 선의인 경우 그 사실을 안 날로부터 1년 내, 악의인 경우에는 계약한 날로부터 1년 내에 그 해제권을 행사하여야 한다. 따라서 긍정설을 전제로 하더라도, 매수인 丙의 선의·악의를 판단할 수 없는 이상, 계약체결일로부터 1년 내에 그 해제권을 행사하여야 한다고 할 수 없다.
③ (×) 특정한 매매의 목적물이 타인의 소유에 속하는 경우라 하더라도, 그 매매계약이 원시적 이행불능에 속하는 내용을 목적으로 하는 당연무효의 계약이라고 볼 수 없다(대판 1993.9.10. 93다20283). 따라서 전부타인권리매매도 유효하고, 이 경우 매도인 甲은 그 권리를 취득하여 매수인 丙에게 이전할 의무를 진다(민법 제569조).

④ (×) 판례는 「타인의 권리를 매매의 목적으로 한 경우에 있어서 그 권리를 취득하여 매수인에게 이전하여야 할 매도인의 의무가 매도인의 귀책사유로 인하여 이행불능이 되었다면 매수인이 매도인의 담보책임에 관한 민법 제570조 단서의 규정에 의해 손해배상을 청구할 수 없다 하더라도 채무불이행 일반의 규정(민법 제546조, 제390조)에 좇아서 계약을 해제하고 손해배상을 청구할 수 있다」(대판 1993.11.23. 93다37328)고 하여 담보책임과 채무불이행책임의 경합을 인정하고 있다.

⑤ (×) 판례는 「민법 제569조가 타인의 권리의 매매를 유효로 규정한 것은 선의의 매수인의 신뢰이익을 보호하기 위한 것이므로, 매수인이 매도인의 기망에 의하여 타인의 물건을 매도인의 것으로 알고 매수한다는 의사표시를 한 것은 만일 타인의 물건인 줄 알았더라면 매수하지 아니하였을 사정이 있는 경우에는 매수인은 민법 제110조에 의하여 매수의 의사표시를 취소할 수 있다고 해석해야 할 것이다」(대판 1973.10.23. 73다268)고 하여 사기와 담보책임의 경합을 인정하고 있다.

34

답 ①

정답 해설

① (○) 건물을 신축하기로 하는 도급계약은 그 건물의 준공이라는 일의 완성을 목적으로 하는 계약으로서 그 지체상금에 관한 약정은 수급인이 그와 같은 일의 완성을 지체한 데 대한 손해배상액의 예정이므로, 수급인이 약정된 기간 내에 그 일을 완성하여 도급인에게 인도하지 않으면 특별한 사정이 있는 경우를 제외하고는 지체상금을 지급할 의무가 있고, 약정에 따라 산정한 지체상금액이 부당하게 과다하다고 인정되는 경우에 법원은 민법 제398조 제2항에 의하여 이를 적당히 감액할 수 있으며, 손해배상액의 예정이 부당하게 과다한지의 여부는 계약당사자의 지위, 계약의 목적과 내용, 손해배상액을 예정한 동기, 실제의 손해와 그 예정액의 대비, 그 당시의 거래관행 및 경제상태 등 제반 사정을 참작하여 일반사회인이 납득할 수 있는 범위를 넘는지의 여부에 따라 결정하여야 한다(대판 1996.5.14. 95다24975).

오답 해설

② (×) 민법 제667조 제3항에 의하여 민법 제536조가 준용되는 결과 도급인이 수급인에 대하여 하자보수와 함께 청구할 수 있는 손해배상채권과 수급인의 공사대금채권은 서로 동시이행관계에 있는 점 등에 비추어 보면, 하자확대손해로 인한 수급인의 손해배상채무와 도급인의 공사대금채무도 동시이행관계에 있는 것으로 보아야 한다(대판 2005.11.10. 2004다37676).

③ (×) 도급인이 완성된 목적물의 하자로 인하여 계약의 목적을 달성할 수 없는 때에는 계약을 해제할 수 있다. 그러나 건물 기타 토지의 공작물에 대하여는 그러하지 아니하다(민법 제668조).

④ (×) 수급인이 책임질 수 없는 사유로 인하여 공사가 지연된 경우에는 그 기간만큼 지체상금에서 공제되어야 하나(대판 1995.9.5. 95다18376), 수급인이 단순 장마로 인하여 공사를 지체한 경우에는, 귀책사유가 인정되어 지체상금이 발생하고, 그 기간을 공제할 수 없다.

⑤ (×) 공사도급계약상 도급인의 지체상금채권과 수급인의 공사대금채권은 특별한 사정이 없는 한 동시이행의 관계에 있다고 할 수 없다(대판 2015.8.27. 2013다81224·81231).

35

답 ②

정답 해설

② (×) 매매당사자 간에 계약금을 수수하고 계약해제권을 유보한 경우에 매도인이 계약금의 배액을 상환하고 계약을 해제하려면 계약해제의 의사표시 외에 계약금 배액의 이행의 제공이 있으면 족하고, 상대방이 이를 수령하지 아니한다 하여 이를 공탁할 필요는 없다(대판 1981.10.27. 80다2784). 따라서 비록 해제의 의사표시가 乙에게 도달하였더라도, 계약금 배액의 이행제공이 없는 이상, 해약금에 의한 해제의 효과는 발생하지 아니한다.

오답 해설

① (○), ⑤ (○) 매매계약에 있어서 계약금은 당사자 일방이 이행에 착수할 때까지 매수인은 이를 포기하고 매도인은 그 배액을 상환하여 계약을 해제할 수 있는 해약금의 성질을 가지고 있고, 다만 당사자의 일방이 위약한 경우 그 계약금을 위약금으로 하기로 하는 특약이 있는 경우에만 손해배상액의 예정으로서의 성질을 갖는 것이다(대판 1987.2.24. 86누438). 따라서 乙의 채무불이행을 이유로 계약이 해제되는 경우, 甲은 채무불이행으로 입은 실제 손해를 배상받을 수 있으나, 계약금을 위약금으로 하기로 하는 특약이 없는 이상, 그 계약금이 위약금으로서 甲에게 당연히 귀속되는 것은 아니다.

③ (○) 매매계약의 당사자 일방이 계약금을 상대방에게 교부하였을 때에는 당사자 간에 다른 약정이 없는 한 매매계약쌍방당사자 중 어느 일방이라도 이행에 착수하였다면 그 당사자나 상대방이 계약금의 배액상환 또는 포기로서 해제권을 행사할 수 없다(대판 1994.11.11. 94다17659). 따라서 乙이 중도금을 지급함으로써 이행에 착수하였으므로, 비록 甲이 매매계약의 이행에 착수한 바가 없더라도, 甲과 乙 모두 해약금에 기한 해제권을 행사하여 그 매매계약을 해제할 수 없다.

④ (○) 계약금이 교부되어 있더라도, 해약금에 기한 해제권 이외에 채무불이행 등을 이유로 하는 계약해제권이 배제되는 것은 아니므로, 사안의 경우에는 이행지체(민법 제544조)를 이유로 그 계약을 해제할 수 있다 할 것이다.

36

답 ②

정답 해설

② (×) 타인의 권리를 매매한 자가 권리이전을 할 수 없게 된 때에는 매도인은 선의의 매수인에 대하여 불능 당시의 시가를 표준으로 그 계약이 완전히 이행된 것과 동일한 경제적 이익을 배상할 의무가 있다(대판[전합] 1967.5.18. 66다2618). 즉, 이행이익을 손해배상의 범위로 본다.

오답 해설

① (○) 건축을 목적으로 매매된 토지에 대하여 건축허가를 받을 수 없어 건축이 불가능한 경우, 위와 같은 법률적 제한 내지 장애 역시 매매목적물의 하자에 해당한다 할 것이나, 다만 위와 같은 하자의 존부는 매매계약 성립 시를 기준으로 판단하여야 할 것이다(대판 2000.1.18. 98다18506).

③ (○) 매매목적물의 하자로 인하여 확대손해 내지 2차 손해가 발생하였다는 이유로 매도인에게 그 확대손해에 대한 배상책임을 지우기 위하여는 채무의 내용으로 된 하자 없는 목적물을 인도하지 못한 의무위반사실 외에 그러한 의무위반에 대하여 매도인에게 귀책사유가 인정될 수 있어야만 한다(대판 1997.5.7. 96다39455).

④ (○) 하자담보책임으로 인한 손해배상사건에 있어서 배상권리자에게 그 하자를 발견하지 못한 잘못으로 손해를 확대시킨 과실이 인정된다면 법원은 손해배상의 범위를 정함에 있어서 이를 참작하여야 하며, 이 경우 손해배상의 책임을 다투는 배상의무자가 배상권리자의 과실에 따른 상계항변을 하지 않더라도 소송에 나타난 자료에 의하여 그 과실이 인정되면 법원은 직권으로 이를 심리・판단하여야 한다(대판 1995.6.30. 94다23920).

⑤ (○) 매매의 목적이 된 부동산에 설정된 저당권 또는 전세권의 행사로 인하여 매수인이 그 소유권을 취득할 수 없거나 취득한 소유권을 잃은 때에는 매수인은 계약을 해제할 수 있다(민법 제576조 제1항).

37

답 ②

정답 해설

② (×) 토지임차인의 차임연체 등 채무불이행을 이유로 임대차계약이 해지되는 경우 토지임차인으로서는 토지임대인에 대하여 지상건물의 매수를 청구할 수 없다(대판 1997.4.8. 96다54249・54256). 따라서 甲의 채무불이행을 이유로 계약이 해지된 경우에는, 甲은 건물매수청구권을 행사할 수 없다.

오답 해설

① (○) 건물의 소유를 목적으로 한 토지의 임차인이 임대차계약을 체결하거나 임차인으로서의 지위를 승계할 당시 임대인과의 사이에 건물 기타 지상시설 일체를 포기하기로 약정을 하였다고 하더라도 임대차계약의 조건이나 계약이 체결된 경위 등 제반 사정을 종합적으로 고려하여 실질적으로 임차인에게 불리하다고 볼 수 없는 특별한 사정이 인정되지 아니하는 한 위와 같은 약정은 임차인에게 불리한 것으로서 민법 제652조에 의하여 효력이 없다(대판 1993.6.22. 93다16130). 또한 토지임대인과 임차인 사이에 임대차기간 만료 시에 임차인이 지상건물을 양도하거나 이를 철거하기로 하는 약정은 특별한 사정이 없는 한, 민법 제643조 소정의 임차인의 지상물매수청구권을 배제하기로 하는 약정으로서 임차인에게 불리한 것이므로 민법 제652조의 규정에 의하여 무효라고 보아야 한다(대판 1998.5.8. 98다2389).

③ (○) 건물 기타 공작물의 소유를 목적으로 한 대지임대차에 있어서 임차인이 그 지상건물 등에 대하여 민법 제643조 소정의 매수청구권을 행사한 후에 그 임대인인 대지의 소유자로부터 매수대금을 지급받을 때까지 그 지상건물 등의 인도를 거부할 수 있다고 하여도, 지상건물 등의 점유・사용을 통하여 그 부지를 계속하여 점유・사용하는 한 그로 인한 부당이득으로서 부지의 임료 상당액은 이를 반환할 의무가 있다(대판 2001.6.1. 99다60535).

④ (○) 건물의 소유를 목적으로 하는 토지임대차에 있어서, 임대차가 종료함에 따라 토지의 임차인이 임대인에 대하여 건물매수청구권을 행사할 수 있음에도 불구하고 이를 행사하지 아니한 채, 토지의 임대인이 임차인에 대하여 제기한 토지인도 및 건물철거청구소송에서 패소하여 그 패소판결이 확정되었다고 하더라도, 그 확정판결에 의하여 건물철거가 집행되지 아니한 이상 토지의 임차인으로서는 건물매수청구권을 행사하여 별소로써 임대인에 대하여 건물매매대금의 지급을 구할 수 있다(대판 1995.12.26. 95다42195).

⑤ (○) 민법 제643조가 규정하는 토지임차인의 건물매수청구권은 임대차의 기간을 약정하지 않았던 탓으로 임대인에 의한 해지통고에 의하여 그 임차권이 소멸된 경우에도 계약갱신청구의 유무에 불구하고 인정된다(대판 1977.6.7. 76다2324).

38

답 ①

정답 해설

① (×) 수임인이 위임사무를 처리하는 중에 수임인의 책임 없는 사유로 인하여 위임이 종료된 때에는 수임인은 이미 처리한 사무의 비율에 따른 보수를 청구할 수 있다(민법 제686조 제3항).

오답 해설

② (○) 위임사무의 처리에 비용을 요하는 때에는 위임인은 수임인의 청구에 의하여 이를 선급하여야 한다(민법 제687조).

③ (○) 수임인이 위임사무의 처리에 관하여 필요비를 지출한 때에는 위임인에 대하여 지출한 날 이후의 이자를 청구할 수 있다(민법 제688조 제1항).

④ (○) 수임인이 위임사무의 처리를 위하여 과실 없이 손해를 받은 때에는 위임인에 대하여 그 배상을 청구할 수 있다(민법 제688조 제3항).

⑤ (○) 의뢰받은 사무와 밀접하게 연관되는 범위 안에서, 의뢰인이 의뢰한 사무의 처리에 필요한 자료를 제출하지 못하는 경우이거나 비록 의뢰인의 구체적인 지시가 있어도 그에 따르는 것이 위임의 본지에 적합하지 않거나 또는 의뢰인에게 불이익한 경우라는 등의 특별한 사정이 있는 때에는, 별도의 위임이 없다 하여도 의뢰인으로 하여금 이익을 도모하고 손해를 방지하기 위하여 필요한 조치를 취하도록 의뢰인에게 설명하고 조언할 의무를 진다(대판 2018.9.13. 2015다48412).

39

답 ④

정답 해설

④ (×) 저당권자는 저당권의 목적이 된 물건의 멸실, 훼손 또는 공용징수로 인하여 저당목적물의 소유자가 받을 저당목적물에 갈음하는 금전 기타 물건에 대하여 물상대위권을 행사할 수 있으나, 다만 그 지급 또는 인도 전에 이를 압류하여야 하며, 저당권자가 위 금전 또는 물건의 인도청구권을 압류하기 전에 저당물의 소유자가 그 인도청구권에 기하여 금전 등을 수령한 경우 저당권자는 더 이상 물상대위권을 행사할 수 없게 된다. 이 경우 저당권자는 저당권의 채권최고액범위 내에서 저당목적물의 교환가치를 지배하고 있다가 저당권을 상실하는 손해를 입게 되는 반면에, 저당목적물의 소유자는 저당권의 채권최고액범위 내에서 저당권자에게 저당목적물의 교환가치를 양보하여야 할 지위에 있다가 마치 그러한 저당권의 부담이 없었던 것과 같은 상태에서의 대가를 취득하게 되는 것이므로, 그 수령한 금액 가운데 저당권의 채권최고액을 한도로 하는 피담보채권액의 범위 내에서는 이득을 얻게 된다. 저당목적물소유자가 얻은 위와 같은 이익은 저당권자의 손실로 인한 것으로서 인과관계가 있을 뿐 아니라, 공평의 관념에 위배되는 재산적 가치의 이동이 있는 경우 수익자로부터 그 이득을 되돌려 받아 손실자와 재산상태의 조정을 꾀하는 부당이득제도의 목적에 비추어 보면 위와 같은 이익을 소유권자에게 종국적으로 귀속시키는 것은 저당권자에 대한 관계에서 공평의 관념에 위배되어 법률상 원인이 없다고 봄이 상당하므로, 저당목적물소유자는 저당권자에게 이를 부당이득으로 반환할 의무가 있다(대판 2009.5.14. 2008다17656).

오답 해설

① (○) 변제기에 있지 아니한 채무를 변제한 때에는 그 반환을 청구하지 못한다. 그러나 채무자가 착오로 인하여 변제한 때에는 채권자는 이로 인하여 얻은 이익을 반환하여야 한다(민법 제743조).

② (○) 채무자 이외의 자의 소유에 속하는 동산을 경매한 경우에도 경매절차에서 그 동산을 경락받아 경락대금을 납부하고 이를 인도받은 경락인은 특별한 사정이 없는 한 소유권을 선의취득한다고 할 것이지만, 그 동산의 매득금은 채무자의 것이 아니어서 채권자가 이를 배당받았다고 하더라도 채권은 소멸하지 않고 계속 존속한다고 할 것이므로, 배당을 받은 채권자는 이로 인하여 법률상 원인 없는 이득을 얻고 소유자는 경매에 의하여 소유권을 상실하는 손해를 입게 되었다고 할 것이니, 그 동산의 소유자는 배당을 받은 채권자에 대하여 부당이득으로서 배당받은 금원의 반환을 청구할 수 있다(대판 1998.3.27. 97다32680).

③ (○) 丙이 자신의 채무라고 오인하여 甲에게 변제한 경우, 이는 제3자의 변제에 해당하지 아니하므로, 甲의 채권은 소멸되지 아니한다. 따라서 丙은 원칙적으로 甲에게 지급한 금전에 대한 부당이득 반환을 청구할 수 있다.

⑤ (○) 계약상 금전채무를 지는 이가 채권자 甲의 지시에 좇아 甲에 대한 채권자 또는 甲이 증여하고자 하는 이에게 직접 금전을 지급한 경우 또는 남의 경사를 축하하기 위하여 꽃을 산 사람이 경사의 당사자에게 직접 배달시킨 경우와 같이, 계약상 급부가 실제적으로는 제3자에게 행하여졌다고 하여도 그것은 계약상 채무의 적법한 이행[이른바 '제3자방(第三者方)이행']이라고 할 것이다. 이때 계약의 효력이 불발생하였으면, 그와 같이 적법한 이행을 한 계약당사자는 다른 특별한 사정이 없는 한 그 제3자가 아니라 계약의 상대방당사자에 대하여 계약의 효력불발생으로 인한 부당이득을 이유로 자신의 급부 또는 그 가액의 반환을 청구하여야 한다(대판 2010.3.11. 2009다98706).

40

답 ①

정답 해설

① (×) 민법 제760조 제1항의 「연대」의 의미에 대하여 통설과 판례는 부진정연대채무로 보고 있다. 판례는 「부진정연대채무에 있어서는 변제·대물변제·공탁·상계 등 채권을 만족시키는 사유는 절대적 효력이 인정되나 면제와 같은 사유는 다른 연대채무자에게 그 효력이 미치지 아니한다」(대판 1971.2.9. 70다2508)고 하였고, 이행청구 역시 상대적 효력에 불과하므로, 「부진정연대채무에서는 채무자 1인에 대한 이행청구 또는 채무자 1인이 행한 채무의 승인 등 소멸시효의 중단사유나 시효이익의 포기가 다른 채무자에게 효력을 미치지 아니한다」(대판 2011.4.14. 2010다91886)고 판시하고 있다.

오답 해설

② (○) 피해자가 부진정연대채무자 중 1인에 대하여 손해배상에 관한 권리를 포기하거나 채무를 면제하는 의사표시를 하였다 하더라도 다른 채무자에 대하여 그 효력이 미친다고 볼 수는 없다(대판 1997.12.12. 96다50896).

③ (○) 공동불법행위책임은 가해자 각 개인의 행위에 대하여 개별적으로 그로 인한 손해를 구하는 것이 아니라 그 가해자들이 공동으로 가한 불법행위에 대하여 그 책임을 추궁하는 것이므로, 공동불법행위로 인한 손해배상책임의 범위는 피해자에 대한 관계에서 가해자들 전원의 행위를 전체적으로 함께 평가하여 정하여야 하고, 그 손해배상액에 대하여는 가해자 각자가 그 금액의 전부에 대한 책임을 부담하는 것이며, 가해자 1인이 다른 가해자에 비하여 불법행위에 가공한 정도가 경미하다고 하더라도 피해자에 대한 관계에서 그 가해자의 책임범위를 위와 같이 정하여진 손해배상액의 일부로 제한하여 인정할 수는 없다(대판 2005.11.10. 2003다66066).

④ (○) 민법 제760조 제3항은 교사자나 방조자는 공동행위자로 본다고 규정하여 교사자나 방조자에게 공동불법행위자로서 책임을 부담시키고 있는바, 방조라 함은 불법행위를 용이하게 하는 직접, 간접의 모든 행위를 가리키는 것으로서 작위에 의한 경우뿐만 아니라 작위의무 있는 자가 그것을 방지하여야 할 제반 조치를 취하지 아니하는 부작위로 인하여 불법행위자의 실행행위를 용이하게 하는 경우도 포함하고, 형법과 달리 손해의 전보를 목적으로 하여 과실을 원칙적으로 고의와 동일시하는 민법의 해석으로서는 과실에 의한 불법행위의 방조도 가능할 것이며, 이 경우의 과실의 내용은 불법행위에 도움을 주지 않아야 할 주의의무가 있음을 전제로 하여 이 의무에 위반하는 것을 말하고, 방조자에게 공동불법행위자로서의 책임을 지우기 위하여는 방조행위와 피방조자의 불법행위 사이에 상당인과관계가 있어야 한다(대판 2007.5.10. 2005다55299).

⑤ (○) 공동불법행위자의 다른 공동불법행위자에 대한 구상권의 소멸시효는 그 구상권이 발생한 시점, 즉 구상권자가 공동면책행위를 한 때로부터 기산하여야 할 것이고, 그 기간도 일반채권과 같이 10년으로 보아야 한다(대판 1996.3.26. 96다3791).

2025 SD에듀 변리사 1차 민법개론 10개년 기출문제집

초 판 발 행	2024년 04월 08일(인쇄 2024년 03월 29일)
발 행 인	박영일
책 임 편 집	이해욱
편 저	시대법학연구소
편 집 진 행	석지연
표지디자인	박수영
편집디자인	김민설 · 하한우
발 행 처	(주)시대고시기획
출 판 등 록	제10-1521호
주 소	서울시 마포구 큰우물로 75 [도화동 538 성지 B/D] 9F
전 화	1600-3600
팩 스	02-701-8823
홈 페 이 지	www.sdedu.co.kr
I S B N	979-11-383-6978-7 (13360)
정 가	27,000원

나는 이렇게 합격했다

당신의 합격 스토리를 들려주세요
추첨을 통해 선물을 드립니다

베스트 리뷰
갤럭시탭 / 버즈 2

상/하반기 추천 리뷰
상품권 / 스벅커피

인터뷰 참여
백화점 상품권

이벤트 참여방법

합격수기

SD에듀와 함께한 도서 or 강의 **선택** > 나만의 합격 노하우 정성껏 **작성** > 상반기/하반기 추첨을 통해 **선물 증정**

인터뷰

SD에듀와 함께한 강의 **선택** > 합격증명서 or 자격증 사본 **첨부**, 간단한 **소개 작성** > 인터뷰 완료 후 **백화점 상품권 증정**

이벤트 참여방법

다음합격의 주인공은 바로 여러분입니다!

QR코드 스캔하고 ▷ ▷ ▶
이벤트 참여하여 푸짐한 경품받자!

합격의 공식
SD에듀